Jürgen Roloff · Der erste Brief an Timotheus

EKK
Evangelisch-Katholischer Kommentar
Zum Neuen Testament

Herausgegeben von
Josef Blank, Rudolf Schnackenburg,
Eduard Schweizer und Ulrich Wilckens

in Verbindung mit
Otto Böcher, François Bovon, Norbert Brox, Gerhard Dautzenberg,
Joachim Gnilka, Erich Gräßer, Ferdinand Hahn, Martin Hengel,
Paul Hoffmann, Traugott Holtz, Hans-Josef Klauck, Günter Klein,
Ulrich Luck, Ulrich Luz, Rudolf Pesch, Jürgen Roloff,
Wolfgang Schrage, Peter Stuhlmacher, Wolfgang Trilling,
Anton Vögtle, Hans Weder und Alfons Weiser

Band XV
Jürgen Roloff
Der erste Brief an Timotheus

Benziger Verlag
Neukirchener Verlag

Jürgen Roloff

Der erste Brief an Timotheus

Benziger Verlag
Neukirchener Verlag

CIP-Kurztitelaufnahme der Deutschen Bibliothek

EKK: evang.-kath. Kommentar zum Neuen Testament/
hrsg. von Josef Blank . . . in Verbindung mit Otto Böcher . . .
– Zürich: Benziger;
Neukirchen-Vluyn: Neukirchener Verlag
   Literaturangaben
NE: Blank, Josef [Hrsg.]; Evangelisch-Katholischer Kommentar
zum Neuen Testament
Bd. XV. Roloff, Jürgen, Der erste Brief an Timotheus. – 1988

Roloff, Jürgen:
Der erste Brief an Timotheus/Jürgen Roloff. –
Zürich: Benziger;
Neukirchen-Vluyn: Neukirchener Verlag, 1988
   (EKK; Bd. XV)
   ISBN 3-545-23116-X (Benziger) brosch.
   ISBN 3-7887-1282-1 (Neukirchener Verl.) brosch.

© 1988 by Benziger Verlag AG, Zürich
und Neukirchener Verlag des Erziehungsvereins GmbH, Neukirchen-Vluyn
Alle Rechte vorbehalten
Umschlaggestaltung: Atelier Blumenstein + Plancherel, Zürich
Gesamtherstellung: Graphische Betriebe Benziger Einsiedeln
ISBN 3 545 23116 X (Benziger Verlag)
ISBN 3 7887 1282 1 (Neukirchener Verlag)

Der Abtei Dormitio auf dem Zion
und ihrem Theologischen Studienjahr

Vorwort

Aus gutem Grund sind die Pastoralbriefe in der neueren Exegese stets als Einheit behandelt und demgemäß gemeinsam kommentiert worden. Wenn hier von diesem bewährten Prinzip abgewichen wird, so hat das seinen Grund in der Konzeption des Evangelisch-Katholischen Kommentars zum Neuen Testament, dergemäß verwandte Schriften jeweils auf einen katholischen und einen evangelischen Partner aufgeteilt werden sollen, um so einen kritischen ökumenischen Dialog der Exegeten zu ermöglichen. Da die Pastoralbriefe ökumenisch ein heißes Eisen sind, erschien die Aufteilung der Auslegung auf zwei Partner gerade hier wichtig, wobei zunächst die etwas kühne Hoffnung bestand, die Beiträge dieser Partner könnten sich zeitlich und sachlich so eng koordinieren lassen, daß trotz der Aufteilung so etwas wie ein relativ einheitlicher gemeinsamer Kommentar zu allen drei Pastoralbriefen zustandekommen könnte. Leider hat sich das aus verschiedenen Gründen, vor allem wegen eines unvorhergesehenen Wechsels in der Mitarbeiterschaft, nicht realisieren lassen. Zwar hat sich Alfons Weiser kurzfristig bereit erklärt, den Part des katholischen Kommentators zu übernehmen und 2Tim und Tit zu bearbeiten, doch wird sein Beitrag erst zu einem späteren Zeitpunkt vorliegen können. Das bedeutet, daß der Kommentar zu 1Tim jetzt als gesonderter Band zu erscheinen hat und – leider – auch, daß er relativ umfangreich geraten ist, weil die Mehrzahl der übergreifend das Ganze der Pastoralbriefe betreffenden Probleme in ihm bereits diskutiert werden mußte.

Die Widmung soll das ökumenische Anliegen dieses Kommentars unterstreichen. Die Abtei Dormitio auf dem Zion in Jerusalem hat in den letzten Jahren vor allem durch die Gestaltung ihres Theologischen Studienjahres mit großer Klarheit weitreichende ökumenische Impulse gesetzt und damit der um sich greifenden ökumenischen Ermattung, ja Resignation gewehrt. Ökumene wird hier nicht als schwärmerisch-unverbindliche Nivellierung bestehender Unterschiede verstanden, sondern als gemeinsamer Lern- und Erfahrungsprozeß, der dem Entdecken des Gemeinsamen und zugleich dem verantwortlichen Bedenken des Trennenden dient. Die Begegnungen und Gespräche mit Kollegen und Studierenden während mehrerer Aufenthalte auf dem Zion haben vermutlich noch mehr, als mir zunächst bewußt war, auf diesen Kommentar eingewirkt.

Die Deutsche Forschungsgemeinschaft hat mir durch die Gewährung eines halben Forschungsfreijahres einen raschen und gezielten Einstieg in die Kommentararbeit ermöglicht. Ihr sei an dieser Stelle dafür gedankt.

Von den Vielen, die mir bei dieser Arbeit zur Seite gestanden haben, seien hier nur einige wenige stellvertretend genannt. Seitens der Herausgeber hat mich Rudolf Schnackenburg mit Ermutigung und gutem Rat begleitet. Dr. Martin Karrer war der erste kritische Leser des Manuskripts; ihm sowie Frau Pfarrerin Barbara Hauck verdanke ich manchen wichtigen Hinweis. Die studentischen Mitarbeiter Markus Müller, Christian Hauter, Theo K. Heckel und Gudrun Rehbein haben die Belege überprüft und vereinheitlicht. Frau Irma Grill, die treue Sekretärin, hat mit gewohnter Sorgfalt das Manuskript hergestellt. Ihnen allen gilt mein herzlicher Dank.

Erlangen, im Advent 1987   Jürgen Roloff

Inhalt

Vorwort 7

Abkürzungen und Literatur 11

Einführung 19
   I. Die Adressaten 21
   II. Der pseudonyme Charakter der Briefe 23
   III. Quellen und Traditionen 39
   IV. Entstehungsverhältnisse und Datierung 41
   V. Textgeschichte und Kanonisierung 46
   VI. Gliederung und Aufbau des 1 Tim 48

Kommentar 51

  A. Briefeingang (1,1–20) 53
   I. Briefkopf [Präskript] (1,1–2) 53
   II. Die Erneuerung des Auftrags an Timotheus (1,3–11) 59
   III. Die Beauftragung des Paulus mit dem Evangelium (1,12–17) 83
   IV. Die Verpflichtung des Timotheus auf seinen Auftrag (1,18–20) 99

  B. Weisungen für das Leben der Gemeinde (2,1–3,16) 107
   I. Das Gebet für alle Menschen (2,1–7) 107
   II. Das Verhalten von Männern und Frauen im Gottesdienst (2,8–15) . . 125
   III. Die Voraussetzungen für das Bischofsamt und Diakonenamt (3,1–13) 148
   IV. Grund und Ziel der apostolischen Weisung (3,14–16) 189

  C. Weisungen für die Amtsführung des Timotheus (4,1–6,2) 217
   I. Die Bekämpfung der Irrlehrer (4,1–11) 217
     1. Die Irrlehrer (4,1–5) 217
     2. Die Bewährung des guten Dieners Jesu Christi in Lehre und
       Lebensführung (4,6–11) 239
   II. Anordnungen für die Gemeindeleitung (4,12–6,2) 249
     1. Über Verhalten und Aufgaben des Gemeindeleiters (4,12–5,2) . . . 249

2. Anordnungen für den gemeindlichen Witwenstand (5,3–16) 282
3. Anordnungen für die Ältesten (5,17–25) 304
4. Weisung über die Standespflichten christlicher Sklaven (6,1–2) . . 318

D. Mahnung zur Treue zum empfangenen Auftrag (6,3–21) 326
I. Gewinnsucht als falsche Motivation der Irrlehrer (6,3–10) 328
II. Das Ordinationsbekenntnis als tragende Motivation für den Auftrag
(6,11–16) 340
III. Mahnung an die Reichen der Gemeinde (6,17–19) 365
IV. Schluß: Zusammenfassende Mahnung und Gruß (6,20–21) 370

Ausblick. 376

I. Die Pastoralbriefe und Paulus 376
II. Die Öffnung der Kirche auf die Gesellschaft hin. 382
III. Wirkungsgeschichte 385
IV. Hermeneutische Aspekte 387

Exkurse

Die gemeindeleitenden Ämter (Bischöfe, Älteste, Diakone) 169
Das Kirchenverständnis der Pastoralbriefe 211
Die Gegner 228
Die Ordination. 263
Zur Christologie. 358

Sachregister 391

Bibelstellenregister 393

Abkürzungen und Literatur

1. Abkürzungen

Kommentare (unter 2) werden nur mit dem Verfassernamen zitiert, sonstige Literatur (unter 3) mit Verfassernamen und Stichwort des Titels; * nach Verfassernamen verweist auf im Literaturblock zum betreffenden Kommentarabschnitt genannte Literatur.

Biblische Bücher werden nach den Loccumer Richtlinien (Stuttgart ²1981) angeführt. Sonstige Abkürzungen erfolgen nach ThWNT X/1 (1978) 53–58 (Antike; Kirchenväter), TRE (Judaica) bzw. *S. Schwertner*, Internationales Abkürzungsverzeichnis für Theologie und Grenzgebiete (IATG, Berlin 1974) = TRE, Abkürzungsverzeichnis (mit Nachtrag).

2. Kommentare

Ambroggi, P. De, De Epistole Pastorali di S. Paolo a Timoteo e a Tito, Turin ²1964

Barrett, C. K., The Pastoral Epistles, 1963 (NCB.NT)

Beck, J. T., Erklärung der zwei Briefe Pauli an Timotheus, Gütersloh 1879

Brox, N., Die Pastoralbriefe, 1969 (RNT VII/2)

Calvin, J., Commentarius in Epistolam ad Timotheum I, CR 52, 245–354

Dibelius, M./Conzelmann, H., Die Pastoralbriefe, ³1955 (HNT 13)

Dornier, P., Les Epitres Pastorales, 1969 (SBi)

Easton, B. S., The Pastoral Epistles, New York 1947

Erdmann, C., The Pastoral Epistles of Paul, Philadelphia 1923

Falconer, R., The Pastoral Epistles, Oxford 1937

Freundorfer, J., Die Pastoralbriefe, ³1959 (RNT VII/2)

Fuller, R. H., The Pastoral Epistles, in: J. P. Sampley, J. Burgess, G. Krodel, R. Fuller, Ephesians, Colossians, 2Thessalonians, The Pastoral Epistles, Philadelphia 1978 (Proclamation Commentaries)

Guthrie, D., The Pastoral Epistles, London 1957 (The Tyndale New Testament Commentaries)

Hanson, A. T., The Pastoral Letters, 1966 (CBC)

Hasler, V., Die Briefe an Timotheus und Titus (Pastoralbriefe), 1978 (ZBK.NT 12)

Hendriksen, W., Exposition of the Pastoral Epistles. New Testament Commentary, Grand Rapids 1957

Hofmann, J. Chr. K. v., Die Briefe Pauli an Titus und Timotheus, Nördlingen 1874

Holtz, G., Die Pastoralbriefe, 1965 (ThHK 13)

Holtzmann, H. J., Die Pastoralbriefe, kritisch und exegetisch behandelt, Leipzig 1880

Houlden, J. L., The Pastoral Epistles, Harmondsworth 1976 (The Pelican New Testament Commentaries)

Jeremias, J., Die Briefe an Timotheus und Titus, [11]1975 (NTD 9)

Karris, R. J., The Pastoral Epistles, Wilmington 1979 (New Testament Message 17)

Kelly, J. N. D., A Commentary on the Pastoral Epistles, 1963 (BNTC)

Knabenbauer, J., Commentarius in S. Pauli Epistolas, 1923 (CSS)

Köhler, F., Die Pastoralbriefe, [3]1917 (SNT 2)

Lemonnyer, A., Epitres de saint Paul II, Paris 1905

Lock, W., The Pastoral Epistles, 1924 (ICC)

Luther, M., Annotationes D. M. in Priorem Epistolam ad Timotheum (1528), WA 26, 1–120

Meinertz, M., Die Pastoralbriefe des heiligen Paulus, [4]1931 (HSNT 8)

Melanchthon, Ph., Enarratio Epistolae Prioris ad Timotheum, in: Phil. Mel. Scripta Exegetica 15, 1295–1380

Plummer, A., The Pastoral Epistles, 1888 (ExpB)

Reuss, J., Der erste Brief an Timotheus, Düsseldorf [2]1964 (Geistliche Schriftlesung 15)

Riggenbach, E., Die Pastoralbriefe des Apostels Paulus, München 1893 (kurzgefaßter Kommentar zu den biblischen Schriften von Strack/Zöckler)

Schlatter, A., Die Kirche der Griechen im Urteil des Paulus. Eine Auslegung seiner Briefe an Timotheus und Titus, Stuttgart 1936

Scott, E. F., The Pastoral Epistles, 1936 (MNTC)

Simpson, E., The Pastoral Epistles, London 1954

Soden, H. v., Die Pastoralbriefe, [2]1893 (HC III/1)

Spicq, C., Les Epitres Pastorales I–II, [4]1969 (EB)

Weiß, B., Die Briefe Pauli an Timotheus und Titus, [2]1902 (KEK XI)

Wohlenberg, G., Die Pastoralbriefe, [3]1923 (KNT 13)

3. Hilfsmittel, Monografien und Aufsätze
(mit Verfassernamen und Titelstichwort zitiert)

Balch, D. L., Let Wives Be Submissive. The Domestic Code in I Peter, 1981 (SBLMS 26)

Barnett, A. E., Paul Becomes a Literary Influence, Chicago 1941

Barrett, C. K., Pauline Controversies in the Post-Pauline Period, NTS 20 (1973/74) 229–245

Bartsch, H.-W., Die Anfänge urchristlicher Rechtsbildungen, 1965 (ThF 34)

Bauer, W., Griechisch-Deutsches Wörterbuch zu den Schriften des Neuen Testaments und der übrigen urchristlichen Literatur, Berlin/New York [5]1958 (Nachdruck 1971) (zitiert: Bauer, Wb)

– Rechtsgläubigkeit und Ketzerei im ältesten Christentum, hrsg. G. Strecker, [2]1964 (BHTh 10)

– /Paulsen, H., Die Briefe des Ignatius von Antiochia und der Brief des Polykarp von Smyrna, 1985 (HNT 18)

Behm, J., Die Handauflegung im Urchristentum, Leipzig 1911

Berger, K., Apostelbrief und apostolische Rede. Zum Formular frühchristlicher Briefe, ZNW 65 (1974) 190–231
– Formgeschichte des Neuen Testaments, Heidelberg 1984
Blass, F. – Debrunner, A. – Rehkopf, F., Grammatik des neutestamentlichen Griechisch, Göttingen [15]1976 (zitiert: Bl-Debr-Rehkopf)
Boer, W. P. de, The Imitation of Paul. An Exegetical Study, Kampen 1962
Bonhöffer, A., Epiktet und das Neue Testament, 1911 = 1964 (RVV 10)
Botte, B. (Hrsg.), La Tradition Apostolique de saint Hippolyte, 1963 = 1972 (LWQF 39)
Brox, N., Der erste Petrusbrief, 1979 (EKK XXI)
– Falsche Verfasserangaben. Zur Erklärung der frühchristlichen Pseudepigraphie, 1975 (SBS 79)
Bultmann, R., Theologie des Neuen Testaments, hrsg. O. Merk, Tübingen [4]1984
Calvin, J., Unterricht in der christlichen Religion. Institutio Christianae Religionis. Nach der letzten Ausgabe übersetzt und bearbeitet von O. Weber, Neukirchen–Vluyn [4]1986
Campenhausen, H. Frh. v., Kirchliches Amt und geistliche Vollmacht in den ersten drei Jahrhunderten, [2]1963 (BHTh 14)
– Polykarp von Smyrna und die Pastoralbriefe, SAH 1951, 5–51 (= ders., Aus der Frühzeit des Christentums, Tübingen 1963, 197–252)
Collins, R. F., The Image of Paul in the Pastorals, LTP 31 (1975) 147–173
Colson, J., Les Fonctions Ecclesiales aux deux premiers siècles, Paris 1956
Croach, J. E., The Origin and Intention of the Colossian Haustafel, 1972 (FRLANT 109)
Dassmann, E., Der Stachel im Fleisch. Paulus in der frühchristlichen Literatur bis Irenäus, Münster 1979
– Zur Entstehung des Monepiskopats, JAC 17 (1974) 74–90
Dautzenberg, G., Zur Stellung der Frauen in den paulinischen Gemeinden, in: ders./H. Merklein/K. H. Müller, Die Frau im Urchristentum, 1983 (QD 95), 182–224
Deichgräber, R., Gotteshymnus und Christushymnus in der frühen Christenheit. Untersuchungen zu Form, Sprache und Stil der frühchristlichen Hymnen, 1967 (StUNT 5)
Deißmann, A., Licht vom Osten, Tübingen [4]1923
Die Bekenntnisschriften der evangelisch-lutherischen Kirche, Göttingen [2]1952
Donelson, L. R., Pseudepigraphy and Ethical Argument in the Pastoral Epistles, 1986 (HUTh 22)
Eckstein, H. J., Der Begriff Syneidesis bei Paulus. Eine neutestamentlich-exegetische Untersuchung zum Gewissensbegriff, 1983 (WUNT 11)
Fiore, B., The Function of Personal Example in the Socratic and Pastoral Epistles, 1986 (AnBib 105)
Fischer, J. A. (Hrsg.), Die Apostolischen Väter. Schriften des Urchristentums I, Darmstadt 1959
Fitzer, G., »Das Weib schweige in der Gemeinde«, 1963 (TEH NF 110)
Funk, R. W., The Apostolic Parousia. Form and Significance, in: Christian History and Interpretation (FS J. Knox), hrsg. W. R. Farmer, Cambridge 1967, 249–268
Gnilka, J., Der Philipperbrief, 1968 (HThK X/3)
Goppelt, L., Der erste Petrusbrief, hrsg. F. Hahn, 1978 (KEK XII/1)
– Die apostolische und nachapostolische Zeit, Göttingen 1962 (Die Kirche in ihrer Geschichte A/1)
– Theologie des Neuen Testaments, hrsg. J. Roloff, Göttingen [3]1978

Gülzow, H., Christentum und Sklaverei in den ersten drei Jahrhunderten, Bonn 1969

Hahn, F., Charisma und Amt, ZThK 76 (1979) 419–449

– Der urchristliche Gottesdienst, 1970 (SBS 41)

Hanson, A. T., Studies in the Pastoral Epistles, London 1968

– The Domestication of Paul. A Study in the Development of Early Christian Theology, BJRL 63 (1981) 402–418

– The Use of the Old Testament in the Pastoral Epistles, Irish Biblical Studies 3 (1981) 203–219

Hasler, V., Epiphanie und Christologie in den Pastoralbriefen, ThZ 33 (1977) 193–209

Haufe, G., Gnostische Irrlehre und ihre Abwehr in den Pastoralbriefen, in: Gnosis und Neues Testament, hrsg. K.-W. Tröger, Gütersloh 1973, 325–339

Hegermann, H., Der geschichtliche Ort der Pastoralbriefe, in: Theologische Versuche II, hrsg. J. Rogge und G. Schille, Berlin 1970, 47–64

Holmberg, B., Paul and Power. The Structure of Authority in the Primitive Church as Reflected in the Pauline Epistles, 1978 (CB.NT 11)

Holtz, T., Der erste Brief an die Thessalonicher, 1986 (EKK XIII)

Jewett, R., Paul's Anthropological Terms, 1971 (AGJa 10)

Käsemann, E., Amt und Gemeinde im Neuen Testament, in: ders., Exegetische Versuche und Besinnungen I, Göttingen [4]1965, 109–134

– An die Römer, [3]1974 (HNT 8a)

– Das Formular einer neutestamentlichen Ordinationsparänese, in: ders., Exegetische Versuche und Besinnungen I, Göttingen [4]1965, 101–108

Kamlah, E., Die Form der katalogischen Paränese im Neuen Testament, 1964 (WUNT 7)

Karrer, M., Die Johannesoffenbarung als Brief. Studien zu ihrem literarischen, historischen und theologischen Ort, 1986 (FRLANT 140)

Karris, R. J., The Background and Significance of the Polemic of the Pastoral Epistles, JBL 92 (1973) 549–564

Klaiber, W., Rechtfertigung und Gemeinde. Eine Untersuchung zum paulinischen Kirchenverständnis, 1982 (FRLANT 127)

Klauck, H.-J., Hausgemeinde und Hauskirche im frühen Christentum, 1981 (SBS 103)

Knight, G. W., III, The Faithful Sayings in the Pastoral Letters, Kampen 1968

Knoch, O., Die »Testamente« des Petrus und Paulus. Die Sicherung der apostolischen Überlieferung in der spätneutestamentlichen Zeit, 1973 (SBS 62)

Koschorke, K., Die Polemik der Gnostiker gegen das kirchliche Christentum, 1978 (NHSt 12)

Koskenniemi, H., Studien zur Idee und Phraseologie des griechischen Briefes bis 400 n. Chr., 1956 (AASF.B 102/2)

Kretschmar, G., Der paulinische Glaube in den Pastoralbriefen, in: Glaube im Neuen Testament (FS H. Binder), hrsg. F. Hahn und H. Klein, Neukirchen–Vluyn 1982 (Biblisch-theologische Studien 7), 115–140

– Die Ordination im frühen Christentum, FZPhTh 4/22 (1975) 35–69

Kügler, U.-R., Die Paränese an die Sklaven als Modell urchristlicher Sozialethik, Diss. Erlangen 1977

Kümmel, W. G., Einleitung in das Neue Testament, Heidelberg [21]1983

Lausberg, H., Handbuch der literarischen Rhetorik I–II, München [2]1973

Leipoldt, J., Geschichte des neutestamentlichen Kanons, Erster Teil: Die Entstehung, Leipzig 1907

Lindemann, A., Paulus im ältesten Christentum. Das Bild des Apostels und die Rezeption von paulinischer Theologie in der frühchristlichen Literatur bis Marcion, 1979 (BHTh 58)

Lippert, P., Leben als Zeugnis. Die werbende Kraft christlicher Lebensführung nach dem Kirchenverständnis neutestamentlicher Briefe, 1968 (SBM 4)

Lips, H. v., Glaube – Gemeinde – Amt. Zum Verständnis der Ordination in den Pastoralbriefen, 1979 (FRLANT 122)

Lohfink, G., Die Normativität der Amtsvorstellungen in den Pastoralbriefen, ThQ 157 (1977) 93–106

– Paulinische Theologie in der Rezeption der Pastoralbriefe, in: Paulus in den neutestamentlichen Spätschriften. Zur Paulusrezeption im Neuen Testament, hrsg. K. Kertelge, 1981 (QD 89)

Lohse, E., Die Ordination im Spätjudentum und im Neuen Testament, Göttingen 1951

Lüdemann, G., Paulus, der Heidenapostel, II: Antipaulinismus im frühen Christentum, 1983 (FRLANT 130)

Lührmann, D., Das Offenbarungsverständnis bei Paulus und in paulinischen Gemeinden, 1965 (WMANT 16)

– Epiphaneia. Zur Bedeutungsgeschichte eines griechischen Wortes, in: Tradition und Glaube (FS K. G. Kuhn), hrsg. G. Jeremias u. a., Göttingen 1971, 185–199

– Neutestamentliche Haustafeln und antike Ökonomie, NTS 27 (1981) 83–97

Lütgert, W., Die Irrlehrer der Pastoralbriefe, 1909 (BFChTh 13/3)

Luz, U., Rechtfertigung bei den Paulusschülern, in: Rechtfertigung (FS E. Käsemann), hrsg. J. Friedrich u. a., Tübingen/Göttingen 1976, 365–383

Maehlum, H., Die Vollmacht des Timotheus nach den Pastoralbriefen, Basel 1969

Marshall, I. H., Faith and Works in the Pastoral Epistles, StNTU.A 9 (1984) 203–218

Marxsen, W., Einleitung in das Neue Testament, Gütersloh [4]1978

Mayer, H. H., Über die Pastoralbriefe (I II Tim Tit), Göttingen 1913

Merk, O., Glaube und Tat in den Pastoralbriefen, ZNW 66 (1975) 91–102

Merklein, H., Das kirchliche Amt nach dem Epheserbrief, 1973 (StANT 33)

Metzger, W., Der Christushymnus 1. Timotheus 3,16, Fragment einer Homologie der paulinischen Gemeinden, 1979 (AzTh 62)

Michel, O., Grundfragen der Pastoralbriefe, in: Auf dem Grunde der Apostel und Propheten (FS Th. Wurm), hrsg. M. Loeser, Stuttgart 1948, 83–99

Müller, U. B., Zur frühchristlichen Theologiegeschichte. Judenchristentum und Paulinismus in Kleinasien an der Wende vom ersten zum zweiten Jahrhundert n. Chr., Gütersloh 1976

Mußner, F., Die Ablösung des apostolischen durch das nachapostolische Zeitalter und ihre Konsequenzen, in: Wort Gottes in der Zeit (FS K. H. Schelkle), hrsg. H. Feld, Düsseldorf 1973, 166–177

– Petrus und Paulus – Pole der Einheit, 1976 (QD 76)

Nauck, W., Die Herkunft des Verfassers der Pastoralbriefe, Diss. Göttingen 1950

Niederwimmer, K., Askese und Mysterium, 1975 (FRLANT 113)

Norden, E., Agnostos Theos. Untersuchungen zur Formgeschichte religiöser Rede, Darmstadt [5]1971

Oberlinner, L., Die ›Epiphaneia‹ des Heilswillens Gottes in Christus Jesus, ZNW 71 (1980) 192–213

Ollrog, W.-H., Paulus und seine Mitarbeiter. Untersuchungen zu Theorie und Praxis der paulinischen Mission, 1979 (WMANT 50)

Pfitzner, V. C., Paul and the Agon Motif, 1967 (NT.S 16)

Prast, F., Presbyter und Evangelium in nachapostolischer Zeit, 1979 (FzB 29)

Rathke, H., Ignatius von Antiochien und die Pastoralbriefe, 1967 (TU 99)

Rohde, J., Urchristliche und frühkatholische Ämter, 1976 (ThA 33)

Roloff, J., Ansätze kirchlicher Rechtsbildungen im Neuen Testament, in: Studien zu Kirchenrecht und Theologie I, hrsg. K. Schlaich, Heidelberg 1987 (Texte und Materialien der Forschungsstätte der Evangelischen Studiengemeinschaft, Reihe A, Nr. 26)

– Apostolat – Verkündigung – Kirche. Ursprung, Inhalt und Funktion des kirchlichen Apostelamtes nach Paulus, Lukas und den Pastoralbriefen, Gütersloh 1965

– Art. Amt/Ämter/Amtsverständnis. IV. Im Neuen Testament, TRE 2, 509–533

– Art. Apostel/Apostolat/Apostolizität. I. Neues Testament, TRE 3, 430–445

– Die Apostelgeschichte, 1981 (NTD 5)

– Die Offenbarung des Johannes, 1984 (ZBK.NT 18)

– Pfeiler und Fundament der Wahrheit. Erwägungen zum Kirchenverständnis der Pastoralbriefe, in: Glaube und Eschatologie (FS W. G. Kümmel), hrsg. E. Gräßer und O. Merk, Tübingen 1985, 229–247

Sand, A., Anfänge einer Koordinierung verschiedener Gemeindeordnungen nach den Pastoralbriefen, in: Kirche im Werden, hrsg. J. Hainz, München 1976, 215–237

Schenke, H.-M., Das Weiterwirken des Paulus und die Pflege seines Erbes durch die Paulus-Schule, NTS 21 (1975) 505–518

– /Fischer, K. M., Einleitung in die Schriften des Neuen Testaments. I: Die Briefe des Paulus und Schriften des Paulinismus, Gütersloh 1978

Schirr, J., Motive und Methoden frühchristlicher Ketzerbekämpfung, Diss. (Masch.) Greifswald 1976

Schlier, H., Die Ordnung der Kirche nach den Pastoralbriefen, in: ders., Die Zeit der Kirche, Freiburg ³1962, 129–147

Schnackenburg, R., Der Brief an die Epheser, 1982 (EKK X)

Schrage, W., Ethik des Neuen Testaments, ⁴1982 (GNT 4)

Schüssler-Fiorenza, E., In Memory of Her. A Feminist Theological Reconstruction of Christian Origins, London ²1986

Schulz, S., Die Mitte der Schrift, Stuttgart/Berlin 1976

Schwarz, R., Bürgerliches Christentum im Neuen Testament? Eine Studie zu Ethik, Amt und Recht in den Pastoralbriefen, 1983 (ÖBS 4)

Schweizer, E., Der Brief an die Kolosser, ²1980 (EKK XII)

– Gemeinde und Gemeindeordnung im Neuen Testament, 1959 (AThANT 35)

Speyer, W., Die literarische Fälschung im heidnischen und christlichen Altertum, 1971 (HAW I/2)

Standaert, B., Paul, exemple vivant de l'Evangile de grace. 1Tim 1,12–17, ASeign 55 (1974) 62–69

Stenger, W., Timotheus und Titus als literarische Gestalten, Kairos 16 (1974) 252–267

Thraede, K., Ärger mit der Freiheit. Die Bedeutung von Frauen in Theorie und Praxis der alten Kirche, in: G. Scharffenorth/K. Thraede, »Freunde in Christus werden . . .«, Gelnhausen/Berlin 1977, 31–182

– Zum historischen Hintergrund der ›Haustafeln‹ des NT, in: Pietas (FS B. Kötting), hrsg. E. Dassmann/K. S. Frank, 1980 (JAC.E 8), 359–368

Trilling, W., Der zweite Brief an die Thessalonicher, 1980 (EKK XIV)

Trummer, P., Corpus Paulinum – Corpus Pastorale. Zur Ortung der Paulustradition in

den Pastoralbriefen, in: Paulus in den neutestamentlichen Spätschriften. Zur Paulusrezeption im Neuen Testament, hrsg. K. Kertelge, 1981 (QD 89)
- »Mantel und Schriften« (2Tim 4,13). Zur Interpretation einer persönlichen Notiz in den Pastoralbriefen, BZ 18 (1974) 193–207
- Die Paulustradition der Pastoralbriefe, 1978 (BET 8)

Verner, D. C., The Household of God. The Social World of the Pastoral Epistles, 1981 (SBLDS 71)

Vielhauer, Ph., Geschichte der urchristlichen Literatur, Berlin/New York 1975

Vögtle, A., Die Tugend- und Lasterkataloge exegetisch, religions- und formgeschichtlich untersucht, 1936 (NTA 16,4–5)

Wanke, J., Der verkündigte Paulus der Pastoralbriefe, in: Dienst der Vermittlung, hrsg. W. Ernst u. a., Leipzig 1977, 165–189

Warkentin, M., Ordination. A Biblical-Historical View, Grand Rapids 1982

Wegenast, K., Das Verständnis der Tradition bei Paulus und in den Deuteropaulinen, 1962 (WMANT 8)

Weidinger, K., Die Haustafeln, 1928 (UNT 14)

Wengst, K., Christologische Formeln und Lieder des Urchristentums, [2]1973 (StNT 7)
- (Hrsg.), Didache (Apostellehre), Barnabasbrief, Zweiter Klemensbrief, Schrift an Diognet, 1984 (SUC 2)

Wilckens, U., Der Brief an die Römer I–III, 1978–82 (EKK VI)

Wilson, S. G., Luke and the Pastoral Epistles, London 1979
- The Portrait of Paul in Acts and the Pastorals, in: Society of Biblical Literature, 1976 Seminar Papers, hrsg. G. MacRae, Missoula 1976, 397–411

Windisch, H., Zur Christologie der Pastoralbriefe, ZNW 34 (1935) 213–238

Wolff, Chr., Der erste Brief des Paulus an die Korinther. Zweiter Teil: Auslegung der Kapitel 8–16, 1982 (ThHK VII/2)

Wolter, M., Die Pastoralbriefe als Paulustradition, 1988 (FRLANT 146)

Zimmermann, A. F., Die urchristlichen Lehrer, 1984 (WUNT 12)

Zmijewski, J., Die Pastoralbriefe als pseudepigraphische Schriften, StNTU.A 4 (1979) 97–118

Einführung

Literatur:

Zu I und II: Aland, K., Falsche Verfasserangaben? Zur Pseudonymität im frühchristlichen Schrifttum, ThRv 75 (1979) 1–10; *Balz, H. R.,* Anonymität und Pseudepigraphie im Urchristentum. Überlegungen zum literarischen und theologischen Problem der urchristlichen und gemeinantiken Pseudepigraphie, ZThK 66 (1969) 403–436; *Binder, H.,* Die historische Situation der Pastoralbriefe, in: Geschichtswirklichkeit und Glaubensbewährung (FS F. Müller), Stuttgart 1967, 70–83; *Brox, N.,* Historische und theologische Probleme der Pastoralbriefe des NT. Zur Dokumentation der frühchristlichen Amtsgeschichte, Kairos 11 (1969) 81–94; *ders.,* Zu den persönlichen Notizen der Pastoralbriefe, BZ 13 (1969) 76–94; *ders.,* Verfasserangaben; *ders.* (Hrsg.), Pseudepigraphie in der heidnischen und jüdisch-christlichen Antike, 1977 (WdF 484); *Bruggen, J. van,* Die geschichtliche Einordnung der Pastoralbriefe, Wuppertal 1981; *v. Campenhausen,* Polykarp; *Ellis, E. E.,* Die Datierung des NT, ThZ 42 (1986) 409–430; *Fischer, K. M.,* Anmerkungen zur Pseudepigraphie im Neuen Testament, NTS 23 (1977) 76–81; *Grayston, K./Herdan, G.,* The Authorship of the Pastorals in the Light of Statistical Linguistics, NTS 6 (1959/60) 1–15; *Guthrie, D.,* The Development of the Idea of Canonical Pseudepigrapha in New Testament Criticism, in: VoxEv I (1962) 43–59; *Harnack, A. v.,* Geschichte der altchristlichen Litteratur II/1, Die Chronologie der altchristlichen Litteratur bis Eusebius, Leipzig 1897; *Harrison, P. N.,* The Authorship of the Pastoral Epistles, ET 67 (1955/56) 77–81; *ders.,* The Problem; *Hartke, W.,* Die Sammlung und die ältesten Ausgaben der Paulusbriefe, Diss. Bonn 1917; *Hengel, M.,* Anonymität, Pseudepigraphie und »Literarische Fälschung« in der jüdisch-hellenistischen Literatur, in: Pseudepigrapha I. Pseudopythagorica – Lettres de Platon – Littérature pseudépigraphique juive (= Fondation Hardt, Entretiens sur l'antiquité classique t.18), Genève 1972, 229–308; *Hitchcock, F. R. M.,* Philo and the Pastorals, Her. 56 (1940) 113–135; *ders.,* Tests for the Pastorals, JThS 30 (1928/29) 272–279; *Knoch,* Testamente; *Metzger, B. M.,* A Reconsideration of Certain Arguments against the Pauline Authorship of the Pastoral Epistles, ET 70 (1958/59) 91–94; *ders.,* Literary Forgeries and Canonical Pseudepigrapha, JBL 91 (1972) 3–24; *Meyer, A.,* Religiöse Pseudepigraphie als ethisch-psychologisches Problem, ZNW 35 (1936) 262–279; *Michaelis, W.,* Pastoralbriefe und Wortstatistik, ZNW 28 (1929) 69–76; *Morgenthaler, R.,* Statistik des Neutestamentlichen Wortschatzes, Frankfurt 1958; *Moule, C. F. D.,* The Birth of the New Testament, London 1962; *ders.,* The Problem of the Pastoral Epistles: A Reappraisal, BJRL 47 (1964/65) 430–452; *Ollrog,* Mitarbeiter; *Reicke, B.,* Caesarea, Rome, and the Captivity Epistles, in: Apostolic History and the Gospel (FS F. F. Bruce), Exeter 1970, 277–286; *ders.,* Chronologie der Pastoralbriefe, ThLZ 101 (1976) 81–94; *Robinson, J. A. T.,* Redating the New Testament, London

³1978; *Roller, O.*, Das Formular der paulinischen Briefe. Ein Beitrag zur Lehre vom antiken Briefe, 1933 (BWANT 58); *Schmithals, W.*, Art. Pastoralbriefe, ³RGG V 144–148; *Sint, J. A.*, Pseudonymität im Altertum. Ihre Formen und ihre Gründe, Commentationes Aenipontanae 15 (1960); *Speyer*, Fälschung; *Strobel, A.*, Schreiben des Lukas? Zum sprachlichen Problem der Pastoralbriefe, NTS 15 (1968/69) 191–210; *Torm, F.*, Die Psychologie der Pseudonymität im Hinblick auf die Literatur des Urchristentums, 1932 (SLA 2); *ders.*, Über die Sprache in den Pastoralbriefen, ZNW 18 (1917/18) 225–243; *Wake, W. C.*, The Authenticity of the Pauline Epistles, HibJ 47 (1948/49) 50–55; *Wilson*, Luke; *Yule, G. U.*, The Statistical Study of Vocabulary, Cambridge 1943.

Zu III: Aland, K., Die Entstehung des Corpus Paulinum, in: ders., Neutestamentliche Entwürfe, 1979 (TB 63), 302–350; *Bartsch*, Rechtsbildungen; *Sand, A.*, Kanon. Von den Anfängen bis zum Fragmentum Muratorianum, 1974 (HDG I 3a); *ders.*, Überlieferung und Sammlung der Paulusbriefe, in: Paulus in den neutestamentlichen Spätschriften. Zur Paulusrezeption im Neuen Testament, hrsg. K. Kertelge, 1981 (QD 89), 11–24; *Schenke*, Weiterwirken; *Trummer*, Paulustradition; *Wanke*, Paulus.

Zu IV und V: Aland, K. – Aland, B., Der Text des Neuen Testaments, Stuttgart 1982; *Barnett*, Paul; *Campenhausen, H. v.*, Die Entstehung der christlichen Bibel, 1968 (BHTh 39); *Hegermann*, Ort; *Jeremias, J.*, Zur Datierung der Pastoralbriefe, ZNW 52 (1961) 101–104 (= *ders.*, Abba, Göttingen 1966, 314–316); *Käsemann, E.*, Ein neutestamentlicher Überblick, VF 1949/50 (1951/52) 191–218; *Leipoldt*, Kanon I; *Lindemann*, Paulus; *Müller*, Zur frühchristlichen Theologiegeschichte; *Nauck*, Herkunft; *Schmithals, W.*, Zur Abfassung und ältesten Sammlung der paulinischen Hauptbriefe, ZNW 51 (1960) 225–245; *Stenger*, Timotheus; *Trummer*, Corpus Paulinum.

Die beiden Briefe an Timotheus und der Brief an Titus bilden zusammen mit dem Phlm eine Vierergruppe von nicht an Gemeinden, sondern an Einzelpersonen adressierten Schreiben, die von alters her ihren Platz im kirchlichen Kanon am Ende der Paulusbriefe hat. Aber während der Phlm in seiner Adresse auch eine Hausgemeinde nennt (Phlm 1) und damit trotz seines stark persönlichen Inhalts formal als Gemeindebrief gelten kann, verhält es sich mit diesen drei Schreiben genau umgekehrt. Als ihre Adressaten erscheinen ausschließlich Einzelpersonen, nämlich die Paulusschüler Timotheus und Titus. Trotzdem sind sie keine Privatbriefe, sondern Schreiben höchst offiziellen Charakters, denn der Apostel erteilt in ihnen seinen Schülern Anordnungen und Ermahnungen für die rechte Führung des kirchlichen Hirtenamtes. Diese inhaltliche Ausrichtung, die den drei Briefen eine Sonderstellung innerhalb des Corpus Paulinum gibt[1], kommt treffend zum Ausdruck in der vermutlich durch B. D. Paul Anton im 18. Jh. geprägten Bezeichnung *Pastoralbriefe*[2], die sich seither allgemein eingebürgert hat.

---

[1] Vgl. die treffende Charakteristik bei Holtzmann 7: »In der That sind die drei Briefe unzertrennlichere Drillinge, als Epheser- und Kolosserbrief Zwillinge sind.«

[2] P. Anton, Exegetische Abhandlungen der Pastoralbriefe Pauli, Halle 1753. Bereits vorher hatte D. N. Berdot (Exercitatio theologica exegetica in epistolam S. Pauli ad Titum, Halle 1703) den Tit als »pastoralis« bezeichnet.

I. Die Adressaten

1. Das Bild keines anderen Paulusmitarbeiters gewinnt in den Briefen des Apostels in Verbindung mit der Apg auch nur annähernd so scharfe Konturen wie das des *Timotheus*. In Lystra, im Süden der Provinz Galatien, als Sohn eines griechischen Vaters und einer jüdischen Mutter aufgewachsen (Apg 16,1), wurde er von Paulus selbst bekehrt, und zwar vermutlich bereits während dessen früher, von Antiochia aus in das südöstliche Kleinasien vorstoßenden Mission, der sog. 1. Missionsreise (Apg 14,6–20)[3]. Als dann Paulus seine Verbindung mit der Gemeinde von Antiochia gelöst und die missionarische Gemeinschaft mit Barnabas aufgegeben hatte, bedurfte er für das große Vorhaben der Mission im ägäischen Raum eines Mitarbeiters. Seine Wahl fiel auf Timotheus. Einiges spricht für die Zuverlässigkeit der Mitteilung der Apg (16,3), daß der Apostel ihn, der als Sohn einer jüdischen Mutter nach jüdischem Recht als Jude galt, »mit Rücksicht auf die Juden« beschnitten habe[4]. Wie dem auch sei, fest steht auf alle Fälle, daß Paulus in ihm den Mitarbeiter fand, »den er von allen am meisten schätzte, auf den er sich wie auf keinen anderen verließ, dem er persönlich besonders nahestand und der von nun an ohne Unterbrechung bei ihm blieb«[5], und zwar wahrscheinlich bis in die Tage der letzten Gefangenschaft hinein (Phil 2,19)[6].

Bereits im ältesten erhaltenen Paulusbrief fungiert Timotheus als Mitabsender – zunächst allerdings noch gemeinsam mit Silvanus (1Thess 1,1). Als alleiniger Mitabsender wird er in den Präskripten des 2Kor, Phlm und Phil genannt. Das ist nicht nur ein Zeichen der Wertschätzung, sondern der *Mitverantwortung für das paulinische Missionswerk*[7]. Mehrfach tritt er als Verbindungsmann zwischen dem Apostel und den Gemeinden in Erscheinung. So sandte ihn Paulus kurz nach dem Gründungsbesuch nach Thessalonich, um den angefochtenen Glauben der Gemeinde zu stärken (1Thess 3,2f), und aus der Gefangenschaft beauftragte ihn der Apostel mit der Überbringung des Phil. (Phil 2,19–23). Besonders heikel war seine Mission in die zerstrittene Gemeinde von Korinth, der gegenüber ihn der Apostel ausdrücklich empfiehlt als einen, der »das Werk des Herrn tut wie ich« (1Kor 16,10), und als sein »geliebtes und zuverlässiges Kind im Herrn« (1Kor 4,17). In diesen und ähnlichen Wendungen (Phil 2,20–22) kommt nicht nur eine enge, vertrauensvolle persönliche Verbindung zum Ausdruck; sie haben vielmehr primär eine offizielle Dimension, indem sie Timotheus gegenüber den Gemeinden als den ausweisen, der bevollmächtigt ist, den an der persönlichen Anwesenheit gehinderten Apostel zu vertreten.

In Röm 16,21 wird Timotheus als »Mitarbeiter« des Paulus erwähnt, der aus

---

[3] Zur Frage der Geschichtlichkeit der 1. Missionsreise s. Roloff, Apostelgeschichte 194f.
[4] Zum Problem vgl. Roloff, a.a.O. 240; R. Pesch, Die Apostelgeschichte II, 1987 (EKK V/2), 97; Ollrog, Mitarbeiter 21.

[5] Ollrog, a.a.O. 20.
[6] Dies unter der Voraussetzung der (umstrittenen) Zuordnung des Phil zur römischen Gefangenschaft des Paulus.
[7] So Ollrog, Mitarbeiter 22 mit Anm. 77.

Korinth Grüße übersendet. Anscheinend sollte er mit Paulus zu der neuen missionarischen Etappe nach Rom und Spanien aufbrechen. Weil aber nach dem Plan des Paulus diese Reise nach Westen erst nach der Überbringung der Kollekte nach Jerusalem und unmittelbar von dort aus angetreten werden sollte, erscheint Timotheus auch unter den Teilnehmern der Jerusalemreise in Apg 20,4[8]. Mit dieser Erwähnung in der Apg, die im übrigen an Timotheus auffallend wenig Interesse zeigt, verlieren sich seine Spuren in der Geschichte. Sollte die Bemerkung in Hebr 13,23 eine reale Basis haben und keine Fiktion sein, so wäre daraus lediglich zu entnehmen, daß er noch viele Jahre nach dem Ende des Paulus in der Mission tätig gewesen ist.

2. *Titus* rangiert unter den Paulusmitarbeitern, was die Häufigkeit der Nennung seines Namens in den anerkannt echten Briefen betrifft, hinter Timotheus (12×) unmittelbar an zweiter Stelle (10×). Sein Verhältnis zu Paulus wie auch seine Funktion im paulinischen Missionswerk waren jedoch ganz anderer Art. Titus war Heidenchrist der ersten Stunde in Antiochia und trat als solcher sehr früh in den Lebenskreis des Paulus. Mit ihm und Barnabas zog er zum Apostelkonzil nach Jerusalem, um dort dem Kreis um Jakobus gewissermaßen eine lebendige und überzeugende Anschauung von der geistlichen Realität des Heidenchristentums zu liefern (Gal 2,3)[9]. Das erlaubt den Schluß, daß Titus von Anfang an ganz auf der theologischen Linie des Paulus gestanden hat. Um so überraschender ist es, daß er den Apostel während der ersten Phase der großen Ägäis-Mission (sog. 2. Missionsreise) nicht begleitet hat. Als maßgebliches Mitglied der antiochenischen Gemeinde mag er während dieser Zeit seine Funktion darin gesehen haben, in ihr den kompromißlosen Standpunkt des Paulus hinsichtlich der gesetzesfreien Heidenmission weiterhin zur Geltung zu bringen. Erst anläßlich seines vor der zweiten Phase der Ägäis-Mission erfolgten Besuchs in Antiochia (Apg 18,22 f), der wahrscheinlich der Vorbereitung der Jerusalem-Kollekte diente[10], berief Paulus den Titus in sein Missionswerk. Und zwar war seine Funktion, im Unterschied zu Timotheus, nicht die des unmittelbaren Mitarbeiters und Stellvertreters, was auch darin zum Ausdruck kommt, daß er in den Briefpräskripten niemals als Mitabsender genannt wird. Die besondere Zuständigkeit des Titus war vielmehr die Organisation der Kollekte. »Titus war in dieser Funktion nicht bloß ein Beauftragter oder Erfüllungsgehilfe des Apostels, sondern, was Paulus besonders betont, mit selbständigem Antrieb an ihr beteiligt«[11] (2Kor 8,17). Alle Erwähnungen des Titus im 2Kor stehen denn auch im Zusammenhang mit der Kollekte (2Kor 2,13; 7,6f.13–16; 8,23; 12,18). Zur Werbung für die Kollekte und zu ihrer Einsammlung ist Titus auch zweimal nach Korinth gereist, wobei sich freilich diese Aufgabe unmittelbar mit der Überwindung der Spannungen zwischen Paulus und der Gemeinde verband. Was das Letztere betrifft, so mögen dafür

8   A.a.O. 23.   10   Roloff, Apostelgeschichte 277.
9   Brox 20.   11   Vgl. Ollrog, Mitarbeiter 35.

seine Voraussetzungen besser als die des Timotheus gewesen sein, da er der Gemeinde als wesentlich unabhängiger von Paulus und mit viel größerer Selbständigkeit gegenübertreten konnte. Auf die erste Reise nach Korinth dürfte ihm Paulus den »Tränenbrief« mitgegeben haben (2Kor 2,3 f), was freilich nicht eindeutig belegbar ist. Jedenfalls eilte ihm der Apostel, der sich mit ihm ursprünglich auf der Reise nach Mazedonien in Troas verabredet hatte, als sich seine Rückkehr aus Korinth verzögerte, ungeduldig und bangen Herzens weiter entgegen (2Kor 2,12 f; 7,5). Groß war die Erleichterung, als er Titus endlich in Mazedonien traf und dieser ihm positive Nachrichten über die korinthische Gemeinde überbringen konnte (2Kor 7,6–16). Zum zweiten Mal sandte Paulus den Titus dann wenig später aus Mazedonien nach Korinth, um die begonnene Kollekte zu Ende zu führen (2Kor 8,6.16 f). Daß er dabei entweder einen eigenen Kollektenbrief des Paulus (2Kor 9) oder den sogenannten »Versöhnungsbrief« (2Kor 1–8) überbrachte, ist möglich, wenn auch keineswegs eindeutig[12]. Jedenfalls war die erfolgreiche Durchführung der Kollekte durch Timotheus für Paulus das äußere Zeichen dafür, daß sein Verhältnis zur korinthischen Gemeinde wieder im Lot war.

Vielleicht ist die unmittelbare Verbindung des Titus mit der Jerusalemkollekte der Grund für das merkwürdige Schweigen der Apg über ihn. Lukas hat die Kollekte, von deren Scheitern er wußte, konsequent und vorsätzlich übergangen[13]. Daß er auch jenen Mann überging, dessen Wirken im Umkreis des Paulus ausschließlich mit der Kollekte verbunden gewesen ist, braucht deshalb nicht zu überraschen. Daß der am Zustandekommen der Kollekte so maßgeblich beteiligte Titus auch an der Reise nach Jerusalem zu deren Überbringung teilgenommen hat, wird man umgekehrt trotz des Fehlens seines Namens in Apg 20,4 unterstellen können. Die Spur seines weiteren Lebensweges verliert sich im Dunkel, wenn man von den Angaben des Tit absieht, die ihn als Missionar auf Kreta darstellen.

II. Der pseudonyme Charakter der Briefe

1. Bis in das frühe 19. Jh. hinein war die paulinische Herkunft der Past unumstritten. Die Debatte um ihre Echtheit[14] wurde 1804 eröffnet durch J. E. C. Schmidt[15] und weiter vorangetrieben durch D. F. Schleiermacher (1807)[16], deren Bedenken zunächst nur der paulinischen Verfasserschaft des 1Tim galten. Schleiermacher verwies auf die unpaulinische Sprache, auf die Unmöglichkeit, den Brief innerhalb der uns bekannten Biografie des Paulus unterzubringen, sowie auf den Mangel an streng geschlossenem Zusammen-

---

12 Diskussion bei Ollrog, ebd. Anm. 153.
13 Vgl. Roloff, Apostelgeschichte 311–313.
14 Zum Folgenden vgl. die Darstellung der älteren Forschungsgeschichte bei Holtzmann 7–15.

15 J. E. C. Schmidt, Einleitung I, 1804.
16 D. F. Schleiermacher, Über den sogenannten ersten Brief des Paulus an den Timotheos. Sendschreiben an Gass, 1807, in: Werke zur Theologie II, Berlin 1836, 223 f.

hang und erklärte ihn zu einer Kompilation aus dem 2Tim und dem Tit. J. G. Eichhorn (1812)[17] dehnte erstmals diese Kritik auf alle drei Past aus. Als der »eigentliche Begründer des kritischen Urtheils«[18] muß jedoch F. Chr. Baur gelten, der theologische Sachargumente mit einbezog und dabei vor allem den Zusammenhang der Polemik der Briefe mit der Gnosis des 2. Jh. aufwies[19].

Baur folgte die Ältere Tübinger Schule, für die die Unechtheit der Briefe ein willkommenes Argument zur Stützung ihrer geschichtstheologischen Konstruktion darstellte: Sie sah in den Past die Idee der Einheit der Kirche von paulinisch-katholisierendem Standpunkt aus dargestellt[20]. Gegen diese Position erhob sich alsbald eine breite Front von Verteidigern der Echtheit[21], deren Argumentation sich vorwiegend auf den Nachweis der Möglichkeit konzentrierte, die Briefe in der Biografie des Paulus unterzubringen, wobei sich jedoch keineswegs eine einheitliche Verteidigungslinie ergab. Man nahm vielmehr Zuflucht bei kühnen, einander widersprechenden exegetischen und historischen Konstruktionen. So war es für H. J. Holtzmann, den ersten Verfasser eines großen wissenschaftlichen Kommentars auf der Basis der Unechtheit der Briefe (1880), ein leichtes, die Einwände zu destruieren und die Unmöglichkeit der paulinischen Abfassung der Briefe überzeugend nachzuweisen. Der dieser Thematik gewidmete Einleitungsteil, der mehr als die Hälfte des Holtzmannschen Kommentars einnimmt[22], kann als ein weithin unüberholtes exegetisches Meisterstück gelten. Der Auslegungsteil kann dieses Niveau nicht halten, da er die gewonnenen Einsichten nicht konstruktiv für die Exegese auszuwerten vermag.

Dafür, daß der Streit um die Echtheit über Holtzmann hinaus bis in unsere Gegenwart hinein mit unverminderter Heftigkeit weitergeführt worden ist[23], wird man vor allem ideologische Gründe verantwortlich machen müssen. Geht es hier doch keineswegs nur um die Frage, ob für eine weitere Schriftengruppe des NT statt direkter apostolischer eine nichtapostolische Verfasserschaft anzunehmen sei[24]. Das Problem wird vielmehr dadurch verschärft, daß diese drei Briefe durch ihren persönlichen Ton und die Erwähnung biografischer Details offensichtlich den Eindruck paulinischer Verfasserschaft erwecken

---

[17] J. G. Eichhorn, Einleitung in das NT III/1, Leipzig 1812, 315–328.

[18] Holtzmann 9.

[19] F. Chr. Baur, Die sogenannten Pastoralbriefe des Apostels Paulus, Stuttgart/Tübingen 1835; ders., Paulus, der Apostel Jesu Christi, Stuttgart 1845, 492ff; ders., Das Christenthum und die christliche Kirche der drei ersten Jahrhunderte, Tübingen ²1860, 121.

[20] So u. a. Schwegler, B. Bauer, Hilgenfeld, Ewald, Hausrath, Pfleiderer.

[21] S. hierzu Holtzmann 10f.

[22] A. a. O. 1–282.

[23] Für Unechtheit traten ein u. a.: Loisy, Bultmann, Dibelius, Jülicher, Falconer, Barrett, Conzelmann, Kümmel, Brox, Lohse, Goppelt; die Echtheit verteidigten u. a. Zahn, Lock, Schlatter, Wohlenberg, Jeremias, Guthrie, Kelly, Spicq. Vgl. die Aufstellung bei Spicq 158f, die allerdings in Einzelheiten nicht zuverlässig ist, so in der Reklamierung von Michel und Goppelt (vgl. hierzu Goppelt, Apostolische Zeit 69) für die »Echtheitsfraktion«.

[24] Nach heute weit verbreitetem kritischen Konsens sind alle ntl. Schriften außer den echten Paulusbriefen nichtapostolischer Herkunft.

wollen[25]. Die Einsicht in ihre Nichtechtheit könnte darum die Konsequenz nahelegen, daß wir es mit einer bewußt auf Irreführung und Täuschung der Leser angelegten Fälschung zu tun hätten, durch deren Aufnahme in den biblischen Kanon dessen Würde und theologische Integrität nach Meinung der Echtheitsverteidiger ernstlich in Frage gestellt wären. So ernst diese Problematik zu nehmen ist – wir werden im folgenden noch auf sie einzugehen haben –, gerade eine historisch und theologisch verantwortungsbewußte Exegese sollte sich von ihr nicht mehr länger den Blick für die zwingende Evidenz jener Argumente verstellen lassen, die – wenn nicht schon je für sich allein, so doch zumindest in ihrer Kombination – gegen eine unmittelbare paulinische Verfasserschaft sprechen.

2. Augenfällig ist zunächst die *Widersprüchlichkeit der vorausgesetzten Briefsituationen*. Nach dem 1Tim schreibt Paulus an Timotheus, mit dem er bis vor kurzem gemeinsam in Ephesus gewirkt hat, um ihm Anweisungen für die Bekämpfung der Irrlehrer zu geben (1,3) und ihn dabei ganz allgemein über seine Pflichten bei der Leitung der Gemeinde zu instruieren (3,14; 4,13). Man fragt sich, worin die Notwendigkeit für Paulus besteht, seinem langjährigen Vertrauten und engsten Mitarbeiter nochmals brieflich all das einzuschärfen, was er ihm bereits vorher mündlich aufgetragen hatte (1,3), zumal einerseits seine Abwesenheit nur als vorübergehend und kurz dargestellt wird (3,14), andererseits keine konkrete Entwicklung in der Gemeinde sichtbar wird, die Anlaß für eine die vorangegangenen mündlichen Instruktionen überholende aktuelle Stellungnahme hätte sein können[26]. Von merkwürdiger Unklarheit ist das, was Paulus über die Irrlehre zu sagen hat. Einerseits bewegt es sich auf der Ebene prophetischer Ankündigung einer in der Zukunft drohenden Gefahr (4,1), andererseits setzt es bereits eine in der Gegenwart zu bekämpfende Aktivität von häretischen Kräften voraus (1,3–7)[27]. Ähnliche Fragen fordert der Tit heraus, in welchem Paulus dem Titus, den er nach längerem gemeinsamem Wirken auf Kreta zurückgelassen hat, Anweisungen für die weitere Durchführung der begonnenen Kirchenorganisation gibt. Hinzu kommt hier, daß dieser Brief Titus ganz analog zu Timotheus als unmittelbaren missionarischen Mitarbeiter und Stellvertreter des Apostels darstellt, was jedoch den historischen Gegebenheiten kaum entsprechen dürfte: Titus war nicht, wie Timotheus, ständiger Mitarbeiter des Paulus, sondern trat im Zusammenhang mit der Spezialaufgabe der Kollektenorganisation in das paulinische Missionswerk ein (s. o. I.2).

Der 2Tim gibt sich als Testament des in Rom gefangenen Paulus an seinen vertrauten Schüler Timotheus angesichts seines unmittelbar bevorstehenden Endes. Hier mischen sich ungleich stärker als in den beiden anderen Briefen

---

25   Vgl. Brox, Verfasserangaben 19: »Hier ist die literarische Manipulation perfekt, obwohl sie an vielen formalen und inhaltlichen Besonderheiten als Fiktion erkennbar ist.«

26   Vgl. Brox 48; Kümmel, Einleitung 330.
27   Vgl. Kümmel, a. a. O. 334.

unter die amtlichen Weisungen, die keineswegs fehlen (z. B. 2Tim 1,6–14; 2,1–7.14–21; 3,1–17), persönliche Töne, die vielfach als untrügliche Zeichen paulinischer Autorschaft reklamiert worden sind. Aber gerade eine so intim-persönliche Bitte wie die, daß Timotheus dem gefangenen Paulus die in Troas vergessenen Habseligkeiten – Mantel und Schriftrollen – mitbringen möge (4,13), erweckt Bedenken: Sollte Paulus erst jetzt, nach mehreren Jahren, die ihn offensichtlich von dem Besuch in Troas trennen, die Sachen anfordern, wo er zudem noch mit den nahen Tode rechnet (4,6 ff. 18)? Nicht weniger seltsam ist die Mitteilung, daß Trophimus krank in Milet zurückgeblieben ist (4,20), als ob der in Ephesus, ganz nahe bei Milet also, vorzustellende Timotheus das erst auf dem Umweg über Rom erfahren müßte![28] Eine Ungereimtheit besteht schließlich auch darin, daß Paulus einerseits klagt, alle Vertrauten und Mitarbeiter außer Lukas hätten ihn verlassen (4,10 f), um andererseits Grüße eines offensichtlich in seiner Umgebung befindlichen Kreises von Freunden zu bestellen (4,21). Dies alles legt die Vermutung nahe, daß auch die scheinbar unerfindlichen persönlichen Details in Wahrheit um ihrer typischen Bedeutung willen konstruiert sein könnten[29].

Ganz allgemein gilt von allen drei Briefen, daß sie ein Stadium der inneren Entwicklung der Gemeinden voraussetzen, das im Vergleich zum Gemeinde-bild der übrigen paulinischen Episteln sehr weit fortgeschritten ist[30]. Züge, die auf die dritte Generation verweisen, sind hier unverkennbar. Das gilt nicht nur im Blick auf die Gewichtung der Ämter und überhaupt der kirchlichen Verfassung (s. den Exkurs »Die gemeindeleitenden Ämter«), sondern auch hinsichtlich der Stellung der Gemeinden zu ihrer Umwelt: Das Verhältnis zum Judentum bildet kein akutes Problem mehr, statt dessen ringt man um ein angemessenes Verhältnis zur nichtchristlichen Gesellschaft und ihren ethischen Normen. Das Christentum ist bereits auf dem Wege, Tradition zu werden; ja, Timotheus selbst wird, in offenkundigem Widerstreit zu seiner geschichtlichen Stellung als Paulusmitarbeiter, zum Repräsentanten solcher Tradition gemacht, indem Paulus ihn als Erben des Glaubens seiner – als Christinnen vorgestellten – Großmutter und Mutter anredet (2Tim 1,5).

3. Die *Angaben über Schicksal und Weg des Paulus* lassen sich nicht in seiner uns bekannten, aus den sonstigen Briefen wie der Apg zu erschließenden Biografie unterbringen. Daß Paulus von Ephesus aus nach Mazedonien gereist ist (1Tim 1,3), könnte, für sich genommen, seinem Aufbruch zur Kollekten-einsammlungsreise (Apg 19,21) entsprechen, nicht jedoch, daß er Timotheus in Ephesus zurückgelassen hat. Nach Apg 19,22 hat er den Mitarbeiter vielmehr nach Mazedonien vorausgesandt, wo er anscheinend im weiteren

28 Vgl. Marxsen, Einleitung 205.
29 S. hierzu C. Spicq, Pèlerine et vêtements. Apropos de II. Tim. IV, 13 et Act. XX 83, in: Mélanges E. Tisserant I, Civitas Vaticana 1964, 389–417, P. Trummer, »Mantel und Schrif-

ten« (2Tim 4,13), BZ NS 18 (1974) 193–207; Brox, Verfasserangaben 21.
30 Vgl. Brox 42–46; Kümmel, Einleitung 335–337.

Reiseverlauf wieder mit ihm zusammengetroffen ist, denn Timotheus erscheint als Mitbriefsteller des wohl von Mazedonien aus nach Korinth geschriebenen Versöhnungsbriefes (2Kor 1,1)[31]. Von da an dürfte er während des letzten Korinthaufenthaltes (Röm 16,21) wie auch während der Jerusalemreise (Apg 20,4) ohne Unterbrechung bei Paulus gewesen sein.

Von einer Kreta-Mission des Paulus, wie sie der Tit voraussetzt, fehlt uns jede Kunde. Kreta erscheint lediglich episodisch im Zusammenhang der Seereise des gefangenen Paulus nach Rom (Apg 27,7 f), wobei das Ankern des Schiffes bei den »Schönen Häfen« schwerlich Gelegenheit zur Mission geboten hat[32]. Nach Tit 3,12 hat Paulus im Anschluß an die Kreta-Mission in Nikopolis (gemeint ist damit wohl die Stadt dieses Namens an der Adriaküste in Epirus)[33] überwintert – auch dies ist eine Angabe, die sich nirgends unterbringen läßt.

Noch rätselhafter sind die Angaben des 2Tim. Zwar könnte die Gefangenschaft des Paulus, als deren Ort doch wohl zwingend Rom vorauszusetzen ist, für sich genommen mit der römischen Gefangenschaft von Apg 28 in eins gesetzt werden, und auch die in 4,13.20 angedeutete Reiseroute *Korinth – Troas – Milet* ließe sich mit Apg 20 f vereinbaren. Dem steht jedoch entgegen, daß sich nach 1,18 und 4,19 (Grüße an Aquila und Priszilla) Timotheus noch in Ephesus aufhält, während er ja tatsächlich seinerzeit mit Paulus Ephesus verlassen hat, um an der Kollektenreise teilzunehmen. Und ebenso hat Trophimus, der nach 4,20 krank in Milet zurückgeblieben sein soll, nach Apg 20,4–21,29 Paulus nach Jerusalem begleitet.

Alle genannten Unstimmigkeiten wären beseitigt, wenn sich erhärten ließe, daß Paulus aus seiner römischen Gefangenschaft von Apg 28 noch einmal freigekommen wäre und erneut für einige Jahre im Osten missionarisch gewirkt hätte. Dann nämlich ließen sich die Angaben der Past dieser Spätperiode zwischen der ersten und zweiten römischen Gefangenschaft zuordnen. Doch diese Annahme verbietet sich aus mehreren Gründen: a. Die für sie positiv ins Feld geführten Belege erweisen sich allesamt als wenig tragfähig. So ist die Erwähnung einer »ersten Verteidigung« (πρώτη ἀπολογία), auf die Paulus bereits zurückblickt (2Tim 4,16), keineswegs als Hinweis auf einen früheren, mit Freispruch endenden Prozeß brauchbar[34]; es geht hier vielmehr um die erste Verhandlung im Rahmen eines laufenden Prozesses. Die berühmte Bemerkung in 1Cl 5,7, Paulus sei vor seinem Märtyrertod noch»bis zum äußersten Westen vorgedrungen« (ἐπὶ τὸ τέρμα τῆς δύσεως ἐλθών), ist schwerlich ein Beleg dafür, daß Paulus

---

31 Marxsen, Einleitung 204.
32 Dibelius-Conzelmann 115 und Marxsen, Einleitung 205 stellen die Möglichkeit einer Kreta-Reise während der Zeit des dreimonatigen letzten Korinth-Aufenthaltes des Paulus und vor der Kollektenreise (Apg 20,3) zur Diskussion, doch das ist unter der Voraussetzung der Historizität dieser Reise völlig undenkbar und unter der Annahme einer von Apg 20,3 inspirierten Fiktion kaum weniger unwahrscheinlich.

33 S. hierzu Dibelius-Conzelmann 115.
34 Begründer dieser zuletzt besonders von F. R. M. Hitchcock (The Pastorals and a Second Trial of Paul, ET 41 [1929–30] 20–23.20f) vertretenen Auslegung war Eusebius, Hist. Eccl. II 22,2 f. Dagegen Marxsen, Einleitung 206, der, nicht weniger problematisch, die Situation von 2Tim 4,16ff mit der von Apg 23,1–11 zusammenschauen und von daher den 2Tim auf Gefangenschaft und Prozeß des Paulus in Cäsarea beziehen möchte.

seinen Röm 15,24 geäußerten Plan einer Spanienreise durchführen konnte und folglich nach seiner ersten römischen Gefangenschaft noch einmal freigekommen sein muß. Eher dürfte es sich um eine klischeehafte Übertragung des aus Apg 1,8 abgeleiteten Gedankens der weltweiten Mission handeln: Zur Sendung des Boten Gottes gehört, daß er die Säulen des Herakles erreicht[35]. Damit fallen aber auch die von 1Cl 5,7 abhängigen altkirchlichen Nachrichten über die Spanienmission des Paulus (Canon muratori 38; Eusebius, Hist. Eccl. II 22,2) als nicht tragfähig dahin.

b. Doch selbst wenn 1Cl 5,7 zuträfe, wäre damit noch keineswegs ein neuerliches Wirken des Paulus im Osten wahrscheinlich gemacht. Dagegen spräche nämlich seine nachdrückliche Erklärung in Röm 15,23, daß er sein Werk im Osten als abgeschlossen betrachte.

c. Die Apg ist trotz ihres scheinbar offenen Endes (Apg 28,30f) doch wohl ein ernst zu nehmender Beleg dafür, daß Paulus aus seiner römischen Gefangenschaft nicht mehr freigekommen ist. Zu deutlich sind die Hinweise, daß Lukas die Romfahrt des Apostels als Todesreise versteht (Apg 20,25–38; 21,10–14), als daß an seinem Wissen vom Tod des Paulus in Rom gezweifelt werden könnte[36].

4. *Sprache und Stil* der Past weichen nicht unerheblich von den übrigen Paulusbriefen ab. Schon Holtzmann, der die sprachstatistische Methode als erster anwandte, zeigte, daß die drei Briefe großenteils einen Sonderwortschatz haben: von ihrem Gesamtvokabular von 897 Worten erweisen sich, wenn man von Orts- und Eigennamen absieht, nicht weniger als 171 als Sonderwortschatz, wobei die große Zahl von Hapaxlegomena auffällt: 1Tim 74, 2Tim 46; Tit 28; nur 23 Worte des Sonderwortschatzes erscheinen in zwei oder drei der Briefe[37]. O. Roller berechnete den Quotienten zwischen Buchstaben- und Wortzahl bei den Past und gelangte zu einem aufschlußreichen Vergleich mit den übrigen Briefen des Corpus Paulinum: Die errechneten Werte liegen durchweg ganz erheblich höher[38]. Weiter führten kraft der Verfeinerung der Vergleichsmethodik und der Vielfalt der Vergleichsaspekte die Untersuchungen von P. N. Harrison, die ein so überwältigendes linguistisches Beweismaterial gegen die paulinische Verfasserschaft erbrachten, daß es zunächst schien, als sei damit die Debatte endgültig entschieden[39]. Harrison

---

[35] Zur Begründung vgl. K. Beyschlag, Clemens Romanus und der Frühkatholizismus, 1966 (BHTh 35), 298.
[36] S. hierzu Roloff, Apostelgeschichte 311.375; R. Pesch, Die Apostelgeschichte II, 1987 (EKK V/2), 312.
[37] Holtzmann 86–91. Vgl. auch das aufgrund exakterer Kriterien gewonnene Ergebnis der Wortstatistik Morgenthalers* 28.38: die Past weisen mit 335 Sondergutvokabeln die zweieinhalbfache Anzahl solcher Wörter auf gegenüber dem Durchschnitt der Paulusbriefe.
[38] Roller* 242. Die Werte für das Corpus Paulinum (einschließlich Hebr) sind folgende:

Röm	4,8427
1Kor	4,8589
2Kor	4,9729
Gal	4,9744
Eph	4,9514
Phil	4,9883
Kol	4,9854
1Thess	5,0204
2Thess	4,9136
1Tim	5,5787
2Tim	5,2649
Tit	5,6565
Phlm	4,6657
Hebr	5,3261

[39] Harrison*, The Problem 20–24.

ging aus von Erhebungen über den *Sonderwortschatz* im Corpus Paulinum. Gemeint sind damit einerseits Wörter innerhalb eines Briefes, die sonst nirgends im NT vorkommen, andererseits Wörter, die zwar in weiteren Paulusbriefen fehlen, aber in anderen Teilen des NT in Erscheinung treten. Vergleichsgrundlage war dabei die durchschnittliche Häufigkeit von Sonderwörtern pro Seite des griechischen Textes. Dabei ergab sich für die drei Past die bei weitem höchste Frequenz des Sonderwortschatzes. Einbezogen in die Untersuchung waren neben dem Vokabular selbst auch signifikante Redefiguren[40], Partikelgebrauch[41] und syntaktische Konstruktionen.

Die Kritik an Harrison brachte Argumente unterschiedlichen Gewichts vor. W. Michaelis erhob Einwände gegen die Durchführung des Vergleiches auf der Grundlage des Durchschnitts pro Textseite[42]: Man hätte statt dessen das Verhältnis des Sonderwortschatzes zur Gesamtzahl der griechischen Wörter innerhalb des jeweiligen Buches feststellen müssen, da sich mit größerer Textlänge ganz allgemein der Prozentsatz des Sonderwortschatzes statistisch verringert. Dieser Einwand ist an sich berechtigt[43], seine Berücksichtigung in späteren Untersuchungen, z. B. in R. Morgenthalers »Statistik des Neutestamentlichen Wortschatzes«, ergab jedoch keine signifikante Revision der Ergebnisse Harrisons[44]. B. M. Metzger wandte ein, daß die Textbasis der Past generell für die Durchführung aussagekräftiger wortstatistischer Untersuchungen zu schmal sei[45], und D. Guthrie ging noch weiter, indem er generell die Anwendbarkeit mathematisch-linguistischer Methoden auf literarische Werke bestritt[46].

Diese Einwände wurden, soweit berechtigt, aufgenommen, soweit unberechtigt, widerlegt durch die nach modernen linguistischen und sprachstatistischen Kriterien erstellte Analyse von K. Grayston und G. Herdan.

In ihrem ersten Teil ermittelt sie als linguistisch signifikante Größe das Verhältnis zwischen dem Sonderwortschatz eines Teiles des Corpus Paulinum zu den allen Teilen gemeinsamen Wörtern (C) nach der Formel:

C = *Sonderwortschatz eines Teiles* + *gemeinsamer Wortschatz*
= Gesamtwortschatz des jeweiligen Teiles.

---

[40] Bei Paulus sonst nicht begegnende Redefiguren sind z. B. διαβεβαιοῦσθαι περὶ τίνος (1Tim 1,7; Tit 3,8); διαμαρτύρεσθαι ἐνώπιον τοῦ θεοῦ (1Tim 5,21; 2Tim 2,14; 4,1); πιστὸς ὁ λόγος (5×); δι' ἣν αἰτίαν (3×).

[41] Z. B. ἄν, ἄρα, διό, εἴτε, ἕκαστος, ἔτι, νυνί, οὐκέτι, πάλιν, σύν, ὥσπερ, ὥστε: Harrison*, The Problem 37.

[42] Michaelis*; ähnlich Hitchcock*, Tests for the Pastorals.

[43] Vgl. Grayston/Herdan* 4 f; Kümmel, Einleitung 328.

[44] Vgl. das Urteil von Grayston/Herdan* 5: »But although in principle Harrison's method is not quite correct because it is subject to a certain purely statistical trend, the defect is not very serious, because the excess of the number of words peculiar to the Pastorals over the number of such words in other Pauline letters is too great to be accounted for solely by that cause.«

[45] Metzger*, Reconsideration 93 f.

[46] Dagegen Grayston/Herdan* 14.

Dabei ergeben sich die folgenden Werte für C:

Römerbrief	= 362/1068	= 33,9%
1Kor	= 327/967	= 33,8%
2Kor	= 258/792	= 32,6%
Gal	= 173/526	= 32,8%
Eph	= 164/529	= 31,0%
Phil	= 156/448	= 34,8%
Kol	= 159/431	= 34,6%
1 + 2Thess	= 139/471	= 29,5%
Past	= 416/901	= 46,2%

Der C-Wert der Past fällt demnach weit aus dem zwischen 32% und 34% liegenden Durchschnitt heraus[47].

Dieselbe Untersuchungsmethode, auf die Past allein angewandt, ergibt eine erstaunliche sprachliche Kohärenz[48].

Die entsprechenden C-Werte sind hier:

1Tim	= 391/451	= 72,2%
1Tim	= 333/458	= 72,7%
Tit	= 216/303	= 71,3%

Nicht weniger aufschlußreich ist das im zweiten Teil der Untersuchung ermittelte Verhältnis der Logarithmen von Wortschatz und Textlänge: Dies weicht in den Past erheblich ab von sämtlichen übrigen Paulinen (einschließlich Kol, Eph und 2Thess)[49]. Dieser Logarithmus bleibt aber im Regelfall bei einem Autor auch über längere Zeiträume annähernd konstant.

Eine wichtige Ergänzung hierzu lieferte die von K. Beyer aufgestellte Statistik über das Verhältnis griechischer und semitisierender Konditionalsätze in den ntl. Schriften, indem sie für die Past 10–20× soviele Gräcismen wie für die übrigen Paulusbriefe aufwies[50].

Nach alledem sprechen Vokabular und Stil der Past eindeutig gegen eine paulinische Verfasserschaft. Man wird dieser Folgerung schwerlich ausweichen können durch Vermutungen wie die, daß Paulus hier in Verwirklichung seines Programms »den Griechen ein Grieche geworden« sei (vgl. 1Kor 9,20)[51], indem er in der Kommunikation mit hellenistischen Gemeinden deren Sprache und Denkformen angenommen habe, oder daß er – eine Entstehung der drei Briefe in einer der ersten römischen Gefangenschaft folgenden späten Wir-

---

[47] A. a. O. 9.

[48] A. a. O. 8.

[49] A. a. O. 12. Die ermittelten Werte sind im einzelnen:

Röm	0,7864
1Kor	0,7788
2Kor	0,7944
Gal	0,8131
Eph	0,8046
Phil	0,8257
Kol	0,8238
1Thess	0,8092
2Thess	0,8223
Phlm	0,8542
1Tim	0,8540
2Tim	0,8605
Tit	0,8794

[50] K. Beyer, Semitische Syntax im NT I/1, 1962 (StUNT 1), 232.294f.298.

[51] So z. B. Robinson* 70f.

kungsphase vorausgesetzt – hier einen Altersstil schreibe[52], oder gar, daß sich in ihnen der Einfluß des Lateinischen auf den in Rom zum zweitenmal gefangenen Paulus bemerkbar mache[53]. Damit ließen sich allenfalls gewisse begrenzte Veränderungen in Terminologie und Wortschatz erklären, nicht jedoch ein derartig weitgehender sprachlicher und stilistischer Wandel. Wobei als besonders auffallend das Zurücktreten der für die paulinische Diktion charakteristischen Anakoluthe sowie der Ausfall der sonst vom Apostel häufig gebrauchten Partikel und kurzen Wörter vermerkt werden muß[54], denn »gerade der Gebrauch solcher Wörter geschieht in der Regel unbewußt«[55].

5. Nicht angemessen erfaßt werden kann durch die Sprach- und Stilanalyse die *Differenz der theologischen Terminologie*. Gerade sie ist jedoch (wie hier nur kurz angedeutet werden kann) so erheblich, daß sie als das wohl entscheidende Argument gegen eine paulinische Autorschaft gelten muß. Eine ganze Reihe zentraler paulinischer Begriffe fehlen, so z. B. »Gottes Gerechtigkeit«, »Freiheit«, »Kreuz«, »Offenbarung« und »Leib Christi«. Die für Paulus typische Wendung »in Christus« kommt nur in der ganz unpaulinischen Verbindung mit abstrakten Nomina vor (1Tim 1,14; 3,13; 2Tim 1,1 u. ö.). Gewiß erscheinen einige dieser Begriffe auch in anderen Paulusbriefen nicht, aber ihr gehäufter Ausfall ist doch wohl ohne Vergleich. Neu eingeführt werden eine Reihe von Paulus fremden hellenistischen Begriffen in den Bereichen der Gotteslehre (σωτήρ: 1Tim 1,1; 2,3; 4,10 u. ö.; Gott als μακάριος: 1Tim 1,11; 6,15) und Christologie (ἐπιφάνεια für die irdische Erscheinung Christi: 2Tim 1,10; »Mittler zwischen Gott und den Menschen«: 1Tim 2,5), vor allem aber in der Beschreibung christlicher Existenz und Lebenshaltung (»Frömmigkeit«: 1Tim 2,2; 4,7f; 2 Tim 3,5 u. ö.; »gutes Gewissen«: 1 Tim 1,5; 3,9 u. ö.; »gute Werke«: 1Tim 2,10; Tit 2,14). Aus seiner zentralen Stellung als Schlüsselwort für die christliche Heilsaneignung wird das Wort »Glaube« verdrängt, um nun vor allem nur noch den Glaubensinhalt (z. B. 1Tim 3,9; 4,1.6; 5,8) bzw. die Zuverlässigkeit und Treue der Christen (z. B. 1Tim 1,14; 4,12) zu bezeichnen. Das sonst bei Paulus eher marginale Wort διδασκαλία (»Lehre«: Röm 12,7; 15,4) wird zu einem zentralen Leitbegriff, verbunden mit Attributen wie »gesund« (1Tim 1,10; 2Tim 4,3; Tit 1,9; 2,1) und »gut« (1Tim 4,6). In denselben Zusammenhang des den Past eigenen Interesses an Tradition und Lehre gehört auch das Reden von den »gesunden Worten« (1Tim 6,3; 2Tim 1,13) sowie von der »Hinterlassenschaft« (παραθήκη) des Apostels (1Tim

---

[52] So z. B. Guthrie, der in Auseinandersetzung mit Harrison's Statistik des Sonderwortschatzes feststellt, daß auch beim späten Shakespeare der Durchschnittswert des Sonderwortschatz-Gebrauchs steige: Eine unhaltbare These; vgl. Grayston/Herdan* 5f.
[53] So z. B. Spicq 198. Eine phantasievolle Variante dieser These bietet Reicke, der aus den Anklängen der Past an die (von ihm ebenfalls für paulinisch gehaltene) Miletrede (Apg 20,17–38) einen »öffentliche(n) und rhetorische(n) Charakter« der Past erschließen will und diese für die nachträgliche Niederschrift einer von ihm vorher öffentlich gehaltenen Gemeinderede zur Information seiner Schüler hält (Reicke*, Chronologie 89).
[54] Vgl. oben Anm. 41.
[55] Kümmel, Einleitung 329.

6,20; 2Tim 1,12.14); das sinnverwandte paulinische Wort παράδοσις (1Kor 11,2; Gal 1,14; vgl. Kol 2,8) vermeiden die Past dagegen. Fremd ist ihnen ferner (mit Ausnahme der traditionsbestimmten Stelle Tit 3,5) das Reden vom »Geist« als der allen Christen zukommenden endzeitlichen Gabe und von dessen Manifestation in »Gnadengaben« (χαρίσματα): Sie kennen nur die *eine* Gnadengabe, die der gemeindliche Amtsträger in seiner Ordination empfängt (1Tim 4,14; 2Tim 1,6).

6. Aufgrund der bisher genannten Indizien und Beobachtungen muß eine unmittelbare Verfasserschaft des Paulus als ausgeschlossen gelten. Wie aber steht es mit der Möglichkeit einer indirekten Verfasserschaft? Zwei Hypothesen, mit deren Hilfe eine solche indirekte Verfasserschaft in der Forschung behauptet worden ist, sind hier kurz zu diskutieren.

a. *Die Fragmentenhypothese* (u. a. vertreten von A. Harnack, W. Hartke, P. N. Harrison, W. Schmithals und H. Binder) geht von der Beobachtung aus, daß die Briefe eine Reihe von persönlichen Notizen enthalten, die absichtslos und ohne erkennbare Tendenz erscheinen, so daß schwer erklärbar wäre, was ein pseudonymer Briefautor mit ihrer Erfindung im Sinn gehabt haben könnte. Hierher gehören vor allem 2Tim 4,9–21 und Tit 3,12–15[56]; vereinzelt werden auch noch 1Tim 1,20; 5,23 und 2Tim 1,15–18 herangezogen[57]. Sollte es sich – so die Vermutung – hier um Fragmente älterer Paulusbriefe handeln, die der Verfasser gewissermaßen als die paulinische Herkunft seiner Schreiben insgesamt legitimierenden Kern verwendet hätte[58]? Doch diese Hypothese steht auf schwachen Füßen. Denn einmal lassen sich die in den angeblichen Fragmenten enthaltenen Situationsangaben nur sehr hypothetisch in das uns bekannte Leben des Paulus einordnen. Zweitens wäre kaum zu erklären, wie solche Brieffragmente oder persönliche Billette des Paulus erhalten geblieben sein sollten. Vor allem aber läßt sich für so gut wie alle von ihnen die Möglichkeit wahrscheinlich machen, daß der Verf. mit ihnen eine bestimmte literarische Absicht verfolgt bzw. ein geläufiges literarisches Klischee aufgenommen hat. So entspricht z. B. die angeblich »unerfindbare« Bitte um die Zustellung der zurückgelassenen Gegenstände – Mantel und Schriftrollen – in 2Tim 4,13 einem in pseudepigraphischer Literatur häufigen Motiv, wobei zudem die Wahl dieser Gegenstände so getroffen ist, daß sie Paulus in ein ideales Licht versetzt[59]. Erscheint er hier doch als der Bedürfnislose, der neben dem *einen* Mantel, den er besitzt, nur noch die (seine Lebensarbeit als Wächter über die heilige Überlieferung repräsentierenden) Schriftrollen benötigt.

---

[56] So nach Harnack und Hartke zuletzt Schmithals* 146f.

[57] So Harrison*, The Problem; in Paulines and Pastorales (London 1964) urteilt Harrison zurückhaltender.

[58] Eine besonders weitgehende Variante der Fragmentenhypothese vertritt Binder*: der

ganze 2Tim sei aus zwei paulinischen Brieffragmenten zusammengesetzt, deren eines (2Tim 4,9–22) während der Gefangenschaft in Cäsarea, deren anderes dagegen während der röm. Gefangenschaft geschrieben sei. Dagegen Kümmel, Einleitung 331 Anm. 25.

[59] S. o. Anm. 29.

b. *Die Sekretärshypothese* (u. a. vertreten von O. Roller, J. Jeremias, G. Holtz, J. N. D. Kelly, C. Spicq; C. F. D. Moule) will als Verf. einen Amanuensis des Paulus vermuten, der die Briefe auf Anweisung und nach Angaben des Apostels selbständig formuliert habe. Damit ließe sich in der Tat das Nebeneinander paulinischer und unpaulinischer Züge und vor allem die unpaulinische, stark hellenisierte Terminologie erklären, ohne daß der Anspruch der Briefe, Wort des Paulus zu sein, in Frage gestellt werden müßte. Aber einigermaßen schlüssig durchhalten ließe sich die Sekretärshypothese allenfalls in ihrer zugespitzten, von O. Roller vertretenen Gestalt, derzufolge Paulus seine sämtlichen Briefe nicht diktiert, sondern durch Mitarbeiter habe abfassen lassen, um sie anschließend lediglich zu korrigieren und eigenhändig zu unterschreiben[60]. Die von Roller scharf herausgearbeitete sprachlich-terminologische Besonderheit der Past[61] wäre dann lediglich dem Umstand zuzuschreiben, daß diese drei Briefe eben durch einen und denselben Paulusmitarbeiter formuliert worden wären. Aber auch in dieser zugespitzten Form ist die Hypothese nicht haltbar; gerade die erwähnten linguistischen Untersuchungen haben erwiesen, daß Paulus sonst in seinen Briefen durchweg seine *eigene* Sprache spricht[62]. Handelte es sich bei den Past aber um einen Ausnahmefall, so wären dessen Gründe plausibel zu machen. Das könnte allenfalls für den 2Tim gelingen: Paulus erscheint hier in der Lage eines gefesselten Gefangenen (2Tim 1,8.16; 2,9), der nicht nur am eigenen Schreiben, sondern auch am Diktieren gehindert ist[63]. Weder der 1Tim noch der Tit geben sich jedoch als Gefangenschaftsbriefe. Warum aber sollte Paulus bei ihrer Abfassung von seiner sonstigen Gewohnheit, wörtlich zu diktieren, abgewichen sein? Hinzu kommt, daß die Präskripte der Past keinen Mitverfasser nennen. Wäre aber eine solche Nennung nicht gerade da zu erwarten, wo die Beteiligung des Mitverfassers das bei Paulus sonst übliche Maß bei weitem überstieg? Bedenkt man im übrigen, daß die Sekretärshypothese die historischen Unwahrscheinlichkeiten der Briefsituation und die Schwierigkeiten der Einordnung in die Biografie des Apostels keineswegs beseitigt, sondern eher noch verschärft, so wird man urteilen müssen, daß sie nicht geeignet ist, auf die Frage nach der Herkunft der Briefe eine auch nur annähernd befriedigende Antwort zu geben.

7. *Weitere Identifikationsversuche.* Eine ganze Reihe von Forschern hat, ausgehend von der Einsicht der Unhaltbarkeit der Behauptung paulinischer Autorschaft, Versuche unternommen, den Verf. der Past mit anderen bekannten Gestalten des Urchristentums zu identifizieren.

a. Besonders häufig wurde die Annahme einer Verfasserschaft durch *Lukas* erwogen, freilich unter ganz unterschiedlichen Voraussetzungen und mit zum Teil einander widersprechenden Argumentationen. In ihrer Fassung durch C. F. D. Moule ist die

---

[60] Roller* 1–33.
[61] S. o. Anm. 38.

[62] Vgl. Kümmel, Einleitung 216.329 f.
[63] So Holtz 3 f.13 f.

Lukashypothese eine Variante der Sekretärshypothese[64]. Ausgehend von 2Tim 4,11
(»Lukas allein ist bei mir«) sieht Moule in Lukas den Amanuensis des Paulus, der die
Briefe im Auftrag und auf Weisung des Apostels noch während dessen Lebenszeit
abfaßte, und zwar in einer späten Wirkungsperiode, die sich an dessen Freilassung aus
der (ersten) römischen Gefangenschaft anschloß. Erst später habe Lukas dann die Apg
geschrieben. Die wesentliche Basis dieser Hypothese bietet eine Aufstellung von
Übereinstimmungen in Wortschatz und Stil[65], die jedoch nur geringe Überzeugungskraft hat: Teilweise nämlich dürften diese Übereinstimmungen auf der Gemeinsamkeit
von verwendeten Traditionen beruhen[66], und überdies haben einige beiden Werken
gemeinsame Begriffe jeweils unterschiedliche Bedeutungen[67]. Dieser Einwand konnte
auch durch A. Strobels den Spuren Moules folgende Stilanalyse nicht entkräftet
werden[68]. Als neues wesentliches Argument kommt bei ihm lediglich die Behauptung
der Abhängigkeit der Abschiedsrede von Milet Apg 20,17–35 vom 2Tim hinzu[69].
Demgegenüber versuchte S. G. Wilson, die Lukas-Hypothese von der Sekretärshypothese zu trennen und das literarische Verhältnis umzudrehen. Für ihn ist »Lukas«, der
Verf. des doppelten Geschichtswerkes, nicht identisch mit dem Paulusbegleiter, sondern ein Mann der dritten christlichen Generation. Und zwar hat dieser die Past erst
nach der Apg geschrieben, wobei sogar ein relativ großer zeitlicher Abstand zwischen
beiden Werken angesetzt wird[70]. Außer auf die bereits erwähnten sprachlichen und
stilistischen Gemeinsamkeiten gründet Wilson seine These auf die Beobachtung enger
theologischer Entsprechungen. So ist die *Eschatologie* auf beiden Seiten daduch
gekennzeichnet, daß zwar traditionelle Naherwartungs-Aussagen aufgenommen werden, insgesamt aber deutlich mit einem Verzug der Parusie und einem längeren Weg
der Kirche durch die Geschichte gerechnet wird[71]. Die *Soteriologie* hat ihre Gemeinsamkeit in dem Zurücktreten der soteriologischen Deutung des Todes Jesu und dem
Fehlen paulinischer Kreuzestheologie[72]. In der *Sozialethik* fällt die Gemeinsamkeit der
positiven Grundhaltung gegenüber Staat und Gesellschaft auf, das Werben um gegen-
seitiges Vertrauen, wobei gleichzeitig auf beiden Seiten als Korrektiv die Einsicht
festgehalten wird, daß christliches Zeugnis vor der Welt in Verfolgung und Leiden
führen kann[73]. Gemeinsam ist auch das Interesse an der *Ordnung* sowie vor allem an
den *Ämtern* der Kirche (Apg 20,17–38), wobei insbesondere das Interesse an der
Durchsetzung des Episkopenamtes einen auffälligen Punkt der Übereinstimmung
bildet[74]. Beide folgen zwar darin Paulus, daß sie im *Gesetz* keinen angemessenen Weg
zum Heil sehen, simplifizieren jedoch im übrigen die paulinische Gesetzeslehre erheblich[75]. Beider Interesse schließlich gilt der Stilisierung eines erbaulichen *Paulus-Bildes*,
dessen Brennpunkte die Bekehrung und das prototypische Leiden des Paulus sind[76].
So unbestreitbar diese Entsprechungen auch sind, so wenig reichen sie freilich aus für

---

[64] Moule*, The Problem 430–452; ders.*,
Birth 220f.
[65] Moule*, Birth 220f.
[66] So z. B. die terminologische Nähe von
1Tim 6,10 (s. dort) zu Lk 16,14, von 1Tim 6,17
(s. dort) zu Lk 16,15; 1Tim 6,18 zu Lk 12,21;
2Tim 2,19 zu Lk 13,27.
[67] So z. B. 1Tim 5,17 diff. Apg 28,10.
[68] Strobel* 204f. Doch dazu kritisch Wilson,
Luke 5–11.
[69] Strobel* 204f. Das berührt sich mit der
Hypothese von Reicke (s. o. Anm. 53), die

freilich für beide Texte paulinische Verfasserschaft annimmt. Kritisch dazu N. Brox, Lukas
als Verfasser der Pastoralbriefe?, JAC 13 (1970)
62–77.
[70] Wilson, Luke 3f.
[71] A. a. O. 12–19.
[72] A. a. O. 20–35.69–89.
[73] A. a. O. 36–52.
[74] A. a. O. 53–68.
[75] A. a. O. 90–106.
[76] A. a. O. 107–124.

die These einer gemeinsamen Verfasserschaft beider Schriftencorpora. Sie leisten kaum mehr, als daß sie einen gemeinsamen situativen und theologischen Bezugsrahmen abstecken, innerhalb dessen sich Lukas und der Verf. der Past bewegen, nämlich den eines paulinisch geformten Heidenchristentums der dritten Generation, das in einem stark hellenistisch geprägten geistigen Milieu Wurzeln geschlagen hat. Bei genauerer Betrachtung relativieren sich die theologischen Übereinstimmungen durch erheblich unterschiedliche Akzentsetzungen auf beiden Seiten. Während z. B. die Eschatologie des Lukas durch die Verschränkung der traditionellen Parusieerwartung mit einer heilsgeschichtlichen Konzeption ihr spezifisches Profil gewinnt, fehlt in den Past jeder Hinweis auf eine heilsgeschichtliche Sicht, wodurch die Situation der Kirche in der weitergehenden Zeit eine gewisse Statik erhält. Das für Christologie und Soteriologie der Past zentrale Motiv der Epiphanie hat bei Lukas keine direkte Entsprechung. Ebenso fehlt bei Lukas das für die Ämterkonzeption der Past konstitutive Moment der Rückbindung des gemeindlichen Leitungsamtes an Paulus. Und was schließlich das Gesetzesverständnis betrifft, so steht es bei Lukas durchweg im Horizont der gerade die Apg stark beherrschenden Israel-Problematik[77], während für die Past dieser Bezug völlig ausgeblendet erscheint (s. zu 1Tim 1,8–10).

Damit sind jedoch die eigentlich zentralen Differenzpunkte noch nicht ganz genannt, welche die Annahme einer gemeinsamen Autorschaft vollends unmöglich werden lassen: Während für die Past Paulus der *eine* maßgebliche, für die Kirche normstiftende Apostel schlechthin ist, erkennt ihm Lukas den Aposteltitel ab, um ihn als einen den zwölf Aposteln nachgeordneten, heilsgeschichtlich allerdings höchst bedeutsamen Zeugen zu zeichnen[78]. Während die Past die Paulusbriefe zum großen Teil kennen und benutzen, ist solche Kenntnis für Lukas mindestens zweifelhaft, und von einer Benutzung der Paulusbriefe kann keine Rede sein. Während die polemische Stoßrichtung der Past auf die entstehende Gnosis zielt, ist eine gnostische Bedrohung der Kirche in der Apg nirgends direkt im Blickfeld. Und wie sollte die Tatsache zu erklären sein, daß die Rolle des Timotheus als Vertreter des Paulus in Ephesus, die die Past ihm zuschreiben, in der Apg in keiner Weise angedeutet ist, ja, daß sein Bild hier ganz unterbelichtet bleibt, während Titus, der Name des zweiten Briefempfängers, überhaupt nicht erscheint? Hinzu kommen die erwähnten (II.3) Differenzen in der Darstellung der Vita des Paulus. Wilson, der diese Schwierigkeiten selbst sieht, will ihnen durch die Annahme der Veränderung der kirchlichen Situation (Aufkommen der gnostischen Häresie) und der Gewinnung zusätzlicher Informationen durch den Verf. (Kenntnis der Paulusbriefe) entgehen[79]. Doch damit entnimmt er seine Hypothese dem Bereich wissenschaftlicher Verifizierbarkeit und entzieht ihr so jede tragfähige Basis.

b. Einen weiteren Identifikationsversuch hat H. v. Campenhausen zur Diskussion gestellt: Er hält Polykarp von Smyrna für den Verf. der Past. Als Indizien dafür gelten ihm Übereinstimmungen im Wortschatz mit den (vermutlich) zwei Briefen des kleinasiatischen Märtyrerbischofs, Gemeinsamkeiten in Wortgebrauch, theologischer Terminologie und verwendeten Traditionen sowie vor allem Ähnlichkeiten in Inhalt und Aufbau, die er in den Ständetafeln (Pol 2Phil 4–6), den Warnungen vor der Irrlehre (Pol 2Phil 6,3–7) und den Mahnungen zur Rücksicht auf die Heidenwelt (Pol 2Phil 8–10) findet[80]. Allein, v. Campenhausen verweist selbst auf eine Reihe von Beobachtungen,

---

[77] Vgl. G. Lohfink, Die Sammlung Israels. Eine Untersuchung zur lukanischen Ekklesiologie, 1975 (StANT 39).

[78] Vgl. Roloff, Apostelgeschichte 34–36.

[79] Wilson, Luke 3f.

[80] v. Campenhausen, Polykarp, bes. 219 bis 239.

die dieser Hypothese nicht günstig sind: Die Polykarpbriefe sind anders als die Past ohne jede Selbständigkeit und Eigenart. Anders als jene bestehen sie weithin nur aus Anklängen und Zitaten aus dem kanonischen und außerkanonischen Schrifttum[81]. Auch ihr Stil und ihre Sprache sind weit weniger gepflegt und literarisch. Hinzu kommen theologische Differenzen: So ist das Verständnis von πίστις (»Glaube«) bei Polykarp (2Phil 2,1; 3,2; 4,2; 5,2) von einer wesentlich größeren Paulusnähe als das der Past[82]. Vor allem aber ist es undenkbar, daß derselbe Polykarp, der seine Briefe im vollen Bewußtsein seiner ihm als Bischof eignenden Lehrautorität schreibt und deren Verhältnis zu der apostolischen Autorität der Anfangszeit genau reflektiert (2Phil 9,1; 11,2; 12,1), zugleich auch der Verf. von Briefen sein könnte, die den Anspruch, verbindliche kirchliche Lehre zu setzen, durch die Fiktion apostolischer Autorschaft legitimieren müssen[83]. Die Epoche, in der solche Pseudonymität möglich und nötig war, bildete innerhalb der Geschichte des Urchristentums nur einen Übergangszeitraum, der in etwa identisch war mit der dritten Generation. Polykarp steht, nicht anders als Ignatius, bereits jenseits dieser Epoche[84].

Als Ertrag dieser Überlegungen bleibt immerhin die Feststellung einer auffälligen Nähe zwischen den Past und Polykarp, die auf ein ihnen gemeinsames kirchliches und theologisches Entstehungsmilieu hinweist[85]. Es ist das Milieu jener Gemeinden in der Asia, die durch das Erbe des Paulus geprägt waren und sich ihm über alle zeitlichen und situativen Veränderungen hinweg verbunden wußten.

8. Voraussetzungen und Ziele der Autorfiktion. Die Heftigkeit der Diskussion um die Verfasserfrage ist sicher ein Indiz dafür, daß vor dem Eingeständnis der Pseudonymität der Past eine hohe emotionale Schwelle liegt[86]. Das wiederum dürfte mit der konsequenten, überlegten und einfallsreichen Art zusammenhängen, in der die Verfasserfiktion hier durchgeführt wird. Der Schreiber macht ungemein echt anmutende Angaben, er zeichnet Lebenssituationen des Paulus nach, wobei er sich nicht scheut, farbige Details zu erfinden (1Tim 1,23; 2Tim 4,13), er nennt Personen und Verhältnisse im Umkreis des Apostels (2Tim 4,9–12; Tit 3,12) und läßt diesen dazu Stellung nehmen (2Tim 1,16; 4,14), ja, er wagt es sogar, dessen Empfindungen und innerste Regungen angesichts des drohenden Todes zu reproduzieren (2Tim 4,6–8.17f). Auch wenn einige von diesen den modernen Leser unmittelbar individuell und persönlich anmutenden Zügen in Wahrheit vorgegebenen paränetischen und

---

[81]   A. a. O. 249–251.

[82]   Vgl. Lindemann, Paulus 230.

[83]   Das sieht auch v. Campenhausen, Polykarp 251 f. Richtig Lindemann, Paulus 91: »Polykarp bedient sich der Autorität des Paulus, er macht den Apostel und seine Briefe zum Hilfsmittel seiner eigenen Argumentation; der Vf der Past dagegen hat sich hinter der Maske des Paulus geradezu verborgen. Beide stimmen allerdings darin überein, daß Paulus für sie ein Apostel (Past: ›der‹ Apostel) mit unbestreitbarer Autorität ist, der niemandem gegenüber verteidigt zu werden braucht.«

[84]   Fischer* 76.

[85]   v. Campenhausen, Polykarp 240.

[86]   Drastisch, aber zutreffend formuliert v. Campenhausen, a. a. O. 245 f Anm. 207: »Es zeigt die ganze Monomanie der ›Echtheits‹-Kämpfe, daß man, um die unhaltbare Verfasserschaft des Paulus zu retten, lieber Kamele verschlucken will, statt« manchen anderen »naheliegenden Gedanken weiter zu verfolgen«.

erbaulichen Topoi entsprechen sollten[87], kann doch insgesamt kein Zweifel daran sein, daß der Verf. mit alledem den Eindruck der Echtheit seiner Paulusbriefe vermitteln wollte. Die Auskunft jedenfalls, er hätte stillschweigend das Einverständnis der Leser dafür vorausgesetzt, daß die Verfasserangabe nicht wörtlich, sondern im übertragenen Sinne, etwa als Hinweis auf Traditionszusammenhänge, zu verstehen sei, ist eine durch nichts begründete Verharmlosung[88]. Der beste Beweis dafür, wie wirksam diese Fiktion angelegt war, besteht darin, daß bis heute die angebliche Unerfindbarkeit der persönlichen Angaben als Echtheitsbeweis angeführt wird[89].

Nun ist die ntl. Pseudepigraphie ganz allgemein ein sehr vielschichtiges Phänomen, dessen Erforschung erst in den Anfängen steckt. Wir verfügen deshalb noch nicht über alle Kriterien, die zu einem differenzierteren Urteil erforderlich wären[90]. Sicher ist zunächst, daß sich moderne Vorstellungen hinsichtlich der Unantastbarkeit und Integrität geistigen Eigentums sowie der Gleichsetzung von Wahrhaftigkeit mit historischer Zuverlässigkeit als ungeeignet zur Erfassung des Phänomens erweisen. Andererseits ist aber auch deutlich, daß die literarische Fälschung in der Antike keineswegs ein selbstverständliches, allgemein akzeptiertes Stilmittel gewesen ist[91] und daß kritische Rückfragen nach der Authentizität literarischer Werke durchaus möglich waren. In der griechischen Literatur war die innerhalb philosophischer Schulen geleistete Pseudepigraphie nach Umfang und Wirksamkeit von besonderer Bedeutung. So legten die Pythagoreer die überlieferte Lehre ihres Meisters oder auch das, was sie dafür hielten, in einer großen Zahl von Schriften nieder, die sich als authentische Werke des Pythagoras ausgaben – und dies, obwohl

---

[87] Brox, Verfasserangaben 23 spricht von »paränetische(n) Muster(n), die in situative und biographische Daten eines Briefes hineinmodelliert werden«.

[88] Anders Hegermann, Ort 59, der meint, die Autorfiktion der Past »enthält kein *pseudos*, sondern ist in ihrer Situation eine feierliche Form der Ausübung einer wirklich zugestandenen deuteroapostolischen Autorität«. Voraussetzung dieser These ist die von Hegermann fälschlich konstruierte Analogie zwischen den Evangelisten als trotz ihrer Anonymität autorisierten Tradenten der Jesusüberlieferung und dem anonymen Verf. der Past als autorisiertem Tradenten der Paulusüberlieferung. Doch diese Analogie scheitert schon daran, daß die Evangelien anonym, nicht jedoch pseudonym überliefert sind; vgl. Brox, Verfasserangaben 25.

[89] Allerdings erweisen sich die angeblich die Situationsechtheit konstituierenden Züge bei näherem Zusehen als recht vordergründig. Daß hinter ihnen keine eindeutig faßbaren Lebenssituationen stehen, erkannte bereits Schleiermacher (a. a. O; s. Anm. 16). Mit fast

überscharfem kritischem Urteil zeigte er im Blick auf den 1Tim, »wie sich hier alles im unbestimmten und allgemeinen hält, und unstät erscheint wie aus der Luft gegriffen und nicht auf dem festen Boden wirklich bestehender Verhältnisse ruhend« (275). Die Fiktion verrate sich in »dem gänzlichen Unvermögen, einen wirklichen Moment des paulinischen Lebens treffend zu ergreifen oder irgend eine von den grossen Ideen des Paulos auf eine ihm eigenthümliche Art durchzuführen« (317). »Wenn beide einander wenig angegangen wären, aber Timotheos hätte doch den Paulos gebeten ihm einmal einen Brief zu schreiben, und dieser hätte dann, weil er nicht recht wußte was, von allem ein wenig berührt, dann könnte ein Brief ohngefähr wie dieser vielleicht herausgekommen sein« (280).

[90] So bestehen erhebliche Unterschiede zwischen jüdisch-apokalyptischer, hellenistischer und frühchristlicher Pseudepigraphie hinsichtlich literarischer Topik, Stil, Zielsetzung und Rezeptionsmöglichkeit; s. hierzu u. a. Hengel*, Sint*, Speyer, Fälschung.

[91] S. hierzu Brox, Verfasserangaben 90.

gleichzeitig die Tatsache, daß er selbst keine Zeile geschrieben habe, als
allgemein bekannt galt[92]. Zahlreich sind auch die Fälschungen platonischer
Schriften, vor allem von Platon-Briefen, aus den Kreisen der Neuplatoniker.
Hier ging es jeweils darum, *die Schultradition an ihrem Ursprung festzuma-*
chen, um auf solche Weise Kontinuität zu demonstrieren. Weil die Glieder der
Schule das Gelernte als Eigentum ihres Lehrers ansahen, unterstellten sie ihre
Entwürfe auch dessen Namen[93]. Dabei kommt durchweg als weiteres Motiv
das der besonderen *Gewichtung der Vergangenheit* ins Spiel. Denn nach der
Überzeugung der Antike hat in früheren Tagen der göttliche Logos klarer
gesprochen als in der Gegenwart und ist die Weisheit der alten Zeit gewichtiger
als die der neuen[94].
Ähnliche Motivationen dürften hinter der Autorfiktion der Past stehen. Auch
sie ist Manifestation eines Schulverhältnisses[95]. Der Verf. unterstellt das, was
der Kirche seiner Gegenwart bzw. ihren Leitern seiner Meinung nach gesagt
werden muß, der Autorität des Paulus. Er tut dies in der Überzeugung, daß
Paulus, wäre er noch am Leben und könnte er zur Gegenwart sprechen, eben so
sprechen müßte, das heißt: er demonstriert durch die Fiktion Kontinuität. Die
das theologische Erbe des Paulus lebendig erhaltende und weiterführende
Schule macht sich durch die Rückbindung an die Vergangenheit ihre Identität
bewußt. Die Autorität der Vergangenheit, auf die sie sich beruft, hat freilich
nicht nur Gewicht durch ihr Alter und ihre Stellung als Schulhaupt, sondern
als Apostel. Paulus, unter dessen Maske der Verf. schreibt, steht für ihn und
seine Kirche unmittelbar am Ursprungsort des Evangeliums selbst, ja, er
gehört mit diesem Evangelium untrennbar zusammen als der, der es in
normsetzender Weise der Kirche übergeben hat (1,11; 2Tim 1,12 f; 2,8).
Von der Einsicht aus, daß das Motiv der Gewichtung der Vergangenheit sich in
der urchristlichen Pseudepigraphie als Gewichtung der Apostel konkretisiert,
öffnet sich der Blick für deren ganz spezifische situationsbedingte Eigenart.
K. M. Fischer hat mit Recht darauf hingewiesen, daß die urchristliche Pseudepigraphie sich auf eine relativ scharf eingrenzbare Epoche konzentriert, die
Jahre zwischen 80 und 100. Der Beginn dieser Epoche fällt mit dem Abbau bzw.
Zerfall jener Strukturen zusammen, die durch die apostolischen Autoritäten
der ersten Generation – vorab Paulus und Jakobus – etabliert worden waren.
Der Verband der paulinischen Gemeinden lockerte sich, und auch innerhalb
der einzelnen Gemeinden erstarkten die spaltenden Kräfte, vor allem durch
den anwachsenden Gnostizismus[96]. Zugleich machte die Erfahrung des Lang-
werdens der Zeit die Anpassung an neue geschichtliche Situationen notwendig. Die Kirche stand vor der theologischen Aufgabe, ein System maßgeblicher
Normen zu entwickeln, die geeignet waren, Kontinuität zu stiften und Einheit

---

[92] A. Gudeman, Literary Frauds among the
Greeks, in: Classical Studies in Honour of H.
Drisler, New York 1894, 52–74.62 f.
[93] Speyer, Fälschung 34 f.
[94] Brox, Verfasserangaben 53.

[95] Bereits Holtzmann 117 spricht von »der
Paulusschule, auf welche unser Verfasser zurückblickt und der er sich anschließt«.
[96] Fischer* 79 f.

zu wahren. Diese wurde in jener Epoche der dritten Generation tatsächlich bewältigt. An ihrem Ende stand die Ausprägung der *verbindlichen apostolischen Norm*, die sich weiterentwickelte bis zur Endgestalt des ntl. Kanons sowie der Ausformung des kirchlichen Amtes[97]. Damit war das Bezugssystem geschaffen, innerhalb dessen es dann schon im frühen 2. Jh. Männern wie Ignatius und Polykarp möglich war, unter ihrem eigenen Namen verbindlich zu lehren und auf das Mittel der apostolischen Maske zu verzichten. Zu Beginn dieser Epoche jedoch war diese Möglichkeit noch nicht gegeben. Verbindliche Lehre konnte damals zunächst nur in der Weise der fiktiven Gegenwärtigsetzung der Stimme der Apostel vorgetragen werden. Das war gewissermaßen eine *Notlösung*, deren Fragwürdigkeit eben darin zum Ausdruck kommt, daß sie auf das leicht anrüchige Mittel der historischen Fiktion nicht verzichten konnte. Sie stellte aber zugleich die erste Phase eines theologischen Reflexions- und Klärungsprozesses dar, der sie schon bald überflüssig machen sollte. Das Ergebnis dieses Prozesses nämlich war die Ausprägung der verbindlichen apostolischen Norm in der Gestalt des ntl. Kanons.

III. Quellen und Traditionen

Einer der augenfälligsten stilistischen Unterschiede zwischen den Past und den echten Paulinen besteht in deren relativer Unselbständigkeit. Großbogig angelegte, in souveräner Freiheit gestaltete Argumentationen wird man hier vergeblich suchen. An ihre Stelle tritt eine kleinflächige Struktur, in der das kompilatorische und interpretatorische Element vorherrscht. Der Verf. bringt seine Anliegen nicht vor, indem er argumentiert, sondern indem er Belege aus der Tradition anführt und in seinem Sinn ausdeutet.

1. Die primäre Quelle, auf die er sich bezieht, ist eine ihm bereits vorliegende *Sammlung von Paulusbriefen*. Er zitiert Paulus nicht direkt, sondern zieht seine Aussagen paraphrasierend und interpretierend heran, und zwar vielfach in einer Weise, welche die Kenntnis der primären Paulustexte bei den Lesern vorauszusetzen scheint.

Die folgende Aufstellung, die sich auf den 1Tim beschränkt, enthält jene Stellen, an denen die Bezugnahme relativ eindeutig ist:

1,2:	1Kor 4,17
1,8–10a:	Röm 3,21.28; 7,12
1,12f:	1Kor 7,25; Phil 4,13
1,20:	1Kor 5,5
2,6f:	Röm 9,1
2,11–15:	1Kor 14,33b–36

---

[97] A. a. O. 81.

4,6–10:   Kol 1,24–29
5,18:   1Kor 9,8–14
6,4f: Röm 1,28–30

Die Hauptbelege des Verf. sind demnach der Röm und der 1Kor. Daneben sind ihm aber offensichtlich auch der 2Kor[98], der Phil sowie der (von ihm für paulinisch gehaltene) Kol bekannt, möglicherweise auch der Phlm[99].

2. Eine Kenntnis oder gar Benutzung der Apg läßt sich jedoch nicht nachweisen[100]. Der häufig beobachtete Umstand, daß sich zwar sowohl für den 1Tim wie auch für den Tit Situationen rekonstruieren lassen, die aus der Apg bekannt sind – wie z. B. die Weiterreise nach Mazedonien nach dreijährigem Aufenthalt in Ephesus (1Tim 1,3; vgl. Apg 19,21; 20,1) –, daß jedoch diese Konstruktionen wegen eklatanter Widersprüche (z. B. im Blick auf Timotheus: 1Tim 1,3 diff. Apg 19,33) nicht durchgehalten werden können[101], erklärt sich am besten unter der Annahme, daß sowohl die Apg wie auch die Past aus dem gleichen Fundus von – im wesentlichen mündlichen – Paulustraditionen schöpfen, der in den paulinischen Gemeinden vorhanden war. Es waren dies im wesentlichen Traditionen, die von Orten der missionarischen Wirksamkeit des Apostels, von seinen markanten Erfolgen, vielleicht auch von seinen Reiserouten und seinen Mitarbeitern handelten[102]. Daneben ist auch an einen Grundbestand erbaulich stilisierter Personallegenden zu denken: So dürfte 1Tim 1,12–17 auf eine Apg 9,1–19 ähnliche Tradition von der Bekehrung des Paulus zurückgehen.

3. Einen relativ breiten Raum nehmen in 1Tim und Tit Traditionen mit dem Charakter von Kirchenordnungen ein. Es handelt sich dabei um Regeln für den Gottesdienst (1Tim 1,8–10), für die Gestaltung kirchlicher Ämter (1Tim 3,1–13; 5,17; Tit 1,6–9), für die Regelung des Standes der Gemeindewitwen (1Tim 6,3–10), für den Vollzug disziplinarischer Maßnahmen (1Tim 5,19–21) sowie für das Verhalten der verschiedenen Stände in der Gemeinde (1Tim 6,1f; Tit 2,2–10). Teilweise ist dieses Material einem Traditionsstrom entnommen, der sich in den paulinischen Gemeinden herausgebildet hat und dessen Anfänge bereits weiter zurückliegen. Daß er sich zum Teil unabhängig von den Past weiterentwickelt hat, um in spätere Kirchenordnungen einzumünden, war das aufschlußreiche Ergebnis der traditionsgeschichtlichen Untersuchungen von

---

98 Für eine Kenntnis des 2Kor spricht vor allem die Wahl des Titus als Zweitadressaten; denn unter den uns bekannten Paulusbriefen weist ihm nur 2Kor eine herausragende Rolle unter den Paulusmitarbeitern zu; vgl. Trummer, Corpus Paulinum 129f.
99 Darauf deutet die Entlehnung des Namensrepertoires des Phlm; vgl. Schenke/Fi-

scher, Einleitung 241; Trummer, a. a. O. 130.
100 Anders Brox 57; Dibelius-Conzelmann 95f; (fragend) Marxsen, Einleitung 205.
101 Ebd.
102 Zu Natur und Inhalt dieser Paulustraditionen vgl. Roloff, Apostelgeschichte 9f; E. Plümacher, TRE 3, 483–528.495–500.

H. W. Bartsch. Gegen die sich auf die Ergebnisse Bartschs berufende Hypothese von H. M. Schenke, die die grundsätzliche Einheitlichkeit dieses Traditionsmaterials postuliert, um daran die weitergehende Folgerung zu knüpfen, daß den Past als literarisches Grundgerüst diese einheitliche Kirchenordnung zugrunde liegt[103], ist jedoch an der Uneinheitlichkeit dieses Materials festzuhalten. So hat sicher erst der Verf. der Briefe jene Traditionselemente, die eine Episkopenordnung voraussetzen (1Tim 3,1–7; Tit 1,6–9), mit anderen, die eine Ältestenverfassung vertreten (1Tim 5,17.19), zu einer spannungsvollen Einheit zusammengezwungen mit dem Ziel, einen Ausgleich beider Ämterkonzeptionen zu bewirken.

4. Daneben findet sich eine Fülle von gottesdienstlichen Stücken und liturgischen Traditionen, die im einzelnen nach Gattung und Herkunft recht unterschiedlich sind: kerygmatische Formeln (1Tim 2,5f; 2Tim 2,8), ein Christushymnus (1Tim 3,17), Elemente einer Taufparänese (Tit 3,4–7) und einer Ordinationsparänese (1Tim 6,13f) sowie doxologische Formeln hellenistisch-judenchristlicher Herkunft (1Tim 1,17; 6,15f). Und es ist dieses Material, das am wenigsten die spezifischen Merkmale paulinischer theologischer Tradition trägt und am stärksten gesamtkirchlich ausgerichtet ist.

5. An einigen Stellen wird auch *Jesusüberlieferung* angeführt, so 1Tim 1,14 und 5,18, an der letzteren Stelle unter ausdrücklicher Kennzeichnung als »Schrift« (γραφή). Das bedeutet zwar noch nicht, daß der Verf. eine Evangelienschrift – etwa gar, wie C. Spicq meint, das Lukasevangelium[104] – gekannt hätte, wohl aber, daß ihm eine in gottesdienstlicher Lesung verwendete Sammlung von Jesusworten vorgelegen hat, die für ihn normative Bezugsgröße war und damit gewissermaßen präkanonischen Status hatte.

IV. Entstehungsverhältnisse und Datierung

1. Bereits die Sprache wirft ein Licht auf die Entstehungsverhältnisse in einem stark hellenisierten kirchlichen Milieu der dritten Generation. Es ist eine gehobene Koine, die, wie die Vorliebe für seltene Worte und ausgefallene Wendungen zeigt, nicht ganz ohne literarischen Anspruch ist, wobei freilich angesichts der Schlichtheit der Satzkonstruktionen – kunstvollere Perioden fehlen durchweg – und der Kurzatmigkeit der Gedankenführung von einem literarischen Stil im eigentlichen Sinn nicht die Rede sein kann. Weist die Sprache ganz allgemein Merkmale auf, die auf das ausgehende 1. Jh. verwei-

---

103 Schenke/Fischer, Einleitung 222 können diese These nur durchhalten, indem sie auch für die liturgischen Materialien Zugehörigkeit zu dieser Kirchenordnung postulieren. Doch selbst dann sperrt sich gegen sie der 2Tim, in dem kirchenordnendes Material, auch in diesem weiten Sinn verstanden, stark zurücktritt.
104 Spicq 544.

sen[105], so gilt dies in gesteigertem Maße für die theologische Terminologie, die sich mit der Sprache der hellenistisch-römischen Popularphilosophie, deren Einfluß in jener Zeit ihren Gipfel erreichte, auffallend stark berührt. In diesen Bereich gehören der Titel σωτήϱ in seiner Anwendung auf Gott und Christus sowie als dessen Derivat das Verbum σώζειν als zentraler Begriff der Heilsaneignung, die Bezeichnung Gottes als μακάϱιος, ferner Lieblingswendungen des Verf. wie εὐσέβεια, ὑγιής, πιστός, σώφϱων und die Termini der Tugend- und Lasterkataloge, die durchweg in ähnlichen Zusammenhängen philosophischer Paränese begegnen[106]. Manche dieser Begriffe und der mit ihnen verbundenen Denkformen finden sich allerdings auch im zeitgenössischen hellenistischen Judentum, und so ist mit der Möglichkeit zu rechnen, daß sie von dort aus in die kirchliche Sprache eingeströmt sind, zumal es auch darüber hinaus nicht an Einflüssen aus der Theologie der Diasporasynagoge fehlt (s. zu 2,2 f. 13 f). Hingegen lassen sich keine Hinweise dafür finden, daß der Verf. von Sprache und Denkformen des palästinischen Judentums, speziell des Schriftgelehrtentums, berührt gewesen wäre[107].

2. Aus den Angaben der Briefe über *Orte, Personen und Situationen* läßt sich das kirchliche Entstehungsmilieu relativ genau rekonstruieren. Der Bezugsort der beiden Timotheusbriefe ist Ephesus, die Metropole der Provinz Asia und das Zentrum der paulinischen Mission im Bereich der östlichen Ägäis[108]. Dort ist die Existenz einer großen Gemeinde vorausgesetzt, die für ihr geographisches Umfeld repräsentative Bedeutung hat. Das entspricht ganz dem Bild der kirchlichen Situation von Ephesus um die Wende zum 2. Jh., wie es in Offb 2,1–6 gezeichnet ist. Vorausgesetzt ist ferner, daß Ephesus ein Zentrum ungebrochener paulinischer Tradition ist: Diese wird im Briefadressaten Timotheus nämlich gleichsam personifiziert. Der Briefautor will die ephesinische Gemeinde in der Kontinuität mit Paulus und seiner Lehrtradition halten, indem er in Timotheus ihren Leiter als treuen Paulusschüler anspricht, um sie an die Verantwortung für die Wahrung des Erbes des Apostels zu erinnern.

Der Tit gibt sich als nach Kreta gerichtet, um die dortige Mission, über deren Anfänge wir keine weiteren Zeugnisse haben, zu ordnen. Des näheren dürfte dieser Brief im Zusammenhang stehen mit einer von Ephesus ausgehenden Zypernmission. Die für diese Mission Verantwortlichen sollen daran erinnert werden, daß sie ein – angeblich bereits durch den Paulusschüler Titus begründetes – paulinisches Erbe zu bewahren haben. Solche Erinnerung und Mahnung hat einen konkreten Anlaß: In den Gemeinden hat sich nämlich eine

---

[105] P. N. Harrison, Paulines and Pastorals, London 1964, 16 f. 22 f. Die Sprache der Past ist weiter als die des Paulus vom Griechisch der LXX entfernt; einerseits findet sich ein größerer Prozentsatz von hap leg als bei Paulus nicht in der LXX; andererseits sind viele der hap leg der Past nicht vor dem Ende des 1. Jh. belegt.

[106] S. hierzu Donelson, Pseudepigraphy 174 f.

[107] Anders Michel, Grundfragen und Nauck, Herkunft, die rabbinische Schulung des Verf. annehmen; doch dagegen Hanson, Studies 113.

[108] Ähnlich Hegermann, Ort 61 f.

Irrlehre verbreitet, die ihre Kontinuität in der paulinischen Tradition ernstlich bedroht. Es handelt sich dabei um eine Frühform von Gnosis, die auf dem Wege geheimnisvoller Spekulationen eine höhere Gotteserkenntnis verheißt (1Tim 1,4; 2Tim 3,7), den Auferstehungsgedanken spiritualisiert (2Tim 2,18) und strenge Askese verlangt (1Tim 4,3; Tit 1,14f). Eine ganze Reihe von Namen werden in diesem Zusammenhang genannt: Alexander (1Tim 1,20; 2Tim 4,14), Hymenäus (1Tim 1,20; 2Tim 2,17), Philetus (2Tim 2,17), Phygelus (2Tim 1,15), Hermogenes (2Tim 1,15) und Demas (2Tim 4,10). Ohne Zweifel verbergen sich hinter ihnen konkrete Gestalten, entweder zeitgenössische Protagonisten der Irrlehre oder – wahrscheinlicher – ältere Autoritäten, auf die sich die gegenwärtigen Irrlehrer berufen. Und zwar hat es den Anschein, als sei die Irrlehre direkt aus dem Kreis der Paulusschule hervorgegangen (s. zu 1,19f). Verhält es sich aber so, dann spiegeln die Briefe eine schwere, durch Spaltungstendenzen ausgelöste Krise des Paulinismus der Asia.

Daß dieser Paulinismus keineswegs einheitlich war, geht übrigens auch aus der Differenz nicht nur der Terminologie, sondern auch des theologischen Ansatzes hervor, die die Past vom Eph trennt. Weder hat die den Mysterienreligionen und der Gnosis nahe Sprache des Eph in ihnen eine Entsprechung, noch wird von ihnen die dort manifeste Betonung der Gegenwärtigkeit der Heilsverwirklichung (z. B. Eph 2,5–9) übernommen. Statt dessen herrscht hier eine geradezu programmatische Nüchternheit, die auf ungebrochene geschichtliche Kontinuität, Treue zur apostolischen Überlieferung und Bewährung des Glaubens im Alltag setzt. In den Past meldet sich ein konservativer Flügel der Paulusschule zu Wort, der bestrebt ist, sich von allen in dieser Schule vorhandenen Ansatzpunkten für gnostisches Denken konsequent zu distanzieren[109].

3. Die drei Past dürften als *Einheit* konzipiert und entstanden sein. Daran, daß alle drei Briefe auf einen und denselben Verf. zurückgehen, ist angesichts der Fülle sprachlicher und inhaltlicher Entsprechungen kein Zweifel möglich. Kaum weniger deutlich zeichnet sich die Tatsache ab, daß sie mehr oder weniger *gleichzeitig entstanden* und in der Form eines *dreiteiligen Briefcorpus* an die Öffentlichkeit gebracht worden sind. Die Dreizahl der Briefe kann schwerlich daraus resultieren, daß der Verf. in verschiedene historische Situationen hinein gesprochen hätte, da der von ihnen vorausgesetzte kirchliche Problemhorizont derselbe bleibt und auch ein Fortgang in der Entwicklung der angebotenen Problemlösungen von einem Schreiben zum anderen nicht erkennbar ist[110]. Auch die in ihnen enthaltenen Namen und Situationsangaben markieren lediglich einen allgemeinen Bezugsrahmen, reichen jedoch nicht aus, um aus ihnen darüber hinausgehende konkrete situative Bezüge für die je einzelnen Briefe zu rekonstruieren. Was ist aber dann der Grund für die

---

109 Vgl. Schenke/Fischer, Einleitung 229.   110 Trummer, Corpus Paulinum 125.

Dreizahl der Briefe? Die These von W. Schmithals, wonach die Dreizahl – neben der Sieben – die »feste Zahl« für Briefsammlungen im Urchristentum gewesen sei[111], ist sicher in dieser Form zu spekulativ und wird durch den Befund kanongeschichtlicher Untersuchungen nicht gedeckt[112]. Sie hat jedoch darin ihr Wahrheitsmoment, daß sie aus dem Umstand, daß die Past von vornherein die Gestalt eines Briefcorpus hatten, einen Bezug auf das in der Entstehung begriffene Corpus der Paulusbriefe erschloß[113]. Diese Vermutung bestätigt sich anhand des Inhalts der Briefe: Ihnen liegen mehrere, als Quellen benutzte Paulusbriefe zugrunde (vgl. III.1), auch dies ein betonter Bezug auf das Ganze eines Corpus Paulinum. Hierin besteht eine augenfällige Differenz zu anderen deuteropaulinischen Schreiben, die jeweils nur einen einzigen Paulusbrief als Bezugsgröße und Modell haben: so der 2 Thess den 1 Thess und der Eph den Kol.

Dieser sowohl formale wie inhaltliche Bezug auf ein Corpus Paulinum legt den Schluß nahe, daß der Verf. der Past des näheren in einem Kreis zu suchen ist, der sich mit der Sammlung des literarischen Pauluserbes befaßte. Denn nur ein solcher Kreis, eine »Paulusschule« also im engeren Sinn, »die an der Sammlung, Aktualisierung und Neuschrift der Paulusbriefe interessiert« war, verfügte über die Möglichkeit, das Corpus Pastorale in das im Entstehen begriffene Corpus Paulinum einzubringen[114]. Nach der ansprechenden Vermutung P. Trummers wurden die Past »im Zuge einer *Neuedition* des bisherigen Corpus« (der Paulusbriefe) geschrieben und verbreitet[115]. Diese Ergänzung durch die drei pseudepigraphischen Briefe hätte dann ein doppeltes Ziel gehabt: zum einen die Inanspruchnahme und Aktualisierung der Autorität des Apostels für die Bewältigung einer neu entstandenen kirchlichen Krisensituation, zum anderen aber die ausdrückliche Bestätigung und Bekräftigung eben dieser Autorität in ihrer bleibenden Verbindlichkeit für die Kirche.

Diese doppelte Zielsetzung dürfte sich ein Stück weit in dem Nebeneinander der beiden Timotheusbriefe spiegeln. Im 1 Tim dominieren die kirchenordnenden Elemente: »Paulus« spricht hier direkt ordnend und gestaltend in die kirchliche Gegenwartssituation hinein. Der 2 Tim dagegen ist als Abschiedsrede und literarisches Testament des Apostels stilisiert; er will das letzte Wort des unmittelbar vor dem Tode stehenden Paulus sein, in dem dieser die Kirche auf sein Erbe verpflichtet, wobei freilich auch hier die aktuellen Gegenwartsbezüge (2 Tim 2,14–3,9) und die kirchenordnenden Elemente (2 Tim 1,6 f) keineswegs fehlen. Ist so das Nebeneinander dieser beiden Briefe sachlich begründbar, dann kommen wir, was die Motivation für die Abfassung des Tit betrifft, über Vermutungen kaum hinaus. Dieser entspricht nämlich nicht nur formal

---

[111] Schmithals* 147. Des weiteren nimmt Schmithals eine einheitliche Entstehung des Corpus Paulinum an, und zwar in Korinth: Dort sei die ursprüngliche Sammlung von 7 Hauptbriefen durch 2×3 Briefe (Eph-Kol-Phlm und Past) ergänzt worden.

[112] Vgl. Aland*, Entstehung.
[113] So ansatzweise bereits Barnett, Paul 251.277; neuerdings Trummer, Corpus Paulinum 126 f.
[114] Trummer, a. a. O. 133.
[115] A. a. O.

aufgrund der Dominanz kirchenordnender Elemente weitgehend dem 1Tim; auch die inhaltlichen Berührungen sind so stark, daß man in vielen Fällen nahezu von Dubletten sprechen kann (z. B. Tit 1,6–9 par 1Tim 3,1–7; Tit 2,9f par 1Tim 6,1f; Tit 2,11 par 1Tim 2,4; Tit 2,14 par 1Tim 2,6). Ein denkbares Motiv könnte gewesen sein, daß der Verf. in Anlehnung an biblisches Zeugenrecht (Dtn 19,15) neben Timotheus, dem engsten Paulusgefährten und Mitarbeiter, noch Titus als zweiten Zeugen für das Gewicht der kirchenordnenden Weisungen des Apostels einführen wollte. Aber vielleicht ging es ihm lediglich darum, »über die in der Zweizahl angestrebte *Mehrheit* von Adressaten eine breitere, sogar allgemeine Geltung anzuzielen«[116].

Auch hinsichtlich der ursprünglichen Reihenfolge der Briefe läßt sich keine abschließende Klarheit gewinnen. Mit einiger Zuversicht läßt sich lediglich sagen, daß der 2Tim an letzter Stelle gestanden haben dürfte; war er doch als letztes Wort des Paulus vor seinem Tode dazu geeignet, in der durch das Corpus Pastorale ergänzten Sammlung von Paulusbriefen den Abschluß zu bilden. Was die Abfolge der beiden übrigen Briefe anlangt, so hat die Voranstellung des 1Tim aufgrund des größeren Gewichtes des Timotheus als Paulusmitarbeiter gegenüber Titus am meisten für sich. Der kurze Tit wäre dann als ergänzendes und begleitendes Zeugnis zu dem längeren, gewichtigeren und aufgrund der Stellung seines Adressaten hervorgehobenen 1Tim zu verstehen.

4. Die *Datierung* der Briefe ist schwierig, weil ihnen selbst keinerlei konkrete Anhaltspunkte dafür zu entnehmen sind. Auch die Frage nach der frühesten Bezeugung führt zu keinem eindeutigen Resultat. Sollte, wofür vieles spricht, Polykarp den 1Tim benutzt haben (s. zu 6,10)[117], so wäre 135, das wahrscheinliche Entstehungsjahr des Pol 2Phil, als terminus ante quem gegeben, doch ist dies in der Forschung umstritten. Vielfach hat man in 1Tim 6,20 (s. dort) eine Anspielung auf die »Antithesen« Marcions sehen wollen und daraus eine Spätdatierung abgeleitet[118], doch das ist aus verschiedenen Gründen wenig überzeugend. Eine eindeutige Bezeugung liegt erst bei Athenagoras, Supplicatio 37 (um ca. 177) vor; für das letzte Viertel des 2. Jh. gibt es dann eine Fülle äußerer Bezeugungen.

Nun läßt sich eine ganze Reihe von Faktoren benennen, die für eine frühere Entstehung sprechen:

a. *Personaltraditionen über Paulus* werden noch aus lebendiger Gemeindeüberlieferung geschöpft[119], während die (wohl um 90 entstandene) Apg nicht benützt wird.

b. Die gemeindlichen *Verfassungsformen*, vor allem die *Ämter*, haben noch

---

[116] A. a. O. 128.

[117] Für die (ebenso häufig wie pauschalisierend vorgetragene) These einer Benutzung der Past durch Ignatius fehlen so gut wie alle konkreten Anhaltspunkte, wie die sorgfältige Analyse bei Lindemann, Paulus (199–221) gezeigt

hat. Nicht anders verhält es sich beim 1Cl (a. a. O. 177–199).

[118] So Bauer, Rechtgläubigkeit 229; v. Campenhausen* 205f; Vielhauer, Geschichte 237.

[119] Käsemann* 215.

nicht jenen Entwicklungsstand erreicht, den Ignatius und Polykarp für die kleinasiatischen Kirchen zwischen 110 und 130 voraussetzen.

c. Die bekämpfte *Irrlehre* ist eine Frühform von Gnosis. Ihre Züge entsprechen in etwa dem, freilich aus anderer theologischer Perspektive entwickelten Bild der gnostischen Bewegung in der Asia, das die um 90 entstandene Offb enthält (Offb 2,2–6.14–16.20–25). Der für die spätere Gnosis kennzeichnende christologische Doketismus scheint noch keine Rolle zu spielen.

d. Eine erste *Sammlung paulinischer Briefe* wird von den Past zwar vorausgesetzt; aber noch hat das Corpus Paulinum nicht seine definitive Gestalt erreicht, denn noch besteht die Möglichkeit, für die ihm ergänzend beigefügten pseudepigraphischen Briefe kirchliche Akzeptanz zu gewinnen.

e. Die Past gehören in die für ca. 80–100 anzusetzende »Zeit der neutestamentlichen Pseudepigraphie«[120], markieren jedoch zugleich in mancher Hinsicht, so in ihrer die Entstehung eines Pauluskanons und die Ausbildung fester Amtsstrukturen fördernden theologischen Tendenz, deren nahes Ende.

Aus alledem wird man schließen können, daß sie kaum sehr viel später als um das Jahr 100 entstanden sind.

V. Textgeschichte und Kanonisierung

Die Past haben sich anscheinend erst relativ spät, nämlich gegen Ende des 2. Jh., als Teil des kanonischen Corpus Paulinum fest etablieren können[121]. Dafür lassen sich zwei *Ursachen* benennen:

a. Das kanonische Corpus Paulinum ist nicht aus einer einheitlichen Wurzel hervorgegangen. An seinem Anfang haben vielmehr verschiedene, unabhängig voneinander entstandene Sammlungen von Paulusbriefen, sogenannte »Ur-Corpora«, gestanden [122], zwischen denen erst allmählich ein Ausgleich erfolgt ist. Die Past dürften zwar als Teil des von der ephesinischen Paulusschule propagierten Ur-Corpus erstmals an die Öffentlichkeit gekommen sein; ihr Fehlen in anderen Corpora scheint jedoch ihrer allgemeinen Akzeptanz noch für geraume Zeit im Wege gestanden zu haben. Daß sie sich zuletzt doch durchsetzen konnten, mag nicht zuletzt eine Folge der besonderen Autorität des ephesinischen Corpus sein. Aufschlußreich sind in diesem Zusammenhang die Untersuchungen des Instituts für ntl. Textforschung in Münster hinsichtlich der Stabilität der Textüberlieferung in zahlreichen Majuskeln und Minus-

---

[120] Fischer* 79.

[121] Sieht man von Polykarp ab, so liegen die eindeutigen Bezeugungen sämtlich in den letzten drei Jahrzehnten des 2. Jh., wo sie allerdings in großer Dichte auftreten: Athenagoras, Suppl. 37.1 (vgl. dazu Brox*, Probleme 82). Irenäus, Haer. I Praef. 1,1–3 (um 185) beginnt mit einem eindeutigen Hinweis auf 1Tim 1,4 und zitiert auch sonst die Past. Weitere gesi-

cherte Zitate in den ActPaul, bei Theophilus, Ad Autol. (nach 180); vgl. Aland*, Entstehung 324 (dessen Aufweis von Zitaten aus 1Tim bei Justinus, Dial. 7,3; 35,2 mir allerdings fraglich erscheint); Kümmel, Einleitung 326.

[122] S. hierzu Aland*, Entstehung 335, der im übrigen zwischen diesen »Ur-Corpora« und den ihnen vorausliegenden lokalen »Klein-Corpora« unterscheidet.

keln. Auf der Grundlage der vorherigen Berechnung der durchschnittlichen Abweichungsfrequenz der einzelnen Handschriften vom Mehrheitstext ergab sich für die Past im Vergleich zu den übrigen Paulusbriefen durchweg eine erheblich gesteigerte Zahl der Abweichungen von diesen Durchschnittswerten[123], was gleichbedeutend ist mit einer geringen Textkonstanz in der Frühzeit der Überlieferung. Diese ist wiederum ein Indiz für eine relativ späte allgemeine Durchsetzung als Teil des Corpus Paulinum.

b. Als an Einzelpersonen adressierte Schreiben hatten die Past mit derselben Schwierigkeit zu kämpfen wie der Phlm. Es scheint zunächst eine gewisse Unsicherheit darüber geherrscht zu haben, ob Privatbriefe die gleiche kanonische Gültigkeit wie die an Kirchen gerichteten Schreiben beanspruchen könnten[124]. Man wird die faktische Auswirkung dieser Unsicherheit freilich nicht allzu hoch ansetzen dürfen[125]. Immerhin aber meint der Canon Muratori, das um 200 entstandene Kanonverzeichnis der stadtrömischen Kirche, die Zugehörigkeit der Past zum Kanon in dieser Hinsicht besonders rechtfertigen zu müssen: »Hingegen sind der eine Brief an Philemon, der eine an Titus und die beiden an Timotheus (zunächst nur) aus (persönlicher) Zuneigung und Liebe geschrieben, dann aber doch zu Ehren der katholischen Kirche und zur Ordnung kirchlicher Disziplin geheiligt worden«[126].

Die älteste Handschrift der Paulusbriefe, P[46] aus der Zeit um 200, enthält die Past zwar nicht, doch sind daraus keine weiterreichenden Schlüsse zu ziehen[127], da der Textbestand beim 1Thess abbricht und somit auch 2Thess und Phlm fehlen. Im übrigen nämlich ergibt sich vom 3. Jh. an ein einheitlicher Befund: Die Sammlung der Paulusbriefe erscheint in den Handschriften durchweg als feste Größe, und zwar unter selbstverständlichem Einschluß der Past[128]. Variabel bleiben auf längere Zeit lediglich die Anordnung der Past innerhalb des Corpus Paulinum und ihre Reihenfolge untereinander. Daß die vier Briefe mit Einzeladressaten den Schluß bilden, scheint von Anfang an feste Regel gewesen zu sein, wie aus dem Canon Muratori hervorgeht, der freilich den

---

123   Die sich aus der Kollation von 187 Papyri, Majuskeln und Minuskeln ergebenden Zahlen für diese Abweichungen (Aland, a. a. O. 334) sind:

1/2Kor	30
Hebr	53
Röm	60
Gal	61
Eph	70
Phil	77
1/2Tim	104
1/2Thess	108
Kol	121
Phlm	129
Tit	145.

124   Vgl. Leipoldt, Kanon I 207 f.
125   In Marcions Pauluskanon fehlen die Past. Da er jedoch den Phlm enthält, dürfte der Grund dafür, wie schon Tertullian (Marc. 5,21) mit Recht vermutet, schwerlich in einer generellen Ablehnung der Privatbriefe gelegen haben. Falls Marcion die Past gekannt hat, was keineswegs sicher ist, hat er sie vermutlich wegen ihrer schroffen antignostischen Ausrichtung ausgeschlossen; s. hierzu Leipoldt, Kanon I 207.
126   Übersetzung nach A. M. Ritter, Kirchen- und Theologiegeschichte in Quellen I: Alte Kirche, Neukirchen-Vluyn 1977, 59.
127   Aland-Aland* 58. Anders F. G. Kenyon, The Chester Beatty Biblical Papyri Fasc. III Suppl, London 1936, VIIIff: Die Past hätten in den am Ende des Papyruskodex fehlenden Blättern keinen Platz gehabt.
128   Vgl. W. Schneemelcher, in: Hennecke-Schneemelcher I, 12 f.

Phlm an erster Stelle innerhalb dieser Gruppe bringt und diesem den Tit folgen läßt. Allmählich setzte sich die Anordnung nach der Länge der Briefe durch, und zwar gesondert innerhalb der beiden Gruppen der Gemeindebriefe und der Schreiben an Einzelpersonen[129].

VI. Gliederung und Aufbau des 1Tim

Der 1Tim enthält zwar in reichem Maße Elemente, die sich mit der Rahmengattung der Gemeinde- oder Kirchenordnung assoziieren lassen, doch ist es unangemessen, ihn als ganzen als Gemeindeordnung oder Kirchenordnung zu klassifizieren und die brieflichen Elemente lediglich als ungeschickt eingebrachtes störendes Beiwerk abzuwerten[130]. Dieses häufig geübte Verfahren erweist seine Schwäche bereits bei dem Versuch, die Gliederung des Schreibens aufzuweisen: Dieses erscheint dann nämlich lediglich als ein Konglomerat von mehr oder weniger willkürlich nebeneinandergestellten, möglicherweise sogar aus einem hypothetisch zu konstruierenden ursprünglichen sinnvollen Zusammenhang herausgerissenen Bruchstücken einer Kirchenordnung.

Auszugehen ist vielmehr davon, daß der 1Tim formgeschichtlich ein Brief ist, nicht anders als etwa ein Brief des Ignatius an Polykarp, in dem sich direkte Anweisungen an den Adressaten mit solchen an die Gemeinde mischen. Dabei ist die Briefform ernst zu nehmen, deren Zweckbestimmung zunächst darin liegt, »Gesprächsform mit Abwesenden zu sein«[131]. Der Brief ist die Rahmengattung, in die unterschiedliche Kleingattungen oder auch Einzelelemente anderer Rahmengattungen integriert werden können, ohne daß sich dadurch deren Wesen veränderte.

Folgt man diesem Ansatz, so ergibt sich: Die spezifische Kommunikationsstruktur dieses Briefes ist dadurch bestimmt, daß neben Absender und Adressat als weitere Größe die Gemeinde in Erscheinung tritt. Wir haben es hier gewissermaßen mit einer Dreiecksrelation zu tun:

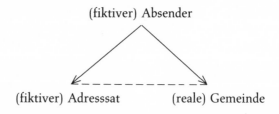

(fiktiver) Absender

(fiktiver) Adresssat   (reale) Gemeinde

Der *Eingangsabschnitt* (1,1–20) spricht jedoch ausschließlich die Beziehung Absender – Adressat an. Und zwar geht es hier um die Erteilung eines

---

[129] Vgl. Aland*, Entstehung 348.
[130] Gegen Bartsch, Rechtsbildungen 10; Marxsen, Einleitung 203; Schenke/Fischer, Einleitung 222ff. Richtig Wolter, Pastoralbriefe 131f.
[131] S. hierzu Wolter, a.a.O. 132.

Mandates durch den Absender an den Adressaten. Nach der gezielten Vorbereitung dieses Mandates (κατ᾽ ἐπιταγὴν θεοῦ σωτῆρος ἡμῶν) im Präskript (1,1f) wird es inhaltlich und hinsichtlich seines geschichtlichen Bezugs umrissen (1,3–11). Es folgt eine die Autorität des Absenders zur Mandatserteilung begründende Selbstvorstellung (1,12–17), die ihrer Form nach an die übliche Danksagung paulinischer Briefe erinnert. Die eigentliche Mandatserteilung erfolgt in 1,18–20, und zwar in der feierlichen Form einer Ordinationsanamnese. Hier liegt das Ziel des ganzen kunstvoll nach den Regeln antiker Rhetorik aufgebauten Proömiums und zugleich der Übergang zum eigentlichen Briefcorpus[132].

Wie das Proömium, so bleibt auch der ausführliche *Schlußabschnitt* (6,3–21) fast ganz auf der Ebene der Absender-Empfänger-Kommunikation, mit Ausnahme der kontextbedingten Abschweifung 6,17–19. Hier finden sich auch deutliche inhaltliche und terminologische Entsprechungen zum Proömium: Noch einmal wird der Adressat an sein Mandat erinnert, und zwar wieder durch eine, diesmal weit ausführlicher als in 1,18 gehaltene Ordinationsanamnese (6,12–16). Zugleich wird er auf eine diesem Mandat angemessene persönliche Lebenshaltung verwiesen (6,3–11). Wir haben es hier mit einer klassischen *peroratio* zu tun, die nach rhetorischen Gesetzen in einem besonders engen Verhältnis zum Proömium steht. Sie schließt mit einer knappen *recapitulatio* des gesamten Briefinhaltes (6,20f).

Proömium (1,1–20) und Schlußabschnitt (peroratio) bilden somit den Rahmen, in den das eigentliche Briefcorpus (2,1–6,2) eingepaßt ist. Sein wesentliches formales Merkmal ist die Einbeziehung der Gemeinde in das Kommunikationsgeschehen. Diese erfolgt nun freilich auf zwei unterschiedliche Arten: Im *ersten Hauptteil* (2,1–3,16) werden Weisungen mitgeteilt, die unmittelbar der Gemeinde gelten. Timotheus, der Adressat, ist hier zumindest in formaler Hinsicht nur der Repräsentant der angeredeten Gemeinde; er soll wissen, »wie man im Hause Gottes wandeln muß« (3,15). Daß ihm die Verantwortung für die Durchsetzung dieser Weisungen obliegt, ist zwar vorausgesetzt, wird jedoch nicht direkt ausgesprochen. Anders verhält es sich im *zweiten Hauptteil* (4,1–6,2), der nahezu kehrreimartig untergliedert ist durch die Aufforderung an Timotheus, der Gemeinde *bestimmte Weisungen zu erteilen* (4,6.11; 6,3; vgl. 5,21). Der Adressat ist hier unmittelbar als Träger des Willens des Apostels für die Gemeinde (5,14) und als der mit dessen Übermittlung an sie Beauftragte dargestellt. Hier herrscht also die Stilform der *vermittelten Weisung* vor.

Diese anhand eines formalen stilistischen Kriteriums vollzogene Unterscheidung der zwei Hauptteile wird durch eine inhaltliche Beobachtung als sachgemäß bestätigt. Die Paränesen in 2,1–3,16 stellen, ausgehend vom Gottesdienst als der Mitte gemeindlichen Lebens, lediglich allgemeine Regeln auf, wie sie in

---

[132] Zum gattungsmäßigen Hintergrund dieser Struktur vgl. Wolter, a.a.O. 173f.

jeder normalen Gemeindesituation nach dem Willen des Verfassers Gültigkeit
haben sollen. In 4,1–6,2 fehlen zwar solche allgemeinen Regeln auch nicht
ganz (z. B. 5,1–2; 6,1–2a), das Übergewicht haben jedoch Weisungen, die
bestimmte Konfliktsituationen betreffen, allen voran die Bekämpfung der
Irrlehrer (4,1–5), daneben aber auch das kritische Problem der Gemeindewitwen (5,3–16) sowie die erforderliche Neuordnung des Ältestenamtes
(5,17–22). Hier ist also speziell die Weisungsautorität des Timotheus bzw. der
durch ihn repräsentierten Träger des gemeindlichen Leitungsamtes gefordert.
Somit ergibt sich die folgende Gliederung:

A. Exordium: 1,1–20
    I.   Zuschrift und Segenswunsch: 1,1–2
    II. Erneuerung des Auftrags des Timotheus: 1,3–11
    III. Begründung der Autorität des Paulus in seiner Berufung: 1,12–17
    IV. Verpflichtung des Timotheus auf seinen Auftrag: 1,18–20
B. Erster Hauptteil: Weisungen für das Leben der Gemeinde: 2,1–3,16
    I.   Das Gebet für alle Menschen: 2,1–7
    II. Das Verhalten von Männern und Frauen im Gottesdienst: 2,8–15
    III. Voraussetzungen für das Bischofsamt und das Diakonenamt: 3,1–13
    IV. Grundsatzerklärung: Grund und Ziel der apostolischen Weisung:
       3,14–16
C. Zweiter Hauptteil: Weisungen für die Amtsführung des Timotheus:
   4,1–6,2
    I.   Die Bekämpfung der Irrlehre: 4,1–11
       1. Die Irrlehrer: 4,1–5
       2. Die Bewährung des Dieners Jesu Christi: 4,6–11
    II. Anordnungen für die Gemeindeleitung: 4,12–6,2
       1. Verhalten und Aufgaben des Gemeindeleiters: 4,12–5,2
       2. Die Neuordnung des gemeindlichen Witwenstandes: 5,3–16
       3. Die Neuordnung des Ältestenamtes: 5,17–25
       4. Die Standespflichten christlicher Sklaven: 6,1–2
D. Schlußteil: Mahnung zur Treue zum empfangenen Auftrag: 6,3–21
    I.   Gewinnsucht als falsche Motivation der Irrlehrer: 6,3–10
    II. Das Ordinationsbekenntnis als tragende Motivation für den Auftrag:
       6,11–16
    III. Mahnung an die Reichen der Gemeinde: 6,17–21
    IV. Zusammenfassende Mahnung und Schlußgruß: 6,20–21.

Kommentar

A. Briefeingang (1,1–20)

I. Briefkopf [Präskript] (1,1–2)

Literatur: Berger, Apostelbrief; *ders.*, Hellenistische Gattungen im Neuen Testament, ANRW II 25/2 (1984) 1031–1432.1831–1835; *Sanders, J. T.*, The Transition from Opening Epistolary Thanksgiving to Body in the Letters of the Pauline Corpus, JBL 81 (1962) 348–362.

1 Paulus, Apostel Christi Jesu nach der Anordnung Gottes, unseres Retters, und Christi Jesu, unserer Hoffnung, 2 an Timotheus, sein rechtmäßiges Kind im Glauben. Gnade, Erbarmen und Friede von Gott dem Vater und Christus Jesus, unserem Herrn.

Der Briefkopf entspricht in seinem dreiteiligen Aufbau ganz den Präskripten **Analyse** der echten Paulusbriefe: Absenderangaben im Nominativ – Adressenangabe im Dativ – liturgisch stilistischer Segenswunsch als selbständiger Satz[1].
Die *Absenderangabe* ist wie in Röm 1,1–6; 1Kor 1,1; 2Kor 1,1; Gal 1,1–2 erweitert zu einer definitorischen Aussage über Herkunft und Wesen der apostolischen Autorität. Und zwar zeigt es sich, daß alle drei Past in ihren Präskripten (vgl. 2Tim 1,1; Tit 1,1–3) mit nachdrücklicher Sorgfalt das Gewicht des paulinischen Apostolats hervorheben.
Auffällig ist, daß der Apostolat des Paulus gleichermaßen auf Gott und auf Christus zurückgeführt wird. Durch die so bedingte zweimalige Nennung Christi Jesu erhält die Absenderangabe eine gewisse Schwerfälligkeit. Das ist ohne Analogie in den echten Paulusbriefen. Zwar werden in Röm 1,1–6 und Gal 1,1–2 Gott und Jesus Christus gleichermaßen genannt und in Verbindung mit dem Apostolat des Paulus gebracht, dies jedoch nicht in der Weise einer Parallelisierung. Vielmehr lassen die dort gewählten Formulierungen deutlich erkennen, daß Paulus seinen Apostolat unmittelbar auf die Berufung durch den auferstandenen Jesus Christus zurückführt[2]; Gott hingegen erscheint dabei als der, der das Christusgeschehen in seinem Heilswillen beschlossen (Röm 1,2; 1Kor 1,1) und in der Auferweckung Jesu von den Toten seinem

---

[1] Die Abfolge Absender-Empfängerangabe entspricht römisch-hellenistischem Briefstil, nicht jedoch die Ausgestaltung des Segenswunsches zu einem eigenen Satz. Man wird hier nicht einfach von einer Anleihe des Paulus bzw. der pln. Tradition beim vorderorientalischen Briefstil und somit von einer »Mischform« sprechen können (gegen G. Friedrich, Lohmeyers These über »Das paulinische Briefpräskript« kritisch beleuchtet, ZNW 46 [1955] 272–274). Vielmehr dürfte die ausführliche Gestaltung des Segenswunsches, mit der ein

älterer, damals kaum mehr lebendiger Stil (z. B. Dan 3,31; 4,34; syrBar 78,2) wieder aufgenommen wird, eine durch den besonderen Zweck des apostolischen Briefes begründete Besonderheit sein, die in der hellenistischen Welt als ungewöhnlich und archaisch empfunden werden mußte (Berger, Apostelbrief 196 f).

[2] Röm 1,1: δοῦλος Χριστοῦ Ἰησοῦ, κλητὸς ἀπόστολος.
Gal 1,1: ἀπόστολος οὐκ ἀπ' ἀνθρώπων ... ἀλλὰ διὰ Ἰησοῦ Χριστοῦ.

Gipfel zugeführt hat (Röm 1,4; Gal 1,1). Für den Verf. der Past ist dagegen entscheidend, daß der Apostel durch die »Weisung« Gottes bestimmt ist[3]: Er ist als von ihr in sein Amt Berufener zugleich ihr autorisierter Vertreter gegenüber der Kirche[4]. Das Christusgeschehen wird in diesem Zusammenhang als das gesehen, was der Weisung Gottes Inhalt und Reichweite gibt: durch Christus wird sie zu einer heilvollen, Hoffnung erschließenden, Leben verheißenden (2Tim 1,1) Weisung. Hingegen ist der unmittelbare christologische Bezug, der nach Paulus für den Apostolat konstitutiv war, eingeebnet. Ja, es ist fraglich, ob der Verf. den traditionellen Terminus »Apostel Christi Jesu« überhaupt noch wie Paulus selbst als Hinweis auf den Vorgang der Berufung durch den Auferstandenen versteht[5], zumindest nimmt er nirgends darauf explizit Bezug[6].

Auf den ersten Blick erscheinen Absender- und *Adressenangabe* ungleichgewichtig. Man könnte nämlich erwarten, daß sich der in der Absenderangabe angeschlagene offizielle Ton[7] in der Adressenangabe fortsetzen würde, etwa in Gestalt einer Bestimmung von Amt und Funktion des Angeschriebenen, zumal die Präskripte der echten Paulusbriefe betont vom Verhältnis der Adressaten *zu Gott und Christus* sprechen (Röm 1,5–7; 1Kor 1,2; 2Kor 1,2; Phil 1,1). Statt dessen ist hier nur vom Verhältnis des Timotheus *zu Paulus* die Rede, wobei allerdings diese Verhältnisbestimmung ebenfalls auf einen offiziellen Ton gestimmt ist. Als Vorlage diente wahrscheinlich 1Kor 4,17, wo Paulus den Timotheus als sein »geliebtes und zuverlässiges Kind im Herrn« bezeichnet[8], um damit dessen Autorität als Vertreter und Abgesandter des Paulus, der die Gemeinde an dessen Weisungen »erinnern« soll, zu begründen. Der Verf. hat diese Aussage geschickt durch Verstärkung ihrer amtlichen Komponente (γνησίῳ τέκνῳ statt τέκνον ἀγαπητόν) in die fiktive Briefsituation hineintransformiert.

---

[3] In der Profangräzität ist ἐπιταγή Terminus für mit höchster Autorität getroffene Entscheidungen und herrscherliche Befehle: Beschluß für Krates (Inschriften von Priene 111,16); Brief des Attalus III. (Dittenberger, Or. 333,10); vgl. auch Est 1,8; Weish 14,16; 3Makk 7,20. In diesem Sinne spricht Paulus in 1Kor 7,6; 2Kor 8,8 von seinem Recht zur ἐπιταγή. Κατ' ἐπιταγήν ist formelhafte Wendung in herrscherlichen Erlassen (»auf Dekret«), vgl. Dittenberger, Syll.[3] 821, D. 2; Dittenberger, Or. 674,1; 1153,4. – In der sekundären Schlußdoxologie Röm 16,25 wird ebenfalls der aus dem Röm-Präskript (Röm 1,5) übernommene Gesichtspunkt der Beauftragung des Paulus aufgrund des Heilsratschlusses Gottes durch Aufnahme der Wendung κατ' ἐπιταγήν im Sinne eines rechtsgültigen Auftrags transformiert – eine Beobachtung, die, neben anderen die Annahme der Herkunft dieser Schlußdoxologie aus dem glei-

chen Milieu wie die Past nahelegt. (Anders, ebenfalls unter Verweis auf Röm 16,26, Dibelius-Conzelmann 12.)

[4] Die sekundäre Lesart von ℵ, κατ' ἐπαγγελίαν, ist eine von Röm 1,2 inspirierte »paulinische« Korrektur.

[5] Vgl. Lohfink, Paulinische Theologie 78.

[6] Auch 1,12–17 erwähnt die Berufungserscheinung nicht (s. dort).

[7] O. Roller, Das Formular der paulinischen Briefe, 1933 (BWANT 78), 148: »Die Titulatur ist hochoffiziell, die Adresse nimmt vom Privatbriefe gerade soviel auf, als der Amtsstil damals überhaupt noch ertrug.«

[8] Darüber hinaus berührt sich die Aussage sachlich eng mit Phil 2,19–23, ohne daß freilich Anzeichen für eine Benutzung durch den Verf. der Past aufweisbar wären. In Phil 2,20 erscheint lediglich das Adverb γνησίως, und zwar ohne jeden Bezug auf das Verhältnis des Timotheus zum Apostel.

Der *Segenswunsch* folgt dem Vorbild aller echten Paulusbriefe (Röm 1,7; 1Kor 1,3; 2Kor 1,2; Gal 1,3; Phil 1,2; Phlm 3), den 1Thess ausgenommen, darin, daß er zwei Bezugspersonen als Spender des dem Empfänger zugesprochenen Segens nennt: Gott, den Vater[9], und den Herrn Christus Jesus[10]. Aber während sonst durchweg bei Paulus das zentrale Heilswort χάρις (»Gnade«) nur durch die Hinzufügung des Begriffes εἰρήνη (»Friede«) expliziert wird, erscheint hier (wie in 2Tim 1,2) ἔλεος (»Erbarmen«) als dritter Ausdruck für den zugesprochenen Segen. Nicht ausgeschlossen ist eine Einwirkung von Gal 6,16, wo εἰρήνη und ἔλεος als Begriffspaar erscheinen[11]. Auf alle Fälle aber entspricht diese Erweiterung dem sonstigen Sprachgebrauch der Past, nach dem χάρις mit ἔλεος nahezu bedeutungsgleich ist (2Tim 1,16.18; Tit 3,5).

Paulus wird mit jenem Titel eingeführt, den er selbst in allen seinen uns bekannten Briefen – mit Ausnahme von 1Thess und Phlm – betont an den Anfang stellte: »Apostel Jesu Christi«[12]. Paulus gebrauchte ihn, um Wesen und Inhalt seines Auftrags zu umschreiben, und zwar scheint es, daß er ihn im Zuge der Polemik gegen Infragestellungen dieses Auftrages immer stärker präzisierte. So gewinnt der Titel in der Auseinandersetzung mit den galatischen Gegnern (Gal 1,1) sowie mit den in Korinth eingedrungenen Falschaposteln (2Kor 10–13) sein besonderes Gewicht. Paulus expliziert ihn nicht nur hinsichtlich seiner christologischen Begründung in der einmaligen Berufung und Sendung durch den Auferstandenen (1Kor 15,5–8), sondern er betont auch die *Zuordnung des Apostolats zum Evangelium* und seine *Ausrichtung auf die Kirche*. Der Apostel ist nach Paulus gleichsam das Vollzugsorgan des – als endzeitliches Handeln Gottes verstandenen – Evangeliums (Röm 1,1); er versteht sich als der Gottesbote, der in Erfüllung von Jes 52,7 die Kunde von Gottes Tat in Christus ausbreiten soll, um damit Glauben zu wirken (Röm 10,14–17). Ziel des Apostolats ist es, das Evangelium konkrete Gestalt und geschichtlichen Lebensraum in der Kirche aus Juden und Heiden gewinnen zu

Erklärung 1

---

[9] Während überall sonst im Corpus Paulinum, wo die zweigliedrige Segensformel erscheint, das ἡμῶν Gott, dem Vater, zugeordnet wird, stellen es die Past zur Christusprädikation des zweiten Gliedes (2Tim 1,2; Tit 1,4). Der Grund dafür mag darin zu suchen sein, daß die formelhafte Bezeichnung Jesu als ὁ κύριος ἡμῶν (vgl. Röm 4,24; 5,1; 1Kor 1,7 ff; 5,4; 9,1) sich in der liturgischen Sprache als selbstverständlich eingebürgert hatte (ähnlich Holtz 33). Eine bewußte theologische Tendenz der Gleichstellung Jesu mit Gott wird man hier jedoch schwerlich suchen dürfen. In der Mehrzahl der späteren Hss., so im Reichstext, wurde das ἡμῶν im ersten Glied als vermeintlich fehlend unter gleichzeitiger Belassung des ἡμῶν im zweiten Glied ergänzt.

[10] Mit zwei Ausnahmen (6,3; Tit 1,1) haben die Past die Wortfolge Χριστὸς Ἰησοῦς. Dies sowie die häufige Verbindung mit soteriologischen Aussagen mag ein Anzeichen dafür sein, daß »der titulare Charakter (sc. von Χριστός) klar empfunden und gewahrt ist« (F. Hahn, EWNT III 1161), wobei allerdings fraglich ist, ob dabei der Verf. das Messiasprädikat in seiner spezifischen Bedeutung – Jesus als der endzeitliche Gesalbte Israels – im Blick hat.

[11] Wobei in Gal 6,16 ἔλεος deutlich als Synonym von εἰρήνη verwendet ist. Bereits in der LXX konnte חֶסֶד mit ἔλεος übersetzt werden; s. hierzu das Material bei Berger, Apostelbrief 198 Anm. 33.

[12] Zu seinem Bedeutungsgehalt s. Roloff, Apostolat 38–137; ders., Apostel 436–440 (Lit.).

lassen (Röm 1,5f; 2,7). Als seine spezifische, ihm vom Auferstandenen übertragene Aufgabe erkennt er dabei die Sammlung der Heiden in die Heilsgemeinde (Gal 1,16).

Sieht man die Verwendung des Aposteltitels in den Past auf diesem Hintergrund, so wird ein Doppeltes deutlich: *Einerseits* hat er formal kein geringeres Gewicht als in den echten Paulusbriefen. Wie in ihnen, so wird auch hier die Sendung des Paulus in ihrer einmaligen Bedeutung in der Bezeichnung »Apostel Christi Jesu« zusammengefaßt. Festgehalten ist auch die Verbindung von Apostelamt und Evangelium (1Tim 1,11; 2,6f; 2Tim 1,10f; Tit 1,3; 2Tim 2,8), und seine Ausrichtung auf die Kirche kommt zumindest implizit in Tit 1,1 zu Wort, wo es mit dem Glauben in Verbindung gesetzt wird. *Andererseits* jedoch ist unverkennbar, daß der Aposteltitel in den Past dem Bereich der Polemik vollständig entzogen ist[13]. Weder mit der Existenz eines anders begründeten Apostolats noch mit einer Bestreitung des Anspruchs des Paulus, Apostel Jesu Christi im spezifischen Sinn zu sein, wird gerechnet. Paulus wird als der eine maßgebliche Apostel schlechthin eingeführt. Die Existenz weiterer Apostel neben ihm soll zwar schwerlich bestritten werden; aber Paulus erscheint faktisch als der einzige Apostel, in dem sich für die Adressaten die Institution des Apostolats gültig konkretisiert[14]. Die paulinischen Gemeinden werden unmittelbar in der Gestalt des Adressaten Timotheus auf die Tatsache hin angesprochen, daß sie ihre Existenz dem Christusapostolat des Paulus verdanken. Sie sollen dessen vergewissert werden, daß und wie die Auswirkung dieses Apostolats nicht nur die Vergangenheit, sondern auch die Gegenwart bestimmt. Sie kann bestimmend bleiben, weil hinter dem Apostolat die ἐπιταγή, die verbindliche, bleibende Anordnung Gottes und Jesu Christi, steht. In dem Begriff ἐπιταγή schwingt, wie Tit 1,3 zeigt, sicher auch das Moment des Heilsratschlusses mit, der, von Anfang verborgen, zu Ende der Zeiten offenbar gemacht worden ist, wobei der Apostel im Dienste dieses Heilsratschlusses steht[15]. Bestimmend ist jedoch das Moment rechtlicher Verbindlichkeit: Es soll deutlich werden, daß zwischen der verbindlichen Anordnung, mit der Gott den Apostolat einsetzte, und dem verbindlichen Anordnen des Apostels bzw. Apostelschülers (vgl. 2Kor 8,8), von dem der Brief im folgenden handelt (1,5.18; 2,1; vgl. Tit 2,15), ein kausaler Zusammenhang besteht. Darin also wirkt der Apostolat als göttliche Anordnung weiter, daß von ihm die Weisungen, Anordnungen und Lehren autorisiert werden, die der Kirche auf ihrem Weg durch die Geschichte immer wieder neu zugesprochen werden müssen.

---

13 In diesem Sinne ist meine frühere These, wonach der Aposteltitel in den Past »nirgends an betonter Stelle stehe« (Apostolat 241), aufgrund des berechtigten Einspruchs von Lohfink (Paulinische Theologie 71) zu modifizieren.

14 Brox 73.

15 Das bestätigt sich auch durch den Vergleich mit Röm 16,26.

Die Bezeichnung Gottes als σωτήρ (»Retter«) ist den Past eigentümlich[16]; sonst findet sie sich im NT nur Lk 1,47; Jud 25. Sie entspricht einem an der LXX orientierten jüdisch-hellenistischen Sprachgebrauch[17]. Dazu, daß es in den paulinischen Gemeinden des ausgehenden 1. Jh. zu ihrer Übernahme kam, mag freilich der Umstand beigetragen haben, daß σωτήρ in der hellenistischen Umwelt als ein zahlreichen Gottheiten beigelegtes, auch im Herrscherkult verwendetes Prädikat ein Zentralbegriff der religiösen Sprache war[18]. Allerdings spricht die formelhafte Verwendung nicht für die Annahme einer gezielt-polemischen Verwendung[19]. Im vorliegenden Zusammenhang (vgl. Tit 1,3) könnte eher ein auf 1,4 vorausweisender universalistischer Akzent beabsichtigt sein: Gott hat seine den Apostel betreffende verbindliche Anordnung getroffen, weil er sich als der *Retter* aller Menschen erweisen will[20].

Ungewöhnlich und von paulinischem Sprachgebrauch nicht gedeckt ist weiterhin die Bezeichnung Jesu Christi als »unsere Hoffnung«. Sie ist schwerlich ein von der Tradition vorgegebenes Prädikat[21]. Vermutlich handelt es sich um eine verkürzte Zusammenfassung von den Adressaten bekannten liturgisch geprägten Formeln von der Art, wie sie der Verf. selbst in Tit 1,2f; 3,4–7 einführt[22]. Gemeint ist, daß sich in Christus der Heilswille Gottes erfüllt hat, so daß »Hoffnung des ewigen Lebens« nun für alle begründet ist[23]. Der Apostel ist der von Jesus Christus selbst eingesetzte Träger und Zeuge dieser Hoffnung.

Als fiktiver Adressat wird Timotheus eingeführt. Die Gründe dafür sind einsichtig (s. Einführung I.1): Wie keine andere Person aus dem Umfeld des 2

---

[16] 1Tim 4,10; Tit 1,3; 2,10f; zur Bezeichnung Jesu als σωτήρ s. zu 2Tim 1,10 sowie den Exkurs »Zur Christologie«.
[17] Jes 12,2; Ps 23,5 (LXX); Mich 7,7; Hab 3,18; Jdt 9,11; Est 5,1; Sir 51,1; Weish 16,7; 1Makk 4,30; 3Makk 6,29. Vgl. auch die Bezeichnung Gottes als Helfer Israels in den Qumranschriften (1QM X 4; XIV 4; XVIII 7; 1QH II 32; V 18 u. ö.).
[18] Nicht nur Zeus, Asklepios, Isis, Serapis, die Dioskuren wurden σωτήρ genannt, sondern auch hellenistische Herrscher wie die Seleukiden (Antiochus IV.: σωτήρ τῆς Ἀσίας; Antiochus VIII.: σωτήρ καὶ εὐεργέτης). Im Osten des Römerreiches, wo der Kaiserkult seine Hauptbasis hatte, bezeugen Inschriften die Anwendung des Titel auf Caesar, Pompeius, Augustus (Belege: Spicq 315f); hierzu ferner F. J. Dölger, Der Heiland, AuC 6 (1950) 241–272; F. Dornseiff, PRE 2.Reihe, 3, 1211–1221; H. Kasper, Griechische Soter-Vorstellungen und ihre Übernahme in das politische Leben Roms, Diss. Mainz 1959; K. Prümm, Herrscherkult und NT, Bib. 9 (1928) 3–25.129–142.289–301; J. Salguero, Concetto biblico di salvezza-liberazione, Ang. 53 (1976) 11–55; W. Staerk, Soter, I 1933; II 1938.

[19] Anders Spicq 315: »On considerera cette dénomination comme antithétique à celle des divinités païennes ... et des souverains à l'époque hellénistique ...«. Andererseits greifen Dibelius-Conzelmann 75 wohl etwas zu kurz, wenn sie diese Gottesbezeichnung allein »auf den formelhaften Sprachgebrauch des hellenistischen Judentums zurückführen« wollen; s. ferner K. H. Schelkle, EWNT III 781–784.
[20] K. H. Schelkle, a. a. O. 782.
[21] Der einzige zeitlich den Past vorausliegende ntl. Beleg, Kol 1,27, trägt nichts aus, weil ἐλπίς dort nicht als Christusprädikat gebraucht ist; vgl. Schweizer, Kolosser z. St.
[22] Ähnlich abbreviaturhaft findet sich die Wendung in den Apostolischen Vätern: Ign Eph 21,2 (ἐν Ἰησοῦ Χριστῷ, τῇ κοινῇ ἐλπίδι ἡμῶν); IgnMg 11,1; IgnTr 2,2; IgnPhld 11,2; IgnSm 10,2. Zum liturgischen Hintergrund vgl. E. Lohmeyer, Probleme paulinischer Theologie I, ZNW 26 (1927) 158–173.
[23] So auch Spicq 316; Brox 99; Hanson 55: »To call Jesus Christ *our hope* without qualification seems to be the mark of third generation Christianity.«

Paulus bot er sich als Paradigma an, anhand dessen sich das Problem des Weiterwirkens der apostolischen Autorität darstellen und zugleich einer Lösung zuführen ließ. Timotheus war, ohne selbst Apostel zu sein[24], derjenige aus dem Kreis um den großen Heidenapostel, der ihm am engsten verbunden war und am stärksten an seiner Autorität partizipierte. Bereits die Bezeichnung des Timotheus in der Vorlage 1Kor 4,17 als des Paulus »geliebtes und zuverlässiges Kind im Herrn« ist mehr als ein bloß Vertrauen und familiäre Nähe umschreibendes Bild; es geht um reale Vaterschaft in der durch den Herrn konstituierten Sphäre, die seitens des Vaters Verantwortung und Weisungsgewalt, seitens des Kindes Gehorsam und Bindung an die väterliche Autorität impliziert[25]. Dieses Moment der realen Verbindlichkeit des Vater-Kind-Verhältnisses wird nun hier gegenüber 1Kor 4,17 durch das Adjektiv γνήσιος (»rechtmäßig«)[26] noch stärker betont. Die Wendung ἐν πίστει (»im Glauben«), die sich in den echten Paulusbriefen nicht findet, ist für die Past charakteristisch (1Tim 1,4; 2,7.15; Tit 3,15). Sie bezieht sich schwerlich auf den subjektiven Glauben des Timotheus als den das Sohnverhältnis zum Apostel bedingenden Faktor[27], sondern umschreibt, entsprechend ἐν κυρίῳ von 1Kor 4,17, den Bereich, innerhalb dessen sich dieses Sohnesverhältnis konstituiert bzw. auswirkt: Im Lebensraum des Glaubens, der »christlichen Religion«[28], darf Timotheus als legitimer Sachwalter und Erbe der Sache des Apostels gelten, und umgekehrt ist ihm wie dem Apostel die Verantwortung für diesen Lebensbereich auferlegt. Er steht wie der Apostel im Dienst des Glaubens.

Der Segenswunsch gewinnt in diesem Kontext Gewicht als Anwendung und Bekräftigung des Vorhergegangenen[29]: Paulus, der Träger eines im Heilswillen Gottes begründeten Auftrags, spricht seinem Mitarbeiter verbindlich von

---

[24] Anders K. Kertelge, Gemeinde und Amt im Neuen Testament, 1972 (BiH 10), 95f; H. Merklein, Das kirchliche Amt 258; doch dagegen mit Recht Ollrog, Mitarbeiter 22.

[25] Zur Bedeutung der Vaterschaft des Paulus gegenüber seinen Gemeinden und seinen Mitarbeitern s. Roloff, Apostolat 116; Ollrog, Mitarbeiter 178–182. Daß hier keine direkte Analogie zu dem Ehrentitel des Rabbi, der sich von seinen Schülern als »Vater« anreden ließ, besteht, betont mit Recht G. Schrenk, ThWNT V 1007; vgl. auch Bill. III 240f. Andererseits besteht aber auch keine direkte Entsprechung zu der Vorstellung der geistlichen Vaterschaft des Mystagogen gegenüber den Mysten, von der Corpus Hermeticum 13,3 (Nock-Fest II 201) handelt (μὴ φθόνει μοι, πάτερ· γνήσιος υἱός εἰμι· διαφώρασόν μοι τῆς παλιγγενεσίας τὸν τρόπον).

[26] Ursprüngliche Bedeutung: der leibliche Sohn im Unterschied zum Adoptivsohn bzw. zum Bastard (W. Büchsel, ThWNT I 727;

Spicq 317). So heißt Isaak bei Philo, Abr. 168, υἱὸς … γνήσιος, ἀγαπητὸς καὶ μόνος des Abraham. Auch bei übertragenem Gebrauch auf ein Lehrer-Schüler-Verhältnis geht der verbindliche Klang nicht ganz verloren, z. B. wenn Aristoteles »der legitimste Schüler des Platon« genannt wird (ὁ γνησιώτατος αὐτοῦ μαθητής, Dionysius Halicarnassensis, Brief an G. Pompeius, 1).

[27] Anders Holtz 32.

[28] So Spicq 317; Brox 99; vgl. ferner R. Bultmann, ThWNT VI 214; Merk, Glaube 92f.

[29] Berger, Apostelbrief hat gezeigt, daß ganz allgemein hinter der Segensformel der Apostelbriefe eine Auffassung vom Apostel als »Übermittler von Heilsgütern« (201) steht: »Der Apostel spricht den Lesern Gnade und Friede zu, Güter, die er seinerseits nicht von sich selbst, sondern von Gott herleitet – eine Entsprechung zu vielfältigen anderen Aussagen über das Apostelamt« (203).

Gott her die Gewißheit zu, daß sein Wirken für das Evangelium von der Gnade Gottes und Jesu Christi getragen sein werde. »Gnade« bezeichnet dabei umfassend das freie schenkende Heilshandeln, durch das Gott sich den Menschen zuwendet, während »Erbarmen« die Motivation dieses Heilshandelns aufweist: Das Elend und die ausweglose Not derer, die von sich aus keinen Zugang zu Gott fänden, veranlaßt Gott zu helfendem Eingreifen (vgl. VV13.16; 2Tim 1,16.18). »Friede« schließlich ist die Wirkung dieses Heilshandelns bei den von ihm erfaßten Menschen, und zwar nicht nur im Sinne eines inneren Friedens und der bloßen Abwesenheit konkreter Konflikte, sondern in dem des auf alle Lebensbereiche ausstrahlenden Heilwerdens des Gottesverhältnisses: Der Gehalt des hebr. שָׁלוֹם ist hier noch präsent[30]. Gott und Jesus Christus werden anders als in V1 mit jenen Prädikaten bezeichnet, die für das Bekenntnis der Gemeinde zentral waren: »der Vater« und »unser Herr«.

Der Briefkopf stimmt auf den offiziellen, amtlichen Charakter des folgenden Schreibens ein, indem er Gewicht und bleibende Bedeutung des Apostolats des Paulus herausstellt, die Bindung des Apostelschülers an die Autorität des Apostels aufzeigt und darauf verweist, daß dessen Dienst durch die erbarmende Gnade Gottes getragen und bestimmt ist.

Zusammenfassung

II. Die Erneuerung des Auftrags des Timotheus (1,3–11)

Literatur: S. zu 1,1–2.

3 Wie ich dich gebeten habe, in Ephesus zu bleiben, als ich nach Mazedonien reiste, damit du gewisse Leute anweisen solltest, keine anderen Lehren zu verbreiten 4 und sich auch nicht mit Fabeln und endlosen Geschlechtsregistern abzugeben, welche eher Grübeleien als Gottes Verwalteramt im Glauben darbieten – 5 Das Ziel der Weisung ist aber Liebe aus reinem Herzen, aus gutem Gewissen und aus ungeheucheltem Glauben; 6 von diesen sind gewisse Leute abgeirrt, um leerem Geschwätz zu verfallen; 7 sie wollen Gesetzeslehrer sein und wissen dabei weder, was sie sagen, noch, wovon sie fest überzeugt sind.
8 Wir wissen aber, daß das Gesetz gut ist, wenn man sinngemäß mit ihm umgeht, 9 (und zwar) in dem Wissen, daß das Gesetz nicht für den Gerechten gegeben ist, vielmehr für Gesetzlose und Aufrührer, Gottlose und Sünder, Frevler und Gemeine, Vater- und Muttermörder,

---

[30] Spicq 318. Gerade in ihrer unterschiedlichen inhaltlichen Nuancierung scheinen die drei Begriffe im ausgehenden 1. Jh. als liturgisch geprägte Trias verwendet worden zu sein (vgl. 2Joh 3; Jud 3).

Totschläger, 10 Unzüchtige, Knabenschänder, Menschenräuber, Lügner, Meineidige – und was sonst noch der gesunden Lehre widerstreitet 11 nach dem Evangelium der Herrlichkeit des seligen Gottes, mit dem ich betraut worden bin.

Analyse 1. *Stellung im Kontext.* Es handelt sich um den zentralen Abschnitt des weitgespannten, bis V20 reichenden Proömiums. Inhaltlich entspricht es dem Stil des antiken Briefes, indem es eine Selbstvorstellung des Briefstellers sowie eine Schilderung des bisherigen Verhältnisses zwischen Briefsteller und Adressaten bietet[31]. Während aber in den Paulusbriefen die Selbstvorstellung normalerweise am Anfang steht (Röm 1,1–5; 1Thess 1,4–6.9f; vgl. auch Tit 1,1–3)[32], um von der – in die Form der Danksagung gefaßten – Schilderung des Verhältnisses des Apostels zu den Briefempfängern gefolgt zu werden[33], ist hier die Reihenfolge umgekehrt: Unmittelbar nach dem Briefkopf wird das Verhältnis des Apostels zu Timotheus thematisiert, und zwar unter dem beherrschenden Leitgedanken der Weisung, die er bereits in der Vergangenheit empfangen hat und die nun vertieft und abschließend begründet werden soll. Daran schließt sich die Selbstvorstellung des Apostels an, die in der Form der Danksagung gehalten ist (VV12–17). Und zwar wird ihre Einführung vorbereitet durch die Erwähnung des Paulus anvertrauten Evangeliums (V11). Die Thematik der apostolischen Weisung an Timotheus wird freilich in VV18–20 noch einmal aufgenommen: Zwischen V3 (ἵνα παραγγείλῃς), V5 (παραγγελία) und V18 (ταύτην τὴν παραγγελίαν παρατίθεμαί σοι) besteht eine eindeutige semantische Brücke. Von daher können VV18–20 als Fortsetzung von VV3–11 gelten. Es handelt sich dabei um den zusammenfassenden Abschluß des Proömiums, das zugleich die Funktion der Überleitung zum eigentlichen Briefcorpus hat.

2. *Aufbau und Gedankenführung.* Wenn der Abschnitt brüchig und diffus anmutet, so liegt das zunächst an seiner sprachlichen Form: VV3f sind ein Anakoluth[34]; der Nachsatz, der auf den Vordersatz eigentlich folgen müßte, fehlt. Aber auch inhaltlich stellt sich der Eindruck der Sprunghaftigkeit ein[35], da neben dem Zentralthema der Beauftragung des Timotheus noch zwei weitere Themen eingebracht werden: die Polemik gegen die Irrlehrer und das Problem der Geltung des Gesetzes. Wenn eine klare rhetorische Disposition zwar schwerlich vorliegt, so zeigt die Analyse doch immerhin eine gewisse

---

[31] Hierzu Berger*, ANRW II 25/2, 1353f.

[32] Berger, Formgeschichte 268 schlägt für die Selbstvorstellung des Apostels die Bezeichnung »Apostolikon« vor.

[33] Einzige Ausnahme: Gal 1, wo die Danksagung fehlt.

[34] So auch Jeremias 13; Holtz 33; Hanson 56; Kelly 43; Dibelius-Conzelmann 13.

[35] Überspitzt ist das Urteil bei Bl-Debr-Rehkopf § 467 Anm. 2: »In ein reines Wirrsal verläuft die Konstruktion von 1Tim 1,3ff infolge der unaufhörlichen Einschiebungen und Anhängsel.«

Folgerichtigkeit der Gedankenführung und deren Zentrierung auf die Gesamt-
thematik des Briefes. Drei doppelgliedrig bzw. antithetisch aufgebaute Gedankenreihen sind kunstvoll ineinander verschränkt:

a. Der frühere Auftrag an Timotheus (V3) und seine jetzige Erneuerung
   (VV5.11.[18]);
b. Der Gegensatz zwischen den Grübeleien der falschen Lehrer (VV4.6f) und
   der gesunden Lehre des Evangeliums (VV5.10b.11);
c. Das Verhältnis zwischen dem richtig gebrauchten Gesetz (VV8–10) und
   dem Evangelium (V11).

Die erste, sachlich übergeordnete Gedankenreihe wird bereits in V4 durch die
zweite unterbrochen: Durch die Einführung der Irrlehrerthematik erfährt die
Erneuerung des Auftrages des Timotheus ihre Begründung aus der konkreten
kirchlichen Situation. Diese Auftragserneuerung wird zwar, äußerlich bedingt
durch den Satzabbruch nach V4, nicht explizit ausgesprochen, jedoch durch das
Wort παραγγελία in V5 indirekt impliziert. Es ist wichtig zu sehen, daß die
Aussagen der zweiten Gedankenreihe nicht bei der Funktion des Timotheus im
Rahmen des situationsbedingten Anlasses der Irrlehrerbekämpfung stehen-
bleiben, sondern die positive Funktion der dem Timotheus aufgetragenen
Weisung stark hervorheben (V5). Damit wird nämlich angedeutet, was nach
V18 noch klarer hervortritt: Diese Funktion ist eine bleibende. Ihre inhaltliche
Füllung ist letztlich das Thema des Briefes.

Die dritte Gedankenreihe ist vorwiegend apologetisch ausgerichtet. Das naheliegende Mißverständnis, die Gesetzeskritik der paulinischen Theologie sei im
Sinne einer grundsätzlichen Ablehnung des Gesetzes zu verstehen, wird unter
Bezugnahme auf paulinische Aussagen abgewehrt. Vor allem dürfte der Verf.
Röm 7 im Sinn gehabt haben, wie aus der zitatartigen Einführung von Röm
7,12 in V8 hervorgeht. VV9–10 enthalten zwar kein direktes Zitat, sind aber,
wie die Einführungsformel V9a andeutet, als sinngemäße Zusammenfassung
paulinischer Aussagen über die Freiheit der Glaubenden vom Gesetz einerseits
und von der Verfallenheit menschlichen Fehlverhaltens unter das Urteil des
Gesetzes andererseits gemeint, wobei man im ersten Fall an Röm 7,1–6, im
zweiten an Röm 1,28–31, den prototypischen paulinischen Lasterkatalog, als
Modelle denken könnte. Die konkrete Formulierung des Lasterkatalogs VV9f
geht jedoch auf den Verf. selbst zurück.

V11 ist zugleich Klimax und Überleitung. Alle drei Gedankenreihen erreichen
hier ihr Ziel. Mit der feierlich hervorgehobenen Erwähnung des Paulus
anvertrauten Evangeliums wird auf das verwiesen, was den Auftrag des Paulus
an Timotheus bestimmt: Das Evangelium soll auch in der Abwesenheit des
Apostels verläßlich gegenwärtig bleiben. Dieses Evangeliums bedarf es zur
Bewahrung der Kirche vor den »Grübeleien« der falschen Lehrer, und es
erweist sich zugleich als Bollwerk gegen die vom Gesetz verurteilten Laster
und Verfehlungen (VV9f) und damit als Quelle heilvollen, geordneten Lebens. In welchem Sinne Paulus der Repräsentant und Träger dieses Evangeliums ist, davon wird in VV12–17 die Rede sein.

Erklärung Paulus hat seinen Mitarbeiter Timotheus nach einer Periode gemeinsamer
3 missionarischer Tätigkeit in Ephesus dort zurückgelassen und ist nach Mazedonien weitergereist, von wo aus er den vorliegenden Brief schreibt. Das ist die
von V3 vorausgesetzte, von 3,14; 4,13 bekräftigte historische Ausgangssituation, deren Eindeutigkeit auch durch gewaltsame Umdeutungsversuche nicht
in Frage gestellt werden konnte[36] (s. Einführung II.3). Zweifellos hat der Verf.
den Gemeindegründungsaufenthalt des Paulus in Ephesus im Auge. Er wird
von der Vorstellung geleitet, daß der Apostel nach der Gemeindegründung
seinen Mitarbeiter zurückgelassen habe, damit dieser das Werk der Ordnung
und Stabilisierung der Gemeinde zu Ende führe, während er selbst rastlos
weiter von Ort zu Ort gezogen ist (vgl. Tit 1,5)[37]. Anscheinend hat der Verf.
die Briefsituation aus zwei recht allgemeinen Anhaltspunkten der Paulusüberlieferung konstruiert: daß Paulus nach seinem Gründungsaufenthalt in Ephesus nach Mazedonien weiterreiste (Apg 19,21) und daß er seinen Mitarbeiter
Timotheus vorzugsweise mit schwierigen Aufträgen betraute und als Verbindungsmann zu seinen Gemeinden benutzte (1Thess 3,2f; 1Kor 4,17; Phil
2,20–22). Gegenüber dem, was sich den echten Paulusbriefen über das Wirken
des Timotheus entnehmen läßt, ist eine aufschlußreiche Akzentverschiebung
feststellbar: Timotheus ist nun nicht mehr der missionarische Mitarbeiter, der
nach *vorübergehender* Delegation zu besonderen Aufgaben zu Paulus zurück-
kehrt (1Kor 4,17–19; 16,10f), weil bei ihm sein eigentlicher Platz ist – er bleibt
vielmehr in Ephesus, nichts deutet darauf hin, daß dieser Aufenthalt nur als
vorübergehend zu denken wäre; allenfalls steht zu erwarten, daß Paulus zu
ihm nach Ephesus kommen wird (3,14), um ihm und der Gemeinde weitere
Weisungen zu geben. Die Aufgabe, die der Apostel seinem Mitarbeiter in der
Vergangenheit aus konkretem Anlaß gab, wird verlängert, ohne daß ein
mögliches Ende für sie in Sicht käme. Diese unbestimmte Offenheit der
Situation findet auf der sprachlichen Ebene durch den Anakoluth eine so
vollkommene Entsprechung, daß es schwer fällt, ihn lediglich als stilistische
Unachtsamkeit des Verf. zu sehen[38]. Indem die Vergleichskonjunktion καθώς
ohne ein ihr korrelierendes οὕτως bleibt, wird deutlich: Nicht darum geht es,
daß der damalige Befehl des Paulus durch einen neuen ergänzt und weitergeführt würde, sondern darum, daß der damalige Befehl weiter in Geltung bleibt.

---

[36] So meint W. Michaelis, Einleitung in das
Neue Testament, Bern [3]1961, 260, προσμεῖναι
sei nicht mit »bleiben«, sondern mit »standhalten« zu übersetzen, und überdies handle es sich
nicht um die Reise des Paulus von Ephesus,
sondern von einem anderen Ort aus, weil andernfalls die schriftliche Wiederholung eines
mündlichen Auftrages überflüssig sei. Doch
dagegen Dibelius-Conzelmann 13; Marxsen,
Einleitung 197.
[37] Die Vorstellung des unablässig von Ort zu
Ort reisenden Paulus beherrscht bemerkenswert verwandt auch die Darstellung der Apg,

die jeweils seine Ankunft und Abreise an einem
Ort breit erzählt, die dazwischenliegenden längeren Abschnitte kontinuierlichen Wirkens jedoch mit knappen Bemerkungen (z. B. Apg
18,18; 19,20f) übergeht.
[38] Jeremias 13 will den Bruch des Satzgefüges
mit »eine(r) stärkere(n) Unruhe des Schrei-
bers« erklären, »als die betont nüchternen
Ausführungen vermuten lassen«; ähnlich
Holtz 33; Kelly 43. Aber gerade im Lichte der
von diesen Autoren vorausgesetzten Sekretärshypothese wäre doch der Gedanke an ein
flüchtiges Diktat auszuschließen!

So scheint καθώς hier weniger vergleichenden als begründenden Sinn zu
haben[39]: *Weil* Paulus den Timotheus angewiesen hat, in Ephesus zu bleiben,
darum soll er sich auch weiterhin an diese Weisung halten und gemäß der
Anordnung des Apostels diese Gemeinde leiten. In diesem Sinne umschreibt
V3 die Situation des gesamten 1Tim[40]. Timotheus wird gezeichnet als der am
Ort stehengebliebene Missionar[41], der nun als Gemeindeleiter selbständig und
auf Dauer das von dem gemeindegründenden Apostel begonnene Werk weiterführen soll. Er kann diese Aufgabe nur tun, weil ihn auch weiterhin die
Weisung des apostolischen Wortes begleitet[42].
Die Gemeindeleitung, zu der Timotheus beauftragt ist, vollzieht sich primär
durch Lehre (vgl. 4,6.12; 6,2). Wie der Apostel und im Anschluß an ihn soll er
das Evangelium in verbindlichen, Denken und Verhalten der Gemeinde gestaltenden Weisungen entfalten. Nicht von ungefähr erscheint hier das Verbum
παραγγέλλειν, das bei Paulus Terminus für das Erteilen verbindlicher, letztlich auf den erhöhten Herrn zurückgehender Anweisungen ist (1Kor 7,10;
11,17; 1Thess 4,2.11; vgl. 2Thess 3,4.6.10.12)[43]. Konkret scheint die Anweisung hier negativ ausgerichtet zu sein: Timotheus soll »gewisse Leute« daran
hindern, falsche Lehre in der Gemeinde zu verbreiten. Doch das kann nicht in
der Weise eines bloßen Redeverbotes gegenüber den Irrlehrern geschehen,
sondern, wie V5 bestätigt, letztlich doch nur in der Weise, daß Timotheus die
ihm anvertraute παραγγελία so laut werden läßt, daß sie ihre ordnende und
richtende Kraft entfalten kann. Das Wort ἑτεροδιδάσκειν, das nur hier und
6,3 im NT erscheint[44], setzt die Existenz eines Bestandes »richtiger« Lehre
voraus, an dem als normativer Instanz alles Lehren gemessen werden muß. Es
geht nicht nur um Fehlentwicklungen bei einzelnen Gemeindegliedern, die
Timotheus einzudämmen bzw. zurückzuweisen hätte, sondern – wie aus V7 zu
entnehmen ist – um Lehrer, die ihrerseits der Gemeinde mit einem gewissen

---

[39] Bl-Debr-Rehkopf § 453,2; vgl. Gal 3,6, wo
das καθώς begründend auf die Autorität der
Schrift verweist (F. Mußner, Der Galaterbrief,
⁴1981 [HThK IX], 213); analog dazu verweist
es hier begründend auf die damalige autoritative Weisung des Apostels.
[40] Wenn 2Tim 4,9 eine Rückkehr des Timotheus zu Paulus ins Auge gefaßt wird, so steht
dahinter nicht der Gedanke einer zeitlichen
Begrenzung seines Auftrags, sondern damit
soll lediglich die persönliche Nähe des Apostelschülers zum (gefangenen und leidenden) Apostel unterstrichen werden. Richtig Brox 102:
»Es kontrastiert der Augenblickscharakter der
angegebenen Situationen mit der Tendenz auf
Dauerhaftigkeit der erteilten Anordnungen.«
[41] Von dieser Vorstellung aus versucht P.
Brunner (Das Heil und das Amt. Elemente
einer dogmatischen Lehre vom Predigt- und
Hirtenamt, in: ders., Pro Ecclesia I, Berlin
1962, 293–309), den Ansatz einer Lehre vom

kirchlichen Amt zu entwickeln: »Der Hirte
einer örtlichen Ekklesia ist der an einem Ort bei
der dort gesammelten Herde Jesu Christi stehengebliebene missionarische Bote Jesu. Das
Hirtenamt muß grundsätzlich vom missionarischen Botenamt her begriffen werden. Wenn
der missionarische Bote bei der durch seinen
Dienst gesammelten Ekklesia als ihr Diener
verweilt, so erlischt seine Sendung keineswegs; ihr wachsen jetzt lediglich neue Aufgaben zu... So formt sich z. B. im Blick auf die
örtliche Ekklesia der an die heidnische Völker-
welt gerichtete Heroldsruf um in das die Ekklesia auferbauende und weidende Wort« (304).
[42] Brox 102.
[43] W. Radl, EWNT III 39.
[44] Vgl. noch IgnPol 3,1. Die Vorsilbe ἑτερο-
impliziert den Gegensatz zu der 1,10 erwähnten ὑγιαίνουσα διδασκαλία. Vgl. K. H.
Rengstorf, ThWNT II 165f; H.-F. Weiß,
EWNT I 763f.

Autoritätsanspruch gegenübertreten. Die Auseinandersetzung zwischen rechter und falscher Lehre wird so zugleich zum Kampf zwischen legitimen und
4 illegitimen Lehrern. Genannt werden zunächst zwei in den Augen des Verf.
ebenso charakteristische wie verwerfliche Inhalte der falschen Lehre: Mythen
und endlose Genealogien. Das Wort μῦθος hat hier eindeutig negative und
abwertende Bedeutung (vgl. auch 4,7; 2 Tim 4,4; Tit 1,14: »jüdische Mythen«;
2 Petr 1,16): erfundene Erzählungen und Spekulationen ohne Wahrheitsgehalt[45]. Deutlicher läßt sich ausmachen, was mit den Genealogien gemeint ist,
nämlich eine spekulative Auslegung der Geschlechtsregister der Genesis.
Diese Register mit ihren geheimnisvollen Namen und Lebensalterangaben
müssen gerade auch auf Heidenchristen eine erhebliche Faszination ausgeübt
haben, weil sie zu esoterischer Ausdeutung auf die Geheimnisse von Geschichte, Geisterwelt und menschlichem Schicksal geeignetes Material in reichem
Maße enthielten[46]. Dies benutzte, wie wir von den Kirchenvätern wissen[47], die
Gnosis als Basis für ihre Gedanken über die Archonten- und Äonenreihen, die
die jenseitige, eigentliche Welt von der Menschenwelt trennen. Wahrscheinlich sind mit den Mythen solche aus phantasievoller Interpretation der alttestamentlichen Genealogien entwickelte kosmogonische und anthropologische
Geheimlehren gemeint[48]. Schon mit seiner Wortwahl distanziert sich der
Verf. von der von solchen Spekulationen ausgehenden Faszination: abschätzig
nennt er sie »endlos« – sie sind langweilig, verworren, ohne Sinn und Ziel. In
dem folgenden Relativsatz umreißt er ihre negative Auswirkung, indem er
diese in gezieltem Kontrast[49] der von rechter Lehre eigentlich zu erwartenden
Wirkung gegenüberstellt. Die falsche Lehre führt zu Grübeleien, sie leitet ihre
Anhänger zu esoterischen Gedankenspielereien ohne verbindende Kraft. Der
Sinn der dazu kontrastierenden positiven Aussage hängt an dem Verständnis
der schwierigen Wendung οἰκονομία θεοῦ[50].

[45] H. Balz, EWNT II 1094 f. Dieses Verständnis im Sinne einer abwertenden Bezeichnung
ist so eindeutig, daß das Wort μῦθος keine
Schlüsse auf den tatsächlichen Lehrinhalt, auf
den es verweist, zuläßt. Anders Holtz 34 f, der
an eine Suche tieferer Wahrheit in griechischen Mythen oder gar in der biblischen
Schöpfungsgeschichte denken möchte; dagegen Dibelius-Conzelmann 14.
[46] In der Sektengemeinschaft vom Toten
Meer dürften solche Spekulationen Teil der
Lehrunterweisung gewesen sein: »Für den Un-
terweiser, um zu unterweisen und zu belehren
alle Söhne des Lichtes in den Geschlechtern
aller Menschenkinder hinsichtlich aller Arten
ihrer Geister mit ihren Kennzeichen gemäß
ihren Taten in ihren Generationen und hinsichtlich der Heimsuchung ihrer Plagen mit
den Zeiten des Friedens« (1QS III 13–15).
Weiteres Material bei Spicq 322.
[47] Irenäus, Haer. I 30,9; Tertullianus, Prae-
scr. Haer. 33.

[48] Ein Stadium, in dem solche Spekulationen
bereits zu einem geschlossenen gnostischen
theologischen Lehrsystem entwickelt waren,
liegt hier jedoch noch nicht vor. Irenäus (Haer.
I praefatio) und Tertullian (s. Anm. 47) beziehen die Aussagen der Past als Weissagung auf
solche Erscheinungen ihrer Zeit; vgl. Dibelius-
Conzelmann 14 f; Spicq 322. Wichtig der Hinweis von Kelly 44: die gnostischen Äonensy-
steme wurden nicht γενεαλογίαι genannt; die
hier vorliegenden Phänomene haben noch einen deutlichen atl. Hintergrund (vgl. Tit 1,14).
[49] Μᾶλλον ἤ kommt hier dem Sinn von ἀλλ'
οὐ gleich (vgl. Joh 3,19; 12,43). S. Bl-Debr-
Rehkopf § 246 Anm. 4.
[50] D* und alle Lateiner lesen statt dessen
οἰκοδομήν und gewinnen so einen einleuch-
tenden Gegenbegriff zu ἐκζητήσεις. Diese
Lesart ist zweifellos als sekundäre Erleichterung zu beurteilen.

Mehrere Deutungsvorschläge[51] liegen vor:

1. Gemeint ist der Geschichtsplan Gottes, dem folgend er sein allgemeines Weltregiment in Natur und Geschichte gestaltet. In diesem Falle wäre hier der allgemeine hellenistische Sprachgebrauch aufgenommen, innerhalb dessen οἰκονομία die göttliche Haushalterschaft in bezug auf das Universum meint[52], und ähnlich wie in Eph 1,10; 3,9 f in Richtung auf den spezifischen göttlichen Heilsplan vertieft. Nach dieser zuletzt von M. Dibelius–H. Conzelmann[53] und N. Brox vertretenen Deutung würde den Grübeleien der falschen Lehrer, die auf einer irrigen Auslegung des AT beruhen, die Einsicht in »die Heilsordnung Gottes« gegenübergestellt, »die aus jener biblischen Schrift erkennbar ist«[54]. Schwierig ist dabei jedoch zum einen, daß der Gedanke einer Heilsordnung Gottes in den Past sonst nirgends anklingt, und zum andern, daß man eine schwer verständliche sprachliche Härte voraussetzen müßte, denn das Korrelat zu »Grübeleien« müßte dann doch eigentlich lauten: »Erkenntnis der Heilsordnung Gottes«.

2. W. Bauer und O. Michel[55] entscheiden sich für die Übersetzung mit »Heilserziehung« unter Hinweis darauf, daß οἰκονομία bei den frühen griechischen Vätern diesen Sinn angenommen hat[56]. Dadurch würde sich zwar ein passendes Korrelat zu ἐκζητήσεις ergeben, doch ist es mehr als fraglich, ob diese ein sehr spezielles patristisches Denkschema voraussetzende Konnotation schon im Horizont der Past gelegen hat.

3. Die stärksten sprachlichen und sachlichen Gründe scheinen für die von C. Spicq und A. Schlatter[57] vorgeschlagene Übersetzung von οἰκονομία mit »Vollmacht« bzw. »Verwalteramt« zu sprechen. In eben diesem Sinn gebrauchte nämlich auch Paulus selbst das Wort οἰκονομία, wenn er seinen Auftrag speziell im Blick auf die ihm anvertraute Heilsbotschaft definieren wollte (1Kor 9,17), und entsprechend bezeichnete er sich als »Diener Christi und οἰκονόμος der Geheimnisse Gottes« (1Kor 4,1), dessen wichtigstes Qualifikationsmerkmal die Treue bei der Verwaltung[58] des ihm anvertrauten Gutes ist. Kol 1,25 beweist hinlänglich, daß diese Termini von der deuteropaulinischen Tradition rezipiert worden sind[59]. Zumal den Past mußte sie in besonderer Weise entgegenkommen, da sie sich nicht nur ohne Bruch in das von ihnen bevorzugte ekklesiologische Grundbild der Kirche als des Hauswesens Gottes einfügt, in dem der Gemeindeleiter die Funktion des οἰκονόμος hat (Tit 1,7), sondern darüber hinaus eine

[51] Zur Begriffsgeschichte s. K. Duchatelez, La notion d'économie et ses richesses théologiques, NRTh 102 (1970) 267–292; O. Lillge, Das patristische Wort οἰκονομία, seine Grundlage und seine Geschichte bis auf Origenes, Diss. Erlangen 1955; O. Michel, ThWNT V 154 f; J. Reumann, Οἰκονομία = »Covenant«. Terms for Heilsgeschichte in Early Christian Usage, NT 3 (1959) 282–292; ders., Οἰκονομία-Terms in Paul in Comparison with Lucan Heilsgeschichte, NTS 13 (1966/67) 147–167; W. Tooley, Stewards of God. An Examination of the Terms οἰκονόμος and Οἰκονομία in the NT, SJTh 19 (1966) 74–86; H. Kuhli, EWNT II 1218–1222.

[52] In der Stoa spielte der Gedanke der τοῦ παντὸς οἰκονομία, deren διοικήτης Gott sei, eine erhebliche Rolle, vgl. z. B. Epictetus, Diss. III 22,3–8.

[53] Dibelius-Conzelmann 15.

[54] Brox 103.

[55] Bauer, Wb s. v.; O. Michel, ThWNT V 155; ferner Reumann, a. a. O. (Anm. 51) 156; H. Kuhli, EWNT II 1222; doch dagegen Dibelius-Conzelmann 15: »Freilich ist diese Bedeutung spät und in einem begrenzten Umkreis belegt«.

[56] Clemens Alexandrinus, Paed. I 8,64,3.69, 3.70,1.

[57] Spicq 323 f; Schlatter 37 f.

[58] Vgl. JosAnt 2,89, wo die durch Josephs Träume ausgelöste, verwaltende staatliche Vorsorge für die kommenden Hungerjahre οἰκονομία genannt wird.

[59] Schweizer, Kolosser 86.

deutliche Affinität zum Verständnis der Lehre des Evangeliums als παραθήκη, als anvertrautes Gut, besteht[60].

Ist, was sich von da aus nahelegt, V4c in Anlehnung an 1Kor 4,1f und 9,17 formuliert, so fügt sich die Aussage nahtlos in den Kontext ein: Während die Irrlehre dazu führt, daß ihre Träger und Vertreter, die falschen Lehrer, in Grübeleien und unverbindliche Spekulationen verfallen, nötigt die legitime Lehre des Evangeliums dazu, sich als Träger eines Verwalteramtes in Verantwortung vor Gott[61] zu verstehen und diesen Dienst in Treue (ἐν πίστει) gegenüber dem empfangenen Auftrag auszuüben. Was im Blick auf Paulus in V11 gesagt wird, nämlich daß ihm das Evangelium zu verantwortlichem Dienst treuhänderisch übergeben sei, bringt V4c indirekt auch im Blick auf den Gemeindeleiter Timotheus zum Ausdruck.

5 Hier schließt sich V5 bruchlos an, indem er diesen Verwaltungsauftrag umfassend und über den polemischen Anlaß hinausgehend positiv beschreibt: Die verbindliche Weisung, mit der Timotheus betraut ist, ist darauf ausgerichtet, daß durch sie und von ihr her gestalthafte Lebenswirklichkeit christlicher Existenz entsteht; sie leistet damit das, was die Irrlehre niemals zu leisten vermag. Die Frage, ob παραγγελία hier, wie das Verb παραγγέλλειν in V3, als »konkrete Weisung des kirchlichen Amtes«[62] oder als übergreifende Charakteristik des Inhalts der christlichen Predigt[63] zu verstehen sei, konstruiert eine falsche Alternative. Es geht vielmehr hier wie in V3 um die verbindliche Weisung des gemeindeleitenden Amtes, die in Lehre und Verkündigung ergeht, nur daß dort deren abgrenzende Funktion stärker akzentuiert ist als hier. Es versteht sich nahezu von selbst, daß »Liebe« hier mehr und Umfassenderes ist als die den Amtsträger bei seiner Verkündigung leitende Intention[64] und auch mehr als eine Haltung oder Gesinnung, nämlich Summe und Inbegriff der vom Heilsgeschehen geschaffenen, ihm antwortenden neuen Lebenswirklichkeit. Der Grundgedanke, daß die Liebe einerseits Frucht und Ertrag der vom Geist gewirkten endzeitlichen Neuschöpfung (Gal 5,22), andererseits nicht ein Charisma unter anderen, sondern die alle Charismata bestimmende neue Lebenswirklichkeit ist, in der die Glaubenden mit Gott verbunden werden (1Kor 13,3.8), ist an sich gut paulinisch[65]. Neu gegenüber den echten Paulinen ist die in den Past spürbare Tendenz, ἀγάπη auf Kosten

---

[60] Gänzlich unbegründet ist der Vorschlag von Holtz 36, die Wendung οἰκονομία θεοῦ ἐν πίστει auf das Herrenmahl zu beziehen, der auf der anfechtbaren These beruht, οἶκος θεοῦ sei die »Hausgemeinde des Herrenmahls«; s. zu 3,4.

[61] Der Genitiv οἰκονομία θεοῦ ist Genitiv des Zweckes und der Richtung, vgl. Bl-Debr-Rehkopf § 166.

[62] Michel, Grundfragen 88f; O. Schmitz, ThWNT V 761f Anm. 33; Schlatter 39.

[63] Dibelius-Conzelmann 15; Brox 103.

[64] In diesem Sinne deutete freilich Augustinus die Stelle (Cat.Rud. III 6 [PL 40,313]; vgl. Spicq 324f.

[65] Daß diese Sonderstellung der ἀγάπη im Kontext der Charismen in ihrer soteriologischen Bedeutung gründet, zeigt die Untersuchung von O. Wischmeyer, Der höchste Weg. Das 13. Kapitel des 1. Korintherbriefes, 1981 (StNT 13), bes. 30.228–230.

von πίστις zum zentralen Begriff der Heilsaneignung zu machen, die freilich durch die Erinnerung an die überragende Bedeutung von πίστις in der paulinischen Theologie etwas gedämpft wird, was zur Folge hat, daß ἀγάπη und πίστις zuweilen als nahezu austauschbare Synonyma erscheinen (1,14; 2,15; 4,12; 6,11; 2Tim 1,13; 2,22; Tit 2,2). Außerhalb des paulinischen Einflußbereiches stehende, im Kleinasien der angehenden dritten christlichen Generation entstandene Schriften wie die Johannesbriefe (z. B. 1Joh 4,7.16.18) und die Offb (2,4.19) machen ἀγάπη noch exklusiver zum zentralen Heilsbegriff. Demnach sind die Past hier auf dem Wege, sich einem in ihrer Umwelt immer stärker als gemeinchristlich geltenden Sprachgebrauch zu akkomodieren, was um so näher lag, als die situationsbedingten polemischen Akzente des paulinischen Redens vom Glauben nicht mehr verstanden wurden.

Das, was diese Liebe auf der Seite des Menschen trägt und bedingt, wird durch eine *Dreierreihe* expliziert: ein reines Herz, ein gutes Gewissen, ungeheuchelter Glaube. Wir haben hier die erste der für die Past charakteristischen Reihungen solcher Art vor uns, deren einzelne Glieder sich gegenseitig erläutern, ohne daß zwischen ihnen immer eine exakte begriffliche Abgrenzung möglich wäre (vgl. 1,19; 2,15; 4,12; 2Tim 2,2.22; 3,10.16; 4,2; Tit 2,15). Das enge Verhältnis der beiden ersten Glieder in der vorliegenden Reihe ist besonders aufschlußreich; hier liegt geradezu ein Modellfall für die Neuinterpretation traditioneller Begrifflichkeit in den Past vor. Das Herz ist nach atl.-jüdischer Anthropologie, der Paulus im wesentlichen verpflichtet blieb, das Innere des Menschen, das Zentrum von Verstand, Erkenntnis und Willen (z. B. 1Thess 2,4.17; Phil 1,7f; 4,7)[66]. Beim natürlichen Menschen ist es das Zentrum des Widerstandes gegen Gott, es ist unverständig und verstockt (Röm 1,21; 2,5). Eine Erneuerung des Herzens kann allein endzeitliches Werk des Geistes Gottes sein (Gal 4,6; 2Kor 1,22; 4,6). Die Wendungen »reines Herz« (2Tim 2,22) bzw. »Reinigung des Herzens« (Apg 15,9) erscheinen zwar bei Paulus nicht, bleiben jedoch sachlich auf der gleichen Linie, zumal deutlich ist, daß hinter ihnen Ps 51,12 steht: »Erschaffe mir, Gott, ein reines Herz, und gib mir einen neuen, beständigen Geist«[67]. Und zwar wurde Ps 51, dieses klassische Bußgebet des Judentums, offensichtlich zum Bestandteil des christlichen Taufgottesdienstes (Hebr 10,22; 1Petr 3,21)[68]: In der Taufe erfolgte die Reinigung von den Sünden und damit die für die Endzeit verheißene Reinigung und Erneuerung des Herzens. Im Rahmen der Entwicklung eben dieser Tauftradition dürfte es aber nun auch zu einer breiten Rezeption des Gewis-

---

[66] S. hierzu J. Behm, ThWNT III 614–616; Bultmann, Theologie 221–226; Jewett, Terms 305–333; A. Sand, EWNT II 617f.

[67] C. Maurer, ThWNT VII 907.

[68] Ausgehend von der formelhaften Wendung 1Petr 3,21, in der das Taufgeschehen als »Bitte zu Gott um ein gutes Gewissen« umschrieben wird, sowie von Hebr 10,22 rechnet

C. Maurer, ThWNT VII 918 mit einer »umlaufenden Taufformel«, »hinter welcher die Bitte καρδίαν καθαρὰν κτίσον ἐν ἐμοί, ὁ θεός (Ψ 50,12) steht«. Goppelt, Der erste Petrusbrief 240 möchte dagegen auf eine katechetische Tradition mit unmittelbarem Bezug auf die Taufe schließen.

sensbegriffes in die christliche Anthropologie gekommen sein, denn sowohl in Hebr 10,22 wie in 1Petr 3,21 wird das »gute Gewissen« als Ergebnis der Reinigung des Inneren des Menschen durch die Taufe verstanden, wobei Hebr 10,22 »Herz« und »Gewissen« als Synonyme versteht. Somit dürften die traditionsgeschichtlichen Wurzeln des Redens der Past vom »guten Gewissen« in dieser aus Ps 51,12 gewonnenen Tauftradition, nicht aber bei Paulus zu suchen sein.

Das ionische Verbalsubstantiv συνείδησις ist ebensowenig wie das ihm synonyme substantivierte Partizip attischer Herkunft συνειδός oder der lat. Begriff *conscientia* eine philosophische Wortschöpfung, sondern hat seinen Ursprung im umgangssprach-lichen Bereich[69]. Die Bedeutungsskala reichte vom »Mitwissen« bestimmter Sachver-halte bzw. Taten anderer über das erinnernde Bewußtsein eigener Taten bis hin zum Selbstbewußtsein[70]. Eine spezifisch philosophisch-religiöse Interpretation dieser Be-griffe ist jedoch erst vom 1. Jh. n. Chr. an nachweisbar. Sie begegnet ausgeprägt bei Plutarch, für den συνειδός die anklagende Stimme ist, die den Schuldigen auf seine Schuld verweist und als »unstillbare Wunde im Fleisch der Seele« Reue wirkt[71]. Zwei Bedeutungsnuancen zeichnen sich in der Profangräzität ab: Nach der einen ist das »Gewissen« eine Instanz im Menschen, die diesen an seine Taten erinnert und zur Auseinandersetzung mit ihnen und ihren Folgen nötigt; nach der anderen ist es ein anhaltender Bewußtseinszustand im Blick auf konkrete, in der Vergangenheit liegende Taten und Verhaltensweisen. In beiden Fällen ist das Gewissen *conscientia consequens*, d. h., es ist reflexiv auf die Vergangenheit gerichtet[72]. Es ist keineswegs ein Wert- und Normenbewußtsein, kraft dessen der Mensch um Gut und Böse weiß und sein Verhalten vorschauend plant *(conscientia antecedens)*. Und zwar ist in den uns bekannten vorchristlichen Belegen der Normalfall der Rückblick auf vergangenes Fehlverhalten, das Bewußtsein von Schuld und Versagen, also das »schlechte Gewis-sen«[73]. Lediglich im lat. Sprachbereich, vor allem bei Seneca, begegnet der Gedanke des »guten Gewissens« *(bona conscientia)* im Sinn des Rückblicks auf normgemäßes Verhalten und des Bewußtseins der erfüllten Pflicht[74]. Eine Sonderstellung nimmt der Gewissensbegriff Philos ein, in dem hellenistische und atl. Traditionen sich vereinigen: Für Philo hat das συνειδός die Funktion des ἔλεγχος; es tritt als Zeuge, Ankläger und

---

[69] Vgl. zum Folgenden C. Maurer, ThWNT VII 897–918 (ältere Lit. !); J. Stelzenberger, Syneidesis im NT, 1961 (AMT 1); ders., Con-scientia bei Augustinus, Paderborn 1959; M. E. Thrall, The Pauline Use of συνείδησις, NTS 14 (1967/68) 118–125; Jewett, Terms 402–460; sowie zuletzt Eckstein, Syneidesis.
[70] Vgl. Eckstein, a. a. O. 4–11.
[71] Plutarchus, Tranq. An. 19 (mor 476–477): οἷον ἕλκος ἐν σαρκὶ τῆς ψυχῆς τὴν μεταμέ-λειαν αἱμάσσουσαν ἀεὶ καὶ νύσσουσαν ἐνα-πολείπει. Ähnlich schon Euripides, Or 396f; vgl. auch Plutarchus, Ser. Num. Vind. 21. Hierzu C. Maurer, ThWNT VII 901f; Eck-stein, a. a. O. 58.

[72] Vgl. Eckstein, a. a. O. 56.64.317f; Mau-rer, a. a. O. (Anm. 67) 902f. Vgl. auch die Definition von Jewett, Terms 411: »Conscience is the pain felt when man oversteps the moral standard which he himself accepts. It does not have a future orientation so as to guide moral conduct, but simply marks evil deeds already committed.«
[73] Vgl. Eckstein, a. a. O. 61.
[74] So Seneca, Ep. 23,7 (veri boni aviditas tuta est. Quod sit istud interrogas, aut unde subeat? Dicam: ex bona conscientia, ex honestis consi-liis, ex rectis actionibus . . .); ferner Ep. 59,16f; 24,12.

Richter nach vollbrachter Tat auf, wobei es erziehend, strafend und richtend im Namen und Auftrag Gottes selbst tätig wird[75].

Paulus hat den Gewissensbegriff schwerlich in die christliche Theologie eingeführt; dieser dürfte vielmehr bereits vor ihm vom hellenistischen Judentum in sie eingebracht worden sein. Er hat ihn jedoch weitgehend eigenständig entfaltet. Und zwar ist συνείδησις, wie H.-J. Eckstein zuletzt überzeugend nachgewiesen hat, für Paulus ein streng anthropologischer Begriff; er beschreibt eine Instanz, deren Funktion es ist, »das eigene oder auch gelegentlich das Verhalten anderer Personen nach vorgegebenen und anerkannten Normen zu kontrollieren, zu beurteilen und bewußtzumachen«[76]. Diese Instanz ist weder mit den für das Verhalten maßgeblichen Normen noch mit dem Normenbewußtsein identisch[77]. Das Gewissen ist also keineswegs das ins Herz geschriebene Gesetz (Röm 2,15), und es ist ebensowenig mit dem natürlichen Wissen des Menschen um Gut und Böse identisch[78]; zuständig für das Wissen um die bestehenden Normen und für das ihnen entsprechende Verhalten ist der νοῦς bzw. die καρδία (Röm 12,2)[79]. Anders als Philo setzt Paulus keine besondere Verbindung des Gewissens mit Gott voraus: Weder ist es Gottes Stimme, noch kann es Gottes Urteil im Endgericht vorwegnehmen (1Kor 4,4f). Aufgehoben ist bei Paulus freilich die reflexive Beziehung des Gewissens auf nur vergangenes Handeln; es ist für ihn auch die das gegenwärtige und zukünftige Handeln kritisch begleitende Instanz.

Daß der Gewissensbegriff der Past nicht als Weiterentwicklung des paulinischen gelten kann, wird durch zwei tiefgehende Differenzen sichergestellt:

1. Die Past sprechen vom »guten Gewissen« (1,5.19; vgl. Apg 23,1; Hebr 13,18; 1Petr 3,16) bzw. vom »reinen Gewissen« (3,9; 2Tim 1,3), und zwar im Sinne einer Realität bzw. positiv gegebenen Möglichkeit, wobei beachtlicherweise der negative Gegenbegriff (»schlechtes« bzw. »beflecktes Gewissen«) fehlt[80]. Das Gewissen ist hier demnach nicht wie bei Paulus das Verhalten des Menschen anhand vorgegebener Normen beurteilende Instanz, sondern ein Bewußtseinszustand, der sich als Folge des den vorgegebenen Normen entsprechenden Verhaltens einstellt. Dieses Reden vom »guten Gewissen« steht in eindeutiger traditionsgeschichtlicher Kontinuität zum atl. Motiv der καθαρὰ καρδία (לֵב טָהוֹר)[81].

2. Demnach ist das Gewissen für die Past keine neutrale anthropologische Größe, sondern durch Gottes Handeln theologisch qualifiziert. Darin entspricht es der πίστις, mit der es in 1,19 eng verbunden ist: »Glaube« und »gutes Gewissen« erscheinen hier als die beiden Merkmale christlicher Existenz, wobei der Glaube das Festhalten an der wahren Verkündigung und Lehre, das gute Gewissen dagegen die Entsprechung zu den vorgegebenen Verhaltensnormen meint (vgl. 3,9; 2Tim 1,3). Aber diese Entsprechung zur vorgegebenen Norm ist nicht Sachgrund, sondern lediglich Erkenntnisgrund für das Vorhandensein des »guten Gewissens«. Bestimmend ist für die Past der tauftheologische Ansatz, demzufolge das »gute Gewissen« Frucht der durch den Geist in der Taufe geschenkten endzeitlichen Erneuerung des Herzens ist[82].

---

[75] Philo, Det.Pot.Ins. 145f; Poster.C. 59; vgl. C. Maurer, ThWNT VII 911; Eckstein, Syneidesis 121–129.

[76] Eckstein, a.a.O. 312.

[77] So die klassische Definition von Bultmann (Theologie 217): Das Gewissen sei »Wissen um Gut und Böse und um das diesem entsprechende Verhalten in Einem«.

[78] Anders Wilckens, Römer I 139; dagegen Eckstein, Syneidesis 172.

[79] Röm 1,20f.28; 7,23.25; vgl. Eckstein, a.a.O. 314f.

[80] Eckstein, a.a.O. 303.

[81] A.a.O. 305.

[82] S.o. Anm. 68.

Die Differenz zu Paulus besteht demnach primär in der anthropologischen Terminologie, nicht jedoch in der grundsätzlichen Ausrichtung des theologischen Ansatzes. Etwas vereinfachend ließe sich sagen: Für die Past steht das »gute« bzw. »reine Gewissen« an der Stelle, die für Paulus der durch den Geist endzeitlich erneuerte νοῦς (Röm 12,2) bzw. das durch Gottes Wirken gereinigte Herz einnimmt. Keinesfalls ist das »gute Gewissen« der Past Ausdruck eines unkritischen, selbstgefälligen Moralismus[83]; es zu den »Eigenschaften« zu rechnen, »welche die ›christliche Bürgerlichkeit‹ bezeichnen«, wäre eine unsachgemäße Simplifikation.

Analog zu den ersten beiden Gliedern der Reihe ist wohl auch deren drittes – »ungeheuchelter Glaube« – zu bestimmen. Die Past haben nicht vergessen, daß Glaube wie das reine Herz und das gute Gewissen endzeitliche Gabe Gottes ist, auch wenn sie hier das habituelle Moment stärker in den Vordergrund treten lassen[84] und sich damit einem vor- bzw. nebenpaulinischen Verständnis von »Glaube« im Sinne der rechten Gottesbeziehung bzw. des Glaubensstandes (z. B. Apg 14,22.27; 1Kor 15,14.17; Jak 2,5; 1Petr 1,5; Offb 13,10) wieder stärker annähern[85]. Es geht hier näherhin um die Ungebrochenheit und Ganzheit der in der Bindung an das Heilsgeschehen wurzelnden christlichen Lebenshaltung; nur ein in diesem Sinne »ungeheuchelter Glaube« ist wirklicher Glaube und damit glaubwürdig[86].

6   Weil die Irrlehre vom Inhalt der rechtmäßigen Verkündigung abweicht, darum muß sie auch deren Ziel verfehlen. Darum sind ihre Spekulationen, so tiefsinnig und esoterisch sie sich auch geben, letztlich ματαιολογία[87], leere Worte ohne konstruktive Kraft. Man hat zu Recht darauf verwiesen, daß nirgends in den Past eine inhaltliche Auseinandersetzung mit den Argumenten der Irrlehrer erfolgt[88]. Trotzdem ist es nur bedingt richtig, wenn man darin den entscheidenden Unterschied zur Auseinandersetzung des Paulus mit gegneri-

[83] Gegen Dibelius-Conzelmann 14; S. Schulz, Neutestamentliche Ethik, Zürich 1987, 599. Solches moralistisches Reden vom »guten Gewissen«, das dieses zum »besten Ruhekissen« für den von der Entsprechung seines Handelns mit allgemeinen bürgerlichen Lebensnormen Überzeugten werden läßt, findet sich erst da, wo die Rechtfertigungsthematik ausgeblendet worden ist (z. B. 1Cl 1,3; 41,1; 45,7; IgnTr 7,2; IgnMg 4; IgnPol 5,3; Did 4,14; Barn 19,12); vgl. C. Maurer ThWNT VII 918.

[84] Es sind im wesentlichen zwei Beobachtungen, die dieses stärker habituelle Verständnis sicherstellen: 1. πίστις erscheint in den Past häufig wie hier in Verbindung mit anderen Begriffen, die das Verhalten der Christen kennzeichnen, so mit ἀγάπη (1,14; 2,15; 2Tim 1,13), mit dem »guten Gewissen« (1,19; 3,9), der ἀλήθεια (2,7; Tit 1,1) und der εὐσέβεια (Tit 1,1); sie wird ferner in Tugendkatalogen (4,12; 6,11f; 2Tim 2,22; 3,10; Tit 2,2) ge-

nannt. – 2. Zwischen πίστις und dem Adjektiv πιστός besteht eine enge Korrelation (1,15; 2Tim 2,11; Tit 3,8); s. hierzu Kretschmar, Glaube 123.

[85] R. Bultmann, ThWNT VI 205–215.213; G. Barth, EWNT III 222f.

[86] Der Betonung dieses Moments der Ungebrochenheit und Ganzheit entspricht es wiederum, wenn die Past Glaube als eine Haltung des πιστὸς εἶναι verstehen; vgl. Anm. 84.

[87] Der Begriff entstammt der höheren Koine; Belege bei Dibelius-Conzelmann 18.

[88] So Dibelius-Conzelmann 18: »Die Past vermeiden es fast ganz, den Gegner zu schildern; sie wollen ihn lediglich bekämpfen, und zwar mit denselben Vorwürfen, welche der Popularphilosoph seinem Gegner macht«; ähnlich Brox 104: »Die Häresie wird nicht expliziert und widerlegt, sondern durch negative Apostrophierungen erledigt und verurteilt«; vgl. auch Hanson 58.

schen Lehren sieht. Denn abgesehen davon, daß sich auch Paulus in vielen
Fällen die Auseinandersetzung zugunsten der direkten Verurteilung erspart[89],
wird hier keineswegs die Irrlehre nur aufgrund dessen zurückgewiesen, daß sie
inhaltlich von der »gesunden Lehre« abweicht. Das Hauptargument gegen sie
ist vielmehr, daß sie das Ziel der rechten Verkündigung (vgl. V5) verfehlt. In
ganz ähnlicher Weise hatte aber Paulus die οἰκοδομή, die konstruktive
Gestaltung kirchlicher Wirklichkeit, zum Kriterium allen gemeindlichen Handelns erklärt (1Kor 14,26). Der Unterschied gegenüber Paulus liegt vorwiegend darin, daß für die Past die »gesunde Lehre«, an der alles zu messen ist,
bereits in ihrem inhaltlichen Bestand fest umschrieben ist und darum einer
Begründung nicht mehr bedarf. Wenn die falsche Lehre als ματαιολογία
bezeichnet wird, so ist damit nicht so sehr auf ihre Seichtheit und inhaltliche
Ungereimtheit wie auf die Nichtigkeit dessen, was sie vorzubringen hat,
abgehoben: Nichtig ist sie, weil die Wahrheit und Wirklichkeit Gottes in ihr
nicht zur Sprache kommt. Analog galten Götzendienst und vorchristlicher
Wandel in der frühen Missionsterminologie als »nichtig« (Apg 14,15; 1Petr
1,18), wie auch schon die LXX die heidnischen Gottheiten als »Nichtse«
bezeichnete[90]. Sachlich befindet sich die Aussage in einer gewissen Nähe zu
1Kor 3,20, wo Paulus unter Aufnahme eines Zitates aus Ps 93,11 die Gedanken
und Spekulationen der heidnischen Philosophen als μάταιοι vor dem Urteil
Gottes kennzeichnet. Ein direkter Einfluß dieser Stelle auf die vorliegende
Formulierung läßt sich zwar nicht nachweisen, wäre jedoch immerhin möglich. Die Nichtigkeit der Irrlehre überträgt sich gewissermaßen auf ihre
Träger: abschätzig werden sie als τίνες (»gewisse Leute«) apostrophiert. Auch
für diese Sprechweise finden sich bei Paulus schon Muster (Röm 3,8; 1Kor
4,18; 5,1.12; 2Kor 3,1); sie wurde stilbildend für altkirchliche Ketzerpolemik
(Jud 4; IgnEph 7,1; 9,1; Mg 4,1; 8,1; Tr 10,1; Phld 7,1; 8,2; 1Cl 1,1; 47,6)[91].
Nicht ohne sarkastischen Unterton wird die Diskrepanz von Anspruch und   7
Wirklichkeit bei den Gegnern aufgewiesen: Diese wollen Gesetzeslehrer sein,
im Zentrum ihres Lehrens steht also das Gesetz; aber eben über dieses Gesetz
wissen sie nicht Bescheid; sie lassen jene soliden Kenntnisse vermissen, die
man eigentlich gerade von Lehrern des Gesetzes erwarten müßte. Das Wort
νομοδιδάσκαλος ist eine sonst im NT nur noch bei Lukas vorkommende
christliche Sonderbildung; mit ihm werden Vertreter eines typisch jüdischen
Lehrens bezeichnet, das sich vom christlichen διδάσκειν unterscheidet (Apg
5,34; 22,3; Lk 5,17). Es hat derogativen Klang und war sicher nicht Selbstbezeichnung des Betroffenen. Zu vermuten steht allenfalls, daß das atl. Gesetz
für das Lehren der Gegner eine besonders hervorgehobene Rolle spielte. Aber
in welchem Sinne? Von 4,3; Tit 1,14; 3,9 her könnte man an in asketischem
Sinn ausgelegte gesetzliche Forderungen denken. Man sollte nicht vorschnell
Parallelen zum Gal ziehen und die Gegner zu gesetzestreuen Judenchristen

---

[89] Z. B. Phil 3,2; Röm 16,17–19.   [91] Dibelius-Conzelmann 18.
[90] Hos 5,11; Jes 2,20; Jer 2,5; 2Chr 11,15.

erklären. Die Irrlehrer der Past haben nämlich offensichtlich – anders als die des Gal – keine Beschneidung gefordert, denn andernfalls hätte der Verf. diesen Punkt bei seiner Polemik schwerlich übergangen. Zudem ist generell bei der Beurteilung des tatsächlichen Stellenwertes des Nomismus innerhalb der gegnerischen Lehre Vorsicht geboten; denn daß der Verf. gerade hier mit seiner massiven Polemik ansetzt, besagt zunächst lediglich, daß ihm seine paulinische Lehrtradition für diese Thematik ein polemisches Raster an die Hand gab; man wird daraus jedoch nicht unbedingt schließen dürfen, daß die Gesetzesobservanz tatsächlich der zentrale Zug in der Lehre der Gegner gewesen ist (vgl. den Exkurs »Die Gegner«).

8 Der falschen Lehre über das Gesetz wird nun die richtige, durch die Autorität des Paulus approbierte entgegengesetzt. Auffällig ist, daß die Argumentation sich nicht direkt gegen die Irrlehrer richtet; man erfährt nicht, worin deren Überbewertung des Gesetzes ihren Grund hat und warum sie irrig ist. Die eigentlichen Adressaten scheinen vielmehr die implizit im Brief angeredeten Gemeinden zu sein, denen deutlich gemacht werden soll, daß die Verurteilung der Gesetzeslehrer der Gegner keineswegs eine generelle Ablehnung des Gesetzes impliziert. Die Ausrichtung ist also latent apologetisch, insofern es um eine Richtigstellung und Bekräftigung der legitimen kirchlichen Lehre vom Gesetz geht. Als Grundlage dafür dienen zwei genuin paulinische Leitsätze, die durch die Wendungen οἴδαμεν δέ bzw. εἰδὼς τοῦτο als allgemein bekannte Lehrtraditionen eingeführt werden[92]. Der erste Leitsatz: »Das Gesetz ist gut« verweist auf Röm 7,12.16. Der beigefügte Konditionalsatz beweist allerdings, daß der Verf. den theologischen Kontext der paulinischen Lehre vom Gesetz nicht mehr vor Augen hat.

Für Paulus war das Gesetz die Israel am Sinai gegebene Tora. Sie war »gut«, weil sie Gottes Angebot heilvoller Gemeinschaft mit den Menschen enthielt. Als Heilsweg hat sie jedoch versagt, weil sie – statt den freudigen Gehorsam der Menschen zu wecken – den durch die Sünde bewirkten Widerstand gegen Gott provozierte (Röm 7,8). So wurde die Tora zur Unheilsmacht, die die Menschen verklagte und dem Zorn unterstellte (Röm 3,9; 7,10)[93]. Angesichts der menschlichen Sünde kommt sie als Heilsweg nicht mehr in Frage; deshalb hat Gott Christus als den neuen Heilsweg der Endzeit gesetzt. Er ist als Ende des Gesetzes (Röm 10,4) zugleich dessen heilsgeschichtlicher Antipode. Als der, welcher den Zorn des Gesetzes auf sich gezogen und damit unwirksam gemacht hat, vermag er das Heil zu schenken, wo das Gesetz nur Unheil und Fluch wirkt (Gal 3,13). Deshalb muß Paulus gegenüber der galatischen Neigung zur Gesetzesobservanz das schroffe Entweder-Oder dekretieren: entweder das Gesetz als Unheilsweg oder Chri-

---

92   Das formelhafte οἴδαμεν δὲ ὅτι entspricht paulinischem Sprachgebrauch; es dürfte sich um eine bewußte Stilimitation handeln. Zur Analyse der Wendung vgl. I. de la Potterie, Οἶδα et γινώσκω, les deux modes de la connaissance dans le quatrième Évangile, Bib 40 (1959) 709–725 (= SBO 2 [1959] 141–157).

93   Zur Diskussion um das paulinische Gesetzesverständnis anhand von Röm 7 s. Wilckens, Römer II 72–117 (ebd. 72f Lit.) sowie zuletzt H. Räisänen, Paul and the Law, 1983 (WUNT 29), 128–161.

stus als Heilsweg. Solche Alternative liegt für den Verf. der Past anscheinend aus zwei Gründen fern:

1. Er hat keinen Zugang mehr zur offenbarungsgeschichtlichen Perspektive, in der Paulus die Gesetzesfrage behandelte[94], was mit dem Schwinden des eschatologischen Bewußtseins zusammenhängen mag[95]. Statt der Frage, wie das Gesetz im Licht des Christusgeschehens zu beurteilen sei, stellt sich für ihn die nach dem rechten Gebrauch des Gesetzes. Man muß es – so seine Antwort – »sachgemäß«, seinem in ihm angelegten Zweck und Sinn entsprechend, gebrauchen[96]. Damit ist deutlich, daß für ihn das Gesetz letztlich eine statische Größe ist.

2. Demnach hat er, wenn er vom Gesetz spricht, nicht primär die Tora Israels vor Augen, sondern ganz allgemein die das menschliche Zusammenleben normierenden und schützenden Gebote und Ordnungen, innerhalb derer ihm das atl. Gesetz allenfalls als ein markanter Sonderfall gilt[97]. Es geht hier also um Gesetz und Gesetzlichkeit in einem gegenüber Paulus entschränkten Sinn, wobei der Verf. allerdings versucht, diese anhand von der paulinischen Theologie entnommenen Kriterien theologisch zu beurteilen. Solche Akzentverschiebung lag für eine in hellenistischer Umwelt lebende Kirche nahe. Sie war nämlich einerseits nicht mehr, wie die paulinischen Gemeinden, täglich mit im Judentum verwurzelten Menschen, welche die Tora als die das ganze Leben bestimmende heilvolle Ordnung erfuhren, konfrontiert; und sie konnte andererseits von den Fragen der Popularphilosophie nach den die Welt bestimmenden Gesetzen und Ordnungen nicht unberührt bleiben. In solcher Umwelt wäre Negation des Gesetzes gleichbedeutend gewesen mit Negation der Schöpfung.

Der zweite paulinischer Tradition entnommene Leitsatz ist vermutlich in freier 9a Anlehnung an Röm 3,21.28 formuliert: Für den Gerechten ist das Gesetz nicht gegeben; es hat ihm nichts zu sagen, und es hat jeden verbindlichen Anspruch ihm gegenüber verloren[98]. Nur wer diese Einsicht hat, legt das Gesetz seinem

---

[94] Spicq 331 will freilich offenbarungsge- schichtlich deuten: V8 wende sich gegen »spé- culations... dangereusement anachroniques«. Damit ist jedoch der Sinn der Aussage verfehlt. Sie will nicht zu einer der durch Christus her- aufgeführten neuen offenbarungsgeschichtli- chen Situation gemäßen Sicht des Gesetzes, sondern zu einer ganz allgemein dessen Wesen entsprechenden anleiten!

[95] Das betont Luz, Rechtfertigung 381.

[96] Νομίμως hat die Grundbedeutung »ord- nungsgemäß, rechtmäßig, der (Spiel-)Regel gemäß« (vgl. 2Tim 2,5). In der jüdisch-helleni- stischen Literatur gewinnt es zuweilen den spezifischen Sinn von »gesetzmäßig, der Norm des atl. Gesetzes entsprechend« (2Makk 4,11; JosAp II 152.217). An unserer Stelle liegt zwei- fellos der weitere Sinn vor, wobei allerdings die Blickrichtung durch das Wortspiel νόμος – νομίμως vorgegeben ist (W. Gutbrod, ThWNT IV 1081f): Es geht darum, mit dem Gesetz gemäß den von seinem Wesen her vor- gegebenen Spielregeln umzugehen. Läge der spezifische Sinn vor (so Wohlenberg 89), so

wäre zu interpretieren: Es geht darum, mit dem Gesetz gemäß dem Wesen der atl. Tora zu verfahren, d. h., es ginge dann um die Festle- gung von νόμος im Sinne von Tora, doch dem widerspricht der Kontext.

[97] Dibelius-Conzelmann 19; Kretschmar, Glaube 127f: »Die Lehre des Apostels von der Freiheit des an Christus Glaubenden von der Tora Israels ist hinübergeführt worden in Ein- sicht über das Verhalten des Menschen gegen- über ›Gesetz‹ als einem allgemeinen Phänomen der Geschichte.« Ähnlich Räisänen, a.a.O. (Anm. 93) 31.

[98] Κεῖμαι mit dem dativus commodi kann neben der Bedeutung *bestimmt sein für* (Lk 2,34; Phil 1,16; 1Thess 3,3) auch als terminus technicus für den Geltungsbereich rechtlicher Bestimmungen verwendet werden, z. B. 2Makk 4,11: τὰ κείμενα τοῖς Ἰουδαίοις φιλ- άνθρωπα βασιλικά = die für die Juden gel- tenden menschenfreundlichen Anordnungen; Philo, Det.Pot.Ins. 18; vgl. Bauer, Wb s. v.; Spicq 331f.

Sinn entsprechend aus. Die Irrlehrer hingegen lassen sie vermissen, wenn sie vermöge ihrer Spekulationen eine besondere Bedeutung des Gesetzes für die Glaubenden erschließen wollen. Wieder sind hier spannungsvolle paulinische Aussagen aus ihrem offenbarungsgeschichtlichen Kontext herausgelöst und dadurch zu einer statischen, allgemeingültigen Regel verkürzt worden.

Paulus spricht davon, daß der Mensch durch den Glauben an Christus in den Machtbereich der endzeitlichen Gerechtigkeit Gottes gelangt und dadurch von der tötenden Anklage des Gesetzes frei wird. Unser Verf. dagegen will sagen, daß der Gerechte des ihn in die Schranken weisenden Ordnungsrufes des Gesetzes nicht bedarf, weil ihm bereits das Evangelium die nötige Orientierung gibt und ihn zur Respektierung der bestehenden Ordnungen anhält[99]. Das ist insofern kein ganz unpaulinischer Gedanke, als auch nach Paulus die Normen des Gesetzes inhaltlich für den Christen Geltung besitzen (Röm 13,8f), obwohl das Gesetz als Heils- bzw. Unheilsgröße über ihn keine Macht mehr ausübt (Röm 7,6). Unpaulinisch ist es jedoch, wenn hier die für den Christen geltenden Weisungen unmittelbar aus der »gesunden Lehre« abgeleitet werden und somit als Konsequenzen des Evangeliums gelten. Paulus hat seine Paraklese zwar vielfach vom Heilshandeln Gottes her motiviert[100], doch hat er sie nie direkt aus dem Evangelium deduziert. Wie der Verf. konkret diese Herleitung sieht, ergibt sich aus 2Tim 3,16: Die von Gottes Geist bestimmte Schrift lehrt das rechte, Gott wohlgefällige Verhalten und erzieht zur Gerechtigkeit.

Die unvermeidliche Konsequenz dieses Ansatzes ist eine Moralisierung des Evangeliums. Sie ist bereits spürbar im Gebrauch des Wortes δίκαιος (»gerecht«), bei dem zwar seine Herkunft aus der paulinischen Rechtfertigungsterminologie noch mitschwingt[101], das aber doch bereits den Sinn einer – freilich durch das Evangelium ermöglichten – moralischen Rechtschaffenheit hat (vgl. 6,11; 2Tim 2,22; 3,16). Letzteres ergibt sich aus der rhetorischen, geschickten Gegenüberstellung von δικαίῳ und ἀνόμοις, mittels derer die zentrale These herausgearbeitet wird: Nicht dem Gerechten, sondern allein den Gesetzlosen gilt das Gesetz!

9b   Der so eingeleitete Lasterkatalog ist von dem Interesse getragen, diese These durch Nennung möglichst abscheulicher Verbrechen und Laster sinnfällig zu

---

[99]   Diese Aussage, nicht jedoch ihre spezifische Begründung, trifft sich mit Gedanken der hellenistischen Popularphilosophie. Demnach war im goldenen Zeitalter ein Gesetz nicht erforderlich, weil die Menschen in Einklang mit dem natürlichen νόμος lebten (Ovid, Metam. I 89f; Tacitus, Ann. 3,26): Nach Plato (Gorg. 484a) befreit sich der Starke, wenn er herangewachsen ist, von den Menschengesetzen und handelt nach dem Recht der Natur. Einen Versuch, diesen Gedanken stärker als hier zu paulinisieren, unternimmt Irenäus (Haer. IV 16,3): Die Erzväter hatten kein Gesetz, weil ihnen »die Kraft des Dekalogs in ihre Herzen und Seelen geschrieben« war. »Als

aber die Gerechtigkeit und Liebe gegen Gott in Vergessenheit geriet, da mußte Gott wegen seiner vielfältigen Wohltaten gegen den Menschen sich durch seine Stimme (sc. durch die Tora vom Sinai) offenbaren..., damit der Mensch wieder ein Schüler und Nachfolger Gottes werde« (BKV Irenäus II 46).

[100]   Vgl. O. Merk, Handeln aus Glauben. Die Motivierungen der paulinischen Ethik, 1968 (MThSt 5).

[101]   Das ist vor allem aus dem kontextualen Zusammenhang mit den von Rechtfertigungsterminologie geprägten Aussagen von V5 zu schließen.

untermauern[102]: Es handelt sich durchweg um Verhaltensweisen, die nach antikem Verständnis die Basis jeder zwischenmenschlichen Gemeinschaft zerstören. Der Katalog ist relativ locker aufgebaut. Er besteht aus 14 Gliedern, die teils paarweise zusammengehören, teils je für sich stehen. Und zwar nennen die ersten sechs Glieder generell frevlerische Haltungen, vor allem solche, die sich gegen den Bereich des Göttlichen richten, während die folgenden acht thematisch an Geboten der zweiten Dekalogtafel (5.–9. Gebot nach jüdischer Zählung) orientiert zu sein scheinen, ohne daß jedoch direkte terminologische Anklänge an den Dekalog vorlägen:

Gesetzlose	Aufrührer	
Gottlose	Sünder	Frevel gegen den Bereich des Göttlichen (1. Tafel?)
Frevler	Gemeine	

Vatermörder	Muttermörder		5. Gebot
Totschläger			6. Gebot
Unzüchtige	Knabenschänder	2. Tafel	7. Gebot
Menschenhändler			8. Gebot
Lügner	Meineidige		9. Gebot

In seinen Gliedern unterscheidet sich der Katalog nicht nur von den übrigen ntl. Lasterkatalogen (z. B. Röm 1,29–31; Gal 5,18–21; 1Tim 6,4f; 2Tim 3,2–5; Tit 3,3), sondern auch von denen der Popularphilosophie: 10 von 14 Begriffen erscheinen nur hier[103]. Hingegen entspricht er in seiner Form durchaus den Merkmalen der Gattung[104]. Das gilt vor allem für seinen zweiten Teil (Glied 4–8). Lasterreihungen, die den Geboten der zweiten Dekalogtafel folgten, waren im Judentum weit verbreitet[105]; auch Paulus schließt sich in Röm 13,8–10 diesem Schema an. Die Frage, ob die drei ersten Glieder ebenfalls auf den Dekalog als Entfaltung von dessen erster Tafel bezogen seien, hat die Auslegung stark beschäftigt[106]. In diesem Fall müßte man folgern, daß der Verf. hier zentral auf eine Interpretation des Dekalogs abziele und – vor allem – daß er diesen als normative Fixierung des göttlichen Gesetzes verstehe. Doch gegen diese Annahme spricht neben dem Umstand, daß weder jüdisch-hellenistische noch ntl. Kataloge die erste Dekalogtafel aufnehmen[107], die Beobachtung, daß sich im NT nirgends ein Ansatz

[102] Vögtle, Tugend- und Lasterkataloge 236; Dibelius-Conzelmann 19; N. J. Eleney, The Vice Lists of the Pastoral Epistles, CBQ 36 (1974) 203–219.
[103] Ähnliche Aufzählungen von Schwerverbrechen bei Plato, Phaed. 113, 114a (ἱεροσυλίαι, ἀνδροφόνοι, πατραλοῖαι, μητραλοῖαι); Dion Chrysostomus, Or. 69,9; Philo, Jos. 84; Spec.Leg. II 13.
[104] Im übrigen gibt es für die Vergehen gegen den Bereich des Göttlichen und gegen die Mitmenschen Parallelen in der volkstümlichen Literatur der Spätantike. So enthält eine Komödie des Plautus eine Beschimpfungsszene, in der ein Kuppler mit ähnlichen Worten wie hier aller nur denkbaren Scheußlichkeiten in beiden Bereichen angeklagt wird (Plautus, Pseudolus 360–368; vgl. Deißmann, Licht vom Osten 269).
[105] Belege bei K. Berger, Die Gesetzesauslegung Jesu I, 1972 (WMANT 40), 261–263.
[106] Bejahend u. a. Schlatter 48; Jeremias 14.
[107] Ein Hindernis dafür mag das Sabbatgebot gewesen sein. Erst nach seiner allegorischen Umdeutung war der gesamte Dekalog rezipierbar. Die ersten Zeugnisse dafür sind Barn 15,1–9 sowie der Brief des Ptolemaios an Flora (Epiphanius, Haer. 33,5,3); vgl. Berger, a. a. O (Anm. 105) 275.

für eine Einführung des Dekalogs als normative Größe in die Paränese findet. Es kommt nur zu einer Rezeption von Dekaloggeboten »im Kontext zentraler theologischer Aussagen«, nicht jedoch um des Dekalogs selbst willen[108]. So scheinen auch hier die Dekaloggebote kaum mehr als eine nur heuristische Funktion zu haben. Sie sind noch nicht als die Summe des bleibenden Gesetzes Gottes verstanden.

Aus dem schematischen Charakter des Katalogs wie überhaupt aus dem generellen Stil solcher Paränese ist zu folgern, daß er nicht als Beschreibung einer konkreten Menschengruppe oder konkreter Mißstände gemeint sein dürfte. Schwerlich geht es in ihm um eine Beschimpfung der vorher (VV3–7) erwähnten Irrlehrer im Stil sonst üblicher Ketzerpolemiken[109]. Der Verf. will nicht die Gesetzeslehrer bezichtigen, daß sie ihr eigenes Gesetz nicht halten; er will lediglich die von ihm intendierte Aussage, daß das Gesetz durch Drohung und Strafe das Verbrechen eindämme, durch schlagende Beispiele plausibel machen[110].

Die ersten beiden Glieder haben allgemeinen und übergreifenden Sinn; sie benennen noch nicht bestimmte Freveltaten, sondern die diese tragende grundsätzliche Haltung. So ist ἄνομος durch die Opposition zu νόμος bestimmt: »gesetzlos« ist, wer gegen die geltenden Gesetze verstößt (vgl. Lk 22,37; 2Thess 2,8). Weil er sich damit zugleich gegen die bestehenden Ordnungen stellt, kann er als »Aufrührer« gekennzeichnet werden (vgl. Tit 1,6). Weil die Gesetze, indem sie menschliches Zusammenleben ordnen und gestalten, dem Willen Gottes entsprechen und von ihm geschützt werden, darum ist solcher gesetzlose Aufruhr, ganz gleich, in welchen Taten er sich konkret äußert, in jedem Falle Frevel gegen den Bereich des Göttlichen. Das bringen die nächsten beiden Doppelglieder zum Ausdruck, wobei ἀσεβεῖς und ἁμαρτωλοί, ἀνόσιοι und βέβηλοι sich jeweils gegenseitig interpretieren: ἀσέβεια, das ordnungswidrige Verhalten gegenüber dem Göttlichen[111], ist Verfehlung des Willens Gottes und damit Sünde[112]; wer ἀνόσιος, d. h. ohne die von Gott geforderte Haltung der Frömmigkeit ist[113], der ist ihm und seiner Sphäre des Heils fern und damit βέβηλος (»gemein«)[114] (vgl. 4,7; 6,20; 2Tim 2,16). Für den antiken Menschen stand Frevel gegen die Eltern dem Frevel gegen den Bereich des Göttlichen besonders nahe[115]. Als extremste Form solchen Frevels werden hier Vater- und Muttermord genannt[116]. Damit ist der Anschluß an den Dekalog (5. Gebot) erreicht.

---

[108] H. Hübner, TRE 8, 417.

[109] So allerdings Hanson 59; Brox 106 (als Vermutung); besonders ungeschützt Kamlah, Paränese 199: »Die Irrlehre schildert einen (sic!) Lasterkatalog.«

[110] Auch den paulinischen Gedanken, daß das Gesetz die Sünder überführe und so die Sünde großmache (Röm 3,19; 7,13), wird man hier nicht eintragen dürfen (gegen Schlatter 48 f).

[111] Plato, Symp. 188c; Dion Chrysostomus, Or. 31,13; JosBell VII 260.

[112] Zusammenstellung beider Begriffe auch 1Petr 4,18; Jud 15.

[113] Plato, Leg. 831d; Philo, Spec.Leg. I 327; vgl. F. Hauck, ThWNT V 491 f.

[114] Grundbedeutung: das außerhalb des sakralen Bereiches Befindliche, das *pro-fanum*; im NT wird das Wort durchweg auf die Ferne von Menschen oder ihrem Tun vom Heil bezogen, vgl. 4,7; 6,20; 2Tim 2,16; Hebr 12,16.

[115] Plato, Phaed. 113e; 114a; Plato, Polit. 615c; vgl. Dibelius-Conzelmann 19.

[116] Ebenso geistvoll wie abwegig vermutet F. R. M. Hitchcock, The Trials of St. Paul and Apollonius, 1950 (Her. 79), 25, hier sei auf den Muttermord des Kaisers Nero angespielt.

Während die Bezugnahme auf das 6. Gebot auf eine Zuspitzung ins Extreme 10
verzichtet, findet sich eine solche bei den drei folgenden Geboten: So tritt beim
7. Gebot neben Unzucht als deren gesteigerte Form die Homosexualität. Das
hellenistische Christentum hat die schroffe Verurteilung der gleichgeschlecht-
lichen Liebe aus dem Judentum übernommen[117]. Freilich war diese auch in der
griechischen Welt trotz ihrer Verbreitung keineswegs allgemein moralisch
anerkannt[118]. Beim 8. Gebot wird als denkbar schwerste Form des Diebstahls
der Menschenraub angeführt. Das mag durch eine alte rabbinische Exegese
beeinflußt sein, die das 8. Gebot speziell auf Menschenraub deutete und die auf
dem Weg über das hellenistische Judentum auch in die christliche Tradition
Eingang fand[119]. Wenn schließlich beim 9. Gebot neben die Lüge als deren
gesteigerte Form der Meineid tritt, so wird damit ein aus hellenistisch-
jüdischen Katalogen bekanntes Begriffspaar aufgenommen[120]. Ein Äquivalent
für das 10. Gebot fehlt – vielleicht deshalb, weil die von ihm thematisierte
»Begierde« nicht zu der Aufzählung konkreter Schwerverbrechen gepaßt
hätte[121]. Statt dessen folgt eine an Röm 13,9 erinnernde generalisierende
Abschlußformel[122]. In ihr liegt die Pointe der vorhergegangenen Argumentation. Von V9a her möchte man hier eigentlich einen Verweis auf das Gesetz
erwarten, das zwar nicht für die Gerechten gegeben ist, wohl aber, um den
Übeltätern und Frevlern in den Weg zu treten und sie zu verurteilen. Statt
dessen wird als zentraler Normbegriff die »gesunde Lehre« eingeführt: All das,
was zum Gesetz im Widerspruch steht und von ihm verurteilt wird, alles
gemeinschaftsschädliche, ordnungswidrige und frevlerische Verhalten, steht
auch im Widerspruch zur »gesunden Lehre«. Weil sich die »Gerechten« in
ihrem Verhalten an ihr orientieren, darum ist das Gesetz für sie gegenstandslos
geworden, es hat ihnen nichts zu sagen, was ihnen nicht schon klarer und
umfassender gesagt wäre. Die Spekulation über das Gesetz, wie sie die Gegner
treiben, ist müßig und schädlich, weil sie verkennt, daß den Glaubenden
Hilfreicheres und Besseres gegeben ist, nämlich die »gesunde Lehre«.

Der Begriff *gesunde Lehre* ist ntl. nur in den Past belegt (2Tim 4,3; Tit 1,9; 2,1). Nimmt
man die verwandten Wendungen »gesunde Worte« (1Tim 6,3; 2Tim 1,13; Tit 2,8) und
»gesund sein im Glauben« (Tit 1,13; 2,2) hinzu, so ist deutlich, daß es sich hier um
einen für die Theologie der Past bedeutsamen Vorstellungskomplex handelt. Umstritten ist hingegen seine Herkunft und Ausrichtung. Vielfach wurde die Meinung

---

[117] Sib 2,73; TestLev 17,11; Philo, Spec. Leg.
III 37–39; Pseud-Phokylides 3; weitere Belege
bei Bill. III 70–72.
[118] Lucianus, Cyn. 10; s. hierzu H. Licht, Die
Homoerotik in der griechischen Literatur, Abhandlungen aus dem Gebiet der Sexualfor-
schung III/3, Bonn 1921.
[119] Bill. I 810–813; vgl. auch Philo, Spec.
Leg. IV 13: κλέπτης δέ τίς ἐστι καὶ ὁ ἀνδρα-
ποδιστής, ἀλλὰ τοῦ πάντων ἀρίστου, ὅσα

ἐπὶ γῆς εἶναι συμβέβηκεν (LCL Philo VIII 15).
[120] Weish 14,25; Philo, Spec. Leg. I 235.
[121] Vögtle, Tugend- und Lasterkataloge 236
Anm. 179.
[122] Ihr sprachlicher Anschluß ist nicht korrekt; im Sinn der vorhergegangenen Satzkonstruktion müßte es eigentlich heißen: »und
die, die sonst noch etwas tun, was der gesunden
Lehre widerstreitet«.

vertreten, daß er unmittelbar aus der das Denken des Verf. bestimmenden Antithese zur Irrlehre entstanden sei: Die Lehre und Verkündigung werde deshalb als »gesund« bezeichnet, weil sie die verderblichen, die Kirche krankmachenden Einflüsse der Irrlehrer abwehre[123]. Aber so richtig es ist, daß die Past die Folgen der Häresie als eine »Krankheit« umschreiben (1Tim 6,4), so spricht doch der Umstand, daß eine direkte Gegenüberstellung zwischen »gesunder« und »kranker« bzw. krankmachender Lehre fehlt, nicht dafür, daß der Ansatz der Vorstellung in solcher Opposition liegt. Näher liegt die Annahme, daß hier eine weit verbreitete hellenistische Terminologie aufgenommen worden ist. Im Griechischen hat ὑγιής schon sehr früh die Bedeutungen »vernünftig«, »verständig«, »sachgemäß« gewonnen[124]. Bei Platon erscheint das Wort als Wechselbegriff zu »wahr« (Phaid. 69b; Resp. II 372e u.ö.) und zu »zuverlässig« (Leg. I 630b; Ep. 10,358c). Dahinter steht die Vorstellung, daß das Gesunde stets das Ausgewogene, der allgemeinen Ordnung Gemäße ist. Auch das hellenistische Judentum kennt diesen Wortsinn[125]. Ebenso ist für die Past die »gesunde Lehre« zunächst die sinnvolle, zuverlässige und vernünftige Lehre. Aus diesem Ansatz ergibt sich, daß die Irrlehre notwendig als widersinnig, abstrus und uneinsichtig gelten muß. Ihr fehlen Verständlichkeit und Schlüssigkeit ebenso wie konstruktive Kraft (VV4.7).

Mit dieser Wertung der kirchlichen Lehre als sinnvoll und vernünftig ist freilich noch keineswegs ein rationalistischer Grundansatz impliziert[126], so sehr dabei eine Paulus noch fremde rationalistische Komponente mit im Spiel ist. Zentrales Kriterium für die Gesundheit der Lehre ist nämlich nicht ihre Übereinstimmung mit den rational einsichtigen, Kosmos wie Menschenwelt durchwaltenden Gesetzen, sondern ihre Herkunft vom Apostel und ihre Legitimation durch ihn (V11)[127]. Der Irrlehre fehlt beides; darum steht sie in unversöhnlichem Gegensatz zur gesunden Lehre[128]. Zugleich wird nun allerdings – und damit kommt die hellenistisch-rationale Komponente der Past ins Spiel – erwartet, daß diese Lehre kraft ihrer Herkunft von Gott sich als für das Leben in der Welt förderlich und sinnvoll erweisen werde, denn hinter ihr steht ja der Schöpfer, der diese Welt geordnet und in einer der Vernunft einsichtigen Weise gestaltet hat. Das Evangelium wird damit als Einweisung in einen positiven, dem Willen des Schöpfers entsprechenden Umgang mit der Welt verstanden. So äußert sich hier eine rationale, weltoffene Frömmigkeit, die nun freilich die paulinische Spannung zwischen der Weisheit der Welt und der menschlicher Erwartung und Vernunft

---

[123] Schlatter 50; Brox 107; Holtz 41. Dagegen Dibelius-Conzelmann 21; U. Luck, ThWNT VIII 312.

[124] Z. B. Homer, Il. 8,524; Herodotus, Hist. 8,3; Dion Chrysostomus, Or. 1,49; vgl. U. Luck, ThWNT VIII 308.

[125] Auch das hellenistische Judentum kennt diesen Wortsinn, z. B. JosAnt 7,381 (διάνοιαν ὑγιῇ καὶ δικαίαν); Bell I 7; Ant 9,118; 16,340 (οὐδὲν ὑγιές = nichts Vernünftiges); Philo, Abr. 223 (οἱ ὑγιαίνοντες λόγοι = die vernünftigen Gedanken).

[126] Dies ist allerdings die Meinung von Dibelius-Conzelmann 20f. – Es darf im übrigen unterstellt werden, daß das Bestreben, die Past gegen diesen Vorwurf einer rationalistischen Überfremdung des Evangeliums zu verteidi-

gen, bei den oben (Anm. 123) genannten Auslegern, die jeden Einfluß hellenistischer Sprachtradition auf das Reden von der »gesunden Lehre« bestreiten, mit im Spiel gewesen ist.

[127] Differenziert und sachgemäß urteilt Michel, Grundfragen 87: »Innerhalb dieser hellenistischen Entwicklung stehen die Pastoralbriefe an einem besonderen Ort: auch hier ist ›gesund‹ ein Normbegriff. ›Gesund‹ ist aber nicht, was rational einsichtig oder vernünftig ist, sondern was dem Evangelium in seiner antihäretischen Gestalt entspricht. Über die ›Gesundheit‹ entscheidet die Substanz des Evangeliums.«

[128] U. Luck, ThWNT VIII 312.

widersprechenden Torheit des Evangeliums vom Gekreuzigten (1Kor 1,18–25) nicht mehr durchhält[129].

Nicht ganz eindeutig läßt sich der Inhalt der »gesunden Lehre« bestimmen. Deutlich ist lediglich, daß sie in einem engen Zusammenhang steht mit der dem Apostelschüler aufgetragenen παραγγελία (VV5.18), wobei mit παραγγελία die formale Seite des In-Geltung-Setzens der Lehre, mit ὑγιαίνουσα διδασκαλία dagegen deren Inhalt gemeint ist. Die Past wollen demnach repräsentative inhaltliche Entfaltung der »gesunden Lehre« sein, freilich nicht exklusiv, sondern im Verbund mit allen übrigen Teilen des Corpus Paulinum (s. zu 6,20)[130]. Hinsichtlich des Verhältnisses der »gesunden Lehre« zum Evangelium wird man von daher sagen können: Beide Größen sind nicht unmittelbar deckungsgleich; die »gesunde Lehre« ist die durch den Apostel autorisierte, als Tradition weitergegebene und entfaltete Gestalt des Evangeliums[131].

V11 bringt den bisherigen Zusammenhang zum Abschluß und leitet zugleich 11 zum Folgenden über. Die Wendung »nach dem Evangelium« bezieht sich nämlich nicht nur auf die »gesunde Lehre« von V10, sondern auf die gesamte mit V8 einsetzende Ausführung über die Funktion des Gesetzes (vgl. Analyse)[132]. Und zwar wird mit dem »Evangelium der Herrlichkeit des seligen Gottes«[133] die höchste normative Instanz, der letzte verbindliche Maßstab allen Lehrens eingeführt, während die Wendung »mit dem ich betraut worden bin« die Lehrautorität des Apostels mit dessen besonderer Verpflichtung gegenüber dem Evangelium begründet. Indem »Paulus« so über das Gesetz lehrt, wie es hier geschieht, nimmt er die ihm übertragene besondere Verpflichtung gegenüber dem Evangelium wahr.

Das Wort »Evangelium« erscheint in den Past nur viermal, allerdings jeweils an hervorgehobener Stelle (1Tim 1,11; 2Tim 1,8.10; 2,8), so daß trotz der numerisch schmalen Bezeugung der Bedeutungsgehalt relativ klar erkennbar ist. Zwei Faktoren erweisen sich als bestimmend:
1. Evangelium ist wesenhaft das von Gott ausgehende endzeitliche Offenbarungshandeln, dessen Inhalt Sendung und Weg Jesu Christi sind. Dieses Verständnis wird nicht nur in dem vorgeprägten hymnischen Traditionsstück 2Tim 1,10 laut, das von dem in der Erscheinung Christi bewirkten Aufleuchten von Leben und Unsterblichkeit durch das Evangelium spricht, sondern auch an unserer Stelle. Denn δόξα ist hier Offenbarungsterminus[134]: Im Evangelium offenbart sich die δόξα Gottes, und zwar als sein auf das Heil der Menschen gerichtetes gnädiges Handeln[135]; der Genitiv ist also genitivus

129 Dibelius-Conzelmann 21;
130 Vgl. Donelson, Pseudepigraphy 166: »The sound teaching is whatever is Pauline, and anything opposed is vice.«
131 Anders Dibelius-Conzelmann 20: »Nach paulinischem Sprachgebrauch könnte man (sc. für ›gesunde Lehre‹) ... eine Wendung mit εὐαγγέλιον einsetzen.« Differenzierter urteilt Brox 108: Gesunde Lehre ist »Umschreibung des Evangeliums bzw. der sich darauf berufenden kirchlichen Predigt und Praxis«.
132 Schlatter 51; Brox 108; Spicq 336; an-

dernfalls müßte es heißen: τῇ ὑγιαινούσῃ διδασκαλίᾳ τῇ κατά.
133 Der doppelte Genitiv entspricht liturgischem Stil; die Wendung dürfte demnach gottesdienstlichen Ursprungs sein; vgl. Dibelius-Conzelmann 21.
134 Jes 35,2; 50,5; Ps 7,2. Vgl. Spicq 337.
135 Schön definiert Spicq 337: »contenu de l'Évangile, c'est à la fois l'événement ou épiphanie du Fils de Dieu ... et la δύναμις sanctifiante et salvatrice«.

qualitatis. Die Aussage ist, ohne daß direkter literarischer Einfluß nachweisbar wäre, sinnverwandt mit 2Kor 4,4, wo Paulus das Evangelium als ein Offenbarungshandeln Gottes beschreibt, in dem die δόξα τοῦ Χριστοῦ aufleuchtet. Typisch hellenistisch ist allerdings das im NT nur hier und 6,15 als Gottesprädikat erscheinende μακάριος. Es meint das allem menschlichen Zugriff entrückte Wesen Gottes in seiner Vollkommenheit und Unvergänglichkeit[136]. Darin, daß Gott in dieser seiner Entrücktheit gegenüber Welt und Menschen nicht verharrt, sondern seine Zuwendung schenkt, liegt das unbegreiflich Große des Evangeliums[137]. Der Inhalt des Evangeliums läßt sich in Form von Überlieferung und Lehre entfalten: Daß dies geschehen kann, ist Folge der von den Past so stark betonten Verläßlichkeit und Konstanz der heilvollen Zuwendung Gottes zur Welt im Evangelium.

2. Evangelium und Apostel gehören unmittelbar zusammen. Der Auftrag, den Paulus nach der Anordnung Gottes empfangen hat (1,1), ist wesentlich identisch mit der Betrauung mit dem Evangelium. Die hier (ὅ ἐπιστεύθην ἐγώ) und 2Tim 2,8 (τὸ εὐαγγέλιόν μου) erscheinenden Wendungen, die die enge Verbindung zwischen Paulus und dem Evangelium aussagen, sind aus den echten Paulusbriefen übernommen (Röm 2,16; Gal 2,7; 1Thess 2,4; vgl. 1Kor 9,16)[138]. In den Past ist diese Bindung des Apostels an das Evangelium eher noch verstärkt, insofern sie Paulus als den zeichnen, in dessen gesamter Existenz Wirkung und Wesen des Evangeliums in normativer Weise der Kirche vor Augen gestellt werden. Paulus erscheint geradezu als Verkörperung der Macht des Evangeliums, und zwar vor allem in dreifacher Hinsicht: Er ist derjenige, an dem urbildhaft die sich im Evangelium vollziehende Begnadigung des Sünders sichtbar geworden ist (VV12–17); er ist es, der in ebenso paradigmatischer Weise durch sein Leiden sichtbar werden läßt, daß der im Evangelium bezeugte Herr der Gekreuzigte ist (2Tim 1,8), und er ist es schließlich, der die Lehre und Überlieferung, in der die bleibende Präsenz des Evangeliums in der Welt sich verläßlich manifestiert, der Kirche übergibt (V18; 6,20).

---

136 Epikur bei Diogenes Laertius X 123: πρῶτον μὲν τὸν θεὸν ζῷον ἄφθαρτον καὶ μακάριον νομίζων (LCL Diogenes Laertius II 648); ferner Philo, Spec.Leg. I 209; III 1; Abr. 202; Deus Imm. 26; Leg.Gaj. 5; JosAnt X 278. Als Wechselbegriffe zu μακάριος erscheinen dabei vor allem ἄφθαρτος und εὐδαίμων. Vgl. Dibelius-Conzelmann 21 f. – Die geradezu zwanghafte Tendenz zur Minimierung aller hellenistischen terminologischen Einflüsse auf die Past veranlaßt Holtz (42) zu der Annahme einer christlichen Umdeutung des hellenistischen Prädikats von Mt 5,3 her: Es werde hier der Seligen gedacht, »die darum selig sind, weil sie den μακάριος θεός haben«. Aber es geht im Zusammenhang doch nicht um die Wirkung des Evangeliums auf die Menschen, sondern allein um dessen Herkunft von Gott.

137 Wirkungsgeschichtlich bildet die Aussage den Ausgangspunkt der Reflexion über die Besonderheit des Liebens Gottes, wie sie als erster Augustin anstellte: Weil Gott der μακάριος ist, der keines von ihm unterschiedenen Anderen bedarf, darum ist sein Lieben, sofern es ein von ihm verschiedenes Anderes zum Gegenstand hat, nicht ein *frui*, sondern ein *uti*. S. hierzu K. Barth, KD II/1,318: »Es ist (Gottes) Seligkeit, sofern es auch ohne uns sein Wesen ist: dasselbe Wesen, das er nun doch nicht für sich allein, sondern, indem er es für sich hat, auch in der Gemeinschaft mit uns haben will, ohne unserer zu bedürfen und nun doch kein Genügen findend an seinem Selbstgenügen, ohne Mangel zu leiden, sondern gerade im Überfluß der Vollkommenheit seines Wesens und also seines Liebens uns zugewendet, in und mit seinem Lieben auch dessen Seligkeit uns mitteilend.«

138 Zum paulinischen Charakter der Wendung πεπίστευμαι τὸ εὐαγγέλιον vgl. U. Wilckens, Der Ursprung der Überlieferung der Erscheinungen des Auferstandenen, in: Dogma und Denkstrukturen (FS E. Schlink), hrsg. W. Joest/W. Pannenberg, Göttingen 1963, 56–95.72f Anm. 41.

Bei der *Einordnung und theologischen Bewertung der Aussagen der Past über die Funktion des Gesetzes* ist ein differenziertes Urteil geboten. Die Behauptung, daß in ihr der Sachgehalt der paulinischen Rechtfertigungstheologie unverkürzt bewahrt worden sei[139], geht ebenso an dem wahren Sachverhalt vorbei wie ihre emotionsgeladene rigorose Disqualifikation, zu der vor allem einige neuere Interpreten neigen[140]. Man wird ihnen nur gerecht, wenn man sie als Versuch einer Transformation der paulinischen Rechtfertigungsverkündigung in eine neue, veränderte Situation begreift[141]. Hellenistischen Heidenchristen der dritten Generation, für die sich die Frage nach der Heilsrelevanz der atl. Tora niemals ernstlich gestellt hatte, war die offenbarungsgeschichtliche Sicht des Paulus mit der für sie konstitutiven Alternative der beiden Heilswege ›Christus‹ und ›Gesetz‹ nicht mehr vermittelbar. Andererseits gewann gerade in diesem hellenistischen Bereich für die Christen das stoische Verständnis von Gesetz im Sinne der alles in der Welt und im Leben heilvoll durchwaltenden, rational anschaubaren Ordnung wachsende Faszination[142]. In dieser Situation haben die Past das paulinische Erbe insofern festzuhalten gesucht, als sie mit Paulus die grundsätzliche Freiheit der Glaubenden vom Gesetz proklamierten. Weder die Tora noch die im weitesten Sinne verstandene Ordnung von Welt und Gesellschaft hat für sie den Rang einer Heilsordnung; das Heil wird nicht durch Gesetzesgehorsam gewonnen, sondern es bleibt Geschenk des Evangeliums. Der für Paulus zentrale Gedanke, daß das Gesetz die Sünde aufdeckt, bleibt den Past jedoch fremd[143]. Andererseits sind sie der naheliegenden Gefahr, das Gesetz als nova lex zu verstehen, der etwa der Barn (2,6; 10,11) und der 1Cl (1,3; 8,1 u.ö.) erlegen sind, noch ausgewichen. Ihre Antwort auf die unabweisbare Frage, wo denn bei einer Ablehnung der Heilsfunktion des Gesetzes dessen Ordnungsfunktion für die Christen seinen Platz habe, ist, daß die aus dem Evangelium kommende gesunde Lehre diese Ordnungsfunktion wahrnehme. Doch dies geschieht nicht auf die dem Gesetz eigene Weise von Zwang und Drohung, sondern indem das Evangelium für die Glaubenden eine neue Möglichkeit heilvollen, gemeinschaftsgemäßen Lebens schafft, nämlich die Liebe. Das Evangelium weist in die bestehenden Ordnungen von Welt und Gesellschaft ein, nicht indem es droht, und noch weniger indem es ein verdienstliches Leistungsprinzip aufrichtet, sondern indem es schenkt und ermöglicht.

Die Eigenart der Lösung des Gesetzesproblems in den Past besteht, innerhalb eines größeren theologiegeschichtlichen Kontextes betrachtet, darin, daß sie bereits jenseits der offenbarungsgeschichtlichen Sicht des Paulus, aber noch diesseits der seit Augustin in der westlichen Theologie entwickelten Paulusinterpretation steht, die die Spannung zwischen Evangelium und Gesetz als existentielles Problem jedes einzelnen Christen

Wirkungs-geschichte

---

[139] So F. Mußner, Petrus und Paulus – Pole der Einheit, 1976 (QD 76), 103: »Paulus bleibt hier der theologische Sieger.«

[140] Z. B. H. Köster in: H. Köster/J. M. Robinson, Entwicklungslinien durch die Welt des frühen Christentums, Tübingen 1971, 145: »ein Ausverkauf der paulinischen Theologie unter ungünstigen Bedingungen«; Luz, Rechtfertigung 376: »Ein größeres Mißverständnis der paulinischen These von Röm 7,12.16 (sc. als in 1Tim 1,8f) ist kaum denkbar.« Schulz, Mitte 105 meint sogar, es fehle »doch völlig die

Rechtfertigungsbotschaft«, und die 1,8–11 vertretene Lehre vom Gesetz sei »völlig unpaulinisch«.

[141] Räisänen, a. a. O. (Anm. 93) 207.

[142] Belege bei H. Kleinknecht, ThWNT IV 1026–1028.

[143] Räisänen, a. a. O. 207; vgl. Kleinknecht, a. a. O. 1028: »Denn nie ist dem Griechen das Gesetz etwas, das, richtig verstanden, ihn zerbräche oder an sich selbst verzweifeln ließe, weil es dem Menschen zum Bewußtsein bringt, daß er es nicht halten kann.«

begreift. Die Frage nach einer wie auch immer gearteten Bedeutung des Gesetzes für den Glaubenden wird hier bereits im Vorfeld abgewiesen, während spätere Interpreten die großen paulinischen Gesetzestexte wie Röm 3; 7; Gal 3 für diese Fragestellung zu öffnen vermochten.

Dieser Umstand dürfte die erstaunlich geringe Wirkungsgeschichte von 1Tim 1,8–11 erklären. Auch als in der Reformation die Frage nach Gesetz und Evangelium zum theologischen Zentralproblem wurde, blieb diese Stelle relativ unbeachtet. Die Vermutung G. Ebelings, daß der Terminus *usus legis*, der im Zuge der reformatorischen Lehre vom zwei- bzw. dreifachen Gebrauch des Gesetzes Gewicht gewann, aus V8 abgeleitet ist, hat viel für sich, obwohl eindeutige Belege dafür fehlen[144]. M. Luther gibt in seiner Schrift »Von weltlicher Obrigkeit« (1523) eine schöne Interpretation von V9, in der er – exegetisch zutreffend – eine Brücke zu Mt 7,17–20 schlägt: »Warum das (sc. daß dem Gerechten kein Gesetz gegeben ist)? Darum, daß der Gerechte von ihm selbst alls und mehr tut, denn alle Recht fordern. Aber die Ungerechten tun nichts Rechts, darum bedürfen sie des Rechts, das sie lehre, zwinge und dringe wohlzutun. Ein guter Baum bedarf keiner Lehre noch Rechts, daß er gute Frücht trage, sondern seine Natur gibts, daß er ohn alles Recht und Lehre trägt, wie sein Art ist . . . Also sind alle Christen durch den Geist und Glauben allerdings genaturt, daß sie wohl und recht tun, mehr denn man sie mit allen Gesetzen lehren kann, und bedürfen für sich selbst keins Gesetz noch Rechts«[145]. Später hat Luther in der Auseinandersetzung mit den Antinomisten[146] versucht, die Aussage des Textes in den Rahmen der Existenzdialektik des *simul iustus ac peccator* zu pressen, indem er durch sie die Notwendigkeit einer Predigt des Gesetzes in der Kirche bestätigt. In der dritten Antinomerdisputation hält er den Antinomern, die aus 1Tim 1,9 folgern möchten, daß den Glaubenden kein Gesetz zu predigen sei, entgegen, daß die Sünder, denen das Gesetz zu predigen ist, und die Gerechten, denen es nicht mehr gilt, in Personalunion stehen[147], und deutet die Wirkung des Gesetzes für die Christen im Sinne des *usus theologicus* bzw. *elenchticus legis*: das Gesetz soll den Sünder immer neu seiner Sündhaftigkeit überführen und zu Christus treiben. Diese Sicht hat bis in neuere Interpretationen hinein nachgewirkt[148], sie überfordert jedoch den Text. Allenfalls könnte man im Sinne dieser reformatorischen Unterscheidung den *usus politicus legis* in ihm ausgesprochen finden[149], also den »ersten Gebrauch« des Gesetzes, der darin besteht, daß das Gesetz drohend und strafend der Zerstörungsmacht

---

144 G. Ebeling, Dogmatik des christlichen Glaubens III, Tübingen ²1982, 282.

145 WA 11, 250. Allerdings fügt Luther alsbald einschränkend an: »Nu aber keyn mensch von natur Christen odder frum ist, sondern altzumal sunder und böse sind, weret yhnen Gott allen durchs gesetz, das sie eußerlich yhr boßheyt mitt wercken nicht thüren nach yhrem muttwillen uben. Datzu gibt S. Paulus dem gesetz noch eyn ampt Ro: 7. unnd Gal: 2. das es die sund erkennen leret, damit es den menschen demütigt zur gnad unnd zum glawben Christi.« Hier wird also der usus elenchticus ergänzend angeschlossen; vgl. W. Joest, Gesetz und Freiheit. Das Problem des Tertius usus legis bei Luther und die neutestamentliche Parainese, Göttingen ³1961, 56.

146 Joest, a. a. O. 45–56; R. Herrmann, Zum Streit um die Überwindung des Gesetzes. Erörterungen zu Luthers Antinomerthesen, Weimar 1958, 11–15.

147 WA 39/1, 552 f.

148 Besonders ausgeprägt bei Schlatter 48: Wer nach dem Gesetz greift, »erreicht nur, daß die Sündhaftigkeit des Menschen offenbar und wirksam wird«; ähnlich Holtz 41: »Der usus elenchticus ist dem δίκαιος Hilfe auf dem Weg zu Christus. Der von ihm sich abwendende Gesetzeslehrer aber begegnet immer sich steigernden Teufeleien.«

149 Ebeling, a. a. O. (Anm. 144) 286 f.

des Bösen entgegentritt und so die für den Fortbestand der menschlichen Gemeinschaft in der gefallenen Schöpfung erforderliche Ordnung gewährleistet[150].

Der Abschnitt nimmt im Gesamtzusammenhang des Briefes die Funktion des Exordiums wahr, indem er das zentrale Thema einführt und in seiner Bedeutung begründet: Es geht um die Erneuerung des Auftrags an den Apostelschüler. Dieser soll an der Stelle des nun nicht mehr personhaft anwesenden Apostels in Ephesus die Heilsbotschaft in Weisung und Lehre so zur Geltung bringen, daß die Gemeinde in der durch das Evangelium geschaffenen Heilswirklichkeit, die zentral durch die Liebe bestimmt ist, erhalten und gestärkt wird. Die Dringlichkeit dieses Auftrags wird begründet durch den Hinweis auf das Auftreten von Irrlehrern, deren Lehre, vermutlich eine mythologisch verbrämte Gesetzesspekulation, nicht nur inhaltlich, sondern auch hinsichtlich ihrer destruktiven Wirkung das negative Gegenbild der dem Apostelschüler aufgetragenen Weisung ist. Der Abgrenzung dieser Polemik gegen das Mißverständnis einer grundsätzlichen Gesetzesfeindschaft der Christen dienen die Ausführungen über das Verhältnis zwischen der dem Evangelium entstammenden »gesunden Lehre« und dem Gesetz in VV8–11. Die Funktion des Gesetzes zur Abwehr von Verstößen gegen die gesellschaftliche Ordnung wird ausdrücklich anerkannt; für die Glaubenden übernimmt die Ordnungsfunktion des Gesetzes die »gesunde Lehre«, allerdings ohne selbst zum Gesetz zu werden. Indem sie Orientierung innerhalb der von Christen ermöglichten neuen Heilswirklichkeit gibt, hält sie zu einem gemeinschaftsgemäßen Verhalten innerhalb der gegebenen Ordnungen von Schöpfung und Welt an.

Zusammen-fassung

III. Die Beauftragung des Paulus mit dem Evangelium (1,12–17)

12 Dankbar bin ich unserem Herrn Christus Jesus, der mich stark gemacht hat, dafür, daß er mich für vertrauenswürdig hielt und mich zum Dienstamt bestellte, 13 (mich,) der ich zuvor ein Lästerer, Verfolger und Frevler war, aber ich fand Erbarmen, weil ich unwissend im Unglauben gehandelt hatte. 14 Doch überschwenglich reich erwies sich die Gnade unseres Herrn mit dem Glauben und der Liebe in Christus Jesus. 15 Zuverlässig ist das Wort und aller Annahme würdig: Christus Jesus kam in die Welt, um Sünder zu retten. Von ihnen bin ich der erste! 16 Aber gerade darum fand ich Erbarmen, damit an

---

[150] Einen anderen Akzent setzt das berühmte Schlußwort der zweiten Antinomerdisputation, WA 39/1, 485: »Quare lex est docenda? Lex docenda est propter disciplinam iuxta illud Pauli I. Timoth.1: Lex est iniustis posita, atque ut hac paedagogia homines ad Christum perveniant, quemadmodum Paulus ad Gal. 3 ait: Lex est paedagogia in Christum« (es folgen die zwei weiteren usus legis). Hier wird, wie sonst nie bei Luther, der usus politicus mit der paedagogia ad Christum im Sinne der reformatorischen Deutung von Gal 3,24 verbunden. Dabei handelt es sich jedoch um eine sekundäre Interpolation aus den mittleren loci Melanchthons; vgl. Joest, a. a. O. (Anm. 145) 72.

mir als erstem Christus Jesus die ganze Größe seiner Langmut erweisen könnte, um (an mir) urbildlich die (Menschen) darzustellen, die in Zukunft auf ihn (bauend) glauben werden zum ewigen Leben.
17 (Ihm), dem ewigen König,
dem unvergänglichen, unsichtbaren, einigen Gott,
sei Ehre und Herrlichkeit in alle Ewigkeit! Amen.

Analyse **1. *Kontext*.** Um Wesen und Gewicht des an Timotheus ergehenden Auftrags zu verdeutlichen, läßt der Verf. Paulus nun von seinem eigenen Auftrag handeln. Das Stichwort dafür war bereits in V11 gefallen: ὃ ἐπιστεύθην ἐγώ. Als der, dem das Evangelium in einer einmaligen, besonderen Weise anvertraut worden ist, ist Paulus dafür verantwortlich, daß dieses Evangelium auch in seiner Abwesenheit nach dem Willen Gottes zur Geltung gebracht wird. Von dem Geschehen, in dem diese Betrauung mit dem Evangelium erfolgt, nämlich von seiner Berufung durch Jesus Christus, handeln VV12–17. Und zwar wird damit die Übergabe der Weisung an Timotheus in VV18–20 vorbereitet und begründet.

2. *Form*. Die Form des Abschnitts ist nicht eindeutig zu bestimmen. Einerseits handelt es sich um einen erzählerischen Rückblick, der innerhalb des Kontextes begründende Funktion besitzt. Andererseits aber enthält er am Anfang und am Schluß Elemente, die an eine Danksagung erinnern: χάριν ἔχω mit nachfolgendem Dativ ist die typische Danksagungseinleitung der Past (2Tim 1,3), und die hymnische Doxologie von V17 ist ein ebenso typischer Danksagungsschluß[151]. Dem Verf. war anscheinend bewußt, daß der kunstvoll formulierte Dank an Gott und Jesus Christus ein Signum paulinischen Briefstils war[152].

3. *Aufbau*. Der Duktus ist bestimmt durch *drei Gedankenschritte*:
a. Aus der Danksagung an Jesus Christus (V12a) wachsen eine Reihe von Aussagen heraus, zunächst der ὅτι-Satz VV12b.13a, sodann die beiden lose angereihten einfachen Aussagesätze V13b und V14, die das Berufungsgeschehen beschreiben. Als dessen zentrales Moment wird dabei das Erbarmen Jesu Christi herausgestellt.
b. Den Grund dieses Erbarmens nennt V15, indem er auf einen der Gemeinde-

---

[151] Wolter, Pastoralbriefe 63 beurteilt 1,12–17 »aufgrund des Anfangs und des doxologischen Abschlusses« als literarisch gestalteten Dankhymnus und will »eine gewisse Analogie« zu den berichtenden Lobliedern des Offenbarungsmittlers aus den Hodajot von Qumran (1QH II 1–19.20–30; IV 5–V 4; V 5–19.20–36; VII 6–25; VIII 4–40) konstatieren. Doch damit werden die auf die formelhafte Doxologie V17 beschränkten hymnischen Komponenten zu Lasten der vorherrschenden

narrativen Struktur zu stark bewertet. Gattungsmäßig handelt es sich hier eher um berichtenden Lobpreis; vgl. Deichgräber, Gotteshymnus 43.
[152] Unter den neueren Auslegern haben nur Trummer (Paulustradition 116) und Wolter (Pastoralbriefe 63) auf die formale Nähe zur Danksagung hingewiesen, allerdings ohne der inhaltlichen Integration der Danksagungselemente voll gerecht zu werden.

überlieferung geläufigen theologischen Satz verweist: Das, was sich in der Lebenswende des Paulus vollzog, ist Frucht und Folge des Kommens Jesu Christi in die Welt zur Rettung der Sünder. Hier wird die Wirklichkeit dessen, was die Gemeinde als Grund ihres Lebens bekennt, manifest.

c. Das Paulus widerfahrene Erbarmen wird sodann in V16 noch weiter präzisiert. Es ist nämlich nicht nur ein Beispiel unter anderen für das rettende Handeln Jesu Christi an den Sündern; vielmehr verfolgte Christus mit ihm – wie der ἵνα-Satz anzeigt – ein ganz besonderes Ziel, so daß Paulus und seine Geschichte urbildhafte Bedeutung für die Gemeinde erlangen. Diesem so verstandenen Handeln Jesu Christi an Paulus antwortet der an Gott als seinen letzten Urheber sich richtende hymnische Lobpreis von V17.

4. *Die Paulus-Anamnese.* Der erzählerische Rückblick VV12–14.16 wirft besondere traditionsgeschichtliche Probleme auf. Es handelt sich bei ihm um die längste und gewichtigste in der Reihe der *Paulus-Anamnesen* der Past (1Tim 2,7; 3,14f; 4,13; 2Tim 1,3f; 1,11; 1,15–18)[153]. Es ist evident, daß dieser Rückblick nicht von Paulus selbst formuliert sein kann[154]. Zugleich ist deutlich, daß direkter literarischer Einfluß der echten Paulusbriefe bei seiner Formulierung, wenn überhaupt, nur am Rande eine Rolle gespielt hat. Einige Wendungen mögen auf literarische Vorbilder verweisen: So steht hinter τῷ ἐνδυναμώσαντί με (V12) vermutlich Phil 4,13, und das πιστόν με ἡγήσατο von V12 könnte ebenso wie das ἠλεήθην von V13 durch Anlehnung an 1Kor 7,25 (ὡς ἠλεημένος ὑπὸ κυρίου πιστὸς εἶναι) zustande gekommen sein. Hingegen deutet nichts darauf hin, daß 1Kor 15,8–11 oder Gal 1,13–16, jene Passagen also, in denen Paulus seine Berufung zum Apostel durch den Auferstanden reflektiert, dem Verf. als literarische Vorbilder gedient hätten. Dennoch besteht über die genannten Einzelwendungen hinaus ein Zusammenhang mit den paulinischen Selbstaussagen – *aber dieser ist nicht literarisch, sondern traditionsgeschichtlich vermittelt*[155].

Wie neuere Untersuchungen vor allem zur Apg gezeigt haben[156], gab es einen breiten Strom mündlicher Paulusüberlieferung, der in den von der paulinischen Mission geprägten Kirchengebieten noch lange weiterwirkte. Wenn darin das Damaskuswiderfahrnis des Apostels eine hervorgehobene Stellung einnahm, so spiegelt das den Umstand, daß bereits Paulus selbst diesem Thema einen festen Platz innerhalb seiner Verkündigung eingeräumt hatte. Auch in seinen Briefen kommt er in wechselnden

---

153 Trummer, Paulustradition 116–132; Barnett, Paul 254.
154 Neben der starken Typisierung des Paulusbildes spricht dagegen vor allem die sich in V13 aussprechende Sicht der vorchristlichen Situation des Apostels, die terminologisch in die Nähe von Lasterkatalogen gerät; vgl. Collins, Image 167.
155 Anders Trummer, Paulustradition 117, der ohne nähere Begründung voraussetzt, daß

1Kor 15,8–10; Phil 3, 1b–4,1 und Gal 1,13–16 als literarische Vorbilder gedient hätten. Aber Gal 1,13–16 muß hier, wie immer man sonst im einzelnen urteilen mag, schon deshalb ausfallen, weil die Past sonst nirgends literarische Beeinflussung durch den Gal erkennen lassen.
156 C. Burchard, Der dreizehnte Zeuge, 1970 (FRLANT 103); K. Löning, Die Saulustradition in der Apostelgeschichte, 1973 (NTA NF 9).

Zusammenhängen immer wieder darauf zu sprechen. Neben 1Kor 15,8–11 und Gal 1,13–16 sind hier vor allem 2Kor 4,1–6; Phil 3,4–11 und Röm 1,1–7 zu nennen. Der Vergleich dieser Stellen ergibt, daß sich – bei einer erstaunlichen Variabilität der jeweiligen Formulierung – eine Reihe von Topoi mehr oder weniger konstant durchhält:

– *Rückblick auf die Vergangenheit des Paulus:* er war gesetzestreuer Jude (Gal 1,14; Phil 3,5f) und Verfolger der Gemeinde (1Kor 15,9; Gal 1.13.23; Phil 3,6);
– *die Radikalität der Wende zwischen Einst und Jetzt* (1Kor 15,9; Phil 3,7f);
– *Gott als der an Paulus Handelnde* (1Kor 15,10; Gal 1,15; 2Kor 4,6; Röm 1,1);
– *die wirkende Macht als* χάρις (1Kor 15,10; Gal 1,15; Röm 1,5);
– *Empfang einer Offenbarung,* deren Inhalt der auferstandene und lebendige Christus ist (1Kor 15,8; vgl. 9,1; Gal 1,16; 2Kor 4,6; Phil 3,10; Röm 1,3f);
– *Betrauung mit dem Evangelium für die Heiden* (Gal 1,16; Röm 1,5; vgl.auch 1Kor 15,10);
– *Kennzeichnung des Geschehens als Berufung:* Paulus empfängt ἀποστολή (Röm 1,5) bzw. διακονία (2Kor 4,1); er weiß sich als ἀπόστολος Ἰησοῦ Χριστοῦ (1Kor 15,9; Röm 1,1).

Es empfiehlt sich, auch andere, der nachpaulinischen Tradition entstammende Rückblicke auf das Damaskus-Widerfahrnis in diese Untersuchung mit einzubeziehen: einerseits die Paulus-Anamnesen Kol 1,23b–29 und Eph 3,1–11[157], andererseits die drei Berichte der Apg (9,1–22; 22,1–16; 26,9–18)[158]. Denn nur wenn man sie zum breiteren Kontext der Paulustradition der zweiten und dritten Generation in Bezug setzt, läßt sich die spezifische Eigenart der hier vorliegenden Anamnese präzise erkennen. Dabei ergibt sich das folgende Bild:

	Kol/Eph	Apg	1Tim 1
Vergangenheitsrückblick	–	Apg 9,1.13; 22,3–5; 26,9–11	1Tim 1,13
Einst und Jetzt	Eph 3,8	Apg 9,2; 26,18	1Tim 1,13.15f
Gott als Handelnder	Kol 1,25.27 Eph 3,7	–	–
wirkende Macht als χάρις	Eph 3,2.7f	–	1Tim 1,14
Offenbarungsempfang	Kol 1,26f Eph 3,3–5.9	Apg 22,14	1 Tim 1,16
Betrauung mit dem Evangelium (für die Heiden)	Kol 1,23.28 Eph 3,8	Apg 9,15; 22,14 Apg 26,17	1Tim 1,11; vgl. 2,7
Kennzeichnung als Berufung	Kol 1,23.25 Eph 3,6f	Apg 26,16	1Tim 1,12 vgl. 1Tim 2,7

Augenfällig ist zunächst die enge Berührung mit der Apg und der hinter ihr stehenden Tradition[159]. Hier wie dort geht das Geschehen nicht direkt von Gott aus; der erhöhte Christus ist statt dessen der Handelnde. Das bedeutet, daß dieses Geschehen nicht mehr

---

[157] Vgl. Schnackenburg, Epheser 127–129.
[158] Vgl. Roloff, Apostelgeschichte 144–147.
[159] Diese Tradition ist, wie Burchard gezeigt hat, eine stark erbaulich akzentuierte volkstümliche Bekehrungsgeschichte. Sie ist in Apg 9,1–13 noch relativ klar erkennbar, während

sie in Apg 22 und 26 stärker von der eigenen Konzeption des Lukas überlagert wird, s. Burchard, a. a. O. (Anm. 156) 87f. Anders G. Lüdemann, Das frühe Christentum nach den Traditionen der Apostelgeschichte, Göttingen 1987, 120f.

eindeutig als österliche Erscheinung des Auferstandenen, für die das Gewirktsein von Gott konstitutiv ist, begriffen wird (vgl. 1,1). Beide Male wird jedoch der Kontrast zwischen dem Einst und Jetzt sehr stark herausgearbeitet, und in Verbindung damit erhält auch der Rückblick auf die vorchristliche Vergangenheit des Paulus starkes Gewicht. Wie die als Tradition hinter Apg 9 stehende Bekehrungslegende, so will auch die vorliegende Darstellung offensichtlich die Lebenswende des Paulus zumindest ein Stück weit als erbauliche Demonstration der den Sünder verwandelnden Macht Jesu Christi verstehen, eine Tendenz, die durch das Fehlen von Hinweisen auf die spezifisch jüdische Vergangenheit des Paulus verstärkt wird: V13 zeichnet ihn ganz allgemein als Typus des gottlosen Frevlers. Auf der anderen Seite sind jedoch die Übereinstimmungen, die sich gegen die Apg mit den zweifellos auf Tradition beruhenden Paulusanamnesen des Kol und Eph ergeben, zu gewichtig, als daß man 1Tim 1,12–14.16 einfach dem von der Apg aufgenommenen erbaulich akzentuierten Traditionstypus zurechnen dürfte[160]. So wird hier wie dort die χάρις als wirkende Macht herausgestellt, wobei der Verf. der Past freilich diese χάρις durch die in V15 eingebrachte Deutung mit dem Erbarmen Jesu gegen die Sünder identifiziert. Vor allem aber ist der Umstand beachtlich, daß beide Male die Betrauung des Paulus mit dem Evangelium erscheint[161] und der Vorgang als Berufung gekennzeichet wird, denn durch die Aufnahme dieser beiden Topoi entfernt sich die Darstellung der Past von der paradigmatisch-paränetischen Sicht der von der Apg aufgenommenen Tradition[162]. Die Modellhaftigkeit der Überwältigung des Sünders Paulus durch die Macht der Gnade wird hier unmittelbar zusammengesehen mit der Einmaligkeit der Berufung des Paulus zum Dienst am Evangelium. Verhält es sich aber so, dann läßt sich auch mit einiger Zuversicht die Annahme vertreten, daß der Topos des Offenbarungsempfangs ebenfalls vorhanden ist: und zwar dürfte er in einer für die Past charakteristischen Transformation in V16 eingegangen sein. Ist es nach Kol 1,26f; Eph 3,9 der bislang verborgene Heilsratschluß Gottes, der Paulus erschlossen wird, damit er ihn durch seine Verkündigung ausbreite, so ist es nach 1Tim 1,16 die den Sünder befreiende Macht Jesu Christi, die sich an Paulus »als erstem« erweist, um so für alle zukünfig zum Glauben Kommenden sichtbar zu werden. Paulus gilt hier als der, in dessen Person und Geschick die Offenbarung Jesu Christi sich geschichtlich konkretisiert, und das ist eine Wendung des Offenbarungstopos, die in der Fluchtlinie von Gal 1,16 und Phil 3,10 liegt[163].

---

[160] Dies tut anscheinend Burchard, a. a. O. (Anm. 156) 127.

[161] Kol 1,23: Paulus ist διάκονος des Evangeliums; 1,28: er verkündigt »Christus«, d. h. das Evangelium, »um alle Menschen zurechtzuweisen und jeden Menschen zu lehren«, was die universalistische Ausrichtung seines Auftrags auf die Heidenwelt impliziert. Ähnlich Eph 3,8: »Mir ist diese Gnade gegeben, damit ich den Heiden das Evangelium verkündige.« Diese Ausrichtung des Evangeliums auf die Heidenwelt fehlt zwar 1Tim 1,12, wird jedoch in der folgenden Paulusanamnese 2,7 nachgetragen.

[162] Lukas seinerseits korrigiert übrigens in den beiden weiteren Darstellungen der Lebenswende des Paulus, Apg 22,6–16; 26,12–18 die Einseitigkeit dieser Sicht, indem er das Geschehen ebenfalls als Berufung und Beauftragung deutet. Das beweist, daß ihm die in der legendarischen Tradition von Apg 9 nicht oder nur rudimentär enthaltenen weiteren Topoi aus der Überlieferung ebenfalls noch bekannt waren.

[163] Auch wenn man die Frage ausklammert, wie das schwierige ἐν ἐμοί in der Aussage über die Paulus zuteilgewordene Offenbarung in Gal 1,16 sprachlich zu interpretieren ist (s. dazu F. Mußner, Der Galaterbrief, ⁴1981 [HThK IX], 86f Anm. 45), bleibt eindeutig, daß diese Offenbarung die ganze geschichtliche Existenz des Paulus betrifft und sich in ihr auswirkt. Denn nach Phil 3,10 wurde ihm damit nicht nur die Erkenntnis Christi und der »Kraft seiner Auferstehung« erschlossen, sondern auch die »Gemeinschaft seiner Leiden« und die Gleichgestaltigkeit mit seinem Tode.

Zusammenfassend läßt sich sagen: Die Paulusanamnese VV12–14.16 nimmt großenteils, wenn auch in der für die Past typischen Transformation, jene Elemente der Überlieferung über das Damaskuswiderfahrnis des Apostels auf, die auf dessen Selbstaussagen zurückgehen. Dabei steht sie weniger der von der Apg benutzten Überlieferungsgestalt als der des Kol und Eph nahe. Diese Affinität zum Kol und Eph gilt, wie P. Trummer richtig erkannt hat[164], für die gesamte Paulusüberlieferung der Past.

5. *Die Formel »zuverlässig ist das Wort«* (V15). Es ist evident, daß der Verf. in V15b nicht eigenständig formuliert, sondern auf Vorgegebenes zurückverweist. Das Urteil über Herkunft und Eigenart dieser Tradition hängt jedoch weitgehend an der Klärung der vorausgehenden Wendung πιστὸς ὁ λόγος καὶ πάσης ἀποδοχῆς ἄξιος (V15a)[165].

Zumindest der erste Teil dieser Wendung ist für die Past eine festgeprägte Formel: πιστός ὁ λόγος erscheint nämlich insgesamt fünfmal (1Tim 1,15; 3,1; 4,9; 2Tim 2,11; Tit 3,8). Kaum weniger formelhaft dürfte das hier wie 1Tim 4,9 hinzutretende καὶ πάσης ἀποδοχῆς ἄξιος sein. Weder die hellenistische Gräzität[166] noch die Tradition jüdischer Gebetssprache[167] bieten überzeugende Analogien für die Formel. Der einzig

---

[164] »Es läßt sich nämlich mit guten Gründen vermuten, daß die P-Interpretation der Past ... durch das Medium der nachpln Interpretation, wie sie im Eph erfolgte, hindurchgeht« (Trummer, Paulustradition 121; ähnlich schon Barnett, Paul 255). Leider unterläßt es Trummer, diese anhand von 1Tim 2,7 gewonnene Einsicht auch für die Interpretation von 1Tim 1,12–17 fruchtbar zu machen.

[165] Vgl. zum folgenden bes. den Exkurs bei Dibelius-Conzelmann 23 f sowie Knight, Faithful Sayings; ferner J. C. Duncan, ΠΙΣΤΟΣ Ο ΛΟΓΟΣ, ET 35 (1923/24) 141 (zu 1Tim 1,15; 3,1; 4,9; 2Tim 2,11; Tit 3,8); L. P. Foley, »Fidelis, faithful«, CBQ 1 (1939) 163–165; J. M. Bover, Fidelis Sermo, Bib. 19 (1938) 74–79 (zu 1Tim 3,1); F. Rendall, »Faithful is the Word«, Exp.Ser. 3, Vol. 5 (1887) 314–320.

[166] Belegt ist πιστὸς ὁ λόγος nur bei Dionysius Halicarnassensis, Ant.Rom 3,23: γενήσεται δὲ μοῦ πιστὸς ὁ λόγος (= und meine Aussage wird glaubhaft erscheinen) (LCL Dio. Hal. II 104) und bei Dion Chrysostomus, Or. 28 (45), 3: ἴσως δὲ οὐδὲ φανεῖται πιστὸς ὁ λόγος (= aus einigen Gründen erschien die Aussage als nicht glaubwürdig) (LCL Dion C. IV 208). An wenigen anderen Stellen (Plato, Tim. 49b; Dion Chrysostomus, Or. 25,3,2) erscheinen πιστός und λόγος zwar zusammen, jedoch nicht in dieser Konstruktion. Dieser Befund ist zu schmal, um daraus die Existenz einer festen, formelhaften Redensart zu fol-

gern. Vgl. Knight, Faithful Sayings 5 f. W. A. Oldfather/L. W. Daly, A Quotation from Menander in the Pastoral Epistles?, CP 38 (1943) 202–204 wollen die Wendung als Zitat aus Menander, Adelphes 955 erklären, doch dagegen R. M. Grant, Early Christianity and Greek Comic Poetry, CP 60 (1965) 160.

[167] Nauck, Herkunft, hat im Zuge seines ebenso eindrucksvollen wie einseitigen Versuches, die Sprache der Past auf jüdische Wurzeln zurückzuführen, auf die Formulierung aus einem jüdischen Fragment verwiesen, das von E. L. Sukenik (Megillot Genuzot II, Jerusalem 1950, 53) und D. Barthélemy/J. T. Milik (Qumran Cave I. Discoveries in the Judaean Desert I, Oxford 1955, 103, Tafeln XXI und XXII, Kolumne I, Zeile 8) veröffentlicht worden war: Fest ist das Wort (נָכוֹן הַדָּבָר), daß es eintrifft, und zuverlässig der Spruch, und (Gott) weiß genau, daß er (das Wort) nicht hinfallen wird (Nauck, a. a. O. 50). Aber abgesehen davon, daß hier ein völlig anderer Sinnbezug gegeben ist – es geht um das Eintreffen der Vorhersage eines Profetenwortes –, läßt sich aus diesem Beleg keineswegs die Gebräuchlichkeit der Wendung in der allgemeinen jüdischen Gottesdienst- und Gebetssprache folgern. Noch weniger ergibt die angebliche Analogie zu dem in dieser Form erst mittelalterlich belegten Gebet nach dem Schᵉma (bei P. Fiebig, Berachoth, Tübingen 1906, 34f): »Wahr und fest, gegründet, bestehend, richtig,

mögliche Weg zur Erhellung ihres Sinns führt deshalb über die Analyse der Bedeutung ihrer Einzelelemente und ihrer kontextualen Stellung. Auszugehen ist dabei zunächst davon, daß der Leitbegriff ὁ λόγος ohne erkennbare Beziehung gebraucht ist; ein Verständnis im Sinne von »Wort Gottes« bzw. »Predigt«[168] muß darum ausscheiden, zumal hier durch das folgende ὅτι-recitativum die Verweisfunktion von πιστὸς ὁ λόγος auf das Folgende sichergestellt ist[169]. Eher hat λόγος den allgemeinen Sinn von *Sentenz, Argument* oder *Maxime*, der auch sonst in der hellenistischen Rhetorik geläufig war[170] und den das NT ebenfalls kennt[171]. Was das Adjektiv πιστός betrifft, so ist es im Sinne von *zuverlässig, glaubwürdig* im Griechischen breit belegt[172]. Dafür, daß dieser Sinn auch in die christliche Gemeindesprache Kleinasiens im ausgehenden 1. Jh. Eingang gefunden hat, bieten Offb 21,5; 22,6 eindrucksvolle Belege.

Wenn zu der Wendung πιστὸς ὁ λόγος noch πάσης ἀποδοχῆς ἄξιος hinzutritt, so bedeutet dies in erster Linie eine rhetorische Verstärkung der ursprünglichen Eingliedrigkeit[173]. Die zweite Aussage expliziert die in der ersten angedeuteten Folgerungen: Weil ein bestimmtes Wort *zuverlässig* ist, darum ist es *angemessen, ihm die entsprechende Wertschätzung entgegenzubringen*[174], d. h., es zu bedenken, sich auf es zu verlassen und sich von ihm in Handeln und Verhalten bestimmen zu lassen.

Die Formel dürfte als Sitz im Leben die Katechese sowie – wie der liturgisch-plerophore Klang der zweigliedrigen Fassung vermuten läßt – den Gottesdienst haben. Sie weist auf das Gewicht zentraler Glaubensaussagen hin und fordert zu deren Aneignung auf. Aber ist sie eine Zitationsformel, von der man erwarten dürfte, daß sie die entsprechenden Aussagen wortgetreu erschließt? Und ist sie auf einen konkret fixierbaren Überlieferungsbereich bezogen? Die erste Frage ist bereits aufgrund des in den Past ersichtlichen Gebrauchs der Formel negativ zu beantworten. Diese erscheint nämlich zumindest an einer Stelle (Tit 3,8) erst nach dem Bezugssatz[175], was für eine Zitationsformel kaum möglich wäre[176]. Man wird sie von daher besser als *Beteuerungs- bzw. Bekräftigungsformel* bezeichnen[177]. Auf die zweite Frage ist aufgrund des disparaten Belegmaterials nur eine zurückhaltende Antwort möglich. Wenn z. B. C. Spicq[178] meint, die Formel

treu, geliebt, lieb, kostbar, lieblich, furchtbar, gewaltig, ordentlich, angenehm, gut und schön ist dies Wort für uns immer und ewig.« Vgl. zum Ganzen Knight, Faithful Sayings 6 f. Schlatter 61 will schließlich in der Formel die Übersetzung von *Amen* ins Griechische wiederfinden, doch das scheitert schon daran, daß *Amen* eine Abschlußwendung ist, während die Formel der Past weithin als Einleitungswendung gebraucht wird.

[168] G. Kittel, ThWNT IV 119 Anm. 199 unter Verweis auf Tit 1,9; Schlatter 61 unter Berufung auf das absolute ὁ λόγος bei Paulus (Gal 1,6; 1Thess 1,6).

[169] H.B. Swete, The Faithful Sayings, JThS 18 (1917) 1; Knight, Faithful Sayings 32; vgl. Bl-Debr-Rehkof § 470.

[170] Vgl. die zahlreichen Belege bei bauer, Wb s. v.; ferner Spicq 343.

[171] Z. B. Mt 5,37; 8,8; 12,32; 15,12.23; Lk 20,20; 23,9; Apg 20,38.

[172] Auf Worte und Sachen bezogen Plato,

Tim. 49b; Plutarchus, Sap.Conv. 17; Dion Chrysostomus, Or. 22,6; 45,3; JosAnt 19,132; Offb 21,5; Tit 1,9; vgl. G. Barth, EWNT III 232 f.

[173] Michel, Grundfragen 85.

[174] Ἀποδοχή erscheint in der Koine häufig im Sinn der Anerkennung, die jemand oder etwas gefunden hat, vgl. vor allem die Inschrift von Priene (2. Jah. n. Chr.) 109, 170 und Dittenberger, Syll³ II 799,25; 867,21: ἀνδρὸς δοκιμωτάτου καί πάσης τειμῆς καί ἀποδοχῆς ἀξίου. Weitere Belege bei Dibelius-Conzelmann 24 f.

[175] Umstritten ist 1Tim 3,1, wo eine Zuordnung zu 2,15 jedoch schwerlich in Frage kommt (s. dort).

[176] Dibelius-Conzelmann 24. Anders allerdings Dibelius 2.Aufl.; Jeremias 16; Holtz 46.

[177] So Dibelius-Conzelmann 24; G. Kittel, ThWNT IV 119 Anm. 199; Nauck, Herkunft 45–47; Spicq 277; Brox 112; Hanson 63.

[178] Spicq 277 Anm. 2.

diene zur Einführung grundlegender christologischer und soteriologischer Sätze, so wird dies durch 3,1, einen Satz aus dem Bereich der Kirchenordnung, widerlegt. Und die geistvolle Hypothese von W. Nauck[179], wonach alle fünf Belegstellen Aussagen über σωτήρ und σῴζειν enthielten, steht und fällt, abgesehen von anderen Unwahrscheinlichkeiten[180], mit der unhaltbaren Behauptung, 3,1 sei auf 2,15 und Tit 3,8 auf 3,7 rückzubeziehen. Allenfalls wird man sagen können: Die Formel verweist auf in der Tradition verwurzelte Aussagen kerygmatischer (1,15b; 4,10; Tit 3,4–7), gottesdienstlich-hymnischer (2Tim 2,11b–13), aber auch ordnungsmäßig-rechtlicher (1Tim 3,2ff) Natur, die sich als Grundlage gemeinschaftlichen Glaubens und Handelns der Christen bewährt haben[181]. Und zwar erscheint sie nur bei denjenigen Worten, die solche Applikation zulassen, nicht jedoch bei polemischen oder lehrhaften Aussagen: So wird z. B. der Lehrsatz über das Gesetz in 1,8 nicht mit πιστὸς ὁ λόγος, sondern mit οἴδαμεν eingeleitet, obwohl er für den Verf. als grundlegende Aussage paulinischer Überlieferung gilt. Im übrigen wird die Formel keineswegs konsequent gehandhabt. Da, wo Überlieferungssätze bruchlos in den Kontext eingefügt sind (z. B. 2,5f), fehlt sie. Hingegen erscheint sie durchweg an Stellen, wo thematische Übergänge vorliegen oder – wie an unserer Stelle – neue Gedanken einzuführen sind[182].

Der in V15b durch die Formel eingeführte Satz »Christus Jesus kam in die Welt, um Sünder zu retten«[183] läßt sich aufgrund seines soteriologischen Inhalts und seiner knappen, definitorischen Form vermutlich der Taufkatechese zuweisen[184]. Obwohl inhaltlich und traditionsgeschichtlich mit 2,5f verwandt, entfernt er sich formal beträchtlich vom hymnisch-bekenntnishaften Stil dieses Stücks und teilt darum vermutlich nicht dessen gottesdienstlichen Sitz im Leben. Als Traditionsgrundlage des Satzes hat man gern das Jesuslogion Lk 19,10 identifizieren wollen[185]. Viel näher liegt es jedoch, den Satz als direkte Transformation des ἦλθον-Spruches Mk 2,17b par Mt 9,13c zu beurteilen[186]. Das ursprünglich eine übergreifende Bestimmung des Auftrags Jesu einleitende ἦλθον[187] wird im nachösterlichen Rückblick zur Aussage über sein Gekommensein »in die Welt«, die übrigens als solche den Präexistenzgedanken noch keineswegs voraussetzt, da sie weder den Blick auf ein »Vorher« des Seins Jesu Christi impliziert noch das Motiv seines Gesandtseins durch

179   Nauck, Herkunft 46f.
180   Z. B. erscheinen diese Worte an den fraglichen Stellen jeweils in ganz unterschiedlichen Bedeutungszusammenhängen und Gewichtungen.
181   Vgl. den vorsichtigen Definitionsversuch bei C. F. D. Moule, The Birth of the NT, London ²1966, 22: »Maxims (they are mostly soteriolgical) were being designated as ›sound‹ and worthy of inclusion, as it were, in a canon of Christian aphorisms.«
182   Hanson 46.
183   Zur Abgrenzung der Tradition vom Kontext vgl. Knight, Faithful Sayings 36f.
184   Ähnlich Kelly 54: »an excerpt . . . from some primitive creed or liturgy«. Unbegründet

ist die Vermutung von Holtz 47, es handle sich um das »Summarium eines Präfationsgebetes«.
185   So Michel, Grundfragen 86; Brox 111; Kelly 54; Holtz 47; Jeremias 16. Dagegen spricht jedoch, daß Lk 19,10 kein eigenständiges Logion ist, sondern erst durch Lukas im Anklang an Mk 2,17b formuliert worden ist. Der Verf. müßte demnach also das Lk-Ev gekannt haben, was unwahrscheinlich ist.
186   Ähnlich Knight, Faithful Sayings 44, allerdings nur im Blick auf den zweiten Teil des Satzes (vgl. Anm. 188).
187   R. Bultmann, Die Geschichte der synoptischen Tradition, ⁴1958 (FRLANT 29), 164–168.

Gott anklingen läßt[188]. Die auf die Auseinandersetzung Jesu mit seinen pharisäischen Gegnern bezogene polemische Antithese »nicht die Gerechten, sondern die Sünder« wird, weil in der Situation der Past gegenstandslos, nicht übernommen; es bleibt die Affirmation der Zuwendung Jesu zu den Sündern, wobei das ebenfalls auf das spezifische Handeln des vorösterlichen Jesus verweisende καλέσαι in das das Heilsgeschehen der Taufe global umschreibende σῶσαι transformiert wird.

6. *Die Doxologie* (V17) liegt ganz auf der Linie der in der Gebetstradition des hellenistischen Judentums verwurzelten gottesdienstlichen Praxis der hellenistischen Kirche. Sie ist entwickelt aus der dreiteiligen Grundform: ᾧ / τῷ / αὐτῷ σοί ἡ δόξα εἰς τοὺς αἰῶνας (ἀμήν)[189]. Der Nennung des Empfängers des Lobes (meist im Dativ) folgen ein doxologisches Prädikat (im allgemeinen δόξα) sowie die Ewigkeitsformel, die in der Regel mit »Amen« beschlossen wird[190]. Hier ist die Empfängerangabe mit vier hellenistisch-jüdischen Gottesprädikaten aufgefüllt, und die doxologische Prädikation ist auf zwei Glieder erweitert. Schließlich ist auch die Ewigkeitsformel plerophorisch ausgestaltet. Inhaltlich wie formal bildet die hinter Offb 4,9 stehende Doxa-Strophe eine auffällig nahe Parallele[191], was schwerlich Zufall ist, da auch sie die gottesdienstliche Praxis der kleinasiatischen Gemeinden im ausgehenden 1. Jh. widerspiegelt. Hingegen besteht zu 1Tim 6,15 f nur hinsichtlich der verwendeten Prädikationen eine gewisse Verwandtschaft, nicht jedoch hinsichtlich der Form: dort nämlich handelt es sich um einen Gotteshymnus[192], während wir es hier nur mit einer lobpreisenden Abschlußwendung zu tun haben. Das Amen hat den ursprünglichen Charakter der Responsion, mit der die Gemeinde die Worte des Vorbeters aufnimmt und sich zu eigen macht, wohl bereits verloren[193].

Der Dank an Christus umklammert, zusammen mit der Doxologie (V17), den Bericht über die Betrauung des Paulus mit dem Evangelium. Χάριν ἔχω ist ein   Erklärung 12

---

[188] Hier liegt der entscheidende Unterschied zu dem zuweilen vorschnell als Parallele ins Spiel gebrachten johanneischen Logion Joh 3,16; gegen Knight, Faithful Sayings 36 f, der hier sogar die Traditionsgrundlage für den ersten Teil des christologischen Satzes finden möchte.

[189] Deichgräber, Gotteshymnus 25; K.-P. Jörns, Das hymnische Evangelium, 1971 (StNT 5), 162.

[190] So Jörns, a.a.O. 162; etwas anderes Deichgräber, a.a.O. 25.

[191] Diese lautete nach der Rekonstruktion von Jörns, a.a.O. 73:
»Dem auf dem Thron Sitzenden,
dem in alle Ewigkeit Lebendigen

die Ehre und der Preis und der Dank
(in alle Ewigkeit. Amen).«

[192] So, mit Einschränkung, Deichgräber, Gotteshymnus 60.

[193] Die Fülle der ntl. Belege für Doxologien, in denen das Amen auf die Ewigkeitsformel folgt (z. B. Mt 13; Röm 1,25; 9,5; 11,36; 16,27; Gal 1,5; Phil 4,20; 2Tim 4,18; Hebr 13,21; 1Petr 4,11; 5,11), nötigt zum Schluß, daß hier bereits eine stereotype Verbindung vorliegt. Das Amen wird als fester Bestandteil der Ewigkeitsformel betrachtet: »Amen gehört durch die Ewigkeitsformel mit zur Strophe hinzu, d. h. es wird offensichtlich auch von dem gesprochen, der die Doxologie . . . spricht« (Jörns, a.a.O. 86).

im hellenistischen Briefstil häufiger Latinismus[194]. Vielleicht soll mit der Wahl
dieser Formulierung zum Ausdruck gebracht werden, daß es sich nicht nur um
einen punktuellen Akt, sondern um einen ständigen, die gesamte Geschichte
des Paulus seither bestimmenden Habitus der Dankbarkeit handelt (vgl. 2Tim
1,3)[195]. Nichts von dem, was Paulus getan hat, nichts von seinem missionarischen Erfolg und von seinem Wirken als Lehrer der Kirche ist Frucht eigener
Kraft; es ist allein die Kraft des erhöhten Herrn der Kirche, die in ihm wirkt.
Während in Phil 4,13, der möglichen Vorlage, das Partizip Präsens ἐνδυνα-
μοῦντι steht, weil an die immer wieder neu geschenkte Befähigung zu Askese
und Entbehrungen gedacht ist, steht hier das Partizip Aorist (ἐνδυναμώσαν-
τι): Es geht um das einmalige Handeln des Erhöhten an Paulus vor Damaskus[196]. Wenn dieser mit der feierlichen Prädikation des christologischen
Bekenntnisses als »Christus Jesus unser Herr« eingeführt wird, so soll damit –
speziell durch das »unser« – unterstrichen werden, daß es nicht nur um ein
Geschehen zwischen Paulus und dem Erhöhten geht, sondern um eines von
grundlegender Bedeutung für die ganze Kirche. Wenn diese Kirche Jesus
Christus als ihren Herrn bekennen kann, so ist dies Frucht und Folge dessen,
was damals vor Damaskus geschah. Der Herr hat Paulus für vertrauenswürdig
befunden. Das ist nicht im Sinn der Anerkennung einer bereits beim vorchristlichen Paulus vorhandenen Fähigkeit und Qualifikation zu verstehen, sondern
als ein vorlaufendes Urteil, das seinen Gegenstand erst schafft[197]: Der durch
sein bisheriges Verhalten in jeder Hinsicht des Vertrauens unwürdige Paulus
wird dadurch vertrauenswürdig, daß Christus ihn in seinen Dienst nimmt.
Obwohl der Apostolat nicht ausdrücklich erwähnt wird, kann kein Zweifel
daran sein, daß der Vorgang als Einsetzung in den spezifischen Dienst des
Paulus und d. h. als Berufung zum Apostel verstanden ist[198].

Διακονία ist nicht Terminus für ein bestimmtes Amt, sondern übergreifende Wesens-
charakteristik der nach dem Willen Gottes in der Kirche eingesetzten besonderen
Dienste. Wenn Paulus seinen Apostolat als διακονία kennzeichnet, so schwingt dabei
das Wissen mit, daß Jesus durch seine dienende Selbstpreisgabe den Seinen eine gültige
Norm gesetzt hat (2Kor 4,1; 5,18; 6,3; vgl. auch Kol 4,17; Eph 4,12; Apg 20,24;
21,25)[199].

---

[194] Lat. *gratiam habeo*; so auch P.Oxy.
113,13; Corpus Hermeticum 6,4.
[195] Spicq 340.
[196] Die von ℵ*, der sahidischen Übersetzung
und der Minuskelhandschrift 33 (9. Jh.) vertretene Lesart ist eine Angleichung an die (wahrscheinlich geläufigere) Philipperstelle.
[197] Mehrere lat. Kommentatoren geben
ἡγήσατο wieder mit *existimavit, id est fecit*;
vgl. Spicq 340f.
[198] Πιστόν με ἡγήσατο dürfte einerseits auf
ὃ ἐπιστεύθην ἐγώ (V11), andererseits auf ἐν
ἀπιστίᾳ (V13) bezogen sein. Vgl. Collins,

Image 166, der allerdings wohl zu weit geht,
wenn er das Gerüst des gesamten Abschnitts
VV12–17 in Worten vom Stamme πιστ- sehen
möchte, denn die Frequenz von Worten dieses
Stammes in den Past ist allgemein so hoch, daß
in diesem Punkt eine spezifische Eigenart des
Abschnitts nicht erkennbar ist.
[199] Den Ansatz dieser Konzeption dürften
jene Jesuslogien bilden, die Jesu Wirken dem
Grundprinzip des Dienens unterstellen und
dieses auch für seine jünger verbindlich machen (Mk 10,45a; Lk 22,27); s. hierzu Roloff,
Amt 512–518.

Mit der attributiv auf das με von V12b bezogenen Akkusativ-Konstruktion von 13
V13a wird der Gegensatz zwischen *Einst und Jetzt* wirkungsvoll eingebracht:
Darin, daß der Herr gerade dem ehemaligen Lästerer, Verfolger und Frevler
sein Vertrauen geschenkt hat, wird die Größe seiner Macht sichtbar. Freilich
ist die Kennzeichnung der Vergangenheit des Paulus recht pauschal und
undifferenziert. Die beiden Begriffe, die den aus der Paulustradition übernommenen Hinweis auf die Verfolgertätigkeit einrahmen, sind zwar insofern nicht
völlig fehl am Platz, als sie auf den Kampf des vorchristlichen Paulus gegen
Jesus, den erhöhten Herrn der christlichen Gemeinde, bezogen werden können: wegen Ablehnung Jesu und seines Herrscheranspruchs gilt er als
βλάσφημος (»Lästerer«) (Apg 13,45; 18,6; Offb 13,1; 17,3)[200], und analog läßt
sich ὑβριστής (»Frevler«), auch wenn diese Bedeutungsnuance im NT sonst
nicht bezeugt ist, auf seinen frevlerisch-überheblichen Widerstand gegen den
in Jesus handelnden Gott verstehen[201]. Freilich ist zu beachten, daß beide
Begriffe (βλάσφημος und ὑβριστής) aus der Terminologie der Lasterkataloge
stammen[202]: Das Bestreben ist unverkennbar, Paulus als den *Typus des
gottlosen Menschen schlechthin* darzustellen. Diese Tendenz fehlt bei den
eigenen Rückblicken des Paulus völlig. Er zeichnet seine Lebenswende nicht als
Umkehr von Gottlosigkeit und frevlerischer Haltung zu wahrer Frömmigkeit,
sondern als Widerlegung einer in sich makellosen pharisäischen Gesetzes-
frömmigkeit durch die Offenbarung der endzeitlichen Gottesgerechtigkeit in
Jesus Christus (Gal 2,14; Phil 3,7–11). Vollends hätte Paulus sein früheres
Verhalten niemals als »Unglaube« beschreiben können, wie denn bei ihm
überhaupt die Begriffe »Glaube« und »glauben« niemals im Zusammenhang
mit seiner Lebenswende erscheinen. Für die Past ist »Glaube« übergreifende
Kennzeichnung christlicher und damit wahrhaft religiöser Lebenshaltung
(s. zu 1,5). Daß Paulus ehedem im »Unglauben« stand, besagt demnach, daß er
sich außerhalb des Bereiches wahrer Religiosität befand. Analog wird sein
Vorgehen gegen Jesus Christus und die Kirche als unwissendes Handeln
gekennzeichnet. Wie schon für das weisheitliche Denken des hellenistischen
Judentums[203], so ist auch für das Urchristentum Unwissenheit ein Charakteristikum der Heidenwelt. Dabei geht es speziell um das Nichtkennen Gottes, um
die Weigerung, ihm als dem wahren Gott die Ehre zu geben (Apg 17,30; Eph
4,18), um ein Verhalten also, das den Menschen schuldig werden läßt (Röm
1,21). Von daher erübrigen sich alle Erwägungen darüber, ob durch die
Erwähnung der Unwissenheit die Schuld des Paulus verkleinert werden und

---

[200] O. Hofius, EWNT I 531.
[201] Während ὕβρις und seine Derivate im
hellenistischen Griechisch im allgemeinen eine
sehr abgeblaßte Bedeutung haben (Überheb-
lichkeit, Habgier, sexuelle Vergewaltigung),
kommt in der LXX-Sprache das Moment des
frevlerischen Widerstandes gegen Gott viel
stärker zum Zuge, z. B. Jes 28,1.3; Am 5,8;
Sach 9,6; 10,11; Jer 13,9; Ez 30,6. Besonders

aufschlußreich ist Zeph 2,10, wo ὕβρις folgen-
dermaßen erklärt wird: ὠνείδισαν καὶ ἐμεγα-
λύνθησαν ἐπὶ τὸν κύριον. Vgl. G. Bertram,
ThWNT VIII 299–301.
[202] Vgl. 2Tim 3,2; Röm 1,30; Collins, Image
167.
[203] Weish 16,16; TestR 3,8; Sib III,
8–45.276–279; hierzu Wilckens, Römer I
96–100.

ihm so in und trotz der Negativität seiner vorchristlichen Situation doch so etwas wie eine positive Disposition für die Gnade zugeschrieben werden solle[204]. Wie schon nach jüdischem Verständnis für alle in Unwissenheit und in Unkenntnis des wahren Gottes begangenen Freveltaten die Möglichkeit der Vergebung grundsätzlich bestand[205], so sagte auch das urchristliche missionarische Kerygma den Heiden für ihre in Unglauben und Unwissenheit begangenen Taten die von Jesus ermöglichte Umkehr zu (1Thess 1,10; Apg 14,15; 17,30)[206]. Daß Paulus in einer Reihe mit allen so begnadigten, auf den Weg der Umkehr geführten Sündern stand, das – und nicht etwa ein Versuch, ihn zu entschuldigen, der überdies im Widerspruch zum durch das Einst-Jetzt-Schema bestimmten Textduktus stünde[207] – ist die Spitze der Aussage. Und so ist es weder ein verborgener positiver Ansatz hinter aller Negativität noch ein bei ihrer Beurteilung ins Gewicht fallender mildernder Umstand, sondern eben diese hoffnungslose, sich ihres eigenen Elends nicht bewußte Negativität der Situation des Paulus selbst, die Jesus zu seinem helfenden Eingreifen veranlaßt. Das ist gemeint, wenn in einer passivischen Wendung (ἠλεήθην), mit der in biblischer Sprache sonst häufig das Handeln Gottes umschrieben wird, von Jesu Erbarmen geredet wird. Erbarmen ist die gnädige und schöpferische Treue Gottes, kraft derer er seine Hilfe denen zuteil werden läßt, die von sich aus weder Anspruch noch Recht auf solche Hilfe geltend machen können[208]. Indem Gott sein Erbarmen schenkt, schafft er seiner Gnade Raum und bringt sein endzeitliches Handeln voran (vgl. 1,2; 2Tim 1,2; Tit 3,5).

14 Es folgt eine positive Beschreibung des an Paulus Geschehenen, die wiederum ganz durch das Einst-Jetzt-Schema bestimmt ist. Wenn die Gnade dabei als grammatisches Subjekt erscheint, soll das andeuten, daß sie die heilvolle Macht ist, mit der Jesus Christus, der Herr der Kirche[209], den endzeitlichen Gotteswillen wirksam vollstreckt (vgl. 1Kor 15,10). Es liegt im Wesen der χάρις als endzeitlicher Heilsmacht, daß sie über die Korrektur von Schäden und den Ausgleich von Defiziten hinausgehend neue, heilvolle Wirklichkeit setzt. Hier liegt der Grund für die betonte Stellung des an Röm 5,20; 6,1; 2Kor 4,15

---

204 So allerdings Brox 110 und, noch weiter gehend, Collins, Image 168, der hier »an apologetic note on behalf of Paul on the part of the emerging Pauline hagiography of the Church« finden möchte, mit der die Sündigkeit des Paulus letztlich wegerklärt werde. Doch diese Auslegung wird schon durch die Darstellung des Paulus als des »ersten«, d. h. vorrangigen Sünders in V15 widerlegt.

205 Die Rabbinen unterscheiden zwischen Übertretungen aus Schwachheit, Übereilung und Unwissenheit und solchen, die »aus Vermessenheit« (Dtn 17,12), »mit erhobener Hand« (Num 15,29f) begasngen wurden; Belege: Bill. II 264. Erstere, zu denen auch der Götzendienst der Heiden, die den wahren Gott nicht kennen, gehört, sind grundsätzlich der

Vergebung näher. Solche Vergebbarkeit ist jedoch nicht gleichzusetzen mit Entschuldbarkeit, wie Weish 13,8 klarstellt.

206 Das Verhalten der Heiden wird jedoch an keiner dieser Stellen seines schuldhaften Charakters entkleidet; vgl. Roloff, Apostelgeschichte 265f.

207 Gegen Grox 110; Collins, Image 168.

208 So z. B. Lk 1,50 (vgl. Ps 102,17 LXX); 1,54 (vgl. Ps 97,3 LXX); 1,72 vgl. Ps 105,45 LXX); Röm 9,14–18 (vgl. Ex 9,16; 33,19); 11,28–32; Gal 6,16; 2Kor 4,1.Vgl. F. Staudinger, EWNT I 1046–1052; R. Bultmann, ThWNT II 480f.

209 Der ekklesiologische Bezug wird durch das auf das gemeinschaftliche Bekennen verweisende ἡῶν angedeutet.

erinnernden ὑπερεπλεόνασεν am Satzanfang[210]. Über jedes durch die Größe von Unglaube und Schuld gesetzte Maß hinaus erweist sich die Gnade mächtig in dem, was sie wirkt und schenkt, nämlich in Glaube und Liebe. Das Verhältnis von πίστις zur Gnade ist durch das μετά nur sehr lose umschrieben; eindeutig ist nur, daß auf der Gnade das Hauptgewicht liegt, während Glaube und Liebe ihr gegenüber nur begleitende Funktion haben[211]. Von dem auch hier noch nachwirkenden paulinischen Verständnis von χάρις her wird man folgern dürfen, daß Glaube und Liebe als Wirkungen der χάρις, d. h. als Charismen aufgefaßt sind. Der Sinn ist demnach: Paulus erhält durch die Gnade Jesu Christi Glaube und Liebe als Geschenke, und er wird damit in den Bereich hineingenommen, in dem das von Christus gewirkte Heil sich als mächtig erweist (vgl. 1,5). Das appositionelle τῆς ἐν Χριστῷ Ἰησοῦ dürfte nämlich ekklesiologischen bzw. eschatologischen Sinn haben[212]: »Glaube und Liebe«, wie sie dem von Christus konstituierten Heilsbereich zugehören und in ihm wirksam sind. Auf πίστις liegt wegen des wirkungsvollen Kontrastes zu ἀπιστία wohl das Hauptgewicht, aber πίστις und ἀγάπη sind in den Past weithin ein festes Begriffspaar, das die Heilsaneignung umschreibt (s. zu 1,5; vgl. 2,15; 4,12; 6,11; 2Tim 1,13; 2,22; 3,10).

Was im bisherigen Rückblick als ein besonderes, hervorgehobenes Geschehen 15 von unvergleichlicher Einmaligkeit erschien, wird nun mit einem universalen, für alle geltenden Grund-Satz christlichen Heilsglaubens zusammengebracht. Paulus hat in seiner Lebenswende die Gültigkeit jener Zusage erfahren, auf die alle Christen ihre Existenz gründen, daß nämlich das alleinige Ziel der Sendung Jesu Christi in die Welt die Rettung von Sündern ist. Wenn die Gemeinde, wie die einleitende Bekräftigungsformel es impliziert[213], diese Zusage als ein verläßliches, über jeden Zweifel erhabenes Wort annehmen darf[214], dann nicht zuletzt deshalb, weil Paulus ihr als der lebendige Erweis für dessen Gültigkeit vor Augen steht. Der Satz verweist nach O. Michel auf das Zentrum, von dem her die Past verstanden werden wollen[215], wobei allerdings zugleich festzustellen ist, daß eine lehrhafte Entfaltung der hier angedeuteten zentralen christologischen und soteriologischen Wahrheit nirgends erfolgt[216] (s. den Exkurs »Christologie«). Jedenfalls ist die Inkarnation stärker als bei Paulus in die Mitte der Christologie gerückt. Das Kommen Jesu in den Kosmos, den von Sünde und Schuld der Menschen unheilvoll bestimmten Lebenszu-

---

[210] Da bereits das einfache πλεονάζειν komparativische Bedeutung hat, gewinnt es durch das vorgesetzte ὑπέρ – superlativischen Sinn; vgl. die ähnlichen Komposita 2Kor 7,4; 10,14; Röm 8,37. Dazu Spicq 342 f.

[211] Spicq 343.

[212] Bultmann, Theologie 311–313.528.

[213] Die durch einige altlateinische Handschriften (b, m, r) sowie den Ambrosiaster vertretene LA ἀνθρώπινος ὁ λόγος ist wohl durch die ebenso lautende Textvariante in 3,1 beeinflußt.

[214] Aufgrund der sprachlichen Analogie zu 6,1 (πάσης τιμῆς ἄξιοι) wird man πάσης allerdings zu ἀποδοχῆς ziehen müssen: »Annahme in jeder Hinsicht und ohne Einschränkung«, so richtig Hanson 61. Anders Spicq 343, der meint, πάσης habe »une nuance d'unanimité: tous et chacun doivent applaudir à cette vérité«.

[215] Michel, Grundfragen 86.

[216] Brox 112.

sammenhang[217], ist insofern Heilsgeschehen, als nun durch das Angebot von Sündenvergebung auf diesen Kosmos eine neue, heilvolle Lebensmöglichkeit zukommt. Der Relativsatz ὧν πρῶτός εἰμι ἐγώ bindet die soteriologische Aussage mit dem Thema »Paulus« zusammen. Der »erste« der geretteten Sünder ist der Apostel, nicht nur wegen der besonderen Dunkelheit seiner Vergangenheit, sondern auch wegen seiner Stellung am Anfang des Evangeliums. Die Aspekte der Rangfolge[218] und der zeitlichen Abfolge liegen hier ineinander, wobei der zweite, wie V16 zeigt, das Übergewicht hat. Gleichsam paulinischen Glanz erhält die Aussage durch das Präsens: Paulus blickt nicht nur auf die erledigte Vergangenheit seines Sünderseins zurück, sondern er nimmt die Vergangenheit als von Christus, dem er jetzt ausschließlich zugehört, bewältigte in seine Gegenwart mit hinein. Der bevollmächtigte Träger

16 des Evangeliums ist zugleich der gerettete und begnadigte Sünder[219]. Beides ist in seiner persönlichen Existenz untrennbar miteinander verbunden, beides gehört aber auch für die Kirche, die das Evangelium durch Paulus empfängt, unmittelbar zusammen. Die Aussage von V13 wird nochmals präzisierend und weiterführend aufgenommen: es ging nicht nur darum, durch den Erweis von Erbarmen die negative Situation des Paulus zu überwinden und so die Vorbedingung für die Übertragung des besonderen Dienstauftrages zu schaffen; vielmehr wurde durch dieses Erbarmen ein das Wesen des Evangeliums ins Licht setzendes Offenbarungsgeschehen bewirkt[220]. Was an dem Sünder Pau-

---

[217] Nach dem, was sich direkt aufgrund des schmalen Stellenmaterials (1Tim 1,15; 3,16; 6,7), aber auch indirekt aufgrund des Weltverständnisses der Past erkennen läßt, hat der Begriff κόσμος hier keinen wesentlich anderen Inhalt als bei Paulus; vgl. Schlatter 61: »Hier ist alles paulinisch gedacht.« Zum einen ist κόσμος der Bereich des Geschaffenen, den der Schöpfer den Menschen als Lebensraum zugewiesen hat (6,7; vgl. 1Kor 3,22; 8,4), zum andern ist er die Menschenwelt, die Gott entfremdete und von der Sünde beherrschte »Sphäre der menschlichen Beziehungen« (Bultmann, Theologie 255); z. B. Röm 5,12; 1Kor 1,20f; Gal 4,3. Weder in 1,15 noch im Christushymnus 3,16 wird man jedoch das zugespitzte johanneische Verständnis von κόσμος als einer *ihrem Wesen nach* Gott feindlichen Größe suchen dürfen. Der κόσμος ist zwar infolge menschlicher Sünde Gott entfremdet und in einem Zustand der Heillosigkeit, er kann aber durch das Heilsgeschehen geheilt und seiner ursprünglichen Bestimmung als gute Schöpfung Gottes zurückgegeben werden. Glaube ist für die Past ebensowenig wie für Paulus Entweltlichung (dagegen Joh 15,19; 17,14.16). S. hierzu zuletzt H. Balz, EWNT II 767–773.

[218] Die Aussage, daß Paulus *der erste der Sünder* ist, verhält sich gleichsam seitenverkehrt zu jener von 1Kor 15,9; Eph 3,8, daß er (sc. aufgrund seiner Sünde) *der geringste der Apostel* sei.

[219] In verallgemeinerter Form wirkt das Motiv weiter in Barn 5,9: »Als er aber seine Apostel auswählte, die sein Evangelium verkündigen sollten und die über jede Sünde hinaus gesetzlos waren, damit er zeige, daß er nicht gekommen war, Gerechte zu berufen, sondern Sünder, da offenbarte er, daß er der Sohn Gottes sei.« Aufschlußreich ist ferner der von Origenes (Cels. I 63) mitgeteilte Vorwurf des Kelsos, »Jesus habe zehn oder elf verrufene Menschen an sich gefesselt, ganz nichtswürdige Zöllner und Sünder«. Origenes vermutete zwar, Kelsos verdanke diese Information Barn 5,9; da jedoch jeder Anklang fehlt, wird man sie auf freie kirchliche Tradition zurückführen müssen, wobei sich in dieser die Topik der Paulusüberlieferung mit Jesustradition verbunden zu haben scheint. S. hierzu Wengst, Didache 198 Anm. 76.

[220] S. o. Anm. 208.

lus geschah, wird zum großen Aufweis[221] der Heilsmacht Jesu Christi, der
weithin sichtbar den Beginn der Gegenwart des Evangeliums in der Welt
markiert. Μακροθυμία (»Langmut«) hat hier den gefüllten Sinn, in dem es
sonst durchweg nur als Gottesattribut vorkommt (z. B. Num 14,18; Ps 86,15;
103,8; Joel 2,13; Sir 2,11; Weish 15,1; Mt 18,26; 1Petr 3,20). Gemeint ist die
Bereitschaft, den gerechten Zorn des Richters zurückzuhalten, um statt dessen
Vergebung zu gewähren und Rettung zu schenken (Röm 2,24; 9,22)[222].
Impliziert ist, daß Jesus an der richterlichen Macht Gottes Anteil hat: Statt das
in seiner Vollmacht stehende Zornesgericht zu vollziehen, erweist er an dem
Frevler und Verfolger, der ihm erbitterten Kampf angesagt hatte, das ganze
Maß[223] seiner Langmut. An dem schwierigen Wort ὑποτύπωσις entscheidet
sich das Verständnis des ganzen Satzes. Zweifellos ist damit anderes gemeint
als das, was das stark auf das Moralische eingeengte deutsche Wort »Vorbild«
besagen könnte[224]. Wie das Wort τύπος, dessen Derivat es ist, hat es die
Grundbedeutung der prägenden Form, die dem von ihr Geformten ihre Gestalt
übermittelt[225]. Ὑποτύπωσις kann die *Skizze* sein, nach der ein Bild ausgeführt wird[226], oder das *Muster*, nach dem Schüler ein bestimmtes Handeln
erlernen[227]. Am sachgemäßesten dürfte die Wiedergabe mit *Urbild* sein: In
dem, was an ihm geschehen ist, wird Paulus zum *Urbild* der Menschen, die
nach ihm künftig Jesus Christus im Evangelium begegnen[228]. Nicht nur
exemplum ist Paulus also, sondern er hat für das Evangelium *exemplarische*
Bedeutung. Das Evangelium ist ihm in der Weise anvertraut (V11), daß er es in
seiner Person verkörpert. Es ist nicht eine letztlich von ihrem Träger ablösbare
Botschaft, sondern es hat sich in Paulus hinsichtlich seiner Wirkung, als Gottes
rettendes Handeln an den Sündern, manifestiert. So wird das ganze Leben des
Paulus Darstellung der Macht des Evangeliums, ja geradezu Raum eines
Offenbarungsgeschehens. Der *Paulus praedicans* wird – und das ist der wohl
charakteristischste Zug des Paulusbildes der Past – zum *Paulus praedicatus*[229].
Man darf das seelsorgerliche Anliegen in dieser Kerygmatisierung der Gestalt
des Paulus nicht übersehen: Die Zuordnung des Paulus zum Evangelium will
die werbende und tröstende Wirkung des Evangeliums ins Licht stellen. Jeder
Sünder, ganz gleich, wie heillos seine Existenz ist, kann in Paulus das Urbild

---

[221] Ἐνδείκνυμι und ἔνδειξις sind typisch
paulinische Worte (außerhalb des Corpus Paulinum nur Hebr 6,10 f); auf Gott und Christus
bezogen, bezeichnen sie stets ein Handeln, in
dem etwas machtvoll erwiesen bzw. sichtbar
demonstriert wird (z. B. Röm 3,25 f; 9,17.22;
Eph 2,7).
[222] H. W. Hollander, EWNT II 937 f.
[223] Der bestimmte Artikel vor ἅπας legt
diese Interpretation nahe; vgl. Spicq 345: »ce
fut du moins une patience à son suprême degré
ou à pleine mesure.«
[224] Weil Holtz 47 das zu wenig beachtet,
kommt er zu einer konsequent moralistischen

Interpretation: Die Paulus erwiesene Langmut
»soll Lebensregel unter Christen sein«. Dagegen mit Recht Wolter, Pastoralbriefe 56 f.
[225] L. Goppelt, ThWNT VIII 246 f.
[226] Strabo 2,5,18 (121); Sextus Empiricus,
Pyrrh.Hyp.inscriptio.
[227] Philodem Philos, De Musica 77; vgl. L.
Goppelt, ThWNT VIII 248.
[228] Lohfink, Paulinische Tradition 79 f; ähnlich Jeremias 16; Brox 114; Collins, Image 168;
Wanke, Paulus 179; Wolter, Pastoralbriefe
56–59.
[229] Lohfink, a. a. O. 82.

dessen sehen, was Christus auch an ihm tun will. Paulus, der begnadigte Sünder, steht dafür als Zeuge und Erweis, daß dieses Evangelium auch ihm gilt und daß er sich im Glauben darauf einlassen darf. Dieser Glaube wird hinsichtlich seines Grundes und seines Zieles bestimmt. Er hat seinen Grund darin, daß er Glaube an Jesus Christus ist. Nur hier sowie Röm 9,33; 10,11; 1Petr 2,6 erscheint ἐπί mit Dativ im Blick auf den Glauben an Jesus. Da sowohl Röm 9,33; 10,11 wie 1Petr 2,6 Jes 28,16 zitieren, steht zu vermuten, daß auch hier auf den Bildgehalt von Jes 28,16 angespielt wird: Jesus als der Felsgrund, in dem man sich glaubend »festmacht«[230]. Solches Sich-Festmachen hat die Verheißung, »ewiges Leben« (vgl. 6,12), das Ziel des Glaubens, zu gewinnen.

17 Die abschließende Doxologie dient nicht nur der äußerlich-formalen Abrundung, indem sie die durch V12 erweckte Lesererwartung auf eine Danksagung erfüllt; sie bringt auch inhaltlich den Gedankengang zum Abschluß, indem sie dessen christologische Aussagen in einen übergreifenden theologischen Rahmen einfügt. So wird deutlich, daß hinter dem Handeln Jesu Christi, von dem bislang die Rede war, kein anderer als Gott selbst steht[231]. Letztlich gilt der Dank des Paulus nicht nur seiner eigenen Lebenswende, sondern dem, was Gott durch sie bewirkt hat und noch bewirken wird. Indem er dafür dankt, daß er auf Grund seines Widerfahrnisses zum Urbild der an Christus Glaubenden werden durfte, bezieht er indirekt in diesen Dank die Kirche mit ein. Die einzelnen Prädikate sind jüdischer Gebetssprache entlehnt. Angesichts ihrer Verbreitung und des hier vorliegenden stark formelhaften Gebrauchs dürfte sich die Suche nach aktuellen situationsbedingt polemischen Akzenten[232] erübrigen[233]. Hinter dem Prädikat βασιλεὺς τῶν αἰώνων steht eine bekannte jüdische Kultformel (vgl. Jer 10,10; Tob 13,7.11; 1Cl 61,2)[234], in der die souveräne Geschichtsmächtigkeit Gottes angesprochen wird. Von den drei folgenden Prädikaten sind die beiden ersten, mit ἀ-privativum gebildeten, stark hellenistisch gefärbt[235]: Als der Unvergängliche und Unsichtbare steht Gott jenseits aller Dinge der materiellen Welt, deren Wesen Sichtbarkeit und Vergänglichkeit ist, und entzieht sich darum auch der Erfassung durch die menschlichen Sinne[236]. Das dritte Prädikat, μόνος θεός, bildet Abschluß und

---

230 Jeremias 17.
231 Daß die Doxologie nicht an Gott, sondern an Christus gerichtet sei, meint G. C. Oke, A Doxology not to God but Christ, ET 67 (1955/56) 367 f; doch dagegen Brox 117: das scheitert an der nicht spezifisch christlichen Diktion der Formel.
232 So z. B. Holtz 48 f: die Ewigkeitsformel als Antithese gegen gnostische Äonenlehre.
233 An diesem Punkt unterscheiden sich die Past von der Offb, die in ihren hymnischen Stücken auf dasselbe Arsenal jüdischer Gebetssprache zurückgreift, dabei aber deutlich solche Akzente setzt.

234 Vgl. Dibelius-Conzelmann 25.
235 Hymnische Sprache neigt zu plerophorischen Erweiterungen; so ergänzen die Hss. des antiochenisch-byzantinischen Textes μόνος durch σοφός. Die Substitution von ἀφθάρτῳ durch ἀθανάτῳ in D könnte durch einfache Verlesung zustandegekommen sein. Sie wiederum bildete den Ausgangspunkt für die LA ἀφθάρτῳ ἀοράτῳ ἀθανάτῳ in F, G, H und einigen altlateinischen Hss.
236 S. hierzu Wilckens, Römer I 105 f; J. Kremer, EWNT II 1292 f.

Zielpunkt der Reihe. Mit ihm wird ein zentraler Gedanke biblischer Gotteslehre ins Spiel gebracht, nämlich der der strengen Ausschließlichkeit des einen
Gottes, der neben sich keinen anderen Anspruch duldet[237]. Während sonst im
NT die Prädikation Gottes als des »Einzigen« in Verbindung mit anderen
Gottesaussagen erscheint (z. B. 6,16; Offb 15,4; Mt 4,9 par Lk 4,7 f), steht sie
nur hier absolut: »Gott ist allein Gott, schlechthin Gott – das ist ... die
vollkommenste Aussage über Gott«[238].

Das in V11 über den engen Zusammenhang zwischen Paulus und dem Zusammen-
Evangelium Gesagte wird in VV12–17 in der Weise einer Danksagung an Gott fassung
unter Rückblick auf das Geschehen vor Damaskus entfaltet und begründet.
Grundschema und Einzeltopoi dieses Rückblicks entstammen weitgehend der
auf die Selbstaussagen des Apostels zurückgehenden, in den paulinischen
Gemeinden tradierten und kerygmatisch entfalteten Paulustradition. Im Unterschied zu der Eigendarstellung des Paulus ist der Vorgang nicht als eine von
Gott gewirkte österliche Erscheinung des Auferstandenen, sondern als eine
Selbstoffenbarung des erhöhten Herrn aufgefaßt, der den Frevler und Chri-
stenverfolger durch den Erweis seiner Gnade aus der sündigen Vergangenheit
löst und ihn zugleich mit einem besonderen Dienstamt betraut. Bekehrung
und Berufung liegen unmittelbar ineinander, wobei ein bemerkenswertes
Integrationsbild entsteht: Paulus erscheint als das Urbild des erretteten Sünders. An seinem Geschick manifestiert sich die Wahrheit und Gültigkeit der
der ganzen Kirche geltenden Zusage, daß Jesus zur Rettung der Sünder in die
Welt gekommen ist. Die durch das Handeln Jesu bestimmte Existenz des
Paulus ist damit als integraler Bestandteil des ihm anvertrauten Evangeliums
ausgewiesen. So vollzieht sich in der Paulus-Anamnese eine Kerygmatisierung von Geschichte und Gestalt des Paulus. Hier wird die Basis gelegt für die
Autorität, mit der die Past Paulus im weiteren Verlauf sprechen lassen[239].

IV. Die Verpflichtung des Timotheus auf seinen Auftrag (1,18–20)

**18 Diese Weisung vertraue ich dir an, mein Kind Timotheus, gemäß
den einst im Blick auf dich gesprochenen profetischen Worten, damit
du durch diese (befähigt) den guten Kampf kämpfst 19 als einer, der
Glauben und gutes Gewissen hat. Manche haben letzteres von sich
gestoßen, und darum erlitten sie Schiffbruch im Glauben; 20 unter
diesen sind Hymenäus und Alexander, die ich dem Satan übergeben
habe, damit sie durch Züchtigung von ihrer Lästerung abgebracht
werden.**

237 G. Delling, ΜΟΝΟΣ ΘΕΟΣ, in: ders.,   238 Delling, a. a. O. 400.
Studien zum Neuen Testament und zum hel-   239 Ähnlich Wolter, Pastoralbriefe 64.
lenistischen Judentum, Berlin 1970,
391–400.396 f.

Analyse   1. *Kontext.* Trotz seiner Kürze ist der Abschnitt ein für Aufbau und Thematik des Briefes entscheidender Knotenpunkt. Er bildet den Abschluß des Proömiums (1,1–20) und zugleich die Überleitung zum Briefcorpus[240]. Bisher erwähnte Motive und Gesichtspunkte werden wieder aufgegriffen und gebündelt, so einerseits das besondere Verhältnis des Timotheus zu Paulus als dessen »Kind« (V2) sowie insbesondere sein Auftrag, in Ephesus die apostolische Weisung zur Geltung zu bringen (VV3.5), andererseits die besondere Verantwortung des Paulus für das ihm anvertraute Evangelium (V11), die durch die Selbstvorstellung des Apostels (VV12–17) nachdrücklich begründet worden war. Auf diesem Hintergrund gewinnt die endgültige Auftragserteilung an Timotheus, um die es hier geht, Gewicht und Verbindlichkeit.

Die namentliche Anrede des Adressaten (V18) setzt, indem sie der erneuten Namensnennung im Briefschluß (6,20; s. dort) entspricht, ein semantisches Gliederungssignal: 1,18–20 und 6,20f bilden demnach den Rahmen des eigentlichen Briefcorpus[241].

2. *Aufbau.* VV18–20 bestehen aus einem einzigen, sehr dichten und komplexen Satzgebilde. Dessen übergeordnetes Zentrum ist der Aussagesatz V18a: Paulus vertraut seinem »Kind« Timotheus die Weisung an. Dieses »Anvertrauen« wird zunächst durch die adverbiale Wendung »gemäß den . . . profetischen Worten« (V18b) hinsichtlich seiner *Voraussetzungen* näher bestimmt. Sodann folgt ein Finalsatz, der das *Ziel* dieses Anvertrauens in den Blick nimmt (VV18c.19a): das Kämpfen des »guten Kampfes« in »Glauben und gutem Gewissen«. Den Abschluß bilden zwei Relativsätze, von denen der erste (V19b), von ἀγαθὴ συνείδησις abhängig, gegenbildlich zu der positiven Aussage von V19a auf Menschen verweist, die das gute Gewissen »von sich gestoßen« und sich so dem »guten Kampf«, der Timotheus aufgetragen ist, verweigert haben. Der zweite Relativsatz (V20) ist vom ersten abhängig, indem er das dort Gesagte durch den Hinweis auf zwei Personen – Hymenäus und Alexander –, die unter den τινες besonders hervorragen, konkretisiert. Hauptthema ist also auf alle Fälle der Auftrag des Timotheus, und zwar unter einem ganz bestimmten Blickwinkel. Zu beachten ist nämlich, daß zweimal mit je verschiedener Akzentuierung auf die »profetischen Worte« verwiesen wird: zunächt als *Voraussetzung* dafür, daß Paulus jetzt Timotheus die Weisung anvertrauen kann (V18b), sodann in dem Finalsatz V18b als *Ermöglichungsgrund* für den Timotheus aufgetragenen »guten Kampf«.

3. *Traditionen.* Auf direkten literarischen Einfluß von 1Kor 5,5 dürfte die Wendung »die ich dem Satan übergeben habe« (V20) zurückgehen. Wahrscheinlich ist außerdem, daß in VV18b.19a geprägte liturgische Wendungen aus dem Bereich der Ordination aufgenommen worden sind, so vor allem das Motiv des »guten Kampfes« für das Evangelium (vgl. 6,12).

---

[240] Anders Kelly 56; Brox 119.
[241] Vgl. hierzu den Exkurs über den »Kriegs-

dienst des Frommen« bei Dibelius-Conzelmann 27.

»Paulus« wendet sich nun wieder, wie schon in V3 (und noch einmal in 6,20), Erklärung
in direkter Anrede an Timotheus, und auch das Thema ist dasselbe wie dort, 18
nämlich der Auftrag des Apostelschülers. V18a ist die Spitzenaussage des
gesamten Einleitungsteils 1,1–20 und zugleich das Vorzeichen für alles Folgende. Denn einerseits hat παραγγελία dieselbe Bedeutung wie in V5:
verbindliche, vom Apostel herkommende und dem Evangelium entsprechende
Weisung, durch die die Kirche gebaut wird; andererseits aber kommt es erst
von 2,1 an zu einer inhaltlichen Konkretion dieser παραγγελία[242]. Daß an
konkrete Inhalte mit gedacht ist, läßt sich aus der Wahl des Verbums παρα-
τίθημι folgern, das ein Anvertrauen von etwas zur treuen und vollständigen
Bewahrung umschreibt[243]: Die παραγγελία dürfte für den Verf. zumindest
partiell mit der παραθήκη deckungsgleich sein (s. zu 6,20). Timotheus wird
als »Kind« des Paulus angeredet; dabei geht es weniger um das persönliche
enge Vertrauensverhältnis, als um die objektive Stellung des Erben und
Sachwalters (s. zu 1,2).
Wie in V3 erinnert Paulus bei seiner gegenwärtigen Anordnung an einen
zeitlich vorausliegenden Vorgang. War es dort der Befehl bei der Abreise aus
Ephesus, so sind es hier die προαγούσαι ἐπὶ σὲ προφητεῖαι, gemäß derer
Paulus dem Timotheus die Weisung überträgt.

Mehrere Erklärungsvorschläge für diese umstrittene Wendung sind zu bedenken.
1. Προάγειν ist örtlich zu verstehen und mit ἐπὶ σέ zu verbinden, also »auf dich (im
Unterschied zu anderen Kandidaten) hinführende Profetenworte«[244]. Demnach ginge
es also um einen Auswahlakt durch gemeindliche Profeten. Dieser Deutung widerspricht der Umstand, daß προάγειν im Sinn von »Hinführen« im NT durchweg mit εἰς,
nie mit ἐπί verbunden wird[245].
2. Ein prinzipiell ähnlicher Sinn ergäbe sich, wenn man προάγειν zeitlich versteht, im
übrigen aber an der Deutung der προφητεῖαι auf Worte gemeindlicher Profeten
festhält, wie das die Mehrzahl der Ausleger tut; also »frühere über dich ergangene
Profetenworte«. Zur Illustration beruft man sich dabei zumeist auf die Schilderung der
Aussendung des Barnabas und Paulus durch die Gemeinde von Antiochia Apg 13,1–3:
Der Handauflegung unter Gebet geht ein Auswahlakt durch die im Geist den Willen des
Herrn bekundenden Profeten voran[246]. Aber darf man diese Schilderung, von der eher
unwahrscheinlich ist, daß sie die von Lukas für seine Zeit vorausgesetzte kirchliche
Ordinationspraxis wiedergibt[247], ohne weiteres zur Erhellung heranziehen? Dem widerspricht 4,14 (s. dort), wo die προφητεία schwerlich als ein der Ordination *vorausge-
hender* profetischer Auswahlakt verstanden werden kann: *durch* sie erfolgt vielmehr
die Übergabe des Amtscharismas. Im übrigen stößt auch die Annahme, daß mit
προφητεία speziell eine Funktion gemeindlicher Profeten gemeint sei, auf Schwierig-

---

[242] Dibelius-Conzelmann 26f; anders Kelly
56f und Holtz 50, die den Inhalt der Weisung
in VV5–17 suchen; unentschieden Brox: »die
Summe der Aufgaben, die in V 3–11 und im
weiteren Text entfaltet werden« (118).
[243] Vgl. Lk 12,48; P. Trummer, EWNT III
51f.

[244] Schlatter 65; Maehlum, Vollmacht 77f.
[245] v. Lips, Glaube 173.
[246] So z. B. Dibelius-Conzelmann 26; Kelly
57; Brox 118.
[247] Zur Diskussion s. v. Lips, Glaube
232–234.

keiten. Nichts läßt darauf schließen, daß die Past solchen Profeten noch eine aktive Rolle im Gemeindeleben zumessen. Im Gegenteil: Gemeindliche Profeten werden nirgends erwähnt, geschweige denn in den Gemeindeordnungsteilen berücksichtigt[248]. Zwar ist die These von G. Kretschmar an sich bedenkenswert, daß der u. a. durch die Offb dokumentierte, durch die Einwanderung von Judenchristen nach 70 n. Chr. in Kleinasien bewirkte Einfluß der palästinisch-syrischen Bewegung charismatischer Wanderprofeten sich auch auf die Gemeinden der Past ausgewirkt haben müsse, doch läßt sie sich allenfalls an verschiedenen Traditionselementen, nicht jedoch an den Aussagen der Briefe über die Gemeindeverfassung verifizieren[249].

3. Einen überraschenden Ausweg aus diesen Schwierigkeiten scheint E. Dekkers anzubieten: προφητεία sei als Äquivalent zum lateinischen *praefatio* zu verstehen und meine das die Handauflegung bei der Ordination begleitende Weihegebet. Die strittige Wendung sei zu übersetzen: »in Übereinstimmung mit den einst über dich gesprochenen Weihegebeten«[250]. Diese These muß zwar an ihrer brüchigen philologischen Voraussetzung scheitern – προφητεία ist sicher kein Gebet –[251], sie hat jedoch insofern ein Wahrheitsmoment, daß sie προφητεία von der spezifischen Funktion von Profeten löst und sie doch als Teil eines gottesdienstlich-liturgischen Geschehens versteht.

4. Auf sicherem Boden bewegt man sich, wenn man, hier anknüpfend, davon ausgeht, daß bereits für Paulus die profetische Rede nicht unbedingt an die Person von Profeten gebunden war und innerhalb des Gottesdienstes ihren Platz haben konnte: Sie ist ein Reden, das der Tröstung, Stärkung und Belehrung der Gemeinde dient (1Kor 14,3.31) und das sich von der Lehre darin unterscheidet, daß es nicht durch vorgegebene Überlieferung – vor allem die Schrift – autorisiert wird, sondern seine Vollmacht aus dem gegenwärtigen Wirken des Geistes bezieht, durch den der Erhöhte der Gemeinde seinen Willen kundtut. Solche profetische Rede kann, wie die Sendschreiben der Offb (2,1–3,22) zeigen, sowohl Weisung als auch tröstende Heilszusage sein. So liegt es am nächsten, die προφητεῖαι mit den Elementen eines Ordinationsformulars in 6,11 f zusammenzusehen. Mit den »vorher ergangenen profetischen Worten« dürften wahrscheinlich jene Worte der Weisung und des tröstlichen Zuspruchs an den Ordinanden gemeint sein, die von den anwesenden Ältesten vor der Handauflegung gesprochen wurden[252].

Dies bestätigt sich dadurch, daß die Aufforderung zum »guten Kampf« offensichtlich einen festen Topos dieser Ordinationsvermahnung aufgreift.

---

[248] Der einzige in den Past erwähnte Profet ist »der Profet der Kreter« (Tit 1,12); s. hierzu Merklein, Das kirchliche Amt 388 f.

[249] Kretschmar, Ordination 63.

[250] E. Dekkers, Προφητεία-praefatio, in: Mélanges offerts à Mademoiselle Chr. Mohrmann, Utrecht 1963, 190–195; aufgenommen von Spicq 517; K. Richter, Ansätze für die Entwicklung einer Weiheliturgie in apostolischer Zeit, ALW 16 (1974) 32–52; Hahn, Gottesdienst 73 Anm. 42. Dekkers begründet diese Übersetzung durch den Hinweis auf Tertullian (Apol. 18,5): Quos diximus praedicatores, prophetae de officio praefandi vocantur. Und zwar sei *officium praefandi* univok mit *propheta* gebraucht, woraus umgekehrt zu schließen sei,

daß auch das griech. Wort προφητεύειν die Bedeutung von *praefari* haben konnte, und zwar bereits im ausgehenden 1. Jh. Mit Recht hat N. Brox, Προφητεία im ersten Timotheusbrief, BZ NF 20 (1976) 229–232 die mangelnde Stringenz dieses Ableitungsversuches moniert.

[251] Brox, a. a. O. 232. Im übrigen steht dieser Deutung die Pluralform προφητεῖαι im Wege; so mit Recht v. Lips, Glaube 244.

[252] Diesen Zusammenhang hat auch Dekkers, a. a. O. (Anm. 250) 192 erkannt, um ihn jedoch alsbald durch die gewaltsame Ineinssetzung von »discours consécratoire« und »prière« wieder zu verdunkeln; vgl. Brox, ebd.

Die Bilder des Kriegsdienstes bzw. des sportlichen Wettkampfes im Stadion waren im Hellenismus weit verbreitet als Standardmaterial zur Veranschaulichung eines zentralen Motivs der popularphilosophischen Ethik: Das Leben galt als kontinuierlicher Kampf gegen Sinneseindrücke, Leidenschaften und Emotionen, die den Menschen an der Verwirklichung des höchsten sittlichen Ideals, der ἀταραξία, hindern wollten (s. zu 4,7–10). Auch im hellenistischen Judentum (Philo; 4Makk) spielte das Motiv samt der ihm zugehörigen Agon-Metaphorik eine erhebliche Rolle. Paulus, der es in die christliche Literatur einführte, hat es wohl von dort übernommen. Zugleich aber hat er ihm eine neue, ganz spezifische Prägung gegeben. Es ist nämlich sicher kein Zufall, daß er es gezielt nur in Zusammenhängen entfaltet, die von seinem apostolischen Dienst handeln (1Kor 9,24–27; 2Kor 10,3–5; Gal 2,2; Phil 1,27–30; 3,12–14)[253]. Der Agon ist für Paulus nicht Bild des allgemeinen Mühens um sittliche Vollkommenheit oder Frömmigkeit, sondern spezifisches Bild des Dienstes für das Evangelium. Zu besiegen gilt es nicht die menschlichen Leidenschaften und Regungen, sondern die Widerstände, denen Gottes Sache in der Welt ausgesetzt ist. Und es ist auch nicht der einzelne, der kraft eigener Veranlagung und Tugend den Sieg gewinnen kann, sondern es ist der eschatologische Sieg Jesu Christi, dessen Werkzeug und Vollzugsorgan der Apostel trotz seiner Schwachheit und seines Versagens sein darf.

Auch in den Past erscheint das Agon-Bild nur im Zusammenhang mit dem Dienst des Paulus (2Tim 4,7) bzw. seiner Schüler am Evangelium (1Tim 1,18; 4,7–10; 6,12; 2Tim 2,3–6). Der spezifisch paulinische Bezug ist also festgehalten worden. Dabei ist an drei der fünf Belegstellen der Gebrauch stark formelhaft: es ist von καλὴ στρατεία (1Tim 1,18) und καλὸς ἀγών (1Tim 6,12; 2Tim 4,7) die Rede, wobei beide Wendungen offenbar bedeutungsgleich sind. Von daher erscheint der Schluß berechtigt, daß καλὴ στρατεία bzw. καλὸς ἀγών für die Past ein durch paulinische Lehrtradition geprägter Terminus ist, der fest mit dem Apostelamt bzw. dem gemeindlichen Leitungsamt verbunden ist[254].

V18 ist also eine *Ordinationsanamnese* (vgl. 4,12–16; 6,11–16; 2Tim 1,6). Paulus erinnert Timotheus an seine Ordination: Er soll aus jenen Worten, mit denen ihm damals der Dienstauftrag verbindlich erteilt worden ist, die Kraft gewinnen, die er benötigt, um den ihm jetzt vom Apostel übergebenen Auftrag aufzunehmen und zu erfüllen[255]. Das Leben nach diesem Auftrag ist ein steter Kampf. In ihm geht es nicht um die sittliche Vervollkommnung des Timotheus, sondern um die Durchsetzung des Evangeliums gegen alle Widerstände. Von dieser Kampfsituation war bereits in VV3–7 anläßlich des Aufrufs zum Kampf gegen die Irrlehrer paradigmatisch die Rede. Nun wird deutlich:

253 Vgl. Pfitzner, Agon Motif 97.

254 Dies wird bestätigt durch die Beobachtung, daß das Agon-Bild in analoger formelhafter Verkürzung in Apg 20,24 ebenfalls die Funktion des Apostels kennzeichnet.

255 Es muß geradezu als ein Lehrbeispiel konfessionell bestimmter Exegese gelten, wenn Schlatter 66f diese Interpretation mit der Begründung verwirft, sie setze ein sakramentales Ordinationsverständnis voraus, das dem NT, wie er dekretiert, fremd sein müsse. Nach seiner Deutung handelt es sich nicht um ein einmaliges Geschehen in der Vergangenheit, sondern um immer wieder neue Prophetensprüche, die Timotheus je und je begleiten sollten: »Wie er (Timotheus) deshalb den Entschluß zum Glauben und zur Entsagung immer neu zu gewinnen hat, so bildet seine Wirksamkeit eine Reihe immer neuer Aufgaben, für die er jedesmal dadurch gerüstet wird, daß er vom Geist die Berufung und von den Ältesten die Segnung empfängt« (67).

Solcher Kampf ist nicht die Ausnahme, sondern die Regel. Wo immer das
Evangelium laut wird, treten Gegenkräfte auf den Plan, erhebt sich Feindschaft. Zwar wird sich das Evangelium als siegreich erweisen – das ist in
alledem die tragende Gewißheit –, aber dieser Sieg ist nicht ein Triumph
menschlicher Ausdauer, Klugheit und Überlegenheit, sondern allein das Werk
Gottes. Jene Menschen, die mit dem Dienst des Evangeliums beauftragt sind,
müssen mit Niederlagen, mit Leiden, ja – wie der Paulus der Past – mit dem
Tode rechnen.

Die Aufforderung, gemäß der in der Ordination ergangenen verbindlichen
Weisung den »guten Kampf« zu kämpfen, entspricht inhaltlich weitgehend
den Mahnungen von 4,14 und 2Tim 1,6, das in der Ordination empfangene
Charisma »nicht zu vernachlässigen« bzw. »neu zu entfachen«. Die Ordination erscheint hier jeweils als ein Geschehen, in dem durch Menschen im
Namen Gottes ein Auftrag und eine Gabe vermittelt worden sind, die den
gesamten Lebensweg des Ordinierten verbindlich bestimmen.

19   Als Merkmale solchen Bestimmtseins werden »Glaube« und »gutes Gewissen«
genannt; beide waren bereits in V5 (s. dort) als die beiden die Existenz des
Christen bestimmenden Faktoren angeführt worden. Und zwar ist im vorliegenden Kontext »Glaube« der übergeordnete Begriff: Wenn man das »gute
Gewissen« verwirft und bewußt darauf verzichtet, sich im Denken und
Verhalten von ihm leiten zu lassen, dann ist ein Scheitern im »Glauben« die
unvermeidliche Folge[256]. »Glaube« hat hier, ähnlich wie in 3,9; 6,21; 2Tim
2,18 die Nuance der *fides quae creditur*; es geht um die Glaubenswahrheit, die
von allen Christen gemeinschaftlich bekannt und in Treue festgehalten wird
(vgl. 4,3). Das »gute Gewissen« hingegen ist der Bewußtseinszustand, der den
Zugang zu solchem Glauben erschließt, nämlich die verantwortliche, mit

20   ungeteiltem Herzen bejahte Bindung an die vorgegebene Norm[257]. Wie groß
die Gefahr ist, aus der in der Ordination übernommenen verbindlichen
Verpflichtung herauszufallen, wird am negativen Beispiel des Hymenäus und
Alexander veranschaulicht. Beide haben dem »guten Gewissen« den Abschied
gegeben[258], indem sie die ungeteilte Hingabe an die vorgegebene Norm
verweigerten. Damit sind sie aus dem Glauben herausgefallen und zu Läste-
rern geworden, zu Menschen also, die den alleinigen Herrschaftsanspruch
Gottes und Jesu Christi nicht anerkennen (s. zu V13). Zweifellos sind sie für

---

256 Die Metapher des Schiffbruchs ist in der
hellenistischen philosophischen Sprache geläufig: Lucianus, Somn. 23; Claudius Galenus,
Protr. 2; weiteres Parallelenmaterial bei Dibelius-Conzelmann 27.

257 S. zu V5. Vgl. Eckstein, Syneidesis 304f.
Die meisten Kommentatoren wollen freilich
die Preisgabe des »guten Gewissens« nur moralisch verstehen: Hier werde im Stil üblicher
Ketzerpolemik der Antrieb zur Häresie in der
sittlichen Ungebundenheit der Häretiker gesehen; so z. B. Dibelius-Conzelmann 27: »eine

frühe Form der Ketzerpolemik, welche sich
geradezu zur Methode entfalten wird«. Doch
dagegen spricht, daß die Past gegen die Irrlehrer sonst nie den Vorwurf laxer Moral erheben,
sondern diese umgekehrt als Leute mit enkrati-
schen Tendenzen schildern (4,3; 5,23; Tit
1,14f); vgl. Brox 119.

258 ’Απωθεῖν heißt wörtlich: »gewaltsam
wegstoßen«. Die Wahl dieses Wortes impliziert, daß es sich um eine bewußte willentliche
Entscheidung, nicht um bloße Achtlosigkeit
handelt; Kelly 57.

den Verf. herausragende Vertreter jener Irrlehre, gegen die er in V7 polemisiert. Was ihn hier speziell interessiert, ist gleichsam die Innenansicht der Häresie, wie sie sich aus dem Weg des Häretikers ergibt. Die Irrlehre steht nicht beziehungslos neben dem wahren Glauben der Kirche, sondern entsteht aus diesem durch das Fehlverhalten von Menschen, welche die Ganzheit der Hingabe an die Wahrheit verweigern und damit am Glauben scheitern. Sie ist Entartung und Defekt[259].

Sind Hymenäus und Alexander fiktive oder reale Gestalten? Beide Namen begegnen jeweils noch ein zweites Mal: In 2,17 f werden Hymenäus und Philetos erwähnt, »die von der Wahrheit abgeirrt sind und da behaupten, die Auferstehung sei schon geschehen«, und in 2Tim 4,14 erscheint »Alexander der Schmied«, der Paulus »viel Böses angetan hat«. Es handelt sich dabei sicher um dieselben Personen. Außerhalb der Past werden sie nirgends erwähnt – die Namensparallele mit dem Juden Alexander in Ephesus (Apg 19,33 f) beruht sicher auf Zufall und hat hier keine Bedeutung. Zuletzt hat P. Trummer die These vertreten, beide Gestalten seien mehr oder weniger fiktiv und aus der Tendenz des Verfassers zu begreifen, Vorgänge und Entwicklungen durch Personalisierung zu veranschaulichen[260]. Doch das ist aus zwei Gründen recht unwahrscheinlich: 1. Ganz allgemein läßt sich beobachten, daß die Past nach Möglichkeit an den Adressaten bekannte Situationen und Gegebenheiten anknüpfen, um sie in ihrem Sinne theologisch zu interpretieren. – 2. Wenn es zutrifft, daß Hymenäus und Alexander hier speziell als Gegenbilder zu dem Apostelschüler Timotheus gezeichnet sind, die im Unterschied zu diesem ihrer Verpflichtung auf das Evangelium untreu geworden sind, dann geht es hier um einen Abfall von solcher Schwere, daß er unmöglich erfunden sein kann.

So ist zu vermuten, daß Hymenäus und Alexander zwei im Umkreis von Ephesus wirkende Irrlehrer waren, die ihren gefährlichen Einfluß auf die Gemeinden ihrer früheren Nähe zum Kreis der Paulusschüler verdankten. Der Bezug im Kontext auf die Ordination macht überdies wahrscheinlich, daß beide kirchliche Amtsträger waren, denen das Verlassen der in der Ordination gesetzten Basis vorgeworfen werden soll. Ihrem Einfluß soll nun durch eine Stellungnahme des Apostels selbst der Boden entzogen werden: Er hat beide längst durch eine Maßnahme der Kirchenzucht von sich und von der Kirche geschieden!

Die Beschreibung dieser Maßnahme ist durch 1Kor 5,5 inspiriert[261], freilich nicht ohne mehrere, für die Past charakteristische Akzentverschiebungen:
1. Fordert dort Paulus, »dem Leibe nach abwesend«, die korinthische Gemeinde dazu auf, den Blutschänder in einem gemeinsam von ihr und dem »im Geiste anwesenden« Apostel verantworteten richterlichen Akt aus ihrer Mitte zu entfernen, so erscheint er hier als der allein Handelnde; von einer Mitwirkung und Mitverantwortung der Gemeinde ist nicht mehr die Rede.

259 Brox 119.   261 Vgl. v. Campenhausen, Amt 159.
260 Trummer, Paulustradition 137 f.

2. Während in 1Kor 5,5 betont ist, daß beide, Apostel und Gemeinde, nicht in eigener Verantwortung, sondern als Vollzugsorgane des Herrn Jesus Christus handeln, bleibt dieses Moment hier unerwähnt. Man wird daraus zwar nicht folgern dürfen, daß der Apostel hier als der kraft eigener Vollmacht über die Kirche Verfügende gezeichnet werde, denn daß er im Namen Gottes bzw. Jesu handle, ist durchweg vorausgesetzt. Immerhin aber spricht sich hier die Gewißheit aus, daß der Apostel die Macht des Herrn der Kirche vertrete. Dieses Auftreten des Apostels in »Absolutheit und einsamer Autorität«[262] ist ganz auf der Linie des Paulusbildes der Past.

3. In 1Kor 5,5 ist der Gedanke an die eschatologische Reinheit der Gemeinde noch bestimmend. Weil sie durch Christus geheiligt und gereinigt ist, darum hat der unbußfertige Übertreter des Gotteswillens in ihr keinen Raum mehr; seine Entfernung aus ihr bedeutet notwendig die Unterstellung unter den Machtbereich des Satans, wobei Paulus wohl an den Tod des Übeltäters denkt, zugleich aber die Möglichkeit einer endzeitlichen Errettung nicht ausschließt, ohne jedoch auf diesen Punkt zentrales Gewicht zu legen. Hier hingegen ist das Motiv der endzeitlichen Reinheit der Gemeinde nicht mehr bestimmend; die Kirche der Past kennt keinen Rigorismus dieser Art mehr. Statt dessen ist das Ziel der Maßnahme die Erziehung und damit die Besserung, die eine Rückkehr der beiden Betroffenen in die Gemeinde ermöglichen soll (s. den Exkurs: »Das Kirchenverständnis der Pastoralbriefe«). Bei der Übergabe an den Satan ist gewiß nicht an den Tod gedacht, vermutlich eher an Krankheit und Leiden[263], die die Übeltäter als Züchtigung und Strafe treffen und sie zur Umkehr veranlassen sollen.

Soll mit dieser Beschreibung der vom Apostel geübten Kirchenzucht ein Modell für das Vorgehen der Gemeindeleiter in analogen Fällen gesetzt werden? Das wird zwar nicht direkt gesagt, ergibt sich jedoch indirekt aus der Beauftragung des Apostelschülers, über die Reinheit der Lehre zu wachen und Irrlehrern entgegenzutreten (vgl. 6,3).

Zusammen-   Kraft seiner in der Berufung durch Jesus gründenden besonderen Verantwor-
fassung   tung für das Evangelium vertraut Paulus dem Timotheus die sich auf dieses Evangelium gründende Weisung an. Und zwar tut er dies, indem er seinen Schüler an den verbindlichen Dienstauftrag erinnert, den dieser zuvor in seiner Ordination erhalten hat. Durch das, was damals geschah, ist Timotheus berufen und befähigt, den Weg des rastlosen, kämpferischen Einsatzes für das Evangelium zu gehen. Als warnendes Gegenbild wird auf zwei den Adressaten vermutlich bekannte Irrlehrer verwiesen, die durch Untreue gegenüber der empfangenen Berufung und Sendung den festen Grund des Glaubens verloren haben. Die Kirchenzuchtmaßnahmen, die Paulus in einsamer Autorität gegen die beiden getroffen haben soll, wollen ein konkretes Modell für das Verfahren der Gemeindeleiter gegenüber Irrlehrern setzen.

---

[262]   Brox 121.   [263]   Dibelius-Conzelmann 28.

B. Weisungen für das Leben der Gemeinde (2,1–3,16)

I. Das Gebet für alle Menschen (2,1–7)

1 Ich ermahne (euch) nun zuallererst, Bitten, Gebete, Fürbitten und Danksagungen für alle Menschen darzubringen, 2 für Könige und alle in maßgeblichen Stellungen, damit wir ein ruhiges und stilles Leben führen (können) in aller Frömmigkeit und Ehrbarkeit. 3 Das ist recht und wohlgefällig vor Gott, unserem Retter, 4 der will, daß alle Menschen gerettet werden und zur Erkenntnis der Wahrheit gelangen.
5 Denn einer ist Gott,
   und einer ist Mittler zwischen Gott und Menschen,
   der Mensch Christus Jesus,
   6 der sich zum Lösegeld für alle gab –
(Dies ist) das Zeugnis zur rechten Zeit, 7 für das ich eingesetzt wurde als Herold und Apostel – ich spreche die Wahrheit, ich lüge nicht –, als Lehrer der Völker in Glaube und Wahrheit.

1. *Kontext.* Innerhalb des mit 2,1 beginnenden eigentlichen Briefcorpus bildet *Analyse* 2,1–3,16 einen in sich geschlossenen Teil. Er wird zusammengehalten durch die übergreifende Themaangabe des Schlußabschnitts (3,14–16): »... damit du weißt, wie man im Hause Gottes wandeln muß« und die sie abrundende ekklesiologische und christologische Begründung: Die Kirche ist Gottes Hauswesen; sie gründet sich auf das Christusgeschehen, und dieses kommt in ihr immer wieder neu zur Welt. Aus dieser Themaangabe wird deutlich, daß die vorhergegangenen Weisungen als grundsätzlich an die ganze Kirche gerichtet gelten sollen. Und in der Tat handelt es sich hier um allgemein das Gemeindeleben betreffende Anordnungen. Sie handeln vom gottesdienstlichen Gebet (2,1–7), vom Verhalten von Männern und Frauen im Gottesdienst (2,8–15) sowie von den Qualifikationsmerkmalen der gemeindlichen Amtsträger (3,1–13). In formaler Hinsicht gehören diese Anweisungen insofern zusammen, als sie als *unmittelbare Anordnungen* formuliert sind (vgl. 2,1.8.12; 3,2.7). Demgegenüber enthält das zweite Weisungscorpus (4,1–6,2; vgl. Tit 2,1–15) durchweg *vermittelte Anordnungen*, d.h. Instruktionen für den Amtsträger unter der Leitlinie: »Ordne du an!«[1] Dieser Unterschied ist freilich nur graduell; er erlaubt keine Rückschlüsse auf den Charakter der verwendeten Quellen und Traditionen[2].

[1] Hierzu Lohfink, Paulinische Theologie 106f: Zwischen der »direkten« Anordnung in 2,1–3,13 und der »vermittelten« Anordnung in 4,6–6,19 ist zwar zu unterscheiden, doch handelt es sich um einen vom Verf. bewußt durchgeführten Stilwechsel, der keinen sachlichen Unterschied impliziert.

[2] Vgl. Dibelius-Conzelmann 28: »Diese Vorschriften enthalten mehr Mahnung an die, die es angeht, als an Timotheus – das hängt mit dem literarischen Charakter der Briefe zusammen.«

Es gibt Indizien dafür, daß der Verf. die einzelnen Anordnungen von 2,1–3,16 inhaltlich nicht nur durch ihren allgemeinen Gemeindebezug verbunden gesehen hat. In 2,1–7 und 2,8–15 ist das verbindende gemeinsame Sachthema der *christliche Gottesdienst*, wobei gleich zu Beginn in Gestalt einer christologischen Begründung der universalen Ausrichtung dieses Gottesdienstes (2,3–7) ein gewichtiger theologischer Akzent gesetzt wird. Zwar scheinen 3,1–13 auf den ersten Blick mit dieser Thematik nichts zu tun zu haben. Andererseits ist jedoch auffällig, daß die Abschlußwendung des Ganzen (3,16) nicht nur liturgische Elemente enthält, sondern auch das Geschehen des Gottesdienstes im Blick hat: Die Christen sollen dem Heilsgeschehen, dem sie in ihm begegnen, durch ihr »Verhalten« im »Hause Gottes« entsprechen. In das Licht dieser gottesdienstlichen Thematik könnte der Verf. auch die Anordnungen in 3,1–13 gestellt haben; er brauchte dabei nur an die gottesdienstlichen Funktionen des Episkopen und der Diakone zu denken.

2. *Aufbau.* Die Gedankenführung ist klar und folgerichtig. V1 enthält die eigentliche Weisung: Die Christen sollen für alle Menschen beten. V2 unterstreicht diese Weisung durch ein besonders exponiertes Beispiel: Auch die Machthaber und Könige sind in das Gebet einzubeziehen! VV3–6a liefern die theologische Begründung dafür durch den Hinweis auf den »allen Menschen« geltenden Heilswillen des einen Gottes, der in der Selbsthingabe Jesu Christi »für alle« manifest geworden ist. VV6b–7 sind eine Paulusanamnese. In ihr wird Paulus als der bevollmächtigte Träger des Zeugnisses dieses den universalen Heilswillen Gottes bezeugenden Heilsgeschehens dargestellt. Als solcher hat er die Vollmacht, die Kirche auf das Gebet »für alle Menschen« zu verpflichten. Daß der Leitgedanke in der Ausweitung der Fürbitte auf alle Menschen und ihrer Begründung liegt, wird schon durch die sprachliche Beobachtung erhärtet, daß die Wendung »alle« bzw. »für alle« nicht weniger als 4× an betonter Stelle erscheint (V1: ὑπὲρ πάντων ἀνθρώπων; V2: πάντων τῶν ἐν ὑπεροχῇ ὄντων; V4: πάντας ἀνθρώπους; V6: ὑπὲρ πάντων). Freilich ist dies in der Auslegung weithin übersehen worden. Wenn man statt dessen in der Anweisung zum Gebet für die Regierenden (V2) die eigentliche Spitze sehen wollte, so hatte dies vorwiegend zwei Gründe: Einmal war man geneigt, dem ἵνα-Satz in V2b beherrschendes Gewicht einzuräumen, weil er gleichsam als Summarium der den Past zugeschriebenen Leitvorstellung einer christlichen »Bürgerlichkeit« erschien[3]. Zum anderen aber wollte man den gesamten Abschnitt 2,1–15 überlieferungsgeschichtlich vom Haustafelschema her verstehen, mit der Konsequenz, daß 2,1ff als Entfaltung des Topos »Gehorsam gegenüber der Obrigkeit« zu gelten hätte.

3. *Quellen und Traditionen.* Was die angebliche Zugehörigkeit zur Haustafeltradition betrifft, so liefert der weitere Kontext 2,8–15 hierfür keine Stütze,

---

[3] So z. B. Jeremias 19f; Brox 123 (»Solches Beten bringt seine Frucht für den Christen«).

weil er keinerlei Berührung mit dieser Tradition aufweist[4]. Indizien für eine solche Zuweisung müßten also VV1–7 selbst entnommen werden können. Eben dies ist jedoch nicht der Fall. Der Topos »Gehorsam gegenüber der Obrigkeit« gehört ursprünglich nicht zum Haustafelschema und erscheint ntl. in seinem Umfeld nur 1Petr 2,13–17[5]. Die für das Schema charakteristischen Gesichtspunkte der Mahnung zum Gehorsam bzw. zur Unterordnung kommen nicht explizit vor. Zwar ist unverkennbar, daß die verwendete Terminologie (οἱ ἐν ὑπεροχῇ ὄντες) von der erstmals in Röm 13 begegnenden paränetischen Tradition der Gehorsamsforderung gegenüber der Obrigkeit beeinflußt ist[6], doch ist die leitende Thematik die des Gebets für die Mächtigen. Diese aber verweist in den Traditionsbereich des Gottesdienstes (vgl. 1Cl 59–61)[7]. Hinter V2 dürfte eine bereits ausgeprägte gottesdienstliche Gebetstradition stehen.

Schon das hellenistische Judentum kannte das Gebet für die heidnische Obrigkeit[8], und vieles spricht dafür, daß bereits das hellenistische Judenchristentum sich dieser Übung nicht nur anschloß, sondern auch einzelne Gebetsformulierungen von dort übernahm. Das als repräsentativer Niederschlag zeitgenössischer heidenchristlicher Gebetspraxis zu bewertende Kirchengebet 1Cl 59–61 ermöglicht eine weitere nicht unwichtige Beobachtung: Der Topos des universalen Gebets für alle Menschen erscheint dort ebenfalls (1Cl 59,4; 60,4), und zwar in räumlicher und sachlicher Trennung vom Topos der Fürbitte für die Herrschenden. Das Gebet für alle Menschen hat das Ziel, daß »alle Völker« Gott »erkennen« sollen, »daß du bist der alleinige Gott und Jesus Christus dein Knecht und wir dein Volk und Schafe deiner Weide« (1Cl 59,4). Demgegenüber geht es in der Fürbitte für die Herrschenden darum, daß diese die ihnen vom Schöpfer gegebene Herrschaft »untadelig ausüben« und so den ihnen Unterstellten, zu denen auch die Christen zählen, erträgliche äußere Lebensbedingungen schaffen (1Cl 61,2). Auch im vorliegenden Text bleiben beide Topoi, obwohl sehr eng aneinandergerückt, letztlich voneinander getrennt. Der erste beherrscht V1 sowie die gesamte Argumentation von VV3–7; der zweite hingegen bleibt auf V2 beschränkt. Das erlaubt den Schluß, daß mit V2 ein Nebenmotiv eingebracht worden ist. Der Verf. wollte die Aufforderung zum Gebet für alle Menschen zuspitzen, indem er ausdrücklich betonte: Auch die heidni-

---

[4] Gegen Dibelius-Conzelmann 28; v. Lips, Glaube 96 f. 123–130, die von der Anwendung des Bildes des Hauswesens auf die Kirche in 3,15 her den gesamten Abschnitt 2,1–3,16 als Haustafel verstehen möchten. Doch läßt sich allenfalls in 2,8–15 ein Formelement der Haustafel aufweisen, nämlich der parallele Bezug auf Männer und Frauen (freilich in Umkehrung der üblichen Reihenfolge; vgl. Kol 2,18 f.; Eph 5,22–28); hingegen fehlen auch hier die für die Haustafel konstitutiven Merkmale des Unterordnungs- und Reziprozitätsmotivs; vgl. hierzu Crouch, Haustafel 12 f; Schweizer, Kolosser 159–164, die als einzige Haustafel der Past Tit 2,1–10 gelten lassen wollen.

[5] Zur traditionsgeschichtlichen Unterscheidung zwischen 1Petr 2,13–17 und der eigentli-

chen Haustafel 1Petr 2,18–3,7 s. Brox, Der erste Petrusbrief 116 f. Problematisch ist der Versuch von Goppelt (Der erste Petrusbrief 163–179), diese Unterscheidung durch die Einführung von »Ständetafel« als Oberbegriff zu relativieren und diesem auch 1Tim 2,8–15 zu subsumieren.

[6] Goppelt, a. a. O. 175.

[7] Das große Kirchengebet des vermutlich wenige Jahre vor den Past entstandenen 1Cl »zeigt uns, daß und wie im frühchristlichen Gemeindegottesdienst *für die Obrigkeit* gebetet wurde« (R. Knopf, Die Lehre der zwölf Apostel – Die zwei Clemensbriefe, 1920 [HNT Erg.-Bd.], 146).

[8] Philon, Flacc. 49; Inschrift von Schedia, Dittenberger, Or. 726.

schen Machthaber sind in dieses Gebet einzuschließen. Ein solcher Hinweis mochte sich gegenüber den Adressaten vielleicht schon deshalb empfehlen, weil unter ihnen das Recht des Gebets für diese Obrigkeit umstritten war. Bei der Einbringung dieses Gesichtspunktes griff der Verf. aber zugleich auf die von der Tradition vorgegebene Motivation solchen Gebets für die Obrigkeit zurück. So kam es zu dem innerhalb des Kontextes quer stehenden ἵνα-Satz in V2b.

In VV5f stützt der Verf. seine Argumentation durch ein Zitat. Daß es sich um ein solches handelt, ergibt sich aus der stilistischen Differenz gegenüber dem Kontext, aus dem Auftauchen von Aussagen, die innerhalb seines gedanklichen Duktus überschießen, sowie aus den holprigen Nahtstellen: So ist der Anschluß von V6b an V6a alles andere als glatt, und auch das γάρ in V5a läßt sich nur aus dem Bemühen verstehen, einen an sich gedanklich nicht klaren Übergang wenigstens formal zu überbrücken. Die Wendung, um deretwillen der Verf. das Zitat einbringt, ist eindeutig das ὑπὲρ πάντων an dessen Schluß. Es handelt sich um eine Akklamationsformel, deren Sitz im Leben der Gottesdienst ist, und zwar wird man sie wegen ihrer soteriologischen Akzentuierung in besonderen Zusammenhang mit der Eucharistie zu bringen haben.

Die christlichen εἷς-Akklamationen, deren klassisches ntl. Beispiel wir in 1Kor 8,6 vor uns haben, sind in formaler Anlehnung an die und in sachlichem Widerspruch gegenüber den hellenistischen εἷς κύριος-Formeln formuliert worden[9]. In diesen wurde die jeweilige Kultgottheit von deren Anhängern exklusiv als Helfer und Gebieter angerufen. Dies ist der Sinn der Akklamation εἷς Ζεὺς Σάραπις, μεγάλη Ἶσις ἡ κυρία[10]. Daß in den christlichen Akklamationen ein Anklang an das Schᵉma, das monotheistische Grundbekenntnis Israels (Dtn 6,4), mitgehört wurde, lag in der Natur der Sache. Trotzdem ging es hier nicht nur um den apologetischen Aufweis der Existenz eines einzigen Gottes, sondern darüber hinaus um den Lobpreis von dessen Einzigartigkeit[11]. Darauf deutet schon der prädikatlose, schlagwortartige Stil: εἷς ist nicht im Sinne einer begrifflichen Definition, sondern in dem einer Hoheitsaussage gemeint; man wird es »eher attributiv verstehen« können[12]. Einiges deutet auch darauf hin, daß das eigentliche prägende und zentrale Moment der christlichen εἷς-Aussagen in der Christologie zu suchen ist, und zwar im Zusammenhang mit dem κύριος-Titel. Der Berufung auf die heidnische Kultgottheit als allein helfenden κύριος wurde die gottesdienstliche Anrufung des κύριος Ἰησοῦς überbietend gegenübergestellt[13], wobei sich die Einbeziehung des einen Gottes schon aufgrund von Dtn 6,4 nahelegte. An unserer Stelle ist die Aussage über Gott auf ihren minimalen Grundbestand zurückgenommen, während die Aussage über Christus in zwei Zeilen entfaltet wird. Sieht man

---

[9] E. Peterson, ΕΙΣ ΘΕΟΣ, 1926 (FRLANT 41); Wengst, Lieder 136–143; W. Kramer, Christos Kyrios Gottessohn, 1963 (AThANT 44), 91–95; Goppelt, Theologie 408–414. M. Hengel (Der Sohn Gottes, Tübingen 1975, 120–125) hat demgegenüber zwar wahrscheinlich machen können, daß das Prädikat κύριος als solches in seiner Anwendung auf Jesus aramäisch-judenchristliche Wurzeln hat; sein

Einspruch gegen die Annahme einer Beeinflussung christlicher εἷς κύριος-Formeln durch entsprechende hellenistische Akklamationen erscheint jedoch angesichts des überzeugenden Belegmaterials unbegründet.
[10] Beleg bei Peterson, a. a. O. 230 f.
[11] Wengst, Lieder 141.
[12] A. a. O. 139.
[13] Kramer, a. a. O. (Anm. 9) 92 f.

diese Ungleichgewichtigkeit in der Traditionsgeschichte der christlichen εἰς-Akklamationen begründet, so läßt sie sich nicht mehr, wie K. Wengst will, als Argument für eine Begrenzung der zitierten Formel auf die beiden ersten Glieder ins Feld führen[14]. Wengst hat im übrigen nicht beachtet, daß das μεσίτης-Prädikat, dessen ursprüngliche Zugehörigkeit zur Formel auch ihm als sicher gilt, anders als die in 1Kor 8,6 und Eph 4,5 erscheinende κύριος-Bezeichnung kein aus sich selbst verständlicher christologischer Hoheitstitel war, sondern näherer Erklärung bedurfte[15]. Durch die Einführung dieses Prädikats erweist sich die vorliegende Formel auf alle Fälle als traditionsgeschichtlich jünger als die Formel 1Kor 8,6. Sie hat nicht mehr das Gegenüber Jesu zu heidnischen κύριοι im Blick, und sie ist nicht mehr wie diese kosmologisch, sondern soteriologisch akzentuiert. Sie will die Einzigartigkeit Jesu im Blick auf sein Heilshandeln an seiner Gemeinde aussagen, und sie tut dies in den beiden das κύριος-Prädikat entfaltenden Gliedern.

Sind diese beiden Glieder aber als Teil der Formel erkannt, so ist damit die entscheidende Voraussetzung der weithin anerkannten traditionsgeschichtlichen Analyse von J. Jeremias gesichert[16], derzufolge VV5c–6 eine gräzisierte Variante des markinischen Lösegeldwortes Mk 10,45 sind. Die stark semitisierenden Wendungen der dortigen Tradition sind in eine stärker hellenistische Sprachgestalt transformiert worden: Aus dem hellenistischen Menschen unverständlichen ὁ υἱὸς τοῦ ἀνθρώπου wurde das im Sinne einer Inkarnationstheologie (vgl. Gal 4,4) richtige ἄνθρωπος Χριστὸς Ἰησοῦς[17]. Der Semitismus τὴν ψυχὴν αὐτοῦ wurde durch das Reflexivpronomen ἑαυτόν ersetzt. Das Hapaxlegomenon λύτρον wird mit dem (im NT sonst ebenfalls nicht belegten) hellenisierenden Kompositum ἀντίλυτρον wiedergegeben. Vor allem aber trat an die Stelle des semitisierenden ἀντὶ πολλῶν (als Wiedergabe von רבּים; vgl. Jes 53,12), dessen inklusiver Sinn griechisch-sprechenden Menschen nicht mehr verständlich war, als sachlich korrektes Äquivalent ὑπὲρ πάντων.

Nun ist allerdings Mk 10,45 in der vorliegenden Gestalt schwerlich ein ursprüngliches Jesuslogion. Das Wort dürfte vielmehr zustandegekommen sein durch die Verbindung eines Logions, das Jesu Sendung übergreifend als

---

14 Wengst, Lieder 72 scheidet auch ἄνθρωπος Χριστός Ἰησοῦς als Zusatz des Verf. aus und nimmt als ursprüngliche Akklamationsformel εἷς (γὰρ) θεός, εἷς (καὶ) μεσίτης θεοῦ καὶ ἀνθρώπων an (a. a. O. 142 f).

15 Obwohl er das Problem erkennt (a. a. O. 143).

16 J. Jeremias, Das Lösegeld für Viele (Mk 10,45), in: ders., Abba, Göttingen 1966, 226–229; ders., Neutestamentliche Theologie I, Gütersloh ²1973, 277–279; P. Stuhlmacher, Existenzstellvertretung für die Vielen, in: ders., Versöhnung, Gesetz und Gerechtigkeit. Aufsätze zur biblischen Theologie, Göttingen 1981, 27–42.29 f.

17 Anders Wengst, Lieder 72, mit der Begründung, Mk 10,45 sei in der vorliegenden Gestalt das Ergebnis markinischer Redaktion und der Menschensohntitel sei lediglich in dem ἦλθον-Spruch 10,45a, nicht jedoch in der Dahingabeformel 10,45b, die allein unserer Stelle als Tradition zugrundeliege, enthalten gewesen. Dagegen: Die Explikation des ἦλθον-Spruches durch die Dahingabeformel ist zwar sekundär, dürfte jedoch bereits auf einer sehr frühen Traditionsstufe im Rahmen der Herrenmahltradition erfolgt sein; s. hierzu J. Roloff, Anfänge der soteriologischen Deutung des Todes Jesu (Mk X.45 und Lk XXII.27), NTS 19 (1972/73) 38–64.62 f.

sich selbst preisgebendes »Dienen« deutete und das vermutlich in Lk 22,27 in einer ursprünglicheren Form überliefert ist (Mk 10,45a.b), mit dem Wort vom Lösegeld für die Vielen (Mk 10,45c)[18]. Dieses spiegelt die christologische Rezeption der Sühnevorstellung von Jes 53,10–12 wider, die ihren Ansatz in dem ὑπὲρ πολλῶν des eucharistischen Becherwortes (Mk 14,24) hat. Da diese Rezeption in den älteren Traditionsschichten auf das Umfeld gottesdienstlicher Überlieferungen beschränkt blieb[19], dürfte auch für das Lösegeldlogion Mk 10,45c der eucharistische Gottesdienst als Sitz im Leben gesichert sein.

Die Kombination von Mk 10,45a.b mit 10,45c ist sicher nicht erst ein Werk der markinischen Redaktion, sondern sie lag schon in der älteren, im hellenistischen Judenchristentum entstandenen Sammlung von Jesusworten vor, die Markus benutzt hat[20]. Diese noch ganz von mündlichen Traditionsprozessen, nicht aber von schriftlicher Redaktionsarbeit geprägte Sammlung war vorwiegend katechetisch ausgerichtet. In ihr wurde Mk 10,45 zwar zu einer lehrhaften, das Verhalten der Jünger normierenden Verhaltensregel umgeformt, doch verweisen die beiden Teilelemente von Mk 10,45 aufgrund ihrer liturgischen Sprache auf einen älteren, eucharistisch geprägten Traditionszusammenhang zurück. Diese Beobachtung führt zu dem Urteil, daß wir in der soteriologischen Akklamationsformel 1Tim 2,5.6a eine ebenfalls im hellenistisch-judenchristlichen Bereich entstandene Traditionsvariante von Mk 10,45 vor uns haben, in welcher der ursprüngliche liturgische Charakter der Überlieferung sich durchgehalten hat.

Auch die *Paulusanamnese* (VV6b.7) dürfte wenigstens teilweise auf Tradition beruhen. Die Beteuerungsformel »ich spreche die Wahrheit, lüge nicht« stimmt fast wörtlich mit der in Röm 9,1 überein[21]. Hier ist direkte literarische Abhängigkeit anzunehmen, und zwar in der gezielten Absicht, eine Analogie herzustellen: Denn in Röm 9,1 beteuert Paulus seinen leidenschaftlichen Einsatz für das Heil seines jüdischen Volkes, während hier die Formel seinen Auftrag, Gottes universalen Heilswillen für die Heiden zu bezeugen, bekräftigen soll[22]. Paulus erscheint hier als der heilsgeschichtlich besonders hervorgehobene Zeuge des Heilswerkes Jesu Christi für alle Menschen. Anhand seiner Existenz und seiner Sendung darf sich die Kirche immer neu ihres universalen Auftrages vergewissern. Damit wird eine Sicht des Apostels aufgenommen, die sich verwandt auch im Eph niederschlägt.

---

[18] Roloff, a. a. O; ähnlich R. Pesch, Das Markusevangelium II. Teil, 1977 (HThK II/2), 163: Mk 10,45b ist »epexegetische Fortführung der Dienstaussage (sc. von 10,45a)« im Sinne einer »Interpretation des Todes Jesu als stellvertretend-sühnender Lebenshingabe, die gewiß unter dem Einfluß der Abendmahlstradition und der christologischen Rezeption der durch Jesus neu qualifizierten Sühnevorstellung von Jes 53,10–12 im frühen hellenistischen Judenchristentum steht«. Anders Stuhlmacher, a. a. O. (Anm. 16), der mit nicht völlig überzeugenden

Argumenten Mk 10,45b in toto auf Jesus zurückführen möchte.
[19] Roloff, a. a. O. (Anm. 17) 50.
[20] Pesch, a. a. O. (Anm. 18) 162.
[21] Deshalb haben zahlreiche Textzeugen (ℵ*, D¹ und der byzantinische Text) das zur vollen Angleichung an Röm 9,1 noch fehlende ἐν Χριστῷ nachgetragen.
[22] Trummer, Paulustradition 120f. Hier wie Röm 9,1 steht die Schwurformel im Kontext des Zeugnisses.

Wenn Paulus in Eph 3,1 »der Gefangene Christi für euch Heiden« genannt wird, so wird er damit als der gezeichnet, dessen gesamtes Lebensschicksal von dem Willen Christi, sich den Heiden kundzutun, bestimmt ist; und nach Eph 4,13 ist das Ziel des göttlichen Heilswerkes, das Paulus als Apostel vertritt, »daß *alle* zur Einheit des Glaubens und der Erkenntnis des Sohnes Gottes gelangen«[23]. Weder an dieser noch an einer anderen Stelle läßt sich eine literarische Abhängigkeit der Past vom Eph belegen. Deutlich ist jedoch, daß die Past hier Motive einer auch hinter dem Eph stehenden Paulustradition aufgreifen, und zwar in einer gegenüber dort weiterentwickelten Form.

Wie Paulus mit der Wendung »Ich ermahne euch, Brüder« paränetische Erklärung Abschnitte seiner Briefe eröffnet (Röm 12,1; 1Kor 1,10; 2Kor 10,1; vgl. Eph 1 4,1; 1Petr 2,11), so markiert auch unser Verf. den Beginn seiner Mahnungen mit einem betonten »Ich ermahne«. Statt aber die im Verbum implizierte persönliche Zuwendung mit einer direkten Anrede zum Ausdruck zu bringen, muß er eine unpersönliche Infinitiv-Konstruktion folgen lassen: Der Apostel spricht ja nicht direkt zur Gemeinde, sondern beauftragt seinen Schüler, ihr seine Weisung zu übermitteln. Im übrigen aber hat das Verbum παρακαλεῖν auch in den Past den Beiklang des dringenden und beschwörenden, auf persönliche Zustimmung und Aneignung zielenden Bittens beibehalten (vgl. 2Tim 4,2; Tit 1,9)[24]. Verstärkt wird die Dringlichkeit der Mahnung durch das auf παρακαλῶ zurückzubeziehende πρῶτον πάντων, das nicht eine zeitliche Abfolge, sondern eine sachliche Gewichtung zum Ausdruck bringt: Unter allem, was der Apostel der Gemeinde ans Herz legen möchte, steht das Gebet für alle Menschen an erster Stelle. Wenn dieses Gebet mit vier in ihrem Bedeutungsgehalt kaum klar voneinander scheidbaren Bezeichnungen umschrieben wird[25], so soll das besagen: Es gibt keinen Bereich des Betens, der von dem universalen Ausblick auf »alle Menschen« befreit sein darf. Δέησις ist das Bittgebet, in dem der Mensch seine Anliegen vor Gott bringt[26]. Προσευχή meint vorwiegend, wenn auch nicht ausschließlich, das gemeinsame gottesdienstliche Beten (Apg 1,14; 2,42; 12,5; Röm 12,12; Offb 5,8; 8,3f)[27]. Für die Past sind beide Worte nahezu synonym, wie ihr Vorkommen als Begriffspaar zeigt (1Tim 5,5). Noch schwerer festlegen läßt sich der Bedeutungsgehalt von ἔντευξις. Würde sich von der Profangräzität her[28] eher ein Verständnis im Sinne von »Bittgebet« nahelegen, so läßt sich andererseits 1Tim 4,4f – dem

---

23 Trummer, Paulustradition 121f.
24 Schön definiert H. Schlier (Die Zeit der Kirche, Freiburg ⁵1972, 68): »ein besorgter und andringender Zuspruch an die Brüder, der Bitte, Trost und Mahnung zugleich in sich birgt«. Zur Begriffsgeschichte vgl. C. J. Bjerkelund, Parakalo, 1967 (BTN 1); O. Schmitz/G. Stählin, ThWNT V 771–798.
25 Die Wendung ὑπὲρ πάντων ἀνθρώπων ist zweifellos nicht allein auf εὐχαριστία, sondern auf alle vier Substantive bezogen, s. hierzu Bartsch, Rechtsbildungen 34; Dibelius-Conzelmann 28f.

26 H. Greeven, ThWNT II 40f.
27 H. Greeven, ThWNT II 807: »προσευχή bezeichnet das Gebet im umfassendsten Sinne«, während δέησις mehr den spontanen Einzelakt meint.
28 Offizielle Eingaben und Bittschriften wurden als ἐντεύξεις bezeichnet, vgl. Dittenberger, Or. 138 Anm. 10; Polybius V35,4; Diodorus Siculus 16,55,3; hierzu O. Bauernfeind, ThWNT VIII 244.

einzigen weiteren ntl. Beleg[29] – entnehmen, daß der Verf. das Wort synonym mit εὐχαριστία verstand[30]; wir hätten demnach hier neben δεήσεις προσευχαί ein zweites Begriffspaar. Was aber nun εὐχαριστία betrifft, so handelt es sich hier um den am klarsten zu bestimmenden Begriff der Reihe: Gemeint ist der dankende Lobpreis Gottes, der als tragender Bestandteil, wenn nicht gar als übergreifende Summe christlichen Betens (1Thess 2,13; Kol 1,3.12; 3,17; Eph 5,20) galt. Traditionelles Material dieses Lobpreises waren die Lobpsalmen, denen aber schon bald spezifisch christliche Hymnen und Psalmen zur Seite traten.

Sicher ist εὐχαριστία hier noch nicht wie in Zeugnissen des 2. Jh. (Did 9,1; Justinus, Apol. I 66 f) Terminus für die Feier des Herrenmahles[31]. Wohl aber kann man fragen, ob hier nicht doch schon an das Danksagungsgebet innerhalb des eucharistischen Gottesdienstes gedacht sein könnte, das sich sicher im Laufe des 1. Jh. aus dem das Mahl einleitenden Danksagen (εὐχαριστεῖν) entwickelt hat (Lk 22,17; Mt 26,27; 1Kor 11,24). Wenn nämlich der gesamte Kontext von Kapitel 2 vom Gottesdienst handelt, dann ist zu schließen, daß mit dem Wort εὐχαριστία jene Stelle des Gottesdienstes assoziiert wird, an der das Danksagen seinen festen liturgischen Ort hatte[32]. Nun bot zwar dieses eucharistische Gebet nach allem, was sich erkennen läßt, nicht den Rahmen für ein Gebet für »alle Menschen«[33]; in ihm wurde, neben dem Lobpreis des Schöpfungs- und Erlösungshandelns Gottes, allenfalls die Sammlung und Vollendung der Kirche in Bitte und Dank thematisiert (Did 9,1–4; 10,1–6; KOHipp 4)[34]. Wohl aber enthielt es fast durchweg an zentraler Stelle das anamnetische Motiv des Gedenkens an die Lebenshingabe Jesu für »die Vielen«[35], und eben dieses zieht der Kontext (V5) zur theologischen Begründung der universalen Fürbitte heran. Dies dürfte auch der Grund sein für die Anführung der εὐχαριστία an letzter Stelle. Der Verf. hat den eucharistischen Gottesdienst zwar nicht hinsichtlich seines liturgischen Ablaufs, wohl aber hinsichtlich seiner theologischen Spitze im Blick, indem er zur Motivation seines Anliegens der universalen Fürbitte speziell auf eine im eucharistischen Dankgebet verankerte Thematik verweist.

---

[29]   Außerneutestamentliche Belege: 1Cl 53,2; 2Cl 19,1 (= Mahnung, Anliegen); Hermas, sim 2,5; 5,4,3; mand 5,1,6; 10,3,2 u. ö. (= Bittgebet bzw. Gebet im weiteren Sinn).
[30]   O. Bauernfeind, ThWNT VIII 245.
[31]   Zur Begriffsentwicklung vgl. Wengst, Didache 43.
[32]   Das bedeutet jedoch keineswegs, wie Holtz 53–56 will, daß auch die drei vorhergegangenen Begriffen auf bestimmte liturgische Vorgänge innerhalb des eucharistischen Gottesdienstes bezogen werden dürften: δέησις auf die Fürbitte, προσευχή auf die Darbringung der Elemente und ἔντευξις (unter Berufung auf Did 14,1 f) auf Sündenbekenntnis und Versöhnung. Diese Konstruktion scheitert schon am lexikalischen Befund; die angebliche Parallele Phil 4,4–7 spricht ebenfalls eher gegen als

für sie: zwar dürfte dort durch die Anspielung auf den Maranatha-Ruf ebenfalls eine Assoziation auf die Eucharistiefeier gegeben sein, doch werden die einzelnen Begriffe keineswegs im Sinn gottesdienstlicher termini technici gebraucht.
[33]   Die Wendung »für alle Menschen« ist auch an unserer Stelle nicht mit εὐχαριστία zu verbinden, sondern allen vier vorangegangenen Begriffen zuzuordnen.
[34]   Das Gebet um die Sammlung der Kirche (Did 9,4; 10,5; KOHipp c.4) entspricht der dritten Bitte des jüdischen Dankgebetes nach Tisch, der Fürbitte für Israel, Jerusalem, das Davidshaus und den Tempel; s. hierzu G. Kretschmar, TRE 1, 236.

Einer solchen Motivation bedurfte es, da der Inhalt der Weisung alles andere 2
als selbstverständlich war. Neu gegenüber dem Beten der Synagoge ist der
universalistische Ansatz. Lediglich da, wo es um des Wohls des eigenen Volkes
willen angebracht schien, bezog man nämlich im hellenistischen Judentum die
heidnische Regierung in das Gebet mit ein, wobei die Begründung stets auf der
Linie von Jer 29,7 (LXX 36,7) lag[36]. Man betete für die Regierung, weil und
insofern sie dem eigenen Volk hilfreich sein könnte. Eben dieser Topos
erscheint zwar in V2, doch ist er dem universalistisch ausgerichteten, übergreifenden Zusammenhang deutlich untergeordnet. Es soll wohl betont werden,
daß die Weisung, für alle Menschen zu beten, auch deren Regierungen mit
einschließt. Das mag für die kleinasiatischen Adressatengemeinden durchaus
kontrovers gewesen sein, denn die in der Ära Domitians von der Regierung,
speziell von den Provinzstatthaltern, durchgeführten Maßnahmen zur Durchsetzung des Kaiserkults, die die Christen schwer getroffen hatten, waren noch
in unmittelbarer Erinnerung, und es gab in den Gemeinden zumindest Gruppen, die sich das von der Offb vorgezeichnete Verhalten gegenüber der
staatlichen Macht zu eigen gemacht hatten. Ein Stück weit ist die positiv-
vertrauensvolle Haltung gegenüber den staatlichen Organen sicher durch die
weiterwirkende paulinische paränetische Tradition von Röm 13 motiviert,
auch wenn hier explizite Hinweise auf die staatliche Ordnungsfunktion und die
daraus resultierende Pflicht der Christen zur Unterordnung fehlen (doch vgl.
Tit 3,1)[37]. Als entscheidend erweist sich jedoch der Gesichtspunkt, wonach die
Regierenden in besonderer Weise jene universale Öffentlichkeit repräsentieren, an die sich die Heilsbotschaft wendet und der gegenüber darum auch die
christliche Gemeinde als Trägerin dieser Heilsbotschaft Verantwortung hat.
Die einzelnen Formulierungen sind bewußt neutral gehalten: Als »Könige«
bezeichnete man im Osten auch die römischen Kaiser (1Petr 2,13.17; 1Cl
37,3)[38]; der Plural könnte sich ganz zwanglos aus der Parallelität mit dem
folgenden πάντων τῶν ἐν ὑπεροχῇ ὄντων, das ganz allgemein Leute in

---

[36] Normal ist für das jüdische Gebet die Bezugnahme auf das eigene Volk und die eigenen
Herrscher, wobei auch die herodianischen Könige in solches Gebet einbezogen werden konnten (JosAnt 19,349). Was aber das Gebet für die
heidnische Obrigkeit betrifft, so fällt seine
Möglichkeit dahin, sobald die Begründung von
Jer 29 (36) nicht mehr gegeben und die Wohl-
fahrt des eigenen Volkes nicht mehr mit der der
heidnischen Mächtigen verbunden ist (1Makk
7,33–38). Den Normalfall jüdischen Betens
zeigt die 14. Bitte des 18-Bitten-Gebets: »Er-
barme Dich, Herr unser Gott, mit Deiner großen Barmherzigkeit über Israel, Dein Volk,
und Jerusalem, Deine Stadt, und über Zion, die
Wohnstätte Deiner Herrlichkeit, und über
Dein Heiligtum und Deine Wohnung und über

die Herrschaft des Hauses David, der Du baust
Jerusalem.« S. hierzu Bartsch, Rechtsbildungen 34 f. Anders Dibelius-Conzelmann 30 f, die
die hier zu machende Einschränkung nicht berücksichtigen.
[37] Vgl. ferner 1Petr 2,13 f.17; hierzu Dibelius-Conzelmann 30; Goppelt, Der erste Petrusbrief 174–176.
[38] So z. B. JosBell III 351; V 563; ferner
Pol2Phil 12,3; Justinus, Apol. I 17,3 (βασιλεῖς
καὶ ἄρχοντας ἀνθρώπων ὁμολογοῦντες). Es
besteht weder Anlaß, konkret an die Vizekö-
nige des Ostens, noch gar an die Mitregenten
der Zeit nach 137 zu denken; hierzu Dibelius-
Conzelmann 29; Spicq 359 weist mit Recht auf
den formelhaft-liturgischen Klang der Wendung hin.

angesehener Stellung meint[39], erklären (vgl. Pol 12,3; Justinus, Apol. I 17,3). Der ἵνα-Satz soll weniger Ziel und Inhalt des Gebets als dessen Begründung umschreiben[40]. Inhaltlich wird man sich das Gebet für die Regierenden nach dem Muster von 1Cl 61,1 f[41] vorzustellen haben: Man hat wohl darum gebetet, daß diese die ihnen von Gott gegebene Gewalt in Frieden und Milde ausüben, das Recht wahren und Gerechtigkeit üben. Christen beten so, weil sie gewiß sind, daß ein solches von Gott den Regierenden geschenktes Verhalten die in V2b erwähnten Konsequenzen für sie selbst nach sich ziehen werde. Und zwar ist das, was sie sich von einer guten Regierung erhoffen, nicht einfach ein In-Ruhe-Gelassen-Werden[42], sondern die Möglichkeit, die der Heilsbotschaft gemäße Lebensform stetig zu entfalten und der Umwelt sichtbar vor Augen zu bringen[43].

Popularphilosophische Vorstellungen klingen hier an: Für die Stoa war die als Synonym zur ἀταραξία – der Unberührtheit von Leidenschaften und Trieben – verstandene »Stille« ein Attribut vorbildlichen, gelungenen Lebens[44]. Unmittelbar dürfte jedoch der Bezug auf einen genuin christlichen paränetischen Topos sein, der erstmals 1Thess 4,11 begegnet und hinter dem mit hoher Wahrscheinlichkeit Jes 66,2 LXX steht: »Wen werde ich ansehen, wenn nicht den Sanften und Stillen und den, der mein Wort fürchtet?« (2Thess 3,12; 1Petr 3,4; 1Cl 13,4; Barn 19,4). Stille rückt hier durchweg in die Nähe der »Sanftmut«[45]. Sie ist ein Verhalten, das auf angemaßte Geltung verzichtet, auf Verfehlungen und Aggressionen seitens des Nächsten nicht erregt reagiert und dabei von einer unaufdringlichen Stetigkeit ist, die sich vom Vertrauen auf Gottes Treue nährt. Zwei etymologisch zwar verwandte, in ihrem Bedeutungsgehalt jedoch keineswegs identische Begriffe – εὐσέβεια und σεμνότης – charakterisieren das

---

[39] Die Wendung ἐν ὑπεροχῇ ὄντες war in hellenistischer Zeit geläufige Bezeichnung der Angesehenen und Mächtigen (2Makk 3,11; 6,23; Inschrift von Pergamon 252); vgl. ferner Mt 10,18; Apg 19,31; 1Petr 2,13f.

[40] Das geht aus der nahen Sachparallele Pol 2Phil 12,3 hervor: Orate etiam pro regibus et potestatibus et principibus atque pro persequentibus et odientibus vos et pro inimicis crucis, ut fructus vester manifestus sit in omnibus, ut sitis in illo perfecti. S. hierzu Dibelius-Conzelmann 31.

[41] 1Cl 61,1f: »Du, Herr, hast ihnen die Königsgewalt gegeben durch deine erhabene und unbeschreibliche Macht, damit wir die von dir ihnen gegebene Herrlichkeit und Ehre anerkennen und uns ihnen unterordnen, keineswegs deinem Willen zuwider; gib ihnen, Herr, Gesundheit, Frieden, Eintracht, Beständigkeit, damit sie die von ihnen gegebene Herrschaft untadelig ausüben! Denn du, himmlischer Herr, König der Äonen, gibst den Menschenkindern Herrlichkeit und Ehre und Gewalt über das, was auf Erden ist; du, Herr,

lenke ihren Willen nach dem, was gut und wohlgefällig ist vor dir, damit sie in Frieden und Milde frommen Sinnes die von dir ihnen gegebene Gewalt ausüben und so deiner Huld teilhaftig werden!« (Übersetzung nach Fischer, Apostolische Väter).

[42] Hierin geht das Intendierte deutlich über den bekannten Ausspruch des R. Chananja hinaus: »Bete für den Frieden der Obrigkeit, denn wenn nicht die Furcht vor ihr (vorhanden wäre), hätten wir schon einer den andern lebendig verschlungen« (Pirque Abot 3,2).

[43] Διάγειν mit oder ohne Zufügung des Akkusativs βίον meint die Lebensführung in ihrer sichtbaren Gestaltung und ihrem Ertrag, vgl. Tit 3,3; IgnTr 2,2; 2Makk 12,38, 3Makk 4,8.

[44] Epictetus, Diss. IV,4; 1,10,2 (ἐν ἡσυχίᾳ καὶ ἀταραξίᾳ [CUFr Épictète I 42]); ferner Philo, Abr. 27f; 210; 216. S. hierzu Spicq 361f.

[45] Ἡσύχιος als Parallelbegriff zu πραΰς 1Petr 3,4; 1Cl 13,4; Barn 19,4 (par Did 3,7f); ähnlich Hermas, mand 5,2,3; 6,2,3; 11,8; hierzu Goppelt, Der erste Petrusbrief 217f.

angestrebte Ideal christlicher Lebensführung näher. Eindeutig auf der Ebene hellenistischer Tugendlehre ist der Begriff σεμνότης angesiedelt. Er bezeichnet wie das lat.
gravitas ein Betragen von würdigem Ernst, in dem sich ein inneres Geordnetsein
ausdrückt[46]. Es ist eine Ehrbarkeit, die nicht nur auf äußerer gesellschaftlicher Geltung
beruht, sondern darauf, daß jemand der ihm zugemessenen Rolle bzw. Stellung durch
alle seine Lebensäußerungen entspricht (vgl. 3,4.8.11). Der Blick geht hier nach
»draußen«, auf die nichtchristliche Umwelt: Alles kommt darauf an, daß sie nicht das
Fehlen der σεμνότης und damit ein Auseinanderklaffen von Anspruch und Wirklichkeit konstatieren muß[47].

Den *Begriff* εὐσέβεια hat der Verf. der Past zumindest auf der literarischen Ebene in
das christliche Vokabular eingeführt. Es ist auffällig, daß dieses Wort mit seinen
Derivaten, das in den älteren Schichten des NT völlig fehlt und nur in der Apg marginal
auftaucht[48], hier mit einem Mal zu einem Leitbegriff geworden ist: εὐσέβεια steht
10×, dazu εὐσεβῶς 2×, εὐσεβεῖν 1×. Die Wortgruppe entstammt der hellenistischen
Ethik: εὐσέβεια ist die Ehrfurcht vor dem Bereich des Göttlichen, vor den numinosen
Kräften und Mächten sowie – darauf folgend – die Achtung der von diesen Kräften und
Mächten gesetzten Ordnungen, die für das Zusammenleben der Menschen in der
Gesellschaft maßgeblich sind[49]. Gegenbegriff ist ἀσέβεια, der ehrfurchtlose Frevel,
kraft dessen sich der Mensch außerhalb der religiösen und gesellschaftlichen Wertord-
nung stellt.

Muß das Wort auch in den Past einlinig in diesem Sinn als »Ehren Gottes« und damit als
»Ehrung der vom Schöpfer geschaffenen Ordnungen« verstanden werden[50]? Die
Bejahung dieser Frage hätte erhebliche theologische Konsequenzen; denn damit wäre
christliche Frömmigkeit als identisch mit der Bejahung allgemeingültiger gesellschaftli-
cher Ordnungen und Normen bestimmt. W. Foerster hat es so verstehen wollen. Er sah
die Bevorzugung des Wortes εὐσέβεια im Zusammenhang mit der antignostischen
Frontstellung der Briefe: Gegenüber den Irrlehrern, die die vom Schöpfer geschaffenen
Ordnungen verachten, betone der Verf. nicht nur deren Gültigkeit, sondern zeige
darüber hinaus, daß Einhaltung und Ehrung dieser Ordnungen der wahre, sich im
Alltag vollziehende Gottesdienst sei[51]. Doch diese These wird in ihrer Einseitigkeit der
Breite der Begriffsverwendung nicht gerecht; sie scheitert schon daran, daß εὐσέβεια
im Zusammenhang der Irrlehrerbekämpfung niemals polemisch gegen deren die
bestehenden Ordnungen auflösende Tendenzen ins Feld geführt wird. Im Gegenteil:
2 Tim 3,5 wird den Irrlehrern ausdrücklich zugestanden, daß sie die »äußere Gestalt von
εὐσέβεια« hätten, deren Wesen aber verleugneten! Die allgemeine hellenistisch-
ethische Bedeutung erscheint lediglich 1 Tim 5,4 (die Frömmigkeitspflicht gegenüber
den Vorfahren als εὐσέβεια), Tit 2,12 (εὐσέβεια als Gegenbegriff zu ἀσέβεια),

46 W. Foerster, ThWNT VII, 192.
47 In den Apostolischen Vätern ist σεμνός
bereits ein übergreifend Wesen und Verhalten
der Christen kennzeichnendes Attribut, das
sich der Bedeutung von ἅγιος annähert (1 Cl
1,3; 7,2; 48,1; Hermas, mand 3,4; 4,3,6 u. ö.
48 Apg 3,12; 10,2.7; 17,23; ferner 2 Petr
1,3.6 f; 2,9; 3,11.
49 Belege: W. Foerster, ThWNT VII 175 ff.
50 So Foerster, a. a. O. 182, der darum auch

die Übernahme des Begriffs in die christliche
Sprache als Irrweg kritisiert (a. a. O. 181): Dieser sei, anders als der Begriff »Glaube«, ungeeignet, das Gottesverhältnis als ein personales
zum Ausdruck zu bringen; er lege alles Gewicht auf das als Tugend gewertete Verhalten
des Menschen und leiste darum dem Moralismus Vorschub.
51 Foerster, a. a. O. 182.

zugleich in eine Reihe gestellt mit den Kardinaltugenden Weisheit und Gerechtigkeit, und 1 Tim 6,11 (ebenfalls in einem Tugendkatalog). Nach der überwiegenden Mehrzahl der Belege ist εὐσέβεια am ehesten als die Lebensführung der Christen zu bestimmen, die ihrer spezifischen Bindung an Gott entspricht und von der alltäglichen Begleitung durch die Gnade Gottes bestimmt ist[52]. Es besteht ein unmittelbares Wechselverhältnis zwischen der »Lehre« bzw. der »Erkenntnis der Wahrheit«, die sich im Glauben erschließt, und der εὐσέβεια: Die »Erkenntnis der Wahrheit« wirkt sich in der εὐσέβεια des Paulus aus (Tit 1,1); die εὐσέβεια der Irrlehrer dagegen ist hohler Schein, weil diese sich ihrer Wirkung – nämlich der Befestigung in der rechten Lehre – entziehen (2 Tim 3,5). »Gesunde Lehre« ist stets »der εὐσέβεια entsprechende Lehre« (1 Tim 6,3), d. h. Lehre, die eine bestimmte Lebensführung aus sich heraussetzt *und* deren Sinnhaftigkeit und Tragweite sich erst aufgrund einer diese Lehre bewährenden Lebenspraxis erschließt, nicht aber schon aufgrund bloßen intellektuellen Verstehens. In diesem Sinne ist wohl die Mahnung, sich in der εὐσέβεια einzuüben (4,7), zu verstehen, die mit der Verheißung ewigen Lebens verbunden ist (4,8): Es gilt, in einem kontinuierlichen Prozeß das Leben durch die Lehre begleiten, bestimmen und heilsam verändern zu lassen. Daß dabei die Momente der Kontinuität und des Wachstums von Gewicht sind, geht aus dem Hinweis auf die zur εὐσέβεια erziehende Gnade Gottes (Tit 2,12 f) hervor.

Nach den Past fällt christliche εὐσέβεια hinsichtlich ihrer äußeren Gestalt in mancher Hinsicht mit den von der heidnischen Umwelt geschätzten Grundwerten zusammen, vor allem, was die Anerkennung bestehender Ordnungen betrifft. Trotzdem ist sie nicht nur eine Variante der allgemeinen gesellschaftlichen Normvorstellung, derzufolge die Bindung an bestehende Ordnungen in Natur und Geschichte als solche schon ein religiöser Wert ist. Daß christliche εὐσέβεια sehr wohl auch andere Inhalte haben kann, ja muß, geht aus 2 Tim 3,12 hervor: Hier ist sie gesehen als Lebenspraxis, die von dem vom Apostel gesetzten Leitbild einer Existenz im Leiden und in Verfolgungen bestimmt ist und die darum in Konflikte mit der Umwelt und in Verfolgungen führt. Weil das Geheimnis der εὐσέβεια Jesus Christus selbst ist, weil der Gekreuzigte und Auferstandene in der Kirche gegenwärtig ist und ihren Weg bestimmt (1 Tim 3,16), darum ist er es letztlich, der die Norm für die Lebensführung der Christen setzt.

Nach alledem dürfte eine Übersetzung von εὐσέβεια mit »Frömmigkeit« der gemeinten Sache am nächsten kommen; dabei sollte allerdings die tendenzielle Verengung dieses deutschen Wortes auf eine rein innerliche Haltung nicht mitgehört werden: Es geht ja um *von der Gnade Gottes sichtbar gestaltetes Leben in allen seinen Bezügen.* Vielleicht könnte man unmißverständlicher von »Spiritualität« sprechen[53]. Diese »Frömmigkeit« unterscheidet sich nicht unerheblich von dem, was nach Paulus und Johannes »Glaube« ist; aber auch nach den Past sind »Frömmigkeit« und »Glaube« trotz mancher Überschneidungen im einzelnen nicht deckungsgleich. Beiden eignet Kontinuität, beide sind bis zu einem gewissen Grade konstatierbar und sichtbar; während aber der Glaube nach den Past stärker auf der Seite des Noetischen angesiedelt

---

[52] Bultmann, Theologie 561 ff deutet stärker moralistisch: Lebensführung in Gottesfurcht »als der Bedingung für die Teilhabe am zukünftigen Heil«.
[53] Hierzu M. Seitz, Art. Frömmigkeit II, TRE 11, 676 f. Allerdings vernachlässigt Seitz über der Fülle der von ihm herangezogenen religionsgeschichtlichen und semantischen Assoziationen den grundlegenden neutestamentlichen Bezug, der durch die Sprache der Past gegeben wäre.

ist – es geht um Verstehen, Überliefern, »zur Kenntnis der Wahrheit Kommen« –, ist
die Frömmigkeit Sache einer Denken und aktives Handeln umfassenden Lebenspraxis.

Hier wird nicht nur eine neue Vokabel eingeführt, sondern ein Lebensproblem
erstmals, wenn auch tastend, reflektiert, das sich spätestens in der dritten Generation
im Zusammenhang mit der Frage nach der Kontinuität und Identität der Kirche in der
weitergehenden Geschichte stellen mußte. Es spricht für die seelsorgerliche Weisheit
des Verf., daß er erkannte: Solche Kontinuität wird nicht allein durch die treue
Überlieferung des Zeugnisses der Anfangsgeneration, durch die Vorsorge für eine dem
Evangelium gemäße Gestaltung der kirchlichen Ämter und die Wahrung bestimmter
institutioneller Momente sichergestellt; nicht weniger wichtig ist es, dem einzelnen
Christen Hilfen für eine kontinuierliche Gestaltung seines Lebens zu geben. Christliche
Existenz realisiert sich nicht nur in punktuellen Akten des Glaubens und Liebens,
sondern in einer das ganze Leben umfassenden Geschichte.

Das τοῦτο bezieht sich unmittelbar zurück auf die Weisung zum Gebet für alle   3
Menschen (V1)[54]. Das in V2b über die Lebensführung der Christen Gesagte
wird jedoch mit aufgenommen: Ihr Gebet für alle Menschen bleibt nicht nur
Lippenbekenntnis, sondern wird durch das eben diesen Menschen zugewandte
Lebenszeugnis, ihre Frömmigkeit und ruhige Würde, weitergeführt[55].

Die formelhafte Wendung »das ist gut und wohlgefällig vor Gott« kommt aus
hellenistisch-jüdischer Tradition und hat ihre Wurzeln in kultischen Weisungen des AT (Dtn 12,25.28; 13,19; 21,9 LXX). Wenn sie in verschiedenen
Varianten vom Urchristentum zur Bekräftigung von Paränese aufgenommen
wird (5,4; Röm 12,1; Phil 14,18; 1Cl 7,3; 21,1; 35,5; 60,2), so kommt damit
zum Ausdruck, daß christlicher Gottesdienst nicht auf den kultischen Innenraum beschränkt bleiben kann, sondern, in Entsprechung zu dem Heilsgeschehen, das er zur Mitte hat, in alle Bereiche alltäglichen Lebens ausstrahlt[56]. Die
Bezeichnung Gottes als σωτήρ (vgl. 1,1; Tit 2,10) ist hier nicht eigentlich
titular, sondern funktional zu verstehen: Es geht um Gottes Heilswillen, der   4
die Rettung aller Menschen vorsieht. Möglicherweise ist hier eine polemische
Spitze gegen die Gnosis intendiert, die die Menschen in Erwählte scheidet,
denen der Zugang zum Heil offensteht, und in Verworfene, denen er aufgrund
ihrer wesensmäßigen Verfaßtheit versperrt ist[57]. Die Universalität des Heilswillens Gottes wird nicht aus Spekulationen über eine Allversöhnung oder
über die Möglichkeit eines besonderen Weges zum Heil für die nicht an
Christus glaubenden Menschen abgeleitet. Es gibt vielmehr nur einen Weg zur
Rettung, und der führt über die »Erkenntnis der Wahrheit«, d. h. über das

[54]   So Dibelius-Conzelmann 33; Jeremias 20;
Spicq 363. Holtz 59 will dagegen auf das in V2b
über die Lebensführung der Christen Gesagte
beziehen.
[55]   Hierzu Lippert, Zeugnis 57–60.
[56]   Anders Bartsch, Rechtsbildungen 30f, der
hier eine Abwertung des Kultischen zugunsten

der Paränese finden möchte; doch läßt sich
diese simple Antithese angesichts des Bezuges
des Gesamtabschnittes auf den christlichen
Gottesdienst schwerlich verifizieren.
[57]   K. H. Schelkle, EWNT III 782; Dibelius-
Conzelmann 33: »Wegen des folgenden σωθῆ-
ναι steht σωτήρ«.

Angebot und die Annahme der Heilsbotschaft von Jesus Christus. Gedacht ist dabei an die durch das Lebenszeugnis der Gemeinde bekräftigte Predigt. War für Paulus das Ziel der Predigt der Glaube (Röm 10,17), so ist es für den Verf. die »Erkenntnis der Wahrheit«. Diese Wendung vermag die ihm wichtige noetische Komponente des Heilswegs besser zum Ausdruck zu bringen als der für ihn unscharf gewordene Begriff »Glaube« (vgl. 2Tim 2,25; 3,7; Tit 1,1)[58]. Zusätzlich mag für die Wahl dieser Wendung ihre antignostische Stoßrichtung gesprochen haben (vgl. 2Tim 2,25; 3,7). Quelle der Wahrheitserkenntnis ist die »gesunde Lehre«, deren verstehende Aneignung erwartet wird[59]. Man darf dieses Moment jedoch nicht von dem Moment des Einübens und Praktizierens isolieren: »Wahrheitserkenntnis« und »Frömmigkeit« gehören vielmehr unmittelbar zusammen (Tit 1,1). Vor allem aber ist die »Erkenntnis der Wahrheit« Folge und Frucht der von Gott geschenkten Umkehr (2Tim 2,25) und als solche nicht eine dem Menschen verfügbare Aktivität. Auf alle Fälle ist der Bezug zur Taufe, die ja ebenfalls Vollzug des rettenden Handelns Gottes ist (Tit 3,5), zu beachten. Es handelt sich gewissermaßen um zwei Seiten desselben Vorgangs.

5–6a Zur näheren Begründung der Aussage von V4 wird das liturgische Stück VV5.6a eingeführt. Das geschieht wohl nicht nur deshalb, weil es geeignet war, zu zeigen, daß der Argumentationsvorgang des Verf. einen bereits in der Gemeinde vorgegebenen Konsens voraussetzte und entfaltete, sondern weil es auf das Geschehen verwies, in dem die Gemeinde tatsächlich den universalen Heilswillen Gottes erfuhr, nämlich auf den eucharistischen Gottesdienst. Die Spitze des Zitats liegt in dem »für alle« von V6a. Trotzdem ist das Vorhergehende nicht nur mitgeschleppter Ballast, sondern hat ebenfalls seine Funktion im Zusammenhang. Vor allem der Einsatz bei dem Einssein Gottes bildet einen notwendigen Übergang von der Aussage über Gott in V4 zu den diese explizierenden christologischen Aussagen. Andererseits wird man jedoch nicht jeder Wendung des Liedes einen Kontextbezug oder gar eine polemische Ausrichtung abpressen dürfen. So wird die Einheit Gottes hier weder in Antithese zum heidnischen Polytheismus noch zur gnostischen Irrlehre und ihrer Bestreitung der Einheit von Weltschöpfer und Erlösergott[60] gestellt. Vielmehr soll sie die Universalität des Heilsangebotes begründen: Weil Gott einer ist, sollen alle gerettet werden (vgl. Röm 3,30)[61] und – so die in V7 angedeutete weiterführende Folgerung – zu der einen Heilsgemeinde aus Juden und Heiden zusammengeführt werden. Die Verwandtschaft zu Eph 4,5f, wo ebenfalls aus dem Einer-Sein-Gottes und Jesu die Notwendigkeit der alle Menschengruppen umfassenden Einheit der Heilsgemeinde geschlossen wird, ist offenkundig. Um so auffälliger ist, daß die den Gedankengang

---

[58] Vgl. 2Tim 2,25; 3,7; Tit 1,1; hierzu Kretschmar, Glaube 123.

[59] S. hierzu M. Dibelius, Ἐπίγνωσις ἀληθείας, in: ders., Botschaft und Geschichte II, Tübingen 1956, 1–13.

[60] Gegen Brox 127f.

[61] Dibelius-Conzelmann 34.

tragenden christologischen Aussagen keinerlei Affinität zu der Präexistenz-
und Erhöhungschristologie aufweisen, die im Eph und Kol zur Begründung des
Heilsuniversalismus herangezogen wird (Eph 1,15–23; Kol 1,15–20). Alles
konzentriert sich auf den Gedanken der Heilsmittlerschaft Jesu in seinem
sühnenden Sterben; weder der Gedanke der Schöpfungsmittlerschaft und der
in ihr begründeten Allversöhnung noch jener der universalen Herrschaft des
Erhöhten aufgrund der Entmachtung der feindlichen Mächte wird hier angesprochen. Daß der Mittler als »einer« bezeichnet wird, besagt nichts über seine
gottgleiche Stellung oder gar über seine Präexistenz; εἷς ist vielmehr prädika-
tiv[62] und weist auf die Einzigartigkeit Jesu hin, die sich nicht aus seinem Status,
sondern aus der Singularität der ihm von Gott zugewiesenen Mittlerfunktion
ergibt. Allenfalls indirekt läßt sich das Erhöhungsmotiv als im Hintergrund
stehend erschließen. Traditionsgeschichtlich dürfte nämlich μεσίτης eine
Abwandlung der ursprünglichen κύριος-Akklamation sein.

Die *Bezeichnung Jesu als Mittler* findet sich im NT sonst nur noch Hebr 8,6; 9,15;
12,24. Daneben wird lediglich noch Mose als »Mittler des Gesetzes« apostrophiert (Gal
3,19f)[63]. Es handelt sich um einen ursprünglich dem hellenistischen Rechtsleben
entstammenden Terminus, der im Rabbinat[64], vor allem aber im hellenistischen
Judentum[65] weiterentwickelt und mit verschiedenen, keineswegs kongruenten Bedeu-
tungsgehalten gefüllt worden ist.
Aufgrund des Parallelmaterials kommen im wesentlichen *drei mögliche Bedeutungen*
in Frage: 1. Der Mittler als der neutrale Schiedsrichter, der zwischen zwei Parteien steht
und unparteiisch im Rechtsstreit zwischen ihnen vermittelt[66]. – 2. Der Bürge bzw.
Zeuge, der bei einem Rechtsgeschäft für die Durchführung der Vereinbarung einsteht
bzw. diese Vereinbarung in Kraft setzt[67]. – 3. Der Vermittler, der zwischen zwei
distanziert bzw. feindlich einander gegenüberstehenden Parteien durch sein persönliches Eintreten eine bislang nicht vorhandene Beziehung herstellt. Dabei ist keineswegs
ein unparteiischer Status vorausgesetzt; vielmehr kann der Mittler durchaus einer der
beiden Parteien angehören. Entscheidend ist allein sein auf Versöhnen und Verständigung ausgerichtetes *Wirken*. So ist nach TestDan 6,2 der Engel, der vor Gott für Israel
bittend eintritt und damit für das Volk Frieden schafft, »der Mittler zwischen Gott und
Menschen«. Und Philo bezeichnet Mose als »Mittler und Versöhner« (μεσίτης καὶ
διαλλακτής) unter Hinweis auf seine Fürbitte und Fürsorge für das sündige Volk
(Vit.Mos. II 166)[68].

---

[62] A. Oepke, ThWNT IV 623.
[63] Hierzu H. Hegermann, Die Vorstellung
vom Schöpfungsmittler im hellenistischen Judentum und Urchristentum, 1961 (TU 82); O.
Michel, Der Brief an die Hebräer, [7]1975 (KEK
XIII), 292; M. P. Nilsson, The High God and
the Mediator, HThR 56 (1963) 101–120;
Oepke, a.a.O. 602–626; J. Scharbert, Heils-
mittler im AT und im Alten Orient 1964, (QD
23/24), 82–92.242–244; C. Spicq, Notes de
lexicographie neo-testamentaire II, 1978 (OBO
22,2), 549–552; D. Sänger, EWNT II
1010–1012.

[64] Der סַרְסוּר ist hier der Makler bzw. Unter-
händler, der in Geschäftsangelegenheiten vorher beziehungslose Partner zusammenbringt;
so BB 5,8; ExR 6 zu Ex 6,2.
[65] JosAnt VII, 193; Philo, Vit.Mos. II 166;
Som. I 142; AssMos 1,14; 3,12. Weitere Belege: A. Oepke, ThWNT IV 606.
[66] Polybius XXVIII 17,8; Diodorus Siculus
IV 54,7; auch in Hi 9,33 LXX, dem einzigen atl.
Vorkommen, liegt wohl diese Bedeutung vor.
[67] Belege: A. Oepke, ThWNT IV 603f.
[68] A.a.O. 621 (LCL Philo VI 530).

Es ist deutlich, daß die erste Bedeutung an der vorliegenden Stelle nicht in Frage kommt. Weder ist die Neutralität Jesu herausgestellt – betont wird im Gegenteil sein Menschsein und damit die unmittelbare Zugehörigkeit zu einer der beiden Seiten –, noch ist an die Situation eines Rechtsstreites gedacht; juridische Motive fehlen völlig. Manche Ausleger (Dibelius-Conzelmann, Brox) entschieden sich unter dem Eindruck einer angeblichen Analogie zu der Mittler-Vorstellung des Hebr sowie zu Gal 3,19f für die zweite Bedeutung. Dabei wird übersehen, daß Konstruktion und Sinnbezug der Mittleraussagen im Hebr völlig anders geartet sind: Jesus ist dort der »Mittler«, insofern er den »Bund«, die endzeitliche göttliche Setzung, vermittelt. Der Bezug auf die menschlichen Partner ist dabei nicht anvisiert. »Mittler« ist dort Äquivalent zu »Bürge« (ἔγγυος), wie aus Hebr 7,22 hervorgeht[69]. Umgekehrt ist an unserer Stelle wie in TestDan 6,2 kein Hinweis auf den Bund zu erkennen. Hingegen liegt hier alles Gewicht auf dem Mittlersein zwischen Gott und Mensch, wobei die Zugehörigkeit Jesu zur Seite der Menschen stark betont ist. Von einer ihn zugleich auf die Seite Gottes stellenden seinsmäßigen Voraussetzung wird nichts gesagt. Was ihn zum Mittler qualifiziert, ist allein sein Tun: daß er sein Leben dahingibt und daß dieses Leben – offenbar aufgrund seines unbedingten Gehorsams – geeignet ist, als Lösegeld »für alle«, d. h. für die gesamte Menschheit, zu dienen. Die Aussage bleibt also ganz auf der Linie der dritten Bedeutung. Eine Anspielung auf gnostische Mittlervorstellungen ist ihr schon aus terminologischen Gründen nicht zu entnehmen, denn die Gnosis spricht von »Gesandten«, nicht von »Mittlern«[70]. Hingegen ist, auch wenn der Begriff »Versöhnung« nicht erscheint, eine Nähe zu den paulinischen Versöhnungsaussagen Röm 5,6–11; 2Kor 5,18f wenigstens insofern unverkennbar, als es hier wie dort um die von Jesus Christus gewirkte Bereinigung des Verhältnisses zwischen Gott und den Menschen, also um eine personale Relation geht[71].

Die Vorsilbe ἀντί- des Wortes ἀντίλυτρον unterstreicht »den Aspekt der Stellvertretung«[72] und damit die Zugehörigkeit Jesu zur Seite der Menschen. Wer Empfänger des Lösegeldes ist, wird hier ebensowenig wie Mk 10,45 gesagt. Man wird das Lösegeld-Bild nicht pressen dürfen, zumal es nicht weiter ausgeführt wird. Sicher ist an ein Handeln Jesu auf Gott hin gedacht[73], aber

---

[69] Gal 3,19f scheidet als Beleg für die Mittlerschaft Jesu überhaupt aus: Die Engel bedürfen, weil sie viele sind, eines Mittlers, Gott jedoch, weil er einer ist, bedarf eines solchen gerade nicht! S. F. Mußner, Der Galaterbrief, 1974 (HThK IX), 148f Anm. 25.

[70] Die m. W. einzige Ausnahme: NHC XI 3,61,19 (Traktat Allogenes): »Ich suchte den ... unbekannten Gott...«, den *Mittler* der dreifachen Kraft, der in Stille und Ruhe existiert und unbekannt ist.« Allerdings könnte dieser Beleg auch von den Vertretern einer antignostischen Interpretation unserer Stelle beigezogen werden: Man denke an das Ruhe/Stille-Motiv von V2.

[71] Die Weise, wie hier Jesus auf die Seite der Menschen gestellt wird, ohne daß sein Weg und seine Geschichte durch den Präexistenz-

bzw. Sendungsgedanken direkt auf Gottes Initiative zurückgeführt wird, ist typisch für die Christologie der Past; s. hierzu Windisch, Christologie 216–218.

[72] K. Kertelge, EWNT II 904.

[73] Das ergibt sich schon aus dem sicher vorhandenen Bezug auf Jes 53,10; s. F. Hahn, Christologische Hoheitstitel, 1963 (FRLANT 83), 58f. Keinesfalls liegt hier die Vorstellung vom sakralen Sklavenfreikauf (so Deißmann, Licht vom Osten 270–281) oder die des Loskaufs der Menschen aus der Gefangenschaft unter die Unheilsmächte Gesetz und Tod (so W. Elert, Redemptio ab hostibus, ThLZ 72 [1947] 265–270) zugrunde. Insofern liegen die Dinge hier anders als Tit 2,14. Vgl. zum Problem ferner G. Friedrich, Die Verkündigung des Todes Jesu im Neuen Testament, Neukir-

nicht im Sinn einer ihm dargebrachten Ersatzleistung, sondern in dem der stellvertretenden Sühne zugunsten der Vielen. Beherrschend ist auf alle Fälle der Gedanke der universalen Wirkung des sühnenden Sterbens Jesu. Und zwar wird mit dem »für alle« der im eucharistischen Becherwort implizierte, universale Bezug der Lebenshingabe Jesu expliziert: Alle Menschen, alle Völker, die aufgrund ihres Handelns und ihrer Geschichte vom Zugang zu Gott ausgeschlossen sein müßten, dürfen nun hinzutreten. Weil in den Augen Gottes alle Schranken, die ihn von Menschen trennten, durch die Lebenshingabe Jesu zerbrochen worden sind, dürfen Menschen keine neuen Schranken aufrichten. Vielmehr gilt es nunmehr für die christliche Gemeinde, in ihrem Gebet für alle Menschen den in Jesu mittlerischem Handeln verwirklichten Heilsratschluß Gottes gehorsam nachzuvollziehen.

Der Bezug der Wendung vom »Zeugnis zur rechten Zeit« ist sprachlich unklar.   6b
Bildet sie den Abschluß des liturgischen Überlieferungsstücks, indem sie entweder die Lebenshingabe Jesu als »Zeugnis« deutet[74] oder, den gesamten Kontext von V5–6a übergreifend, indem sie von dem »Zeugnis« handelt, das Gott im Christusgeschehen ablegt[75]? Zwei Beobachtungen weisen in eine andere Richtung: 1. Zeugnis (μαρτύριον) ist in der deuteropaulinischen Literatur (2Thess 1,10; 2Tim 1,8) wie auch in der Apg (4,33) terminus technicus der apostolischen Verkündigung[76]. – 2. Die »rechte Zeit« ist in den Past ein heilsgeschichtlicher Terminus, der entweder den zukünftigen Zeitpunkt der Parusie (1Tim 6,15) oder den gegenwärtigen Zeitpunkt der Verkündigung des Apostels (Tit 1,3) umschreiben kann.

Da V7 von dem spezifischen Verkündigungsauftrag des Apostels handelt, dürfte diese letzte Bedeutung auch hier vorliegen. »Paulus« spricht als derjenige, der kraft seiner Berufung den Auftrag hat, die Botschaft von dem universalen, alle Menschen umfassenden Heilswillen Gottes, der sich in der Lebenshingabe Jesu Christi »für alle« manifestiert, zu bezeugen und so gegen alle Widerstände in Geltung zu setzen. Wie in 2Kor 5,20 das personhafte Versöhnungshandeln Jesu Christi (2Kor 5,18f) durch den Apostel als den dafür personhaft eintretenden Boten und Gesandten aufgenommen und ausgerufen wird, so auch hier. Darüber hinausgehend wird aber hier diesem apostolischen Zeugnis geradezu ein eigener heilsgeschichtlicher Rang eingeräumt. Dahinter steht die Erinnerung der Heidenkirche daran, daß Paulus sich bei seinem Eintreten für die gesetzesfreie Heidenmission auf die ihm durch die Offenbarung des Sohnes Gottes zuteil gewordene Weisung, ihn unter den Heiden zu verkünden (Gal 1,15f), berufen hat (vgl. Eph 3,5–7). Unter Bezug darauf wird

---

chen-Vluyn 1982, 82–86; M.-L. Gubler, Die frühesten Deutungen des Todes Jesu, 1977 (OBO 15), 230–243.
74 So Holtz 62 unter gleichzeitiger Verengung auf ein martyrologisches Verständnis: der Tod Jesu als Martyrium. Doch dagegen N. Brox, Zeuge und Märtyrer, 1961 (StANT 5), 35.117. Das Verständnis von μαρτύριον/μαρ-

τυρία im Sinn zeugnishafter Lebenshingabe findet sich weder hier noch sonst im NT.
75 Diese Deutung vertreten einige Handschriften (D* F G) mit ihrer Lesart οὗ τὸ μαρτύριον καιροῖς ἰδίοις ἐδόθη. Ferner Dibelius-Conzelmann 35; Brox 129.
76 J. Beutler, EWNT II 967f.

der Apostel als Zeuge und Bürge für diese universale Hinwendung des Evangeliums zu allen Menschen in Anspruch genommen. So ist die Paulusanamnese mehr als eine formelhafte Abschlußwendung; sie verweist vielmehr auf den Apostel als auf die Autorität, der die Kirche die Gewißheit ihres universalen Auftrags verdankt. Dabei steht aber diese Autorität des Apostels nicht auf sich selbst, sondern gründet in der Autorität des ihm übertragenen und von ihm bezeugten Evangeliums.

7 Auf diesen Sachverhalt verweist die Bezeichnung des Apostels als κῆρυξ (»Herold«)[77], denn diese hängt wiederum unmittelbar mit dem Begriff κήρυγμα zusammen, der in den Past das in der Verkündigung vermittelte Evangelium bezeichnet (2Tim 4,17; Tit 1,3). Die Zuordnung des Paulus zu diesem μαρτύριον (»Zeugnis«) geschieht nicht anders als im Akt und Vollzug des κηρύσσειν. So lag es nahe, den Verkündiger etymologisch von daher als κῆρυξ zu bezeichnen[78]. Weder ist hier eine Entsprechung zur Bezeichnung stoischer Philosophen als Götterherolde[79] aufweisbar, noch besteht eine sachliche Parallele zu den κῆρυξ genannten Funktionären des griechischen Vereinswesens oder zum Herold von Mysterienkulten[80].

Während die Röm 9,1 entlehnte Beteuerungsformel dort der Bindung des Paulus an das jüdische Volk gilt, dient sie hier dazu, seinen Auftrag für die Heiden noch einmal ausdrücklich zu bekräftigen[81]. Weil sein μαρτύριον von Gottes Zuwendung zu allen Menschen in Jesus Christus handelt, darum spitzt sich sein Auftrag als κῆρυξ darin zu, »Lehrer der Völker in Glaube und Wahrheit« zu sein. Der Titel eines »Lehrers« bleibt in den Past allein Paulus vorbehalten (2Tim 1,11)[82]. Er ist der Lehrer schlechthin, weil er der Kirche das Evangelium in der Gestalt der für sie bleibend verbindlichen Lehre übergeben hat.

Zusammen-fassung   Die Reihe der den Gottesdienst betreffenden Anordnungen setzt ein mit einer Thematisierung des gottesdienstlichen Gebetes. Und zwar ist der zentrale Leitgedanke die Universalität dieses Gebetes nach Inhalt und Ausrichtung: Das Gebet der Christen umfaßt alle Bereiche der Welt und bezieht, wie am exponierten Beispiel der Regierenden und Mächtigen verdeutlicht wird, alle Menschen mit ein, ohne Rücksicht auf ihre Nähe oder Ferne zur christlichen Gemeinde. Begründet wird dieser Universalismus theologisch, soteriologisch und heilsgeschichtlich: Aus dem Einssein Gottes ergibt sich die Universalität seines Heilsangebotes; dieses wird manifest in der Selbsthingabe Jesu »für alle«, in seiner Funktion des »Mittlers«, der die Schranken zwischen Gott und

---

[77] Vgl. 2Tim 1,11.
[78] Hierzu Roloff, Apostolat 241 f.
[79] Epictetus, Diss. II 21,13–16; hierzu G. Friedrich, ThWNT II 691.
[80] Xenophon, Hell. II 4,20; Dittenberger Syll.³ 845,1.
[81] Vgl. G. Stählin, Zum Gebrauch von Be-

teuerungsformeln im NT, NT 5 (1962) 115–143.
[82] Die willkürliche Suche nach falschen »Lehrern« (2Tim 4,3) erweist sich schon darin als verwerflich, als sie implizit die alleinige Lehrautorität des Paulus in Frage stellt.

Mensch durchbricht, also in den zentralen Themen des gottesdienstlichen Christuskerygmas; und schließlich wird das universale Wirken des Apostels als »Lehrer der Heiden« als abschließender Erweis der universal auf alle Menschen gerichteten Heilsabsicht Gottes benannt.

In programmatischer Weise kommt hier das Gottesdienstverständnis der Past zur Sprache: Christlicher Gottesdienst vollzieht sich nicht in der Absonderung, sondern in der Öffnung; er ist nicht exklusiv, sondern inklusiv, weil die Gemeinde zur Trägerin und zum Vollzugsorgan des in ihm verkündigten universalen Heilshandelns Gottes werden muß.

Nicht weniger programmatisch ist die hier implizierte Verhältnisbestimmung zwischen Kirche und Gesellschaft. Unter Berufung auf den Universalismus des Handelns Gottes geht die Kirche der Past vertrauensvoll auf die (heidnische) Gesellschaft zu. Sie vertritt kein quietistisches Ideal, sondern ist bereit, durch ihre Verkündigung und ihr Lebenszeugnis in diese Gesellschaft verändernd hineinzuwirken; ja, sie vertraut darauf, daß die Frucht ihres Gebetes für die Mächtigen darin bestehen werde, daß diese ihnen den Raum zur Entfaltung jenes werbenden Lebenszeugnisses einräumen, das sie der Gesellschaft schuldig ist.

II. Das Verhalten von Männern und Frauen im Gottesdienst (2,8–15)

Literatur: Dautzenberg, G., Urchristliche Prophetie. Ihre Erforschung, ihre Voraussetzungen im Judentum und ihre Struktur im ersten Korintherbrief, 1975 (BWANT 104); *ders.*, Stellung der Frauen; *Delling, G.*, Paulus' Stellung zu Frau und Ehe, 1931 (BWANT 56); *Fitzer*, Weib; *Hommes, N.J.*, Taceat mulier in Ecclesia, in: Arcana Revelata (FS F. W. Grosheide), Kampen 1951, 33–43; *Kassing, A.*, Das Heil der Mutterschaft. 1 Tim 2,15 in biblischen Zusammenhängen, LuM 23 (1958) 39–63; *Küchler, M.*, Schweigen, Schmuck und Schleier. Drei neutestamentliche Vorschriften zur Verdrängung der Frauen auf dem Hintergrund einer frauenfeindlichen Exegese des Alten Testaments im antiken Judentum, 1986 (NTOA 1); *Leipoldt, J.*, Die Frau in der antiken Welt und im Urchristentum, Leipzig 1954; *Lührmann*, Haustafeln; *Müller, K. H.*, Die Haustafel des Kolosserbriefes und das antike Frauenthema. Eine kritische Rückschau auf alte Ergebnisse, in: Die Frau im Urchristentum, hrsg. G. Dautzenberg/ H. Merklein/ ders., 1983 (QD 95), 263–319; *Schrage, W.*, Die konkreten Einzelgebote in der paulinischen Paränese, Gütersloh 1961; *Schüssler-Fiorenza*, Memory; *dies.*, Women in the Pre-Pauline and Pauline Churches, USQR 33 (1978) 153–166; *Thraede, K.*, Art. Frau, RAC VIII 197–296; *ders.*, Ärger.

8 Ich will demnach, daß die Männer allerorten beten, indem sie heilige Hände emporheben, frei von Zorn und Streit.

9 Ebenso (will ich), daß die Frauen sich mit würdiger Haltung in Schamhaftigkeit und Besonnenheit schmücken, nicht mit Haargeflechten und Goldschmuck, Perlen oder kostbaren Gewändern, 10 sondern, wie es sich für Frauen schickt, die sich zur Gottesfurcht bekennen, mit guten Werken.

11 Die Frau soll schweigend lernen, in voller Unterordnung. 12 Zu lehren aber erlaube ich der Frau ebensowenig wie über den Mann zu herrschen; sie soll sich vielmehr schweigend verhalten. 13 Denn Adam wurde zuerst geschaffen, dann erst Eva. 14 Und Adam wurde nicht verführt, sondern die Frau ließ sich verführen und geriet in die Übertretung. 15 Sie wird aber gerettet werden durch das Kindergebären hindurch, wenn sie in Glaube, Liebe und Heiligung verharren in Sittsamkeit.

Analyse   1. *Aufbau.* Dem Apostelschüler werden Anordnungen für das gottesdienstliche Verhalten von Männern und Frauen übergeben, die er in den Gemeinden durchsetzen soll. So deutlich diese übergreifende Intention des Abschnitts ist (zur Stellung im Kontext s. Analyse [1.] von 2,1–7), so unausgewogen, ja brüchig ist er in formaler und sprachlicher Hinsicht. So fällt zunächst das Ungleichgewicht zwischen der knappen, nur einen einzigen Satz umfassenden Weisung für die Männer (V8) und der ausführlichen, zwei verschiedene Themenkreise relativ breit abhandelnden Weisung für die Frauen (VV9–15) ins Auge. Ferner wirkt der Anschluß von V9 an V8 unorganisch: Statt einer von V8 her zu erwartenden Aussage über das Beten der Frauen folgt eine Ausführung über ihre Kleidung (VV9–10), die sehr allgemein klingt und deren Bezug auf den Gottesdienst allein durch den Kontext gesichert wird[83]. Eine auffällige sprachliche Härte ist der Wechsel vom Plural (γυναῖκας: VV9f) zum generischen Singular (γυνή: V11) und wieder zurück (ἐὰν μείνωσιν: V15b). Die zweite Anordnung, die das Schweigen der Frau im Gottesdienst betrifft (VV11–12), hat als einzige eine Begründung (VV13–15), die freilich in ihrer argumentierenden Breite stilistisch den paränetischen Duktus des Abschnitts nahezu sprengt.

Dies alles drängt zu der Annahme, daß der Verf. hier weder frei formuliert noch auf einen geschlossenen Komplex von vorgegebenem paränetischem Material zurückgreifen kann. Vielmehr benutzt er Traditionsmaterial unterschiedlicher Provenienz und fügt es teilweise etwas gewaltsam in den von ihm konzipierten thematischen Duktus ein.

2. *Traditionen und ihre Verarbeitung.* a. Relativ genau faßbar ist die hinter V8 stehende Tradition. Es handelt sich um eine im Urchristentum weit verbreitete gottesdienstliche Regel, die auf Mal 1,11 zurückgeht: ». . . und an jedem Ort wird meinem Namen ein Rauchopfer dargebracht und eine reine Opfergabe.« Diese Aussage, die dem Diasporajudentum als Beleg dafür diente, daß Gott als

---

[83] Die verschiedenen adverbialen Attribute sind auf den Infinitiv κοσμεῖν bezogen, der vom Hauptverbum βούλομαι abhängig ist (Spicq 375; Brox 132; anders, freilich ohne zureichende Begründung, Schlatter 83f), nicht auf προσεύχεσθαι (V8). Die Vermutung, κοσμεῖν ἑαυτάς sei ein späterer Zusatz zum Text (so Mayer, Pastoralbriefe 32), verbietet sich angesichts der eindeutigen Bezeugung des vorliegenden Wortlautes; einen Zusatz auf der Ebene der den Past vorausliegenden Traditionsbildung vermutet Bartsch, Rechtsbildungen 60f.

eigentliches Opfer die Gebete wollte, die ihm weltweit (»an jedem Ort«) von seinen Gläubigen dargebracht wurden[84], bezog die christliche Gemeinde auf das Gebet im eucharistischen Gottesdienst, wobei sie zugleich die »Reinheit« des Opfers im Sinne des Jesuslogions Mt 5,24, übertragen auf das Nicht-Beflecktsein des Gebetes durch Haß und Unversöhnlichkeit, deutete[85].

b. In VV9f wird eine *Sittenregel für die Frauen* aufgenommen, die ursprünglich allgemein das Verhalten christlicher Frauen normierte[86]. Sie ist bestimmt durch die antithetische Gegenüberstellung von äußerem Schmuck und modischem Putz einerseits und wahrem, verborgenem Schmuck des Herzens andererseits. Daß es sich hier um geprägte Tradition handelt, wird durch 1Petr 3,3f belegt, wo derselbe antithetische Aufbau – allerdings in umgekehrter Reihenfolge[87] – sowie z. T. dieselben Formulierungen auftauchen[88]. Diese Tradition ist keineswegs genuin christlich; sie greift vielmehr einen Topos konservativer hellenistisch-römischer Ethik auf, der vor allem in der frühen Kaiserzeit stark verbreitet war: Gegen die als Entartungserscheinung empfundene Hochkonjunktur von Kosmetik, extravaganter Frisur, Schmuck und Kleidermode[89] setzt man polemisch das Ideal der schlichten, tugendhaften, in der Stille von Haus und Familie wirkenden Frau, die solchen Aufwandes nicht bedarf, weil ihre inneren Werte sie schmücken[90]. Auch das hellenistische Judentum hat diesen Topos aufgenommen und ihn im Sinne weisheitlicher Ethik ausgestaltet[91]. Das Leitbild ist dabei in der römischen Welt die sittenstrenge Matrone der Frühzeit[92] bzw. im jüdischen Bereich die »heilige« Frau der Patriarchenzeit[93], wie sie 1Petr 3,6 am Beispiel Saras exemplifiziert wird[94].

---

[84] Das bezeugt Justinus, Dial. 117,2.4; s. hierzu Wengst, Didache 55.

[85] Ebd. 55f. Dieser Zusammenhang wird durch die Eucharistie-Anweisung Did 14,2–3 belegt: »Jeder aber, der Streit mit seinem Nächsten hat, soll nicht mit euch zusammenkommen, bis sie sich ausgesöhnt haben, damit euer Opfer nicht entweiht werde! Denn das ist das vom Herrn über das Opfer Gesagte: An jedem Ort und zu jeder Zeit mir ein reines Opfer darzubringen; denn ein großer König bin ich, sagt der Herr, und mein Name ist wunderbar unter den Völkern.« Vgl. ferner 1Cl 2,3; 29,1; Justinus, Apol. I 56; Const.Ap. VIII. Daß, wie Bartsch, Rechtsbildungen 56f vermutet, die Hauptstoßrichtung dieses Topos auf die Universalität christlichen Gottesdienstes im Gegensatz zur örtlichen Gebundenheit des jüdischen Kultus geht, ist unwahrscheinlich. Betont ist vielmehr die spiritualisierte Deutung des Opfers auf den christlichen Gottesdienst und, in Verbindung damit, das Verständnis der Reinheit des Herzens im Sinne kultischer Reinheit. Zur Gewichtung des zweifellos vorhandenen universalistischen Motivs s. Anm. 104.

[86] Dibelius-Conzelmann 37; anders, ohne hinreichende Begründung, Bartsch, Rechtsbildungen 61.

[87] Äußerer Schmuck: 1Petr 3,3; der »verborgene Mensch des Herzens«: 1Petr 3,4.

[88] Ἐν πλέγμασιν = ἐμπλοκῆς τριχῶν (1Petr 3,3);
χρυσίῳ = χρυσίων (1Petr 3,3);
ἱματισμῷ = ἱματίων κόσμος (1Petr 3,3);
κοσμίῳ κοσμεῖν = ἐκόσμουν (1Petr 3,5);

[89] Thraede, Hintergrund der Haustafeln 223f.

[90] Z. B. Plutarchus, Praec.Coniug. 26 (141e); Epictetus, Ench. 40; Seneca, Ben. 7,9; Pseudo-Lucianus, Amores 40ff. Weitere Belege bei Thraede, Ärger 80f.

[91] Philo, Virt. 39f; Migr.Abr. 97; Vit.Mos. 2,243.

[92] Thraede (Hintergrund der Haustafeln 215; Ärger 81f) verweist darauf, daß es sich hierbei keineswegs um ein Abbild selbstverständlicher gesellschaftlicher Wirklichkeit, sondern – ganz im Gegenteil – um eine romantische Konstruktion handelt.

[93] Thraede, Ärger 90f.

[94] Goppelt, Der erste Petrusbrief 218f.

Die Regel ist nur oberflächlich verchristlicht, und zwar durch V10, der, wie seine Sprache vermuten läßt, auf den Verf. der Past zurückgehen dürfte[95]: hier werden die allgemeinen Tugendbegriffe von V9a – »würdige Haltung«, »Ehrfurcht«, »Sittsamkeit« – im Sinn christlicher »Gottesfurcht«, die sich in Werken glaubenden Gehorsams äußert, gedeutet. Im übrigen hat der Verf. der Weisung durch die Einordnung in den von ihm geschaffenen Kontext einen neuen Akzent gegeben: Aus der ursprünglich allgemein gehaltenen wird eine auf den Gottesdienstbesuch der Frauen bezogene Anordnung.

c. Das Urteil über das *Lehrverbot für die Frau* (VV11–15) hängt ein Stück weit von der Klärung des Verhältnisses zu der umstrittenen *mulier-taceat*-Passage 1Kor 14,33b–36 ab. Hält man die letztere für einen späteren redaktionellen Zusatz zum 1Kor, so scheint sich als unmittelbare Konsequenz die Annahme der Abhängigkeit dieser Stelle wie auch von 1Tim 2,11–15 von derselben jüdischen Tradition aufzudrängen[96]. Nun sprechen in der Tat für den sekundären Charakter von 1Kor 14,33b–36 gewichtige formale und inhaltliche Argumente[97], vor allem die Unvereinbarkeit mit 1Kor 11,2–16, wo Paulus ausdrücklich die Möglichkeit profetischer Verkündigung durch Frauen in der gottesdienstlichen Versammlung voraussetzt[98]. Doch ist damit die Frage der Herkunft von 1Tim 2,11ff keineswegs vorentschieden; es empfiehlt sich vielmehr, beide Probleme voneinander abzukoppeln. Auch im Falle der Interpolation von 1Kor 14,33b–36 könnte diese so früh erfolgt sein, daß dem Verf. der Past 1Kor 14 bereits in der heutigen Gestalt vorgelegen hätte. Der folgende Strukturvergleich beider Abschnitte spricht jedenfalls dafür, daß 1Tim 2,11–15 eine überarbeitete, präzisierte und situativ zugespitzte Neufassung von 1Kor 14,33b–36 ist.

Die Gegenüberstellung (s. folgende Seite) zeigt, daß 1Tim 2,11–15 aus dem relativ ungeordneten Nebeneinander von verschiedenen Argumenten bzw. Argumentationssplittern in 1a–e einen stringenten Argumentationsgang gewinnt.
So wird die nachklappende Konzession hinsichtlich der Lernmöglichkeit der Frau (1d) an den Anfang gerückt (2a), so daß ein Nebeneinander von zwei antithetischen

---

[95] Vgl. 1Tim 3,1; 5,10; 2Tim 2,21; 3,17; Tit 1,16; 2,7.14; 3,1.5 (»καλὸν ἔργον«).

[96] So meint Dautzenberg*, wir hätten es hier mit der direkten Übernahme einer Gemeindeordnung synagogalen Typs mit der für diese bestimmenden Ordnungsvorstellung zu tun. Der sekundäre Einschub in 1Kor 14 sei auf Einwirkung derselben Ordnung zurückzuführen und etwa gleichzeitig mit der Entstehung der Past im Rahmen der »Paulusrezeption in ursprünglich nicht paulinisch geprägten Gemeinden« (Urchristliche Prophetie 272; modifiziert: ders., Stellung) erfolgt.

[97] Eine Ausscheidung mit textkritischen Argumenten (so u. a. A. Oepke, ThWNT I 788;

Fitzer, Weib 4f; Hahn, Gottesdienst 63) ist allerdings nicht möglich (Dautzenberg*, Urchristliche Prophetie 271; Lietzmann-Kümmel, HNT 9, 75; H. Conzelmann, Der erste Brief an die Korinther, ¹²1981 [KEK V], 290). Die Interpolation muß bereits vor der Herausgabe des 1Kor erfolgt sein.

[98] Anders Schüssler-Fiorenza*, Women 160f: Paulus verbiete in 1Kor 14,33b–36 profetisches Reden für verheiratete Frauen, gebe es jedoch in 1Kor 11,2–16 für unverheiratete frei. Doch dagegen Dautzenberg, Stellung der Frauen 193f. S. zum Folgenden Trummer, Paulustradition 144–149.

1. 1Kor 14,33–36

(a) ὡς ἐν πάσαις ταῖς ἐκκλησίαις
τῶν ἁγίων
αἱ γυναῖκες
ἐν ταῖς ἐκκλησίαις σιγάτωσαν.

(b) οὐ γὰρ ἐπιτρέπεται αὐταῖς
λαλεῖν,
ἀλλὰ ὑποτασσέσθωσαν,

(c) καθὼς καὶ ὁ νόμος λέγει.

(d) εἰ δέ τι μαθεῖν θέλουσιν,
ἐν οἴκῳ τοὺς ἰδίους ἄνδρας
ἐπερωτάτωσαν.

(e) αἰσχρὸν γάρ ἐστιν γυναικὶ
λαλεῖν ἐν ἐκκλησίᾳ.
ἢ ἀφ᾽ ὑμῶν ὁ λόγος τοῦ θεοῦ
ἐξῆλθεν,
ἢ εἰς ὑμᾶς μόνους κατήντησεν;

2. 1Tim 2,11–15

(a) γυνὴ
ἐν ἡσυχίᾳ μανθανέτω
ἐν πάσῃ ὑποταγῇ.

(b) διδάσκειν δὲ γυναικὶ οὐκ
ἐπιτρέπω οὐδὲ αὐθεντεῖν
ἀνδρός,
ἀλλ᾽ εἶναι ἐν ἡσυχίᾳ.

(c) Ἀδὰμ γὰρ πρῶτος ἐπλάσθη,
εἶτα Εὔα
καὶ Ἀδὰμ οὐκ ἠπατήθη,
ἡ δὲ γυνὴ ἐξαπατηθεῖσα ἐν παρα-
βάσει γέγονεν.

(d) σωθήσεται δὲ διὰ τῆς
τεκνογονίας,
ἐὰν μείνωσιν ἐν πίστει καὶ ἀγάπῃ
καὶ ἁγιασμῷ μετὰ σωφροσύνης.

Parallelaussagen entsteht: Das Lernen der Frauen ist in Einklang mit der ihnen gebotenen Unterordnung (2a), nicht jedoch das Lehren (2b). Dadurch wird der Situationsbezug präzisiert: Ist in 1a–d nicht ganz deutlich, ob sich die Aussage nur gegen ein Dazwischenreden der Frauen im gottesdienstlichen Lehrgespräch[99] richtet oder ob sie das in 1Kor 11,2–16 konzedierte profetische Lehren von Frauen einschränken bzw. bestreiten will, so ist die Frontstellung von 2a und 2b gegen das gottesdienstliche Lehren eindeutig. Bei der Begründung hat in 1a und 1e der Hinweis auf den Brauch der übrigen Gemeinden bzw. das sittliche Empfinden das Hauptgewicht, während der Verweis auf die Schrift nur angedeutet wird (1c). Er scheint überdies lediglich den allgemeinen Topos der Unterordnung der Frau, nicht jedoch das spezielle gottesdienstliche Redeverbot zu betreffen. Demgegenüber ist in 2c die Schriftbegründung stark akzentuiert, und zwar in Gestalt eines doppelten Schriftbeweises: Zunächst wird allgemein die Unterordnung der Frau, sodann speziell ihre Lehrunfähigkeit erwiesen. Das erste Argument ist dem Schöpfungsbericht Gen 2,18 entnommen, das zweite der Sündenfallgeschichte Gen 3. Es ist angesichts der sonstigen vielfältigen Benutzung des 1Kor durch den Verf. der Past nicht von der Hand zu weisen, daß das erste Argument in Anlehnung an 1Kor

---

[99] So W. G. Kümmel, in: Lietzmann-Kümmel, HNT 9, 190; doch dagegen Conzelmann, a. a. O. (Anm. 97) 299.

11,9 gebildet worden ist, wo Paulus in einem thematisch ähnlichen Zusammenhang die Schöpfungsgeschichte heranzieht, um die unmittelbarere Stellung des Mannes zu Gott zu beweisen[100]. Dieser Aufwertung des Schriftbeweises zur letzten Instanz entspricht es, daß auf die Begründung mit gesamtkirchlichem Brauch und sittlichem Empfinden verzichtet wird; sie hätte demgegenüber nur eine Abschwächung bedeutet. Verstärktes Gewicht gewinnt jedoch die Autorität des gebietenden Apostels. Das allgemein-unpersönliche, der Begründung aus Konvention und sittlichem Empfinden zugeordnete οὐ γὰρ ἐπιτρέπεται (1Kor 14,34 = 1b) wird transformiert zu οὐκ ἐπιτρέπω (1Tim 2,12 = 2b): Es geht um ein verbindliches Verbot des Paulus, das als solches nicht mehr hinterfragt werden darf. Der Präzisierung des allgemeinen Redeverbotes (1b) zu einem von der Schrift her begründeten Lehrverbot (2b) dürfte auch eine genauere Bestimmung des Verhältnisses zwischen diesem und der Unterordnungspflicht der Frau entsprechen. In 1Kor 14,34 (= 1b) bleibt zunächst offen, worauf das Sich-Unterordnen der Frauen bezogen ist. Eine indirekte Erklärung gibt 14,35 (= 1d): Es geht um die Unterordnung der Frau unter ihren eigenen Mann. Die im Gottesdienst redende Frau würde die Sitte verletzen, nach der die Frau zum öffentlichen Leben nicht Zugang hat, sondern darauf angewiesen bleibt, daß der Ehemann als Vermittler zwischen ihr und der Öffentlichkeit fungiert. Gestört wäre demnach also das familiäre Unterordnungs-verhältnis, die Ordnung des jeweiligen Hauses[101]. Demgegenüber hat 1Tim 2,12 (= 2b) die Ordnung des Hauswesens Gottes, der Kirche, im Blick; denn hier wird das Lehren der Frau ganz direkt als ein Herrschen über den Mann bezeichnet. Die lehrende Frau kompromittiert nicht nur ihren eigenen Mann, indem sie aus dem familiären Unterord-nungsverhältnis ausbricht, sondern sie verstößt gegen die Ordnung des Gottesdienstes, dessen Leitung durch Männer vorausgesetzt ist. 2Tim 2,15 (= 2d) ist nicht mehr Teil des eigentlichen Schriftbeweises, sondern eine vom Verf. geschaffene Abschlußformu-lierung, die den negativen Aussagen zum Thema »Frau« noch ein positives Gegenge-wicht zugesellen soll[102].

Erklärung 8 Das hier erstmals erscheinende autoritative »Ich will« (vgl. 5,14; Tit 3,8)[103] gewinnt sein volles Gewicht auf dem Hintergrund des in V7 über den Auftrag des Apostels Gesagten: Es ist im Vollzug seines Auftrages als Zeuge des allen Menschen geltenden Versöhnungshandelns Gottes in Christus, daß »Paulus« Weisung zu einem dieses Versöhnungshandeln sichtbar und werbend bezeu-genden Verhalten gibt. Zum anderen dürfte die Wendung »an jedem Ort« rückbezogen sein auf das vorher betonte Motiv der Universalität (»πάντων« VV1.4.6), um es in eine die empirische Erfahrung aus der Sicht des Glaubens überhöhende ökumenische Perspektive zu rücken: Daß Menschen sich überall zum Gebet im Namen Jesu Christi versammeln, ist die sichtbare Folge davon, daß Christus sich »für alle« dahingegeben hat (V6) und daß Gottes Rettungs-wille »allen Menschen« gilt (V4). Alles kommt deshalb darauf an, daß dieses Zusammenkommen in einer Form geschieht, die dem Heilsgeschehen, dem es

---

100 Trummer, Paulustradition 147: »Diese Argumentation ist ... keine Besonderheit der Past, sondern bereits bei P vorgezeichnet.«
101 Dautzenberg, Stellung der Frauen 195.
102 Anders Nauck, Herkunft 100; Küchler* 10.

103 Ähnlich imperativen Klang hat βούλομαι in 5,14; Tit 3,8; hierzu H.-J. Ritz, EWNT I 541; Spicq 372 (unter Verweis auf das Vor-kommen in hellenistischen Dekreten). Auf alle Fälle ist βούλομαι gegenüber παρακαλώ die stärkere Wendung.

sich verdankt und auf das es bezogen ist, gemäß ist. Die theologische Einsicht des Diasporajudentums, daß das Gebet der weltweit verstreuten Heilsgemeinde dem Tempelkultus gleichwertig sei (nach Mal 1,11), wird hier durch die Verbindung mit der Christologie in eine neue heilsgeschichtlich-eschatologische Dimension überführt[104]. Die Weisung zielt nicht auf die Normierung einer bestimmten äußeren Gebetshaltung. Diese wird vielmehr als selbstverständlich vorausgesetzt, denn in hellenistischer Zeit betete man, wie unter anderem bildliche Darstellungen zeigen[105], indem man die Arme mit geöffneten Händen gegen den Himmel erhob[106]. Dieser Gestus war zugleich sinnfälliger Ausdruck der Unterwerfung unter den Willen der Gottheit und des Flehens um deren Hilfe[107]. Es geht hier schwerlich darum, diesen Gestus als solchen verbindlich zu machen. Die Weisung zielt vielmehr auf die ihn tragende und begleitende innere Haltung: »heilig«, das heißt: für die unmittelbare Hinwendung zu Gott bereitet und gereinigt[108], sind die Hände des Beters dann, wenn er allen Gedanken des Zornes und Hasses den Abschied gegeben und sich zur Versöhnung mit den Mitmenschen bereitgefunden hat. Zorn und Streit sind mit dem Beten unvereinbar, und zwar nicht nur, weil sie die Gedanken von Gott abziehen und gleichsam verunreinigen, sondern auch, weil sie dem Handeln Gottes, dem sich der Betende unterstellt, widerstreiten. Denn der Angelpunkt christlichen Betens ist die Bitte um Losspruch von Schuld und Vergebung, und die Mitte christlichen Gottesdienstes ist die eucharistische Tischgemeinschaft der mit Gott durch die Selbsthingabe Jesu Christi Versöhnten (V6). So steht die vorliegende Weisung in der auf Jesu Worte über den Zusammenhang zwischen Gebet und Versöhnung (Mk 11,25; Mt 5,23–25; 6,12.14) zurückgehenden Tradition. Daß das mehrdeutige Wort διαλογισμός[109] hier nicht mit »Zweifel«[110], sondern mit »feindselige Gedanken« bzw.

---

104 Hierauf – und nicht auf die Abwehr des Gedankens der Notwendigkeit eines festen Kultortes (so Bartsch, Rechtsbildungen 56) – zielt das zweifellos vorhandene universalistische Motiv (s. Anm. 85).

105 Z. B. die Marmorstele aus Rheneia mit einem Rachegebet für die ermordete Jüdin Heraklea von Delos, ca. 100 v. Chr., abgebildet in: Deißmann, Licht vom Osten 352 f; s. ferner L. Réau, Iconographie de l'art chrétien, Paris 1955, 225.

106 Vgl. Ex 9,29; 1Kön 8,54; Neh 8,6; Ps 28,2; 63,5; 77,3; Jes 1,15; 1Cl 2,3 u. ö.

107 Belege bei Spicq 372 f.

108 Das Adjektiv ὅσιος entstammt hellenistischer Kultsprache und wird lediglich von der LXX zur Übersetzung von חָסִיד herangezogen. Dementsprechend selten ist es auch im NT: Apg 2,27; 13,34 f; 1Tim 2,8; Tit 1,8; Hebr 7,26; Offb 15,4; 16,5. Der Bedeutungsgehalt liegt an unserer Stelle zwischen »rein« im kultischen Sinn (vgl. Seneca, Nat.Quaest. III Praef. 14: puras ad caelum manus tollere; Jos

Bell V 380) und »fromm«, »Gott wohlgefällig« (vgl. die sinngleiche Weisung 1Cl 29,1: Προσέλθωμεν οὖν αὐτῷ ἐν ὁσιότητι ψυχῆς, ἁγνὰς καὶ ἀμιάντους χεῖρας αἴροντες πρὸς αὐτόν). S. ferner F. Hauck, ThWNT V 488–492; M. van der Valk, Zum Worte ὅσιος, Mn. 10, 113–140; H. Balz, EWNT II 1310–1312.

109 Die Bedeutungsskala reicht in der Profangräzität von *Abrechnung* (z. B. Demosthenes 36,23), *Überlegung* (Polybius III 61,6) über *Diskussion* (Epictetus, Diss. I 9,10) bis hin zu gerichtlicher *Untersuchung* (PLeid B I 13). Im NT gewinnt das Wort einen auffällig negativen Klang: es bezeichnet vorwiegend den schlechten Gedanken (Mk 7,21 par Mt 15,19; Lk 5,22) und die ängstlich-bedenkliche Reflexion (Lk 24,38 u. ö); vgl. G. Schrenk, ThWNT II 96–98.

110 So Schrenk, a. a. O 97 f unter Berufung auf das Sprachgefühl der griech. Ausleger (Johannes Chrysostomus, Theophylact, Theodoretus); Schlatter 83.

»Streit« zu übersetzen ist[111], ergibt sich aus der vorliegenden Topik (vgl. Analyse 2.a.), in der das Thema des Gebetszweifels bzw. der Laxheit des Betens keinen Platz hat.

Warum bleibt diese Weisung auf die Männer beschränkt? Da die Traditionsgeschichte dafür keinen Anhaltspunkt bietet, ist zu vermuten, daß der Verf. es war, der das ursprünglich allen Teilnehmern am christlichen Gottesdienst geltende Versöhnungsgebot auf die Männer zugespitzt hat. Der Grund dafür dürfte schwerlich gewesen sein, daß ihm Zorn und streitsüchtige Gedanken als ein ausschließlich männliches Laster galten, geschweige denn, daß er den gültigen Vollzug gottesdienstlichen Betens nur auf die Männer hätte beschränken wollen. Die auffällige Kürze der Männer-Weisung im Vergleich zu der für die Frauen legt eine andere Erklärung nahe. Der Verf. hatte zwei spezifisch auf Frauen bezogene Topoi an der Hand, die ihm beide – vor allem der zweite – wichtig waren. Er wollte jedoch bei der Behandlung des Themas »Gottesdienst« grundsätzlich die ganze Gemeinde ansprechen, und er stellte deshalb das beabsichtigte Gleichgewicht wenigstens notdürftig her, indem er das gottesdienstliche Versöhnungsgebot in einer speziell auf die Männer ausgerichteten Fassung an den Anfang rückte. So kam eine gewisse Annäherung an die Form der Ständetafel zustande, ohne daß man freilich von einer ausgeführten Ständetafel sprechen könnte[112].

9 Das gebieterische »Ich will« des Apostels (s. zu V8) bestimmt auch die erste Weisung für die Frauen sprachlich und sachlich; das Adverb ὡσαύτως ist darauf zurückbezogen[113]. Mit dieser Anbindung ist zugleich auf den gottesdienstlichen Rahmen verwiesen: Christliche Frauen sollen, wenn sie zur gottesdienstlichen Versammlung kommen, auf künstliche Frisuren, protzigen Gold- und Perlenschmuck und aufwendige modische Kleidung verzichten, denn mit alledem würden sie sich in ein schiefes Licht setzen und Zweifel an ihrer Tugendhaftigkeit und Keuschheit wecken; darüber hinaus aber sollen sie bedenken, daß sie solchen Aufwand nicht nötig haben, da ihr wahrer Schmuck, der sie vor Gott ziert, ihre Liebeswerke sind (V10).

Das erste dieser beiden Argumente, das die Tugendhaftigkeit im Blick hat, wird zwar nicht explizit ausgesprochen, doch konnte es jeder damalige Leser in Satzstruktur und Terminologie angedeutet finden. Da ist zunächst das Wortspiel ἐν καταστολῇ κοσμίῳ – κοσμεῖν[114]: Das, was die Frau wirklich »schmückt«, ist tugendhafte Haltung, wobei deren Näherbestimmung durch

111 Bartsch* 47; Brox 131; Spicq 374.
112 Vgl. hierzu S. 109 Anm. 4 und 5.
113 Bauer, Wb s. v. Die von ℵ² D* F G vertretene Textvariante καὶ γυναῖκας ἐν καταστολῇ κοσμίως ist aus dem Bestreben erwachsen, den Zusammenhang zwischen V8 und V9 eindeutiger zu machen. Dem dient das parataktische καί sowie das auf den Infinitiv προσεύχεσθαι in V8 rückbezogene Adverb κοσμίως. Diese LA läßt mit μετά (9b) eine neue Aussage beginnen.

114 Das Adjektiv κόσμιος bezeichnet die Tugend, und zwar dem griechischen Lebensideal entsprechend im Sinne des Geordneten, Geformten, Maßvollen und Abgewogenen. Gegensatz zur κοσμιότης ist die Zügellosigkeit (ἀκολασία), vgl. Platon, Gorg. 507e/508a; Aristoteles, Eth.Nic. 1109a 16. Zum Ganzen s. H. Sasse, ThWNT III 896.

das Begriffspaar αἰδώς (»Schamhaftigkeit«) und σωφροσύνη (»Besonnen-heit«) die Assoziation dieser Tugend mit Keuschheit eindeutig festlegt[115]. Durch die antithetische Formulierung wird sodann die Aufzählung der Erscheinungsformen äußerer Aufmachung als Inbegriff einer keuschen Tugend-haftigkeit entgegengesetzten Lebenshaltung angeprangert. Eine Frau, die sich eitel herausputzt, will – dies ist zumindest angedeutet – sich unbescheiden vordrängen und mit ihrer Aufmachung die Aufmerksamkeit der Männer unkeusch auf sich ziehen[116]. Dieser Gedanke ist schwerlich Ausdruck eines spezifischen christlichen Puritanismus. Er bewegt sich vielmehr in den Bahnen weit verbreiteter konservativer Wertvorstellungen der hellenistischen Welt jener Epoche[117].

Stärker christliche Färbung hat das zweite Argument, das der Sache nach 1Petr 10 3,4 entspricht, dort jedoch in theologisch ungleich differenzierterer Formulie-rung erscheint[118]. Der wahre Schmuck der Frau ist ein Verhalten, durch das ihr Bekenntnis zum christlichen Glauben, ihre Religiosität[119], glaubwürdig wird[120]: nämlich das Tun von guten Werken. Die Frage, wie und für wen solcher wahrer Schmuck sichtbar ist, wird zwar nicht direkt beantwortet, doch geht aus dem Kontext hervor, daß dabei weniger an Gott gedacht ist (wie in 1Petr 3,4), der das »Verborgene des Herzens« sieht, als an die nichtchristliche Umwelt: Sie soll das Bekenntnis zur wahren Religiosität, das sich in solchem Verhalten manifestiert, wahrnehmen; so wird man aus dem Hinweis auf das

---

[115] Auf Frauen bezogen erhält κοσμιότης den spezifischen Sinn von »Keuschheit« (Aristoteles, Pol. 1277 b 23; Epictetus, Ench. 40; Philo, Spec. Leg. I 102; III 51) und wird in dieser Bedeutung gern als Wechselbegriff zu σωφροσύνη gebraucht (JosAnt 18,66); s. Sasse, a. a. O. 896 f.

[116] Daß analoge Regeln in den heidnischen Mysterienkulten praktiziert wurden, bezeugt die Inschrift von Andania (Dittenberger, Syll.³ 736,15 ff). Dort heißt es von den ἱεραὶ γυναῖ-κες, sie sollen »ein linnenes oder sonstiges Unterkleid« tragen, »das nicht schillert, und ein Oberkleid, nicht mehr wert als zwei Mi-nen..., keine soll Goldschmuck oder rote oder weiße Schminke oder eine Haarbinde oder eine kunstvolle Frisur oder Sandalen tragen, außer solchen von Filz oder aus Leder von Opfertie-ren ... wenn eine Frau sich anders kleidet, als vorgeschrieben ist, oder sonst etwas Verbote-nes trägt, so soll der Frauenaufseher es nicht gestatten und das Recht haben, sie zu rügen; das Verbotene soll den Göttern verfallen sein«. S. hierzu Leipoldt* 50 f.

[117] Thraede, Ärger 79–81.

[118] Dort wird dem, was die Frau mittels äuße-rer Aufmachung ihrer Umwelt vormacht, das »Verborgene« entgegengestellt, das aus dem Herzen kommt und darum vor Gottes Urteil

Bestand hat (s. Goppelt, Der erste Petrusbrief 216 f): Es geht also um das wahre Bild des Menschen *sub specie dei*, während hier sehr viel flacher nur auf das christlicher Frömmig-keit angemessene äußere Erscheinungsbild ab-gehoben wird.

[119] Θεοσέβεια ist wie das sinngleiche εὐσέ-βεια ein Begriff aus dem Bereich hellenisti-scher (z. B. Xenophon, An. 2,6,26; Dittenber-ger, Syll.³ 708) und hellenistisch-jüdischer (Sir 1,25; Philo, Op. Mund.) religiöser Sprache. Sein Sinn: »die (rechte) Gottesverehrung«. Wie eine Inschrift im Theater von Milet er-weist (Deißmann, Licht vom Osten 391 f), war er auch zur Selbstbezeichnung der Juden ge-bräuchlich. Im christlichen Schrifttum er-scheint er erst spät und selten (1Cl 17,3; 2Cl 20,4; vgl. Joh 9,31).

[120] Daß es um solche äußere Glaubwürdig-keit geht, wird aus der Wendung ἐπαγγελλο-μέναις θεοσέβειαν ersichtlich. Ἐπαγγέλλειν hat hier (ähnlich wie Xenophon, Mem. I 2,7; Diogenes Laertius, prooem. 12) im Medium die Bedeutung von »sich öffentlich engagieren im Blick auf etwas«, »sich durch sein Verhalten zu etwas bekennen«; vgl. die sinngleiche Wen-dung πίστιν ἐπαγγέλλειν (IgnEph 14,2). Wei-tere Belege bei Spicq 378 f.

sich für christliche Frauen »Geziemende« entnehmen können, daß hier bereits ein bestimmtes christliches Frauenbild vorausgesetzt ist, von dem man werbende Ausstrahlung auf die Öffentlichkeit erwartet. Es ist das Bild einer Frau, die sich in äußerlicher Schlichtheit ganz den Werken der Barmherzigkeit (vgl. Apg 9,36) und der dienenden Liebe widmet. Zur inhaltlichen Füllung wird man die Witwenordnung 5,10 heranziehen können. Ganz unbefangen wird, wie auch sonst in den Past (5,10.25; 6,18; Tit 2,7.14; 3,8.14), von den »guten« (καλά bzw. ἀγαθά) Werken der Christen geredet (vgl. Eph 2,10). Das ist ein nicht unwichtiges Indiz für den deuteropaulinischen Charakter der Briefe. Denn Paulus vermeidet konsequent diese Redeweise, um statt dessen für das sittliche Tun der Christen das singularische ἔργον (1Kor 3,13 ff; Gal 6,4; Phil 1,6; 1Thess 1,3) oder καρπός (Röm 6,22; Gal 5,22; Phil 1,11; 4,17) zu gebrauchen. Er betont damit die durch den Geist gewirkte Einheit des neuen Gehorsams, um sich vom pharisäisch-jüdischen Verständnis einzelner, vom Menschen zu erbringender Leistungen polemisch zu distanzieren[121]. Weil die paulinische Frontstellung – wie sich hier wieder erweist – für die Past ihre Aktualität verloren hat, ist für sie der Begriff »gute Werke« nicht mehr vorbelastet. Sie integrieren ihn in den Horizont ihrer Grundtendenz zu aktiver Weltzuwendung der Christen und gebrauchen ihn unbefangen, um die Fülle der dem Glaubenden von Gott zur Bewältigung im Gehorsam zugewiesenen Aufgaben zu umschreiben. Darin, daß dabei weder hier noch sonst der Gedanke an eine Verdienstlichkeit solcher Werke angedeutet ist, wird man jedoch noch ein – wenn auch unbetontes – Nachwirken paulinischer Grundgedanken sehen können[122].

Was läßt sich aus dieser Weisung hinsichtlich der tatsächlichen Situation der angesprochenen Gemeinden erschließen? Schwerlich dies, daß Luxus und zur Schau gestellter Reichtum ihr Bild bestimmt hätten. Dazu ist die Weisung zu konventionell und in ihrer Allgemeinheit zu wenig situationsbezogen. Aber immerhin wird man ihr entnehmen können, daß die Gemeinden sich soziologisch dem Durchschnittsbild der damaligen städtischen Gesellschaft stärker angenähert hatten. Es mag in ihnen nicht wenige wohlhabende Frauen gegeben haben, denen gegenüber eine derartige Mahnung angebracht erschien, weil sie zumindest in der Gefahr standen, sich im Gottesdienst durch Auftreten und Kleidung hervortun zu wollen. Vor allem aber bedeutet der Umstand, daß eine solche Weisung speziell für den christlichen Gottesdienst ausgesprochen werden konnte, daß dieser zusehends als ein Ort in der Öffentlichkeit angesehen wurde, von dem christliches Verhalten werbend und überzeugend ausstrahlen sollte.

121   Vgl. W. Schrage, Die konkreten Einzelgebote in der paulinischen Paränese, Gütersloh 1961, 54 f.
122   Schlatter 86 f geht zu weit, wenn er die Spitze der Aussage in dem Verweis auf ein christliches Arbeitsethos sehen will: Auch die reichen Frauen, denen »ihre Mittel den Gold- und Perlenschmuck gestatten«, sollen »tätige, arbeitsame Frauen werden...«, weil auch sie gewürdigt sind, durch ihr Leben Gott zu preisen«. Noch weiter geht Holtz 68, der in diesem Ruf zur Arbeit »die Gleichstellung (der Frau) mit dem Mann und mit der armen werktätigen Frau, auch der Sklavin« angebahnt sieht.

Eben diese Tendenz der Integration des Gottesdienstes in die Gesellschaft 11
bildet auch den Hintergrund für die zweite die Frauen betreffende Anordnung,
das gottesdienstliche Schweigegebot. Das Verhalten der Frauen in der gottesdienstlichen Versammlung soll dem entsprechen, was allgemein anzustreben-
de Verhaltensnorm für Frauen in der Öffentlichkeit ist bzw. nach Meinung des
Verf. sein sollte. Schlichtheit in der Kleidung und Schweigen gehören dabei
unmittelbar zusammen als Weisen der der Frau gebotenen keuschen Zurückhaltung[123]. Vordergründig gesehen ist die Weisung zunächst positiv formuliert: Die Frauen sollen von der ihnen gegebenen Möglichkeit des Lernens
Gebrauch machen. Vorausgesetzt dabei ist ein Gottesdienst, in dem die
lehrhafte Verkündigung dominiert[124]; an freie profetische Rede ist im Unterschied zu 1Kor 14,34a nicht mehr gedacht. Aber die Einrahmung des Lernge-
bots durch die beiden adverbialen Bestimmungen ἐν ἡσυχίᾳ und ἐν πάσῃ
ὑποταγῇ zeigt doch, daß bereits hier die negative Abgrenzung das eigentliche
Anliegen ist: Darum geht es, daß die Frau streng innerhalb der ihr zukommenden Möglichkeit des schweigenden Lernens bleibt. Denn dies entspricht der ihr
grundsätzlich und in jeder Hinsicht[125] gebotenen Unterordnung.

Wie ist dieses hier mit so großer Selbstverständlichkeit eingeführte *Motiv der Unterordnung* der Frau traditionsgeschichtlich zu beurteilen? Allzulange konnte sich in der
ntl. Wissenschaft das Klischee behaupten, demzufolge wir es hier mit einem allgemeingültigen Topos zeitgenössischer hellenistischer Sozialethik zu tun hätten[126]. Dagegen
hätte schon der Umstand skeptisch machen müssen, daß die beiden dafür immer wieder
als Beweis herangezogenen Belege, in denen das Verbum ὑποτάσσεσθαι erscheint
(Plutarchus, Praec.Coniug. 33. [142]; Pseudo-Callisthenes, Historia Alexandri Magni I
22,4), zeitlich und herkunftsmäßig zu weit auseinanderliegen, um als repräsentativ
gelten zu können[127]. Aufgrund neuerer Untersuchungen legt sich jedoch eine differen-
ziertere Sicht nahe, für die eine Reihe von Erwägungen bestimmend sind:
1. Ganz allgemein gilt zunächst, daß die Stellung der Frau in der hellenistischen Welt
keineswegs einheitlich beurteilt wurde. Bei Platon[128] und Aristoteles[129] sowie in der
peripatetischen Schule findet sich eine stark autoritäre, die alleinige Herrschaft des

---

[123] So ist für Plutarchus, Praec.Coniug. 31
das Wort der Frau in der Öffentlichkeit gleichbedeutend mit der Entblößung ihres Unter-
arms in der Öffentlichkeit. Die züchtige Frau
spricht entweder zum Manne im Haus oder
durch ihn in der Öffentlichkeit (a. a. O. 33). S.
hierzu Dautzenberg*, Stellung der Frauen
197 f.
[124] Wie durchweg in den Past: 4,6.11; 6,2b;
2Tim 4,2.
[125] Πάσῃ hat elativische Bedeutung: »völli-
ges Schweigen«, vgl. B. Reicke, ThWNT V
886.
[126] So z. B. W. Schrage, Zur Ethik der neutestamentlichen Haustafeln, NTS 21 (1975) 9.
[127] Zudem erweist sich die Plutarch-Stelle als

wenig geeigneter Beleg. Bei Licht besehen besagt sie nur: Herrschsucht der Frau verletzt
den Anstand, Unterordnung unter den Mann
ziert die Frau, nicht anders wie es den Fürsten
ziert, Philosophen zu ehren; vgl. Thraede, Ärger 61; Müller*.
[128] Men. 71–73: Tugend des Mannes ist es,
den Staat zu verwalten, Tugend der Frau, das
Haus zu verwalten und dem Mann zu gehorchen.
[129] Pol. 1254b, 14f: Auf Grund der Natur ist
das Männliche im Hinblick auf das Weibliche
das Bessere, jenes das Geringere, das eine ist
das Beherrschende, das andere das Beherrschte; vgl. auch 1259b, 1f.

Mannes betonende, die Frau hingegen auf das Haus verweisende Sicht[130]. Demgegen-
über entwickelte die Stoa aus ihrer naturrechtlich begründeten Sicht der Gleichheit aller
Menschen wenigstens in der Theorie den Gesichtspunkt der Partnerschaft der Geschlechter[131]. Hinzu kam, daß sich in späthellenistischer Zeit in manchen Bereichen der
Gesellschaft eine weitgehende Emanzipation der Frau vollzog: Frauen gewannen
Einfluß in der Öffentlichkeit und nahmen auch am Leben außerhalb von Haus und
Familie teil. In der frühen römischen Kaiserzeit setzte eine konservative Gegenbewe-
gung ein, die die Rückkehr zu den patriarchalischen Lebensformen der Frühzeit
propagierte.

2. Antike Sozialethik ist nahezu ausschließlich am »Haus« orientiert. Die οἰκία ist der
maßgebliche gesellschaftliche Lebensbereich, in dem sich natürliche wie gesellschaftli-
che Bedürfnisse konkretisierten. Sie ist Wirtschaftsgröße, aber auch Ort des Kultes[132].
So ist es nicht verwunderlich, daß sich die erwähnten restaurativen Tendenzen in dem
Versuch niederschlugen, die Verhältnisse innerhalb des Hauses wieder stärker an
Normen der Vergangenheit anzunähern. In den Schriften Περὶ οἰκονομίας (oder
Οἰκονομικός), unter denen das Werk des Junius Moderatus Columella besonders
herausragt[133], wird die Rolle der Frau streng definiert: es ist die der *mater familias,* die
in stiller Zurückhaltung das Haus bestellt und gemeinsam mit dem Mann, aber doch in
Ehrerbietung ihm als dem Herrn gegenüber, für das Wohl der Familie sorgt[134]. Dabei ist
das Verhältnis von Mann und Frau gleichermaßen durch die natürliche Unterordnung
der Frau wie auch durch die verantwortungsbewußte Liebe und Treue des Mannes
bestimmt; folglich kann von einer Sanktionierung rücksichtsloser Herrschaftsaus-
übung des Mannes in dieser Literatur keine Rede sein[135]. Eher kommt ein auf der
Respektierung der jeweiligen Rollennorm der beiden Geschlechter basierendes Gegen-
seitigkeitsprinzip zum Tragen. Hierin berührt sich die späthellenistische Ökonomik so
eng mit den urchristlichen Haustafeln, daß eine Beeinflussung dieser durch jene
gefolgert werden darf. Ganz allgemein kann die Übernahme von Gedankengängen der
zeitgenössischen Ökonomik als Ausdruck der Option des nachpaulinischen Christentums für eine gemäßigt konservative sozialethische Konzeption seiner Umwelt gelten[136].

3. Es liegt auf der Hand, daß mit dieser Übernahme liberalere Entwicklungen innerhalb
der paulinischen Gemeinden der ersten Generation auf breiter Front zurückgedrängt
wurden[137]. Und zwar hatte bei diesem Restaurationsprozeß der Rückgriff auf Traditionen des hellenistischen Judentums große Bedeutung. Zunächst hat sich ganz allgemein
im hellenistischen Judentum die in altorientalischer Sitte verwurzelte Tendenz, die
Frau aus dem öffentlichen Leben fernzuhalten und ihren Wirkungskreis auf das Haus
zu beschränken, stärker als in der kulturellen Umwelt behauptet[138]. Dies gilt, obwohl

---

130   Thraede, Ärger 50 f.
131   A. a. O. 54 ff.
132   A. a. O. 57.
133   A. a. O. 62 f; Thraede, Hintergrund der
Haustafeln 364 f; Müller* 286 f.
134   Columella, Res Rustica XII praefatio
9–10; s. Müller* 286 f.
135   Müller* 286.
136   Vgl. Müller* 290: »eine höchst respekta-
ble urchristliche Entscheidung für einen Mittelweg sozialer Sittlichkeit, wie er sich damals

einer breiteren, gemäßigt fortschrittlichen antiken Öffentlichkeit erschloß«. Daß dieser Mittelweg sich anbot, weil die eschatologisch motivierte Radikalität des paulinischen Grundsatzes Gal 3,28 vor im der dritten Generation in
ihrem gesellschaftlichen Umfeld nicht mehr
durchzuhalten war, ist deutlich.
137   S. hierzu Lührmann, Haustafeln 93;
Dautzenberg, Stellung der Frauen 221 ff;
Thraede, Hintergrund der Haustafeln 237 ff.
138   Philo, Spec. Leg. 3,169 fordert, »das weib-

im alltäglichen Leben der jüdischen Gemeinden jener Zeit mit einer gewissen Emanzipation der Frau gerechnet werden muß, besonders in Kleinasien[139]. Vor allem aber hat
das Judentum nicht nur wie die hellenistische Ökonomik mit dem Verweis auf
Herkommen und Sitte argumentiert; in seinen Stellungnahmen zur Frauenfrage hat
der Schriftbeweis mit Gen 2 und 3 entscheidendes Gewicht. Von ihm her wird
Herrschaft des Mannes über die Frau begründet. So fordert Philo: »Die Frauen sollen
den Männern dienen (γυναῖκας ἀνδράσι δουλεύειν), nicht um des Mutwillens,
sondern um des Gehorsams willen« (Hyp 7,3). Dieselbe, offenbar ältere Tradition
entnommene Regel findet sich bei Josephus (Ap II 201): »Die Frau, sagt er (sc. Mose),
ist geringer als der Mann in jeder Hinsicht. Daher soll sie denn gehorchen (ὑπακου-
έτω), nicht zum Mutwillen, sondern damit sie beherrscht werde (ἀλλ᾽ ἵν᾽ ἄρχηται),
Gott hat nämlich dem Manne die Macht verliehen.« Der Bezug auf Gen 3,16 ist
deutlich[140]. Weiter wird, ebenfalls von Gen 3 her, die Affinität von Frau und Sünde
herausgestellt[141].
Der Umstand, daß der Topos der Unterordnung und des Gehorsams der Frau im
Christentum der dritten Generation so massiv und in so überraschender Breite (1Kor
14,35; Kol 3,18; Eph 5,22; 1Petr 3,1.5; 1Tim 2,11; Tit 2,5; 1Cl 1,3) auftritt, läßt sich
angesichts der ungleich zurückhaltenderen Äußerungen auch der konservativen hellenistisch-römischen Autoren nur von der Annahme einer Beeinflussung durch jüdische
Tradition her erklären. Auch die Argumentation mit Gen 2 und 3 dürfte von dorther
übernommen sein.

Wem die Frauen sich unterordnen sollen, wird nicht explizit gesagt. Aufgrund
des traditionellen Zusammenhangs des Unterordnungs-Topos mit dem
»Haus« könnte man zunächst an die Ehemänner denken. Der Sinn wäre dann:
Nur die Männer dürfen sich am gottesdienstlichen Lehrgespräch beteiligen;
die Ehefrauen dagegen sollen ihre häusliche Unterordnung bewähren, indem
sie ihren Männern das Wort lassen[142]. Aber die Past setzen nicht mehr die
Lehrmöglichkeit für alle Gemeindeglieder – zumindest die Männer – voraus,
sondern wissen nur noch von einem Lehren der gemeindlichen Amtsträger.
Auf diese wird darum auch die Unterordnung bezogen werden müssen, und
das heißt, daß das Gebot unterschiedslos allen Frauen in der Gemeinde gilt. Das
entspricht im übrigen der Ekklesiologie der Briefe, nach der die Kirche ein
großes Hauswesen ist, auf das die Regeln für das Miteinander in Haus und
Familie anwendbar sind (3,4.15; 2Tim 2,19f; s. Exkurs: »Das Kirchenverständnis der Past«). So, wie die Frau sich im Haus gehorsam unter ihren Mann
stellt, ordnet sie sich im Gottesdienst, der Versammlung der Hausgemein-

---

liche Geschlecht solle das Haus hüten und da-
heim bleiben (θηλείαις δέ οἰκουρία καὶ ἡ
ἔνδον μονή [LCL Philo VII 580]); vgl. auch
Flacc. 89; s. hierzu Leipoldt* 63 ff; Thraede,
Ärger 88 f.
[139] A. Th. Kraabel, Judaism in the Western
Asia Minor under the Roman Empire, Diss.
Cambridge, Mass. 1968, 43–50.

[140] Dautzenberg*, Stellung der Frauen 199.
[141] So zunächst Sir 25,24: »Von der Frau
stammt der Ursprung der Sünde, und alle müssen ihretwegen sterben«; ähnlich auch Philo,
Quaest. in Gn. I 43; IV 15).
[142] So Hommes* 41 f, der zu dem Schluß
kommt, es gehe hier nur um ein Lehrverbot für
verheiratete Frauen.

schaft Gottes, in gehorsamem Lernen der Autorität des zum Lehren beauftragten Mannes unter[143].

12 Der Parallelismus von V12 zu V11 bestätigt diese Deutung: »Unterordnung« ist das schweigende Lernen dessen, was die dazu autorisierten Männer lehren – selbst lehren zu wollen wäre das Gegenteil davon, nämlich Anmaßung von Herrschaft über die Männer[144]. Daß die Frau vollberechtigte Teilnehmerin am Gottesdienst ist, wird nicht bestritten, sie wird jedoch streng auf die ihr zukommende Rolle der gehorsam Lernenden verwiesen, wobei diese in Analogie zu ihrer Rolle im Haus gesehen ist. Vorausgesetzt ist dabei, daß sich die Rollen des lehrenden Mannes und der lernenden Frau in sinnvoller Zuordnung ergänzen. Der Gottesdienst ist nicht ein Stück Öffentlichkeit, in dem die Frau durch ihren Mann gleichsam vertreten wird; er ist vielmehr als Erweiterung des christlichen Hauses gesehen, weshalb in ihm die gleichen Regeln gelten wie dort[145]. Am Ende der Weisung wie an ihrem Anfang steht das offenbar entscheidende Stichwort »Schweigen«. Es umschreibt das positive Leitbild der in würdevoller, gesammelter Stille (vgl. 2,2) verharrenden christlichen Frau.

13 Die beiden Schriftbeweise beschränken sich, wie es auch sonst die Art der Past ist, auf knappe Andeutungen, die auf in den Gemeinden bekannte Auslegungstraditionen verweisen wollen. Das erschwert für uns das Verständnis. Relativ eindeutig ist trotz seines schematischen Charakters der erste Hinweis: Er gilt zweifellos Gen 2,7.22f (vgl. 1Kor 11,8f). Als Erstgeschaffener ist der Mann der nach Gottes Willen zur Herrschaft Bestimmte. Der zeitliche Vorsprung vor der Frau, den er kraft seiner Entstehung hat, begründet seine Vorherrschaft ihr gegenüber[146]. Hier wird auf Vorstellungen angespielt, die für die Sicht der Rollen der Geschlechter im zeitgenössischen hellenistischen Judentum bestimmend waren[147].

14 Schwieriger ist der zweite Schriftbeweis, der, über den allgemeinen Themen-

---

[143] Es ist darum kurzschlüssig, wenn Dautzenberg*, Stellung der Frauen 202 aus 1Kor 14,35 und 1Tim 2,11–14 folgert, hier werde die »Gemeindeordnung an die Gesellschaftsordnung mit ihrer Unterscheidung von Öffentlichkeit und ›Haus‹« in der Weise angeglichen, daß die gottesdienstliche Versammlung auf eine Stufe mit profanen öffentlichen Versammlungen gestellt werde. Berücksichtigt man die gesamte Ekklesiologie der Past, so ist im Gegenteil deutlich, daß Gemeinde und Gottesdienst als οἶκος verstanden und den für das Hauswesen geltenden Regeln unterstellt werden.

[144] Dibelius-Conzelmann 148. Anders Schlatter 87f; Holtz 68f: Die Frauen dürfen zwar nicht lehren, aber sie dürfen am Lehrgespräch teilnehmen und Fragen stellen, allerdings »nicht in Leidenschaft und Aufregung,

sondern in Gelassenheit, die wortkarg gedacht werden mag« (69). Aber das »schweigende Lernen in voller Unterordnung« ist als Gegensatz zum Lehren (das zugleich Herrschen ist) verstanden, und deshalb kann das zweimalige ἐν ἡσυχίᾳ nicht als positive Konzession, sondern nur als negative Abgrenzung gelten.

[145] Die 1Kor 14,34f angedeutete Unterscheidung von Gottesdienst und Haus als zweier Bereiche ist hier nicht aufgenommen.

[146] Zum jüdischen Hintergrund dieses Gedankens vgl. Sifre Dtn 37 zu Dtn 11,10 (43): »Alles, was wertvoller ist, geht dem andern (zeitlich) voran«; weiteres Material bei Bill. III 256ff. Ganz allgemein wird für die Antike sachlicher Vorrang durch zeitliche Entstehungspriorität begründet (Plato, Resp. 412c; Leg. 11,917a). Vgl. hierzu Küchler* 21–32.

[147] Philo, Hyp. 7,3; JosAp II 201.

bereich »Über- und Unterordnung« hinausgehend, die Lehrunfähigkeit der Frau belegen soll[148]. Er bezieht sich zwar auf Gen 3, deutet jedoch den Sündenfall anders als der biblische Bericht selbst[149] einseitig im Sinne eines Schuldigwerdens der Frau. Dahinter steht eine jüdische Auslegungstradition, die erstmals in Sir 25,24 belegt ist: »Von der Frau stammt der Ursprung der Sünde, und alle müssen ihretwegen sterben.« Diese Tradition, die wir nicht in ausgeführter Form kennen, sondern aus verschiedenen Andeutungen rekonstruieren müssen, scheint in mythologischer Ausschmückung der Sündenfallgeschichte von einer sexuellen Verführung Evas durch die Schlange gesprochen zu haben[150]. Auch Paulus bezieht sich auf sie in 2Kor 11,3, allerdings nur, um sie metaphorisch auszuwerten. Er vergleicht die korinthische Gemeinde mit einer Christus verlobten reinen Jungfrau: Würde sie sich vom Satan »täuschen (ἐξαπατεῖν)« lassen, so würde sie – das ist der Vergleichspunkt – Christus untreu. V14 ist also schwerlich direkt von 2Kor 11,3 abhängig, bezieht sich jedoch auf dieselbe haggadische Auslegung von Gen 3. Hier wie dort hat ἀπατεῖν den Doppelsinn »täuschen« und »sexuell verführen«[151]. Der Kontext nach rückwärts, das Lehrverbot für die Frau (V12), verlangt nur die erste Bedeutung: Als die leichter Täuschbare, in der Erkenntnis des Willens Gottes Fehlbarere erweist sich die Frau zur Lehre nicht geeignet[152]. Daß jedoch 15 die zweite Bedeutung mit im Blick ist, geht sowohl aus der strikten Verneinung der Beteiligung Adams[153] wie vor allem aus dem antithetischen Gegenüber des gemeinten Vorganges der Urgeschichte zum Hinweis auf das Kindergebären als Weg zur Rettung hervor[154]. Dadurch, daß die erste Frau im Paradies sich durch die Schlange verführen ließ, verging sie sich in einer ganz spezifischen Weise gegenüber dem Gebot Gottes[155] mit der Folge, daß sie und die ihr nachfolgenden Geschlechtsgenossinnen sich in einer besonderen Unheilssphäre befinden; diese manifestiert sich in ihren geschlechtsspezifischen Lebensumständen, vor allem im Kindergebären unter Schmerzen, aber auch in ihrer untergeordneten Stellung (Gen 3,16f)[156].

---

[148] Anders Küchler* 13, der für eine chiastische Anordnung von VV9–14 plädiert und darum den zweiten Schriftbeweis (V14) auf die Schmuckparänese (VV9–10), den ersten Schriftbeweis (V13) auf das Lehrverbot (VV11f) bezieht. Doch das kann schon darum nicht überzeugen, weil V9 auf die positive Antithese in V10, nicht jedoch auf den Schriftbeweis hin entworfen ist.

[149] So Yev 103b: »R. Johanan sagte: Als die Schlange der Eva beiwohnte, impfte sie ihr einen Unflat ein«; vgl. Schab 146a; Az 226; ApkAbr 23; slHen 31,6; Lietzmann-Kümmel, HNT 9, 209f; Küchler* 33–35.

[150] Vgl. das Material bei Küchler* 44–50.

[151] A. Kretzer, EWNT I 280f; Küchler* 36–39.

[152] Dabei ist das Wort Evas Gen 3,13 (LXX) im Blick: ὄφις ἠπάτησέν με.

[153] Küchler* 36: Die Erzählung schließt »Adam wegen dieser erotischen Tönung als Verführten grundsätzlich« aus.

[154] Hier gilt der Grundsatz: quo quis peccat, eo salvatur; vgl. Dibelius-Conzelmann 39; Bartsch, Rechtsbildungen 71; anders Küchler* 39–41.

[155] Παράβασις bezeichnet den Verstoß gegen das von Gott erlassene Gebot (vgl. 4Esr 3,7; syrBar 56,6; JosAnt 1,46; ApkMos 8,14); M. Wolter, EWNT III 32f.

[156] Zur theologischen Sachkritik dieser exegetischen Argumentation vgl. Küchler* 52f.

Um diese für den heutigen Leser außerordentlich befremdliche Argumentation zu beurteilen, muß man erkennen, daß sie nicht nur die ursprüngliche Intention von Gen 2 und 3 verfehlt, sondern auch in Distanz zur paulinischen Interpretation der Sündenfallgeschichte (Röm 5,12–21; 7,7–25) und damit zum Sündenverständnis des Apostels steht[157]. In dem Maße, in dem sie sich von Paulus entfernt, nähert sie sich der Tradition jüdischer Interpretation wieder an. Für Paulus ist Adams Tat unteilbar, und ihre Folge ist von unüberbietbarer Totalität. Durch den Ungehorsam des ersten Menschen ist die Sünde in die Welt gekommen und damit ein Unheilszusammenhang geschaffen, der die gesamte Menschheit unterschiedslos umfaßt (Röm 5,12–14). Alle sind unter die Sünde versklavt und damit von der Möglichkeit eines Zugangs zum Heil ausgeschlossen. Hier hingegen schimmert eine Sicht durch, nach der zwar die ersten Menschen im Paradies sich an Gottes Geboten vergingen und darum von Gott in einer ihr und ihrer Nachkommen weiteres Leben beeinträchtigenden Weise bestraft wurden, die jedoch diese Strafe nicht im Sinne grundsätzlicher, totaler Gottesferne versteht[158]. Sie kennt einzelne Vergehen unterschiedlicher Schwere und unterschiedlichen Gewichts, nicht jedoch die Sünde als totale, das Gottesverhältnis zerstörende Macht. Nur von dieser Voraussetzung her ist das isolierte Herausgreifen des spezifischen Vergehens der Frau – nämlich ihres Sich-Verführen-Lassens – und die Betonung der Nichtbeteiligung Adams daran möglich.

Sicher wird Adam nicht auf Kosten Evas von der Sünde freigesprochen[159]; es geht lediglich darum, daß Eva aufgrund ihres *besonderen* Vergehens einem *besonderen* Verhängnis unterstellt ist. Erkennt man das, so wird auch eine befriedigende Erklärung des Schlußsatzes möglich. Wäre sein Sinn der, daß das »Kindergebären« hier als Heilsweg bzw. als Heilsbedingung für die Frau herausgestellt wäre, so wäre er in der Tat »in einer urchristlichen Schrift fast unerträglich«[160].

Die meisten vorliegenden *Deutungsversuche* verfolgen das Ziel, das Ärgernis dieser Aussage aus der Welt zu schaffen.
1. Eine zuletzt von G. Wohlenberg vertretene alte Auslegungstradition will sie christologisch verstehen, und zwar im Sinne einer Eva-Maria-Typologie: Der Schuld der Urmutter steht das Heil gegenüber, das durch die Geburt des Erlösers aus Maria, der zweiten Eva, gewirkt worden ist[161]. Aber das hier vorausgesetzte Verständnis von Gen 3,16 im Sinne eines Protevangeliums findet sich erst im 2. Jh. (Justinus, Dial. 100; Irenäus, Haer. III 22,4) und ist im NT nirgends bezeugt[162].
2. Ein frappierend einfacher Lösungsvorschlag will σωϑήσεται rückbeziehen auf V12:

---

[157] Hier kommen darum auch Vertreter der paulinischen Verfasserschaft in erhebliche Schwierigkeiten. So Spicq 382, der entweder V15 als Glosse ausscheiden oder ihn als Äußerung eines senil gewordenen Paulus verstehen möchte; ähnlich Holtz 68: »massive Abschweifung vom Thema, wenn nicht gar . . . späterer Nachtrag und Verfälschung«.

[158] S. hierzu C. Westermann, Genesis (1–11), ³1983 (BK.AT I/1), 377.

[159] Wie es denn hier auch nicht um eine Aussage über den Ursprung der Sünde geht, vgl. Holtz 70.

[160] Michel, Grundfragen 93.

[161] Wohlenberg 118.

[162] Spicq 382f (dort auch weitere altkirchliche Auslegungen).

Die Frau wird durch Kindergebären und Wahrnehmen ihrer natürlichen häuslichen Pflichten von dem Irrtum, über den Mann herrschen zu wollen, gerettet[163]. Aber abgesehen davon, daß V15 zu weit von V12 entfernt steht, um einen solchen Bezug wahrscheinlich zu machen, ist σῴζειν im NT zu eindeutig auf seine spezifisch theologische Bedeutung hin festgelegt, als daß hier eine Ausnahme davon angenommen werden dürfte.

3. Vielfach wird vorgeschlagen, das »Kindergebären« pars pro toto als Hinweis auf die natürlichen Pflichten der Frau in Ehe und Familie zu sehen. Man führt dafür die Parallele 1Tim 5,6 an und erinnert einerseits an die »christliche Bürgerlichkeit« der Briefe, andererseits an ihre antignostische, die Schöpfung und die natürlichen Dinge bejahende Tendenz. So geht es nach N. Brox[164] hier um ein Beispiel dafür, daß sich der Glaube »nicht auf extremen, enthusiastischen, weltdistanzierten Wegen verwirklicht . . ., sondern in den Strukturen des menschlichen Lebens selbst«. Daran mag Richtiges sein. Aber die Spitzenaussage, die dem Kindergebären erlösende Funktion zuschreibt, ist so noch nicht erfaßt. Brox versucht ihr gerecht zu werden, indem er das »Gerettetwerden« allgemein darauf deutet, daß »mit der Geburt in die Welt der Heilsweg« beginne. Aber damit ist die Textaussage überdeutet: Sie spricht nicht von dem Heil der von der Frau geborenen Kinder, sondern von ihrem eigenen Heil! In ähnliche Schwierigkeiten gerät A. Schlatter[165], der zunächst das Kindergebären uneingeschränkt positiv schöpfungstheologisch auf das der Frau gegebene »wunderbare Vermögen« des Gebärens deutet, das ihr »das unverletzliche Recht und die unantastbare Würde gibt, ihre Mütterlichkeit«, um dann einschränkend festzustellen: »Aber nicht der natürliche Vorgang allein kann ihr die Rettung bringen.« Also doch eine zumindest partielle Selbsterlösung innerhalb des natürlichen Bereiches?

Man wird der Aussage von V15 nur gerecht, wenn man *erstens* ihren Bezug auf Gen 3 beachtet und wenn man *zweitens* das antithetische Gegenüber von *spezifischem* Verhängnis für die Frau und *spezifischer* Rettungsmöglichkeit aus eben *diesem* Verhängnis erkennt. Nach Gen 3,16 markiert das Gebärenmüssen unter Schmerzen die Strafe, die der Frau für ihre Verführbarkeit auferlegt ist. Hier knüpft die vorliegende Aussage an, wobei sie möglicherweise den Gedanken voraussetzt, daß diese Strafe eben jenen sexuellen Bereich betrifft, der auch bei der Verführung Evas eine Rolle gespielt hatte: Das Gebärenmüssen unter Schmerzen ist das der Frau auferlegte bleibende Verhängnis – aber dieses Verhängnis kann ihr nicht den Zugang zum Heil endgültig verbauen. Es ist für sie eine *zusätzliche* Last, und es impliziert zugleich ihre untergeordnete Stellung gegenüber dem Mann, der von solchem spezifischem Fluch frei ist. Aber sofern sie im Glauben steht, ist für sie der Weg zur Rettung in gleicher Weise offen wie für den Mann[166]. Das Kindergebären ist nicht selbst als Heilsmittel oder Heilsweg verstanden, sondern als Gesche-

---

163 S. Jebb, Suggested Interpretation of I Ti 2: 15, ET 81 (1969/70) 221f.
164 Brox 164.
165 Schlatter 90f.
166 Jeremias 22: »Die Schmerzen bei der Geburt tilgen den Fluch von 1Mose 3,16«; ähnlich

Bartsch, Rechtsbildungen 73, der freilich unter Berufung auf syrBar 56,6f; 73,7 die Geburtsschmerzen christlicher Frauen mit den Endzeitwehen zusammensehen möchte und damit eine dem Text fremde apokalyptische Note einträgt.

hen, durch das hindurch der Weg der Frau zur Rettung führt, das aber andererseits die Rettung für sie nicht verstellen kann[167]. Daß mit dieser Aussage eine Abgrenzung gegenüber der gnostischen Vorstellung, wonach das Gebären für Gebärende wie Geborene heilloses Geschehen sei, vollzogen werden soll, liegt auf der Hand (vgl. 3,4; 5,10.14; Tit 1,6). Man wird ihr jedoch andererseits keinen zu eindeutig positiven schöpfungstheologischen Sinn abpressen dürfen. Dies ergibt sich nicht zuletzt aus der abschließenden konditionalen Klausel, die in gedrängter Form die positiven Merkmale jener christlichen Lebenspraxis nennt, aufgrund derer den Frauen der Weg zur Rettung aufgetan werden soll: Glaube, Liebe[168], Heiligung[169] und Sittsamkeit (vgl. V9). Der unvermittelte Wechsel vom Singular zum Plural mag am ehesten mit der Absicht zu erklären sein, deutlich zu machen, daß es nun nicht mehr wie vorher in VV13f um Eva, sondern konkret um die christlichen Frauen in den Gemeinden geht[170].

Wirkungs-
geschichte   *Literatur: Ludolphy, I.,* Die Frau in der Sicht Martin Luthers, in: Vierhundertfünfzig Jahre lutherische Reformation, FS F. Lau, Berlin 1967, 204–221; *van der Meer, H.,* Priestertum der Frau? Eine theologiegeschichtliche Untersuchung, 1969 (QD 42); *Raming, I.,* Der Ausschluß der Frau vom priesterlichen Amt, Köln 1973; *Scharffenorth, G./Reichle, E.,* Art. Frau VII, in: TRE 11, 443–467.

Wirkungsgeschichtlich bedeutsam sind vor allem die VV11–15, die seit der frühen Väterzeit immer wieder herangezogen wurden, um die Frau gegenüber dem Mann im Schöpfungs- und Heilsgeschehen auf eine niedrigere Stellung zu verweisen und, als Konsequenz daraus, sie von allen gottesdienstlichen Funktionen auszuschließen. Freilich bildet die Stelle zumeist nicht den zentralen biblischen Beleg für solche frauenfeindliche Argumentation; sie erscheint meist im Verbund mit Gen 3,6.16; 1Kor 11,1–16; 14,33b–36 und Eph 5,21–24, wobei sie gegenüber diesen Abschnitten deutlich zurückgestuft ist: Sie dient der Ergänzung und Zuspitzung der von dort genommenen Argumente. Ob man jedoch aus dieser formalen Zweitrangigkeit Schlüsse auf den Grad der inhaltlichen Auswirkung ziehen darf, muß dahingestellt bleiben. Manches könnte nämlich dafür sprechen, daß die Stelle gerade auf indirektem Wege, etwa als Auslegungsschlüssel für den biblischen Primärbeleg Gen 3, erheblichen theologischen Einfluß ausgeübt hat.
Die Skala der sich auf VV11–15 gründenden Negativurteile über die Frau ist relativ

---

[167] Mit einer passivischen Verbform und Genitiv verbundenes διά hat im NT nirgends instrumentalen Sinn. Es dient vielmehr der Einführung von Bedingungen und Umständen, unter denen sich etwas vollzieht (1Kor 3,15; 2Kor 2,4; 3,11; 1Petr 3,20 u. ö.); vgl. C. F. D. Moule, An Idiom Book of NT Greek, Cambridge 1953, 56 (c).

[168] Zum Zusammenhang von Glaube und Liebe s. zu 1,5.

[169] Ἁγιασμός ist Gegenbegriff zu ἀκαθαρσία (1Thess 4,7) und dient »zur Bezeichnung des Gesamtzieles des neuen Lebenswandels der Glaubenden« (Röm 6,19; 2Thess 2,13; 1Petr 1,2), vgl. H. Balz, EWNT I 41.

[170] Der abrupte Wechsel vom Singular zum Plural bedeutet nicht (so u. a. A. Kassing, Das Heil der Mutterschaft. 1Tim 2,15 in biblischen Zusammenhängen, LuM 23 [1958] 39–63.40f) einen Einbezug der Männer in die Aussage; solche Inkongruenz ist Kennzeichen paränetischen Stils, vgl. Trummer, Paulustradition 149 Anm. 184.

breit. Sie reicht von der schöpfungsmäßigen Zurückstufung der Frau als eines schwachen, in vieler Hinsicht mangelhaften Geschöpfes unter den Mann, dem als Erstgeschaffenem allein die volle Gottesebenbildlichkeit eigne, über die Behauptung einer besonderen Nähe der Frau zur Sünde aufgrund ihrer geschlechtsspezifischen Versuchlichkeit, bis hin zu ihrer Diskriminierung als dem Bereich des Heiligen fernes, durch seine besondere Affinität zum Sexus kultisch unreines Wesen.

Bereits Tertullian polemisiert gegen Frauen, die unter Berufung auf die Paulus-Akten die Taufe spenden[171], unter Hinweis auf 1Kor 14,35 und 1Tim 2,12. Ja, er geht noch viel weiter, indem er in der Frau die spezifische Repräsentantin der Erbsünde sieht: Wegen ihrer Schuld mußte der Sohn Gottes sterben; darum müßte sie in besonderer Weise Buße tun, indem sie ihr Äußeres vernachlässigt. Durch ihre Neigung zu Putz und Schmuck (V9) erweist sie jedoch im Gegenteil ihre Unbußfertigkeit[172]. Es versteht sich, daß für sie keinerlei kultische Betätigung in Frage kommt. Ähnliche Töne schlagen Epiphanius[173] und Johannes Damascenus[174] in ihrem Kampf gegen die Montanisten an, die den Frauen erlauben, »Vorsteher und Priester zu sein«[175].

Auch der Ambrosiaster betont die besondere Schuld der Frau beim Sündenfall: Nicht den Mann, sondern allein die Frau hat der Teufel verführt. »Der Mann aber ist durch die Frau getäuscht worden: und darum darf sie sich nichts herausnehmen, sondern in Demut verharren. Denn durch sie ist der Tod in die Welt gekommen.« Die Auslegung von V15b auf den Glauben der »Söhne« (gemäß der Vulgata, die διὰ τῆς τεκνογονίας mit »per filiorum generationem« übersetzt) bringt einen zusätzlichen negativen Akzent ein: So tief steht die Frau, daß ihr eigener Glaube im Grunde nichts zählt. Alles, was sie zu ihrer Rettung tun kann, ist, Söhne zu gebären, die ihrerseits glauben und damit die Rettung der Mutter bewirken[176]. Noch schärfer zugespitzt findet sich diese Auslegung in der 9. Homilie des Johannes Chrysostomus zum 1Tim: Weil die Frau »in der Übertretung steht«, darum kann sie nicht durch eigene Tugend, sondern allein durch das Gebären von Söhnen gerettet werden, d. h. dadurch, daß sie »Kämpfer für Christus aufzieht«[177]. Im übrigen ist das ganze weibliche Geschlecht schwatzhaft; deshalb läßt Paulus »es überhaupt nicht zu Wort kommen«. Und beim Sündenfall hat die Frau ihre Unfähigkeit zum Lehren endgültig unter Beweis gestellt: Damals nämlich hat Eva den Adam belehrt und dadurch alles durcheinandergebracht; sie hat ihn durch ihr Lehren unter den Ungehorsam gebracht[178]. Speziell der Gedanke, daß die Frau Rettung durch Kindergebären gewinnt (V15a), dürfte von Augustinus aufgenommen worden sein, der die Behauptung aufstellt, daß die Frau nur für die Fortpflanzung des menschlichen Geschlechts erschaffen worden sei, während der Mann in allen anderen Belangen

---

171 »Wie wahrscheinlich wäre es wohl, daß der (Paulus), welcher dem Weibe beharrlich die Erlaubnis zu lernen verweigert hat, ihm die Macht, zu lehren und zu taufen, sollte eingeräumt haben? Sie sollen ›schweigen‹, drückt er sich aus, ›und zu Hause ihre Ehemänner befragen‹« (Tertullianus, Bapt. [CChr. SL 1,291 f]).
172 »Wenn die Frau einen großen Glauben hätte, würde sie ihr Äußeres vernachlässigen, da jede in sich selbst eine trauernde und büßende Eva herumträgt... Du bist es, die dem Teufel Eingang verschafft hast, du hast das Siegel jenes Baumes gebrochen, du hast zuerst das göttliche Gesetz im Stich gelassen, du bist

es auch, die denjenigen betört hat, dem der Teufel nicht zu nahen vermochte. Du hast den Menschen Adam, das Ebenbild Gottes, zu Boden geworfen. Wegen deiner Schuld, d. h. um des Todes willen, mußte auch der Sohn Gottes sterben, und da kommt es dir noch in den Sinn..., Schmucksachen anzulegen?« (Tertullianus, De cultu feminarum, CSEL 1,343).
173 PG 41,858.880f.948f.
174 PG 104,706.
175 Epiphanius, PG 41,848.
176 PL 17,494.
177 PG 62,545.
178 PG 62,544f.

bessere Hilfe und angemessenere Gemeinschaft durch Männer erfahren könne[179]. In ähnlicher Richtung äußerte sich auch Thomas v. Aquin[180]. Verbindet sich diese Festlegung der Frau auf die Rolle der Gebärerin mit der von den älteren Kirchenvätern vertretenen Auffassung von ihrer besonderen Verstrickung in die Sünde, so ist es nur ein kleiner Schritt zu ihrer Verdächtigung als der potentiellen Verführerin zu sündiger Sexualität. Diesen Schritt tut Thomas, wenn er als Grund für das Verbot der öffentlichen Lehre der Frau in der Kirche angibt: »damit nicht der Geist der Männer zu Sinnlichkeit verführt werde«[181]. Andererseits hat Thomas das Lehrverbot von V12 durchaus zu differenzieren gewußt: Es gilt ausschließlich für die öffentliche Lehre, nicht jedoch für die Lehre in Haus und Familie; zu ihr ist die Frau sowohl fähig als auch verpflichtet[182].

Zahlreich sind die offiziellen kirchlichen Lehräußerungen aus altkirchlicher und frühmittelalterlicher Zeit, die für die Frau jede aktive Rolle im Gottesdienst ausschließen und sie als kultisch unrein aus dem sakralen Bereich herausdrängen. Am Anfang steht das Konzil von Laodizea (zwischen 343 und 381), das im 44. Kanon sagt: »Frauen ist es nicht erlaubt, den Altarraum zu betreten«[183]. Papst Leo IV. erließ ein Verbot, daß Frauen nicht in der Kirche singen dürfen, und das Trullanum von 692 verwehrte der Frau das Reden in der Kirche während der Gottesdienste[184]. Weitere Verbote betrafen etwa das Berühren des Altartuches und anderer heiliger Gegenstände durch Frauen, ja sogar die Entgegennahme der Eucharistie mit bloßer Hand[185]. All dies ist freilich in späterer Zeit stillschweigend als nicht mehr verpflichtend angesehen und aus dem kirchlichen Bewußtsein verdrängt worden.

Die *reformatorische Theologie* brachte keine grundsätzliche Veränderung, lediglich eine gewisse Modifikation der traditionellen Auffassungen. Sie blieb der Ansicht der Väter treu, was die schöpfungsmäßige Stellung der Frau unter dem Mann betraf; lediglich die Aussagen über die besondere Nähe der Frau zur Sünde wurden von ihr deutlich modifiziert. So meint Luther, daß Adam schon vor dem Fall die Frau übertroffen habe, weshalb der Satan nicht gewagt habe, ihn unmittelbar anzugreifen[186]. Er betont jedoch unter Bezug auf 1Tim 2,13f, daß Adam teils durch die Frau, die ihm den Apfel gereicht hat, teils durch sich selbst verführt worden sei[187]. Die paulinische Weisung zur Unterordnung der Frau unter den Mann ist schöpfungsmäßig begründet, sie wird durch das »Gesetz« (sc. Gen 3,16) gestützt, das für alle Bereiche öffentlichen Lebens gilt und das dafür sorgt, daß »Ehre, Zucht und Ordnung« herrschen[188]. Darum

---

179   PL 34,395–397: »Deswegen kann ich nicht entdecken, zu welcher Hilfe die Frau für den Mann geschaffen worden sein soll, wenn man vom Gebären absieht...«
180   I 92,1.
181   II–II 177,2.
182   Kommentar zu 1Tim 2,12 (228): »Dicendum est, quod doctrina alia est publica, et haec non competit mulieri, et ideo dicit, in ecclesia; alia est privata, et haec mater erudit filium.«
183   Mansi 2,572.581.
184   Hierzu van der Meer* 121f.
185   Ebd. 117.119. Diese und andere die Frau betreffenden Verbote samt den patristischen Schriftbeweisen für die Unterordnung der Frau

wurden gesammelt im sogen. Dekretbuch Gratians, der *Concordia discordantium canonum* (um 1140); s. hierzu Raming* 7f.166f.
186   WA 26, 47; vgl. auch WA 42, 114; hierzu Ludolphy* 211.
187   WA 42, 136.
188   So in der Schrift »Vom Mißbrauch der Messe« (1521) (WA 8, 497): »Denn ßo gebeutt Paulus Timotheo, Das er denen das wortt gottis tzu predigen befelh, die datzu geschickt sind und die andern leren unnd unterweyssen konnen. Denn es gehortt tzu dem geyst, wer predigen wil, eyn gutte stymm, eyn gutt außsprechen, eyn gutt gedechtniß und ander naturliche gaben: wilcher die selbigen nicht hatt, der schweygt billich still unnd lest eyn andern

lehnt Luther auch die öffentliche Predigt der Frau ab, obwohl er ihr wie allen Christen Anteil am allgemeinen Priestertum zubilligt. Aus seinem speziellen reformatorischen Anliegen erklärt sich, daß er in Abweichung von der Tradition eine Ausnahme von dieser Regel einräumt: Wenn Männer zur Verkündigung fehlen, müßten notfalls Frauen einspringen[189]. Denn daß das Wort Gottes gepredigt wird, ist eine übergeordnete Notwendigkeit, der gegenüber alle Belange des Gesetzes zurückstehen müssen. Ähnlich betont Calvin die schöpfungsmäßig bedingte Schwäche des weiblichen Geschlechts *(imbecillitas sexus)*, die es zum Gebären von Kindern, nicht aber zum öffentlichen Lehren bestimmt sein läßt: Das wäre, »wie wenn Himmel und Erde sich vermischten, wenn die Frauen sich das Recht zur Lehre anmaßen würden«. Deshalb befiehlt ihnen der Apostel zu schweigen, das heißt: sich in ihren Stand zu fügen[190]. Als kluger Exeget, der stets das Ganze der Schrift im Blick hat, korrigiert Calvin jedoch unter Verweis auf Röm 5 die Aussage von V14 über eine besondere Schuld der Frau beim Sündenfall[191].

Der frühe Pietismus versuchte gemäß seiner biblizistischen Grundlinie, die Anordnungen von 1Kor 14,34f und 1Tim 2,12–14 unmittelbar in kirchliche Praxis umzusetzen. So ordnete Philipp Jacob Spener an, daß bei den Collegia Pietatis Frauen in einem besonderen Raum zu sitzen hatten, in dem sie mithörten, sich aber nicht am Gespräch beteiligen konnten[192]. Ein Neuansatz zeigte sich jedoch in der Brüdergemeine des Grafen Zinzendorf. Hier nämlich wurden Frauen voll in das gemeinschaftliche Leben und Handeln integriert, und zwar mit der erstmals auftauchenden Begründung, daß das paulinische Schweigegebot für die Frauen »nur zu einer Nation gesagt«, d. h. auf bestimmte gesellschaftliche und kulturelle Situationen der Vergangenheit zugeschnitten gewesen sei. Moderne feministische Ansätze kühn vorwegnehmend, verweist Zinzendorf demgegenüber auf das »Mutteramt« des heiligen Geistes, das speziell durch das Lehren von Frauen zur Geltung gebracht werden müsse[193]. Allein, dies war eine Außenseiterposition, die ohne Auswirkung auf die evangelische Theologie blieb. Wie übermächtig in ihr die traditionellen theologischen Deutungsmuster bis in das 20. Jh. hinein waren, kann eine Äußerung A. Schlatters aus dem Jahre 1929 belegen, die im Grunde die oben angeführte Argumentation des Thomas von Aquin erneuert. Unter Verweis auf 1Kor 14,35; 1Tim 2,12 führt Schlatter aus: »Auch den Frauen bringt die christliche Gemeinschaft die überreiche Fülle fruchtbarer Arbeit... Nie aber hebt die Gemeinschaft ihre geschlechtliche Besonderheit auf. Das bedeutet für sie den Ausschluß von der öffentlichen Verwaltung des religiösen Worts, weil bei der Übermitt-

---

reden. Alßo verpeutt Paulus den weybern tzu predigen ynn der gemeyn, da menner sind, wilche tzu reden geschickt sind, das ehre unnd tzucht gehallten werde, die weyl eynem man viel mehr tzu reden eygent und gebürt unnd auch datzu geschickter ist.«
189 Vgl. WA 15, 168; hierzu Ludolphy* 215.
190 Calvin (Kommentar) 276.
191 A. a. O. 277.
192 Ph. J. Spener, Schriften I, hrsg. v. E. Beyreuther, Hildesheim 1979, 733f; vgl. auch 594ff.631–634; hierzu Scharffenorth/Reichle* 449.
193 »Es ist bekannt, daß man in den meisten christlichen Religionen den Satz allgemein

macht: Mulier taceat in ecclesia, ob's gleich nicht einmal ausgemacht ist, daß der Apostel es von dem weiblichen Geschlecht gesagt habe. Er hat's vielmehr nur zu einer Nation gesagt: Eure Weiber lasset schweigen unter der Gemeine... Der Satz ist aber falsch und wider die heilige Schrift. Es ist eine Unordnung gewesen, daß des heiligen Geistes Mutteramt nicht durch eine Schwester, sondern durch mich bei den Schwestern ist eröffnet worden... Seitdem die Schwestern nicht mehr reden... ist uns ein Kleinod verloren gegangen...« (N. v. Zinzendorf, Jüngerhaus-Diarium, 1757, I 4; hierzu Scharffenorth/Reichle* 449).

lung der göttlichen Botschaft an den Menschen nur ihr Inhalt, nicht aber zugleich der Reiz des Weibes mitwirken soll. Es ist dabei nicht einzig an die Möglichkeit zu denken, daß unreine Begierden erwachen, sondern die völlig natürliche und die Frau stets begleitende Anmut ihrer Gestalt und Stimme ist nicht das Mittel, durch das die Bezeugung Gottes um Glauben wirbt«[194].

Diese Äußerung ist freilich, aufs ganze gesehen, für die Debatte um die *Zulassung von Frauen zum geistlichen Amt* in der *evangelischen Theologie* kaum typisch. Eine entscheidende Rolle spielte in ihr vielmehr das aus den paulinischen *mulier-taceat-*Passagen abgeleitete schöpfungstheologische Argument. Die Gegner der Zulassung konzedierten zwar fast allgemein aufgrund von Gal 3,28, daß die Frau in gleicher Nähe zum Heilsgeschehen stehe wie der Mann; sie sahen jedoch in der öffentlichen Wortver-kündigung und Sakramentsverwaltung durch die Frau deren schöpfungsmäßige Unter-ordnung unter den Mann negiert und damit das Gesetz Gottes mißachtet[195]. Die Befürworter verwiesen demgegenüber darauf, daß 1Kor 14,33b–36 und 1Tim 2,12–15 situationsbedingte, von den vergangenen Wertvorstellungen und sozialen Verhaltens-mustern der jüdischen bzw. hellenistischen Gesellschaft geprägte Aussagen seien, die inhaltlich in Spannung, ja Widerspruch zu zentralen theologischen Einsichten des Urchristentums stünden[196]. Die Zulassung der Frau zum Amt basierte also letztlich auf einer grundsätzlichen *hermeneutischen Entscheidung*, die darum von den Vertretern eines strengen Biblizismus nicht mitgetragen werden konnte.

Für die *katholische Theologie* stellen sich an diesem Punkt die Dinge wesentlich komplizierter dar. Denn selbst wenn sie diese hermeneutische Entscheidung mitvollzie-hen kann, bleiben für sie weitere theologische Prämissen zu klären, die der Teilhabe der Frau am Priesteramt bislang im Wege standen: Kann z. B. eine personhafte Repräsenta-tion Christi bzw. der Apostel durch eine Frau geschehen, und setzt nicht der Gedanke des Verlöbnisses des Priesters mit der Kirche als seiner Braut zwingend dessen männliches Geschlecht voraus[197]?

[194] A. Schlatter, Die christliche Ethik, Stutt-gart ³1929, 187.

[195] So z. B. P. Brunner, Das Hirtenamt und die Frau, in: ders., Pro Ecclesia I, Berlin 1962, 310–338.315.

[196] So z. B. H. Thielicke, Theologische Ethik III, Tübingen 1964, 515.663 Anm. 1: 1Kor 14,34 und 1Tim 2,12 fallen aus der sonstigen ntl. Überlieferung heraus und sind zeitgenössi-schen gesellschaftlichen Ordnungen verpflich-tet, die für unsere Zeit »keine kerygmatische Verbindlichkeit« haben. Anders dagegen die Erklärung der Kongregation für die Glaubens-lehre »Zur Frage der Zulassung der Frauen zum Priesteramt« (1976), HerKorr 31 (1977) 151–157: »Das Verbot des Apostels jedoch, daß Frauen in der Versammlung nicht ›sprechen‹ dürfen (vgl. 1Kor 14,34–35; 1Tim 2,12), ist anderer Natur... Diese Vorschrift ist für den hl. Paulus mit dem göttlichen Schöpfungsplan verbunden (vgl. 1Kor 11,7; Gen 2,18–24):

man könnte sie nur schwerlich als Ausdruck kultureller Verhältnisse ansehen.«

[197] Zur grundsätzlichen, z. T. weiter ausho-lenden Kritik an den ntl. *mulier-taceat-*Passa-gen von feministischer Seite vgl. R. Radford-Ruether, Die Vorherrschaft der Männer in der Religion, in: N. Sommer (Hrsg.), Nennt uns nicht Brüder! Frauen in der Kirche durchbre-chen das Schweigen, Stuttgart 1985, 80–86; E. Moltmann-Wendel, Das Land, wo Milch und Honig fließt. Perspektiven einer feministi-schen Theologie, Gütersloh 1985; L. Schott-roff, Die Frauen und die Parteilichkeit Gottes im NT, in: V. Hochgrebe/ M. Pilters (Hrsg.), Geteilter Schmerz der Unterdrückung. Frau-enbefreiung im Christentum, Stuttgart 1984, 24–39; M. Daly, Jenseits von Gottvater, Sohn & Co. Aufbruch zu einer Philosophie der Frau-enbefreiung, München 1978, bes. 172; dies., Kirche, Frau und Sexus, Olten 1970, bes. 49–52.

Die unter dem Rahmenthema »Gottesdienst« einander gegenübergestellten Anordnungen für das Verhalten von Männern und Frauen könnten hinsichtlich ihres Umfangs, ihres Tons sowie der hinter ihnen stehenden theologischen Tendenz unterschiedlicher kaum sein. Die kurze, positiv gestimmte Männerregel (V9) zieht, indem sie ein Beten fordert, das frei ist von Gedanken des Zornes und Streites, die praktische Konsequenz aus dem vorher (V6) über das Versöhnungshandeln Gottes in Christus als Mitte des gottesdienstlichen Geschehens Gesagten: Gottesdienstliches Beten heißt, sich in dieses Versöhnungshandeln hineinstellen und dessen Träger und Werkzeug werden.

Zusammenfassung

Die lange, auffallend wortreiche Frauenregel (VV9–15) ist demgegenüber durchweg auf einen negativen, abwehrenden Ton gestimmt, mit Ausnahme der verkrampft-positiven Schlußwendung (V15). Der Verf. versucht hier mit allen ihm zur Verfügung stehenden Argumenten, Präsenz und Aktivität der Frauen im Gottesdienst zurückzudrängen. Sein Anliegen ist es, daß der christliche Gottesdienst ausschließlich Ort der Aktivität der Männer sein soll.

Die Begründungen, die, soweit sie nicht aus zeitgenössischen ethischen Leitvorstellungen der hellenistischen Welt entnommen sind, sich an 1Kor 14,33b–36 und der jüdischen Exegese von Gen 2 und 3 orientieren, erweisen sich großenteils als konstruiert und problematisch – und zwar nicht erst für den modernen Ausleger. Relativ klar ersichtlich sind jedoch die Gründe, die den Verf. zu solcher Argumentation veranlassen. Zum einen denkt er an die Wirkung des Verhaltens der Christen auf die Umwelt; ihm liegt daran, daß im Gottesdienst, der in seinen Augen ein Stück Öffentlichkeit ist, jene Regeln hinsichtlich des Verhaltens der Frau in der Öffentlichkeit, die in der zeitgenössischen Gesellschaft gelten, in vorbildlicher Weise praktiziert werden. Zum anderen aber dürften konkrete Erfahrungen der Gemeinden im Zusammenhang mit der gnostischen Irrlehre im Hintergrund stehen. Anscheinend waren es vorwiegend Frauen, die sich der Irrlehre öffneten und sie propagierten (vgl. 5,13; 2Tim 3,6f).

Nicht zuletzt die Wirkungsgeschichte des Textes, die wesentlich mit zu der jahrhundertelangen Diskriminierung und Zurückdrängung der Frau in der Kirche geführt hat, stellt uns heute vor die Notwendigkeit, theologische Sachkritik an seiner Aussage zu üben. Solche Sachkritik, die nicht von heutigen gesellschaftlichen Leitvorstellungen, sondern vom ntl. Gesamtzeugnis über Stellung und Würde der Frau in der Gemeinde Jesu Christi auszugehen hat, bedeutet nicht, daß der Ausleger sich gegen den Text stellt, sondern daß er seinen Anspruch ernst nimmt: Weil die Past ihrem eigenen Selbstverständnis nach Auslegung des apostolischen – vorwiegend des paulinischen – Kerygmas sein wollen, sind sie in jedem Einzelfall nach der Sachgemäßheit dieser Auslegung zu befragen. Hier wird die Antwort negativ sein müssen. Dieser Text demonstriert, vor allem in seinem Umgang mit Gen 2 und 3, beispielhaft die Gefahr, in der bis heute jeder Schriftausleger steht, nämlich den biblischen Texten jene Gesichtspunkte und Argumente abzupressen, die er zur Absicherung der eigenen Überzeugung zu benötigen glaubt.

148

III. Die Voraussetzungen für das Bischofsamt und Diakonenamt (3,1–13)

Literatur: *Bartsch,* Rechtsbildungen; *v. Campenhausen,* Amt; *Frey, J. B.,* La significa-
tion des termes MONANΔΡΟΣ et univira, RSR 20 (1931) 48–60; *Hainz, J.,* Die
Anfänge des Bischofs- und Diakonenamtes, in: Kirche im Werden, hrsg. ders.,
Paderborn 1976, 91–107; *Holmberg, B.,* Sociological versus Theological Analysis of the
Question Concerning a Pauline Church Order, in: Die Paulinische Literatur und
Theologie, hrsg. S. Pedersen, Arhus – Göttingen 1980 (Teologiske Studier 7),
187–200; *Holzmeister, U.,* »Si quis episcopatum desiderat, bonum opus desiderat«,
Bib. 12 (1931) 41–69; *Kertelge, K.,* Gemeinde und Amt im Neuen Testament, 1972
(BiH 10); *Lemaire, A.,* Les ministères aux origines de l'Église. Naissance de la triple
hierarchie: évêques, presbytres, diacres, 1971 (LeDiv 68); *v. Lips,* Glaube; *Lohfink, G.,*
Weibliche Diakone im Neuen Testament, in: Die Frau im Urchristentum, hrsg. G.
Dautzenberg/H. Merklein/K. H. Müller, 1983 (QD 95), 239–338; *Rohde,* Ämter;
Schwarz, Bürgerliches Christentum; *Spicq, C.,* Si quis episcopatum desiderat, RSPhTh
29 (1940) 315–329.

**1 Zuverlässig ist das Wort: Wenn einer das Bischofsamt anstrebt, so
begehrt er eine schöne Aufgabe. 2 Der Bischof nun muß ohne Tadel
sein, nur eines Weibes Mann, nüchtern, besonnen, maßvoll, gastfrei,
zum Lehren befähigt, 3 kein Trunkenbold und Schläger, sondern gü-
tig, frei von Streitsucht, nicht geldgierig, 4 seinem eigenen Hause
muß er in guter Weise vorstehen, seine Kinder soll er in Zucht halten
mit aller Ehrbarkeit 5 – denn wer seinem eigenen Hause nicht vorzustehen vermag, wie soll der für die Kirche Gottes sorgen? – 6 Er darf
kein Neubekehrter sein, damit er nicht hochmütig wird und dem
Gericht des Teufels verfällt. 7 Er muß auch bei denen draußen guten
Leumund haben, damit er nicht in üble Nachrede kommt und dadurch
in die Schlinge des Satans gerät. 8 Die Diakone müssen in gleicher
Weise respektabel sein, nicht doppelzüngig, nicht unmäßig dem Wein
zugetan, nicht gewinnsüchtig; 9 sie sollen das Geheimnis des Glaubens mit reinem Gewissen bewahren. 10 Die Betreffenden sollen
zuerst geprüft werden, und erst dann sollen sie ihren Dienst ausüben,
wenn sie sich als untadelig erweisen. 11 Die Frauen (in diesem Amt)
müssen in gleicher Weise maßvoll sein, nicht verleumderisch, nüchtern, zuverlässig in jeder Hinsicht. 12 Die Diakone sollen nur eines
Weibes Mann sein, sie sollen ihren Kindern und ihrem eigenen Hauswesen gut vorstehen. 13 Denn diejenigen, die ihren Dienst gut ver-
richtet haben, schaffen sich gutes Ansehen und großen Freimut im
Glauben an Christus Jesus.**

Analyse 1. *Aufbau.* Ganz unvermittelt geht die Paränese über von den allgemeinen
gottesdienstlichen Verhaltensregeln für Männer und Frauen, also die normalen Gemeindeglieder, zu Weisungen für die gemeindlichen Ämter. Der abrupte Anschluß erklärt sich am leichtesten von der Annahme her, daß der

Gottesdienst den übergreifenden thematischen Rahmen darstellt. Das wird durch die abschließende Zusammenfassung 3,15f bestätigt, wenn diese auf einen gottesdienstlichen Hymnus zuläuft. Daß nur zwei Ämter – Bischof und Diakone – genannt werden, mag vordergründig damit zusammenhängen, daß nur diese beiden im Gottesdienst der angesprochenen Gemeinden eine Rolle spielten. Zugleich scheint sich jedoch das theologische Interesse des Verf. auf eben diese zwei Ämter zu konzentrieren. Ihrer Konsolidierung und inhaltlichen Näherbestimmung gilt seine ganze Sorge. Nun ist freilich auffällig, daß er hier weder eine theologische Begründung des Bischofs- und Diakonenamtes gibt noch deren Aufgaben beschreibt. Er beschränkt sich auf die Aufzählung von Qualifikationsmerkmalen für die Bewerber um diese Ämter, wobei das fast völlige Fehlen geistlicher Kriterien zusätzlich überrascht.

Als Übergangswendung dient eine den Gemeinden bekannte Maxime (V1), die durch die Beglaubigungsformel »zuverlässig ist das Wort« als solche gekennzeichnet und zugleich bejaht wird. Ihr schließt sich unmittelbar die Regel für den Bischof (VV2–7) an. Sie ist zunächst in katalogartigem Stil gehalten: in einer knappen, aus 11 Gliedern bestehenden Aufzählung werden die gewünschten bzw. die von der Qualifikation ausschließenden Eigenschaften genannt (VV2–4a). Gegen Ende zu (VV4b–7) wird der knappe Dialogstil verlassen; die drei letzten Glieder (VV4a; 6a; 7a) erhalten jeweils eingehendere Begründungen. Inhaltliche oder formale Gliederungsprinzipien des Kataloges sind kaum zu erkennen. Deutlich ist lediglich, daß das erste Glied (»ohne Tadel«) im Sinne einer alles Folgende übergreifenden thematischen Gesamtcharakterisierung gemeint ist[198] sowie daß die beiden einzigen negativ formulierten Glieder (»kein Trunkenbold und Schläger«) antithetisch auf die beiden folgenden positiven (»gütig, frei von Streitsucht«) bezogen sind.

Komplizierter in ihrem Aufbau ist die Diakonenregel (VV8–13). Sie setzt ein mit klar gegliederten katalogischen Aussagen: Der thematische Leitbegriff »würdig«, der seine sachliche Parallele in dem »ohne Tadel« des Bischofskatalogs (V2) hat, wird in einer Reihe von drei Negativaussagen (»nicht doppelzüngig«, »nicht dem Wein zugetan«, »nicht gewinnsüchtig«), der die Positivaussage von V9 gegenübersteht, entfaltet. Es folgt eine allgemeine Anweisung, die die Notwendigkeit der Prüfung der Diakone vor der Einweisung in ihren Dienst einschärft (V10). Die Weisung für die »Frauen«, d. h. die weiblichen Diakone (V11), entspricht nicht nur in ihrer Katalogform der Diakonenregel von V8. Auch inhaltlich stimmt sie mit jener überein: dem Leitbegriff »würdig« folgen zwei Glieder, die fast synonym mit den ersten drei Gliedern der Diakonenregel sind:

V8:	V11:
nicht doppelzüngig	nicht verleumderisch
nicht ... dem Wein zugetan	nüchtern

[198] Das ergibt sich aus der Parallelität zu Tit 1,7, wo das sinngleiche Adjektiv ἀνέγκλητος ebenfalls am Anfang steht und in seinem über-schriftartigen Charakter durch den Zusatz ὡς θεοῦ οἰκονόμον hervorgehoben wird.

Aber auch die positive Aussage von V9 hat in dem πιστὰς ἐν πᾶσιν von V11
ihre Parallele. V12 bringt in Form eines Nachtrags noch zwei Weisungen für
die persönliche Lebensführung der Diakone. Daß diese erst hier erscheinen,
mag darin seinen Grund haben, daß sie auf die Diakonissen – unverheiratete
bzw. verwitwete Frauen – nicht anwendbar waren. Die Schlußbemerkung
(V13) weist auf Größe und Verheißung des Diakonenamtes hin. Zusammen
mit der sinngleichen Anfangsbemerkung über das Bischofsamt als »schöne
Aufgabe« bildet sie eine *inclusio* des Regelcorpus[199].

2. *Traditionsgrundlage.* Sicher greift der Verf. hier (wie auch in Tit 1,6–9) auf
vorformuliertes Material zurück. Die Anordnungen für das Episkopen- bzw.
Diakonenamt erweisen sich sowohl formal wie auch in ihrer stark hellenistischen Terminologie als der Gattung der *Berufspflichtenlehre* zugehörig. In
ganz ähnlichen Katalogen wurden die Forderungen für bestimmte Berufsstän-
de zusammengefaßt. Der bekannteste von ihnen, der Feldherrnspiegel des
Onosander[200], fordert u. a. Weisheit, Selbstbeherrschung, Abwesenheit von
Geldgier, weder zu hohes noch zu geringes Lebensalter, Vornehmheit der
Gesinnung, wobei dem eigentlichen Katalog ein Kommentar folgt, der die
einzelnen recht allgemein definierten Eigenschaften erst im Blick auf die
Anforderungen des speziell genannten Amtes präzisierend ausdeutet[201]. Nahezu dieselben Tugenden werden in einer Pflichtenlehre für Hebammen[202] und in
einer anderen für Berufstänzer[203] aufgeführt. Alle diese Kataloge fußen auf der
Grundthese hellenistischer popularphilosophischer Ethik, daß jeder, gleich
welchen Berufes oder Geschlechtes, tugendhaft zu sein habe[204]. Von daher
erklärt sich sowohl der unspezifische Charakter der in unseren Katalogen
aufgezählten Tugenden als auch ihre weitgehende terminologische Übereinstimmung untereinander.
Man darf davon ausgehen, daß das, was dem Verf. vorlag, nicht nur das
allgemeine Grundschema solcher Pflichtenlehren war, sondern bereits eine
relativ fest formulierte Pflichtenlehre für Episkopen, männliche und weibliche
Diakone. Ein wichtiges Indiz dafür bildet Tit 1,7–9. Dieser Episkopenspiegel
ist durch seine Stellung im Kontext unschwer als Zitat erkennbar. Der Verf.
fügt ihn ein, um die vorhergegangene Presbyterordnung (Tit 1,5f) im Sinne
der von ihm intendierten Angleichung beider Ämter zu interpretieren. Inhaltlich und formal entspricht Tit 1,7–9 zwar weitgehend 1Tim 3,1–4, aber die

---

[199] Spicq 461.
[200] Onosander, De imperatoris officio 1 (ed.
Köchly, Leipzig 1860), bei Dibelius-Conzelmann 117.
[201] Dibelius-Conzelmann 117f; Vögtle, Tu-
gend- und Lasterkataloge 78f.
[202] Die Pflichtenlehre des Soranos von Ephesus (Sorani Gynaeciorum liber, rec. V. Rose,
1882) fordert von der Hebamme u. a. Arbeits-

liebe (der Ausdauer wegen), Ehrbarkeit (weil
ihr bisweilen Privatgeheimnisse anvertraut
werden) und Unbestechlichkeit (damit sie nicht
für Geld Abtreibungsmittel verabreicht)
(a. a. O. 172ff); Vögtle, a. a. O. 79.
[203] Lucianus, De saltatione 81, bei Dibelius-
Conzelmann 118.
[204] Vögtle, Tugend- und Lasterkataloge 90.

Abweichungen in Einzelformulierungen[205] sind zu erheblich, als daß die Möglichkeit einer nachträglichen Interpolation von dorther ernstlich in Betracht kommen könnte[206]. Wir haben es an beiden Stellen vielmehr mit Varianten eines vorgegebenen Pflichtentafelschemas für den Bischof zu tun. Ein weiteres Indiz liefert der Bischofsspiegel der Syrischen Didaskalia (IV 13,3 ff), der ähnliche Aufzählungen der Bischofseigenschaften bringt[207], aber im übrigen zu eigenständig ist, als daß eine direkte literarische Abhängigkeit von 1Tim 3 angenommen werden dürfte[208]. Wie H. W. Bartsch gezeigt hat, lassen sich die Übereinstimmungen beider Ordnungen am leichtesten unter der Annahme ihrer Abhängigkeit von einer ihnen vorausliegenden gemeinsamen Tradition erklären[209]. Dafür, daß die hier benutzte Fassung dieser Tradition nur die beiden Ämter des Bischofs und des Diakons behandelte und beide somit eng aneinanderrückte, ist zunächst auf Phil 1,1 zu verweisen: Demnach haben die paulinischen Gemeinden in Griechenland und Asien diese beiden Ämter gekannt. Darüber hinaus bezeugt Did 15,1 f die enge Verbindung von Bischöfen und Diakonen als Träger der gottesdienstlichen Funktionen[210].

---

[205] Ἀνέγκλητος (statt ἀνεπίλημπτος); μὴ αὐθάδης, μὴ ὀργίλος, μὴ αἰσχροκερδής (statt ἀφιλάργυρος), φιλαγαθός, δίκαιος, ὅσιος, ἐγκρατής (statt νηφάλιος).

[206] Für Interpolation von Tit 1,7–9 wird u. a. geltend gemacht das abrupte Einsetzen der Regel samt dem unmotivierten Auftreten des Bischofstitels sowie der Umstand, daß Tit 1,10 unmittelbar an 1,6 anschließe. Vorsichtig in Erwägung gezogen wird die Möglichkeit der Interpolation von Dibelius-Conzelmann 99 f. Sehr viel weiter geht E. Barnikol, Bischof und Bibel, in: Ruf und Antwort (FS Emil Fuchs), Leipzig 1964, 447–460: sämtliche Episkopos-Stellen nicht nur der Past, sondern des ganzen NT (Apg 20,28; Phil 1,1; 1Petr 2,25) seien das Werk einer »episkopalen Textrezension« um 150. Begründung: Bischöfliche Autorität ist unevangelisch, »das apostolische Zeitalter der Gemeinde« kennt »nur Brüder und Schwestern in der Gemeinde des Christus Gottes«. Eine Auseinandersetzung mit dieser These erübrigt sich. Zum Problem vgl. Bartsch, Rechtsbildungen 83 f.

[207] »Der Hirt, der als Bischof und Oberster im Presbyterium, in der Kirche, in allen Gemeinden eingesetzt wird, muß ohne Tadel sein, nicht verstrickt in irgend etwas, fern von allem Bösen, ein Mann nicht unter fünfzig Jahren... Wenn möglich soll er wohlunterrichtet und ein Lehrer sein, wenn er aber nicht gebildet ist, soll er doch im Worte Gottes bewandert und desselben kundig sein und soll sich in vorgerückten Jahren befinden. Er sei wachsam, keusch, ehrenhaft und charakterfest, er sei nicht unruhigen Sinnes, nicht dem Wein ergeben und kein Verleumder, sondern er soll verträglich sein und nicht zänkisch, nicht das Geld lieben und nicht ein Neuling sein, in seinem Bewußtsein als Christ, daß er sich nicht überhebe und dem Gericht des Satans verfalle. Denn jeder der sich überhebt, soll gedemütigt werden. So beschaffen muß also ein Bischof sein: ein Mann, der ein Weib genommen hat, der sein Hauswesen vortrefflich verwaltet...« (nach Bartsch, a. a. O. 82).

[208] Gegen direkte Abhängigkeit sprechen vor allem die zahlreichen Wiederholungen in der Didask., die die Annahme unterschiedlicher, zueinander in komplizierten überlieferungsgeschichtlichen Abhängigkeitsverhältnissen stehender Vorlagen wahrscheinlich machen, vgl. Bartsch, a. a. O. 82–85.

[209] A. a. O. 83.

[210] »Wählt euch nun Bischöfe und Diakone, würdig des Herrn (ἀξίους τοῦ κυρίου), sanftmütige Männer, nicht geldgierig (ἀφιλαργύρους), aufrichtig (ἀληθεῖς) und bewährt (δεδοκιμασμένους). Sie leisten euch nämlich ebenfalls den Dienst von Propheten und Lehrern. Achtet sie also nicht gering! Denn sie sind die ehrenvoll Ausgezeichneten unter euch (οἱ τετιμημένοι ὑμῶν) samt den Propheten und Lehrern« (Wengst, Didache 88 f). Es ist deutlich, daß sich die Didache hier auf eine Pflichtenlehre-Tradition ähnlich der in 1Tim 3 verwandten bezieht. Vgl. hierzu Bartsch, a. a. O. 88; vgl. auch Wengst, a. a. O. 42 f.

3. *Redaktionelle Bearbeitung.* Der Verf. hat von der in der Gattung der Pflichtenlehre angelegten Möglichkeiten einer kommentierenden Präzisierung auf den jeweiligen konkreten Beruf hin nur in relativ geringem Maße Gebrauch gemacht. Was er selbst spezifisch über Inhalt und Auftrag der Ämter des Bischofs und Diakons zu sagen hat, wird er an anderer Stelle vorbringen (s. den Exkurs »Die gemeindeleitenden Ämter«). Hier jedoch äußert er sich betont traditionsbestimmt: Ihm lag daran, den Bestand dieser beiden für seine eigene Konzeption zentralen Ämter zunächst durch den Verweis auf die betreffende Überlieferung festzumachen. In der Bischofsregel ist ein von seiner Hand stammender deutender Zusatz die Parenthese in V5, die durch Verweis auf das für seine Ekklesiologie zentrale οἰκία-Motiv die Verbindung zu der theologischen Gesamtinterpretation in den VV14–16 herstellt. Auch der begründende Finalsatz in V6b sowie der gesamte V7 dürften von ihm stammen. Wahrscheinlich ist ferner, daß μιᾶς γυναικὸς ἄνδρα in V2 redaktioneller Zusatz ist. Diese Wendung stammt nicht aus den Tugendkatalogen der Umwelt und fällt zudem aus der adjektivischen Reihe der Aufzählungen heraus. Mit ihr hat der Verf. eine ihm besonders wichtige Regel (V12; Tit 1,6) eingetragen[211]. Was die Diakonenregel betrifft, so wird man V9 und V13 aufgrund ihrer Terminologie (V9: τὸ μυστήριον τῆς πίστεως ἐν καθαρᾷ συνειδήσει; vgl. V16: τὸ τῆς εὐσεβείας μυστήριον; vgl. 1,5; V13: οἱ καλῶς διακονήσαντες; vgl. 5,17) dem Verf. zuschreiben dürfen. Zumindest fraglich ist außerdem, ob der nachklappende, inhaltlich zur Diakonenregel gehörende V12 nicht eine Analogiebildung des Verf. zu V4 ist, die er hier einfügte, um eine Brücke zu bauen zu der Abschlußbemerkung über das Diakonenamt in V13.

Erklärung Die Zuordnung der Bekräftigungsformel πιστὸς ὁ λόγος ist eine alte crux
1   interpretum[212]. Würde sie zum Vorhergehenden gehören[213], und zwar im Sinn einer Bekräftigung der in 2,15 aufgezeigten Ermöglichung des Heils für die Frauen, so wäre 3,1 eine Eigenformulierung des Verf., mit der er zum Thema »Bischofsamt« überleitet. Doch dies ist äußerst unwahrscheinlich. Die Formel dürfte vielmehr auch hier zugleich überleitende und einführende Funktion haben[214]. Das bedeutet, daß der von ihr eingeleitete Satz durch sie hervorgehoben werden soll. Aber in welchem Sinn? Daß mit ihm nur eine in der Gemeinde verbreitete Redensart aufgenommen und in ihrem Wahrheitsgehalt bestätigt werden sollte[215], wird durch das Gewicht der Formel, die sonst durchweg auf

---

211 So mit Recht Schwarz, Bürgerliches Christentum 47 f.

212 Schon die von D*, b und m vertretene Lesart ἀνθρώπινος ὁ λόγος verweist auf die sachliche Schwierigkeit: Ihrzufolge ist die Rede, daß das Bischofsamt ein erstrebenswertes Amt sei, eben eine »menschliche«, d. h. unangemessene Rede, die durch den Verweis auf dessen hohe Anforderungen zu korrigieren sei.

213 So Schlatter 94 f; Dibelius-Conzelmann 42; Hanson 64.

214 So Dibelius (2. Aufl.) 32; Jeremias 23; Spicq 427 f; Holtz 75; Knight, Faithful Sayings 50–61; zur Formel allgemein s. zu 1,15 (Analyse 4.).

215 Anders Spicq 428; Holtz 75: Es gehe um eine Bekräftigung des Gewichtes des Bischofsamtes gegenüber der in der Gemeinde verbrei-

grundlegende Aussagen von autoritativem Rang verweist, ausgeschlossen. Es muß sich vielmehr um einen vorgeprägten Leitsatz handeln, der zumindest durch einen weitgehenden Konsens gedeckt war. Es liegt nahe, seinen Sitz im Leben im Zusammenhang mit der Ordination zu suchen. Und zwar könnte er in den Rahmen des Ordinationsformulars gehören, das der Verf. in 6,11–16 zitiert. Wenn man hier auch über Vermutungen nicht hinauskommt, so bleibt doch festzuhalten, daß der zitierte Satz für den Verf. nicht erst der Begründung bedarf, sondern – im Gegenteil – Gewicht genug hat, um als Begründung für das Folgende zu dienen: *Weil* anerkanntermaßen das Bischofsamt eine wichtige und erstrebenswerte Sache ist, *darum* ist es notwendig, daß die Kandidaten für dieses Amt über bestimmte Merkmale verfügen. Das nomen actionis ἐπισκοπή begegnet nur hier im NT als terminus technicus[216], und zwar umschreibt es offensichtlich eine inhaltlich relativ genau bestimmte Funktion, was zwar nicht aus seiner sprachlichen Bedeutung (etwa: »Aufsicht«), wohl aber aus seiner weiteren Bestimmung als καλὸν ἔργον, als schöne, sinnvolle Aufgabe[217], zu erschließen ist. Und zwar geht es dabei um die ordnende Aufsicht über die jeweilige örtliche ἐκκλησία, die ihren wesentlichen Ausdruck findet im Vorsitz bei der gottesdienstlichen Versammlung, nicht jedoch um ein übergemeindliches Aufsichtsamt[218]. Für griechisches Denken ist das, was καλόν ist, eo ipso auch das Erstrebenswerte, das mit allen inneren Kräften

---

teten Mißachtung und Abwertung desselben. Doch für eine solche polemische Ausrichtung der Aussage ergeben sich weder aus der sonstigen Verwendung der πιστὸς ὁ λόγος-Formel noch aus dem Kontext der vorliegenden Stelle Anhaltspunkte.

[216] Ἐπισκοπή muß als ein dem LXX-Griechisch entlehnter Begriff gelten, da in der Profangräzität nur bei Lucianus, Dial.Deor. 20,6 (= »Besuch«, vgl. Bauer, Wb s. v.) bezeugt. Er gibt הְקֻדָּה wieder, und zwar zumeist in der Bedeutung »Heimsuchung«; so Lk 19,44 (vgl. 1,68.78); 1Petr 2,12. Vereinzelt hat ἐπισκοπή die Bedeutung »Amtsobliegenheit«: so Num 4,16 und Ps 109,8. Die letztere Stelle wurde in Apg 1,20 aufgegriffen als Schriftbeweis für die Notwendigkeit der Übertragung des »Amtes« des Judas auf einen anderen, woraus zu schließen ist, daß Lukas ἐπισκοπή bereits als terminus technicus für »Amt« kannte (und nicht etwa umgekehrt, daß dieser frühchristliche terminus aus Ps 108,8 [LXX] entlehnt wäre; s. H. W. Beyer, ThWNT II 603 f). Als Terminus für das Bischofsamt erscheint das Wort erstmals 1Tim 3,1; 1Cl 44, 1.4, und zwar vermutlich als Neubildung aus dem Titel ἐπίσκοπος, »die freilich darum leicht möglich war, weil ἐπισκοπή in der Sprache der LXX bereits als ›Amt‹ gebraucht wurde« (Beyer, a. a. O. 604). Verhält es sich aber so, dann darf ἐπισκοπή nicht als übergeordneter abstrakter Leitbegriff für die Bestimmung des Inhalts des Episkopenamtes gesehen werden, sondern umgekehrt: was ἐπισκοπή ist, ergibt sich konkret aus dem, was die Texte über Aufgabe und Funktion des ἐπίσκοπος sagen. Der Sprachgebrauch in der neueren ökumenischen Diskussion, wo *episkopē* die Bedeutung eines übergemeindlichen, gesamtkirchlich orientierten »Amtes der Leitung und der pastoralen Aufsicht« gewonnen hat (Gemeinsame römisch-katholische/evangelisch-lutherische Kommission, Das geistliche Amt in der Kirche, 1981, 35; Taufe, Eucharistie und Amt. Konvergenzerklärungen der Kommission für Glauben und Kirchenverfassung des Ökumenischen Rates der Kirchen, 1982, 37 [Amt 21]), kann sich schon darum nicht auf 1Tim 3,1 berufen, weil der Bischof der Past, um dessen »Amt« es hier geht, in seiner Funktion auf die jeweilige Ortsgemeinde beschränkt ist.

[217] Ἔργον hat hier die Bedeutung von »Arbeit«, »Beschäftigung«, »Aufgabe« (Xenophon, Mem. II 10,6; Arrianus, Anab. 5,23; Epictetus, Diss. I 16,21; Dionysius Halicarnassensis, Ant.Rom. III 69,2); vgl. 2Tim 3,5; hierzu Bauer, Wb s. v.

[218] Holzmeister* 41; v. Campenhausen, Amt 122.

des Willens und Verstandes zu suchen ist[219]. So hat ὀϱέγεσϑαι hier eindeutig positiven Sinn[220]. Aufschlußreich ist die Blickrichtung der Aussage. Sie geht aus von der vorgegebenen Funktion, um zu fragen, wer für diese geeignet ist bzw. wer bereit ist, sich für diese zu qualifizieren. Die entgegengesetzte Möglichkeit, von den Fähigkeiten und Geistesgaben der jeweiligen Person her das Maß und den Umfang des von ihr zu Leistenden bestimmen zu lassen, bleibt hier außer Betracht. Das Amt setzt die Norm, auch für Verständnis und Bewertung des Charismas. Damit ist die ἐπισκοπή zwar gewiß noch nicht zu einem Beruf geworden, der »in die Reihe der bürgerlichen Berufe« eintritt[221], aber sie trägt doch in mancher Hinsicht die Merkmale eines solchen Berufes.

2 Die Pflichtenlehre für den Bischof trägt dem Rechnung, wobei sie sich bezeichnenderweise auf die Außenansicht dieses Amtes beschränkt. Bestimmend ist auch hier wieder (vgl. 2,2f) der Gesichtspunkt des werbenden Charakters christlicher Lebensführung. Weil der Bischof kraft seiner Stellung die Gemeinde nach außen hin repräsentiert, ist es wichtig, daß er den Anforderungen entspricht, die man in der Öffentlichkeit ganz allgemein an die Träger angesehener Berufe stellt[222]. Der Bischof wird nur im Singular genannt. Das könnte an sich generische Bedeutung haben. Aber es fällt doch schwer, hinter dem Wechsel zum Plural im folgenden Diakonenspiegel (V8) nur einen Zufall zu sehen, zumal an der einzigen weiteren Belegstelle (Tit 1,7) der Singular sehr bewußt eingeführt sein dürfte, nachdem im Kontext (Tit 1,5f) von den πϱεσβύτεϱοι im Plural die Rede gewesen war[223]. Der Katalog setzt mit der zentralen Forderung an den Bischof ein, die im folgenden nach verschiedenen Seiten hin konkretisiert und inhaltlich gefüllt wird: Er muß ἀνεπίλημπτος sein, d. h., in seiner Lebensführung dürfen keine Schwachstellen sein, an denen er durch Vorwürfe zu packen wäre[224]. Die erste Konkretion betrifft seine Ehesituation – und dies wohl kaum von ungefähr, denn hier handelt es sich um einen gegenüber dem Urteil der Umwelt besonders exponierten Bereich.

[219] Platon, Lys. 216c; Philo, Agr. 99: »Für jeden Weisen ist das Schöne das, was er liebt«; vgl. Spicq 429.

[220] Anders als 1Tim 6,10 (Streben nach φιλαϱγυϱία); doch vgl. Hebr 11,16.

[221] So v. Campenhausen, Amt 123.

[222] Wie die Paränese ganz allgemein, so hat auch diese Pflichtenregel usuellen, nicht aktuellen Charakter, dies um so mehr, als es sich vorwiegend um übernommenes Traditionsmaterial handelt. Weder wird man deshalb als Anlaß besonders verwahrloste gemeindliche Verhältnisse in Ephesus suchen dürfen (gegen Spicq* 317–322; Hanson 75), noch ist die Erwägung berechtigt, daß der Verf. angesichts eines akuten Mangels an Kandidaten für das Bischofsamt die Voraussetzungen dafür bewußt niedrig ansetze (gegen Holtz 75); vgl. Brox 313.

[223] Anders Dibelius-Conzelmann 46; Brox 148; Trummer, Paulustradition 216, die den Singular generisch deuten wollen in Analogie zu den Aussagen über den πϱεσβύτεϱος 5,1 und über die Witwen in 5,9. Aber beide werden im folgenden durch pluralische Formulierungen (5,9.17) ergänzt, sehr zum Unterschied zu denen über den ἐπίσκοπος.

[224] Das profangriechische Wort erscheint im NT nur in den Past (5,7 von den Witwen; 6,14 von der Amtsführung des Timotheus); es meint nicht nur die äußerlich gute Lebensführung, die bewirkt, daß man für seine Gegner unangreifbar wird (Thucydides 5,17; Philo, Op.Mund. 142), sondern auch die tadellose Gesinnung (Philo, Spec.Leg. 3,135; διανοίᾳ ἀνεπιλήμπτῳ [LCL Philo VII 560]); s. Schwarz, Bürgerliches Christentum 45.

Was mit μᾶς γυναικός ἀνήρ gemeint ist, ist nicht ohne weiteres deutlich. Folgende Möglichkeiten wurden diskutiert:

1. Die Weisung ist antizölibatär: Bischof kann nur werden, wer verheiratet ist und in einer normalen, den bürgerlichen Vorstellungen entsprechenden Einehe lebt. Es geht um eine Abgrenzung gegenüber den asketisch-weltfeindlichen Tendenzen der gnostischen Gegner (vgl. 4,3)[225] bzw. gegenüber der eschatologisch motivierten asketischen Lebenshaltung, wie sie von den die kleinasiatischen Gemeinden jener Zeit stark beeinflussenden Repräsentanten judenchristlichen Profetentums propagiert wurde (vgl. Offb 14,4)[226]. Doch dagegen ist zu sagen: So gewiß der Katalog die Ehe des Gemeindeleiters als »normal« voraussetzt, so eindeutig ist andererseits, daß seine Stoßrichtung nicht gegen die Vertreter asketischer Ideale, sondern, wie der Leitbegriff ἀνεπίλημπτος erweist, gegen Amtsträger geht, die sich durch ihre Lebensführung moralische Blöße geben.

2. Die Weisung richtet sich gegen sukzessive Vielehe in der Form der Wiederverheiratung Geschiedener[227]. Da Jesus die Ehescheidung verboten hatte (Mk 10,11; Mt 5,31f), mußte die Wiederheirat eines Geschiedenen diesen für das Bischofsamt disqualifizieren[228]. Diese Deutung ist zwar nicht prinzipiell auszuschließen, doch fehlen konkrete Anhaltspunkte für eine Eingrenzung der Textaussage in ihrem Sinne[229].

3. Die Weisung verbietet speziell die Wiederheirat eines Witwers. In ihr wirkt der eschatologisch motivierte Rat des Paulus gegen eine Wiederverheiratung nach dem Tode des Ehegatten (1Kor 7,8) weiter – nur daß er nun nicht mehr allen Christen gilt, sondern im Sinne eines Sonderethos der Amtsträger verstanden wird. Diese Deutung, die erstmals von Tertullian vertreten wurde[230], war wirkungsgeschichtlich sehr folgenreich, zumal sie die Möglichkeit bot, die Textaussage als den ersten Schritt auf dem Weg zum priesterlichen Zölibat zu verstehen[231]. Ihr widerspricht jedoch neben dem Umstand, daß der Katalog ganz allgemein eben gerade keine außergewöhnlichen, sondern recht »normale« Tugenden fordert, vor allem die generell ehefreundliche Einstellung der Past (vgl. 5,14; Tit 2,4), die mit dem Verbot einer Wiederheirat nur schwer in

---

225 So Dibelius-Conzelmann 43; Holtz 76.

226 Hierzu Roloff, Offenbarung 149f.

227 So Jeremias 24; A. Oepke, ThWNT I 779.

228 Demgegenüber war die sukzessive Polygamie durch Ehescheidung in der hellenistischen Welt an der Tagesordnung; so die (satirisch übertreibende) Bemerkung Menanders (Frg. 547.548 [LCL Menander 490]): elf oder zwölf Frauen nacheinander zu heiraten sei die Regel; wer nur vier bis fünf geheiratet habe, sei eine καταστροφὴ γῆς; wenn auf Grabsteinen treuer Ehefrauen das Prädikat μόνανδρος erscheint, so soll dies die bemerkenswerte Ausnahme von der allgemeinen Regel kennzeichnen. S. hierzu Oepke, a.a.O. 778; Frey* 48f.

229 Allenfalls könnte man auf Hermas, mand 4,1,6–9 verweisen, wo dem Mann, der seine Frau wegen Ehebruch entlassen hat, die Wiederheirat verboten wird.

230 Tertullianus, De Monog. 11f. Tertullian will übrigens das Wiederverheiratungsverbot für die Kleriker per analogiam auch auf die

Laien übertragen mit der exegetisch interessanten Begründung, dieses Verbot erscheine in 1Tim 3 im Kontext allgemeiner Moralregeln: »Wohlan denn, wenn du glaubst, daß die Monogamie als eine Ausnahme nur für die Bischöfe aufgestellt sei, so verzichte auch auf die übrigen Titel deiner Disziplin, welche zugleich mit der Monogamie den Bischöfen vorgeschrieben werden. Sei also nicht untadelhaft, mäßig, wohlgesittet, anständig, gastfrei, lehrtüchtig, dafür aber dem Wein ergeben, schlaglustig und streitbar, liebe das Geld, stehe ferner deinem Hause nicht gut vor, kümmere dich nicht um die Sittenzucht der Kinder; verlange keinen guten Namen bei denen, die draußen sind. Denn wenn die Bischöfe ihr besonderes Gesetz hinsichtlich der Monogamie haben, so wird auch das Übrige, was zur Monogamie hinzukommen muß, nur für die Bischöfe geschrieben sein« (a.a.O. 12; BKV Tertullian II 509f).

231 So Freundorfer 188.

Einklang zu bringen wäre[232]. (Ob 5,9 als Analogie herangezogen werden kann, ist allerdings fraglich; s. dort.)

4. Nach alledem empfiehlt sich jene von der Mehrzahl der neueren Ausleger vertretene Deutung, die das Verbot sehr allgemein und weit faßt[233]. Es geht um das grundsätzliche Verbot jeder Form von Polygamie – nicht nur der sukzessiven, durch Ehescheidung und Wiederverheiratung ermöglichten, sondern auch der gleichzeitig in Form von eheähnlichen Verhältnissen praktizierten. Hält man sich vor Augen, daß selbst im zeitgenössischen Judentum die Vielehe eine keineswegs seltene Praxis war[234] – von der Laxheit heidnischer Ehemoral ganz zu schweigen –, so erweist sich eine solche Minimalforderung als nicht überflüssig. Sie ergibt sich als praktische Konsequenz aus den Eheaussagen Jesu, nach denen Ehe die totale, dem Gebot des Schöpfers entsprechende und unauflösliche Lebensgemeinschaft *eines* Mannes mit *einer* Frau ist (Mk 10,6–9; Mt 5,27–32). Für alle Glieder der christlichen Gemeinde war die Einehe von daher die unabdingbare Norm. Für den Amtsträger wird hier also kein verschärftes Eheethos vorausgesetzt; wohl aber wird von ihm erwartet, daß er durch sein Verhalten das für jeden Christen Geltende sichtbar beglaubigt[235].

Die drei nächstgenannten Eigenschaften – νηφάλιος, σώφρων, κόσμιος – sind eng miteinander verwandt[236], indem sie das spätantike Tugendideal nach verschiedenen Seiten hin umschreiben. Νηφάλιος meint hier sicher im Unterschied zu μὴ πάροινον (V3) die geistige Nüchternheit[237]. Es geht um die Klarheit des Urteils, die sich weder durch Augenblicksstimmungen noch durch Sympathie bzw. Antipathie gegenüber Menschen oder Erscheinungen beeinträchtigen läßt. Den spezifisch eschatologischen Klang, den die Aufforderungen zur Nüchternheit bei Paulus (1Thess 5,6.8) wie auch in 1Petr 1,13; 4,7; 5,8 haben, wird man hier nicht heraushören dürfen[238]; gefordert ist die Bewährung des Glaubens, nicht in der Krisensituation des nahen Endes, sondern

---

[232] Schwarz, Bürgerliches Christentum 47.

[233] Dibelius-Conzelmann 42 f; Brox 142: Die Regel zielt »ganz schlicht auf Forderung der Einehe gegenüber willkürlichen Scheidungen und Wiederverheiratungen sowie ehebrecherischen Praktiken«; Spicq 430 f; Hanson 78.

[234] S. die Belege bei Bill. III 648.

[235] Dies gilt mutatis mutandis auch für die gleichlautende Forderung der Witwenregel (5,9), gerade wenn diese, anders als die für den Bischof, im Sinne des Verbotes der sukzessiven Polyandrie zu verstehen ist. Denn generell unterstand die Frau im Judentum einem anderen, strengeren Eherecht als der Mann (s. im übrigen zu 5,9).

[236] Bei Onosander, De imperatoris officio 1 erscheinen nebeneinander: σώφρονα, ἐγκρατῆ, νήπτην; die Kombination von σώφρων und κόσμιος ist geläufig (Plato, Gorg. 508a; Lucianus, Bis accusatus 17).

[237] So auch Spicq 433; Jeremias 24; Vögtle, Tugend- und Lasterkataloge 241; Schwarz,

Bürgerliches Christentum 58; anders Brox 143 (μὴ πάροινος sei nachgehende Verdeutlichung); Dibelius-Conzelmann 43 (solche Aufzählungen nehmen es mit der systematischen Abgrenzung der Begriffe nicht genau). Der übertragene Gebrauch ist in hellenistischer Literatur hinreichend bezeugt, z. B. Maximus von Tyrus, Philosophumena 3,3; Agathias, Hist. 2,3, er war vor allem auch durch die Tradition der paulinischen Paränese vorgeprägt (1Thess 5,6.8; vgl. 1Petr 1,13; 4,7; 5,8). – O. Bauernfeind, ThWNT IV 940 will ein kultisches Verständnis annehmen: Es gehe »um die für den heiligen Dienst notwendige Klarheit und Selbstbeherrschung«, doch das wird, ebenso wie die Annahme eines eschatologischen Beiklangs (s. Anm. 239), durch den nüchtern-profanen Kontext nicht bestätigt.

[238] Gegen Schwarz, a.a.O. 48 f, der meint, der Gedanke an das Hereinbrechen des Eschatons schwinge hier noch mit.

gegenüber den Herausforderungen der weitergehenden Geschichte. Mit σώφρων ist keine besondere intellektuelle Qualität gemeint, sondern die besonnene Lebensweisheit, die dazu befähigt, das rechte Maß zu halten[239]. Ganz ähnlich meint κόσμιος eine maßvolle Ordentlichkeit[240]; der Gedanke an Würde schwingt ebenso mit wie der an Keuschheit (vgl. 2,9). Auch φιλόξενος ist ein Begriff aus dem Bereich der allgemeinen hellenistischen Tugendlehre[241]: Gastfreundschaft galt den Griechen und Juden als heilige Pflicht[242]. Daß sie im NT unter den Aufgaben des Christen häufig mit besonderem Nachdruck erwähnt wird (Tit 1,8; Röm 12,13; 1Petr 4,9; Hebr 13,2), hängt sicher mit konkreten Erfordernissen des gemeindlichen Lebens zusammen. Wandernde Missionare waren darauf angewiesen, daß ihnen in den Häusern der Gläubigen Quartier und Verpflegung gewährt wurde (Mt 10,11; Apg 16,15; 21,7.17; 28,14). Das ökumenische Zusammengehörigkeitsbewußtsein der Gemeinden führte schon früh zu einem regen Austausch zwischen den Gemeinden durch gegenseitige Besuche (3Joh 8; 1Cl 1,2). Diese Gastfreundschaft war mit erheblichen Lasten verbunden. Auch ihre Ausnutzung durch geistliche Hochstapler ist bezeugt (Did 11–13). In der Frühzeit waren es wohl vor allem die Leiter von Hausgemeinden, die ihre Häuser den durchreisenden Gästen öffneten (Phlm 22)[243]. Als deren Funktionen von Episkopen übernommen wurden, lag es nahe, von diesen zu erwarten, daß sie in gleicher Weise Gastfreundschaft gewährten (Hermas, mand 8,10; sim 9,27,2). Die Fähigkeit, andere zu belehren, gehört an sich zum Repertoire von Berufspflichtenlehren und Regentenspiegeln[244], und die vom Verf. übernommene Tradition hat sie zweifellos bereits erwähnt. Trotzdem hat sie für ihn besonderes Gewicht, wie aus ihrer breiten Entfaltung in Tit 1,9 zu schließen ist. Daß der Bischof sein Amt zentral durch Lehre – und zwar im Sinne des Zur-Geltung-Bringens der

---

[239] Nach Platon ist σώφρων, wer gemäßigte Begierden hat (Def. 415d), nach Aristoteles, wer zur rechten Zeit weiß, wie und wonach er verlangen soll (Eth. Nic. 1119b 16). Das Wort erscheint häufig in Regentenspiegeln und Berufspflichtenlehren (Musonius Rufus [BSGRT 34,12.14; 35,6]; Philo, Vit.Mos. 1,154; Onosander, De imperatoris officio 1,1). Im NT begegnet es nur in den Past, hier allerdings sehr häufig (vom Bischof 1Tim 3,2; Tit 1,8; von den jungen und den alten Frauen Tit 2,2.5; als Adverb Tit 2,12). Durch die Näherbestimmung von σωφρονίζειν in Tit 2,4 (τὰς νέας φιλάνδρους εἶναι, φιλοτέκνους) sowie wegen der Verbindung von σώφρων mit ἐπιθυμία in Tit 2,12 wird man σώφρων hier als besonnene Lebensweisheit zu interpretieren haben; vgl. U. Luck, ThWNT VII 1100f; Schwarz, a.a.O. 49–51.

[240] Grundbedeutung: »ordentlich, in Ordnung«, z.B. von der Wohnung (Plato, Critias 112c), von finanziellen Mitteln bzw. dem Um-

gang mit diesen (Plato, Resp. 560d). In vertieftem Sinne als sittliche Qualität: Plato, Resp. 500c/d; Musonius Rufus (BSGRT 86,3); Epictetus, Diss. IV 9,17; Plutarchus, Amat. 767e.

[241] Epictetus, Diss. I 28,23.

[242] Homer (Od. 6,121: 8,576) parallelisiert Gastfreundschaft mit Gottesfurcht. Für die Juden galt Abraham als Vorbild der Gastfreundschaft, wobei diese der θεοσέβεια zugeordnet ist, ein Topos, der auch noch in 1Cl 10,7 nachwirkt: »Wegen des Glaubens und der Gastfreundschaft wurde ihm (Abraham) im Alter ein Sohn geschenkt«; weitere Belege bei G. Stählin, ThWNT V 16–19; Schwarz, Bürgerliches Christentum 49–51.

[243] S. hierzu H. Rusche, Gastfreundschaft in der Verkündigung des Neuen Testaments und ihr Verhältnis zur Mission, VIMW 7 (1958); Klauck, Hausgemeinde 59.

[244] Onosander, De imperatoris officio 1,1: ἱκανὸς λέγειν; Musonius Rufus (BSGRT 35,3): γλώττης κρατῶν.

normativen apostolischen Überlieferung – wahrnehmen soll (2Tim 2,24),
3 dieser Grundsatz bildet das Zentrum der Amtskonzeption der Past. Mit den
beiden negativen Wendungen μὴ πάροινον und μὴ πλήκτην, die die einzige
wörtliche Übereinstimmung mit dem Episkopenspiegel Tit 1,8f darstellen und
überdies dort in gleicher Verbindung erscheinen, wird die Trunksucht drastisch mit ihren Folgen zusammengeschaut: Der der Trunksucht Verfallene[245]
ist in Gefahr, die Kontrolle über sich zu verlieren, neigt zu Jähzorn und
Gewalttätigkeit[246]. Das aber ist ein für einen Bischof und Gemeindeleiter
unangemessenes Verhalten; ihm geziemt – im Gegenteil – eine Haltung der
Güte und Milde[247]. Von ihm ist zu erwarten, daß er nicht durch ungezügelte
Temperamentsausbrüche Schaden anrichtet, sondern sich selbst zurück-
nimmt, um der Macht des von ihm vertretenen Wortes Gottes Raum zu
geben[248]. Dies gilt vor allem angesichts der in der Gemeinde unvermeidbar
auftretenden Konflikte: Seine Sache darf es nicht sein, diese durch vorschnelle
und einseitige Stellungnahme zu verschärfen; er soll sich vielmehr durch
friedliebende Haltung auszeichnen[249]. Seine Pflicht, da, wo die Wahrheit des
Evangeliums durch Irrlehre gefährdet ist, mit vollem Einsatz zu kämpfen, ist
davon unberührt. Die Warnung vor Geldgier ist an sich recht konventionell[250].
Das Streben nach persönlicher Bereicherung ist für jeden Träger einer öffentlichen Funktion eine gefährliche Versuchung und bringt ihn leicht ins Zwielicht.
Das gilt freilich für den Gemeindeleiter in besonderer Weise. Für ihn steht die

---

[245] Warnung vor übermäßigem Weingenuß ist ein traditioneller Topos weisheitlicher Ethik: Sir 31,25; Spr 20,1; 21,17; 23,20.31; 31,4 u. ö.

[246] So ist in den Trinkgedichten des Anacreon (42[40],13) von μάχαι πάροινοι die Rede: bei Lysias (4,8) tritt πάροινος in Verbindung mit ὀξύχειρ auf. Πλήκτης (abgeleitet von πλήσσω) kann sowohl wörtlich »rauflustig« bedeuten als auch in einem weiteren Sinn »ungestüm« (so Hippocrates, Epistulae 19,11; Aristoteles, Eth. Eud. 1221b 14). Häufig ist auch die Verbindung mit μάχιμος (Plutarchus, Vit. Dec. Orat. 30,11; Philop. 9). In der hellenisti-schen Katalogliteratur ist das Wort nicht nach-gewiesen; s. hierzu Schwarz, Bürgerliches Christentum 54.

[247] Ἐπιεικής, ursprünglich das, was entspre-chend, angemessen ist, gewinnt in der Moral-lehre die Bedeutung von »vernünftig, mild« (Plato, Symp. 210b; Resp. 538c) und ist ein Standardterminus der Tugendkataloge (Epicte-tus, Diss. III 20,11; Philo, Virt. 87.125) und Berufspflichtenlehren (Onosander, De impera-toris officio 2,2). In der Bedeutung »mild, gü-tig« erscheint das Wort auch häufig in der LXX (Belege: H. Preisker, ThWNT II 585f) sowie auch im NT (Tit 3,2; Phil 4,5; Jak 3,17; 1Petr 2,18; das Substantiv ἐπιείκεια steht Apg 24,4;

2Kor 10,1). S. hierzu F. d'Agostino, Il tema dell' epieikeia nella s. Scrittura, RTM 5 (1973) 385–406; A. Di Marino, L' epieikeia cristiana, DT 29 (1952) 396–424; C. Spicq, Bénignité, Mansuétude, Douceur, Clémence, RB 54 (1947) 321–339.

[248] Dafür, daß hier die speziellen Bezüge christologischer (2Kor 10,1) bzw. eschatologi-scher (Phil 4,5) Art herausgehört werden dürf-ten, die das Wort ἐπιεικής in der paulinischen Theologie gewonnen hat (so H. Preisker, ThWNT II 587: Handeln des Bischofs »in eschatologischer Gewißheit und aus eschatolo-gischem Besitz heraus«; ihm folgend Schwarz, Bürgerliches Christentum 56), fehlt jeder An-haltspunkt, zumal das Wort zu allgemein war, um für den Verf. der Past als typisch paulinisch gelten zu können.

[249] In diesem Sinn dürften sich die Wendun-gen ἀμάχους εἶναι und ἐπιεικεῖς in Tit 3,2 gegenseitig interpretieren.

[250] Das Wort ἀφιλάργυρος findet sich in Berufspflichtenlehren (Onosander, De impera-toris officio 1,1; Soranus, Gynaecia 4 p. 174,22) sowie besonders in Ehreninschriften (Dittenberger, Syll.³ 325,17; 732,25). Ntl. nur Hebr 13,5 als Tugend aller Christen: daneben die Synonymwendung μὴ αἰσχροκερδής (1Tim 3,8; Tit 1,7; 1Petr 5,2).

Glaubwürdigkeit auf dem Spiel, wenn er den von Paulus seinen Gemeinden eingeschärften und vorgelebten Grundsatz, daß Evangeliumsverkündigung uneigennützig geschehen müsse, verletzt (2Kor 2,17). Man wird überdies daran zu denken haben, daß der Bischof das Gemeindevermögen und die Liebesgaben für die Armen zu verwalten hatte. Korrektheit im Umgang mit Geld gehört darum zu seinen unabdingbaren Amtspflichten[251]. Der Gemeinde- 4 leiter muß sich – so die nächste, positiv formulierte Forderung – in der Leitung seines eigenen Hauswesens bewährt haben. Das ist an sich ebenfalls ein konventioneller Topos aus hellenistischen Pflichtenlehren: Öffentliche Ämter soll nur verwalten, wer bei sich zu Hause Ordnung zu halten vermag[252]. Dahinter steht die Überzeugung, daß der Staat, die πόλις, die Grundstruktur der οἰκία teilt. Für die Past handelt es sich dabei nicht nur um einen Gesichtspunkt unter anderen, sondern um eine theologische Aussage, die sowohl für ihr Amtsverständnis wie für ihre Ekklesiologie Schlüsselfunktion hat. Das geht gleichermaßen aus dem begründenden Zusatz in V5 wie aus der 5 abschließenden theologischen Schlußzusammenfassung V15 hervor. Die Kirche wird als Hauswesen gesehen, als eine eng gefügte Lebensgemeinschaft, deren Mitglieder in einem festen Zuordnungsverhältnis zueinander stehen[253]. Die *familia Dei* hat, dem antiken Haus entsprechend, patriarchalische Struktur: ihr steht ein Hausvater vor[254], der für alle ihre Glieder Verantwortung trägt und zur Fürsorge für sie verpflichtet ist, darum aber auch Autorität besitzt und Gehorsam fordern muß. Diese Funktion des Vorstehens (προϊστάναι) hat der Bischof, wobei freilich das Wissen davon nicht in Vergessenheit gerät, daß der eigentliche Hausherr Gott selbst ist und daß darum der Bischof seine Vorsteherfunktion nur als Gott verantwortlicher οἰκονόμος (Tit 1,7) ausübt.

Diese Sicht war zum einen vorbereitet durch den in der Tradition fest verankerten Topos von der Kirche als heiligem Haus (1Kor 3,16; Gal 2,9), dessen eschatologisch-

---

251 Die Didask. (Achelis-Flemming 39,20 bis 29) entfaltet in ihrer Weisung für den Bischof diesen Gesichtspunkt weiter, wobei sie seinen konkreten Zusammenhang mit dem Motiv der Haushalterschaft herausstellt: »Und nicht sollt ihr über Gebühr von dem, was einkommt, gebrauchen, als von etwas Fremden, sondern mit Maß. Tut euch nicht gütlich und prasset nicht von dem, was für die Kirche einkommt... Wie gute Haushalter Gottes also sollt ihr das, was der Kirche geschenkt ist und was (für sie) einkommt, wohl verwalten nach Vorschrift für die Waisen und Witwen, für die Bedrängten und Fremden, als solche, die das wissen, daß Gott es ist, der von euch Rechenschaft fordert, er, der euch diese Haushaltung übergeben hat.« S. hierzu Bartsch, Rechtsbildungen 96f.

252 So Pseud-Isocrates, Ad Demonicum 35: »Wer sich nämlich schlecht um seine häuslichen Angelegenheiten kümmert, wird gewiß nicht die anderer gut versorgen«; Plutarchus, Lyc. 19; Sophokles, Ant. 661f: »Nur wer im eigenen Hause sich bewährt, wird auch im Staat als tüchtig sich erweisen.«
253 Das entspricht der üblichen Analogisierung politischer Funktionen mit den Hausherrenfunktionen: πόλις μὲν οἶκος μέγας, πολιτεία δὲ κοινή τις οἰκονομία (Philo, Jos. 38; ähnlich Plato, Gorg. 520e; Leg. 796d; Xenophon, Mem. 4,1,2); hierzu v. Lips, Glaube 127.
254 Προϊστάναι τοῦ οἴκου als Terminus für die Funktion des Hausherrn 2Sam 13,17; Spr 23,5; Am 6,10; s. hierzu v. Lips, a.a.O. 126 (dort weiteres Material).

dynamische Komponente in den Past zwar zurücktritt, jedoch keineswegs ausgeblendet ist (s. zu V15). Zum anderen dürfte sie von den konkreten Erfahrungen der frühen Hausgemeinden nicht unwesentlich bestimmt worden sein: Die gottesdienstliche Gemeinde wurde hier gleichsam zur Erweiterung der Familie, deren Oberhaupt sein Haus für sie als Versammlungsstätte zur Verfügung stellte[255]. Auch wenn der Bischof der Past nicht mehr nur Leiter einer Hausgemeinde, sondern der ganzen Kirche am Ort war, so lieferte dieses Motiv weiterhin die Deutung seiner Funktion. Es ist wichtig zu sehen, daß es sich hier nicht nur um metaphorisch-uneigentliche, sondern um eigentliche Rede handelt. Die rhetorische Frage von V5 ist nämlich im Sinne eines Schlusses a minori zu verstehen: Wer nicht in einem begrenzten, kleinen Hauswesen seinen ihm zukommenden Pflichten als Hausvater gerecht werden kann, der ist dazu im »großen Haus« der Kirche (2Tim 2,20) auch nicht fähig, weil hier diese Pflichten – bei grundsätzlich analoger Struktur – gewichtiger, die Aufgaben größer sind. Es ist im übrigen beachtlich, mit welcher Selbstverständlichkeit hier das Verhältnis zwischen »Haus« und »Kirche« im Sinne einer steigernden Analogie gesehen ist. Das Christliche knüpft direkt an das allgemein Menschliche an, indem es dessen Möglichkeiten steigert und entfaltet[256]. Damit, daß zwischen beiden Bereichen Spannungen auftreten könnten, wird nicht gerechnet. Ein eschatologisch motivierter Ausbruch aus den natürlichen Ordnungen von Ehe und Familie hat in diesem Denken keinen Raum. Konkret gesagt: Ein ohne familiäre Bindung lebender wandernder Profet käme nach dieser Sicht als Gemeindeleiter nicht in Frage.

6 Die Forderung, daß der Bischof kein Neubekehrter sein dürfe, ist nach der der Lehrbefähigung die erste, die in Ansatz und Motivation spezifisch christlich ist. Zwar kennt die Pflichtenlehre die Forderung des rechten Lebensalters – ein Bewerber um ein Amt soll weder zu jung noch zu alt sein[257] –, doch geht es hier nicht um das Lebensalter, sondern um die Dauer der Zugehörigkeit zur Gemeinde[258]. Das Wort νεόφυτος (wörtlich: »der Neugepflanzte«) wird offensichtlich als gebräuchlicher Terminus eingeführt, obwohl es im NT sonst nirgends erscheint[259]. Es dürfte aus der geläufigen Metapher »Gemeinde – Pflanzung Gottes« (1Kor 3,5–9; Kol 2,7) hervorgegangen sein[260] und den bezeichnen, der durch die Taufe in den Bereich der Heilsgemeinde eingegliedert wird. Die folgende Begründung ist wegen ihrer erbaulich-metaphorischen Sprache nicht ganz klar. Ihr Sinn hängt am Verständnis des Verbs τυφοῦσθαι.

255 Klauck, Hausgemeinde 66: »Die Episkopen übten ihr Vorsteheramt nicht nur in ihrem eigenen Haushalt aus, so, als seien ihre Gemeinde und ihre Familie weitgehend identisch.« Es ist allerdings unzutreffend, wenn Holtz 77f für die Past noch unmittelbar die Situation der Hausgemeinde voraussetzen möchte.
256 Brox 145.
257 Vgl. Onosander, De imperatoris officio 1: μήτε νέον μήτε πρεσβύτερον.
258 Diese Forderung wäre zur Zeit des Paulus unerfüllbar gewesen. Sie bildet darum ein wei-

teres Indiz für die späte Abfassungszeit der Past (Dibelius-Conzelmann 44; Brox 146).
259 Außerneutestamentlich wird das Wort niemals in übertragenem Sinn gebraucht (Aristoteles, Fragmenta 828; Ps 143,12 [LXX]; Jes 5,7; Hi 14,9).
260 Das durch atl. Stellen wie Jes 5,1–7; Jer 2,21; Ps 1,3 vorbereitete Bild der Gemeinde als heiliger Pflanzung findet sich vor allem in Qumran, und zwar verkoppelt mit dem des heiligen Baues, so 1QH VI 15; VII 19; VIII 6; hierzu Roloff, Apostolat 111f; Spicq 436.

Hat es die Bedeutung »aufgeblasen werden«[261], dann ist gemeint: Der Neubekehrte ist aufgrund seines raschen Aufstiegs vom Täufling zum Bischof in der Gefahr, eitel zu werden und das rechte Maß zu verlieren[262]. Wahrscheinlicher ist jedoch, daß τυφοῦσθαι mit »verblendet werden« wiederzugeben ist[263], zumal diese Bedeutung in 6,4 und 2Tim 3,4 im Blick auf die Irrlehrer wiederkehrt. Dann aber ist die Weisung ebenfalls aus dem Kontext der Irrlehrerbekämpfung zu verstehen: Der Neubekehrte ist gleichsam noch eine »schwache Pflanze«; er hat noch nicht die nötige Sicherheit in der Lehre, die ihn allein davor bewahren kann, durch Irrlehre getäuscht und verblendet zu werden[264]. Für dieses Verständnis spricht auch der Umstand, daß die Wahl junger Gemeindeleiter ausdrücklich gebilligt wird, und zwar unter der Voraussetzung, daß sie in der christlichen Glaubenstradition von Kindheit an verwurzelt sind. Der Gesichtspunkt einer Gefährdung durch Anmaßung aufgrund des raschen Aufstiegs spielt für sie keine Rolle. Das »Gericht des Teufels« ist jenes Gericht, in dem der Satan, getreu seiner biblischen Rolle als Verführer und Ankläger in Personalunion (Hiob 1,9–11; 2,2–6; Offb 12,7–10), als Verkläger des seinem Auftrag ungetreuen Gemeindeleiters auftritt[265], d. h. das Endgericht, in dem Gott selbst das Urteil spricht. Mit einer formal und inhaltlich 7 parallelen Begründung wird abschließend auf die Notwendigkeit verwiesen, daß der Bischof bei den Außenstehenden einen guten Ruf haben müsse[266]. Damit wird das leitmotivisch die Pflichtenlehre eröffnende ἀνεπίλημπτος der Sache nach nochmals aufgenommen und zugleich nach einer bestimmten Richtung präzisiert: Nicht nur für das innere Leben der Gemeinde, sondern mindestens ebensosehr für ihr Verhältnis zur nichtchristlichen Umwelt ist es wichtig, daß ihr Leiter guten Leumund hat und hinsichtlich seiner Lebensführung nicht im Zwielicht steht. Damit klingt ein Thema an, das sich in den Paränesen der Past immer wieder in den Vordergrund schiebt: die Rücksicht auf den guten Ruf des Christentums (vgl. 5,14; 6,1; Tit 2,5; 2,8.10). Die Motivation bleibt hier eigentümlich defensiv[267]: Durch einen schlechten Ruf

261 In dieser Bedeutung bei Strabo 15,1,5; Plutarchus, Adulat. 59a; weitere Belege: Bauer, Wb s. v.
262 So Dibelius-Conzelmann 42 f; Brox 146; Jeremias 25.
263 So Spicq 437. Außerneutestamentliche Belege für diese Bedeutung: Polybius III 81,1; Dion Chrysostomus, Or. 30,18; Philo, Conf. Ling. 106; JosAp I 15; II 255 (Bauer, Wb s. v.).
264 v. Lips, Glaube 52 verbindet gedanklich mit 2Tim 3,14: Der Neubekehrte ist in Gefahr des Abfalls, weil mit dem christlichen Glauben und den heiligen Schriften noch nicht hinlänglich vertraut; s. ferner Schwarz, Bürgerliches Christentum 60.
265 So fast durchweg die neueren Kommentare. Ältere Ausleger (Erasmus, B. Weiß) haben im διάβολος einen menschlichen Verleumder sehen wollen, dem der verblendete

Bischof zur leichten Beute wird; doch das ist durch den bestimmten Artikel wie auch durch 2Tim 2,25 f ausgeschlossen. Eine alte, erstmals durch Theodor v. Mopsuestia (II 113) vertretene Auslegungstradition will κρίμα τοῦ διαβόλου als Genitivus objectivus verstehen: dasselbe Gericht, dem der Teufel als abgefallener Diener Gottes verfällt (vgl. Lk 10,18; Joh 12,31; Röm 16,20; 2Petr 2,4 = Jud 6), wird auch den Bischof treffen; doch dagegen steht u. a. der Parallelismus zu παγὶς τοῦ διαβόλου (V7).
266 Vgl. Lk 4,22; Apg 6,3; 10,22; 13,22; 16,2; 22,12; 1Tim 5,20; 3Joh 3.6.12; hierzu H. Strathmann, ThWNT IV 501; J. Beutler, EWNT II 964–967; A. A. Trites, The New Testament Concept of Witness, 1977 (MSSNTS 31).
267 Lippert, Zeugnis 32 f.

würde sich der Bischof – z. T. unbegründeten – Verleumdungen aussetzen, und dadurch wiederum geriete er in für ihn selbst und seine Gemeinde verhängnisvolle Verstrickungen. Der erbauliche biblische Sprache (Spr 12,13; Sir 9,3; Tob 14,10 f) imitierende Ausdruck »Schlinge des Satans« will besagen: Es geht um Versuchungen zur Sünde, durch die der Satan den Menschen fängt, um so Grund zur Anklage gegen ihn zu haben[268]. Konkret könnte gemeint sein: Der durch Verleumdungen angeschlagene Bischof hat bei seiner Amtsführung den Rücken nicht mehr frei; er muß lavieren, vertuschen und falsche Rücksichten nehmen. Darunter aber leidet sein Dienst, und er wird schuldig. Das zentrale theologische Motiv für diese starke Gewichtung der Notwendigkeit des guten Rufes wird hier nicht ausgesprochen, es war jedoch in 2,3–7 nachdrücklich genannt: Es ist die Verpflichtung, den universalen Heilswillen Gottes allen Menschen unverstellt sichtbar werden zu lassen. Sie gilt der ganzen Gemeinde, mit besonderem Ernst aber muß deren Leiter sich ihr unterstellen.

8 Die Dienste des Bischofs und der Diakone sind in den paulinischen Gemeinden einander eng zugeordnet (Phil 1,1). Das kommt auch in der dichten sachlichen Verzahnung der beiden Pflichtenlehren zum Ausdruck: Es sind weithin dieselben Voraussetzungen, die für Bischof und Diakon gelten. Auf diesen Wiederholungscharakter wird durch ὡσαύτως verwiesen[269]. Auch hier wieder steht ein übergreifendes Prädikat am Anfang: σεμνοί sollen die Diakone sein, d. h. respektabel, ruhig und würdig[270]. Neu gegenüber der Bischofsregel ist die Erwähnung von Doppelzüngigkeit[271], aber nicht deshalb, weil sie ein speziell den Diakon disqualifizierender Charakterfehler wäre. Sie paßt ganz allgemein nicht zu einem Träger eines öffentlichen Amtes, ebensowenig wie die beiden Laster der Trunksucht und Geldgier[272], die freilich – wenn auch mit anderen Worten – bereits in der Pflichtenlehre für den Bischof (V3) verurteilt worden waren. Allenfalls aus der Anführung von μὴ αἰσχροκερδεῖς wird man einen direkten Bezug auf konkrete Anforderungen des Diakonenamtes heraushören können: Wie der Bischof hatte auch der Diakon mit Geld umzugehen, und zwar war wohl die Verwaltung des gottesdienstlichen Gemeindeopfers und die Verteilung seiner Erträge an die Armen der Gemeinde in besonderem Maße

9 seine Sache[273]. Hervorgehoben erscheint als Abschluß der Reihe eine spezifisch

---

[268] Zum religionsgeschichtlich alten, hier bereits stark verblaßten Schlingen- und Netzmotiv vgl. Spr 12,13; Sir 9,3; Tob 14,10 f; 1QS II 11 f.17. Am nächsten kommt unserer Stelle CD IV 15 f: »... die drei Netze Belials, von denen Levi, der Sohn Jakobs gesprochen hat, daß er damit Israel fängt«, sind Unzucht, Reichtum und Befleckung des Heiligtums.

[269] Außerdem ist von V 2 her sinngemäß zu ergänzen δεῖ ... εἶναι; so richtig Spicq 457.

[270] S. zu 2,2. Das Adjektiv kommt im NT außer in den Past (1Tim 3,8.11; Tit 2,2) paulinisch nur Phil 4,8 vor.

[271] Δίλογος ist hap leg und auch sonst in griechischer Literatur kaum belegt (Bauer, Wb s. v.). Inhaltlich verwandte Wendungen kommen jedoch in Regentenspiegeln (Musonius Rufus [BSGRT 35,3]) sowie bei Philo (Sacr. A. C. 32: δίγλωσσος) vor; s. Schwarz, Bürgerliches Christentum 63.

[272] Αἰσχροκερδής im NT nur noch Tit 1,7, dagegen häufig im außerbiblischen Griechisch (z. B. Plato, Resp. 408c; TestJud 16,1), vor allem in Lasterkatalogen (Philo, Sacr. A. C. 32).

[273] Eine genaue Abgrenzung der Kompeten-

christlich gefärbte Forderung, die allerdings wegen ihrer feierlich-formelhaften Gestaltung inhaltlich nur schwer bestimmbar ist. Was ist mit τὸ μυστήριον τῆς πίστεως gemeint?

Man wird diese Wendung als Ausläufer eines auf Paulus (1Kor 2,7–10) zurückgehenden, in der deuteropaulinischen Theologie bedeutsamen Topos anzusehen haben: Christus wird als das von Anfang der Schöpfung an verborgene, in der Endzeit enthüllte göttliche μυστήριον begriffen (Kol 2,2; 4,3; Eph 1,9; 3,4)[274]. Das dafür den Hintergrund bildende Revelationsschema fußt seinerseits auf apokalyptischem Denken, demzufolge es Geheimnisse gibt, die bei Gott verborgen sind, um erst am Ende der Zeiten in ihrer Realität aufgedeckt zu werden[275]. Daß auch an unserer Stelle das Revelationsschema wenigstens noch indirekt den Bezugsrahmen bildet, wird durch die Parallelaussage in V16 nahegelegt. Dort nämlich wird der Grund des »Geheimnisses der Frömmigkeit« durch das nachfolgend zitierte Hymnenstück bestimmt, das zentral auf die Erscheinung Jesu im Fleisch und damit auf den Offenbarungscharakter des Christusgeschehens verweist. Direkt bewußt ist sich der Verf. jedoch der Bedeutung dieses traditionellen Topos nicht mehr. Sonst könnte er nicht vom »Geheimnis *des Glaubens*« sprechen. Denn nur Christus, nicht der Glaube ist Gegenstand des Revelationsschemas. Unter »Glaube« ist hier aber, wie die Parallelformulierung in V16 erkennen läßt, nichts anderes als die εὐσέβεια verstanden, d. h. der christliche Lebensvollzug[276], der – dies deutet die Verbindung mit dem Begriff μυστήριον an – Antwort auf das Christusgeschehen ist[277].

Die eigentliche Betonung liegt jedoch nicht auf der Wendung μυστήριον τῆς πίστεως, sondern auf dem »reinen Gewissen«[278]: Die Diakone sollen bewußt, konstant und in Bejahung der vom Evangelium gesetzten Normen christlich leben (s. zu 1,5). So erweist sich diese Forderung als nach ihrem sachlichen Gehalt analog zu der Forderung, daß der Bischof kein Neubekehrter sein dürfe (V6), d. h. keiner, der in christlicher Lebenshaltung nicht schon fest verwurzelt ist. Es folgt ein Hinweis auf das Verfahren, in dem die genannten Kriterien sich konkret als bestimmend erweisen sollen: Die möglichen Bewerber für das 10

---

zen in dieser Hinsicht zwischen Bischof und Diakonen ist kaum möglich. Apg 6,1–6 kann allenfalls als indirektes Zeugnis herangezogen werden, denn historisch ging es dort nicht um die Begründung des Diakonenamtes, sondern um die eines eigenständigen Leitungsgremiums für den griechischsprachigen Gemeindeteil. Allerdings dürfte Lukas bewußt Assoziationen auf das ihm bekannte Diakonenamt eingetragen und damit als dessen spezifische Funktion die Versorgung der Gemeindearmen angedeutet haben.

274 S. hierzu Schnackenburg, Epheser 56.
275 G. Bornkamm, ThWNT IV 810–823.
276 Kretschmar, Glaube 137.
277 Ein Zusammenhang mit der im klassischen Römischen Meßkanon dem eucharisti-

schen Kelchwort unmittelbar folgenden Wendung *mysterium fidei* (nach der Liturgiereform als Responsion: »Geheimnis des Glaubens« – »Deinen Tod, o Herr, verkünden wir…«) ist möglich, wenn auch keineswegs gewiß. Nach J. Brinktrine, Mysterium fidei, EL 44 (1930) 493–500 sei 1Tim 3,9 aufgrund der Gleichsetzung von *mysterium* und *sacramentum* altkirchlich eucharistisch verstanden worden, wobei die Nennung der Diakone, denen der Kelch zugehörte, die Verbindung mit dem Kelchwort bewirkt habe. Bereits *Florus Diaconus*, De actione missae 62 (PL 119,54) zieht 1Tim 3,9 zur Erklärung heran. Skeptisch hierzu: J. A. Jungmann, Missarum Sollemnia II, Wien ²1949, 242 ff.
278 Dibelius-Conzelmann 47.

Diakonenamt sollen geprüft werden, ehe sie ihren Dienst aufnehmen. Eine
prüfende Instanz wird nicht genannt – die passivische Formulierung (δοκιμα-
ζέσθωσαν) legt nahe, daß an die Gemeinde in ihrer Gesamtheit gedacht ist[279].
Sie soll sich ein Urteil bilden, und zwar aufgrund der Bewährung der Kandidaten in christlicher Lebenshaltung sowie ihrer Unbescholtenheit[280]. Es versteht
sich, daß hier weder an ein feierliches Prüfungsverfahren noch an eine
Probezeit[281] gedacht werden darf. Es geht lediglich darum, daß die Gemeinde
bei der Besetzung dieses Amtes die nötige Sorgfalt walten läßt, indem sie nur
solche Bewerber in Betracht zieht, die als in christlichem Glauben und Leben
bewährt gelten können. Immerhin aber fällt auf, daß von solcher Sorgfalt nur
im Blick auf die Diakone, nicht jedoch auf die Bischöfe, wo man sie erst recht
erwarten möchte, die Rede ist. Anscheinend war bei der Wahl des Bischofs die
Gefahr eines Fehlgriffs weniger akut als bei der Bestellung von Diakonen, und
zwar deshalb, weil die Bischöfe im Regelfall sicherlich aus den Reihen der
bereits in ihrem Dienst hinreichend bewährten Diakone genommen wurden
(vgl. V13)[282].

11 Daran, daß mit den »Frauen« weibliche Diakone – und nicht etwa die Ehefrauen der in VV8–10 und V13 genannten Diakone[283] – gemeint sind, sollte
kein Zweifel mehr möglich sein.

Für diese Auslegung sprechen nämlich die folgenden Argumente: 1. Die Anreihung mit
ὡσαύτως entspricht V8 und läßt damit erwarten, daß wie dort eine neue, eigenständige
Gruppe von Amtsträgern eingeführt werden soll. – 2. Wären die Frauen der Diakone
gemeint, so hätte dies durch den Zusatz des Possessivpronomens αὐτῶν zu γυναῖκας
zum Ausdruck gebracht werden müssen; im übrigen wäre um des Bezuges auf die
Diakone willen der Zusatz des bestimmten Artikels unerläßlich gewesen, d. h., es hätte
heißen müssen τὰς γυναῖκας αὐτῶν. – 3. Die angeführten Forderungen sind denen für
den Diakon sachlich weitgehend parallel, was auf einen eigenständigen Dienst sui
generis schließen läßt. – 4. Die Forderungen hinsichtlich des Familienlebens der
Diakone werden in V12 gesondert angeführt. Hier wäre denn auch der natürliche
Kontext für die Forderungen hinsichtlich des Verhaltens der Diakonenfrauen gewesen,

---

[279] Diese Praxis scheint auch Lukas in Apg
6,3 andeuten zu wollen (vgl. Anm. 274). Anders Lippert, Zeugnis 33, der an eine »Beurteilung durch die Gemeindeleiter« denkt.
[280] ᾿Ανέγκλητος, nur im Corpus Paulinum
vorkommend, hat hier (wie auch Tit 1,6f) nicht
den eschatologisch-forensischen Klang von
1Kor 1,8 (vgl. Röm 8,33); Kol 1,22, sondern
bezeichnet, analog zu ἀνεπίλημπτος (V2), jemanden, gegen den kein ἔγκλημα, keine Anklage in bezug auf seine Lebensführung, erhoben werden kann, sei es durch Außenstehende
oder durch Irrlehrer (Tit 1,6f; vgl. Xenophon,
Hist.Graec. VI 1,13; Dittenberger, Syll.³
429,14; JosAnt 17,289.
[281] Letzteres ist durch das eine zeitliche Abfolge signalisierende εἶτα ausgeschlossen: Erst

nach der Überprüfung darf der Dienst aufgenommen werden!
[282] Bartsch, Rechtsbildungen 107; anders
Holtz 86 f, der aufgrund einer unhaltbaren Exegese von Lk 22,24–27 sowie von IgnSm 8,1;
Mg 6,1 den Diakon als Leiter des Gottesdienstes und Träger des einen »geistlichen Amtes«
in der Frühzeit sehen möchte.
[283] So die älteren Ausleger (Thomas v.
Aquin, Luther, B. Weiß, Knabenbauer, Mof-
fat) sowie von den neueren Jeremias 26; Hanson 81; ferner G. Delling, Paulus' Stellung zu
Frau und Ehe, 1931 (BWANT 56); unentschieden Dibelius-Conzelmann 48. Für weibliche
Diakone u. a. Brox 154; A. Oepke, ThWNT I
788; Spicq 460; Lippert, Zeugnis 34; Lohfink*.

falls der Verf. solche im Auge gehabt hätte. – 5. Vollends unverständlich wäre das Fehlen analoger Forderungen im Blick auf die Frau des hinsichtlich seiner Öffentlichkeitsstellung weit exponierteren Bischofs in VV1–7. – 6. Daß es in den paulinischen Gemeinden weibliche Diakone gegeben hat, ist hinlänglich bezeugt (Röm 16,1f), und dafür, daß dieser Dienst um die Wende zum 2. Jh. in Kleinasien noch lebendig war, bietet seine Erwähnung im Brief Plinius d. J. aus Bithynien einen eindrucksvollen Beleg[284]. – 7. Daß für diesen Dienst keine eigene Bezeichnung eingeführt wird, braucht nicht zu überraschen. Denn auch Paulus belegt Röm 16,1 Phöbe mit dem bereits eine Amtsfunktion umschreibenden maskulinen Terminus διάχονος[285]. Dieser dürfte zunächst übergreifende Bezeichnung der Träger des durch seine spezifische Funktion – nämlich das Dienen – klar definierten Amtes gewesen sein, ganz gleich, ob diese Männer oder Frauen waren, wodurch eine faktische Differenzierung zwischen den Aufgabenbereichen männlicher und weiblicher Diakone freilich nicht ausgeschlossen war[286]. Die Bezeichnung διαχονίσσα dagegen ist nicht vor dem 4. Jh. belegt[287].

Die genannten Forderungen für die weiblichen Diakone lassen eine direkte geschlechtsspezifische Ausrichtung nicht erkennen. Doch daraus wird man angesichts ihres allgemeinmoralischen Inhalts keine Schlüsse auf die faktische Gleichheit dieses Dienstes mit dem der Männer ziehen dürfen. Die weiblichen Diakone sollen, wie die Männer, »würdig« sein. Die zweite Forderung, daß sie μή διάβολοι zu sein hätten, entspricht sinngemäß dem διλόγους von V8: In beiden Fällen geht es um die Wahrhaftigkeit des Redens und damit um die Eindeutigkeit und Klarheit der Stellung zu den Mitmenschen; als ein spezifisch weibliches Laster wird man das Verleumden schwerlich einstufen können (trotz Tit 2,3; doch dagegen 2 Tim 3,3)[288]. Auch die Forderung der Nüchternheit hat ihre Parallele in V8 (vgl. auch V3). Angesichts solcher weitgehenden Entsprechung zwischen V11 und V8 liegt es nahe, auch die letzte Forderung, πιστὰς ἐν πᾶσιν, als Sachparallele zu V9 zu verstehen; d. h., es geht nicht nur um »Zuverlässigkeit« im rein formalen Sinn der Bereitschaft, übernommene Pflichten »in jeder Hinsicht« auftragsmäßig zu erledigen, sondern um eine in dem Bewährtsein des Christenstandes sich gründende Zuverlässigkeit. Im Adjektiv πιστός klingt auch sonst häufig in den Past (4,10.12; 5,16; 6,2; 2 Tim 2,2.13; Tit 1,6) der Bezug auf die πίστις unüberhörbar mit an: πιστός

---

284 Plinius, Epist. X 96,8 (ad Traianum): »Daher hielt ich es für um so notwendiger, aus zwei Sklavinnen, die als *ministrae* bezeichnet wurden, durch Folterung zu erfahren, was daran (sc. an den Gerüchten über die Christen) Wahres sei«; hierzu Lohfink* 333f.
285 Wilckens, Römer III 131; Käsemann, Römer 391.
286 Als solche Aufgaben zeichnen sich aus Zeugnissen des 2. und 3. Jh. ab: der Einsatz bei der Taufe, *ad ministerium feminarum* bei der Krankenpflege (Didask. 3,12f), Ordnungsdienst bei der Mahlversammlung (Const. Ap. 2,57,10 u. ö.) sowie das Überbringen der

Osterkommunion an kranke und schwangere Frauen (s. hierzu P. Philippi, TRE 8, 626f).
287 Die Bezeichnung taucht erstmals auf dem Konzil von Nicaea (Concilium Nicaenum can. 19) auf; vgl. Philippi, a. a. O. 626.
288 Holtz 85 empfindet die Wendung als »härter ... klingend«, weil »anscheinend auf die dem weiblichen Geschlecht nachgesagte stärkere Versuchlichkeit zum Klatsch gemünzt«, ja, er möchte sogar durch sie »im Sinnzusammenhang eine Beziehung auf den Teufel« ausgedrückt finden – eine wenig geschmackvolle Eisegese!

umschreibt eine Zuverlässigkeit, in der sich die Konstanz der als Lebenshaltung begründend verstandenen πίστις auswirkt[289].

12 Waren bisher die Forderungen für männliche und weibliche Diakone in strengem Parallelismus vorgestellt worden, wodurch die Einheit des Diakonenamtes zum Ausdruck gebracht wurde, so folgt nun noch eine speziell die männlichen Diakone betreffende Forderung. Der Verf. hat sie vermutlich selbst formuliert und dem traditionellen Pflichtenkatalog angefügt, um dem von ihm nachdrücklich vertretenen Anliegen der vorbildlichen Eheführung und Hausvaterschaft Geltung zu verschaffen. Die männlichen Diakone waren – wohl anders als die weiblichen – in der Regel verheiratet; deshalb wird von ihnen ebenso wie vom Bischof und in nahezu den gleichen Wendungen (vgl. VV2.4) die konsequente Einehe und ein vorbildliches Familienleben erwartet. Da der Diakon anders als der Bischof nicht Vorsteher des »Hauswesens« der Gemeinde ist, hat hier der begründende Analogieschluß vom häuslichen auf das kirchliche Vorsteheramt (V5) keine Entsprechung.

13 Zwar folgt auch in diesem Fall eine Begründung, doch bezieht sich diese nicht auf V12, sondern auf das Ganze des Diakonenkatalogs zurück, indem sie zugleich einen neuen, bisher noch nicht ausgesprochenen Gesichtspunkt einbringt: den der »guten«, treuen Erfüllung des Dienstauftrags (οἱ γὰρ καλῶς διακονήσαντες)[290]. Es wird nicht begründet, warum die zuvor aufgeführten Forderungen für die Diakone wichtig und sinnvoll sind, sondern warum sich für diese der Einsatz in ihrem Amt lohnt; das γὰρ setzt, um schlüssig zu sein, einen in Analogie zu V1 zu formulierenden unausgesprochenen Gedanken voraus: »Wenn jemand ein Diakonenamt begehrt, so begehrt er eine gute Sache, denn...« Die beiden folgenden Verheißungen haben den Ertrag des Diakonenamtes für seinen Träger selbst zum Inhalt. Aber worin besteht dieser Ertrag? Realisiert er sich im Gottesverhältnis oder – viel handfester – im Verhältnis des Diakons zur Gemeinde?

Was die Verheißung des βαθμὸς καλός betrifft, so kommt für sie eine Deutung im erstgenannten Sinn schwerlich in Frage. Denn als spezifisch religiöser Terminus ist βαθμός nur in der Gnosis belegt[291], die darunter entweder die vom Menschen erreichte Stufe himmlischer Erkenntnis[292] oder eine Stufe bei der Himmelsreise der Seele[293] versteht. Unser Verf. steht nicht nur dieser Begrifflichkeit, sondern auch der sich mit

[289] »Bisweilen ist πιστός (πιστή) oder οἱ πιστοί geradezu Chiffre für das Christsein geworden« (Kretschmar, Glaube 116).

[290] Keineswegs ist, wie häufig unter Berufung auf 5,1 (s. dort) angenommen, an Diakone gedacht, die sich in ihrem Dienst *besonders*, über das zu erwartende Normalmaß hinaus, bewähren. Wie durchweg in den Past hat καλός hier die Bedeutung des Ordentlichen, Rechtmäßigen, Normgemäßen und darum »Guten« (z. B. in der Wendung τὰ ἔργα τὰ καλά 1Tim 5,10.25; 6,18 u. ö.); hierzu J.

Wanke, EWNT II 605. Als Gegensatz zu den »gut Dienenden« sind nicht die nur »durchschnittlich« Dienenden, sondern die schlecht Dienenden, d. h. ihren Dienst unsachgemäß Versehenden, gemeint.

[291] Das Wort (hap leg) ist ursprünglich ein terminus technicus aus dem Bauwesen: »Schwelle« oder »Treppenstufe« (1Sam 5,5; Sir 6,36).

[292] Clemens Alexandrinus, Strom. II 45,4.

[293] Corpus Hermeticum 13,9.

ihr verbindenden religiösen Esoterik zu fern, als daß er eine Anleihe bei ihr hätte machen können[294]. Erst recht nicht wird man an eine Erwartung zukünftigen Lohnes, etwa im Sinne einer besonderen himmlischen Ehrenstellung, denken dürfen[295]. Denn diese Erwartung ist zwar für das Urchristentum deutlich genug bezeugt (Mk 10,36f parr; Offb 3,12.21), doch verbindet sich mit ihr durchweg die Einsicht, daß solche Stellung im Himmel allein als Geschenk Gottes bzw. des erhöhten Christus zuteil werden kann. Das hier verwendete Verb περιποιεῖσθαι meint jedoch ein Erwerben aufgrund eigener zielgerichteter Kraft und Mühe[296]. Daß innerhalb der paulinischen Tradition das Wissen davon, daß das Heil allein als Geschenk Gottes zuteil wird, so weit verdrängt worden sein könnte, daß in dieser Weise vom Erwerben eines Vorzugsplatzes in der jenseitigen Welt hätte geredet werden können, ist – trotz aller offenkundigen Abflachung der paulinischen Gnadenlehre – undenkbar. So wird man den βαθμὸς καλός am ehesten als den angesehenen Rang in seiner Gemeinde verstehen können, den sich der Diakon durch treue Erfüllung seines Dienstauftrages verschafft. Nicht auszuschließen ist die Möglichkeit, daß im Hintergrund der Aussage die Weiterinterpretation des Jesuslogions vom Dienen (Mk 10,43f) auf den konkreten gemeindlichen Dienst hin steht, wie sie in Lk 22,26 erfolgt: »groß«, d. h. angesehen und in seinem Wert anerkannt, ist in der christlichen Gemeinde gerade der, der – entsprechend der von Jesus gesetzten Norm der dienenden Selbstpreisgabe unter Verzicht auf Macht und Recht – das διακονεῖν übt[297]. Ob man darüber hinaus aus dem Umstand, daß der Begriff βαθμός den Gedanken an eine Stufung und damit an ein Nebeneinander unterschiedlicher Stellungen nahezulegen scheint[298], folgern darf, daß hier konkret von der Aufstiegsmöglichkeit des Diakons in ein höheres kirchliches Amt, nämlich das des Bischofs, die Rede sei[299], ist fraglich. Zwar ist V13 bereits in der Grundschrift B der Apostolischen KO so interpretiert worden[300], doch lassen sich daraus keine Rückschlüsse für das Verständnis der Past ziehen, zumal dann nicht, wenn es sich um Eigenformulierung und nicht um Wiedergabe älterer kirchenrechtlicher Tradition handelt. Überhaupt wird man sehen müssen, daß die Aussage, obwohl sie in einem rechtlichen Kontext steht, nicht in rechtlicher, sondern eher in erbaulicher Terminologie gehalten ist[301], so daß ihr kein rechtlicher Sinn abgepreßt werden kann. Sie mag zwar sinngemäß als Hinweis auf die vorausgesetzte kirchliche Praxis zu interpretieren sein: Angesichts des engen Zusammenhangs zwischen Bischofs- und Diakonenamt war es naheliegend, einen Diakon, der sich in seinem Dienst bewährt und sich Ansehen in der Gemeinde

---

294 Gegen Holtz 86, der unter Aufnahme der Mysteriendeutung im βαθμός »den Schritt auf die Erkenntnis des Mysteriums im Altarsakrament hin« sehen will.

295 So Theodor von Mopsuestia und Theodoret.

296 Bauer, Wb s. v.

297 So mit Recht Spicq 461; ähnlich Dibelius-Conzelmann 48.

298 Wichtigster Beleg für dieses Verständnis ist eine von Harrison, Problem 165 angeführte Parallele aus den Sentenzen des Kaisers Hadrian: ἐὰν καλὸς στρατιώτης γένῃ τρίτῳ βαθμῷ δυνήσῃ εἰς πραιτώριον μεταβῆναι; s. hierzu Spicq 462; Bartsch, Rechtsbildungen 90. Ferner Eusebius, Hist. Eccl. III 21: βαθμός als bischöflicher Rang).

299 So Wohlenberg 131; W. Nauck, Probleme des frühchristlichen Amtsverständnisses (1Petr 5,2f), ZNW 48 (1957) 200–220.216; Spicq 462; Bartsch, a. a. O. 90f.

300 Οἱ γὰρ καλῶς διακονήσαντες καὶ ἀμέμπτως τύπον ἑαυτοῖς περιποιοῦνται τὸν ποιμενικόν (Harnack, TU 2,5 26); s. ferner das Weihgebet für die Diakone in den Const. Ap III 16, das darum bittet, der Diakon möge, nach untadeliger Amtsführung »einer höheren Stufe gewürdigt werden« (μείζονος ἀξιωθῆναι βαθμοῦ); hierzu Bartsch, a. a. O. 91.

301 Als rechtlicher Terminus hätte sich τόπος angeboten; vgl. Apg 1,25; IgnSm 6,1; IgnPol 1,2; 1Cl 40,5.

geschaffen hatte, zum Bischof zu wählen. Aber eine konkrete Aussage über die Regelung des »Aufstiegs« in die »höhere Stellung« enthält sie nicht.

Auch die folgende Verheißung der großen παρρησία ist wohl auf derselben Ebene zu interpretieren: παρρησία ist dann sicher nicht das »volle Heilsvertrauen« im Blick auf Gott, wie es aufgrund des Glaubens möglich ist (vgl. Eph 3,12)[302], sondern vielmehr die aus der Autorität bewährten Glaubens erwachsende Freiheit und Offenheit im Blick auf die Gemeinde.

Das Wort παρρησία hat an sich eine erhebliche Bedeutungsbreite: Offenheit, Öffentlichkeit, Freimütigkeit, freudige Zuversicht[303]. Wenn es hier in der für Paulus typischen Verbindung mit πολλή auftritt (2Kor 3,12; 7,4; Phlm 8; vgl. Phil 1,20), so ist anzunehmen, daß der Verf. neben der sprachlichen Form auch den Bedeutungsgehalt der Wendung bei Paulus übernommen hat. Für Paulus aber dient παρρησία zur Kennzeichnung seines Verhältnisses zu den Gemeinden: Es ist die Freiheit und Offenheit des Umgangs mit ihnen, in der sich seine ihm von Gott gegebene Vollmacht manifestiert (2Kor 3,12; 7,4). Παρρησία und ἐξουσία gehören bei ihm eng zusammen (Phlm 8)[304]; παρρησία ist gleichsam die subjektive Seite der ἐξουσία, ihre Auswirkung im Verhalten des Apostels. Analog scheint auch der Verf. der Past an die sich im Umgang mit der Gemeinde auswirkende Vollmacht des Diakons zu denken. Der Ursprung dieser Vollmacht liegt im »Glauben an Christus Jesus«, wobei aber dieser Glaube wiederum (vgl. V9) nicht paulinisch als Auswirkung des endzeitlichen Heilsgeschehens im Leben des Menschen, sondern als Lebenshaltung verstanden ist. Das nämlich geht aus der Abhängigkeit der Verheißung der παρρησία vom Verb περιποιεῖσθαι hervor: Der Diakon kann sich die Autorität im Umgang mit der Gemeinde selbst erwirken – und zwar eben durch seine jedermann sichtbare Haltung des Glaubens an Jesus Christus.

Zusammen-fassung Episkopen und Diakone, die Träger jener beiden gemeindlichen Dienste, die für den Verf. genuin in der paulinischen Tradition verwurzelt sind und die ihm besonders wichtig sind, werden hier thematisiert. Es handelt sich dabei um an bestimmte Personen gebundene, inhaltlich festgelege Dienste, d. h. um »Ämter«, bei deren Besetzung unter verschiedenen Bewerbern eine Auswahl nach Eignung und Qualifikation getroffen werden muß. Nach diesen Ämtern – Episkopen, männliche und weibliche Diakone – getrennte Kriterienkataloge sollen für die Auswahl Gesichtspunkte liefern. Diese orientieren sich weithin an dem Schema antiker Berufspflichtenlehren und sind von einer auffälligen Pragmatik: Die von ihnen genannten Kriterien sind fast durchweg auf die Träger aller in der Öffentlichkeit ausgeübten Berufe anwend-

302 Gegen H. Balz, EWNT III 111; Jeremias 26.
303 Hierzu E. Peterson, Zur Bedeutungsgeschichte von παρρησία in: Zur Theorie des Christentums I (FS R. Seeberg), Leipzig 1929, 283–297; H. Schlier, ThWNT V 869–884; W. C. van Unnik, The Christian's Freedom of Speech in the New Testament BJRL 44 (1961/62) 466–488; R. Schnackenburg, LThK VII 110f.
304 Hierzu P. Stuhlmacher, Philemon, ²1981 (EKK XVIII), 37 Anm. 69; H. Schlier, ThWNT V 881.

bar; spezifische geistliche Qualifikationsmerkmale klingen allenfalls indirekt an in den Forderungen der Lehrfähigkeit für den Episkopen sowie der festen Verwurzelung im christlichen Glauben. Wenn der Verf. besonders die Tadellosigkeit und Unantastbarkeit der Lebensführung der Amtsträger betont, so steht dahinter jedoch nicht nur sein generelles Anliegen, daß die christliche Gemeinde ihrer nichtchristlichen Umwelt durch ihre moralische Haltung ein positives, werbendes Bild zu geben habe. Vielmehr ist hierin wohl auch die Weisheit eines erfahrenen Kirchenmannes zu spüren, der erkannt hat: Nur ein Amtsträger, der sich durch sein persönliches Verhalten nicht kompromittiert, der Beschuldigungen und bösen Gerüchten keinen Anhaltspunkt gibt, hat den Rücken frei, um das zu tun, was sein Auftrag von ihm fordert. Die positive, weiterführende Ergänzung dazu liefert 4,15 f. Als bestimmend erweist sich ferner der ekklesiologische Leitgedanke der *familia Dei*, des geordneten Hauswesens Gottes: Um diesem Hauswesen vorstehen zu können, bedarf der gemeindeleitende Episkope jener Autorität und Führungsqualitäten, die auch den weltlichen Hausvater auszeichnen, und zwar in gesteigertem Maße.

Exkurs: Die gemeindeleitenden Ämter (Bischöfe, Älteste, Diakone)

Literatur: Adam, A., Die Entstehung des Bischofsamtes, WuD NF 5 (1957) 104–113; *Beyer, H. W./Karpp, H.*, Art. Bischof, RAC II 394–407; *Dassmann, E.*, Hausgemeinde und Bischofsamt, 1984 (JAC.E 11), 82–97; *ders.*, Entstehung; *Harvey, A. E.*, Elders, JThS 25 (1974) 318–332; *Kertelge, K.* (Hrsg.), Das kirchliche Amt im Neuen Testament, 1977 (WdF 439); *Klauck*, Hausgemeinde; *Kretschmar*, Ordination; *Linton, O.*, Das Problem der Urkirche in der neueren Forschung, 1932 (UUA); *Lohse, E.*, Die Entstehung des Bischofsamtes in der frühen Christenheit, ZNW 71 (1980) 58–73; *Martin, J.* (Hrsg.), Die Genese des Amtspriestertums in der frühen Kirche, 1972 (QD 48); *Merklein*, Das kirchliche Amt; *Ott, L.*, Das Weihesakrament, 1969 (HDG IV/5); *Roloff*, Amt (dort weite Lit.); *Sand*, Gemeindeordnungen; *Schlier*, Ordnung; *Schürmann, H.*, »... und Lehrer«, in: ders., Orientierungen am Neuen Testament, 1978 (KBANT), 116–156.

1. *Allgemeine Ortsbestimmung*

Auszugehen ist von einer auffälligen Diskrepanz. Einerseits stehen die Past hinsichtlich des nachdrücklichen Interesses, das sie der Kirchenordnung und hier wiederum den gemeindeleitenden Ämtern zuwenden, innerhalb des NT singulär da. Auf der anderen Seite aber sind die konkreten Aussagen, die sie über Wesen, Funktion und gegenseitige Zuordnung dieser Ämter machen, unpräzise, ja, sie erscheinen vielfach widersprüchlich[305]. Jeder Versuch, aus ihnen ein geschlossenes Verfassungssystem abzuleiten, ist von vornherein zum Scheitern verurteilt. Wie läßt sich dieser Befund erklären? Will man ihn nicht auf die Unfähigkeit des Verf. zurückführen, seine Intentionen eindeutig zum Ausdruck zu bringen, so bleibt nur die folgende Auskunft: Der Verf. will weder eine bestimmte Ämterstruktur in den angeschriebenen Gemeinden *neu* einführen, noch will er diesen Gemeinden die Option für eine unter mehreren *bereits vorhandenen* Verfassungsformen nahelegen. Ihm ist es vielmehr darum zu tun, die bereits vorhandenen Ämter und Dienste zunächst so weit wie möglich in einer Gesamtschau zu integrieren und sie durch eine vertiefte Neuinterpretation so umzugestalten, daß sie den Aufgaben und Anforderungen seiner kirchlichen Situation entsprechen können.

Dabei läßt sich dieselbe konservative Grundhaltung, die seinen Umgang mit der Paulustradition kennzeichnet, auch an seiner Behandlung von Traditionen, die die Ordnung der Gemeinde betreffen, aufweisen: So dürfte der Pflichtenspiegel für Bischöfe und Diakone in 3,2–13 weitgehend auf Überlieferung beruhen, und Entsprechendes gilt für die Weisung für den Bischof in Tit 1,7–9 wie auch für die Aussagen über die Ältesten 5,17f; Tit 1,6. In diese überlieferten Ordnungen sind die von ihm gesetzten interpretatorischen Akzente relativ zurückhaltend eingebracht. Ein wesentlicher, wenn nicht gar der entscheidende Teil seiner Neuinterpretation spielt sich außerhalb des Bereiches solcher vorgegebener Traditionen ab, nämlich in der Darstellung des Dienstes der fiktiven Briefadressaten, der Apostelschüler Timotheus und Titus. Hier handelt es sich weder um den Versuch, die Konturen eines besonderen, übergemeindlichen Amtes zu entwerfen[306], noch allein um die typische Schilderung christlicher Existenz in Treue zum Wort und Werk des Apostels[307]. Timotheus und Titus sind vielmehr als Modelle und Idealtypen des Gemeindeleiters gezeichnet[308]. In dem, was der Apostel seinen Schülern gebietet, sollen die Gemeindeleiter ihren eigenen Auftrag vorabgebildet sehen. Die Probleme und Nöte des Dienstes, die er anspricht, sollen sie als ihre eigenen begreifen, und die von ihm gegebenen Begründungen sollen ihnen zum Verstehen dessen helfen, was ihnen aufgetragen ist.

Im wesentlichen sind es vier Anliegen, die sich in den die gemeindlichen Ämter betreffenden Aussagen als bestimmend erweisen: die Angleichung der Ältestenverfassung an die Episkopen/Diakonen-Verfassung, die Festigung und innere Vereinheitlichung der Ortsgemeinde, die Bindung der Lehrautorität an die Gemeindeleitung unter gleichzeitiger Zurückdrängung freier charismatischer Lehre sowie schließlich die Unterstellung der Ämter unter die apostolische Norm.

2. Die Angleichung der Ältestenverfassung an die Episkopen/Diakonen-Verfassung

Die Past dokumentieren den Prozeß der Verschmelzung zweier unterschiedlicher Verfassungsformen, der sich gegen Ende des 1. Jh. in großer Breite vollzogen hat und

---

305   Dies ist der Grund für das skeptische Urteil von F. Loofs, wonach die Past »einem Kaleidoskop« gleichen, »das man so und anders schütteln kann« (Die urchristliche Gemeindeverfassung, ThStKr 63 [1890] 619–658.637). Vgl. hierzu auch H. Lietzmann, Zur altchristlichen Verfassungsgeschichte, in: Kertelge* 93–143.93.

306   So die altkirchliche Exegese, z. B. Theo-

dor von Mopsuestia (II 121, ed. Swete); von den neueren Auslegern Goppelt (sie tragen »oberhirtliche Fürsorge für die Gemeinden«), Apostolische Zeit 130; v. Campenhausen, Amt 117f; Kretschmar, Ordination 61.

307   So Sand, Gemeindeordnungen 216 bis 237.223f.

308   Brox 43; Hanson 40; v. Lips, Glaube 108.

der auch in der Apg (14,23; 20,17), im 1Petr (5,1–5) sowie im 1Cl (40–44) sichtbar wird.

2.1 Die *Ältestenverfassung* ist durch die Adaption jüdischer Modelle zustandegekommen. Sowohl in der Kommunalverfassung[309] als auch in der Synagogenverfassung[310] kannte das zeitgenössische Judentum Älteste. In der Synagoge war der Älteste der Repräsentant der Tradition, der seine Erfahrung mit dem Gesetz weitergab und so die Kontinuität der gemeinschaftlichen Lebensform garantierte[311]. Was für das Ältestenamt qualifizierte, war neben dem fortgeschrittenen Lebensalter, das in der antiken Gesellschaft als Ausweis von Reife und Erfahrung galt, das Ansehen in der Öffentlichkeit. Es handelt sich also im wesentlichen um ein *Ehrenamt mit stark repräsentativen Zügen*. Daß judenchristliche Gemeinden, vor die Notwendigkeit gestellt, bestimmte feste Formen des gemeinschaftlichen Lebens zu entwickeln, sich an diesem Modell orientierten, war naheliegend[312]. So dürften die judenchristlichen Gemeinden Palästinas schon bald von einem Gremium der Ältesten geleitet worden sein (Apg 11,30; 14,23; Jak 5,14); daß, wie Lukas berichtet, die Jerusalemer Gemeinde zur Zeit des Apostelkonzils eine Ältestenordnung hatte (Apg 15,2.4.22f; vgl. 21,18), ist durchaus glaubhaft.

2.2 *Paulus* hingegen erwähnt in seinen Briefen nirgends Älteste. Und das ist sicher kein Zufall. Denn der dem Ältestenamt inhärente Grundgedanke der Ehrenstellung bzw. der Repräsentation steht in scharfem Gegensatz zu dem Ansatz beim Charisma, von dem her Paulus alle gemeindlichen Funktionen und Dienste versteht: Nur indem Charismen anerkannt, bestimmte Fähigkeiten und Gaben für die Auferbauung des Leibes Christi in Dienst genommen werden, entstehen hier konkrete Dienste (1Kor 12,28–31), die – bei entsprechender Konstanz ihrer Ausübung durch bestimmte Personen – durchaus schon die Struktur von Ämtern haben können[313]. Das Presbyteramt hingegen ist nicht vom Charisma her bestimmt; es hat auch keinen Bezug auf konkrete Funktionen und Dienste, denn das Alter ist kein Charisma[314].
Hingegen nennt die Zuschrift des Phil (1,1) *Episkopen und Diakone*, und es besteht – trotz dieser bloß einmaligen Erwähnung – kein sachlich begründeter Anlaß zum Zweifel daran, daß es sich hier um spezifische Dienste handelt, die sich in den

---

309 Πρεσβύτεροι als Mitglieder der Ortsbehörden Jdt 6,16.21; 7,23; 8,10; 10,6; als Mitglieder des Jerusalemer Senates 1Makk 1,26; 7,33; 11,23 u. ö.; s. hierzu G. Bornkamm, ThWNT VI 660.
310 Ältester Beleg dafür ist eine aus der Zeit vor 70 stammende Jerusalemer Inschrift, s. Deißmann, Licht vom Osten 378–380; spätere Inschriften aus Kleinasien, Syrien und Palästina: Frey, Corpus II Nr. 735.739.790.792 u. ö.; s. Bornkamm, a. a. O. 661 Anm. 58.
311 v. Campenhausen, Amt 84f.
312 Eine Übernahme des Titels πρεσβύτερος von profanen hellenistischen Institutionen muß als ausgeschlossen gelten. Er spielt zwar im griechischen Vereinswesen eine erhebliche Rolle, wo mit ihm die Mitglieder luxuriöser, der Geselligkeit dienender Klubs bezeichnet

werden, nicht jedoch im öffentlichen administrativen Bereich; vgl. Lietzmann, a. a. O. (Anm. 305) 111f.
313 Das Wort ›Amt‹ wird hier als theologischer Terminus zur Bezeichnung personengebundener Dienste und Funktionen zur Sammlung und Erhaltung der christlichen Gemeinde gebraucht. Zur terminologischen Problematik s. Roloff, Amt 509f.
314 Eine semantische Abgrenzung zwischen πρεσβύτερος als Bezeichnung für den Träger bestimmter Funktionen einerseits und als Bezeichnung für die ›Alten‹ (und aufgrund ihres Alters zu Ehrenden) im Gegensatz zu den ›Jungen‹ (1Tim 5,1) ist darum auch nicht möglich. Vgl. auch 1Tim 5,17; zum Ganzen s. v. Campenhausen, Amt 82–86.

paulinischen Gemeinden unter den Augen des Apostels und mit seiner Billigung entwickelt haben[315]. Diese Dienste sind nämlich, wie die sie bezeichnenden Begriffe erkennen lassen, eindeutig von ihren Funktionen her verstanden worden, und sie erweisen sich damit als mit der paulinischen Charismenlehre vereinbar.

2.2.1 Methodisch sachgemäß ist es, von der Bedeutung des Wortes ἐπίσκοπος in der hellenistischen Profansprache auszugehen: Der ἐπίσκοπος ist einer, der über etwas Aufsicht zu führen bzw. etwas zu verwalten hat[316]. Das gilt wohl auch vom christlichen ἐπίσκοπος. Dabei hängt freilich, wie die profansprachlichen Parallelen erweisen, alles von der Frage ab, was der Gegenstand seiner Verwaltung bzw. Aufsicht war[317]. Hierzu aber sind wir auf allgemeine Rückschlüsse angewiesen. Man wird zunächst mit relativer Sicherheit sagen können, daß der Zuständigkeitsbereich des ἐπίσκοπος *ursprünglich* nicht die Lehre war[318], denn diese oblag den Lehrern und Profeten[319]. Vielmehr wird man an die ἀντιλήμψεις und κυβερνήσεις denken, die Paulus in 1Kor 12,28 in der Reihe der Charismen erwähnt. Andererseits greift man wohl zu kurz, wenn man im ἐπίσκοπος der Frühzeit lediglich einen kirchlichen Verwaltungsfunktionär sieht, dessen Tätigkeit jede geistliche Komponente fehlte[320]. Nach dem, was wir von den Verhältnissen in den paulinischen Gemeinden der Anfangszeit wissen, wird man auszugehen haben von dem Umstand, daß Paulus sich auf Personen stützt, die bereit sind, Verantwortung für die Sammlung der Gemeinden in verschiedener Form wahrzunehmen; so hat etwa Stefanas in Korinth sein Haus für die gottesdienstlichen Ver-

---

[315] Die häufig vertretene Vorstellung von den angeblich ämterlosen paulinischen Gemeinden entspricht schwerlich den Realitäten. Zum einen kennt und anerkennt Paulus nach 1Kor 12,28 Apostel, Profeten und Lehrer als auf Dauer an bestimmte Personen gebundene Funktionen, d. h. als Ämter, von denen zumindest das letzte als Amt innerhalb der Gemeinde gelten muß. Zum andern ist 1Kor 12 keineswegs eine Grundsatzerklärung des Paulus zur Gestaltung der Gemeindeverfassung, sondern eine Stellungnahme, mit der er die ganz spezifische innere Entwicklung der korinthischen Gemeinde, die eng mit ihrer Disposition für pneumatische Phänomene zusammenhängt, regulieren will. Diese Stellungnahme setzt überdies voraus, daß die korinthische Gemeinde (noch) unter einer maßgeblichen leitenden Autorität steht – nämlich der des Apostels selbst; s. hierzu Holmberg* 193 f.

[316] Ἐπίσκοπος ist bereits für das 5. und 4. vorchristliche Jh. in Athen als Titel für Staatsbeamte bezeugt (Aristophanes, Av. 1022 f); Beamte, die man als Statthalter in unterworfene Städte sandte, wurden so bezeichnet (Belege: H. W. Beyer, ThWNT II 606 f; O. Dibelius, HNT 11, 60). In der hellenistischen Welt heißen u. a. Kommunal- und Vereinsbeamte, Beamte von Genossenschaften, städtische Bauaufseher, Aufseher über das Münzwesen und Angehörige der Sicherheits- und Sittenpolizei so (Belege: Beyer, a. a. O. 608–610; Lietzmann, a. a. O. [Anm. 305] 96–101). Auch als

lateinisches Lehnwort ist *episcopus* vielfach belegt, z. B. bei dem um 340 n. Chr. schreibenden Juristen Charisius (*Digesta Iustiniani Augusti* 50,4,18, ed. Th. Mommsen II [1870] 914; vgl. W. Liebenam, Städteverwaltung im römischen Kaiserreiche, Leipzig 1900, 370). Weiter ab von unserem Bereich liegt es, wenn Epiktet den kynischen Wanderphilosophen als κατάσκοπος der Gottheit beschreibt (Diss. III 22,38; III 22,19) und wenn er gelegentlich die den Menschen erforschende Tätigkeit dieses Philosophen ein ἐπισκοπεῖν nennt (Diss. III 22,72.77.97). Denn hier handelt es sich nicht um geprägte Termini.

[317] Mit Recht nennt Linton* ἐπίσκοπος »ein inhaltsleeres Beziehungswort« (107).

[318] Gegen D. Georgi, Die Gegner des Paulus im 2. Korintherbrief, 1964 (WMANT 11), 36, der unter Berufung auf Epiktet (s. Anm. 316) die Episkopen von Phil 1,1 in Analogie zu kynisch-stoischen Wanderpredigern sehen möchte und sie zu Trägern der missionarischen Verkündigung erklärt. Doch diese Analogie ist nicht tragfähig; vgl. Gnilka, Philipperbrief 38.

[319] Hierzu vor allem Schürmann* 120–124.

[320] So allerdings zuletzt wieder Holtz 79–82, der den ἐπίσκοπος – selbst noch in den Gemeinden der Past – auf die Rolle eines »Fürsorgebeamten und Kassenwarts« festlegen möchte, in Weiterführung der Position, die einst E. Hatch und A. v. Harnack sowie Lietzmann, a. a. O. (Anm. 305) 105–107 vertreten hatten.

sammlungen zur Verfügung gestellt und zugleich damit für die Gestaltung des Gottesdienstes Sorge getragen (1Kor 16,15), und das war sicherlich kein Ausnahmefall. Daß die Gastgeber der Versammlung als Hausväter auch den Vorsitz bei der Herrenmahlsfeier wahrnahmen, lag nahe, muß aber keineswegs als allgemein bindende Norm vorausgesetzt werden[321]. Als die Gemeinden wuchsen, war die gottesdienstliche Versammlung der Gesamtgemeinde wohl eher die Ausnahme als die Regel – schon deshalb, weil dafür geeignete Räumlichkeiten fehlten[322]. So bildete sich ein Nebeneinander verschiedener Hausgemeinden, von denen jede ihren ἐπίσκοπος hatte – dies ist anscheinend das für Phil 1,1 vorauszusetzende Entwicklungsstadium[323]. Es gab nun mehrere ἐπίσκοποι in der Gemeinde, wobei diese sich nicht als Glieder eines Gremiums, sondern als je individuelle Verantwortungsträger verstanden. Denn im Wort ἐπίσκοπος schwingt, anders als in der Ältestentradition, der Gedanke an ein Gremium keineswegs mit[324].

In der Forschung ist zwar die Möglichkeit einer Ableitung des ἐπίσκοπος-Titels vom *mᵉbaqqer* der Qumran-Sekte, der Hirte, Lehrer und Prediger seiner Gemeinde war (1QS VI 12ff; CD XIII 5–7.9f; XIV 8.10–13), diskutiert worden, doch war das Ergebnis weitgehend negativ[325]. Es handelt sich allenfalls um parallele Entwicklungen, für die man ein gewisses Maß an gegenseitiger Beeinflussung in Anschlag bringen kann, nicht jedoch um eine direkte Abhängigkeit.

---

[321] So hat man den in der Gemeinde gerade anwesenden Apostel die Mahlfeier leiten lassen (Apg 20,11); in den syrischen Landgebieten mit ihren gegenüber den paulinischen Gemeinden sehr andersartigen Verhältnissen war es üblich, daß wandernde Lehrer und Charismatiker den Vorsitz führten (Did 14f; vgl. Wengst, Didache 41f).

[322] S. hierzu Klauck, Hausgemeinde 30–41; ferner W. Rordorf, Was wissen wir über die christlichen Gottesdiensträume der vorkonstantinischen Zeit?, ZNW 55 (1964) 110–128, bes. 111: »die ersten drei Jahrhunderte sind die Zeit der Hauskirchen«.

[323] Ähnlich Dassmann*, Hausgemeinde 90f, der freilich m. E. zu selbstverständlich bereits für die Frühzeit der paulinischen Gemeinden eine Identifikation von Episkopen und Ältesten voraussetzt; s. ferner Linton* 110.

[324] Bei der Auswertung der profanen Belege wird immer wieder (z. B. Lohse* 63; H. W. Beyer, ThWNT II 608f) der Gedanke an ein Gremium bzw. Kollegium unbegründetermaßen eingetragen.

[325] Positiv: J. Lévy, Un écrit sadducéen antérieure á la destruction du temple, REJ 61 (1911) 161–205; 63 (1912) 1–19; J. Jeremias, Jerusalem zur Zeit Jesu II, Göttingen ³1962, 130–134; W. Nauck, Probleme des frühchristlichen Amtsverständnisses (1Petr 5,2f), ZNW 48 (1957) 200ff. Negativ: Beyer, a. a. O. 615; P. v. d. Osten-Sacken, Bemerkungen zur Stellung des Mebaqqer in der Sektenschrift, ZNW 55 (1964) 18–26; F. Nötscher, Vorchristliche

Typen urchristlicher Ämter? Episkopos und Mebaqqer, in: ders., Vom Alten zum Neuen Testament, 1962 (BBB 17), 188–220; Gnilka, Philipperbrief 36f. Keinen Anklang in der Forschung fand der reichlich spekulative, durch Quellenbelege nicht zu deckende Vorschlag von Adam* 104–113, demzufolge der ἐπίσκοπος von den priesterlichen *mebaqqerim* des Jerusalemer Tempels abzuleiten sei. Die engste Berührung zwischen dem *mebaqqer* und dem christlichen ἐπίσκοπος besteht darin, daß der Dienst beider unter Bezugnahme auf das atl. Bild vom Weiden des Gottesvolkes (Jer 23,2; Sach 11,16; Ez 34,11f) als Hirtendienst verstanden wird (einerseits CD XIII 7, andererseits Apg 20,28; 1Petr 5,1–4; Eph 4,11). Beachtlich ist ferner, daß sowohl CD XIII 10 (»er soll alle ihre fesselnden Bande lösen«) wie auch das Bischofsweihgebet Hippolyts (»auch jegliches Band zu lösen«) auf eine sehr eigenwillige Deutung von Jes 58,6 zurückgehen; s. hierzu Kretschmar, Ordination 47f (»Es fällt mir schwer, diese Übereinstimmung für Zufall zu halten«). Andererseits sind die Differenzen zu groß, als daß eine gemeinsame Wurzel vorausgesetzt werden dürfte. Die Stellung des *mebaqqer* ist zentral die des Oberen einer in allen Lebensbezügen straff disziplinierten ordensähnlichen Gemeinschaft. Hinzu kommt, daß die für den christlichen ἐπίσκοπος charakteristische Zuordnung von Diakonen beim *mebaqqer* keine Analogie hat. Zum Ganzen vgl. Merklein, Das kirchliche Amt 376f.

2.2.2 Schon in Phil 1,1 sind, wie in 1Tim 3, Episkopen und *Diakone* einander zugeordnet. Anders als die Bezeichnung ἐπίσκοπος hat διάκονος einen spezifisch christlichen Gehalt. Διάκονος ist der, der bei Tisch aufwartet oder eine bestimmte Dienstleistung erfüllt[326]. Als prägend dürfte sich dabei die von der Jesustradition betont herausgestellte Interpretation des Wirkens Jesu als einer διακονία, eines dienenden Daseins für andere unter Verzicht auf Macht und Recht, ausgewirkt haben (Mk 10,45; Lk 22,27). So erklärt die Jüngerregel Mk 10,43f parr, die, wie die lukanische Parallele Lk 22,26 zeigt, schon früh als Anweisung für die Träger gemeindlicher Dienste verstanden worden ist, unter Hinweis auf die durch Jesu Dienen gesetzte Norm das διακονεῖν zu der für die in der Nachfolge Stehenden verbindlichen Verhaltensweise[327]. Hier knüpft Paulus an, wenn er überall da, wo er Erscheinungsbild und innere Struktur seines Aposteldienstes zum Ausdruck bringen will, die Begriffe διάκονος und διακονία gebraucht (2Kor 3,6; 4,1; 5,18)[328]. Der Apostel stellt sich dar als der nach der von Jesus gesetzten Norm Dienende; und zwar weiß er sich gleichermaßen in einem Dienstverhältnis gegenüber Christus wie auch gegenüber der Kirche. Ganz in diesem Sinne kann auch der Verf. der Past das Amt des Apostelschülers (2Tim 4,5) als διακονία kennzeichnen.

Nun ist freilich Phil 1,1 das älteste Zeugnis dafür, daß sich neben diesem allgemeineren auch ein ganz spezifischer Sprachgebrauch herausgebildet hat: Διάκονοι sind hier offensichtlich die Träger einer bestimmten gemeindlichen Funktion. Aber welcher? Geht man davon aus, daß der Sitz im Leben der synoptischen Dienstlogien die Eucharistiefeier der frühen palästinischen Gemeinden gewesen sein dürfte, so legt sich die Vermutung nahe, daß es sich – gemäß dem ursprünglichen Wortsinn – um einen Tischdienst im Rahmen der eucharistischen Mahlzeit gehandelt haben könnte[329]. Zu solchem Dienst mag die Vorbereitung des Mahles wie auch die Sammlung der Gaben und deren Verteilung an die bedürftigen Gemeindeglieder gehört haben[330]. Auf jeden Fall handelte es sich um eine Funktion, in der sich die von Jesus gesetzte Norm des Dienstes und der Hingabe an andere in besonders sinnfälliger Weise spiegelte. Das Wissen davon steht noch hinter der Bemerkung des Ignatius von Antiochia über die ihm

---

[326] Die üblichen Bezeichnungen des Dieners in der hellenistischen Welt sind δοῦλος, ὑπηρέτης oder παῖς. Auch in der LXX ist das Wort kaum belegt, vor allem nicht als *terminus technicus*. Im Unterschied zu dem Wort δοῦλος, das gemeinantik die Stellung des Menschen zu Gott als dessen Sklave umschreibt, spielt das Wort διάκονος in der religiösen Sprache keine Rolle. Die spärlichen Belege (Lietzmann a.a.O. [Anm. 305] 102; H. W. Beyer, ThWNT II 91f) weisen jedenfalls nicht auf klar umschriebene Ämter bzw. Berufe hin, sondern allgemein auf konkrete Dienstleistungen, die jemand zu erbringen hatte.

[327] S. hierzu J. Roloff, Anfänge der soteriologischen Deutung des Todes Jesu, NTS 19 (1972/73) 38–64; A. Weiser, EWNT I 726f.

[328] Abwegig ist der Versuch von Georgi, den christlichen διάκονος unter Berufung auf Epictetus, Diss. III 22,69 und 24,64 ebenso wie den ἐπίσκοπος aus der Analogie zum kynisch-

stoischen Wanderphilosophen zu erklären und von daher seine Primärfunktion in der missionarischen Wortverkündigung zu sehen (291; s. Anm. 318). Die Mehrzahl der ntl. Belege widerspricht dieser Sicht eindeutig.

[329] Holtz 86–88 sieht im διάκονος den liturgischen Gemeindeleiter und Vorsitzenden bei der Eucharistie, den Inhaber des *einen* geistlichen Amtes der Gemeinde, während er den ἐπίσκοπος nur als Aufseher über die äußere Ordnung gelten lassen will. Doch diese Hypothese fällt mit der sie begründenden falschen Auslegung von Lk 22,27 (ὁ διακονῶν als Amtsbezeichnung).

[330] In diese Richtung weist vor allem Apg 6,2, wo Lukas die Funktionenteilung zwischen den Aposteln (»Dienst des Wortes«) und den hellenistischen Sieben (»Tischdienst«) auf die ihm bekannten Ämter der Episkopen und Diakonen hin transparent zu machen scheint.

»besonders lieben Diakone«, die »mit dem Dienst Jesu Christi betraut sind« (IgnMg 6,1)[331].

2.3 Mit dem Eindringen der Ältestenverfassung in paulinische Gemeinden mußte sich das *Problem des Ausgleiches* zwischen dieser und der Episkopen/Diakonen-Verfassung stellen. Eine klare Entscheidung für eine der beiden und gegen die andere war nicht möglich, weil jede von ihnen unaufgebbare Momente enthielt: Die Ältestenverfassung war gesamtgemeindlich orientiert und geeignet, den Gedanken der Ortsgemeinde zu festigen. Die ursprünglich stärker an der Hausgemeinde orientierte Episkopen/Diakonen-Ordnung betonte hingegen den klar umschriebenen Dienstauftrag einzelner und bot darin eine Basis für die Entwicklung institutioneller Strukturen. Der Prozeß des Ausgleichs zwischen beiden Verfassungsformen hat auch im 1Petr (5,1–5) und der Apg (14,23; 20,17) seinen Niederschlag gefunden: In Apg 20 wird analog zu den Past die Ältestenordnung vorausgesetzt (Apg 20,17), aber die Ältesten werden als Träger eines Amtes als ἐπίσκοποι (Apg 20,28) bzw. als von Jesus selbst eingesetzte, ihm verantwortliche Hirten angeredet. In 1Petr 5,2–4 verhält es sich dagegen genau umgekehrt[332]. Freilich ist die *Ausgangssituation* der Past differenzierter, ihr *Lösungsversuch* weitergehend.

Was die *Ausgangssituation* betrifft, setzen unsere Briefe das Nebeneinander beider Verfassungsformen voraus[333]: so ist in 1Tim 5,17–22 nur von Ältesten die Rede, während 1Tim 3,1–18, für sich gelesen, den Eindruck erweckt, als gäbe es in den Adressatengemeinden nur Episkopen und Diakone. Daß der Verf. beide Ordnungen in Bezug zueinander setzen will, wird nur aus Tit 1,5–9 ersichtlich, aber auch dort bleibt es mehr bei einem abrupten Nebeneinander (1,5f: Ältestenordnung; 1,7–9: Episkopenordnung), der intendierte Ausgleich wird nur angedeutet, nicht formuliert.

Was den *Lösungsversuch* betrifft, so ist zunächst eindeutig, daß der Verf. die Episkopen/Diakonen-Ordnung favorisiert: Hier geht es um feste Ämter mit eindeutigen Qualifikationsmerkmalen, die man »erstreben« soll, weil sie eine »gute Sache sind« (3,1) und deren Träger auf bestimmte Verantwortungen hin ansprechbar sind. Wenn er aus der Reihe der Ältesten diejenigen besonders hervorhebt, die sich aktiv einsetzen und ihre Vorsteherfunktion »gut ausüben« (5,17), so läuft dies auf eine Unterscheidung zwischen Ältesten im traditionellen Sinn als bloßen Mitgliedern eines Gremiums der »Angesehenen« und den aktiv eine Aufgabe wahrnehmenden »Amtsträgern« hinaus. Dem entspricht, daß die – angeblich von Paulus eingesetzten – Ältesten auf Kreta in Tit 1,7–9 auf ihre Pflichten als Bischöfe hin angeredet werden. Aber nun ist es dem Verf.

---

[331] Sie steht quer zu der sonstigen Systematik des Ignatius, nach der Bischof, Presbyterium und Diakonen irdische Gegenbilder des Verhältnisses zwischen Gott, Christus und den Aposteln sind (Tr 3,1; Mg 6,1).

[332] Noch einmal anders ist die sich im Polykarpbrief spiegelnde Lage in Philippi: Nach Pol2Phil 5,3 gibt es dort nur Presbyter und Diakone. Die vordem dort vorhandene Episkopen-Diakonen-Verfassung hat sich demnach mit der Ältestenverfassung bereits verschmolzen, was man sich konkret so vorstellen mag, daß die Episkopen-Leiter der Hausgemeinden sich zu einem die Gesamtgemeinde leitenden Ältestenkollegium zusammenfanden. Polykarp seinerseits spricht zwar die Ältesten auf ihre festen Funktionen, d. h. als Amtsträger, an (Pol2Phil 6), fordert jedoch, obwohl selbst monarchischer Bischof, nicht die Einführung des Monepiskopats.

[333] Wobei dahingestellt bleiben muß, ob in den indirekt als Adressaten ins Auge gefaßten Gemeinden bereits durchweg der Verschmelzungsprozeß im Gange war oder ob der Verf. auch mit Gemeinden rechnet, in denen bislang nur die Ältestenordnung praktiziert worden ist.

nicht einfach darum zu tun, die Ältesten zu aktivieren und sie auf ihre Leitungs- und Aufsichtsaufgabe gegenüber der Gemeinde anzusprechen. Er will vielmehr – und das dürfte der entscheidende Punkt sein – das bisher partikular, d. h. auf die Hausgemeinde ausgerichtete Episkopenamt entpartikularisieren und als Leitungsamt der Ortsgemeinde empfehlen. Der Umstand, daß die Past vom ἐπίσκοπος immer nur im Singular reden, mag, obwohl auffällig genug, zwar noch kein eindeutiger Indikator für diese Tendenz sein[334], in Verbindung mit der Beobachtung, daß der Verf. die Kirche als οἰκία Gottes und den Bischof als deren Hausvater versteht, spricht er jedoch eine unmißverständliche Sprache. Das Leitbild, das dem Verf. vor Augen steht, ist die als Gottes Hauswesen geordnete Kirche am Ort, der jeweils ein ἐπίσκοπος verantwortlich vorsteht, umgeben von einer Schar von Diakonen. Er will dieses Leitbild nicht als verbindliches Programm durchsetzen, wohl aber versucht er, die bestehenden Ordnungsstrukturen der Gemeinden auf dieses Leitbild hin gleichsam zu öffnen, sie mit ihm kompatibel zu machen. Das geschieht nicht ohne Spannungen und Inkonsequenzen, die vor allem die Sicht der Ältesteninstitution betreffen. Der Verf. setzt diese, wie gesagt, voraus, er spricht aber ihre Glieder faktisch auf ihr Episkopenamt hin an, was sich vor allem an dem Nebeneinander von Tit 1,5 f und 1,7–9 zeigt. Das ist nur möglich, weil offenbar zumindest ein Teil der Presbyter faktisch bereits Episkopen von Hausgemeinden war. Andererseits aber enthält er sich jeder Äußerung, die geeignet wäre, die Funktion des Presbyteriums als Gremium zu untermauern – mit einer einzigen bezeichnenden Ausnahme: er läßt es an der Ordination des Timotheus beteiligt sein, die wiederum Modellcharakter hat für die von ihm favorisierte Lösung, wonach aus den Reihen des Presbyteriums *einer* als Episkopos der Gesamtgemeinde bestimmt werden solle (1Tim 4,14). Nichts wäre darum verkehrter, als in ihm den Verfechter eines dreigestuften Amtes (Bischof – Presbyter – Diakone) sehen zu wollen und ihm damit die Konzeption des Ignatius zu unterstellen. Man wird ihn andererseits auch nicht ohne weiteres als Verfechter eines zweigestuften Amtes (Bischof – Diakone) kennzeichnen dürfen, denn dazu sind die Äußerungen über das Diakonenamt ebenfalls zu unbestimmt; ein über die traditionellen Vorlagen hinausgehendes positives Interesse an der Gestaltung dieses Amtes ist nirgends erkennbar. Alles Gewicht liegt vielmehr auf der *Neugestaltung des Episkopenamtes*, wobei es weniger um die Durchsetzung eines verbindlichen organisatorischen Modells als um die eines neuen, vertieften theologischen Verständnisses geht, das im folgenden verdeutlicht werden soll.

3. *Die Festigung und innere Vereinheitlichung der Ortsgemeinde*

Dieses Anliegen prägt sich, wie bereits erwähnt, am deutlichsten in der Sicht der Gemeinde als Hauswesen Gottes und in der Zuweisung der Rolle des Hausvaters an den Bischof aus (3,5; s. auch den Exkurs »Das Kirchenverständnis der Pastoralbriefe«). Daß hier ein zentrales Motiv des Amtsverständnisses der Briefe vorliegt, wird darüber hinaus aus der Darstellung der Funktionen des Apostelschülers ersichtlich: Er soll sich für alle Gruppen und Stände in der Gemeinde verantwortlich wissen und deren inneres Leben beaufsichtigen (5,1–22). Er soll auch stets bedenken, daß alle Gemeindeglieder auf ihn hören und sich an seinem Verhalten orientieren (4,16). Vor allem aber soll er

---

[334]   Die Mehrzahl neuerer Ausleger (z. B. H. W. Beyer, ThWNT II 614f; Dibelius-Conzelmann 46.61; Holtz 75; Brox 150f; Kertelge* 147) deuten den Singular generisch. Anders Bartsch, Rechtsbildungen 106f; Hahn, Gottesdienst 74; v. Lips, Glaube 113.

auf das achten, was in den einzelnen Häusern vor sich geht; diese nämlich – und hier mag sehr wohl an Hausgemeinden gedacht sein – sind besonders gefährdet durch die Irrlehre, weil die Vertreter falscher Lehre sich in sie einschleichen und besonders auf die Frauen Einfluß gewinnen (2Tim 3,6). Anscheinend war diese Häresiegefahr das zentrale Motiv, das hinter der Tendenz zur Vereinheitlichung der Gemeinde und – verbunden damit – zur Hervorhebung eines zentralen Leitungsamtes stand.

4. Die Bindung der Lehrautorität an die Gemeindeleitung

Dies ist der Punkt, an dem die Past innerhalb ihrer Aussagen über die Ämter den entschiedensten und klarsten theologischen Akzent setzen. Gemeindeleitung läßt sich – wie sie nicht müde werden einzuschärfen – weder auf den administrativ-ökonomischen noch auf den kultisch-liturgischen Bereich eingrenzen; sie erfolgt vielmehr zentral vom Evangelium her, das der Kirche in Gestalt der apostolischen Überlieferung vorgegeben ist. Die klassische These von E. Hatch und A. v. Harnack[335], derzufolge das Episkopenamt ein reines Verwaltungsamt gewesen sei, mag allenfalls für dessen erste Anfänge ein Wahrheitsmoment haben, für die Past trifft sie jedoch keineswegs zu, denn hier ist das Episkopenamt ein geistliches Amt mit geistlichen Vollmachten.

Die Past stehen hier keineswegs allein, sondern dokumentieren eine Entwicklung, die auch sonst in den Zeugnissen der dritten Generation ihren Niederschlag gefunden hat. Diese ist mitbedingt durch zwei eng miteinander zusammenhängende Faktoren: zum einen durch das Aufkommen von Irrlehre, zum anderen durch den Geltungsschwund der Profetie. Für den syrischen Raum bezeugt die Didache den Verdrängungsprozeß der als wandernde Charismatiker vorzustellenden Profeten und Lehrer: Die Gemeinden sollen sich statt dessen »Bischöfe und Diakone« wählen, die »ebenfalls den Dienst von Profeten und Lehrern« leisten, d.h., die die Leitung der Gottesdienste übernehmen[336] und dabei auch die Lehrfunktion wahrnehmen (Did 15,1). Weithin hat sich auch die ehedem übliche Personalunion von Profeten und Lehrern aufgelöst, wobei die vorwiegend ortsgemeindlich gebundenen Lehrer ihre Hauptfunktion im Lehren und Unterrichten in den größer werdenden Gemeinden sahen[337]. Von da aus war es dann nur ein kleiner Schritt dazu, solchen Lehrern Funktionen der Gemeindeleitung zu übertragen, und eben dieses Stadium dürfte Eph 4,11 reflektieren, wo »Hirten und Lehrer« als *eine* Gruppe gesehen sind[338]. Ähnlich setzt Lukas, indem er das Episkopenamt als Hirtendienst interpretiert und als seine Hauptaufgabe das Fernhalten der Irrlehre von der Kirche herausstellt, ein Ineinander von Lehr- und Leitungsfunktion voraus (Apg 20,28–31).

Diese Entwicklung wird in den Past nicht nur ein Stück weiter vorangetrieben, sondern offensichtlich auch theologisch bewußt reflektiert. Die Fähigkeit zur Lehre erscheint unter den Qualifikationsmerkmalen der Episkopenspiegel an betonter Stelle (1Tim 3,2; Tit 1,9), und ebenso werden unter jenen Presbytern, die ihren Vorsteherdienst gut ausüben und sich so an der Leitung der Gemeinde aktiv beteiligen, noch einmal jene besonders hervorgehoben,»die sich mit Wort und Lehre abmühen« (1Tim 5,17). Das Lehren ist demnach die zentralste Funktion der Gemeindeleitung, jene, die – so wird

---

[335] S. o. Anm. 320.
[336] Hierzu Wengst, Didache 33.
[337] Zu dieser Diastase zwischen Propheten und Lehrern s. Schürmann* 136.

[338] So, wohl zutreffend, Merklein, Das kirchliche Amt 381–383.

man sinngemäß schließen müssen – primär dem Episkopen zukommt und von ihm erwartet wird. Beachtlich ist aber vor allem, wie in Tit 1,7–9 die Funktion des Bischofs als θεοῦ οἰκονόμος (vgl. 1Tim 3,5) durch den betonten Hinweis auf seine Lehraufgabe präzisiert wird: Er muß sich »an das zuverlässige Wort der Lehre halten, damit er fähig sei, auch (die Gemeinde) mit der gesunden Lehre zu ermahnen und die Gegner zu widerlegen« (Tit 1,9). Hier wird die die Ekklesiologie der Past beherrschende Thematik von der Kirche als der *familia Dei*, deren Hausvater der Bischof ist, auf ihre tragende theologische Mitte hin transparent: Diese besteht nämlich in dem traditionellen, bereits bei Paulus nachweisbaren Motiv des Haushalterdienstes am Evangelium (1Kor 4,1). In der als Paränese für Gemeindeleiter gestalteten lukanischen Gleichnisdeutung Lk 12,42–45 besteht die Aufgabe des vom Herrn über sein Hauswesen eingesetzten »Knechtes« darin, den Hausbewohnern zur rechten Zeit Nahrung zu geben – ein deutliches Bild für die Verkündigungsfunktion[339]. Tit 1,9 setzt diese Tradition voraus und entfaltet sie: Die die οἰκονομία des Bischofs bestimmende Norm ist die Lehre des Evangeliums; denn sie allein setzt ihn instand, in Zuspruch und Versagung das gemeinsame Leben der Kirche, des ihm anvertrauten Hauswesens Gottes, zu ordnen und zu gestalten. Mit dieser klaren Herausstellung der Lehrfunktion ist, wenn auch nicht ohne Einseitigkeit, das in der Hirten-Metapher Gemeinte konkretisiert. Diese selbst kann in den Past fehlen, weil an ihre Stelle die Lehranweisung für den Gemeindeleiter tritt.

Besonders stark verdichten sich die Aussagen über die Lehrfunktion in den Weisungen für das Verhalten des Apostelschülers (4,11.13.16; 2Tim 1,13; 2,24; 3,10.14–17; Tit 2,1). Das aber hat seinen theologischen Grund: So wird augenfällig, daß der Gemeindeleiter – und er ist ja im Bild des Apostelschülers idealtypisch gezeichnet – mit seinem Lehren in die Funktion des Apostels eintritt, diese unter veränderten geschichtlichen Bedingungen weiterführend. Paulus ist nicht mehr da; andere müssen darum nun die für den Bestand der Kirche unabdingbare Aufgabe des Leitens durch Lehre übernehmen. Ihr Lehren wird anders aussehen als das seine, es ist ein bewahrendes, das Vorgegebene wiederholendes und vorsichtig entfaltendes Lehren (6,20; 2Tim 1,12.14). Aber es ist ein Lehren, das grundsätzlich als Teilhabe an der Verantwortung des Apostels, an seiner Stelle und in Bindung an die durch sein Verhalten gesetzten Normen (2Tim 3,10) geschieht.

Auf *zwei Fragen*, die sich angesichts dieser Konzeption des gemeindlichen Leitungsamtes als Lehramt in der neueren Diskussion ergeben haben, sei hier noch kurz eingegangen.

4.1 Lassen die Past noch Raum für ein Lehramt, das nicht unmittelbar an das kirchliche Leitungsamt gebunden ist[340]? Historisch ist zunächst festzustellen, daß ihre Argumentationsweise von einer ganz spezifischen kritischen Situation bestimmt ist. Sie begegnen darum allem Lehren, das außerhalb der gemeindeleitenden Verantwortung geschieht, mit deutlichem Mißtrauen, weil sie in ihm die Gefahr gemeindezerstörender

---

[339] Nach Lk 12,42 ist der »Haushalter« vom Herrn »eingesetzt« (vgl. 1Cl 42,5; Tit 1,5: καθιστάναι als Terminus für die Amtseinsetzung), um den Mitgliedern des Hauswesens ihr nötiges Maß an Nahrung zuzuteilen – ohne

Zweifel ein Bild für die Lehraufgabe; s. hierzu Roloff, Apostolat 267; W. Tooley, Stewards of God, SJTh 19 (1966) 74–86.78f.
[340] Stark betont diese Frage Schürmann* 154ff.

Irrlehre sehen (1 Tim 4,1; 2 Tim 4,4 f). Doch handelt es sich hier um kein grundsätzliches Urteil darüber, daß Gemeindeleitung ohne Lehre, Gemeindeleitung also, die sich auf bloßes Organisieren und Verwalten, ja auch auf die bloße Wahrnehmung liturgischer Vollzüge beschränkt, defizitär sei. Es geht lediglich um die Einsicht – und sie ist gut paulinisches Erbe –, daß Kirche nur da entsteht und besteht, wo das Evangelium als Kraft Gottes zur Geltung gebracht wird, die Menschen sammelt und erneuert. Davon bleibt jedoch die Möglichkeit eines Lehramtes unberührt, das der Wahrheit des Evangeliums dient, ohne unmittelbare Funktion für die Leitung der Kirche zu haben.

4.2 Setzen die Past gottesdienstliche Funktionen des gemeindlichen Leitungsamtes voraus? Es ist auffällig, daß der gottesdienstliche Bereich in Weisungen für die Presbyter und Episkopen nirgends direkt angesprochen wird. Insbesondere scheinen die Briefe für die heute in der ökumenischen Diskussion um das Amt relevante Frage nach der Notwendigkeit einer Bindung des Vorsitzes beim eucharistischen Mahl an das gemeindliche Leitungsamt nichts herzugeben. Hier liegt ein auffälliger Unterschied zur Ämterkonzeption des Ignatius, die konsequent am eucharistischen Gottesdienst orientiert ist (z. B. IgnSm 8,1). Man wird daraus aber nicht schließen dürfen, daß für die Past eine Distanz zwischen Gemeindeleitung und Gottesdienst bestehe. Eher ist damit zu rechnen, daß die feste Verbindung gerade des Episkopendienstes mit dem eucharistischen Gottesdienst für den Verf. eine selbstverständliche Voraussetzung ist, die er – weil nicht in Frage gestellt – auch nicht besonders thematisiert[341]. Sein Interesse konzentriert sich auf den Bereich besonderer Gefährdung seiner Kirche, und das ist der der Lehre. Doch auch dabei wird schon deutlich genug, daß die Lehre, die er im Blick hat, ganz wesentlich gottesdienstliche Lehre ist, denn sie ist eingebunden in (gottesdienstliche) »Lesung« aus der Schrift und tröstenden Zuspruch des Kerygmas (παράκλησις; 4,13)[342]. Im übrigen will die Stellung des Episkopen- und Diakonenspiegels in einer den Gottesdienst betreffenden Weisungsreihe (2,1–3,15) beachtet sein, denn damit wird der Ort umschrieben, der diesen Amtsträgern zugewiesen ist und an dem sich primär die Begegnung der Gemeinde mit ihnen vollzieht. Was aber speziell die Eucharistie betrifft, so ergibt sich aus dem hinsichtlich der Stellung des Episkopen als Hausvater der Gesamtgemeinde Gesagten fast zwingend, daß im Sinne der Past diese Stellung in seinem Vorsitz bei der Herrenmahlsversammlung sichtbaren Ausdruck finden muß – es sei denn, diese Briefe wären Spiegelung eines Gemeindelebens, in dem die Eucharistie nur ein Schattendasein geführt hätte. Doch diese Möglichkeit wird schon durch den ekklesiologischen Ansatz der Briefe ausgeschlossen (s. den Exkurs »Zum Kirchenverständnis der Pastoralbriefe«).

5. *Unterstellung der Ämter unter die apostolische Norm*

Nicht in den Abschnitten, die sich direkt der Gemeindeordnung widmen, sondern in den Beschreibungen der Dienste der Apostelschüler Timotheus und Titus gewinnt das Bild des Amtes seine größte Konkretion und Dichte. Da die Apostelschüler als Idealtypen gemeindlicher Episkopen verstanden werden sollen, fehlt eine eigene Amtsbezeichnung für sie; in 2 Tim 4,5 wird Timotheus zwar εὐαγγελιστής genannt, doch

---

341 S. hierzu besonders Bartsch, Rechtsbildungen 97; Hahn, Gottesdienst 74 f.
342 H. Schlier, Vom Wesen der apostolischen

Ermahnung, in: ders., Die Zeit der Kirche, Freiburg 1956, 75–89; Hahn, Gottesdienst 75.

spricht der Kontext gegen das Verständnis im Sinne einer besonderen Amtsfunktion: Timotheus wird hier an seine Aufgabe erinnert, getreulich das Evangelium zu verkündigen, wie er es vom Apostel empfangen hat[343], wobei die Stelle durch Phil 2,22 beeinflußt sein mag[344]. Warum aber gibt der Verf. dieser fiktiven Darstellung der Apostelschüler so großes Gewicht, wenn es in ihr nicht um die Begründung eines *eigenen* Amtes gehen soll? Sicher ist: sie ist nicht historisierend-deskriptiv gemeint, sondern hat normierende Bedeutung. Implizit will sie eine Herleitung und Begründung der Autorität des gemeindeleitenden Amtes geben.

An der Ursprungsstelle dieses Amtes steht der Apostel selbst. Er ist derjenige, dem Gott das Evangelium anvertraut hat und der durch Christus zum Dienst berufen ist (1Tim 1,11f). Sein bleibender Auftrag ist die Leitung der Kirche durch das Evangelium. Auch seine Abwesenheit ändert an der weiteren Geltung dieses Auftrages nichts. Er nimmt ihn wahr – so die Brieffiktion –, indem er dafür sorgt, daß der Kirche weiter seine Botschaft und seine Weisung gegenwärtig sind *und* daß in ihr Menschen sind, die seine Autorität, die gewissermaßen die personifizierte Autorität des Evangeliums ist, vertreten. Es ist Paulus, der *die Normen setzt* für die Gemeindeleiter: Dieser Leitgedanke hätte sich wohl kaum sinnfälliger darstellen lassen als in einem fiktiven Gespräch des Apostels mit seinen nächsten Schülern, denen also, die ohnehin in den Gemeinden als von ihm besonders geprägt gelten mußten. Aber im Grunde soll sich jeder Gemeindeleiter als Schüler des Paulus begreifen; die Kriterien und Erwartungen, die der Apostel für Timotheus und Titus aufstellt, gelten sinngemäß auch für ihn selbst. Einzelheiten, die als biografische Erinnerungen widersinnig wären, gewinnen, so verstanden, ihren guten Sinn: etwa die Aussagen über die christliche Erziehung des Timotheus (2Tim 1,5) und seine Jugend. Daß der Episkope aus christlicher Tradition herkommen und fundierte Kenntnis der Schrift sowie der fundamentalen Glaubensüberlieferung haben soll (2Tim 4,13–17; vgl. 1Tim 3,6), daß aber andererseits jugendliches Lebensalter kein Amtshindernis sein darf, wird als Weisung des Apostels ausgegeben und so als bleibende Norm eingeführt.

Als in starkem Maße normativ erweist sich die Lebensführung des Paulus. Sein Bild als das einer von der διακονία des Gekreuzigten bis ins Leibliche hinein bestimmten Existenz wird zum Leitbild für den Gemeindeleiter. Weil Paulus um des Evangeliums willen gelitten und Schmach erduldet hat (2Tim 1,12; 2,3), darum soll auch er zum Leiden bereit sein. Die apostolische Gestaltnorm wird dem, der wie der Apostel das Evangelium in der Welt vertritt, unausweichlich auferlegt.

Die schlechthin zentrale Norm ist jedoch die Norm des Evangeliums. Von ihr war Paulus in seiner Amtsführung geprägt, ihr untersteht auch der Gemeindeleiter. Und zwar ist seine Aufgabe in diesem Bereich im wesentlichen die des Bewahrens der normativen Tradition (παραθήκη), in die das von Paulus verkündigte Evangelium eingegangen ist (1Tim 6,20; 2Tim 1,12.14). Er ist verantwortlich für die Kontinuität des Erbes der apostolischen Lehre und muß sie verteidigen gegenüber der neuartigen, ihrem Wesen nach keiner Tradition verpflichteten Irrlehre (2Tim 4,3; Tit 1,10). Die Legitimität seiner Amtsführung steht und fällt mit seiner Treue zu diesem Auftrag.

So gewinnt das gemeindliche Leitungsamt seine Autorität durch Rückbindung an Paulus, wobei diese gerade nicht in historisch-juridischem Sinne verstanden ist. Der Gedanke einer auf Paulus rückführbaren Sukzessionskette ist den Past fremd. Für sie ist

---

343 Brox 264; Merklein, Das kirchliche Amt 346.   344 S. hierzu Roloff, Apostolat 251f.

es kein Widerspruch, die Ordination des Timotheus das eine Mal durch Paulus (2Tim 1,6), das andere Mal durch die Ältesten (1Tim 4,14) erfolgen zu lassen. Während 2Tim 1,6 zum Ausdruck bringt, daß das Amt das Erbe des Apostels weiterträgt in Gestalt des Auftrags zur Evangeliumsverkündigung, scheint 1Tim 4,14 anzudeuten, wie der Verf. zu seiner Zeit die Ordination vollzogen sehen möchte[345]. Maßgeblich ist für ihn die Sukzession in der apostolischen Tradition[346], anders ausgedrückt: das Bleiben des Gemeindeleitungsamtes an den von Paulus gesetzten Normen. Dabei weiß er trotz dieser starken Fixierung auf Paulus auch davon, daß diese Normen letztlich zurückverweisen auf Jesus Christus selbst: er ist die letzte Instanz, der der Amtsträger verpflichtet ist und vor der er sich zu verantworten hat (1Tim 6,13f).

Zusammenfassend läßt sich sagen: Das gemeindliche Leitungsamt gewinnt weder seine es bestimmenden Normen noch seine Autorität aus der Gemeinde. Es entsteht nicht dadurch, daß die Gemeinde bestimmte Aufgaben an einzelne ihrer Glieder delegiert, sondern dadurch, daß der den Willen des Herrn der Kirche repräsentierende Apostel verbindliche Weisung gibt, daß Menschen den von ihm urbildhaft wahrgenommenen Auftrag, die Kirche durch das Wort des Evangeliums zu leiten, weiterführen sollen. Das Amt ist zwar in der Gemeinde und sein Träger ist Glied der Gemeinde, aber es ist nicht eine Funktion der Gemeinde, sondern es ist διακονία, die in Verantwortung gegenüber dem Herrn der Kirche geschieht.

Mit dieser Konzeption geben die Past Antwort auf jene in der dritten Generation aufgebrochene Grundfrage, die seither die Kirche begleitet, nämlich die nach der kirchlichen *Kontinuität und Identität* in der weitergehenden Geschichte. Es ist eine konservative Antwort: Die Kirche bleibt das, was sie nach dem Willen ihres Herrn sein soll, Gottes Hauswesen, wenn sie an den Ordnungen festhält, mit denen der Apostel, der Träger des Evangeliums und normative Hausvater der Anfangszeit, für ihren weiteren Bestand vorgesorgt hat. Er hat ihr das Evangelium als normative Tradition gegeben, und er hat einen zentralen Dienst angeordnet, der über diese Tradition wachen, sie immer wieder neu zur Geltung bringen soll und der, der von ihm gesetzten und vorgelebten Norm des Dienens folgend, seinen Dienst des Leitens und Ordnens weiterführen soll. Was die sachliche Gewichtung beider Größen und ihre Zuordnung anlangt, so ist ohne Zweifel die Tradition die dem Amt übergeordnete Bezugsgröße, vor der jenes sich immer neu ausweisen muß. Aber das Amt ist im Sinne der Past nicht nur eine variable Funktion der Überlieferung, sondern – wie diese – bindende Setzung des Apostels. Fraglos ist es damit zur *Institution* erklärt, und zwar zur Institution göttlichen Rechts. Dieser sein Charakter findet seinen Ausdruck in der *Ordination* (s. dazu den Exkurs »Die Ordination«).

6. Zur Wirkungsgeschichte

6.1 Eine direkte Nachwirkung der Amtskonzeption der Past läßt sich in ihrem unmittelbaren geschichtlichen Umfeld nicht nachweisen. Was wir in *Dokumenten des ausgehenden 1. und des 2. Jh.* finden, ist eine analoge Ausgangssituation – die Überschneidung der Ältestenverfassung mit der Episkopen/Diakonen-Verfassung – sowie eine analoge Tendenz, beide miteinander in Ausgleich zu bringen durch die

---

[345] Kretschmar, Ordination 60f.
[346] Wenn die Konvergenzerklärung über das Amt (TEA 34f) die – wesentlich als Kontinuität in der Bezeugung des Glaubens verstandene – »apostolische Tradition« als »vorrangige Manifestation« der apostolischen Sukzession herausstellt, nimmt sie diese Perspektive der Past auf.

Stärkung und Hervorhebung des Episkopenamtes. Die Art und Weise, wie das geschieht, ist jedoch von der Lösung der Past weit entfernt.

Der 1Cl setzt in Korinth (und wohl auch in Rom) das Ältestenamt voraus (1Cl 1,3; 3,3; 21,6), interpretiert es jedoch als Episkopenamt (1Cl 40–44), dessen Einsetzung er auf die Apostel zurückführt (1Cl 42,1–5): Diese hätten »ihre Erstlinge nach vorhergegangener Prüfung im Geiste zu Bischöfen und Diakonen für die künftigen Gläubigen« installiert. Diese historische Konstruktion mag äußerlich zwar derjenigen der Past nahekommen, das sie tragende theologische Motiv ist jedoch ein anderes: Was den Episkopen legitimiert, ist nicht die Bindung an die apostolische Tradition, sondern an die von den Aposteln statuierte äußere Ordnung. Legitim ist das Amt, das der bestehenden Ordnung entspricht[347].

Hermas kennt Älteste, die er als »Vorsteher der Gemeinde« bezeichnet (V2,4), und nennt an anderer Stelle (V3,5), als kirchliche Größe seiner Gegenwart Bischöfe und Diakone[348], die er beide zum Kreis der Ältesten zu rechnen scheint.

Polykarp, obwohl selbst Bischof, spricht in der Gemeinde von Philippi nur Älteste und Diakone an (Pol2Phil 6,1; 5,2), was den Schluß zuläßt, daß in dieser Gemeinde das dort ursprünglich vorhandene Episkopenamt ohne Rest in die später übernommene Ältestenstruktur integriert werden konnte: Anscheinend haben sich hier die Episkopen (= Vorsteher) der Hausgemeinden als Glieder des Presbyteriums verstanden. Polykarp seinerseits bescheidet sich damit, die Ältesten als Träger eines Amtes, nicht nur einer Würdestellung anzusprechen, er drängt jedoch nicht auf die Ausgliederung eines zentralen Leitungsamtes aus dem Presbyterium.

Irenäus setzt voraus, daß an der Spitze jeder Gemeinde ein monarchischer Bischof steht, dem Diakone zugeordnet sind, und betont das – formal verstandene – Sukzessionsprinzip als Mittel zur Verbürgung der unverfälschten Überlieferung der apostolischen Lehre (Haer. III 3,1–3). Ein Ältestenamt kennt er jedoch nicht; der Titel »Presbyter« ist für ihn ein reiner Ehrentitel (Haer. II 22,5; I 27 u.ö.)[349].

Ignatius von Antiochia hat als erster die beiden Ämterstrukturen zu einer bruchlosen Einheit zusammengeschaut. Bischof, Älteste und Diakone sind für ihn drei in konzentrischen Kreisen einander zugeordnete Ämter[350]. Um den Bischof, der den Vorsitz bei der Eucharistie führt, schart sich ein Kollegium von Presbytern. Zu diesem kommen als dritte Rangstufe die Diakone. Diese Ämtertrias ist irdisches Abbild himmlischer Wirklichkeit: Der Bischof steht an der Stelle des »Herrn« bzw. Gottes, die Ältesten repräsentieren die Ratsversammlung der Apostel, und die Diakone sind mit dem Dienst Jesu Christi betraut (IgnTr 2,1–3; 3,1; vgl. IgnSm 8,1)[351].

Die Konzeption des Ignatius, nicht die der Past, hat sich in der Alten Kirche auf breiter Front durchsetzen können, was mit darauf zurückzuführen sein mag, daß sie mit ihrem Ansatz beim eucharistischen Gottesdienst der wachsenden Tendenz entgegenkam, die kirchlichen Ämter von ihrer Zuordnung zur Eucharistie her zu verstehen. So bezeugen

---

[347] v. Campenhausen, Amt 91–99. Der Gedanke einer Legitimierung des Amtes durch historische Sukzession ist in 1Cl 40–44 zwar noch nicht ausgesprochen, aber durch die Gewichtung der Ordnungsgemäßheit der Einsetzung der Amtsträger und durch deren Rückführung auf eine Anordnung der Apostel immerhin vorbereitet.

[348] Die ebenfalls vis 3,5 genannten Apostel und Lehrer gelten ihm als Größen der Vergangenheit (vgl. sim 9,16,5; 9,25,2), wobei er die Bischöfe und Diakonen bezeichnenderweise nahe an jene heranrückt, s. hierzu G. Bornkamm, ThWNT VI 674; Ott* 10; anders v. Campenhausen, Amt 104.

[349] Ott* 12.

[350] v. Campenhausen, Amt 106.

[351] A. a. O. 109 f; Bauer/Paulsen, Briefe 29 f.

Clemens von Alexandria (Strom. VI 13,107,2), Tertullian (Bapt. 17,1; De fuga 11,1), Hippolyt (Ref. IX 12,22) sowie auch Origenes (Orat. 28,4) *das dreigegliederte Amt – Bischof, Presbyter, Diakone* – als eine allen christlichen Gemeinden gemeinsame Einrichtung[352].

6.2 Eine Wirkung der Past manifestiert sich in der *Alten und mittelalterlichen Kirche* im wesentlichen in einem immer wieder zu Tage tretenden Widerstand gegen die Diastase von Bischofs- und Presbyteramt. Der dafür durchweg herangezogene Text ist Tit 1,5–9. Hieronymus ist es, der ihn für die Stellungnahme zu einem Konflikt in Rom verwendet. Den anmaßenden römischen Diakonen stellt er – selbst römischer Presbyter – das Gewicht des Presbyteramtes vor Augen, indem er auf dessen Gleichrangigkeit mit dem Bischofsamt verweist[353]. Einiges spricht dafür, daß er diese Auslegung dem verlorenen Tituskommentar des Origenes verdankt[354]. Das einzige, was nach Hieronymus beide Ämter unterscheidet, ist das Ordinationsrecht des Bischofs, und auch dies nur aufgrund kirchlicher, nicht göttlicher Anordnung. Ähnlich argumentiert im Westen der Ambrosiaster: Bischof und Presbyter stellen eine Weihestufe dar. Beide sind Priester *(sacerdotes)*, der Bischof hat als erster Presbyter und ranghöchster Priester zu gelten[355]. Auch jener unbekannte südgallische Presbyter, der den pseudohieronymianischen Traktat *De septem ordinibus* verfaßt hat, lehrt, daß »nur um der Autorität willen Ordination und Konsekration dem Bischof vorbehalten« seien, um die Eintracht der Priester nicht zu gefährden und Ärgernisse zu vermeiden[356] – eine Aussage, die Isidor von Sevilla wörtlich übernahm[357]. Im Osten äußerte sich Johannes Chrysostomus in seiner Homilie über den Titusbrief ähnlich[358].

Diese im Abendland nie ganz verlorengegangene kritische Einsicht wirkte sich vor allem dahingehend aus, daß bei der Festlegung der verschiedenen hierarchischen Stufen des Klerus im Hochmittelalter erhebliche Unsicherheit hinsichtlich des Verhältnisses von Presbyter und Bischof herrschte. Während Isidor von Sevilla neun Grade von Klerikern und demgemäß neun Stufen der Ordination kannte – Ostiarier, Psalmist, Lektor, Exorzist, Akolyth, Subdiakon, Diakon, Presbyter, Bischof –, kennt Ivo von

---

[352] Ott* 12.

[353] Hieronymus, Ep. 146,1 f (ad Evangelium), PL 22,1195 (= CSEL 56,310): *presbyter et Episcopus, aliud aetatis, aliud dignitatis est nomen.* Paulus schweige in 1Tim 3 von Ältesten: *quia in Episcopo et presbyter continetur.* Weitere Begründung: die Praxis der Kirche von Alexandria. – Commentarius in Ep. ad Titum (zu Tit 1,5), PL 26,597 f: *Idem est presbyter qui et episcopus.* Belege dafür: Phil 1,1 f; Apg 20,28; Hebr 13,17; 1Petr 5,1 ff. *Sicut ergo presbyteri sciunt se ex Ecclesiae consuetudine ei qui sibi praepositus fuerit, esse subjectos: ita episcopi noverint se magis consuetudine, quam dispositionis Dominicae veritate, presbyteris esse majores, et in commune debere Ecclesiam regere, imitantes Moysen, qui cum haberet in potestate solum praeesse populo Israel, septuaginta elegit, cum quibus populum judicaret (Num. XI, 16,17). Videamus igitur qualis presbyter, sive episcopus ordinandus sit;* s. hierzu Ott* 24 f.

[354] Diesen Hinweis verdanke ich G. Kretschmar. Vgl. dazu P. Nautin, Origéne. Sa vie et son œuvre, 1977 (Christianisme Antique 1), 358 f. 411.

[355] Ambrosiaster zu 1Tim 3,8–10: *Post episcopum tamen diaconis (diaconatus) ordinationem subiecit. quare, nisi quia episcopi et presbyteri una ordinatio est? uterque enim sacerdos est, sed episcopus primus est, ut omnis episcopus presbyter sit, non tamen omnis presbyter episcopus. hic enim episcopus est, qui inter presbyteros primus est.* (CSEL 81,267); ferner PL 35,2302; s. Ott* 24 f.

[356] PL 30,156A; vgl. Ott* 24.

[357] Isidor, De eccl. officiis II 7,2 (PL 83,787); vgl. Ott* 24.

[358] In Ep 1 ad Tim.hom. 11: zwischen den Presbytern und den Bischöfen bestehe nur ein geringer Abstand, da auch die Presbyter das Amt des Lehrens empfangen haben und der Kirche vorstehen; vgl. Ott* 25.

Chartres (†1116) nur sieben Grade und somit nur sieben Weihestufen: neben dem Psalmisten fehlt der Bischof[359]. Ihm folgt der einflußreiche Sentenzenmeister Petrus Lombardus, der den Episkopat ausdrücklich mit seinen verschiedenen Abstufungen (Archepiskopat, Patriarchat, Primat, Papst) nicht als eigenen Grad *(ordo)* des Weihesakraments, sondern nur als Würde gelten läßt[360]. Diese Sicht der Dinge wurde durch zahlreiche frühscholastische Pauluskommentare (u. a. Claudius von Turin, Hrabanus Maurus im 9. Jh.) gestützt, die die Exegese des Hieronymus von 1Tim 3,1–8 und Tit 1,5–9 übernahmen[361]. Diese ging ebenfalls in das grundlegende kanonistische Werk des Hochmittelalters, das *Decretum Gratiani* ein[362], das in der Folgezeit maßgeblich für die Kanonistik wurde.

Vielfach zog man, um die bestehende hierarchische Ordnung biblisch zu begründen, Lk 10,1 heran: Bereits Jesus habe zwischen den 12 Aposteln, den Prototypen der Bischöfe, und den 72 Jüngern, den Prototypen der Presbyter, unterschieden[363].

Insgesamt wird man sagen können, daß die mittelalterliche Amtstheologie einseitig vom Gedanken der Zuordnung des Amtes zum Altarsakrament bestimmt war. Die Aufgabe des Amtsträgers schlechthin ist die Feier des eucharistischen Mysteriums. Die Ordination wird verstanden als Verleihung der Vollmacht zu deren Vollzug, und auch die verschiedenen Stufen des Weihesakraments werden darum primär gesehen als durch die mit ihnen verbundene Annäherung an das Sakramentsmysterium bestimmt. Das aber ist ein Ansatz, der den Zugang zur Konzeption der Past sehr erschwert, wenn nicht gar ausschließt. Allenfalls ist es die Sicht des Ignatius, die hier in einer bestimmten Richtung weiterentwickelt wurde.

6.3 Demgegenüber ist von den Past bei der Neuordnung des kirchlichen Amtes durch die *Wittenberger Reformation* eine erhebliche Wirkung ausgegangen. Und zwar läßt sich diese Wirkung vor allem an drei Punkten festmachen.

6.3.1 Für M. Luther und Ph. Melanchthon ist das kirchliche Amt *zentral auf die Verkündigung des Evangeliums bezogen*[364]. Luther hat den Gedanken an ein Priestertum, das aufgrund seiner eucharistischen Weihegewalt als Stand *(ordo)* aus der Schar der Gläubigen herausgehoben ist, verworfen. Entsprechend radikal ist auch seine Kritik am Weihesakrament, das ihm vor allem in seiner liturgischen Ausprägung ausschließlich als Verleihung solcher sakramentaler Vollmacht begegnete[365]. Er vertritt demgegenüber unter Berufung auf das NT den Grundsatz des Priestertums aller Gläubigen. Weil alle Christen ein priesterliches Volk sind, darum kann es keinen besonderen, von den Laien abgesonderten Priesterstand mehr geben[366]. Trotzdem erkennt er, wie nicht nur Äußerungen aus seinen späteren Jahren belegen, die Notwendigkeit eines besonde-

[359] Belege: Ott* 43.
[360] Petrus Lombardus, Sent. IV 24,14.
[361] Belege: Ott* 46.
[362] Gratian, Decretum I Distinctio 95 can. 5; Distinctio 93 can. 24 (CIC, hrsg. A. Friedberg, Neudruck Graz 1955, 332.327).
[363] So bereits Beda venerabilis im 8. Jh.; ihm folgten u. a. Ivo von Chartres, Gratian, Petrus Lombardus; s. hierzu Ott* 46.
[364] Literatur zum Folgenden: H. Lieberg, Amt und Ordination bei Luther und Melanchthon, Göttingen 1962; J. Aarts, die Lehre Martin Luthers über das Amt in der Kirche, 1972

(SLAG A 15); P. Manns, Amt und Eucharistie in der Theologie Martin Luthers, in: Amt und Eucharistie, hrsg. P. Bläser u. a., 1973 (KKSMI 10), 68–173; W. Stein, Das kirchliche Amt bei Luther, 1974 (VIEG 74).
[365] S. hierzu den Exkurs »Die Ordination«.
[366] So vor allem in den Schriften *Von der Freiheit eines Christenmenschen* (1520), WA 7, 27, und *De instituendis ministris Ecclesiae* (1523), WA 12, 180–189: Durch die Taufe ist grundsätzlich jeder Christ zum Priester geweiht und hat Teil an allen priesterlichen Vollmachten, d. h. er kann das Sakrament austei-

ren Amtes an: Dieses Amt hat die Aufgabe, das Wort Gottes zu verkündigen und auf die Gemeinde hin zur Geltung zu bringen[367], es ist Predigtamt[368]. Das ist denn auch der Kernpunkt der Kritik Luthers an den Bischöfen und Priestern, daß sie Predigt und Lehre und damit das, was eigentlich die Mitte ihres Dienstes sein sollte, vernachlässigt haben[369]. Luther seinerseits fordert die Fähigkeit des Amtsträgers zur Lehre, die durch eine entsprechende Ausbildung gefördert werden müsse – was dann die praktische Folge hatte, daß akademische Ausbildung in der Auslegung des Wortes Gottes für evangelische Pfarrer obligatorisch wurde.

6.3.2 Die Wittenberger Reformation hebt die Bindung des kirchlichen Amtes an die Gemeinde, die konkrete örtliche Versammlung des Volkes Gottes, hervor. Daß es neben dem allgemeinen Priestertum ein besonderes Amt geben muß, wird aus der Notwendigkeit begründet, daß das Evangelium »öffentlich« verkündigt wird, d. h., daß es so zur Geltung gebracht wird, daß durch es Gemeinde gesammelt und erhalten wird[370]. Nur in der Ortsgemeinde wird Kirche konkret erfahren, hier ist auch der Ort des kirchlichen Amtes[371]. Luther begründet dies unter ausdrücklichem Hinweis auf 1Tim 3,2 und Tit 1,6, wobei er sich auf die Auslegung des Hieronymus beruft[372]. Er erkennt, daß die Past mit dem Bischof den Leiter der Ortsgemeinde meinen und nicht etwa den Träger geistlicher Gewalt in einem größeren Territorium. Für seine Gegenwart schließt er daraus, daß jeweils örtliche Gemeinden von überschaubarer Größe einen eigenen Bischof haben sollten[373].

6.3.3 In engem Zusammenhang damit steht die – wiederum unter Berufung auf die Auslegung des Hieronymus erfolgende – grundsätzliche Bestreitung eines Unterschie-

---

len, vor Gott fürbittend eintreten und über die Lehre richten (WA 12, 184; vgl. auch WA 15, 720).

[367] Diese Notwendigkeit ist in der Gemeinschaft der Kirche begründet; so schon in der Schrift von 1520 *De captivitate babylonica ecclesiae* (WA 6, 566). Alles kommt darum darauf an, daß der Träger des Predigtamtes von der Gemeinde rechtmäßig berufen worden ist (WA 17/1, 361; WA 30/3, 518.521).

[368] WA 6, 566: *Ministerium verbi facit sacerdotem et Episcopum*. Vgl. die klassische Definition evangelischen Amtes in CA 5,1 (BSLK 58) als *ministerium docendi evangelii et porrigendi sacramenta*.

[369] WA 6, 564f: »Die ganze Welt ist voll Priester, Bischöfe, Kardinäle und Geistliche, unter welchen doch, was ihr Amt belangt, keiner predigt..., sondern vermeinet, daß er seiner Pflicht Genüge tue, so er das geschwätzige Lesen der Gebete herplappere und Messe halte...«.

[370] Vgl. CA 14 (BSLK 69): *De ordine ecclesiastico docent, quod nemo debeat in ecclesia publice docere aut sacramenta administrare nisi rite vocatus.*

[371] S. hierzu V. Vajta, Die Kirche als geistlich-sakramentale communio mit Christus und seinen Heiligen bei Luther, LJ 51 (1984) 10–62.

[372] WA 6, 440: »Daß nach Christi und der Apostel Einsetzen eine jegliche Stadt einen Pfarrer oder Bischof soll haben, wie klärlich Paulus schreibt, Tit. 1,5, und derselbe Pfarrer nicht gedrungen werde, ohne eheliches Weib zu leben, sondern möge eines haben, wie St. Paulus schreibt, 1. Timoth. 3,2 und Tit. 1,6, und spricht: ›Es soll ein Bischof sein ein Mann, der unsträflich ist und nur eines ehelichen Weibes Gemahl, dessen Kinder gehorsam und züchtig sind‹ usw. Denn ein Bischof und Pfarrer ist *ein* Ding bei St. Paul, wie das auch St. Hieronymus bewährt. Aber von den Bischöfen, die jetzt sind, weiß die Schrift nichts, sondern sie sind von christlicher gemeiner Ordnung gesetzt, daß einer über viele Pfarrer regiere.«

[373] Ebd.: »Also lernen wir aus dem Apostel klärlich, daß es in der Christenheit sollte also zugehen, daß eine jegliche Stadt aus der Gemeine einen gelehrten, frommen Bürger auswähle, demselben das Pfarramt befehle und ihn von der Gemeine ernährte, ihm freie Willkür ließe, ehelich zu werden oder nicht; der nebe sich mehrere Priester oder Diakone hätte, auch ehelich oder wie sie wollten, die den Haufen und die Gemeine hülfen regieren mit Predigen und Sakramenten, wie es denn noch geblieben ist in der griechischen Kirche.« Ferner WA 8, 427.

des der geistlichen Vollmacht zwischen Pfarrern und Bischöfen[374]. Es gibt nur *einen*, unteilbaren, geistlichen Auftrag, nämlich den, durch Wort und Sakrament die Gemeinde zu leiten, und darum ist jeder, der diesen Auftrag empfängt, Bischof im Sinne von 1 Tim 3,2 und Tit 1,7 ff[375]. Es war darum nur konsequent, wenn die reformatorischen Ordinationsformulare ausdrücklich die von den Aufgaben des Bischofs handelnden Texte (vor allem 1 Tim 3,2) aufnahmen. Mit diesem episkopalen Verständnis des Pfarramtes ist keineswegs die Möglichkeit und Notwendigkeit eines Amtes der übergemeindlichen *episkopē* bestritten; die lutherischen Bekenntnisschriften setzen vielmehr ein solches voraus[376], gestehen freilich nur eine Unterscheidung zwischen ihm und dem Gemeindepfarramt *iure humano* zu und sprechen es überdies ebenfalls auf seine pastorale Verpflichtung hin an. Es ist das eine Hirtenamt der Kirche, unbeschadet verschiedenartiger inhaltlicher Ausprägungen.

Insgesamt ist festzuhalten, daß die Aufnahme von Gedanken der Past keineswegs biblizistisch ist. Man versteht sie nicht als für die Gegenwart übernehmbares Modell einer Ämterordnung, sondern orientiert sich an einigen für ihre Ämterkonzeption tatsächlich zentralen Leitgedanken. Freilich nicht an allen! Nicht zum Tragen kommt nämlich im Luthertum der für die Past so wichtige Gesichtspunkt der *Unterstellung des Amtes unter die Norm des apostolischen Dienstes*. Weil das Amt ausschließlich vom Wort des Evangeliums her gesehen wird, ohne daß zugleich zur Sprache käme, daß es zugleich in bestimmter Hinsicht Weiterführung des dem Apostel zuteilgewordenen personhaften Auftrages Jesu Christi ist, kommt es zu einer gewissen Funktionalisierung des Amtes. Es kann nach einigen Äußerungen Luthers und Melanchthons den Anschein haben, als sei das »Predigtamt« eine bloße Funktion des Evangeliums, deren Träger austauschbar und als Person irrelevant sei[377].

6.3.4 Daß hier eine bis heute theologisch nicht hinreichend aufgearbeitete Problematik liegt, zeigt sich paradigmatisch an der Debatte innerhalb des konfessionellen Neuluthertums des 19. Jh. In ihr vertrat der Erlanger W. F. Höfling ein radikal funktionali-

---

[374]   WA 6, 440: »Denn ein Bischoff und pfarr ist ein ding bey sanct Paul«; BSLK 430: »Darumb kann die Kirche nimmermehr baß regiert und erhalten werden, denn daß wir alle unter einem Häupt Christo leben und die Bischofe alle gleich nach dem Ampt (ob sie wohl ungleich nach den Gaben) fleißig zusammen halten in einträchtiger Lehre, Glauben, Sakramenten, Gebeten und Werken der Liebe etc. Wie S. Hierony. schreibt, daß die Priester zu Alexandria sämptlich und insgemein die Kirchen regierten, wie die Apostel auch getan und hernach alle Bischofe in der ganzen Christenheit, bis der Bapst seinen Kopf uber alle erhob.« (Schmalkaldische Artikel II/4).

[375]   *Melanchthon, Tractatus de potestate papae* (BSLK 489ff) folgert, »daß diesen Befelch (scil. das Evangelium zu predigen, Sünde zu vergeben und die Sakramente zu reichen) zugleich alle haben, die den Kirchen furstehen, sie heißen gleich Pastores oder Presbyteri oder Bischofe. Darumb spricht auch Hieronymus mit hellen Worten, daß Episcopi und Presbyteri nicht unterschieden sind, sondern daß alle

Pfarrherrn zugleich Bischofe und Priester sind und allegiert den Text Pauli ad Titum ... Hie lehret Hieronymus, daß solche Underschied der Bischofen und Pfarrherrn allein aus menschlicher Ordnung kommen sei, wie man dann auch im Werk siehet; dann das Ampt und Befelch ist gar einerlei, und hat ernach allein die Ordinatio den Underschied zwischen Bischofen und Pfarrherrn gemacht ...«

[376]   CA 28 (BSLK 396–402); hierzu H. Meyer, Das Bischofsamt nach CA 28, in: Confessio Augustana und Confutatio, hrsg. E. Iserloh, 1980 (RGST 118), 489–498.

[377]   Die maßgebliche Aussage über das Amt in CA 5 (BSLK 58) deutet dieses streng als eine Wort und Sakrament untergeordnete Funktion: *Ut hanc fidem consequamur, institutum est ministerium docendi evangelii et porrigendi sacramenta.* Fast könnte es den Anschein haben, als sei die Stiftung Christi »kein Amt im engeren Sinne, sondern die Predigt des Wortes und die Verwaltung der Sakramente, und zwar unabhängig davon, wer die Aufträge ausführte« (H. Fagerberg, TRE 2, 563).

siertes Amtsverständnis. Seiner Deutung nach ist das Amt »die göttlich eingesetzte *Funktion* der Predigt des Wortes und der Spendung der Sakramente«[378], die grundsätzlich dem allgemeinen Priestertum zugehört und nur aus Gründen der Ordnung (1Kor 14,33.40) von der Gemeinde an einzelne Glieder delegiert wird. Weil Kirche und Recht grundsätzlich nichts miteinander zu tun haben, darum kann es auch kein personal gebundenes Amt als göttliche Setzung geben. Nur die Amtsfunktion als solche ist, weil den göttlichen Setzungen Wort und Sakrament zugehörig, göttliche Stiftung; jede konkrete Amtsgestaltung dagegen ist menschlichen Ursprungs. Maßgebliches biblisches Modell ist die paulinische Charismenlehre 1Kor 12.

Höflings Kontrahent W. Löhe versteht dagegen das Amt als göttliche Stiftung, vertritt dessen personhafte Prägung durch die Apostel und tritt dem Gedanken einer Amtssukzession nahe. Seine Argumente dafür bezieht er aus einer eindringlichen Exegese von Eph 4,11 sowie der Past[379]. 1Tim 3,1–13 und Tit 1,5–9 wertet er als Zeugnisse durch den Apostel sowie – darüber hinaus – für die Berufung in das Amt durch Amtsträger als apostolische Ordnung: Wer von den Apostelschülern »zum Presbyter einer Gemeinde gesetzt war, der konnte und mußte sich nach Apg 20,28 als vom Heiligen Geiste gesetzt erkennen. Sein Amt war zwar nicht wie das der Apostel, »welche sagen konnten, wie St. Paulus Gal 1,1, daß sie weder von Menschen noch durch Menschen gesetzt seien, aber er konnte doch mit vollester Wahrheit sagen, er sei zwar *durch* Menschen, aber nicht *von* Menschen ein Presbyter der Gemeinde«[380]. Löhe erkennt, obwohl er Timotheus und Titus für Träger eines besonderen, mit der dritten Generation verschwundenen Amtes, nämlich des Evangelistenamtes hält, deren prototypische Bedeutung für die Gemeindeleiter: Timotheus »gibt den Maßstab, an welchem wir andere Diener des Evangeliums im Neuen Testament messen können«[381]. Auch das Gewicht des Haushalter- bzw. Hausvater-Topos beachtet er: Es geht hier um »die versorgende, speisende, tränkende Tätigkeit des heiligen Weideamtes«[382]. Obwohl auch Löhe aus Tit 1,5–9 auf die grundsätzliche Gleichheit von Presbyter und Bischof schließt[383], sieht er doch in den Past die Entwicklung auf ein bischöfliches Amt im Sinne der nachapostolischen Zeit schon angelegt: Aus dem Kollegium der Presbyter muß notwendigerweise einer als *primus inter pares* hervortreten, und überdies wird in der Darstellung des Timotheus und Titus die Notwendigkeit von übergemeindlichen Ämtern »zu festerer Begründung und zugleich zur Erweiterung der Kirche« augenfällig[384].

6.4 *J. Calvin* gibt in seiner *Institutio Religionis Christianae* (1539)[385] eine ausführliche biblische Begründung der kirchlichen Ämter, die sich als wahre Fundgrube gelehrter exegetischer Beobachtungen erweist. Weithin bringt er dabei ähnliche Gesichtspunkte wie Luther und Melanchthon zur Geltung. Anders als diesen macht es ihm jedoch keine Schwierigkeiten, das – auch von ihm in seiner Wortorientiertheit und Gemeindebezo-

378 W. F. Höfling, Grundsätze evangelisch-lutherischer Kirchenverfassung, Erlangen ³1853, 223; vgl. 259.
379 W. Löhe, Aphorismen über die neutestamentlichen Ämter und ihr Verhältnis zur Gemeinde (1849), in: Wilhelm Löhe. Gesammelte Werke, Bd. V/1, hrsg. K. Ganzert, Neuendettelsau 1954, 255–330; ders., Kirche und Amt. Neue Aphorismen (1851), in: a. a. O. 525–588.

380 A. a. O. 286.
381 A. a. O. 281.
382 A. a. O. 288.
383 A. a. O. 285.
384 A. a. O. 294.
385 Die folgenden Zitate nach der deutschen Übersetzung von O. Weber: J. Calvin, Unterricht in der christlichen Religion, Neukirchen-Vluyn ⁴1986.

genheit begriffene – kirchliche Amt als unmittelbare göttliche Stiftung und Ordnung anzusehen. Aus der Anweisung des Paulus an Titus, in allen Städten Älteste einzuset-zen (Tit 1,5), die er mit Apg 14,22f und 20,18 zusammenschaut[386], folgert er, daß das kirchliche Leitungsamt unmittelbare apostolische Setzung sei: Die Gemeindehirten führen den Dienst der Apostel weiter, allerdings nicht mehr universal und in weltweiter Ausrichtung, sondern jeweils an eine einzelne Gemeinde gebunden. »Was die Apostel an dem ganzen Erdkreis geleistet haben, das soll jeder einzelne Hirt an seiner Herde tun, der er zugeordnet ist«[387]. Dieser Hirt vertritt Christus in Vollmacht, indem er die in Tit 1,9 genannten Aufgaben des Bischofs wahrnimmt[388]. In einem historisch differenzie-renden Biblizismus versucht Calvin, anders als die Wittenberger Reformatoren, aus den ntl. Aussagen eine Ämterstruktur für die Kirche abzuleiten. So erkennt er einerseits, daß die »Propheten« von Eph 4,11 ebenso wie die »Evangelisten« Dienste der Anfangs-zeit der Kirche waren, die als solche nicht weitergeführt wurden[389]. Andererseits stellt er die bleibende Bedeutung der »Hirten und Lehrer« fest, wobei er die »Hirten« von Eph 4,11 (sachlich wohl zutreffend) mit den Presbytern und Episkopen der Past gleichsetzt. So gewinnt er eine dreigliedrige Ämterstruktur: Bischof, Ältester und Hirte (Pastor) sind Bezeichnungen eines und desselben Amtes der Leitung. Diesem eng zugeordnet ist das Amt der Lehrer, die allein für die Auslegung der Schrift zuständig sind, aber weder Seelsorge noch Kirchenzucht üben[390]. Einen ganz eigenen Aufgabenbereich haben die Diakone, welche die Almosen verwalten sowie Fürsorge an Alten und Kranken betreiben[391].

6.5 Einen ganz eigenen Weg ging die *anglikanische Kirche*. Das für ihre Amtslehre grundlegende Dokument, das *Ordinal* von 1549, leitet aus den Past das dreigestufte Amt als verbindlich ab: Seit der Urzeit der Kirche habe es Bischöfe, Priester und Diakone gegeben, und diese Ordnung müsse beibehalten werden[392]. Und zwar werden diese drei Ämter als drei hierarchisch einander zugeordnete Stufen gesehen. Der Diakonat ist, wie man aus 1Tim 3,8–13 ableitet, die Vorstufe zum Priesteramt. Der Diakon soll den Priester bei der Liturgie und der Austeilung der Eucharistie unterstüt-zen, ferner die Kranken und Armen versorgen. Der Bischof hat als Hauptaufgabe das Wachen über die Lehre, wie denn überhaupt der entscheidende reformatorische Gesichtspunkt der Lehre als zentraler Amtsfunktion übernommen worden ist.

6.6 Wenn in *neueren ökumenischen Dokumenten*, vor allem in der *Konvergenzerklä-rung von Lima*, das dreigestufte Amt als mögliche Einigungsbasis für die Kirchen zur

---

386 IV/3,7 (719).
387 IV/3,6 (718).
388 IV/3,6 (718): »Aus diesen und ähnlichen Stellen, die uns immer wieder begegnen, läßt sich entnehmen, daß auch die *Amtsaufgabe der Pastoren* vornehmlich in diesen beiden Stük-ken besteht: *das Evangelium zu verkündigen und die Sakramente zu verwalten.*« Und zwar leitet Calvin diese Aufgabe von der Beauftra-gung der Apostel durch Jesus (Mt 28,19: Taufe; Lk 22,19: Herrenmahl) her.
389 IV/3,4 (717): »Unter ›Evangelisten‹ ver-stehe ich solche, die den Aposteln zwar an Würde nachstanden, aber nach ihrer Amtsver-

pflichtung sehr nahe an sie herankamen und gar an ihrer Statt wirkten... Zufolge dieser Deutung, die mir sowohl den Worten als auch der Meinung des Paulus zu entsprechen scheint, waren diese drei Amtsaufgaben in der Kirche *nicht* dergestalt eingerichtet, daß sie *bleibend* sein sollten, sondern sie sollten nur für die Zeit dasein, in der es galt, Kirchen aufzurichten, wo zuvor keine gewesen waren, oder aber Kirchen von Mose zu Christus her-überzuführen.«
390 IV/3,4 (717).
391 IV/3,9 (720).
392 S. hierzu H. Fagerberg, TRE 2, 576f.

Diskussion gestellt wird[393], so mag dies mit auf anglikanischen Einfluß zurückzuführen sein. Allerdings sieht die Konvergenzerklärung von einer Ableitung des dreigestuften Amtes aus dem NT ab[394].

Dagegen verzichtet das Studiendokument *Das geistliche Amt in der Kirche* (1981), das die Arbeitsergebnisse einer aus römisch-katholischen und evangelisch-lutherischen Theologen bestehenden Kommission wiedergibt, auf eine solche besondere Gewichtung des dreigestuften Amtes. Es stellt fest, daß »im Neuen Testament auf unterschiedliche Weise vom Episkopen- und Presbyteramt gesprochen wird«[395] und versteht dieses Amt unter Berufung auf 1Tim 3,2; 4,14; 2Tim 1,6; Tit 1,6f wesenhaft als »Amt der Leitung«[396]. Dabei werden als dessen wichtigste Merkmale die Ausrichtung auf die Gemeinde, die Unterstellung unter das Evangelium sowie die Bindung an den Auftrag Jesu Christi genannt. Man wird urteilen dürfen, daß damit wesentlichen Elementen der Aussagen der Past über das Amt Rechnung getragen worden ist.

IV. Grund und Ziel der apostolischen Weisung (3,14–16)

Literatur: Boismard, M. E., Quatre hymnes baptismales dans la première épître de Pierre, 1961 (LeDiv 30), 10f.; *Deichgräber*, Gotteshymnus; *Gundry, R. H.*, The Form, Meaning and Background of the Hymn quoted in 1Timothy 3,16, in: Apostolic History and the Gospel (FS F.F. Bruce), hrsg. W. Gasque/R. P. Martin, Grand Rapids 1970, 203–222; *Klöpper, A.*, Zur Christologie der Pastoralbriefe (1Tim 3,16), ZWTh 45 (1902) 339–361; *Manns, F.*, L'hymne judéo-chrétien de 1Tim 3,16, ED 32 (1979) 323–339; *Metzger*, Christushymnus; *Norden*, Agnostos Theos; *Schille, G.*, Frühchristliche Hymnen, Berlin 1962; *Schweizer, E.*, Erniedrigung und Erhöhung bei Jesus und seinen Nachfolgern, ²1962 (AThANT 28); *Stanley, D. M.*, ›Carmenque Christo quasi Deo dicere‹, CBQ 20 (1958) 173–191; *Stenger, W.*, Der Christushymnus in 1Tim 3,16, TThZ 78 (1969) 133–148; *Wengst*, Lieder.

14 Dies schreibe ich dir (zwar) in der Hoffnung, bald zu dir zu kommen; 15 sollte sich aber mein Kommen verzögern, damit du (dann) weißt, wie man im Hause Gottes wandeln soll, welches die Kirche des lebendigen Gottes ist, Pfeiler und Fundament der Wahrheit.
16a Und anerkanntermaßen groß ist das Geheimnis der Frömmigkeit:
16b der offenbart ward im Fleisch,
    gerecht erwiesen im Geist,
    erschienen den Engeln,
    verkündigt unter den Völkern,
    geglaubt in der Welt,
    emporgenommen in Herrlichkeit.

1. *Kontextbezug und Aufbau.* Der Schlußabschnitt der gemeindebezogenen   Analyse
Anordnungen (2,1–3,16) ist mehr als nur eine feierliche Abschlußwendung; er

---

393 TEA 22.   395 GAK 41.
394 TEA 19.   396 GAK 20.

greift vielmehr weit ins Grundsätzliche aus. Man könnte ihn mit einigem Recht darum die theologische Mitte nicht nur des 1Tim, sondern der ganzen Past nennen[397]. In ihm wird nämlich mit großer Deutlichkeit die das Briefcorpus tragende Motivation freigelegt, und zwar in doppelter Hinsicht: Zum einen geht es darum, die Kirche auf Dauer der Weisung des nicht mehr leibhaft anwesenden Apostels zu unterstellen. Das bringt die *Paulusanamnese* VV14.15a zum Ausdruck. Doch sie umreißt nur die vorletzte Motivation. Die letzte und eigentliche besteht in der Christologie: Die apostolische Weisung hält die Kirche bei dem fest, was sie ist: nämlich der Ort, an dem mitten in der Welt das Christusgeschehen in Bekenntnis, Lobpreis und Gehorsam zur Wirkung kommt. Darauf verweist *die ekklesiologische Aussage* VV15b.16a sowie – vor allem – der *Christushymnus* V16b.

2. Die *Paulusanamnese* knüpft sachlich unmittelbar an die vorhergegangenen Anamnesen 1,12–20 und 2,7 sowie an die Weisung an Timotheus, in Ephesus zu bleiben (1,3), an. Neu ist das Motiv des rasch erhofften Kommens des Apostels, das der Verf. aus 1Kor 4,19; Phil 2,19.24 übernommen haben mag[398]. Doch hat dieses Motiv nur flankierende Funktion. Die Hauptaussage trägt der Finalsatz ἵνα εἰδῇς πῶς δεῖ ἐν οἴκῳ θεοῦ ἀναστρέφεσθαι (V15b), der logisch unmittelbar an ταῦτά σοι γράφω (V14) anschließt. Die dazwischen liegende konditionale Wendung ἐὰν δὲ βραδύνω (V15a) will einen notdürftigen Ausgleich zwischen beidem herstellen.

3. Die *ekklesiologische Aussage* bildet das Zentrum des Abschnitts. Sie ist enthalten in dem Relativsatz V15c, der formal die Funktion einer Deutung des Bildes des οἴκος θεοῦ in V15b hat, der Sache nach aber eine Begründung des Vorhergegangenen liefert. Es ist deshalb so wichtig zu wissen, wie man im Hause Gottes wandeln soll, weil dieses Haus Gottes ein in unvergleichlicher Weise hervorgehobener Ort ist. V16a führt diese Begründung weiter durch den Verweis auf das die Kirche konstituierende christologische »Geheimnis«, das im Hymnenzitat V16b expliziert wird.

4. *Der Christushymnus* ist unschwer als ein in formaler Spannung zum Kontext stehendes Element erkennbar, denn das Relativpronomen ὅς, mit dem er einsetzt, läßt sich nicht auf das Subjekt von V16a (τό μυστήριον) zurückbeziehen und hängt somit in der Luft.

Die *Textüberlieferung*[399] hat diese offenkundige Härte auszugleichen versucht, mit der Folge, daß V16 zu einem kritischen Testfall der Textkritik wurde, zumal sich aus den so zustande gekommenen unterschiedlichen Lesarten Implikationen für die Christologie

---

[397] Stenger* 33: »ein verkleinertes Abbild der Pastoralbriefe im Ganzen«.
[398] Trummer, Paulustradition 124.

[399] Hierzu K. und B. Aland, Der Text des Neuen Testaments, Stuttgart 1982, 285.

zu ergeben schienen. Eine Reihe von Textzeugen[400] stellte einen glatten Anschluß durch die neutrische Form des Relativpronomens (ὅ statt ὅς) her, die auf τό μυστήριον rückbeziehbar war. Schon früh setzte sich jedoch auf breiter Front eine ungleich einflußreichere Lesart durch: ϑεός statt ὅς. Diese mag durch einen Lesefehler zustandegekommen sein: Jemand brauchte lediglich (vielleicht veranlaßt durch eine Unebenheit des Schreibmaterials) ΘΣ statt ΟΣ zu lesen, um hier die gebräuchliche Abkürzung des Gottesnamens, ΘΣ, wiederzufinden. Der nächste Abschreiber fügte die seiner Meinung nach fehlende Überstreichung hinzu, und ein weiterer schrieb das nomen sacrum ΘΕΟΣ aus[401].

Diese Lesart wurde Anlaß für den Sturz eines Patriarchen von Konstantinopel. Es war Makedonios II. (495–511), dem monophysitische Mönche, mit unter Berufung auf sein Festhalten an ihr, den Vorwurf einer Unterstützung des Nestorianismus machten, wobei sie ihm die vorsätzliche Veränderung von ὅς in ϑεός unterstellten[402], mit dem Ziel, die nestorianische Auffassung zu fördern, wonach die Inkarnation keine wahre Menschwerdung, sondern eine Einwohnung des Gott-Logos im Menschen Jesus Christus sei. Daraufhin setzte ihn Kaiser Anastasios I. ab; ja, einem Gerücht nach soll er sogar seine Ermordung veranlaßt haben.

Genau die umgekehrte Anschuldigung beendete 1730 die akademische Laufbahn Johann Jakob Wettsteins (1693–1754), eines der Väter der modernen Textkritik. Vertreter der theologischen Orthodoxie, denen Wettsteins Kritik am *textus receptus* des Erasmus schon lange ein Dorn im Auge war, verklagten ihn vor dem akademischen Senat der Universität Basel, er habe einige Stellen, die die Gottheit Christi bekräftigten, vorab 1Tim 3,16, wo der *textus receptus* ϑεός las[403], verändert, weil er ein dem Sozinianismus nahestehender Häretiker sei. Wettstein war zur Entdeckung der ursprünglichen Lesart ὅς aufgrund seiner Untersuchung des Codex Alexandrinus gekommen, die ergab, daß dort das ursprüngliche ΟΣ von späterer Hand zu ΘΣ korrigiert worden war[404].

Der Verf., der sonst ein gutes Griechisch schreibt, hat darauf verzichtet, den Anschluß sprachlich zu glätten. Anscheinend hat er den Zitatcharakter von V16b erkennbar lassen wollen[405]. V16a ist von ihm als Zitateinleitungswendung gestaltet, wobei das Stichwort μυστήριον, wie noch zu zeigen sein wird, den inhaltlichen Deutungsschlüssel für das folgende Zitat liefern soll. Darüber hinaus könnte das Wort ὁμολογουμένως, in dem der griechische Leser einen Anklang an ὁμολογία mithörte, als Hinweis auf Ort und Herkunft des Zitates

---

[400] So die *prima manus* von D, die Majuskel 061, ferner altlateinische und Vg-Handschriften: *et manifeste magnum est pietatis sacramentum quod manifestatum est in carne*.

[401] ℵ^c, A^c, C^2, D^2, ferner die Athoshandschrift Ψ 044 sowie der Reichstext und der diesem folgende *textus receptus* des Erasmus.

[402] W. Stenger, Textkritik als Schicksal, BZ NF 19 (1975) 240–247.243.

[403] Theodor Beza, der Freund und Nachfolger Calvins in Genf, hatte in der von ihm edierten kleinen Ausgabe des *textus receptus* von 1565

diese Lesart mit Emphase verteidigt und ihre Abänderung als Trugwerk des Teufels bezeichnet: »Vix alius locus est, in quo omnia redemptionis nostrae mysteria vel magnificentius vel planius explicantur ut non mirum sit, foede fuisse a diabolo depravatum« (zitiert bei J. J. Wettstein, Novum Testamentum Graece II 335); hierzu Stenger, a. a. O. 245.

[404] Stenger, a. a. O. 245 f.

[405] Ähnlich Deichgräber, Gotteshymnus 133; Hanson 84.

gemeint sein: Es geht um ein Stück, das dem lobpreisenden Bekennen dient und dessen Sitz im Leben der gemeindliche Gottesdienst ist.

Der *Gattung* nach ist V16b eindeutig ein Christushymnus. Die Grenzen zwischen Hymnus und Bekenntnis sind im Urchristentum fließend, denn die Antwort, in der sich die Gemeinde in ihrem Gottesdienst bekennend das ihr zugesagte Heil aneignete, war der Lobpreis der großen Taten Gottes in Christus. Die Merkmale des Bekenntnisses bzw. der Glaubensformel im engeren Sinn, etwa die rational ordnende Aufzählung der fundamentalen Heilsereignisse und die polemische Abgrenzung gegenüber der Irrlehre, fehlen hier jedoch[406]. Wesentliche Merkmale hymnischer Sprache sind gegeben: parataktischer Stil, Gliederung in Zeilen annähernd gleicher Länge, eine Häufung von Tatprädikationen. Am Anfang steht, wie in Phil 2,6, das Relativpronomen ὅς. Vermutlich wurde der Hymnus im gottesdienstlichen Gebrauch von einer Lobpreisformel eingeleitet, die gleichsam die Funktion des den folgenden Relativsatz tragenden Hauptsatzes hatte und die das in V16a aufgenommene Schlüsselwort „Geheimnis" bereits enthalten haben könnte, etwa: »Preis und Ehre sei ihm, durch den Gott das verborgene Geheimnis aufgeschlossen hat, der...«[407].

Abgesehen vom Fehlen dieser Formel dürfte der Hymnus jedoch vollständig zitiert worden sein[408]. Das ergibt sich aus seinem strengen Aufbau und seiner formalen Geschlossenheit. Er besteht aus sechs Zeilen, die jeweils mit einer passivischen bzw. medialen Verbform im Aorist beginnen und eine Nominalbestimmung enthalten, fünfmal mit der Präposition ἐν. Deutlich ist ferner, daß jeweils zwei Zeilen eine Strophe bilden, wobei die drei Strophen in einem kunstvollen Chiasmus einander zugeordnet sind[409]. Und zwar werden ein himmlisches und ein irdisches Geschehen miteinander verbunden:

I	a	der offenbart ward im Fleisch	–	(irdisch)
	b	gerecht erwiesen im Geist	–	(himmlisch)
II	a	erschienen den Engeln	–	(himmlisch)
	b	verkündigt unter den Völkern	–	(irdisch)

---

[406] Als Hymnus beurteilen u. a. Deichgräber, a. a. O. 133; Wengst, Lieder 157; Dibelius-Conzelmann 49; Stenger* 44; Schweizer* 104; Jeremias 27; anders J. Kroll, Art. Hymnen in: NTApo 596–601, 597 (eine »Art Symbolum«). Nach Metzger, Christushymnus 26 handelt es sich um einen Hymnus mit besonderer Nähe zur Homologie. – Recht extravagant ist das Urteil von Berger, Formgeschichte des Neuen Testaments 345: Weder Hymnus noch Bekenntnis, sondern »der Sonderfall eines passiv gestalteten Enkomions«. Die Form des Enkomions, der (lobenden) Darstellung der Taten eines Menschen, sei hier in das passivum divinum verfremdet worden. Kriterien und Begründung Bergers können nicht überzeugen.

[407] Jeremias 27 schlägt vor: »Preis und Ehre sei Ihm, der geoffenbart wurde...«

[408] So mit Deichgräber, Gotteshymnus 136; Wengst, Lieder 157; Schweizer* 104f gegen Brox 160 (»nur ein Teil jenes alten Liedes« liege vor); Hasler 30 (Eigenkomposition des Autors aus vorgegebener gottesdienstlicher Überlieferung), doch dagegen Hanson 86. – entschieden Dibelius-Conzelmann 55 (zwar ein Fragment, aber mit einem »umfassenden Inhalt«).

[409] Ähnliche chiastische Strukturen finden sich in der jüdisch-hellenistischen Weisheitsliteratur, z. B. Spr 10,1–5; 11,15–20.25–28.

III a geglaubt in der Welt   – (irdisch)
    b emporgenommen in Herrlichkeit   – (himmlisch).

Für diese Gliederung sprechen neben inhaltlichen auch formale Gründe. So erweisen sich die beiden ersten Zeilen durch das Begriffspaar »Fleisch – Geist« ebenso als zusammengehörig wie die Zeilen 3 und 4 durch die Pluralform der Substantive.

Nicht durchsetzen konnte sich in der Forschung der Vorschlag E. Lohmeyers, nach dem der Hymnus in zwei dreizeilige Strophen zu gliedern sei, deren erste vom Werk des Christus handele, während die zweite die Wirkung dieses Werkes zum Thema habe[410]. Er scheitert schon daran, daß Zeile 6 eine Erhöhungsaussage enthält, die schwerlich auf das Werk Jesu bezogen werden kann.

Völlig auf strophische Gliederung verzichtet W. Metzger[411], der im Hymnus im Anschluß an die Deutung A. Schlatters[412] eine fortlaufende Beschreibung des Weges des irdischen Jesus von der Geburt bis zur Himmelfahrt wiederfinden möchte mit den sieben Stationen: Menschwerdung – irdische Wirksamkeit[413] – Auferweckung – Erscheinung des Auferstandenen – Weltmission – Entstehung der Gemeinde – Himmelfahrt[414]. Doch dieser Vorschlag ist schwerlich diskutabel, da er auf unhaltbaren Hypothesen beruht – z. B. der Deutung der ἄγγελοι von Zeile 3 auf die Auferstehungszeugen von 1Kor 15,5 und der Ansetzung der Weltmission vor der Himmelfahrt[415]. Ähnliches gilt von dem Vorschlag von G. Holtz, der die Zeilen 1–3 vom Beginn des irdischen Weges Jesu in Inkarnation und Taufe handeln läßt[416]: »erschienen den Engeln« sei auf die Öffnung der Himmel bei der Taufe Jesu zu deuten (Mt 3,16)[417].

---

[410] E. Lohmeyer, Kyrios Jesus, SHAW.PH 4 (1927/28) = Neudruck Darmstadt 1961, 63; ähnlich A. Seeberg, Der Katechismus der Urchristenheit, Leipzig 1903; ähnlich schon 1891 v. Soden 233; Schweizer* 105 Anm. 421; doch dagegen Deichgräber, Gotteshymnus 138 Anm. 5.

[411] Metzger, Christushymnus 131 f.

[412] Schlatter 114 f sieht im Hymnus »das von den Evangelien Erzählte von der Geburt Jesu bis zur Himmelfahrt« beschrieben, denn von »der künftigen Offenbarung des Christus und seinem königlichen Werk spricht dieser Hymnus nicht«. Zeile 3 (ὤφθη ἀγγέλοις) will Schlatter in einer sehr gequälten Exegese auf die Ostererscheinungen beziehen (114).

[413] Metzger, Christushymnus 87 sieht in Zeile 2 gesagt, daß »Gerechtigkeit das Wesensmerkmal von Jesu irdischem Dasein« (Hervorhebung v. Verf.) sei und begründet das von Mt 2,15 her, wobei er die noch fehlende Brücke zwischen den Evangelienaussagen über Jesus als den Gerechten und dem hier vorliegenden Passiv ἐδικαιώθη durch einen Rekurs auf Röm 3,28 schlägt: ein erstaunlicher Kraftakt exegetischer Phantasie!

[414] Metzger, a. a. O. 131 kommt so zu einer Zweiteilung: irdische Erscheinung des Herrn (Zeile 1–3) – Wirkung dieser Erscheinung auf der Erde (Zeile 3–6). Aber Zeile 6 läßt sich schwerlich unter »Wirkung« subsumieren!

[415] Vollends indiskutabel, weil durch keinerlei stichhaltige stilistische und formgeschichtliche Analyse untermauert, ist Metzgers Anschlußhypothese, nach der V16b Teil eines die gesamten Past gleichsam als Gerüst tragenden großen Christushymnus sei, der (in dieser Reihenfolge) 1Tim 2,2.(3.)4–6; 2Tim 1,9; 1Tim 1,9; 3,16b; 6,14b–16 umfaßt habe.

[416] Holtz 91 (allerdings unter Vorbehalt).

[417] Wieder auf andere Weise will Gundry* den Hymnus als Nacherzählung des Weges Jesu von der Menschwerdung bis zur Himmelfahrt plausibel machen: Die Zeilen 2 und 3 handeln vom descensus ad inferos, dem Abstieg des dadurch von Gott »Gerechtfertigten« Geist-Christus in den Hades und seiner Predigt vor den dort befindlichen gefallenen Engeln, den »Geistern im Gefängnis« (1Petr 3,18–20). Aber 1Petr 3,19 spricht nicht von einem leiblos gewordenen Geist-Christus (s. hierzu Goppelt, Der erste Petrusbrief 246 f), und im übrigen bleibt die Schwierigkeit, daß Weltmission und Entstehung von Glaube nicht gut zeitlich vor

Nicht nur der chiastisch verschränkte Parallelismus, sondern auch der Satzbau verweisen, wie bereits E. Norden erkannte, auf einen hellenistisch-juden-christlichen Hintergrund. Die Voraussstellung der Verbalbegriffe, die wegen ihrer durchlaufenden passivischen Formulierung Gleichklang sämtlicher Zeilen bewirken, entspricht semitischem, nicht jedoch griechischem Sprachempfinden[418]. Um dieses angestrebten Gleichklanges (Homoioteleuton) der Verbformen willen nimmt der Hymnus auch sprachliche Härten und ungewöhnliche Konstruktionen in Kauf: So liegt z. B. die Wendung ἐπιστεύθη ἐν κόσμῳ quer zum sonstigen Gebrauch von πιστεύειν im NT[419]. Dies ist mit ein Grund für die Schwierigkeit einer eindeutigen inhaltlichen Klärung der Aussagen des Hymnus.

Immerhin ergeben sich aus *formalen* und *sprachlichen Beobachtungen* Kriterien, die eine traditionsgeschichtliche Zuordnung der meisten Aussagen ermöglichen. Was die formale Seite betrifft, so ist bei einer derart straff gegliederten Einheit davon auszugehen, daß in den drei Strophen das Verhältnis zwischen der ersten und der zweiten Zeile jeweils analog ist. Dabei ist es eindeutig, daß die zweite und dritte Strophe irdisches und himmlisches Geschehen einander gegenüberstellen, und zwar im Sinn einer steigernden Entsprechung[420]. Dann aber muß dasselbe auch für die erste Strophe angenommen werden, d. h., ἐδικαιώθη ἐν πνεύματι steht im Verhältnis steigernder Entsprechung zu ἐφανερώθη ἐν σαρκί[421]. Die antithetische Gegenüberstellung zwischen Erniedrigung und Erhöhung, wie sie für die Christushymnen Phil 2,6–11; Kol 1,15–20; Hebr 1,3f konstitutiv ist, hat also hier keine Parallele, ebensowenig wie das dort zugrunde liegende christologische Dreistufenschema »Präexistenz – Erniedrigung – Erhöhung«[422]. Das wird durch eine

der Himmelfahrt angesetzt werden können. Von ihr veranlaßt, hatte einst O. Cullmann (Die ersten christlichen Glaubensbekenntnisse, Zürich [2]1949, 54 Anm. 14a) Zeile 5 (ἐπιστεύθη ἐν κόσμῳ) auf die Hadesfahrt beziehen wollen, was nicht weniger fragwürdig ist. – Ganz eigene Wege geht Manns*: Eine subtile hebräische Zahlensymbolik liege zugrunde: 6 Zeilen = 6 Schöpfungstage; jede Zeile (ins Hebräische rückübersetzt) habe 2 Worte, der Hymnus insgesamt 12 (heilige Zahl!). Sein Inhalt: das Leben Jesu als Wiederholung der 6 Schöpfungstage und Beginn der Neuschöpfung. Die als Belege herangezogenen angeblichen rabbinischen Parallelen (z. B. für Zeile 4 PesR 36,2; für Zeile 6 PesR 37,1) erweisen sich kaum als überzeugend.

[418] Norden, Agnostos Theos 256.

[419] Passivisches πιστευθῆναι hat sonst im NT durchweg die Bedeutung »etwas anvertraut erhalten/mit etwas betraut werden« (Röm 3,2; Gal 2,7; 1Thess 2,4; 1Tim 1,11; Tit 1,3; 1Kor 9,17).

[420] Anders Brox 160; Stenger* 35 (»Gegensatzpaare«).

[421] Dieser an sich in der Linie seiner Interpretation liegenden Konsequenz entzieht sich Schweizer* 104, wenn er die erste Zeile quasi als Vorspann des Folgenden deutet: Jesu als Erniedrigung verstandene irdische Existenz werde hier, weil bereits Gegenstand des Glaubensbekenntnisses, »nur noch ganz kurz« beschrieben, während »das eigentliche Gewicht« auf der Erhöhung liege (d. h. auf Zeile 2). Deutlicher Wengst, Lieder 159, der in Strophe 1 ein »Nacheinander«, in den Strophen 2–3 dagegen ein »Nebeneinander« abgebildet findet.

[422] Gegen Schweizer* 104 (»Die schon Phil 2,6f beobachtete Entwicklung ist hier noch weiter fortgeschritten«); Deichgräber, Gotteshymnus 133 (»der Text . . . läßt ebenfalls diese Stufenfolge erkennen«).

weitere Beobachtung bestätigt: Während das Dreistufenschema immer anhand einer Beschreibung der verschiedenen Stufen des Weges Jesu expliziert wird, will dieser Hymnus offensichtlich nicht Stationen des Weges Jesu aneinanderreihen[423]. Die Zeilen 5 und 6 sind nicht als solche Stationen deutbar, und die Stellung der Erhöhungsaussage (ἀνελήμφθη ἐν δόξῃ) als Abschluß wäre von daher ebenfalls unerklärbar. Die andere immer wieder versuchte Möglichkeit, die abschließende Erhöhungsaussage als Ziel des *irdischen* Weges Jesu zu deuten und die vorhergehenden Zeilen 1–5 als chronologische Beschreibung dieses Weges zu verstehen, hat, wie bereits gezeigt, ebenfalls keinen Anhalt am Text.

Aus der dreimaligen Zuordnung irdischer und himmlischer Vorgänge ist zu schließen, daß es dem Hymnus zentral um die Verbindung von Himmel und Erde durch das Christusgeschehen zu tun ist, wobei der Eindruck einer unauflöslichen Wechselbeziehung, kraft derer diese beiden Bereiche miteinander verbunden sind, durch die chiastische Gliederung verstärkt wird[424]. Bewirkt wird diese Verbindung nicht etwa durch den Weg Jesu, sondern durch sein In-Erscheinung-Treten in beiden Bereichen, durch die Proklamation seiner Macht und deren Durchsetzung im Himmel und auf Erden. Zu beachten ist nämlich, daß vier der sechs Verben der Offenbarungs- bzw. Verkündigungsterminologie zugehören (ἐφανερώθη, ὤφθη, ἐκηρύχθη, ἐπιστεύθη), während die übrigen zwei den Sieg Jesu (ἐδικαιώθη) und seine darauf gründende Machtstellung (ἀνελήμφθη) umschreiben, also auch nicht *Stationen* auf dem Weg Jesu, sondern dessen *Ende* im Blick haben. Auf alle Fälle wird das mit dem ersten Verb eingebrachte Offenbarungsmotiv durch das Folgende aufgenommen und weitergeführt, so daß ἐφανερώθη als thematisches Schlüsselwort gelten kann. Verhält es sich aber so, gewinnt die Einführungswendung (V16a), die den Hymnus als μυστήριον bezeichnet, an Gewicht, denn sie ordnet ihn damit dem *Revelationsschema* zu und bestätigt so den Eindruck, der sich aus unserer Analyse seiner Terminologie ergab.

Traditionsgeschichtlich haben wir es demnach mit einer Variante jenes vor allem in der deuteropaulinischen Literatur verbreiteten Schemas zu tun, das der früheren Verborgenheit des Heilswillens und Heilsratschlusses Gottes seine gegenwärtige Offenbarung entgegenstellt (Kol 1,26f; Eph 3,5.9f; Röm 16,25f; 2Tim 1,9f; Tit 1,2f; 1Petr 1,20)[425]. Der paulinische Ansatzpunkt dieser Tradition, deren Wurzeln in der jüdischen Apoka-

---

[423] Gegen Wengst, Lieder, der den Hymnus als »Weglied« (144) klassifiziert, alsbald jedoch einräumen muß, daß der letzte Teil dieses angeblichen Weges »fünf Sechstel des ganzen Liedes ausmacht, während die Beschreibung des Weges, der vor der Erhöhung liegt, auf die Erwähnung des bloßen Erscheinens in der Sphäre des Fleisches zusammengeschrumpft ist« (160).

[424] Das hat Schweizer* 107f richtig gesehen, jedoch infolge seiner Fixierung auf das christo-

logische Dreistufenschema nicht die notwendigen Folgerungen daraus für die Gesamtinterpretation des Hymnus gezogen.

[425] Hierzu vor allem E. Kamlah, Traditionsgeschichtliche Untersuchungen zur Schlußdoxologie des Römerbriefes, Diss. Tübingen 1955, 89–91; Lührmann, Offenbarungsverständnis 122–133; Schweizer, Kolosser 87f; Wilckens, Römer III 150f; R. Baumann, Mitte und Norm des Christlichen. Eine Auslegung von 1Kor 1,1–3,4, 1968 (NTA NF 5), 174–192.

lyptik liegen[426], dürfte in 1Kor 2,7–10 zu suchen sein[427]. Das Geheimnis, das »verborgen«, vorbestimmt »vor ewigen Zeiten« war und das jetzt »offenbart« ist, ist das »Wort vom Kreuz«, also die *Botschaft des Evangeliums,* und zwar ist sie als »Wort vom Kreuz« in ihrer Torheit den Großen und Weisen auch weiterhin verborgen. Diese kreuzestheologische Engführung wird im deuteropaulinischen Bereich nicht aufgenommen. Das Schema wird ganz auf den heilsgeschichtlichen Gegensatz zwischen dem »Einst« der Verborgenheit und dem »Jetzt« der Offenbarung zugespitzt, wobei sich zwei Varianten herausbilden[428]: Nach der einen liegt der Akzent auf der Offenbarung des Evangeliums als der Kunde von Gottes Heilsratschluß (Kol 1,26; Eph 3,5.9f; Tit 1,2f) bzw. als dem Zeugnis »prophetischer Schriften« (Röm 16,26a) für die Gemeinde, nach der anderen geht es primär um die Kundgabe des Christusgeschehen selbst vor der Ökumene (1Petr 1,20; 2Tim 1,9f; Röm 16,26)[429]. Unser Hymnus repräsentiert die zweite Variante. Er berührt sich, wie bereits E. Norden nachwies, terminologisch und motivlich mit Röm 16,26[430]. Eine besonders enge traditionsgeschichtliche Verwandtschaft besteht mit 1Petr 1,20f. Auch dort wird nämlich das Erscheinen Christi sachlich zusammengeschaut mit seiner Auferweckung von den Toten (vgl. Zeile 1: »gerechtfertigt im Geist«) und mit seiner Einsetzung in die δόξα (vgl. Zeile 6); als ihre Folge wird (wie in Zeile 5) der »Glaube« der christlichen Gemeinde genannt[431]. Eine weitere nahe Entsprechung, die nicht nur die Tradition, sondern auch die Form betrifft, bietet der Hymnus IgnEph 19,2f. Auch er ist Lobpreis der – als Offenbarung eines vorher verborgenen Geheimnisses verstandenen – Erscheinung Christi, wobei diese Offenbarung mit ihren Folgen für Menschen und Welt zusammengeschaut wird[432].

Als Ertrag dieser Analyse bietet sich folgendes *Gliederungsschema* an:

Strophe I   (Zeile 1+2): Jesu *Erscheinung* in der Welt und ihre himmlische Beglaubigung durch seine Erhöhung;

Strophe II   (Zeile 3+4): die *Proklamation* seiner Macht im himmlischen und irdischen Bereich;

Strophe III (Zeile 5+6): Die *Anerkennung und Durchsetzung* seiner himmlischen Herrscherstellung im irdischen Bereich.

---

[426] Es geht der Apokalyptik um den verborgenen, einzelnen erleuchteten Sehern erschlossenen Ratschluß Gottes im Blick auf das kommende Endzeitgeschehen: Dan 2,29f.47. In späteren Apokalypsen konkretisiert sich das in der Vorstellung vom Bereitliegen der zukünftigen Ereignisse und Setzungen im Himmel, von wo aus sie in der Endzeit herabkommen und so offenbar werden sollen (äthHen 83,3–7; 90,4; 102,2–6; 106,19). Für die Bedeutung des apokalyptischen Geheimnismotivs in Qumran vgl. bes. 1Q pHab VII 1–5 (dem Lehrer der Gerechtigkeit hat Gott alle Geheimnisse der Profeten kundgetan); 1QH I 21; VII 26; 1QS XI 5. Zum Ganzen s. C. C. Caragounis, The Ephesian Mysterion. Meaning and Content, 1977 (CB.NT 8), 132f; Schnackenburg, Epheser 138f.

[427] Nach H. Conzelmann, Paulus und die Weisheit, NTS 12 (1965/66) 231–244.239 haben wir hier das Schema »in statu nascendi«; vgl. Baumann, a.a.O. (Anm. 425) 199.
[428] Ähnlich Käsemann, Römer 407.
[429] Käsemann, ebd., hat gezeigt, daß Röm 16,26 eine Kombination beider Varianten ist.
[430] Norden, Agnostos Theos 255 Anm. 5; vgl. Käsemann, a.a.O. 407. Daß diese Einsicht, soweit ich sehen kann, bislang kaum für die Auslegung von 1Tim 3,16 fruchtbar gemacht worden ist, mag mit der starken Fixierung der Ausleger auf das christologische Dreistufenschema zusammenhängen.
[431] Goppelt, Der erste Petrusbrief 124ff.
[432] Hierzu W. Bauer – H. Paulsen, Die Briefe des Ignatius von Antiochia und der Brief des Polykarp von Smyrna, ²1985 (HNT 18), 43f.

Ob man über die allgemeine Zuweisung des Hymnus an den Gottesdienst hinaus noch eine präzisere Bestimmung des Sitzes im Leben vornehmen kann, ist zweifelhaft. Immerhin gibt es Indizien vor allem inhaltlicher Art, die einen besonderen Bezug zur Taufe nahelegen[433]: So könnte das Motiv des Offenbarwerdens der Herrschaft Christi und ihrer Durchsetzung im Glauben dem Verständnis der Taufe als Unterstellung unter die Macht des Namens Jesu Christi im Glauben entsprechen; auch die starke missionstheologische Akzentuierung, die den Glauben der »Völker« als Durchsetzung der Herrschaft des Erhöhten deutet, mutet tauftheologisch an (vgl. Mt 28,18–20). Da jedoch andererseits eindeutige und zentrale Taufmotive (wie Erleuchtung, Reinigung, Neugeburt, Lösung aus dem Herrschaftsbereich widergöttlicher Mächte) fehlen, ist vielleicht die Verwurzelung im christologisch ausgerichteten Lobpreis der Eucharistie die plausiblere Vermutung[434].

Recht massiv wird die pseudepigraphische Fiktion wieder ins Spiel gebracht: Erklärung Paulus habe »dies alles«, d. h. die 2,1–3,13 umfassenden Anordnungen, in der 14 Hoffnung geschrieben, schon in allernächster Zeit[435] persönlich nach Ephesus zu kommen, um dort seinen Schüler Timotheus mündlich zu instruieren (vgl. 1,3). Wenn er nicht bis zu dieser persönlichen Begegnung gewartet, sondern die Weisung trotz der Aussicht darauf schriftlich erteilt hat, so war das – auf der Ebene der *fiktiven Briefsituation* – lediglich eine Vorsichtsmaßnahme. Er 15 wollte sicherstellen, daß der Schüler auch im Falle einer unerwarteten Verzögerung des Besuches nicht weisungslos gelassen wird. Auf der Ebene der *realen Adressatensituation* hat diese Fiktion einen doppelten Zweck. Sie soll *erstens* die Bedeutung der vorhergegangenen Instruktion unterstreichen. Denn wenn Paulus diese trotz seiner Absicht *baldigen* Kommens brieflich fixierte, um das Risiko auszuschalten, daß der Schüler sie infolge einer unvorhergesehenen Verzögerung des Besuches erst zu einem späteren Zeitpunkt erhalten könnte, dann doch wohl deshalb, weil sie für die gemeindeleitende Aufgabe des Timotheus als absolut unentbehrlich gelten soll. *Zweitens* soll die Weisung durch die Fiktion als Vermächtnis des Apostels herausgestellt werden. Die Leser wissen, daß Paulus in Wahrheit nicht mehr gekommen ist, daß seine geplante und erhoffte Ankunft sich unwiderruflich »verzögert« hat[436]. Paulus kann den ihm vom Herrn selbst zugewiesenen Ort als Lehrer und Leiter seiner Kirche nicht mehr leibhaft wahrnehmen. Aber was der Kirche bleibt und was ihr die Gegenwart des Apostels ersetzt, das sind seine Briefe. Durch sie übt er

---

[433] Als Taufhymnus deuten Stanley* 184 (aufgrund seiner Hypothese einer ursprünglichen Verbindung mit Eph 5,14); Boismard* 10f.

[434] So schon H. Lietzmann, Messe und Herrenmahl. Eine Studie zur Geschichte der Liturgie, ³1955 (AKG 8), 178f, unter Hinweis auf die christologisch ausgerichtete Danksagung der Hippolytischen Praefatio. Zu weit geht Holtz

94ff mit seiner Annahme, der Hymnus sei ein ältestes Stück eines Präfationsgebetes.

[435] Die Lesart τάχιον (ℵ, D secunda manus, F, G und Reichstext) dürfte sekundäre Angleichung an die Umgangssprache sein.

[436] Hierzu Trummer, Paulustradition 124, der freilich nicht sehr glücklich von einer »pln ›Parusieverzögerung‹« spricht.

sein Lehr- und Leitungsamt aus, sie überbrücken seine Abwesenheit, ganz gleich, ob diese – wie in der Vergangenheit – kurz und vorübergehend war oder ob sie – wie in der Gegenwart – unwiderruflich ist[437]. So soll auch für die vorliegende Weisung gelten, daß sie nichts anderes enthält als das, was Paulus, wäre er gekommen, als verbindliche Lehre seinen Schülern übergeben hätte. Deutlicher könnte der Anspruch des pseudonymen Verf., die Lehre des Paulus wiederzugeben, wohl kaum zum Ausdruck gebracht werden. In äußerlich fragwürdiger Weise begegnet hier ein für die spätere ntl. Kanonbildung maßgebliches theologisches Anliegen, nämlich das des Ersatzes der nicht mehr anwesenden apostolischen Zeugen durch ihr schriftliches Zeugnis.

Aber es ist nicht das Gewicht der Autorität des Apostels, so groß es auch sein mag, das der Weisung ihre Bedeutung gibt. Entscheidend ist nämlich das sachliche Anliegen, das sie vertritt. Vermittelt sie doch ein Wissen davon, »wie man im Hause Gottes wandeln soll«. Diese Wendung ist gleichsam eine nachgelieferte übergreifende Themenangabe für die gesamte vorhergegangene Instruktion: Diese will verbindliche Regeln für das Verhalten in der Kirche zusammenstellen. So ist πῶς δεῖ übliche Einleitungsformel für allgemein geltende Maximen (Kol 4,6; 2Thess 3,7)[438]. Als »Haus Gottes« ist die Kirche ein besonderer, hervorgehobener Bereich, dem eine ganz bestimmte Art des Verhaltens gemäß ist[439]. Das wird in dem Relativsatz V15c durch zwei weitere ekklesiologische Prädikationen begründet: Das »Haus Gottes« ist στῦλος καί ἑδραίωμα τῆς ἀληθείας[440] (»Pfeiler und Fundament der Wahrheit«). Vermutlich hat der Verf. hier 2Kor 6,16 (ἡμεῖς γὰρ ναὸς θεοῦ ἐσμεν ζῶντος) als Vorlage benutzt[441]. Jedenfalls ist ihm der Topos »Kirche = endzeitlicher

437 Brox, Verfasserangaben 112: »Der paulinische Topos vom abwesend-anwesenden Apostel ist hier für die Spätzeit umstilisiert und erfüllt eine eminent wichtige Funktion für die nachapostolische Kirche, die immer ohne Apostel sein wird.«
438 Spicq 465.
439 Ἀναστρέφειν und ἀναστροφή als Termini für das »Verhalten«, die (sittliche) Lebensführung: 4,12; 1Petr 1,15.17; 2,12; 3,1.16; 2Petr 2,7.18; 3,11; Hebr 13,18; Jak 3,13. Paulus selbst verwendet statt dessen περιπατεῖν. Beides entspricht dem hebr. הָלַךְ. S. G. Bertram, ThWNT VII 715–717; J. Baumgarten, EWNT I 222–224.
440 Ἐκκλησία in den Past sonst nur noch 1Tim 3,4; 5,16, wobei dort beidemal technischer Sprachgebrauch (= die jeweilige Ortsgemeinde) vorliegt. An unserer Stelle geht es jedoch um eine definitorische Aussage über das Wesen der Kirche, die als solche auf einer anderen Ebene liegt. Die Folgerung, daß hier wie in 3,5; 5,16 die Ortsgemeinde gemeint sei, ist darum unberechtigt (gegen Holtz 88); die Verbindung mit dem Bild des endzeitlichen

Tempels läßt eher das Gegenteil annehmen. Zu Bedeutung und Begriffsgeschichte von ἐκκλησία s. J. Roloff, EWNT I 998–1011 (Lit.!).
441 Darauf deutet vor allem das Genitivattribut θεοῦ ζῶντος hin. Die Wendung ἐκκλησία τοῦ θεοῦ ist speziell im paulinischen Bereich sehr häufig (1Kor 1,2; 10,32; 11,22; 15,9; 2Kor 1,1; Gal 1,13 vgl. auch 1Kor 11,16; 1Thess 2,14; 2Thess 1,4), und zwar dürfte sie zurückverweisen auf die Selbstbezeichnung der Jerusalemer Urgemeinde mit dem apokalyptisch gefärbten Terminus קְהַל אֵל (Roloff, a.a.O. 1001). Die Bezeichnung ἐκκλησία θεοῦ ζῶντος ist jedoch singulär. Der Kontext läßt keine unmittelbare sachliche Notwendigkeit für die Einbringung der Gottesprädikation θεὸς ζῶν und ihre Verbindung mit ἐκκλησία an dieser Stelle erkennen. Diese Prädikation, hinter der das atl. אֵל חַי steht (R. Bultmann, ThWNT II 826–867), erscheint in 2Kor 6,16 wie auch sonst weithin im NT (1Thess 1,9; Apg 14,15) in polemischer Stoßrichtung gegen die »toten« heidnischen Gottheiten, ist also anders als an der vorliegenden Stelle kontextuell bedingt. Daß der Verfasser sie nur als kon-

Tempel Gottes« vertraut. Das geht aus der zweiten Prädikation hervor, die eindeutig die Tempelsymbolik einbringt[442]. Der Verf. will hier nicht nur seinen den Kontext bestimmenden ekklesiologischen Leitgedanken von der Kirche als dem geordneten, in patriarchalischen Strukturen verfaßten Hauswesen Gottes (vgl. V4) in einer definitorischen Wendung präzisieren, sondern ihn zugleich interpretierend zu dem traditionell-vorgegebenen paulinischen Topos »Kirche = endzeitlicher Tempel Gottes« in Bezug setzen[443]: Das Hauswesen Gottes ist seinem theologischen Wesen nach Gottes Tempel, ein sakraler Bereich; wer sich in ihm bewegt, hat es mit Gott selbst zu tun[444] – in welchem Sinne, das besagt die folgende Wendung στῦλος καὶ ἑδραίωμα τῆς ἀληθείας. Daran kann nämlich kein Zweifel sein, daß diese Wendung als Apposition auf ἐκκλησία bezogen ist, und nicht etwa auf den Apostelschüler Timotheus[445]. Daß sie dem Verf. aus liturgischer Tradition zugekommen sein könnte, ist eine naheliegende Vermutung[446].

Das in der Profangräzität nicht belegbare Wort ἑδραίωμα ist aufgrund seiner Ableitung von ἑδραῖος = »fest, beständig«[447] am angemessensten wiederzugeben mit »das

---

ventionelle plerophore Floskel einbringt, ist unwahrscheinlich. Mehr spricht für eine Übernahme aus der paulinischen Vorlage.

[442] Das Bild der Gemeinde als Tempel hat als primäre traditionsgeschichtliche Wurzel wohl das Tempellogion Jesu Mk 14,58 parr, das seinerseits die Kritik Jesu am Tempelkult und seine Ansage von dessen heilsgeschichtlicher Ablösung durch das Endzeitgeschehen zum Hintergrund hat. Wenn die Gemeinde sich als der durch Gottes Handeln an Jesus begründete, von Gottes Geist bewohnte endzeitliche Tempel verstand (1Kor 3,9.16f; 2Kor 6,16; Eph 2,20ff; Hebr 3,6; 10,21f; 1Petr 2,5; 2CL 9,3; Barn 16,10; IgnMg 7,2), so kommt sie damit auch den entsprechenden Selbstaussagen der Qumrangemeinde nahe, in denen sich die Sektengemeinde als von Gott errichteter Bau versteht, wobei dieser Bau gleichermaßen als Stadt (1QH VI 25–28), als Tempel (1QS V6) und als Haus (CD VII 15; XX 10.13) bezeichnet werden kann. Ganz entsprechend können auch sonst im NT die Begriffe ναός und οἶκος bzw. οἰκία wechselweise mit diesem ekklesiologischen Grundbild verbunden werden, wie 1Petr 2,5; 4,17 erweist (Goppelt, Der erste Petrusbrief 145f, gegen J. H. Elliott, The Elect and the Holy, NT.S 12 [1966] 157ff). S. hierzu ferner Ph. Vielhauer, Oikodome. Das Bild vom Bau in der christlichen Literatur vom Neuen Testament bis Clemens Alexandrinus, Karlsruhe-Durlach 1939 = in: ders., Oikodome. Aufsätze zum NT II, 1979 (TB 65), 1–168; P. Bonnard, Jésus Christ édifiant son Église, Paris ³1948; J.

Pfammatter, Die Kirche als Bau, 1960 (AnGr 110 SFT sect. Bu 33); G. Klinzing, Die Umdeutung des Kultus in der Qumrangemeinde und im Neuen Testament, 1971 (StUNT 7), 50–93.167–213; B. Gärtner, The Temple and the Community in Qumran and the New Testament, 1965 (MSSNTS 1).

[443] Durch die Angleichung des Relativpronomens (ἥτις) an ἐκκλησία wird dieser Begriff an Rang οἶκος tendenziell übergeordnet: Das Hauswesen Gottes läßt sich theologisch von der Tradition der Kirche als Gottes Tempel her bestimmen.

[444] Eine analoge Verschränkung des ekklesiologischen Bildes des endzeitlichen Tempels mit dem des Hauswesens mittels des doppeldeutigen Wortes findet sich in Hebr 3,1–6, wo in einer typologischen Auslegung von Num 12,7 (LXX) Mose, der »treue Diener« am οἶκος Israel, d. h. an Israel als *familia dei*, Jesus gegenübergestellt wird, dessen Herrlichkeit größer ist, weil er der »Erbauer« des Hauses, d. h. des endzeitlichen Tempels, ist; s. hierzu O. Michel, Der Brief an die Hebräer, ¹²1966 (KEK XIII), 178f; Gärtner, a. a. O. (Anm. 442) 67f.

[445] Gegen A. Jaubert, L'image de la colonne (1 Timothée 3,15), in: Studiorum Paulinorum Congressus Internationalis Catholicus II, 1963 (AnBib 17/18), 101–108; J. Murphy-O'Connor, La »vérité« chez Saint Paul et à Qumrân, RB 72 (1965) 29–76.

[446] Hanson, Studies 5.

[447] E. Stauffer, ThWNT II 361; Spicq 467.

Festbegründete«, »das Fundament«. Dies bestätigt die (in ihrer textlichen Überlieferung allerdings problematische) Stelle 3Reg 8,13 (LXX), wo das verwandte Wort ἑδρασμα als Wiedergabe von כון (1Kön 8,13 MT) steht und die auf festes Fundament gegründete Wohnung Gottes bezeichnet[448]. Es ist möglich, wenn auch mangels weiterer Anklänge nicht eindeutig beweisbar, daß eine christliche Interpretation von 1Kön 8,13 hinter der hier aufgenommenen Tradition steht[449]. In diesem Fall wäre die Kirche gleich dem Jerusalemer Tempel als festgegründeter Ort des *Wohnens* Gottes verstanden.

Wichtiger sind jedoch die terminologischen Anklänge an Aussagen der Qumrangemeinde über ihr Selbstverständnis: Die Sekte weiß sich ebenfalls als »feste Gründung in der Wahrheit« (1QS VIII 5), sie ist gewiß, daß sie, eine »Stätte des Allerheiligsten«, in ihren »Fundamenten nicht wanken noch von ihrem Platz weichen« werde (1QS VIII 8), und sie versteht sich als »Gründung des heiligen Geistes zu ewiger Wahrheit« (1QS IX 3 f). Vor allem diese Verbindung der Tempel-Metaphorik[450] mit der »Wahrheit« ist aufschlußreich: Als fest gegründet und unerschütterlich weiß sich die Sektengemeinschaft, weil sie durch besondere Offenbarung die Wahrheit empfangen hat[451].

Ähnlich dürfte die Wendung ἑδραίωμα τῆς ἀληθείας zu verstehen sein: Die Kirche ist feste, sichere Gründung, weil sie durch die Wahrheit bestimmt ist. Anders als 1Kor 3,11; Eph 2,20 ist hier nicht über das Fundament reflektiert, *auf dem* sich der heilige Bau erhebt. Ausscheiden muß auch die Möglichkeit der Identifikation der Kirche mit dem Fundament, das etwas anderes – in diesem Falle die »Wahrheit« – trägt[452]. Die Aussage zielt einzig auf die Festigkeit und Unerschütterlichkeit des heiligen Baues der Kirche, die auf der Gegenwart der Wahrheit in ihr beruht: τῆς ἀληθείας ist also als genitivus qualitatis zu verstehen.

Gegen diese Interpretation läßt sich auch nicht die Parallelität von στῦλος und ἑδραίωμα ins Feld führen, denn στῦλος muß keineswegs notwendig die »Säule« oder den »Pfeiler« als tragendes Element eines Baues bezeichnen[453]. Ungleich näher liegt nämlich ein vom AT vorgegebenes Verständnis als *hochragendes Zeichen*[454]. Kraft der in ihr gegenwärtigen Wahrheit ist die Kirche ein Zeichen, das aller Welt den Heilswillen Gottes sichtbar macht und so

---

[448] Die Vulgata übersetzt hier mit *firmissimum* während sie ἑδραίωμα an unserer Stelle mit *firmamentum* (= fester Grund, Fundament) wiedergibt.
[449] So die (freilich nicht hinreichend begründete) These von Hanson, Studies 5.
[450] S. Anm. 441.
[451] Hierzu Gärtner, a. a. O. (Anm. 442) 69; O. Betz, Felsenmann und Felsengemeinde, ZNW 48 (1957) 49–77.57.
[452] Die mit einem ganzen Haus verglichene Kirche kann schwerlich im selben Kontext nur mit dem Teil eines solchen identifiziert werden, gegen Brox 157.
[453] In diesem Sinn wird die Metapher zwar Gal 2,9 und Offb 3,12 gebraucht, doch geht es

dort jeweils um die Funktion von einzelnen – der führenden Apostel (Gal 2,9) bzw. der »Überwinder« (Offb 3,12) – innerhalb des endzeitlichen Gottestempels. Ein solches individualisierendes Verständnis ist jedoch hier durch den Bezug von στῦλος auf ἐκκλησία ausgeschlossen.
[454] So ist die Wolken- und Feuersäule Ex 13,21 weithin sichtbares Zeichen der wegweisenden Anwesenheit Gottes, und ähnlich ist an die Zeichenfunktion des Jeremia gedacht, wenn dieser anläßlich seiner Berufung eine »eherne Säule« genannt wird (Jer 1,18). Ferner ShemR 2 (69a) zu Ex 3,3: Abraham als »Säule der Welt«, sowie weiteres Material bei U. Wilckens, ThWNT VII 732–737.

Erkenntnis der Wahrheit ermöglicht (vgl. 2,4)[455]. Diese Wahrheit ist nicht einfach mit der »gesunden Lehre« bzw. mit der παραθήκη identisch[456]. Das ergibt sich schon aus dem soeben aufgezeigten Bildduktus, der erheblich von dem von 1Kor 3,11 bzw. Eph 2,20 abweicht: Wird dort auf die grundlegende Christusverkündigung bzw. auf den festen Grund der apostolischen Überlieferung und Lehre als auf das *Fundament* der Kirche verwiesen[457], so hier darauf, daß die Kirche selbst unveränderbare Stätte und Repräsentantin der Wahrheit ist. Darum ist es so wichtig, im »Haus Gottes« richtig zu wandeln, weil dieses Haus Tempel ist, heiliger Ort. Und zwar kann das, was ihm solche besondere, zu veränderndem Verhalten motivierende Qualität gibt, doch wohl nur die in ihm *anwesende* Wahrheit sein, verstanden nicht im Sinne von Lehre, sondern als Umschreibung einer christologisch begründeten Realität[458].

Folgerichtig bringt V16a diese Realität zur Sprache und liefert damit die 16a christologische Begründung der ekklesiologischen Aussage von V15. Die in der Kirche anwesende, sie zum Haus Gottes machende Wahrheit ist das »große Geheimnis« des im folgenden Hymnus entfalteten Christusgeschehens. V15b und V16a stehen zueinander in einem komplementären Verhältnis: Während V15b mittels der Tempelmetaphorik die Bedeutung der Kirche darin sieht, daß sie zeichenhaft und sichtbar Stätte der Wahrheit ist, stellt V16a den unvergleichbaren Rang dieser Wahrheit heraus, indem er sie als die das Leben der Kirche bestimmende Kraft kennzeichnet, als τὸ τῆς εὐσεβείας μυστήριον. Es handelt sich hier um einen Genitiv des Zwecks (bzw. der Richtung)[459]. Die εὐσέβεια, die umfassende Glaubens- und Lebenspraxis der Christen (s. zu 2,2), die ihren Ort in der Kirche hat, ist bewirkt und bestimmt durch das Christus-Geheimnis. In diesem Sinne, nicht jedoch in dem der Bewertung innerhalb einer bestimmten Rangordnung, wird es als »groß« bezeichnet: Es ist das schlechthin Überragende, Erhabene und Unvergleichbare (Tit 2,13; Hebr 4,14; 10,21; 13,20)[460]. Durch diese Größe und Einmaligkeit wird auch die εὐσέβεια der Christen geprägt[461]. In solchem Urteil über das Christusgeheimnis stimmen alle Glieder der Kirche, alle also, die in der durch dieses bestimmten Glaubens- und Lebenspraxis stehen, überein: Das ist wohl der Sinn des relativ ungebräuchlichen Adverbs ὁμολογουμένως[462], das wegen seines An-

---

455 Ähnlich v. Lips, Glaube 99 f, der jedoch den Bezug der Metapher auf die ekklesiologische Tempelvorstellung außer acht läßt.
456 Gegen v. Lips, Glaube 99; Brox 157; Schweizer, Gemeinde 69.
457 Hierzu Merklein, Das kirchliche Amt 137 ff.
458 Ähnlich Spicq 468.
459 Bl-Debr-Rehkopf § 166.
460 O. Betz, EWNT II 983–985; Bauer, Wb s. v.
461 Spicq 469; Betz, a. a. O. 985 vermuten als Grundlage einen christlichen Akklamationsruf (»Groß ist das Mysterium der Frömmigkeit«)

als polemische Gegenbildung gegen die Akklamation der ephesinischen Artemis (Apg 19,28). Doch dafür fehlen alle Anhaltspunkte. Im übrigen könnte Gegenstand eines solchen christlichen Akklamationsrufes doch nur der Kyrios Jesus Christus, nicht jedoch das Mysterium der Frömmigkeit gewesen sein. Zitatcharakter läßt sich nur für das Wort μυστήριον wahrscheinlich machen, das hier als Teil der den folgenden Hymnus einleitenden Lobpreisformel angeführt ist; s. o.
462 Wegen dieser Ungebräuchlichkeit haben anscheinend Handschriften (soweit sich das in Anbetracht der scriptio continua erkennen läßt

klanges an ὁμολογία gewählt worden sein mag, auf alle Fälle jedoch zum
Ausdruck bringt, daß das Folgende, nämlich das »große Geheimnis«, konkreter
Gegenstand gemeinschaftlicher Zustimmung ist[463]. Und zwar ist es dies nicht
im Sinne eines christologischen Lehrsatzes oder eines Corpus normativer
Überlieferungen[464], sondern in dem eines auf die Kirche hin ausgerichteten, in
ihr sich erfüllenden eschatologischen Geschehens. Denn das Wort μυστήριον
ist, wie unsere Analyse ergab, nicht als isolierter, statischer Begriff, sondern als
auf das Hymnuszitat verweisendes Stichwort eingeführt[465]. Es gibt, indem es
an das Revelationsschema erinnert, den übergreifenden Bezugsrahmen an,
innerhalb dessen das Folgende verstanden sein will[466]. Es gehört zum Wesen
dieses Geheimnis, daß es enthüllt wird, und eben diese Enthüllung wird im
Hymnus thematisiert. Das Geheimnis ist also keine statische Größe, sondern
ein dynamischer heilsgeschichtlicher Prozeß. Dessen Mitte ist zwar das Christusgeschehen, doch beschreibt der Hymnus auch dessen Ziel, nämlich die
glaubenweckende Verkündigung, in der jetzt schon die Herrschaft des Erhöhten irdisch manifest wird. Die den Hymnus singende gottesdienstliche Ge-

ὁμολογοῦμεν ὡς (= wir bekennen, wie...)
gelesen (D prima manus, Minuskel 1175).
[463] Das Wort hat zwei Bedeutungsnuancen:
1. »offenkundig«, »unbestreitbar«, »ohne jeden Zweifel« (4Makk 6,31; 7,16; 16,1; Philo,
Det.Pot.Ins. 18; Deus Imm. 71). – 2. »anerkanntermaßen«, »nach dem Urteil aller« (Thucydides VI 90,3; Xenophon, An. II 6,1; JosAnt
1,180; 2,229). Hier dürfte die zweite Nuance
vorliegen (Spicq 468; O. Hofius, EWNT II
1263). Die Deutung im Sinne eines bloßen
floskelhaften »fürwahr« oder »wahrlich« (Dibelius-Conzelmann 48, im Anschluß an Seeberg, Katechismus 113) ist sprachlich nicht
begründbar.
[464] Gegen Dibelius-Conzelmann 48; Brox
157.
[465] Die Formulierung τὸ τῆς εὐσεβείας μυστήριον darf also schon wegen ihres dichten
Kontextbezugs nicht einfach als synonym mit
der formelhaften Wendung τὸ μυστήριον τῆς
πίστεως in V9 erklärt werden (gegen Hanson
84).
[466] Die Grundbedeutung des Wortes μυστήριον ist das »Unaussprechliche«, womit
zunächst der nur den Eingeweihten zugängli-
che, unter Arkandisziplin stehende Inhalt der
kultischen Feier gemeint war, sodann übertragen auch die von der Philosophie aufzudek-
kende verborgene Wahrheit (Plato, Symp.
209e–212a; Gorg. 497c; Men. 76e) und
schließlich, ganz profan-umgangssprachlich,
auch das private »Geheimnis«, das man nicht
ausplaudern soll (Comparatio Menandri et Phi-
listionis [ed. Jaekel 1964] I 45; II 89). In der
LXX erscheint μυστήριον im wesentlichen als

Äquivalent von רז und zwar in apokalyptischem Kontext (Dan 2,18 f.27–30.47). Es ist
dort verhüllte Ankündigung des von Gott bestimmten, zukünftigen Geschehens, die auf die
Enthüllung durch Gott für die Inspirierten hin
angelegt ist, d. h. es ist *eschatologisches Geheimnis*. In diesem Sinn spricht die apokalyptische Literatur einerseits von Gottes verborgenen Geheimnissen, die das enthalten, was am
Ende der Zeit offenbar werden wird (äthHen
38,3; 83,7; 103,2 f; 106,19), andererseits von
der Kundgabe dieser Geheimnisse an besonders
Erwählte durch Entrückung (äthHen 52,1 f),
Träume (4Esr 10,59) und Visionen (äthHen
13,8; 93,2). Ähnlich auch die Qumranschriften: Gott hat seine verborgenen Geheimnisse
dem »Lehrer der Gerechtigkeit« kundgetan (1
QpHab VII 4 f), der die Gemeindeglieder in
ihnen unterweist (1QS IX 17–21). Hier knüpft
das Urchristentum an, wenn es vom Leitbegriff
μυστήριον her das Revelationsschema entwikkelt (1Kor 1,23; 2,2). Der Bezug des Wortes
μυστήριον auf die Eucharistie ist ntl. nicht
belegbar, sondern findet sich erstmals bei Justinus, Apol. I 66 indirekt angedeutet, bei Tertullian (Praescr.Haer. 40; Bapt. 2) ausgesprochen,
wobei der Vergleich mit den heidnischen My-
sterienfeiern den Bezugsrahmen bildet (gegen
Holtz 90). S. hierzu G. Bornkamm, ThWNT
IV 809–834; R. E. Brown, The Semitic Background of the NT *mysterion* (I), Bib. 39 (1958)
426–448; ders., Semitic Background (II), Bib.
40 (1959) 70–87; C. T. Caragounis, The Ephesian Mysterion. Meaning and Content, 1977
(CB.NT 8); H. Krämer, EWNT II 1098–1105.

meinde begreift sich damit selbst als durch diesen Prozeß gewirkt, sie erfährt ihre εὐσέβεια als dessen Folge und Ziel. So ist es letztlich der Gottesdienst, der die Kirche zum »Haus Gottes« im Sinne des endzeitlichen Tempels werden läßt[467].

Die *erste Strophe* (Zeilen 1 und 2) des Hymnus ist bestimmt durch die Gegenüberstellung von ἐν σαρκί und ἐν πνεύματι. Es handelt sich dabei nicht um zwei Seinsweisen, sondern um zwei Sphären[468]. Zugrunde liegt der bereits in der LXX vorbereitete (Num 16,22; 27,16; Jes 31,3), im hellenistischen Judenchristentum ausgeprägte Gedanke einer Scheidung des Kosmos in zwei räumliche Bereiche. Σάρξ ist die irdische Sphäre, deren Kennzeichen Vergänglichkeit und Begrenztheit durch den Tod sind[469]. Weder den Gedanken der Gottfremdheit der materiellen Welt noch das spezifische paulinische Verständnis von σάρξ als Bereich und Konkretion der Sünde wird man hier eintragen dürfen. Πνεῦμα ist die himmlische Sphäre, die Welt Gottes, deren Wesen Beständigkeit und Unvergänglichkeit ist. Eine ähnliche Gegenüberstellung findet sich in der vorpaulinischen christologischen Formel Röm 1,3f, wo ebenfalls »Fleisch« und »Geist« die zwei Bereiche markieren, innerhalb derer sich das Christusgeschehen abspielt[470]. Und zwar ergibt sich von den diesen Bereichen zugeordneten christologischen Aussagen her, daß beide nicht in einem Verhältnis der Antithese, sondern der Steigerung zueinander stehen: In der fleischlichen Sphäre, d. h. im Raum Israels und seiner Geschichte, ist Jesus der Davidssohn; in der Sphäre des Geistes, d. h. im Bereich Gottes und seiner weltweiten Machtausübung, wird Jesus in die Stellung des Sohnes Gottes eingesetzt. Analog dazu ist das Verhältnis auch hier zu bestimmen: Das, was Christus im Bereich des Geistes widerfährt, ist Steigerung und Folge dessen, was im Bereich der Welt und ihrer Geschichte durch ihn geschehen ist. Und zwar handelt es sich bei diesem irdischen Geschehen um Offenbarung: φανεροῦν ist Offenbarungsterminus und wird bei Paulus fast synonym mit ἀποκαλύπτειν da gebraucht, wo es um das endzeitliche In-Erscheinung-Treten Gottes und seiner Macht geht (Röm 3,21; vgl. 1,17.19; 1Kor 4,5; 2Kor 5,10f; 2,14 u. ö.)[471]. Dieser Sprachgebrauch wird im deuteropaulinischen Bereich weitergeführt, und zwar durchweg in Verbindung mit dem Revelationsschema (Kol 3,4; 1,26; Eph 5,13f). Gott – er ist das logische Subjekt der passivischen Verbform – hat Jesus Christus im irdischen Bereich sichtbar in Erscheinung treten lassen und damit sein verborgenes Geheimnis offenbar gemacht.

---

467 U. Wilckens, ThWNT VII 736.

468 Die Korrespondenz zwischen ἐν σαρκί und ἐν πνεύματι schließt eine instrumentale Bedeutung von πνεύματι aus; Dibelius-Conzelmann 50.

469 E. Schweizer, ThWNT VII 108.123.138; Klöpper* 347ff; Stenger* 33.

470 Ähnlich ferner die traditionsgeschichtlich verwandte Stelle 1Petr 3,18 (E. Schweizer,

ThWNT VI 414; Brox, Der erste Petrusbrief 168; anders Goppelt, Der erste Petrusbrief 244, der streng christologisch deutet: »Fleisch« und »Geist« als Existenzweisen Christi). Zur Weiterentwicklung des Schemas »Fleisch-Geist« s. IgnEph 7,2; 10,3; Sm 1,1; 3,3; 12,2; Mg 13,2; 2CL 9,5; Hermas sim 5,6,5–7.

471 P.-G. Müller, EWNT III 988; R. Bultmann/D. Lührmann, ThWNT IX 4–6.

Um den Ort dieser Aussage im Kontext urchristlicher Christologie zu bestimmen, sind Abgrenzungen nach mehreren Seiten hin erforderlich:

1. Sie ist nicht im spezifischen Sinn einer Niedrigkeitsaussage zu verstehen. Wohl setzt sie den Gedanken des Menschseins Jesu voraus, aber sie deutet dieses nicht als Status der Niedrigkeit und Verborgenheit, dem die als Offenbarungsgeschehen verstandene Erhöhung folgen müsse. So fehlt in ihr jede Bezugnahme auf Leiden und Kreuzestod Jesu als äußerste Manifestationen solcher Niedrigkeit. Hier liegt ein markanter Unterschied zu dem das Präexistenz-Erniedrigungs-Erhöhungs-Schema entfaltenden Hymnus Phil 2,6–11. Vollends fern liegt der paulinische Gedanke einer paradoxen Verhüllung der Offenbarung Gottes in der Torheit des Kreuzesgeschehens (1Kor 2,6–12). Vielmehr ist die menschliche Existenzweise und Geschichte Jesu als solche hier Offenbarungsgeschehen.

2. Sie ist nicht Inkarnationsaussage im Sinn von Joh 1,14, d. h. in dem der Fleischwerdung des vorher Präexistenten[472]. Offenbarung ist hier nicht der Akt der Menschwerdung, in dem der Präexistente aus seiner vorherigen Verborgenheit beim Vater hervortritt, sondern das Menschsein des Irdischen. Daß die Offenbarungsaussage notwendig den Gedanken an ein vorheriges verborgenes Sein Jesu Christi voraussetze, ist keineswegs ein zwingender Schluß. Die dafür als angebliche Analogien angeführten hymnischen Aussagen, die die Menschwerdung als Hervorgehen aus der Präexistenz deuten (Phil 2,6–11; Hebr 1,3f; Joh 1,1–14), sind anders strukturiert, insofern sie den Weg Jesu thematisieren und dabei *Jesus* handelndes Subjekt sein lassen[473]. Hier hingegen geht es – wie in der traditionsgeschichtlich verwandten Stelle 1Petr 1,20 – um ein Handeln *Gottes*, der Jesus offenbar werden läßt und damit seinen verborgenen *Heilsratschluß* aufdeckt[474]. Damit liegt der Hymnus ganz auf der Linie der auch sonst in den Past (2Tim 1,9f; Tit 3,4–7) zu Tage tretenden christologischen Leitvorstellung der *rettenden Erscheinung* Christi (s. den Exkurs: »Die Christologie der Pastoralbriefe«)[475].

3. Man wird nun allerdings nicht aus dem Zurücktreten des Präexistenz- und Inkarnationsgedankens einerseits und aus dem Zusammenhang von irdischer Erscheinung mit Erhöhung und Parusie andererseits folgern dürfen, daß der Hymnus diese irdische Epiphanie ganz »auf die Auferweckung und die Erscheinung des Auferweckten« konzentriere[476], ja, daß es nur um »die Epiphanie des Menschen Jesus Christus nach dem Tode«[477] gehe. Besser begründet erscheint demgegenüber die Annahme, daß die irdische Existenz Jesu insgesamt, seine Verkündigung und sein Wirken, hier als Epiphanie gelten und in ihrer Vorläufigkeit und irdischen Begrenztheit auf die in der Erhöhung begründete Epiphanie im himmlischen Bereich vorausweisen[478]. Diese Konzeption findet sich nämlich nicht nur in den verwandten Traditionen Röm 1,3f und

---

[472] Gegen Klöpper* 343f; Wengst, Lieder 158; Schweizer* 104–106; Deichgräber, Gotteshymnus 133f; unschlüssig Dibelius-Conzelmann 51. Richtig Windisch, Christologie 222; Stenger* 136.

[473] Gegen Wengst, ebd.

[474] Erst bei den Apostolischen Vätern (IgnMg 6,1; Hermas, sim 9,12,2f; 2Cl 14,2; vgl. auch OdSal 4,14) wird das Motiv der »Erscheinung« im Sinn der Präexistenzchristologie ausgestal-

tet unter der Aufnahme der apokalyptischen Vorstellung vom Hervortreten der bislang im Himmel verborgenen Heilsgüter im Endgeschehen; s. hierzu Goppelt, Der erste Petrusbrief 125.

[475] So ansatzweise bereits Windisch, Christologie 223ff.

[476] So a. a. O. 224.

[477] A. a. O. 225.

[478] Ähnlich Stenger* 137.

1Petr 1,20, sondern vor allem auch in christologischen Aussagen der Past (1Tim 1,15; 6,13; 2Tim 1,8).

Darüber hinaus gibt es dafür Parallelen in den vorsynoptischen kerygmatischen Traditionen Apg 10,38; 2,22.32f.36, die das Erdenwirken Jesu als Epiphaniegeschehen verstehen: Jesus erscheint hier immer als der von Gott gesandte, durch seinen Geist bevollmächtigte Helfer und Retter für sein Volk, gegenüber dessen Sendung jedoch sich dieses Volk verschloß, indem es ihn tötete[479].

Die zweite Zeile bestätigt die Nähe zu dieser Tradition. Sie handelt von einem Vorgang ἐν πνεύματι, im himmlischen Bereich. Wieder ist, wie die passivische Verbform andeutet, Gott dabei der Handelnde: Er »rechtfertigt« Jesus. Aber in welchem Sinne? Von der spezifischen paulinischen Prägung des Verbs δικαιοῦν ist hier abzusehen; statt dessen ist auf die Wortbedeutung im hellenistischen Judentum zurückzugreifen:»(jemandem) Recht geben, einen Rechtsanspruch anerkennen«[480]. Das forensische Moment schwingt dabei mit, auch da, wo δικαιοῦσθαι als Wechselbegriff zu νικᾶν gebraucht wird (Ps 50,6 LXX = Röm 3,4)[481]. So gewiß die Komponente des Siegens auch hier anklingt, so wenig wird man darum die Aussage auf sie zuspitzen dürfen[482]. Ebensowenig geht es an, δικαιοῦν als Terminus hellenistischer Mysteriensprache zu fassen, der hier dazu diene, die Vergottung Jesu, seine durch den Eingang in den göttlichen Bereich erfolgende Wesensänderung, zu umschreiben[483], denn die Terminologie des Hymnus weist auch sonst keine Affinität zur Sprache der Mysterien und der Gnosis auf. So kann der Sinn der Aussage nur der sein, daß Gott Jesus, indem er ihn in die himmlische Sphäre eingehen ließ, sein Recht zuteil werden ließ[484], und zwar eben in der Weise, daß er in seinem heilvollen Handeln der Auferweckung das Urteil der Menschen über Jesus aufhob und das Unheilshandeln der Kreuzigung zunichte machte. Die Aussage setzt also das alte, im judenchristlichen Kerygma verankerte Kontrastschema voraus, das dem Unheilshandeln der Menschen an Jesus das Heilshandeln Gottes gegenüberstellt (Apg 2,24.32; 3,15; 10,40)[485].

Dieser Deutung scheint zwar auf den ersten Blick der Umstand entgegenzustehen, daß der Hymnus das Kreuz nicht erwähnt und darum der Rückbezug von ἐδικαιώθη darauf nicht explizit zum Ausdruck kommt. Zu bedenken ist jedoch, daß das Kontrastschema das Kreuz als ein ausschließlich von *Menschen* bewirktes Unheilsgeschehen begreift

---

[479] Hierzu Roloff, Apostelgeschichte 55f; zu Apg 10,38 zuletzt P. Stuhlmacher, Das paulinische Evangelium, in: ders., Das Evangelium und die Evangelien, 1982 (WUNT 28), 181.

[480] K. Kertelge, EWNT I 798.

[481] Schweizer* 105; Wilckens, Römer I 165.

[482] Gegen Stenger* 38.

[483] Mit Schweizer* 106f Anm. 422 gegen Bauer, Wb s. v. (2b); Wengst, Lieder 158 (der in Analogie zu OdSal 17,2; 29,5; 31,5; 25,12; Corpus Hermeticum 13,9 deuten möchte).

[484] Im Ansatz richtig, wenn auch (infolge des Ansatzes beim christologischen Dreistufenschema) unscharf Schweizer* 106: »die älteste Anschauung, für die *die Osterereignisse die Rechtfertigung des Weges Jesu* bedeuteten«.

[485] Hierzu J. Roloff, Anfänge der soteriologischen Deutung des Todes Jesu (Mk X. 45 und Lk XXII.27), NTS 19 (1972/73) 38–64.

(Apg 2,23b; 3,15a; 10,39b), nicht jedoch als ein Handeln Gottes; es kann, ja muß darum in einem Hymnus fehlen, dessen Aussagen sich streng auf das Handeln *Gottes* an *Jesus* konzentrieren. Infolge dieser Konzentration bleibt auch die in der Vorstellung des δικαιωθῆναι Jesu an sich implizierte Komponente der Verurteilung der Jesus ablehnenden Menschen bzw. der Welt unausgeführt; man wird sie schwerlich hier eintragen dürfen. Eben diese Komponente rückt demgegenüber in Joh 16,8–11, wo dieselbe Tradition verarbeitet ist, in den Vordergrund, wenn davon die Rede ist, daß der Geist-Paraklet nach dem Hingang Jesu zum Vater den Kosmos hinsichtlich ἁμαρτία, δικαιοσύνη und κρίσις überführt, wobei im übrigen, ganz wie hier, der Hingang Jesu zum Vater, d.h. seine Erhöhung, das Geschehen ist, in dem er gerechtfertigt und seine δόξα manifest wird[486].

Insgesamt bestätigen diese traditionsgeschichtlichen Beobachtungen den bereits aus der Analyse des Aufbaus des Hymnus gewonnenen Eindruck, wonach die Aussage der zweiten Zeile in einem steigernden Verhältnis zu derjenigen der ersten steht. Es zeigt sich nämlich, daß der Gesichtspunkt der Epiphanie beide Zeilen beherrscht, insofern nämlich, als die »Rechtfertigung« Jesu im Bereich des Geistes als abschließende *Beglaubigung* seiner Erscheinung im Bereich des Fleisches gedeutet wird: Indem Gott dem irdisch Erschienenen gegen den Einspruch der Menschen Recht gab, ließ er endgültig deutlich werden, wer der Irdische war.

Strophe II   Thema der *zweiten Strophe* (Zeilen 3 und 4) ist die *Proklamation* der Macht des
16c   Erschienenen im himmlischen und irdischen Bereich. Christus ist nicht nur grammatikalisches, sondern auch logisches Subjekt der Aussage, denn die passivische Aoristform ὤφθη ist zu übersetzen mit »er erschien«[487]. Da sonst im NT, wo Christus das Subjekt der ὤφθη-Aussage ist, durchweg von Erscheinungen des Auferstandenen die Rede ist (1Kor 15,5–8; Lk 24,34 u.ö.), lag es nahe, auch hier die Deutung auf eine österliche Christophanie zu versuchen[488]. Doch das scheitert sowohl vom Aufriß des Hymnus her, demzufolge es sich hier um ein himmlisches Geschehen handeln muß, als auch an den als Empfänger der Erscheinung genannten Engeln: mit ihnen sind zweifellos himmlische Wesen, und zwar die Glieder des himmlischen Hofstaates Gottes (vgl. Offb 5,8.11), gemeint[489]. Der hier vorliegende Gebrauch von ὤφθη schließt an die LXX an, wo das Wort Theophanieterminus ist (Gen 12,7; 17,1; 18,1; 26,2; Ex 3,2 u. ö.)[490]. Der erhöhte Christus tritt vor den Gliedern der himmlischen Welt sichtbar in Erscheinung in seiner herrscherlichen Macht, so daß sie ihn als Herrn anerkennen und ihm huldigen müssen.

---

[486]   S. J. Becker, Das Evangelium nach Johannes, 1981 (ÖTK 4/2), 497.
[487]   J. Kremer, EWNT II 1291; anders Holtz 92: »Er wurde gesehen von«.
[488]   So u. a. Schlatter 115; dagegen W. Michaelis, ThWNT V 361 Anm. 219.
[489]   An feindliche Geistermächte denken

Cullmann, Glaubensbekenntnisse 54; L. Brun, Die Auferstehung Christi in der urchristlichen Überlieferung, Gießen 1925, 94–96. Das schließt der Aufbau des Hymnus aus: Zeile 3 muß von einem Vorgang in der himmlischen Welt Gottes handeln; vgl. Stenger* 140.
[490]   Goppelt, Theologie 283.

E. Norden und J. Jeremias[491] haben gezeigt, daß der Hymnus hier auf Vorstellungen aus dem Bereich des altorientalischen Thronbesteigungszeremoniells zurückgreift. Dieses Zeremoniell besteht aus drei Akten: 1. der *Erhöhung*, in der dem neuen König göttliche Eigenschaften übertragen werden; 2. der *Präsentation* bzw. *Proklamation*, in der er dem Kreis der Götter bzw. auch dem irdischen Hofstaat vorgestellt wird und Huldigung empfängt; sowie 3. der *Herrschaftsübertragung* (Inthronisation). Dieses Schema wirkt in einer Reihe von ntl. christologischen Aussagen (z. B. Phil 2,6–11; Hebr 1,3–5; Offb 5,6–14; Mt 28,19f) weiter, und zwar ohne daß seine Herkunft und Bedeutung reflektiert würden. Eher verhält es sich so, daß einzelne seiner Motive je nach dem Kontext und Bezug der christologischen Aussagen abgewandelt und kombiniert werden. Nur so ist die unterschiedliche Reihenfolge und Gewichtung, in der die Motive des Schemas begegnen, zu erklären: z. B. ist in Phil 2,9 die Erhöhung eindeutig mit der Inthronisation verbunden, was dem Verständnis der Erhöhung als Einsetzung in eine endzeitliche Herrscherstellung im frühen christologischen Kerygma entspricht; ebenso in Mt 28,19f, wo überdies die Proklamation und Huldigung der Inthronisation bzw. Erhöhung folgt. In Offb 5 geht ebenfalls die Inthronisation (5,6f) der Proklamation (5,8–14) voraus. An unserer Stelle scheint zwar die Reihenfolge »Proklamation–Inthronisation« auf den ersten Blick formell gewahrt, doch ergibt sich bei näherem Zusehen, daß die Inthronisationsaussage (Zeile 6: ἀνελήμφθη ἐν δόξῃ) sich der Erhöhungsterminologie bedient. So wird man urteilen müssen, daß das alte Schema auch hier nur einige relativ *frei kombinierte Motive* geliefert hat, daß es jedoch keineswegs den *formalen Aufbau* des Hymnus bzw. einzelner seiner Teile bestimmt[492].

Ungleich wichtiger für den Gedankengang des Hymnus ist dagegen auch hier wieder die Verklammerung von himmlischem und irdischem Geschehen, und zwar in der Weise, daß das erstere als Ermöglichungsgrund für das letztere erscheint: Weil Macht und Herrschaft Jesu Christi in der himmlischen Welt anerkannt sind, darum können und müssen sie auch im irdischen Bereich ausgerufen werden. In dieser überraschenden Wendung erweist sich wiederum das Revelationsschema als den Hymnus bestimmend. Die Aussagespitze liegt bei der irdischen Kundgabe des vorher verborgenen Geheimnisses, wobei nun deutlich ist: Diese Kundgabe ist zugleich Proklamation dessen, der im himmlischen Bereich bereits an der Herrschaft ist. Ἐκηρύχθη ist eine aoristische Passivform, deren grammatikalisches Subjekt Christus ist. Er ist der Verkündigte. Wer die Verkündiger sind, erfahren wir jedoch nicht. Vermutlich ist hier – im Hymnus einer paulinischen Gemeinde – eine Anspielung auf den großen Heidenapostel zu sehen, der als der normative Träger und Bote der Heilsbotschaft galt (2,7; 2Tim 1,11).
Ein Stück weit klärt sich von dieser Annahme aus sowohl die Vergangenheitsform – auf Paulus und die Zeugen der ersten Generation blickt die Gemeinde zurück – als auch der Bezug auf die ἔθνη: Daß der Verkündigungsauftrag des Paulus den Heiden galt (Röm 1,5; 10,19; Gal 1,16; 2,2 u.ö.)[493] und daß sich in

---

491   E. Norden, Die Geburt des Kindes, 1924 (SBW) (= Neudr. Darmstadt 1969) 119–122; Jeremias 28; Wengst, Lieder 159.

492   Ähnlich Stenger* 44f; Schweizer* 107.

493   Für Paulus und die paulinische Tradition sind τὰ ἔθνη gemäß jüdischem Sprachge-

seiner Berufung zum Heidenapostel das weltweite endzeitliche Ausgreifen des Evangeliums manifestierte[494], das hatte sich auch den nachpaulinischen Gemeinden fest eingeprägt (Kol 1,27; Eph 2,11; 3,1; 1Tim 2,7; 2Tim 4,17). Aber nun geht es hier sicher nicht primär um einen geschichtlichen Rückblick auf die Anfänge der Heidenmission, sondern um deren grundlegende theologische Ortsbestimmung. Speziell für Paulus und die paulinische Tradition ist κηρύσσειν ein heilgeschichtliches Schlüsselwort, das geprägt ist von dem deuterojesajanischen Vorstellungszusammenhang des endzeitlichen Herrschaftsantritts Gottes und des diesen öffentlich proklamierenden, von Gott selbst bestellten Herolds (Röm 10,11–18)[495]. Es ist Gott selbst, der in der Endzeit den Anbruch seiner Herrschaft durch dazu auserwählte Knechte weltweit ausrufen läßt (Jes 42,1; 49,6). Er wirkt ein κηρύσσειν des Evangeliums »in (ἐν) der gesamten Schöpfung unter dem Himmel« (Kol 1,23), wobei Paulus nur Werkzeug und Träger dieser von Gott ausgehenden missionarischen Initiative ist[496]. Von daher scheint es angemessen, aus ἐκηρύχθη gleichsam als Oberton den Klang eines passivum divinum mit herauszuhören: Hinter der missionarischen Verkündigung steht letztlich Gottes Initiative, zumindest in der Weise, daß er durch das Geschehen im Himmel, die Proklamation Jesu Christi, die verbindliche Ansage seiner Herrschaft auf Erden möglich gemacht hat[497]. So verstanden erweist sich auch die Vergangenheitsform als theologisch gezielt: Alles kommt darauf an, daß Gottes Heilshandeln in der Welt nun endgültig und unwiderruflich veröffentlicht ist! Und zwar unabhängig davon, ob die tatsächliche missionarische Initiative »bis zu den Enden der Erde« (Apg 1,8) schon vorgedrungen ist oder nicht. Wir finden hier eine heilsgeschichtliche Sicht, für die die missionarische Verkündigung Zeichen für den Anbruch einer neuen heilsgeschichtlichen Epoche, nämlich jene der Herrschaft des erhöhten Christus, ist.

Die Verbindung zwischen himmlischer Proklamation der Macht des Erhöhten und missionstheologischem Impuls findet sich im NT mehrfach, vor allem im Zusammenhang des Revelationsschemas (1Petr 1,20; Kol 1,23; vgl. auch Mt 28,18–20)[498]. Hinsichtlich der heilsgeschichtlichen Zuspitzung dieser Verbindung gibt es jedoch nur eine einzige Entsprechung, nämlich die Offb, vor allem die Inthronisations- und Proklamationsszene Offb 5,6–14. Auch dort setzt sich die himmlische Proklamation, über den himmlischen Bereich hinausgreifend, auf der Erde fort (Offb 5,13 f); auch dort wird deutlich, daß mit dem Antritt der himmlischen Herrschaft Jesu Christi sein

---

brauch die dem »Volk Gottes« nicht zugehörigen »Völker« bzw. Menschen außerhalb Israels, deren Unterscheidungsmerkmal es ist, daß sie Gott »nicht kennen« (1Thess 4,5); vgl. N. Walter, EWNT I 926f.

[494] Diese weltumspannende Dimension ist hier im Blick, nicht hingegen (so Holtz 92) die »religiös-sittliche(r) Minderwertigkeit der Heiden«.

[495] P. Stuhlmacher, Das paulinische Evangelium I, 1968 (FRLANT 95); zum Zusammenhang von κηρύσσειν und Inthronisationsmotiv: bes. 255f.

[495] Zum Ganzen Roloff, Apostolat 239–244; O. Merk, EWNT II 719.

[497] Deichgräber, Gotteshymnus 135.

[498] Schweizer, Kolosser 78f.

Herrschaftsanspruch über die gesamte Schöpfung grundsätzlich aufgerichtet ist und daß sein Herrsein in ihr proklamiert und damit geschichtsmäßig wirksam ist[499].

Diesen Gedanken führt die *dritte Strophe* (Zeilen 5 und 6) weiter, indem sie von der *Anerkennung und Durchsetzung der himmlischen Herrscherstellung Jesu Christi im irdischen Bereich* spricht. Ziel des Kerygmas und sachgemäße Antwort darauf ist der Glaube (Röm 1,5). Die – wiederum aoristische – Verbform ἐπιστεύθη besagt[500]: Dieses Ziel ist erreicht; die Proklamation der Herrschaft Christi unter den Heiden hat dazu geführt, daß diese Herrschaft von ihnen anerkannt worden ist. Denn wenn als Inhalt des Glaubens »Er« genannt wird, dem auch bereits die Herrscherproklamation galt, so ist Glaube gleichbedeutend mit Unterstellung unter die Herrschaft Jesu Christi. Mit κόσμος ist die Menschenwelt in ihrer Gesamtheit gemeint, denn Glaube als Annahme der Heilsbotschaft und Bejahung der Herrschaft Christi ist ein personhafter Vorgang, der nur für Menschen möglich ist[501]. Hier wird also das irdische Ziel des Heilsgeschehens als schon erreicht gepriesen, ohne daß ein eschatologischer Vorbehalt (vgl. 1Kor 15,25–28) angedeutet oder die Spannung zwischen dem geglaubten »Schon« und dem erfahrenen »Noch-nicht« der Heilsverwirklichung angesprochen wäre. In solcher doxologischen Prolepse kann nur ein Hymnus reden, der nicht das faktisch Gegebene analysiert, sondern das, was der Glaube Gott und seinem Handeln zutraut, zur Sprache bringt[502]. Und doch ist mit dem Hinweis auf die doxologische Prolepse noch nicht alles erklärt. Denn indem sie vom Glauben spricht, umschreibt die Gemeinde ja ihren eigenen Ort im heilsgeschichtlichen Geschehen. Sie erkennt sich als den Bereich, in dem die Herrschaft Jesu Christi bereits durchgesetzt ist, und weiß sich damit nicht der Welt entnommen, sondern – im Gegenteil – als Repräsentantin der gesamten Menschenwelt. In ihr ist das zum Ziel gekommen, was der ganzen Welt gilt. In dem, was sie empfangen hat, steht sie stellvertretend für alle Menschen – ebenso aber auch in dem, was ihr aufgetragen und von ihr gefordert ist. Sie kann nicht Jesus Christus als ihren Herrn anerkennen und davon absehen, daß sie Teil der gesamten Menschenwelt ist, für die solches Anerkennen an der Zeit ist.

Die letzte Zeile lenkt den Blick auf die himmlische Herrscherstellung des Erhöhten, deren Folge und Reflex der Glaube in der Welt ist. Dabei klingt wieder das dem altorientalischen Schema entlehnte Thronbesteigungszeremoniell an. Δόξα ist die – hier als räumlicher Bereich verstandene – Herrlichkeit Gottes (1Kor 2,8; 2Kor 3,18; vgl. Röm 1,23), in die Jesus aufgenommen wird (Hebr 2,7)[503]. Als Teilhaber an ihr ist er zugleich der göttlichen Macht

(Nebenkolumne rechts)
Strophe III
16d

499 Roloff, Offenbarung 72 f.

500 Πιστεύειν hier als missionarischer *terminus technicus:* »zum Glauben an Jesus Christus kommen«; G. Barth, EWNT III 222.

501 So im NT auch sonst durchweg im missionstheologischen Zusammenhang (Mk 14,9;

Röm 1,8; 3,19; 4,13; 1Kor 4,13; 1Petr 5,9); vgl. H. Balz, EWNT II 769f.

502 Vgl. Eph 2,1–7; 3,9–11; Kol 1,26f; hierzu Bartsch, Rechtsbildungen 30.

503 Dahinter steht hebr. כָּבוֹד im konkreten Sinn des allem Irdischen und Geschöpfli-

teilhaftig (Offb 1,5 f). Die letzte Verbform ist eindeutig als passivum divinum zu bestimmen: Gott ist es, der Christus »empornimmt« in den Bereich seiner Macht und Herrschaft. Ἀναλαμβάνειν ist zwar auch als Entrückungsterminus geläufig (vgl. Apg 1,11.22; vgl. Gen 5,24 LXX; 4Reg 2,10 f LXX; 1Makk 2,58), um eine konkrete Anspielung auf die Himmelfahrtstradition geht es jedoch hier keinesfalls[504]. Im Blick ist vielmehr die Erhöhung als Ereignis der göttlichen Welt, d. h. »als *sessio ad dexteram patris* (im Blick auf Ps 110,1)«[505].

Zusammen-fassung
Die Begründung der vorhergegangenen gemeindebezogenen Weisungsreihe hat zwei Schwerpunkte, von denen der eine ekklesiologisch, der andere christologisch akzentuiert ist. Den ekklesiologischen Sachverhalt benennt V15d: Die Kirche ist Pfeiler und Fundament der Wahrheit; weil sie durch die Wahrheit bestimmt ist, hat sie festen, sicheren Stand und wird für die Welt zum Zeichen, das den Heilswillen Gottes sichtbar macht und so Erkenntnis der Wahrheit ermöglicht. Der traditionelle Topos von der Kirche als endzeitlichem Tempel wird hier in einer spezifischen, der Theologie der Past entsprechenden Weise neu akzentuiert; nicht das Verhältnis des Tempels zu dem ihn tragenden Fundament steht im Bildmittelpunkt, sondern der Umstand, daß dieser Tempel der Ort der Gegenwart Gottes bzw. seiner Wahrheit in der Welt ist. Alles kommt nun darauf an, daß sich die Kirche als Ort der Gegenwart dieser Wahrheit vor der Welt auch zu erkennen gibt, und zwar durch die vorbildliche Art der Lebensführung ihrer Glieder und der geordneten Gestaltung der Lebensbezüge: Sie zeigt, daß sie Gottes Tempel ist, indem sie sich in Befolgung der Anordnungen des Apostels als vorbildliches, geordnetes Hauswesen erweist. Das für die Ethik der Past zentrale Motiv der werbenden Lebensführung der Christen wird also durch den hier gegebenen Begründungszusammenhang ekklesiologisch vertieft.

Der in V16b zitierte Christushymnus verweist auf den christologischen Ansatz dieser Ekklesiologie, indem er das Christusgeschehen unter dem Aspekt der Verbindung zwischen irdischer und himmlischer Welt darstellt. Die entscheidenden Momente dieses Geschehens im irdischen Bereich sind die Epiphanie Jesu Christi in seiner Menschwerdung, die universale, weltweite missionarische Verkündigung der in dieser Epiphanie gründenden Heilsbotschaft sowie die umfassende Durchsetzung der Macht Jesu Christi im Glauben der Menschenwelt. Weil die Kirche aus der (vor allem im Gottesdienst manifesten) Verbindung mit diesem Christusgeschehen lebt, werden die genannten drei Momente sich auch in ihren konkreten Lebensvollzügen als bestimmend auswirken und sie so dazu befähigen, sichtbares Zeichen der Wahrheit Gottes in der Welt zu sein.

---

chen gegenüberstehenden Herrlichkeitsbereiches Gottes (Ps 19,2; 72,19; 57,6; Jer 14,21; 17,12); Stenger* 142.

[504] G. Lohfink, Die Himmelfahrt Jesu, 1971 (StANT 26), 89.
[505] Deichgräber, Gotteshymnus 136.

Exkurs: Das Kirchenverständnis der Pastoralbriefe

Literatur: Hainz, J., Ekklesia. Strukturen paulinischer Gemeinde-Theologie und Gemeinde-Ordnung, 1972 (BU 9); *Roloff,* Kirchenverständnis; *Schnackenburg, R.,* Die Kirche im Neuen Testament, ²1963 (QD 14), 86–93; *Schweizer,* Gemeinde.

Die Kirche ist das alles beherrschende große Thema der Past. In dieser Ekklesiozentrik sind sie innerhalb des NT einzig mit dem Eph zu vergleichen. Aber während dort Ekklesiologie umfassend theologisch begründet und entfaltet wird, bleibt sie hier weitgehend verdeckt durch die Pragmatik der Weisungen und Mahnungen. Den Verf. leitet ein bestimmtes Bild von Kirche, wenn er Verhaltensnormen für den Gottesdienst einschärft, Ordnungen für das Gemeindeleben verbindlich macht, die Autorität der Ämter stärkt und zu einem sorgsamen Umgang mit der Tradition mahnt; aber dieses Bild wird nicht zum Thema theologischer Erörterung gemacht. Nur zwei Stellen geben explizite ekklesiologische Aussagen: 3,15 und 2Tim 2,19–21; aber auch sie bleiben fragmentarisch und führen über Ansätze kaum hinaus. Wir sind darum darauf angewiesen, das dort Gesagte durch Rückschlüsse auf das in anderen thematischen Bereichen Implizierte zu ergänzen.

Der Verf. erhebt den Anspruch, Vollstrecker des kirchenordnenden Willens des Paulus zu sein. Es ist darum methodisch sachgemäß, ihn bei diesem Anspruch zu behaften und zu fragen, wie weit er in seinen impliziten und expliziten ekklesiologischen Aussagen seinem Selbstverständnis, Interpret des großen Heidenapostels zu sein, entspricht, und wo er über Paulus hinausgehend neue Akzente setzt.

1. Am stärksten und problemlosesten ist die Übereinstimmung mit Paulus beim *Prinzip der Ortsgemeinde.* Es war ein charakteristisches Proprium des Paulus, daß er die örtliche ἐκκλησία als den Bereich, in dem das endzeitliche Gottesvolk als konkrete gottesdienstliche Versammlung Gestalt gewinnt, theologisch stark gewichtete. Er stellte sein ganzes Wirken darauf ab, solche lebendigen Ortsgemeinden zu schaffen, und trat Bewegungen, die dieses Gemeindeprinzip gefährdeten, wie etwa den in Korinth eingedrungenen Wanderaposteln[506], mit Schärfe entgegen. Im Kleinasien des ausgehenden 1. Jh. war dieses Gemeindeprinzip weniger als zuvor die allgemein anerkannte Normalform christlichen Lebens. Wir haben einerseits mit dem Einfluß verschiedener übergemeindlicher Kreise und Gruppen – etwa des johanneischen Kreises –, andererseits mit dem wachsenden Einfluß palästinisch-judenchristlicher Wanderpropheten, die nach 70 n. Chr. in Kleinasien eingewandert waren, zu rechnen[507]. So setzt der vielleicht zu den letzteren gehörende Apokalyptiker Johannes in seinen Sendschreiben an die in paulinischer Tradition stehenden sieben Gemeinden (Offb 2,1–3,22) das Gemeindeprinzip zwar als Gegebenheit voraus, relativiert es jedoch faktisch weitgehend. Demgegenüber wollen die Past mit Entschiedenheit das paulinische Gemeindeprinzip festhalten und stabilisieren, so etwa, wenn sie in der fiktiven Briefsituation Timotheus die Rolle des von Paulus beauftragten Gemeindeleiters von Ephesus zuweisen (1,3). Auch die von ihnen gebotenen Kirchenordnungselemente sind ganz auf die Gestaltung

---

[506] J. Roloff, TRE 3, 435 f.
[507] Hierzu G. Kretschmar, Ein Beitrag zur Frage nach dem Ursprung frühchristlicher As-

kese, ZThK 61 (1964) 27–67; Müller, Zur frühchristlichen Theologiegeschichte.

örtlicher Gemeinden ausgerichtet; wo im Zusammenhang damit das Wort ἐκκλησία erscheint, bezeichnet es jeweils die Einzelgemeinde[508]. So gewiß der Verf. zugleich die Kirche als überörtliche, ja weltweite Größe im Auge hat (3,15), ist er doch mit Paulus darin einig, daß die konkrete Realisierung von Kirche jeweils in der örtlichen Versammlung der Christen erfolgt[509].

2. Paulinisches Erbe ist es ferner, wenn die Briefe die Kirche konsequent als *Frucht und Folge der Verkündigung des Evangeliums* verstehen. Allein von dem dem Apostel anvertrauten Evangelium lebt die Kirche (1,11), weil in ihm das Heilsgeschehen in Christus seine zugleich befreiende und orientierende Kraft erweist (1,10). Alles kommt darauf an, daß das Wort Gottes in der Kirche verkündigt und gehört werden kann und daß es unterscheidbar bleibt von allen menschlichen Worten, die nur Verwirrung stiften und ins Verderben führen (1,4–7; 6,3–5; 2Tim 2,23). Jedoch ist hier gegenüber Paulus eine *neue Akzentsetzung* unter zwei eng miteinander zusammenhängenden Aspekten unverkennbar:

2.1 Einmal wird die Vermittlung des heilschaffenden Wortes zentral als *Lehre* gesehen. Das geistgewirkte profetische Zeugnis tritt zurück hinter die Vermittlung der in Schrift und kirchlicher Glaubenstradition vorgegebenen vergangenen Bekundungen des Gotteswillens. Die Kirche der Past ist lehrende Kirche. Wichtigste Aufgabe ihrer Amtsträger ist das Lehren (4,11; 6,2; 2Tim 2,2), während die der Gemeindeglieder das Hören ist (4,16; 2Tim 2,14).

2.2 Zum anderen wird das die Kirche tragende Wort zumindest ein Stück weit mit der apostolischen Lehrüberlieferung, der παραθήκη, identifiziert[510]. Die Kirche steht und fällt damit, ob es ihr bzw. den dafür besonders zuständigen Amtsträgern gelingt, das ihr zu treuen Händen übergebene unveränderbare *depositum* zu bewahren (6,20; 2Tim 1,12.14). Daß diese Neuakzentuierung ausgelöst ist durch die den Übergang von der zweiten zur dritten christlichen Generation kennzeichnende Kontinuitätsproblematik, zusätzlich verschärft durch die Bedrohung durch Irrlehrer, ist deutlich.

3. Weitgehend verblaßt ist der für die paulinische Ekklesiologie bestimmende *heilsgeschichtliche Horizont*. Der Gedanke, daß die Kirche das Gottesvolk der Endzeit ist, das in die Rechte und Verheißungen des atl. Bundesvolkes eintritt und das darum in einem spannungsvollen Gegenüber zu dem sich dem Glauben an Christus versagenden Israel steht, klingt nirgends mehr an. Hierin unterscheiden sich die Past vom Eph, für dessen Ekklesiologie der Gedanke des endzeitlichen Miteinanders von Juden und Heiden konstitutiv ist (Eph 2,14–21), aber auch von der Offb, die die Kirche als das vollendete Zwölfstämmevolk beschreibt (Offb 7,4–8). An der einzigen Stelle, an der das Gottesvolk-Motiv erscheint (Tit 2,14), ist es unbetonter Teil eines zitierten Traditionsstücks. Dieses Defizit ist verständlich, weil hinter den Past ein Heidenchristentum steht, das nicht mehr genötigt ist, seinen Anspruch, Volk Gottes zu sein, in der Auseinandersetzung mit dem Judentum zu rechtfertigen. Die heidenchristliche Kirche, die sich hier

508 J. Roloff, EWNT I 1007–1009.
509 Zum paulinischen Denken von der Ortsgemeinde als gottesdienstlicher Versammlung her vgl. Hainz* 250–255.
510 Wegenast, Tradition 144–155; v. Lips,

Glaube 266–277; S. Cipriani, La dottrina del »depositum« nelle lettere pastorali, in: Studiorum Paulinorum Congressus Internationalis Catholicus II, 1963 (AnBib 17/18), 127–142.

artikuliert, sieht sich als den selbstverständlichen Normalfall von Kirche. An die Stelle der Herausforderung durch die Juden ist die durch die heidnische Gesellschaft getreten; ihr gegenüber muß die Kirche nunmehr ihre Position bestimmen.

4. Die für die paulinische Ekklesiologie zentrale *eschatologische Dimension* fällt in den Past so gut wie völlig aus[511]. Das dürfte wesentlich, wenn auch nicht ausschließlich, mit deren pneumatologischem Defizit zusammenhängen. Für Paulus nämlich ist die Kirche endzeitliche Wirkung des Gottesgeistes. So ist das Bild vom »heiligen Bau« bei ihm zentral pneumatologisch ausgerichtet, indem es die Kirche als endzeitlichen Wirkbereich des Geistes beschreibt[512]. Die Gegenwart Gottes, die ehedem an das Jerusalemer Heiligtum gebunden war, bekundet sich nun in eschatologischer Fülle in der Gemeinde Jesu Christi, und zwar durch den Geist (1Kor 3,16; 2Kor 6,16). Weil dieses Wirken des Geistes ein dynamisches Geschehen ist, darum spricht Paulus vom heiligen Bau der Kirche nicht als von einer statischen Gegebenheit, sondern als von einem bewegten Prozeß: Die Apostel haben durch das Zeugnis von Jesus Christus den Grund gelegt (1Kor 3,11) für den in ständigem Wachstum begriffenen Bau. Auch die deuteropaulinische Tradition des Eph behält bei aller sonstigen Abwandlung des Bildes seinen pneumatisch-dynamischen Grundcharakter bei: Die Kirche wächst als heiliger Tempel Gottes von dem Fundament der apostolischen Tradition aus (Eph 2,20) der Fülle ihrer Vollendung in Christus entgegen (Eph 2,21f). In den Past dagegen gewinnt das Bild eine auffallende Statik. Nicht das pneumatische Wachstum der Kirche ist seine Spitze, sondern deren unabänderliche, zuverlässige Konstanz als Ort der Wahrheit Gottes in der Welt. Die Kirche ist »feste Gründung« und »ragendes«, allgemein sichtbares Zeichen, sie ist eine unwiderruflich von Gott inmitten der Welt gesetzte Wirklichkeit, in der sich die bleibende Gegenwart des Evangeliums manifestiert (3,15).

Von einem gegenwärtigen Wirken des Geistes in der Kirche ist nur am Rande (Tit 3,5) die Rede. Der Geist tritt nicht wie bei Paulus als die lebendige Macht in Erscheinung, die die Christen zum endzeitlichen Tempel zusammenfügt und so in ihrem Miteinander zum Ort der heilvollen Gegenwart Gottes werden läßt (1Kor 3,16); er ist lediglich die Gotteskraft, die *bezeugt*, daß die gegenwärtige Situation der Kirche dem anfänglichen Willen Gottes entspricht (4,1) und daß sie die apostolische Lehre bewahrt (2Tim 1,14); mit anderen Worten: er ist Garant jener Kontinuität, auf der Kirche beruht und die in ihrer Ordnung Ausdruck findet, nicht jedoch das Medium der sie unmittelbar gestaltenden und durchdringenden Gottesgegenwart.

5. Dieses statische Moment wird besonders augenfällig durch den Gebrauch des *Bildes des Hauses* als der *zentralen ekklesiologischen Metapher* der Briefe. Diese tritt gleichsam an die Stelle, wo bei Paulus das Bild des Leibes Christi steht, das die Kirche als pneumatischen, vom gegenwärtigen Wirken des Geistes bestimmten Geschehenszusammenhang beschreibt (1Kor 12,4–11), innerhalb dessen sich durch das Ineinander der durch den Geist erweckten Charismen der lebendige Christus selbst als endzeitliche Lebenswirklichkeit erweist (1Kor 12,12–27; Röm 12,5–8). Dieser Gedanke der vom Geist bestimmten Interaktion fehlt in den Past; an seine Stelle tritt in Gestalt der Haus-Metapher der Leitgedanke der festen, zuverlässigen Ordnung, d. h. der *Institution*. Und zwar wird das nach zwei Richtungen hin entfaltet:

---

[511]   Hierzu Schnackenburg* 87.

[512]   Zum Zusammenhang zwischen Geist und

οἰκοδομή bei Paulus s. O. Michel, ThWNT V 143 f.

5.1 Zum einen wird die Sinnhaftigkeit und Förderlichkeit fester ekklesialer Ordnungsstrukturen hervorgehoben. Weil das Evangelium in der Welt bleibend-gegenwärtig ist,
darum ist es ganz natürlich, daß es einen ihm zugehörigen, von ihm gestalteten
Lebensraum hat, der fest und bleibend ist und darum eine geordnete Gestalt haben
muß. Als Modell für diese Gestalt wird die Grundform spätantiken gesellschaftlichen
Lebens, die der οἰχία als Großfamilie, mit großer Selbstverständlichkeit zugrunde
gelegt. So wird die Funktion des Episkopen in der Gemeinde ganz in Analogie zu der des
Hausvaters gesehen (1Tim 3,4f): Nur wer die Fähigkeit hat, seinem Hauswesen richtig
vorzustehen, wer sich also in der allgemein geltenden gesellschaftlichen Ordnungsstruktur bewährt hat, ist für die Leitung der Gemeinde qualifiziert. Ein Stück weit ist
diese Sicht wohl bedingt durch die faktische Struktur der Hausgemeinde, in der
Hausvaterfunktion und Leitungsfunktion häufig bruchlos ineinander übergegangen
sein mögen. Aber hier geht es nicht nur um die Überhöhung gegebener Alltagserfah-
rungen, sondern um eine grundsätzliche Sicht[513], wie die Anlehnung an Gedanken der
spätantiken Ökonomik bei der Gestaltung von Regeln für die Gruppen und Stände in
der Gemeinde erweist (2,1–15; 6,1f; Tit 2,1–10). Insbesondere werden die Rollen der
einzelnen Lebensaltersgruppen sowie der Geschlechter, wie sie für das antike Haus
gelten, unverkürzt auf die Kirche übertragen (2,12; Tit 2,5 u. ö.).

Es geht dabei keineswegs um eine Sakralisierung der gegebenen gesellschaftlichen
Lebensformen in der Weise, daß diese als Ausdruck eines ewigen, unveränderbaren
göttlichen Ordnungsplanes gelten würden, der in der Kirche seine primäre, normative
Manifestation finden müßte. Der Leitgedanke des 1Cl, wonach die Kirche in ihrer
äußeren Gestalt und Verfassung Abbild einer von Gott dem Kosmos eingestifteten
heiligen Ordnung sein müsse (1Cl 20; 37f), hat hier keine Entsprechung. Die Past
gehen – sehr viel pragmatischer – vom Gedanken der werbenden Lebensführung der
Christen aus, um ihn über die paulinischen Ansätze hinaus weiterzuentwickeln[514]. War
Paulus daran gelegen, daß die christliche Gemeinde durch ihr Verhalten das sittliche
Empfinden ihrer Umwelt nicht verletzt (1Kor 11,13), sondern umgekehrt ihre Entsprechung zu allgemeingültigen sittlichen Normen unter Beweis stellt (Phil 4,8), so wollen
die Past, daß die Kirche für ihre Umwelt als der Bereich erkennbar wird, in dem sich
deren Erwartungen und Idealvorstellungen hinsichtlich des menschlichen Gemein-
schaftslebens realisieren. Es soll deutlich werden, daß christlicher Glaube sich in der
Welt bewährt und etwas bewirkt, indem er nämlich die normalen und vertrauten
Formen menschlichen Zusammenlebens durchdringt, erfüllt und sinnvoll gestaltet.
Nicht nur um das defensive Ziel geht es, Anstöße durch den Nachweis zu vermeiden,
daß die Kirche gegebenen gesellschaftlichen Normen entspricht, sondern um das
offensive Ziel, der heidnischen Gesellschaft die ihr selbst nicht erschwingliche Erfüllung ihrer Vorstellungen von der Gestaltung der gesellschaftlichen Ordnung in der
Kirche vor Augen zu führen. Weil die Kirche heiliger Tempel Gottes ist, weil in ihr die
Wahrheit des Evangeliums in der Welt eine sichtbare Stätte gefunden hat, darum ist in
ihr eine sinnvolle und vorbildliche Ordnung menschlichen Zusammenlebens möglich,
die in die gesellschaftliche Umwelt werbende Kraft ausstrahlt (1Tim 3,15). Auch für die
Ordnung des Zusammenlebens in der Kirche gilt die Tit 3,2f allgemein im Blick auf das
sittliche Verhalten ausgesprochene Einsicht, daß das Christusgeschehen eine grund-

---

[513] Hierzu v. Lips, Glaube 122; ferner [514] Lippert, Zeugnis 17–60.
Schweizer, Gemeinde 71.

legende Wende bewirkt hat, die das dem natürlichen Menschen nicht Mögliche möglich gemacht hat.

5.2 Der zweite die Entfaltung der Haus-Metaphorik bestimmende Gesichtspunkt ist der der *Festigkeit und Konstanz*[515]. Angesichts der Bedrohung durch die Irrlehre erweist sich die Gewißheit als tröstlich, daß der heilige Bau der Kirche ein festes Fundament hat (2Tim 2,19–21). Gott selbst hat die tragenden Grundmauern errichtet, die dem Bau seine Standfestigkeit und Stärke geben. Darum kann die Häresie die Kirche in ihrem Bestand nicht ernstlich gefährden, weil diese nicht das Werk von Menschen, sondern eine unverbrüchliche Setzung Gottes ist, die seinem Eigentumsrecht untersteht. Dieses Eigentumsrecht Gottes an der Kirche wird in 2Tim 2,19 mit dem auf den Zusammenhang der Taufe verweisenden Bild des Siegels zum Ausdruck gebracht[516]. Die Taufe ist demnach nicht nur die Unterstellung des einzelnen unter die Herrschaft Jesu Christi; ihre ekklesiologische Bedeutung erschöpft sich nicht darin, daß durch sie Menschen in den Heilsbereich der Kirche eingegliedert werden. Vielmehr bekräftigt sie zugleich den Bestand dieser Kirche und ihre Zugehörigkeit zu Gott, und zwar unabhängig vom Glauben der einzelnen Getauften. Deshalb kann die Kirche auch Unglauben und Abfall einzelner ihrer Glieder ertragen, ohne dadurch in ihrem Bestand gefährdet zu werden: sie ist ein »großes Haus«, in dem es die verschiedensten Gefäße gibt – solche aus kostbarem Material für edle Zwecke und solche aus billigem Material, die für unsaubere Zwecke Verwendung finden, d. h., treue Gemeindeglieder und Irrlehrer sowie der Irrlehre Verfallene existieren in ihr nebeneinander (2Tim 2,20).

Freilich bedeutet das nicht, daß sie sich resignierend mit solchem Pluralismus abfinden müßte. Die irdische Kirche ist nicht unweigerlich ein *corpus permixtum*, in dem Gehorsam und Ungehorsam, Rechtgläubigkeit und Häresie bis zur Scheidung des Jüngsten Tages koexistieren müssen[517]. Vielmehr hält sie allen ihren Gliedern, auch den Treulosen und Ungerechten, die Möglichkeit der Reinigung und Umkehr offen (2Tim 2,21), und eben darin sorgt sie dafür, daß die Taufzusage des »Herrn« an die »Seinen« (2Tim 2,19) zum Tragen kommt. Sie kann dessen gewiß sein, daß der Herr jedes ihrer Glieder, die sein Siegel tragen, auch weiter als sein Eigentum beanspruchen will, und sie kann sich darum zum Werkzeug dieses seines die Sünder suchenden Willens (1,15) machen lassen, indem sie zur Umkehr ruft und zum Heil erzieht (1,20; 2Tim 2,25; 3,12). In diesem Sinn darf die Kirche der Past mit einem gewissen Recht als *Heilsanstalt* bezeichnet werden.

6. Diese Kirche ist – so läßt sich zusammenfassend feststellen – ganz wesentlich durch *institutionelle Züge* gekennzeichnet. Sie ist ein geordnetes Ganzes, für dessen Lebensvollzüge feste Regeln gelten, über deren Einhaltung gewacht werden muß; in ihr gibt es Zuständigkeiten und Autoritäten; ihre äußere Erscheinungsform wird sorgsam bedacht, ja, fast will es scheinen, als komme ihr mehr Gewicht zu als dem Inhalt ihrer

---

515 Hierzu Schnackenburg* 88 f.

516 Roloff, Kirchenverständnis 243 f. Auf Tauftradition scheinen ferner die beiden atl. Zitate aus Num 16,5 und Jes 26,13 zu verweisen, denn in ihnen werden zwei Motive der Tauftheologie angesprochen: das in der Taufe begründete Eigentumsrecht Jesu Christi an den Seinen und die Verpflichtung der Getauften,

sich »von Ungerechtigkeit fernzuhalten«, d. h. die Taufgnade in seinem konkreten Lebensvollzug sichtbar werden zu lassen.

517 Gegen Brox 250, der allerdings erkennt, daß sich 2Tim 2,20 seiner Deutung auf die endzeitliche Scheidung zwischen Irrglaube und Rechtgläubigkeit, die in der gegenwärtigen Kirche noch vermischt seien, widersetzt.

Verkündigung, über den die Briefe sich ausgesprochen summarisch äußern. Deutlich ist auch, daß die Institution »Kirche« nicht einfach eine mit den Gläubigen identische Größe ist, sondern diesen gegenübertritt[518], sei es als bergender Raum, sei es als Bewahrerin der Glauben ermöglichenden Tradition, sei es auch als Heilsanstalt, in welcher die die einzelnen Glieder zum Heil erziehenden Kräfte wirksam und lebendig sind. Nun wird man allerdings nicht schon in dieser Sicht der Kirche als Institution einen Abfall von Paulus sehen dürfen. Denn auch bei Paulus trägt die Kirche bereits institutionelle Züge, sofern wir den die neuere soziologische Diskussion beherrschenden weiteren Begriff von Institutionalisierung im Sinne einer reziproken Typisierung habitualisierter Handlungen durch Typen von Handelnden zugrunde legen[519]. Solche Typisierung geschah bereits da, wo bestimmte durch geistliche Erfahrungen begründete Funktionen einzelner durch allgemeine Anerkennung die Autorität ihrer Träger begründeten, wie das z. B. beim paulinischen Apostolat der Fall war, oder wo sich bestimmte Verhaltensweisen als allgemeingültig durchsetzten und in den Gemeinden habitualisierten[520]. Institutionalisierung in diesem Sinn »steht am Anfang jeder gesellschaftlichen Situation, die ihren eigenen Ursprung überdauert«[521]. Sie war darum auch für die ihren eigenen Ursprung überdauernde Kirche eine unumgängliche Notwendigkeit. Die Kirche der dritten Generation konnte sich dem Problem der Kontinuität christlicher Existenz in der weitergehenden Geschichte nur in der Weise stellen, daß sie sich selbst als Institution bejahte und ihre institutionellen Züge zum Gegenstand theologischer Reflexion machte. Es ist die große Leistung der Past, daß sie diese Aufgabe grundsätzlich erkannt und sich ihr gestellt haben. Dies gilt unbeschadet der Feststellung, daß die theologische Lösung dieser Aufgabe nicht tief genug greift. Zu einer umfassenden christologischen und pneumatologischen Begründung des institutionellen Charakters der Kirche kommt es nicht; nur andeutungsweise werden die hinter den pragmatischen Weisungen stehenden theologischen Begründungen erkennbar.

Immerhin aber ist aufgrund der vorliegenden Andeutungen eine Gesamtbeurteilung möglich. Die Kirche wird zwar als von Gott gewollte und gesetzte Institution gesehen, die bestimmte Traditionen verantwortlich verwaltet, anhand bestimmter Ordnungen und Strukturen nach außen hin erkennbar und dem einzelnen Gläubigen schon vorgegeben ist. Sie ist der notwendige geschichtliche Lebensraum für die Habitualisierung und gemeinschaftliche Realisierung des Glaubens. Durch sie werden Lehre, Weisung, Einübung in christliche Lebenspraxis sowie Zurechtweisung zuteil. Christliche Existenz ohne die tragende, Kontinuität stiftende Institution Kirche wäre für die Past keine denkbare Möglichkeit. Aber das, was diese Kirche konstituiert, sind weder ihre Traditionen noch ihre Ämter und Lebensformen; es ist vielmehr das gegenwärtige Wirken Jesu Christi. Der für die Sicht der Kirche zentral bestimmende Faktor ist auch in den Past das Christusgeschehen. Das pneumatologische Defizit der Ekklesiologie wird durch die stärkere Betonung der Christologie ausgeglichen. So verweist 1Tim 3,16 auf die gottesdienstliche Begegnung der Kirche mit ihrem lebendigen Herrn als auf das Geschehen, das immer wieder neu εὐσέβεια ermöglicht und die Kirche zum festge-

---

518 Ähnlich Brox 157.
519 Zu dieser Bestimmung von Institution s. P. L. Berger/Th. Luckmann, Die gesellschaftliche Konstruktion der Wirklichkeit, Frankfurt 1977, 60 f; Holmberg, Paul and Power 166 f.

520 Holmberg, a. a. O. 179–192.
521 Berger/Luckmann, a. a. O. (Anm. 519) 59.

gründeten Raum der Wahrheit werden läßt. Und ähnlich läßt die zweite ekklesiologische Grundaussage, 2Tim 2,19, erkennen, daß das, was die Kirche zur Kirche macht, das christologisch begründete Geschehen der Taufe ist. Indem Christus in ihr den einzelnen Gläubigen sein Eigentumssiegel aufprägt, schafft er sich zugleich sein »Volk des Eigentums« (Tit 2,14), das berufen ist, seinen Willen in den Lebensformen dieser Welt zu praktizieren. So liefert die Kirche den institutionellen Rahmen dafür, daß Menschen dem lebendigen Christus begegnen, im Glauben an ihn bewahrt und in diesem Glauben gemäßen Lebensformen gehalten und eingeübt werden können. Dieser Rahmen ist Setzung Gottes. Aber er bleibt eben nur Rahmen. Die Kirche schafft und garantiert das Heil nicht. Ihre Strukturen, Traditionen und Lebensformen legitimieren weder das Evangelium, noch ersetzen sie es gar. Sie müssen sich vielmehr immer wieder diesem Evangelium gegenüber ausweisen. Der Schritt von einer theologisch legitimen Gewichtung der Institution als eines von Christus selbst gesetzten Heilswerkzeugs zum Institutionalismus im Sinne der Heilsgarantie durch die Institution und die sie tragenden Ordnungen und Formen ist in den Past nicht vollzogen worden.

C. Weisungen für die Amtsführung des Timotheus (4,1–6,2)

I. Die Bekämpfung der Irrlehrer (4,1–11)

1. Die Irrlehrer (4,1–5)

Literatur: Bauer, Rechtgläubigkeit; *Colson, F. H.,* ›Myths and Genealogies‹ – A Note on the Polemic of the Pastoral Epistles, JThS 19 (1918) 265–271; *Gunther, J. J.,* St. Paul's Opponents and their Background, 1973 (NT.S 35); *Haufe,* Irrlehre; *Karris,* Background; *Kretschmar, G.,* Zur religionsgeschichtlichen Einordnung der Gnosis, in: Gnosis und Gnostizismus, hrsg. K. Rudolph, 1975 (WdF 262), 426–437; *Lütgert,* Irrlehrer; *Maier, J.,* Jüdische Faktoren bei der Entstehung der Gnosis?, in: Altes Testament – Frühjudentum – Gnosis. Neue Studien zu »Gnosis und Bibel«, hrsg. K.-W. Tröger, Gütersloh 1980, 239–258; *Müller,* Zur frühchristlichen Theologiegeschichte; *Sandmel, S.,* Myths, Genealogies, and Jewish Myths and the Writing of Gospels, HUCA 27 (1956) 201–211; *Schirr,* Ketzerbekämpfung; *Strecker, G.,* Judenchristentum und Gnosis, in: Altes Testament – Frühjudentum – Gnosis. Neue Studien zu »Gnosis und Bibel«, hrsg. K.-W. Tröger, Gütersloh 1980, 261–282; *Unnik, W. C. van,* Die jüdische Komponente in der Entstehung der Gnosis, in: Gnosis und Gnostizismus, hrsg. K. Rudolph, 1975 (WdF 262), 476–494; *Wilson, R. McL.,* Art. Gnosis/Gnostizismus II, TRE 13, 535–550 (dort neuere Lit.!).

1 Der Geist sagt ausdrücklich: In den letzten Zeiten werden manche vom Glauben abfallen und sich betrügerischen Geistern und Lehren von Dämonen zuwenden, 2 aufgrund der Heuchelei von Lügnern, die in ihrem eigenen Gewissen ein Brandmal tragen, 3 die Ehe verbieten, die Enthaltung von Speisen (fordern), welche Gott doch dazu erschaffen

hat, daß sie von den Glaubenden und zur Erkenntnis der Wahrheit Gekommenen unter Danksagung genossen werden. 4 Denn alles, was Gott geschaffen hat, ist gut, und nichts ist verwerflich, wenn es mit Danksagung empfangen wird; 5 denn es wird geheiligt durch Gottes Wort und durch Gebet.

Analyse 1. *Kontext.* Mit 4,1 setzt eine neue, bis 6,2 reichende Reihe von Anordnungen ein, die sich formal vom Vorhergegangenen darin unterscheidet, daß jetzt Timotheus direkt als der für ihre Vermittlung an die Gemeinde Verantwortliche angesprochen wird (s. Einführung VI.). Charakteristisch für diese »Form der vermittelten, nur indirekten Anordnung«[1] sind neben dem Du-Stil die das Ganze fast kehrreimartig durchziehenden formelhaften Wendungen, die zum »Verkündigen« bzw. »Lehren« der apostolischen Weisungen auffordern (4,11; 5,7; 6,2). Der sachliche Unterschied zu den *direkten Anordnungen* von 2,1–3,13 ist relativ gering[2]. Er besteht allenfalls darin, daß in ihnen vorwiegend Probleme angesprochen werden, die in besonderem Maße in die Verantwortlichkeit des gemeindeleitenden Amtsträgers fallen. Unter diesem Aspekt könnte man die Weisungen als Pastoralinstruktionen bezeichnen[3].

Innerhalb dieses Hauptteils hebt sich 4,1–11 als eigenständiger, in sich geschlossener Abschnitt ab[4]. In ihm geht es nicht wie von 4,12 an um die innere Ordnung der Gemeinde, sondern um ihre Konfrontation mit einer von außen kommenden Gefahr, den Irrlehrern. Herausgefordert durch diese Konfrontation ist nun freilich in erster Linie der Amtsträger. Sie ist für ihn die Bewährungsprobe, in der sich erweist, ob er der vom Apostel gesetzten Norm für seinen Dienst entspricht. Diesen Leitgedanken bringt der Verf. dadurch zum Ausdruck, daß er hier wie auch sonst durchweg der Erwähnung der Irrlehrer kontrapunktisch den Hinweis auf den Auftrag des Apostelschülers gegenüberstellt (1,4–7/1,3 f; 1,18.19a/1,20; 4,1–5/4,6–11; 6,9 f/6,11 f; 2Tim 2,16–19/2,15; 3,1–9/3,10–17; 4,3 f/4,5; Tit 1,10–16/1,5–9)[5].

2. *Aufbau.* Der Abschnitt beginnt mit einer Zitateinleitung (V1a), die an die Einführungsformel urchristlicher Profetensprüche erinnert (vgl. Offb 2,7.11.17 u. ö.). Die darauf folgende Ankündigung des endzeitlichen Abfalls (V1b) ist zwar in der vorliegenden Form nicht Zitat, sondern Eigenformulierung des Verf., doch dürfte hinter ihr ein traditioneller Topos frühchristlicher apokalyptischer Profetie stehen (vgl. Mk 13,22; Apg 20,29 f; 2Thess 2,3). Unvermittelt geht die Ankündigung in eine polemische Beschreibung der Irrlehrer, ihrer Lehren und ihrer asketischen Forderungen – Eheverzicht und

---

[1] Lohfink, Paulinische Theologie 106.
[2] Im übrigen erweist sich die gleiche Ausrichtung auch daran, daß in 5,1–18 die direkte Anordnung ohne Du-Stil wieder durchbrechen kann; hierzu Lohfink, a. a. O. 107.
[4] So mit Brox 13; Jeremias 29; anders Spicq

493: 4,1–6,19 sei ein im wesentlichen ungegliedertes Gespräch des Meisters mit dem Schüler.
[5] Lohfink, Paulinische Theologie 90 f hat dies für 2Tim beobachtet; es gilt aber in gleicher Weise auch für 1Tim.

Enthaltung von bestimmten Speisen – über (VV2.3a). Die zweite dieser Forderungen wird in VV3–5 mit einer relativ ausführlichen argumentativen Widerlegung bedacht: Diese besteht aus einer zentralen These (V3b), an die sich zwei begründende Sätze (V4 und V5) anschließen.

Obwohl die Bedrohung durch die Häresie konstant den Horizont für alle Erklärung Weisungen, Ordnungen und Mahnungen der Briefe bildet, wird sie (nach 1 1,3–7) nur hier ausdrücklich thematisiert. Und zwar geschieht dies mittels des solennen Hinweises auf eine Ankündigung des Heiligen Geistes: Durch prophetisches Zeugnis hat der Geist deutlich und unmißverständlich[6] die Kirche wissen lassen, daß sie in den »letzten Zeiten«, d. h. in der Endzeit[7], durch Verwirrung und Abfall[8] in ihren eigenen Reihen, in eine Krise geraten wird. Die Irrlehrer sind also als ein Phänomen der Endzeit gekennzeichnet (vgl. 2Tim 3,1–9; 4,3).

Es ist auffällig, daß dieser traditionelle Topos in einer nahezu völlig entapokalyptisierten Weise aufgenommen wird[9]. Weder wird das ihm ursprünglich inhärente Motiv der von Gott verhängten endzeitlichen Drangsal (vgl. Mt 24,6 ff) zur Deutung des bedrohlichen Phänomens der Irrlehrer herangezogen, noch spielt der Gedanke der endzeitlichen Bewährung der Gemeinde (Lk 22,31; Offb 2,11; 3,21) eine erkennbare Rolle, und erst recht fehlt jeder Versuch, das Auftreten der Irrlehrer als Anzeichen für die Nähe der Parusie zu werten (2Thess 2,3). Die Distanz zu der apokalyptischen Grundstimmung, die einige kirchliche Gruppen des ausgehenden 1. Jh. erfaßt hatte, ist evident. Warum aber überhaupt der Rückgriff auf den apokalyptischen Topos, wenn dessen zentrale Motive unberücksichtigt bleiben? Anscheinend geschieht das nur deshalb, weil er sich für die fiktive Briefsituation gut auswerten ließ: Mit seiner Hilfe ließ sich plausibel machen, daß Paulus bei der Abfassung des Briefes bereits die damals noch in der Zukunft liegende Bedrohung nicht nur erkennen, sondern auch in ihren Motiven und Triebkräften zu analysieren vermochte. Der Heilige Geist selbst hat ihm diese Zukunftsschau ermöglicht! Zumindest indirekt vorausgesetzt ist dabei, daß das Verneh-

---

[6] Ῥητῶς = »ausdrücklich«, »mit unmißverständlichen Worten«; W. Bauer, Wb s. v.; im Blick auf prophetische Schriftaussagen bei Justinus, Apol. I 35,10; 63,10.

[7] Das Adjektiv ὕστερος (im NT sonst nur noch Mt 21,31 v. l.) hat wie das zugehörige Adverb ὕστερον überwiegend superlativische Bedeutung. Selbst da, wo es komparativisch zu übersetzen ist, hat es vielfach eschatologischen Klang: das »Spätere« im Sinne des Abschließenden (Hebr 12,11; Joh 13,36); hierzu U. Wilckens, ThWNT VIII 593 f.

[8] Historischer Ansatzpunkt dieser Vorstellung waren die traumatischen Erfahrungen des Judentums vor der makkabäischen Erhebung, vor allem der Abfall vom mosaischen Gesetz und die Schreckensherrschaft Antiochus' IV. Sie wird weiterentwickelt in der apokalypti-

schen Literatur (z. B. Jub 23,14–21; 4Esr 5,1–12; äthHen 91,7; 93,9) sowie in Qumran; hierzu J. Ernst, Die eschatologischen Gegenspieler in den Schriften des Neuen Testaments, 1967 (BU 3); Trilling, Thessalonicher 82 f (dort weitere Literatur); Schirr, Ketzerbekämpfung 49–56.

[9] So schon durch die Substituierung des üblichen Terminus für die Endzeit αἱ ἐσχάται ἡμέραι (Apg 2,17; Jak 5,3; 2Petr 3,3) durch ὕστεροι καιροί. Unbeschadet dessen, daß die künftige Zeit übereinstimmend mit der Tradition als Endzeit gilt, legt die gewählte Formulierung den Akzent nicht hierauf, sondern auf den Bezug dieser künftigen Zeit auf die Zeit des Apostels: Wichtig ist allein, daß Paulus sie vorhergesagt hat. Vgl. U. Wilckens, ThWNT VIII 593.

menkönnen der Stimme des Geistes ein besonderes, mit seinem Amtsauftrag verbundenes Privileg des Apostels war (1Kor 7,40). Mit der Möglichkeit, daß gemeindliche
Profetie in geistgewirkter Rede den Willen des erhöhten Herrn ansagt, will der Verf.
für seine Gegenwart nicht mehr rechnen, wie er überhaupt vom Geistbesitz aller Christen[10]
schweigt: Die einzige Ausnahme, Tit 3,5, erscheint innerhalb eines zitierten Traditionsstücks.

Gemäß der fiktiven Briefsituation beginnt die Beschreibung der drohenden
Gefahr so weitmaschig und allgemein, daß sie auf die unterschiedlichsten
Erscheinungen deutbar sein könnte; sie wird jedoch Zug um Zug präziser, so
daß sich schließlich die Konturen einer ganz konkret die Gemeinden zur realen
Abfassungszeit des Briefes bedrängenden Irrlehre abzeichnen. Allgemein
bleibt zunächst die Kennzeichnung des Geschehens als Abfall vom Glauben.
Ἀφίστημι ist ein theologisch von der LXX vorgeprägter Terminus, der das
schuldhafte Sich-Trennen vom Volk umschreibt (Dtn 32,15; Jer 3,14; vgl. Lk
8,13; Hebr 3,12)[11]. Dementsprechend meint »Glaube« hier nicht den subjektiven Glaubensstand des einzelnen[12], sondern den Glaubensinhalt, die *fides quae
creditur* (vgl. 1,19; 2,7; 3,9; 6,21; Tit 1,1)[13]. Geradezu demonstrativ allgemein
bleibt auch das »manche« (vgl. 1,3): Über die zahlenmäßige Größe der von
Irrlehrern verursachten Abfallsbewegung will der Verf. nichts sagen. Mag sie
auch äußerlich noch so groß sein, so bleibt sie doch der Sache nach marginal,
denn sie kann jene, die im heilvollen Bereich der von Gott geschenkten
Wahrheit sind (vgl. 3,15), nicht irre machen. Abfall ist nicht nur ein Heraus-
treten aus diesem Bereich, sondern zugleich ein Sich-Anheimgeben an widergöttliche Mächte, nämlich an »Geister«[14], die der Wahrheit Gottes den Kampf
angesagt haben und darum in Orientierungslosigkeit und Verblendung führen[15], sowie an Dämonen, die widergöttliche Lehren propagieren und damit die
eindeutige, von Gott kommende Lehre der Wahrheit teuflisch verzerren (vgl.
2Kor 4,4; 11,3.13f)[16]. Eine vom Judentum ererbte dualistische Denkweise
schlägt hier durch[17]: Böse, der Wahrheit Gottes feindliche Mächte versuchen

---

10   Z. B. 1Thess 5,19; 1Kor 14,4–16; Gal 3,5;
Röm 8,9–11.
11   H. Schlier, ThWNT I 510.
12   Anders Schlatter 116: das glaubende Verhalten als Willensakt; Holtz 99: die persönliche Gläubigkeit.
13   G. Barth, EWNT II 223.
14   E. Schweizer, ThWNT VI 443.
15   Sachlich verwandt ist 2Joh 7: die »Verführ-
rer (πλάνοι)« werden hier direkt mit dem
»Verführer und Antichristus« zusammengesehen, d. h. sie gelten als Exponenten einer widergöttlichen Macht.
16   Sekundär ist die Lesart πλανῆς (u. a. P, Ψ,
andere altlateinische und Vg.-Handschriften
sowie eine Teilüberlieferung des Epiphanius),
die aus einem itazistischen Hörfehler
(-νης statt voις) und/oder aus einer Anglei-

chungstendenz an das folgende Genitivattribut
δαιμονίων (Vg.: »spiritibus erroris et doctri-
nis daemoniorum«) erklärbar ist.
17   Vor allem die Qumranschriften bieten eine
Reihe verwandter Aussagen: »Das sind die
Geister der Wahrheit und des Frevels. An der
Quelle des Lichtes ist der Ursprung der Wahrheit, aber aus der Quelle der Finsternis kommt
der Ursprung des Frevels. In der Hand des
Fürsten des Lichtes liegt die Herrschaft über
alle Söhne der Gerechtigkeit, auf den Wegen
des Lichtes wandeln sie. Aber in der Hand des
Engels der Finsternis liegt alle Herrschaft über
die Söhne des Frevels, und auf den Wegen der
Finsternis wandeln sie. Und durch den Engel
der Finsternis kommt Verirrung über alle
Söhne der Gerechtigkeit« (1QS III 18–22);
ferner CD XII 2f; 1QH IV 7–10; 4QpHab IV 9.

die Menschen in ihre Gewalt zu bringen. Sie sind freilich keine adäquaten Gegenspieler Gottes, denn sie haben nichts Eigenes vorzuweisen. Sie können lediglich Gottes Wahrheit verzerren und verdunkeln, und damit bleiben sie in der Negation, erweisen sich als nichtig. Gelten die Abgefallenen als Exponenten dieser widergöttlichen Mächte, so ist damit jede Diskussion mit ihnen bereits vorweg als fruchtlos disqualifiziert. Von ihnen sind keine neuen, die Wahrheitserkenntnis bereichernden Aspekte, keine – bei aller möglichen Einseitigkeit – weiterführenden Denkanstöße zu erwarten. Was sie zu bieten haben, ist nur Desorientierung und Verzerrung der Wahrheit. Ihr Verhältnis 2 zur Wahrheit ist nicht nur objektiv, sondern auch, wie die folgende Aussage ergänzend herausstellt, subjektiv zerstört; sie sind nicht unschuldige Opfer eines Irrtums, sondern – im Gegenteil – sie vertreten den Irrtum gegen bessere eigene Einsicht, um andere bewußt zu täuschen. Das macht ihr Verhalten schuldhaft.

Dieser Vorwurf der subjektiven Unwahrhaftigkeit, der Heuchelei, ist ein Standardmotiv frühchristlicher und altkirchlicher Ketzerpolemik[18]. Immerhin versucht der Verf. an anderen Stellen (1,19; 6,5; 2Tim 3,5; Tit 1,11), ihn zu konkretisieren: Die Gegner vertreten ihre falsche Lehre um persönlicher Vorteile willen (6,5); es geht ihnen um Macht über andere, weshalb sie sich speziell den von ihrem Sündenbewußtsein bedrängten Frauen zuwenden, um sie in Abhängigkeit zu bringen (2Tim 3,6); dabei winkt nicht zuletzt auch – zumal wenn es sich um wohlhabende Frauen handelt – finanzieller Gewinn (6,5; Tit 1,11).

Das Bild vom »Brandmal im eigenen Gewissen«[19] ist nicht ganz eindeutig und läßt darum einen gewissen Interpretationsspielraum offen: Wird damit auf die Brandmarkung als entehrende Strafe für Kriegsgefangene und Sklaven angespielt[20]? Dann wäre das Brandmal im Sinne eines schmählichen Schandmals zu verstehen. Oder steht der Brauch im Hintergrund, Zwangsarbeiter und Rekruten durch ein Brandzeichen zu kennzeichnen, um sie so am Entlaufen zu hindern[21]? In diesem Falle wäre die Spitze des Bildes das Versklavtsein unter die dämonischen Mächte und die Unmöglichkeit, dieser Sklaverei zu entkommen[22]. Eine dritte Deutung beruft sich auf eine Praxis antiker Medizin: So, wie der Arzt eine schmerzende Körperstelle durch Ausbrennen abtötet und damit anästhesiert, ist durch die Irrlehre das Gewissen der Gegner ausgeschaltet worden[23]. Vom unmittelbaren Kontext wie auch von den übrigen Gewissens-

---

[18] Hierzu Bauer, Rechtgläubigkeit 135–149.

[19] Κεκαυστηριασμένος ist Perfekt Passiv Partizip von καυστηριάζειν = mit einem Brenneisen (καυτήριον) einbrennen. Der etwas geläufigeren Form καυτηριάζειν (Strabo 5, 1, 9; Diodorus Siculus 20,54) folgt die Mehrzahl der Hss. (C, D, G, I, Reichstext). Aus einem Hörfehler ist die LA καὶ καυστηριασμένων (F, L, 0241^vid u. a.) entstanden.

[20] Diogenes Laertius, IV 46; Plato, Leg.

854d; 3Makk 2,29 (Brandmarkung der alexandrinischen Juden durch Ptolemäus mit einem Efeublatt).

[21] Suetonius, Caes. IV 27; ferner A. Hug, PRE 2. Reihe III 2520–2522; J. Schneider, ThWNT III 645.

[22] So die meisten neueren Ausleger: Schneider, ebd.; Dibelius-Conzelmann 52; Kelly 94f.

[23] Hanson 86f; Spicq 496f.

aussagen der Briefe her wird man der ersten Deutung den Vorzug geben müssen. Es geht dem Verf. ausschließlich darum, das Verhalten der Gegner zu charakterisieren, nicht jedoch darum, es von seinen subjektiven Voraussetzungen her verstehbar zu machen; eben darauf würde aber die dritte Deutung hinauslaufen. Zum Ausdruck gebracht werden soll vielmehr derselbe Sachverhalt wie in 1,19 (s. dort) und Tit 1,15: Die Gegner haben das »gute Gewissen« von sich gestoßen, d. h., sie haben bewußt darauf verzichtet, sich an der auch ihnen offenkundigen sittlichen Norm zu orientieren, mit der Folge, daß ihr »eigenes« Gewissen jetzt »befleckt« ist, das Schandzeichen der Unreinheit trägt[24]. Damit ist nicht gesagt, daß dieses Schandzeichen nach außen hin sichtbar sein muß[25]. Es genügt, daß es die Gegner selbst vor Augen haben und – so die Spitze des Vorwurfs – von ihrem Fehlverhalten selbst wissen. Das stellt sie in einen äußersten Gegensatz zum »guten Gewissen« (1,5), dessen Merkmal eben der »ungeheuchelte Glaube« ist.

3 Das Bild der Gegner wird nun über die bisherigen Pauschalisierungen hinausgeführt und erhält konkrete Züge. Zwei ihrer Lehren werden nämlich ausdrücklich genannt: Sie *verbieten die Ehe* und *gebieten die Enthaltung von Speisen*[26]. Es handelt sich also um Forderungen, die man in einem weiten Sinn als asketisch umschreiben kann, wobei sich freilich alsbald die Frage nach Ansatz und Motivation solcher Askese stellt.

Die Jesustradition kennt einen eschatologisch motivierten Eheverzicht (Mt 19,12): Die zur Nachfolge, zur Dienst- und Schicksalsgemeinschaft mit Jesus um der nahen Gottesherrschaft willen Gerufenen treten um ihres Auftrages willen aus den natürlichen Bindungen von Ehe und Familie heraus. Vor allem von der charismatischen Wandermission in Syrien und Palästina wird dieser Eheverzicht weitergeführt. Auch Paulus weiß sich für seine eigene Person daran gebunden (1Kor 7,7ff), sieht jedoch bewußt davon ab, ihn für seine Gemeinden verbindlich zu machen. Deutlich vertritt die Offb, in der der Geist der syrisch-palästinischen Wandermission weiterlebt, das Ideal der Ehelosigkeit und sexuellen Enthaltsamkeit (Offb 14,4)[27], allerdings ebenfalls ohne den Anspruch umfassender Verbindlichkeit für alle Christen. U. B. Müller hat unter Hinweis auf die zeitliche und räumliche Nähe der Offb zu den Past die These aufgestellt, daß die vorliegende Polemik auf Vertreter jener gegen Ende des 1. Jh. in die kleinasiatischen Gemeinden eingeströmten judenchristlichen Wanderprofetie ziele, der auch der Apokalyptiker Johannes angehörte, wobei die hier bekämpften Gegner im Unterschied zum Apokalyptiker die Ehelosigkeitsforderung radikal für alle Christen verbindlich hätten machen wollen[28]. Aber nach allem, was wir erkennen können, ist der Ehever-

---

[24] Hierzu Eckstein, Syneidesis 307; ähnlich Schlatter 118: »Unaustilgbar spricht in ihnen das sie verdammende Urteil; denn die einst erkannte Wahrheit läßt sie nicht los«.
[25] Gegen Hanson 87; Spicq 496, die der ersten Deutung diesen Gedanken unterstellen, um sie von daher als unlogisch abzulehnen.
[26] Die Formulierung ist zeugmatisch: das eine Verbum, das auf zwei Objekte bezogen ist,

paßt nur zu einem; vgl. Bl-Debr-Rehkopf § 480,5. Sinngemäß wäre vor ἀπέχεσθαι einzuschieben κελευόντων.
[27] G. Kretschmar, Ein Beitrag zur Frage nach dem Ursprung frühchristlicher Askese, ZThK 61 (1964) 27–67; Roloff, Offenbarung 149f.
[28] Müller, Zur frühchristlichen Theologiegeschichte 63.

zicht der Wanderprofetie eschatologisch, nicht durch eine grundsätzliche Negation der Schöpfung motiviert[29]. Die Polemik des Verf. richtet sich jedoch im folgenden gegen eine grundsätzlich schöpfungsfeindliche Haltung als Wurzel der asketischen Neigungen der Gegner, und es besteht kein Anlaß, Zielgerichtetheit und Realitätsgehalt dieser Polemik in Frage zu ziehen[30].

Auffällig ist allenfalls, daß die Polemik explizit nur die Nahrungsaskese behandelt, während man ein direktes Argument gegen das Eheverbot vermißt – wenn sich auch indirekt das Urteil des Verf. dazu aus seiner Argumentation gegen die Nahrungsaskese per Analogieschluß hinreichend deutlich ergibt. Der Grund dürfte darin liegen, daß die echten Paulusbriefe keine direkt positive Aussage über die Ehe boten, an der sich der Verf. hätte orientieren können[31], wohl aber in 1Kor 10,30 ein Argument gegen die Nahrungsaskese, an das er sich anschließen konnte. Daß hier in der Tat seine Vorlage zu suchen ist, wird durch das zweimalige betonte Vorkommen des Wortes εὐχαριστία wahrscheinlich[32].

Die hier aufgenommene paulinische Regel sollte in ihrem ursprünglichen Kontext Kriterien und Grenze christlicher Freiheit umschreiben. Sie besagt: Grundsätzlich darf ein Christ alles essen, selbst Götzenopferfleisch (1Kor 10,30) und durch jüdische Reinheitsgesetze verbotenes Fleisch (Röm 14,6), solange ihm sein Gewissen erlaubt, für diese Nahrung Gott zu danken und damit sein Essen in den Horizont seiner Gemeinschaft mit Gott und Christus zu integrieren. Dabei anerkennt Paulus gleichzeitig die Möglichkeit, daß auch der Fleischverzicht der »Schwachen« dann legitim ist, wenn er in gleicher Weise als Ausdruck der Bindung an Gott verstanden wird[33]. Paulus will mit seiner Regel also das Essen bzw. Nicht-Essen als Adiaphoron, d. h. als in sich selbst für das Christsein unwesentlich, verstanden wissen. In den Past hingegen hat die Regel eine neue Stoßrichtung gewonnen. Sie ist durch Aufnahme der bei Paulus bezeichnenderweise völlig fehlenden schöpfungstheologischen Argumentation ins Grundsätzliche gewendet: Essen oder Nicht-Essen ist jetzt gerade kein Adiaphoron mehr, sondern hier fällt die Entscheidung zwischen rechtem Glauben und Irrlehre[34]! Gott hat in seiner Schöpfergüte alle Nahrungsmittel zum Wohl des Menschen geschaffen (Gen 9,3). Die »Glaubenden« und »zur Erkenntnis der Wahrheit Gekommenen«, d. h. die Glieder der Kirche (vgl. 2,4), erkennen in den Speisen vorbehaltlos Zeichen dieser ihnen zuge-

---

[29] Wichtig ist in diesem Zusammenhang die Betonung von Geschichtshoheit und Schöpfungsmittlerschaft in der Johannesapokalypse (z. B. Offb 3,14), hinter der eine bewußte Antithese gegen gnostische Geschichts- und Schöpfungsfeindlichkeit stehen dürfte. Hierzu Roloff, Offenbarung 63; Karrer, Johannesoffenbarung 119–121.

[30] Trummer, Paulustradition 166; Karris, Background 563.

[31] Aufgrund der implizit positiven Stellungnahme zur Ehe in 2,15 kann der Verf. überdies auf eine erneute Stellungnahme zu diesem Thema verzichten; vgl. Dibelius-Conzelmann 52.

[32] Ähnlich, wenn auch ohne Annahme einer direkten Abhängigkeit, Dibelius-Conzelmann 52.

[33] Hierzu Schrage, Ethik 184.

[34] Trummer, Paulustradition 167 f.

wandten Schöpfergüte; ihr Essen ist darum begleitet vom Dank gegen Gott. Wenn die Gegner Nahrungsaskese fordern und sich damit von solchem dankbaren Empfangen der Gaben des Schöpfers im Glauben ausschließen, so bekunden sie damit, daß sie aus dem für die Christen fundamentalen Schöpfungsglauben herausgefallen sind, ihre Lehre erweist sich so als Irrlehre. Die Schärfe der Argumentation schließt die Möglichkeit aus, daß es sich bei den Gegnern lediglich um Befolger jüdischer Reinheitsgebote gehandelt hätte, zumal judenchristlichen Verteidigern dieser Gebote schwerlich eine schöpfungsfeindliche Haltung hätte vorgeworfen werden können[35]. Die Askese der hier bekämpften Gegner erweist sich als durch grundsätzliche Schöpfungsfeindlichkeit motiviert. Sie trägt Züge des der Gnosis eigentümlichen dualistischen Denkens. Der Gnostiker weiß sich dem »höchsten Gott« zugehörig, der mit der minderwertigen materiellen Welt nichts zu schaffen hat. Diese ist vielmehr das Werk feindlicher dämonischer Mächte. Es gilt deshalb für die Menschen, welche die heilschaffende »Erkenntnis« ihrer Zugehörigkeit zur göttlichen Lichtwelt gewonnen haben, diese durch Distanzierung von der materiellen Welt zu praktizieren. Der nächstliegende – wenn auch nicht der einzige – Weg dazu ist die Askese: Verzicht auf Ehe und damit auf die den göttlichen Lichtfunken immer wieder neu in die Materie verstrickende Zeugung sowie Einschränkung des Nahrungsempfangs als Demonstration der Unabhängigkeit von der Materie[36]. Vielleicht spielt die Bezeichnung der Christen als diejenigen, »die Wahrheit erkennen«, auf den programmatischen Anspruch der Gegner, »Erkenntnis« zu eröffnen, an (vgl. 6,20; 2Tim 3,7). Auf alle Fälle aber ist für den Verf. das Ja zur Schöpfung ein zentrales Unterscheidungsmerkmal zwischen richtiger und falscher »Erkenntnis«. Möglich wird dieses Ja dadurch, daß Gott, indem er sein Evangelium in diese Welt hineingegeben hat, seine bleibende Zuwendung und Treue zu ihr bekundet hat[37]. Weil das so ist, darum kann der an Jesus Christus Glaubende die Welt und ihre Gaben, zu denen Ehe wie auch tägliche Nahrung gehören, von allem Zwielicht befreit, als gute Gaben Gottes erkennen und ihren Geber preisen. Man wird die Aussage schwerlich so verstehen können, als habe der Schöpfer diese seine

---

[35] Brox 168. Erst recht verbietet sich von daher die Annahme von Müller, Zur frühchristlichen Theologiegeschichte 64f, die Askese sei »nach dem Verblassen der Naherwartung« und dem dadurch bedingten Zurücktreten der ursprünglichen eschatologischen Motivation durch die »Furcht vor Befleckung durch Götzendienst« begründet.

[36] Belege dafür bietet die antignostische Polemik der Kirchenväter: »Heiraten und Zeugen stammt vom Teufel. Die meisten von ihnen (sc. den Gnostikern) enthalten sich der Fleischspeisen, und durch diese scheinbare Enthaltsamkeit verführen sie viele« (Irenäus, Haer. I

24,2; Übers. BKV Irenäus I 72); ferner Tertullianus, Marc. I 29; Hippolytus, Ref. X 19.

[37] Damit wird der Ansatz Jesu weitergeführt: Jesu Aussagen, die die Güte des Schöpfungshandelns Gottes vorbehaltlos bekunden, sind nicht Ausfluß eines naiven Weltvertrauens, sondern haben die Botschaft der endzeitlichen Nähe Gottes, des Anbruchs seiner Herrschaft, zur Voraussetzung (Mt 6,25–34; par Lk 12,22–32); hierzu H. Merklein, Die Gottesherrschaft als Handlungsprinzip, ²1981 (FzB 34), 180ff; U. Luz, Das Evangelium nach Matthäus, 1985 (EKK I/1), 370f.

Gaben nur um der Christen willen geschaffen[38]. Diese sind als werbende Angebote seiner Güte auch für die Nichtglaubenden da. Aber allein die Glaubenden haben die Fähigkeit und darum auch die Aufgabe, dem Schöpfer den Dank zu erstatten, den ihm seine Geschöpfe schulden. Letztes Ziel des Schöpfungshandelns Gottes ist die Gemeinschaft der Menschen mit ihrem Schöpfer, die sich in deren dankendem Lobpreis manifestiert. Im Dank der Heilsgemeinde für die Schöpfungsgaben ist also gewissermaßen das Schöpfungsgeschehen zu seinem Ziel gekommen.

Wird durch solche uneingeschränkt positive Sicht der Schöpfung, die grundsätzlich dem ganzen NT eigen ist, hier freilich besonders akzentuiert wird, jede Form einer schöpfungsfeindlichen Askese für den Christen ausgeschlossen, so ist durch dieses Verdikt eine eschatologisch, d. h. durch den Dienst am Evangelium und den daraus resultierenden Entbehrungen und Leiden motivierte Askese keineswegs mitbetroffen. Die Past halten den Raum für sie zumindest offen (vgl. V8; 2Tim 2,3f). Dankbare Schöpfungsbejahung ist für sie keineswegs gleichbedeutend mit einer das Ziel des Glaubens und damit den besonderen Auftrag christlicher Existenz in der Welt nivellierenden unreflektierten Welthaftigkeit.

Ein im antithetischen *parallelismus membrorum* gehaltener Lehrsatz gibt die **4** förmliche Begründung der in V3b ausgesprochenen These. Die positive Aussage spielt auf den Schöpfungsbericht an: Alles von ihm Geschaffene hat Gott selbst für »gut« erklärt (Gen 1,10.12.18.21 u. ö.). Der negative Satzteil zieht daraus die Folgerung: Weil Gott sich selbst in dieser Weise zu seinem gesamten Schöpfungswerk ohne Ausnahme bekannt hat, darum ist in dieser Schöpfung nichts, was er verworfen, wovon er sich distanziert hätte. Es gibt grundsätzlich nichts Geschaffenes, das in sich selbst widergöttlich wäre. Weder die Ehe noch die Nahrungsmittel als solche können deshalb die Nähe des Menschen zu Gott gefährden. Voraussetzung aber ist, daß der Mensch sie als Gaben des Schöpfers dankend entgegennimmt[39]. Auf dem »mit Danksagung empfangen« liegt der Akzent der Aussage. Deren Sinn kann nicht sein, daß bestimmte an sich (etwa im Sinn jüdischer Speisegesetze) unreine Dinge durch das Dankgebet kultisch rein würden; dagegen spricht neben der betonten Totalität der Schöpfungsaussage auch das Fehlen kultischer Terminologie[40]. Es geht vielmehr um einen dem Willen des Gebers gemäßen Empfang und Gebrauch der Gabe. Angeknüpft wird an den weisheitlichen Gedanken (Sir 39,16.25–27), daß die geschaffenen guten Gaben Gottes durch den gottfernen,

---

38   Anders Holtzmann 337; Brox 168: Die Nennung allein der Gläubigen besage, daß es »›doppelt unzulässig‹« wäre, ihnen mit Speisegeboten lästig zu fallen. Doch diese negative Eingrenzung widerspricht der Weiterführung des Gedankens in V4 mit der betont positiven Zuordnung von κτίσμα und εὐχαριστία.

39   Λαμβανόμενον ist Participium conjunctum und ersetzt einen Konditionalsatz (vgl. Lk 9,25; Apg 15,29; Phil 2,28). Sinngemäß: »Wenn ihr ... nehmt«; Bl-Debr-Rehkopf § 418,2.

40   So steht statt des kultischen ἀκάθαρόν das terminologisch nicht vorbelastete neutrale Verbalsubstantiv ἀπόβλητον (hap leg).

bösen Menschen verdorben, ihrer schöpfungsmäßigen Bestimmung entzogen werden, wenn er sie in unangemessener Weise ergreift und gebraucht. Solchem schöpfungsvergessenen Umgang mit den Dingen wird durch das Dankgebet gewehrt. Dieses hat nicht nur erinnernde und konstatierende Bedeutung in der Weise, daß es den Betenden auf den schöpfungsmäßigen Sinn der von ihm empfangenen Gaben hinweist, sondern es hat effektiven Charakter, insofern es »das von Gott Geschaffene gleichsam wieder in die Schöpfungssphäre« einbringt[41]. Diese Neuunterstellung unter Gott wird als ἁγιάζειν bezeichnet[42]: Das ist innerhalb des NT, das sonst nur von einer Heiligung von Menschen spricht, eine singuläre Aussage. Als Glieder des endzeitlichen Gottesvolkes sind die Glaubenden »geheiligt«, d. h. ausgesondert für Gott, durch den heiligen Geist dem von Christus gewirkten Heil unterstellt und zu seinem Dienst berufen (2Tim 2,21; vgl. Röm 15,16; 1Kor 1,2; 6,11). Diese Heiligkeit wird nicht kultisch, im Sinne der Abgrenzung vom Bereich des Profanen und Unreinen, konstituiert; sie ist nicht statisch als Raum, sondern dynamisch als Kraft, die alle Lebensbereiche durchdringt, zu verstehen (1Kor 7,14). Die vorliegende Aussage bedeutet keinen Rückfall hinter dieses pneumatisch-eschatologische in ein kultisches Verständnis von Heiligkeit, sondern eine weiterführende Konsequenz daraus. Auch irdische und materielle Dinge wie die alltägliche Nahrung werden, wenn sie von den durch das endzeitliche Heil bestimmten Menschen im Dank gegen den Schöpfer empfangen werden, dem Bereich dieses endzeitlichen Heils zugeordnet[43]. Konkret ist unter εὐχαριστία das Tischgebet zu verstehen, wobei dessen feste, liturgisch geordnete Form vorauszusetzen ist, die das frühe Christentum aus der jüdischen Überlieferung übernommen hat[44]. Insofern handelt es sich hier auf alle Fälle um eine »kultische« Aussage[45]. Wie in der jüdischen בְּרָכָה dem Tischgebet vor dem Essen, wurde auch in den hier vorausgesetzten christlichen Tischgebeten Gott über den Speisen als Schöpfer gepriesen[46]. Daß darüber hinaus ein Bezug auf das besondere Tischgebet der christlichen Gemeinde, die Danksagung des Herrenmahls, mitschwingt, ist zumindest wahrscheinlich, denn das eucharistische Mahl galt als der herausragende Beweis für die Heiligung der Gaben der Schöpfung. Frühe Eucharistiegebete (z. B. Did 10,3) verbinden den Dank für Speise und Trank als Gaben des Schöpfers mit dem Lobpreis des mit diesen Gaben sich verbindenden christologischen Heilsgeschehens[47].

---

[41] G. Kretschmar, TRE 1, 70.

[42] »ἁγιάζω« benennt ... den Vorgang der Zueignung und Übergabe von Sachen und Personen an Gott, wodurch diese dem alltäglichen Zugriff entzogen werden« (H. Balz, EWNT I 43).

[43] Ähnlich Spicq 499f.

[44] Der fromme Jude betete über jedem Stück Brot, das größer als eine Olive war: Ber 7,2.

[45] Dibelius-Conzelmann 52.

[46] So die erste Benediktion des Tischgebetes: »Gepriesen seist du, Jahve unser Gott, König der Welt, der die ganze Welt speist durch seine Güte! ... Denn er speist u. versorgt alle u. erweist Gutes allen u. richtet Speise zu für alle seine Geschöpfe, die er geschaffen hat« (Bill. IV/2 631).

[47] So Justinus, Apol. I 67: »Bei allem aber, was wir zu uns nehmen, preisen wir den Schöpfer des Alls durch seinen Sohn Jesus Christus

Nicht mit Sicherheit auszumachen ist, was mit dem Nebeneinander der beiden Begriffe λόγος θεοῦ und ἔντευξις konkret gemeint sein soll. Zwei Möglichkeiten bieten sich an:

1. V5 ist als zusammenfassende Wiederholung von VV3b–4 zu verstehen; mit λόγος θεοῦ ist das Schöpfungswort gemeint, während ἔντευξις als Wechselbegriff zu εὐχαριστία zu verstehen ist und das (gottesdienstliche) Dankgebet meint[48]. Gegen diese theologisch ansprechende Lösung läßt sich allerdings geltend machen, daß V5 durch das begründende γάρ unmittelbar auf V4b rückbezogen ist, während eine Wiederaufnahme von V3b durch nichts angedeutet ist. Vor allem aber steht dieser Deutung die präsentische Verbalform ἁγιάζεται im Wege: Der Gedanke einer *gegenwärtigen* Heiligung durch das Schöpfungswort dürfte sich verbieten.

2. V5 bezieht sich insgesamt zurück auf V4b und entfaltet εὐχαριστία im Sinne eines gottesdienstlichen Geschehens. Für das Verständnis von λόγος θεοῦ ergäben sich wiederum mehrere Möglichkeiten: (a) »Tischgebete in biblischen Wendungen«[49]; (b) die dem Gebet zugesagte Verheißung göttlichen Segens (Joh 15,3)[50]; (c) die Abendmahlsworte Jesu[51]; (d) das im Gottesdienst verlesene Schriftwort[52]; (e) das Evangelium als die das Heil zusagende Botschaft[53]. Für die letzte Möglichkeit könnte sprechen, daß sie vom sonstigen Sprachgebrauch der Past gedeckt (2Tim 2,9; Tit 2,5) und sich überdies dem von uns festgestellten Gedankenduktus einfügt: Nicht anders als durch die Zusage des endzeitlichen Heils in Christus, auf die das Gebet antwortet, geschieht *jetzt* (Präsens: ἁγιάζεται) Heiligung.

VV4–5 bilden die Schriftgrundlage für kirchliche Weihungen und Segnungen. Der lateinische Begriff *benedictio* ist direkte Wiedergabe von בְּרָכָה; seine Grundbedeutung ist darum der feierliche Lobpreis Gottes. »Wird dieser gesprochen angesichts seiner Schöpfungsgaben und bei ihrem Gebrauch, so werden darin die Dinge in ihrer Gottbezogenheit erkennbar, sie werden ›gesegnet‹«[54]. In Theologie und Praxis der Kirchen sind solche Benediktionen bis heute kontrovers. Während die katholische Kirche sowohl Realbenediktionen (über Dinge) wie auch Personalbenediktionen (über Menschen) vollzieht, beschränkt sich die evangelische Kirche streng auf die letzteren. Segnung von Dingen lehnt sie ab, weil sie ein magisches Mißverständnis fürchtet, das die

Wirkungs- geschichte

und durch den Heiligen Geist« (Übers. BKV Frühchristliche Apologeten I 82). Zum Ganzen E. von der Goltz, Tischgebete und Abendmahlsgebete in der altchristlichen und der griechischen Kirche, 1905 (TU 14), 6–13.

[48] G. Kretschmar, TRE 1, 70.

[49] Dibelius-Conzelmann 52; Holtzmann 338 (»das im Dankgebet vorkommende Wort Gottes, wie solche Gebete noch jetzt in Worten aus der h. Schrift [z. B. Ps 145,15.16] bestehen«); Brox 169. Dagegen: Ein solcher Sprachgebrauch von »Wort Gottes« ist weder jüdisch noch ntl. nachzuweisen.

[50] So Spicq 500, der hier die Aufnahme einer jüdischen Formel vermutet; doch das steht auf schwachen Füßen.

[51] So Hanson 89: διὰ λόγου θεοῦ καὶ ἐντεύξεως sei direkte Parallele zu Justinus, Apol. I 66,2 δι'εὐχῆς λόγου τοῦ παρ' αὐτοῦ, wo das eucharistische Gebetswort »as coming from Christ« gemeint sei. Doch selbst wenn Justins Wendung die verba testamenti als Bestandteile des eucharistischen Gebets im Blick haben sollte, was stark umstritten ist, ist eine entsprechende liturgische Entwicklung für die Past schwerlich schon vorauszusetzen.

[52] Dagegen: Weder in den Past noch sonst im NT wird das einzelne Schriftwort mit »Wort Gottes« bezeichnet.

[53] So Hasler 35.

[54] A. Adam/R. Berger, Pastoralliturgisches Handlexikon, Freiburg ⁴1980, 555.

Segnung im Sinne substantieller Verwandlung deuten könnte. Sie kennt nicht ein Gebet für Dinge, sondern nur eines für deren rechte Verwendung. Das rechte Verständnis der biblischen Aussage könnte jedoch zur Überwindung dieses Gegensatzes beitragen: Hier ist sehr wohl ein Gebet über den Dingen im Blick, freilich nicht im Sinn einer dadurch zu bewirkenden magischen Veränderung, sondern in dem der Zuordnung der Dinge zu der Herrschaft Gottes und den dieser unterstehenden Menschen. Daß die Dinge der Welt keineswegs neutral sind und darum nicht ungestraft bloß technokratisch verwaltet werden, ist eine theologische Einsicht, der wir heute angesichts der Krise des Schöpfungsverhältnisses des Menschen dringend bedürfen.

Zusammenfassung Aus der polemischen Antithese zum schöpfungsfeindlichen Ansatz der frühgnostischen Irrlehrer, der zur Forderung des Eheverzichts und der Nahrungsaskese führt, werden grundsätzliche Aussagen, die das Verhältnis der Christen zur Schöpfung positiv bestimmen, entwickelt. Deren tragende Voraussetzung ist, daß der Schöpfer und der endzeitliche Erretter ein und derselbe Gott sind. Die dem Heilsgeschehen Unterstellten können darum alles Geschaffene als ihnen zugewandte gute Gabe des Schöpfers vorbehaltlos entgegennehmen. Entscheidend ist freilich, daß solche Entgegennahme in der betenden und dankenden Zuwendung zu Gott erfolgt. Denn in solcher Danksagung wird von der Seite der Menschen her die von der Seite Gottes her vorgegebene Einheit und Zuordnung von Schöpfungs- und Heilsgeschehen realisiert und nachvollzogen. Von hier aus könnten sich wichtige Einsichten hinsichtlich des Zusammenhangs zwischen Gebetspraxis und Schöpfungsverhältnis der Christen ergeben, angefangen vom Tischgebet bis hin zum Weihe- und Segnungsgebet.

Exkurs: Die Gegner

1. Die methodische Problematik

Wie in den echten Paulusbriefen nimmt auch in den Past die Polemik gegen Gegner breiten Raum ein. Dort wie hier ist darum die Identifizierung dieser Gegner eine wichtige Aufgabe des Auslegers. Die methodischen Probleme, die sich in beiden Fällen stellen, sind freilich grundsätzlich unterschiedlicher Art. Der Paulus des Gal und des 2Kor setzt sich mit leidenschaftlicher Emphase mit den die Gemeinden bedrohenden gegnerischen Lehrpositionen und Anschauungen auseinander. Ein Verständnis dieser Briefe ist darum wesentlich davon abhängig, inwieweit es gelingt, herauszufinden, wer diese Gegner waren und was sie lehrten.

Ganz anders verhält es sich in den Past. Ihnen ist es primär um die Abweisung der Gegner als Gruppe zu tun. Die Auseinandersetzung mit deren Lehren fehlt zwar nicht ganz, bleibt jedoch marginal und hat jedenfalls auf die theologische Argumentation keinen direkten Einfluß. Es geht hier darum, die bereits vorausgesetzte Unterscheidung zwischen rechter und falscher Lehre festzumachen und zu bekräftigen. Wesentliches

Mittel dafür ist die Autorität des lehrenden Amtes, die zu stärken das Hauptanliegen des Verf. ist. Ihn interessieren – etwas überspitzt gesagt – die Irrlehrer mit ihren die Kirche bedrohenden Aktivitäten gleichsam als die dunkle Folie, vor der sich das Bild des verantwortlich vom Evangelium her die Gemeinde sammelnden und leitenden Amtes um so klarer abhebt.

Diese distanzierende und pauschalisierende Sichtweise wirkt sich in einer erheblichen Konturenunschärfe des Bildes der Gegner aus[55]. Will man es nachzeichnen, so ist es nicht mit einer bloßen Addition seiner verschiedenen Elemente in Gestalt der Einzelaussagen über die Gegner getan. Vielmehr sind diese Aussagen kritisch zu sichten und sowohl hinsichtlich ihrer literarischen Funktion wie auch ihres realen Informationsgehaltes zu befragen. So ist deutlich, daß die Gegnerdarstellung in starkem Maße von einer stehenden Topik antisophistischer philosophischer Polemik geprägt ist[56], wenn den Gegnern unmoralischer Lebenswandel (1,9f; 2Tim 3,2ff)[57], subjektive Unwahrhaftigkeit (1,19; 4,3; 2Tim 3,5; Tit 1,16; 3,8f)[58], Handeln aus Gewinnsucht (6,5; 2Tim 3,2; Tit 1,11)[59], Neigung zu fruchtlosen Disputationen (1,4ff; 4,2; 6,4; 2Tim 2,14ff.23; Tit 1,10; 3,9)[60] und ganz allgemein betrügerische Absicht (2Tim 3,13)[61] unterstellt wird. Schwieriger zu beurteilen ist, inwieweit einzelne Aussagen durch die literarische Fiktion der Briefe bedingt sind. Der Verf. will ja, den in die Vergangenheit entrückten Paulus vergegenwärtigend, diesem das in den Mund legen, was er im Blick auf die neu aufgebrochenen kirchlichen Kontroversen der dritten Generation sagen würde, wäre er noch am Leben. Es lag nahe, dabei an die Polemiken der echten, dem Verf. bekannten Paulusbriefe anzuknüpfen. Steht bei Paulus die Polemik gegen Judaisten im Vordergrund und mißt er seine Kontrahenten mit Vorliebe an ihrer Stellung zum Gesetz, so braucht es nicht zu verwundern, wenn auch der Pseudo-Paulus der Past seine Gegner als Juden kennzeichnet (Tit 1,11.14) und ihre falsche Lehre mit dem Gesetz in Verbindung bringt (1,7; Tit 1,14; 3,9)[62]. Einen echten Informationswert könnte man diesen Stellen dann zubilligen, wenn die Briefe auch sonst erkennen ließen, daß die Auseinandersetzung mit dem Judentum und der Gesetzesproblematik für die angeschriebenen Gemeinden noch eine Rolle spielte. Eben das aber ist nicht der Fall[63]. Eine weitere, ebenfalls mit dem fiktiven Charakter der Briefe zusammenhängende Frage ist die,

---

[55] Die Meinungen in der Forschung gehen entsprechend weit auseinander. Gunther* 14 nennt in einer (allerdings nicht durch Zuordnung von Typen bereinigten) Aufstellung nicht weniger als 19 verschiedene Gegnerdeutungen. Sie reichen von Juden (R. Otto) über judenchristliche Gnostiker (R. Bultmann, G. Holtz) bis zu Marcioniten (Schwegler, W. Bauer), Proto-Montanisten (J. M. Ford) und Naassenern (Lightfoot).

[56] So bereits Dibelius-Conzelmann 53; eingehender Nachweis: Karris, Background.

[57] Vgl. Philo, Det.Pot.Ins. 73; Lucianus, Pseudolog. 25; Rhetorum praeceptor 15,22; Dial.Mort. 369f.

[58] Daß die Sophisten nicht das praktizieren, was sie lehren, ist ein Standardvorwurf seit Platon (Soph. 226a.231e.232b, 234c; Resp. 6,496); vgl. Aristoteles, De sophisticis elenchis 165a, 20–25; Philo, Migr.Abr. 171; Justinus

Dial. 3; weitere Belege: Karris, Background 553 Anm. 14.

[59] Plato, Soph. 223a, 231d, 233b; La. 186c; Philo, Vit.Mos. 2,212; Dion Chrysostomus, Or. 54,1; weitere Belege: Karris, a.a.O. 552 Anm. 12.

[60] Plato, Soph. 226.231f; Philo, Migr.Abr. 171; Clemens Alexandrinus, Strom. I, 3.22.2; Dion Chrysostomus, Or. 12,5–15; hierzu Karris, a.a.O. 553.

[61] Die Bezeichnung γόητες gehört zum Standard antisophistischer Polemik; Plato, Soph. 234; Philo, Migr.Abr. 76,83; Rer.Div.Her. 302–306; Dion Chrysostomus, Or. 4,33–36; hierzu Karris, a.a.O. 552 Anm. 13.

[62] Ähnlich bereits Bauer, Rechtgläubigkeit 92f; Trummer, Paulustradition 165: Die antijüdische Polemik hat »anamnetische Funktion«.

[63] S. o. zu 1,7f.

inwieweit in ihnen überhaupt *eine* konkrete gegnerische Front im Blick ist. Könnte die Absicht, Paulus zur Kirche der nachpaulinischen Zeit sprechen zu lassen, verbunden mit der Einsicht, daß es in dieser Kirche zu aller Zeit Gefährdung durch Irrlehrer geben werde, nicht vielmehr zu einer Zusammenschau verschiedener vom Verf. für typisch angesehener häretischer Phänomene geführt haben, so daß ein »apologetisches Vademecum« jeglicher Ketzerbekämpfung entstand[64]? In diesem Fall hätten wir es nicht mit gezielter aktueller Polemik, sondern mit »usueller« Polemik zu tun.

Eine Klärung kann nur dadurch herbeigeführt werden, daß man zunächst die verschiedenen Aussagen über die Gegner daraufhin überprüft, ob sie konkrete, aktuelle Bezüge enthalten, um sodann zu fragen, ob sich diese Bezüge ohne Willkür zu einem in sich geschlossenen Gesamtbild zusammenfügen lassen, oder ob sie disparat nebeneinander stehen bleiben müssen. Erst in einem letzten Schritt ist dann zu überlegen, ob sich die so erfaßten Phänomene einer der sonst im NT direkt oder indirekt bezeugten Strömungen oder Richtungen zuordnen lassen.

2. Die Aussagen über die Gegner

Es finden sich drei thematische Bereiche: die *Lehre*, das *Auftreten* sowie das *Verhältnis zur Gemeinde*.

2.1 Markantester Punkt der *Lehre* ist die asketische Forderung des Eheverzichts und der Enthaltung von Speisen (4,3; Tit 1,15). Das ergibt sich aus der Beobachtung, daß sich nur hier Ansätze zu einer theologischen Gegenargumentation (4,4f) finden[65]. Es muß sich also um eine reale, die angeschriebenen Gemeinden bewegende Auseinandersetzung gehandelt haben. Könnte an sich der Eheverzicht auf eine eschatologische Motivation[66] und der Speiseverzicht entweder auf die Befolgung jüdisch-kultischer Reinheitsvorschriften[67] oder auf die Furcht vor dämonischer Befleckung[68] zurückgeführt werden, so fallen diese Möglichkeiten angesichts der Gegenargumentation aus, denn diese stellt klar, daß hinter beidem eine schöpfungsfeindliche Haltung steht. Nicht darin besteht der Fehler der Gegner, daß sie das Überwundensein der Scheidung zwischen »rein« und »unrein« durch Christus noch nicht erkennen und darum in ihrem Gewissen noch unfrei sind (vgl. Röm 14,6), sondern – viel schlimmer – darin, daß sie die natürlichen, irdischen Dinge als etwas ihr Heil Bedrohendes und nicht als gute Gabe des Schöpfers sehen[69]. Hier zeigt sich eine materiefeindliche Grundhaltung, die in ihrer Diastase von Welt und Heil dem durch das Evangelium gesetzten engen Bezug von Schöpfung und Heil widerspricht und darum als Irrlehre gelten mußte. Dieses Urteil

---

[64] Dibelius-Conzelmann 54; ähnlich, jedoch von der Annahme paulinischer Verfasserschaft aus: W. Michaelis, Pastoralbriefe und Gefangenschaftsbriefe, 1930 (NTF 1/6), 102–104.
[65] Trummer, Paulustradition 166; Karris, Background 557.
[66] So Müller, Zur frühchristlichen Theologiegeschichte 63f unter Hinweis auf Mt 19,12; Offb 14,4 und Did 11,1 (als Aussage über die »geistliche Ehe« von Wanderprofeten interpretiert).

[67] Ähnlich wie bei den »Schwachen« von Röm 14,2; vgl. Wilckens, Römer III 109–115.
[68] So wahrscheinlich die »Schwachen« in Korinth bei ihrer Ablehnung des Götzenopferfleisches (1Kor 8,4–7). Dieselbe Motivation setzt Müller, Zur frühchristlichen Theologiegeschichte 60f für die Gegner der Past voraus.
[69] Trummer, Paulustradition 167f.

findet auch in der Anwendung des auf das Jesuswort Mk 7,19 zurückgehenden geläufigen Grundsatzes »dem Reinen ist alles rein« auf die Irrlehrer in Tit 1,15 Ausdruck[70]. Hier geht es nicht mehr um Kritik einer kultisch-ritualistischen Torafrömmigkeit[71], sondern um die Abwehr einer grundsätzlichen Fehlhaltung: Wer wie die Gegner die Schöpfung als böse verurteilt, erweist sich als »unrein« im geistig-moralischen Sinn und damit als unfähig zur wahren Gotteserkenntnis, die Erkenntnis des Schöpfers sein müßte.

Ein besonderer Vorwurf gegen die Gegner lautet, daß sie sagen, »die Auferstehung sei schon geschehen« (2Tim 2,18). Da er unkommentiert bleibt, ist sein Sinn nicht ganz leicht zu erfassen. Für sich genommen, braucht er nicht mehr als eine gewisse Enthusiasmus-Nähe, die sich in einer Betonung des gegenwärtigen Vollendungsbewußtseins ausdrückt, zu besagen. Man könnte etwa eine Eph 2,4–6 nahe Position hier wiederfinden: Unter einseitiger Berufung auf paulinische Aussagen wie Röm 6,1–14 hätten dann die Gegner die Taufe als Vorwegnahme der Auferstehung verstanden[72]. Aber ebenso besteht die Möglichkeit, daß dieser Vorwurf sich gegen eine Preisgabe der traditionellen jüdisch-apokalyptischen Erwartung einer leiblichen Auferstehung richtet, wie sie schon ähnlich durch die von Paulus in 1Kor 15,12–19 bekämpften korinthischen Pneumatiker vertreten worden war[73]. In diesem Falle wäre die hier bekämpfte Position auf eine grundsätzliche Spiritualisierung des Auferstehungsglaubens und seine Lösung von dem Gedanken einer leiblichen Neuschöpfung hinausgelaufen. Das wiederum würde gut mit der Materie- und Schöpfungsfeindlichkeit zusammenpassen. Daß es sich bei diesem Vorwurf im übrigen nicht um eine aus den echten Paulusbriefen abgeleitete Konstruktion, sondern um die Reaktion auf eine reale Gefährdung handelt, geht aus seiner Verbindung mit den Namen Hymenäus und Philetus, zweier offensichtlich der Gemeinde bekannter Irrlehrer, hervor (s. zu 2Tim 2,17)[74].

Ein im Zusammenhang mit der Lehre der Gegner in verschiedenen Variationen erscheinendes Motiv ist das der »Erkenntnis«: Timotheus soll die Redensarten der »fälschlich so genannten Erkenntnis« fliehen (6,20); die Gegner geben vor, »Gott zu erkennen, verleugnen ihn jedoch in ihren Werken« (Tit 1,16); die von ihnen umgarnten Frauen lernen zwar eifrig, können jedoch nicht »zur Erkenntnis der Wahrheit kommen« (2Tim 3,7), während andererseits die Glieder der rechtgläubigen Gemeinde, vielleicht nicht ganz ohne polemische Spitze, als die bezeichnet werden, die »zur Erkenntnis der Wahrheit gelangt sind« (4,3). Das deutet darauf hin, daß das Stichwort »Erkenntnis« (γνῶσις) für die Gegner eine hervorgehobene Bedeutung gehabt haben muß. Offensichtlich verstanden sie sich als Träger und Vermittler besonderer, geheimer Erkenntnis hinsichtlich der göttlichen Welt[75]. Dem entsprechen die Hinweise auf von ihnen vertretene esoterische Geheimlehren spekulativen Charakters: Diese werden abschätzig als »Mythen und unendliche Genealogien« (1,4), »gottlose Altweiber-

[70] K. Berger, Die Gesetzesauslegung Jesu I, 1972 (WMANT 40), 471f, will dieselbe Tradition in Röm 14,20; Kol 2,8.21; Apg 10,15; Lk 11,41 und Tit 1,14 erkennen, läßt jedoch die unterschiedliche interpretatorische Auswertung außer Betracht.
[71] Anders als Röm 14,20; Apg 10,15; Lk 11,41, wo aber gerade nicht schöpfungstheologisch, sondern eschatologisch die Reinheit be-

gründet wird: Gegen Berger, a. a. O. 271–273.
[72] So Müller, Zur frühchristlichen Theologiegeschichte 70f.
[73] Brox 36f.248.
[74] Hegermann, Ort 59; Haufe, Irrlehre 326.
[75] Dabei mag man sich auf Paulus berufen haben, der davon sprechen konnte, daß der Geist selbst »die Tiefen der Gottheit« erforscht (1Kor 2,10); vgl. Haufe, a. a. O. 328f.

mythen« (4,7), »gottloses Gerede« (6,20; 2Tim 2,26) sowie als »jüdische Mythen und Menschensatzungen« (Tit 1,14) bezeichnet[76]. Diese betont distanzierte Redeweise, die Verzerrungen bewußt in Kauf nimmt, macht zwar eine exakte Erfassung des Gemeinten unmöglich, ist aber insofern aufschlußreich, als sie zeigt, wie sich die Irrlehre aus der Sicht der rechtgläubigen Gemeinde darstellen konnte: nämlich als ein krudes Gemisch biblischer Elemente – wobei vor allem an spekulative Ausdeutungen der Stammbäume der Urgeschichte zu denken sein wird (1,4)[77] –, Spekulationen über Kosmogonie und Anthropogonie sowie ethisch-asketischer Anweisungen. Hätte die Schriftauslegung im Zentrum der Lehre der Gegner gestanden, so hätte der Verf. schwerlich von ihr in dieser Weise reden können. Schriftauslegung, gleich welcher Form und Tendenz, als »jüdische Mythen und Menschensatzungen« zu bezeichnen, wäre schlicht unmöglich gewesen. So wird man urteilen müssen, daß atl. Texte zwar in dieser Lehre eine nicht unerhebliche Rolle spielten, daß sie jedoch in starkem Maße mit anderen, nicht-biblischen Elementen verquickt und von ihnen überfremdet waren. Dies dürfte vor allem hinsichtlich des Umganges mit dem Gesetz gelten. Daß die Gegner auf das atl. Gesetz Bezug nahmen, ja, daß sie von daher als »Gesetzeslehrer« auftraten (1,7; Tit 3,9), ist nicht fraglich. Aber anscheinend haben sie das Gesetz nicht als Heilsweg propagiert, sondern statt dessen einzelne Texte der Tora in ihrem Sinne weitergesponnen. Nur so ist es zu erklären, daß der Verf. diese Texte insgesamt als »Menschensatzungen« abtun kann (Tit 1,14), und wohl auch, daß er bei der Widerlegung des Gesetzesverständnisses der Gegner (1,8ff) auf die Frage der theologischen Bedeutung des atl. Gesetzes nicht eingeht: er braucht das nicht, da diese Frage von den Gegnern nicht gestellt war!

2.2 Das *Auftreten* der Gegner wird nach zwei Seiten hin geschildert. Zum einen treten sie öffentlich in der Gemeinde in Erscheinung, und zwar vermutlich als freie charismatische Lehrer in der Gemeindeversammlung, wo sie Debatten und Streitigkeiten (ζητήσεις) auslösen (Tit 3,9). Der Gemeindeleiter muß damit rechnen, daß sie, wie einst die legendarischen ägyptischen Zauberer Jannes und Jambres gegen Mose, öffentlich gegen ihn Stellung nehmen (2Tim 3,8)[78], und er wird zugleich ermahnt, sich auf ihre Argumentationsweise nicht einzulassen (2Tim 2,16.25), sondern statt dessen ruhig und unbeirrt die überlieferte Lehre zu verkündigen. Zum andern treiben die Gegner eine verborgene Wühlarbeit in der Gemeinde. Sie wenden sich dabei besonders an für geheimnisvolle religiöse Lehren aufgeschlossene Frauen, die sie in den Häusern aufsuchen, um sie zu unterweisen (2Tim 3,6). Und diese Methode hat Erfolg: Ganze Familien fallen der Irrlehre anheim (Tit 1,11), ganz abgesehen davon, daß sich wohlhabende Damen ihren Lehrern gegenüber materiell erkenntlich zeigen und deren Lebensunterhalt sichern. Nicht ausgeschlossen ist, daß die große Anziehungskraft der

---

[76] Das berührt sich zwar mit dem polemischen Klischee der verbalen Spitzfindigkeit und Neigung zu sinnlosen Disputen (Karris, Background 553; s. o. Anm. 60), geht aber in seiner Konkretheit weit über dieses hinaus.

[77] Haufe, Irrlehre 329; phantasievoll Sandmel*: die Mythen und Genealogien seien die Vorgeschichten und Genealogien des Lk- und Mt-Ev, und die Polemik richte sich gegen den Gebrauch dieser Evangelien durch die Gegner.

[78] Ähnlich erscheinen die Irrlehrer in Offb 2,14 unter dem biblischen Deckbild des Magiers und Verführers Bileam. Liegt hier ein gemeinsames polemisches Grundmuster der Identifikation mit atl. Magiern vor, das als weiteres Indiz für die Gleichheit der Frontstellung in Past und Offb gelten könnte?

Irrlehre auf Frauen auch damit zusammenhing, daß sie emanzipatorischen Neigungen entgegenkam. Die Entschiedenheit und Schärfe, mit der die Past die Frau auf ihren häuslichen Lebensbereich verweisen (2,9–15), ließe sich jedenfalls ein Stück weit auch als Gegenreaktion gegen solche Tendenzen erklären.

2.3 Was nun das *Verhältnis der Gegner zur Gemeinde* betrifft, so ergibt sich aus alledem, daß es sich mit größter Wahrscheinlichkeit um eine innerhalb der Gemeinde aufgebrochene, von größeren Teilen der Gemeinde getragene Bewegung gehandelt haben muß[79]. Dies bestätigt sich durch die ausdrückliche Verbindung der Häresie mit einigen namentlich genannten Personen – Hymenäus, Alexander, Philetus (1,20; 2Tim 2,17; 4,14) –, die als Abgefallene gekennzeichnet werden. Bei ihnen dürfte es sich um der Gemeinde bekannte, aus ihr hervorgegangene und in ihr wirkende Lehrer gehandelt haben (s. zu 1,20). Zudem wird in 2Tim 2,20 vorausgesetzt, daß Hymenäus und Philetus nach wie vor Glieder der Gemeinde sind. Sie gehören zu den »hölzernen und tönernen«, d. h. minderwertigen Gefäßen, mit deren Vorhandensein man im Hauswesen der Kirche zu rechnen hat. Nichts spricht demgegenüber dafür, daß die Träger der Irrlehre von außen in die kleinasiatischen Gemeinden eingedrungene Personen gewesen wären – auch nicht der Hinweis auf »Leute aus der Beschneidung« (Tit 1,10) bzw. auf die von diesen vertretenen »jüdischen Fabeln« (Tit 1,14). Selbst wenn es sich hierbei nicht um ein aus der paulinischen Polemik übernommenes Klischee bzw. um einen vorsätzlich abwertenden heidenchristlichen Vorwurf handeln sollte[80], wofür einiges sprechen könnte, wäre daraus noch nicht auf von außen kommende jüdische bzw. judenchristliche Personengruppen zu schließen, da in den kleinasiatischen Gemeinden um die Wende des 2. Jh. der Anteil der aus dem Judentum stammenden Glieder noch relativ hoch war. Schließlich sind hier auch noch die persönlich gefärbten Bemerkungen 2Tim 4,9–15 zur Abrundung des Bildes mit heranzuziehen. Wenn in ihnen davon die Rede ist, daß Paulus alleingelassen worden ist und daß sich auch seine engsten Gefährten von ihm abgewandt haben, so soll damit wohl die Situation der paulinischen Kirchen der Asia umschrieben werden: Im Kreis der Paulusschüler selbst, in der von ihm begründeten, seinem Evangelium verpflichteten Kirche hat eine Abfallsbewegung eingesetzt; »Paulus« und mit ihm die, die seiner Lehre treu geblieben sind, drohen in die Isolation zu geraten[81].

3. Versuch einer Gesamtbeurteilung

Es zeigt sich, daß das Bild der Irrlehrer insgesamt durchaus einheitlich und in sich stimmig ist. Nichts nötigt zu der Annahme, daß sich die drei Briefe jeweils gegen unterschiedliche Fronten richteten. Was ihr unmittelbar widerspricht, ist die Einheitlichkeit der Kennzeichnung (z. B. 1,4; 2Tim 2,23; 4,4; Tit 1,14; 3,9) und die mehrfache Wiederkehr derselben Namen (Hymenäus, Alexander, Philetus: 1,20; 2Tim 2,17;

[79] Nach 1,6.19; 5,15; 6,10.21 wären es zwar nur τινες, einige wenige, die sich vom Glauben abgewandt haben, doch handelt es sich hier um eine klischeehafte Verharmlosung (vgl. Röm 3,8; 1Kor 4,18; 2Kor 3,1; 10,12; Gal 1,7; Phil 1,15; 2Thess 3,11; 1Cl 1,1; 47,6); hierzu

Haufe, Irrlehre 325f; Schirr, Ketzerbekämpfung 167f.

[80] Sandmel* 205.

[81] Bauer, Rechtgläubigkeit 89; Haufe, a. a. O. 326.

4,14). Nach der These von U. B. Müller hätten wir in den Briefen insgesamt eine doppelte Ausrichtung der Polemik vor uns, einerseits gegen einen aus dem Kreis der Paulustradition herausgewachsenen, in den Gemeinden verwurzelten Flügel, der pneumatisch-enthusiastische Tendenzen vertrete (2Tim 2,18), andererseits gegen eine von außen in die Gemeinden eingedrungene Gruppe von judenchristlichen Wandermissionaren, die dem Herkunftsmilieu der Offb verwandt sei und einen judaistischen Nomismus mit den entsprechenden Reinheitsforderungen lehre. Doch das hält kritischer Überprüfung nicht stand[82].

Als einheitlich erweist sich das Bild der Gegner, sobald man die *Dominanz der asketisch-schöpfungsfeindlichen und esoterisch-spekulativen Elemente* und die *relative Randfunktion der nomistisch-jüdischen Elemente* erkennt. Und zwar ist hinreichend deutlich, daß wir es bei ihnen mit Vertretern einer Frühform der christlichen Gnosis zu tun haben. Es geht ihnen, wie schon das Stichwort »Gnosis« (= Erkenntnis) zum Ausdruck bringt (6,20), um eine heilschaffende, erlösende Gotteserkenntnis. Demnach bestehen Heil und Erlösung in der Befreiung aus dem Gefängnis der materiellen Welt. Kennzeichnend für den hier sichtbar werdenden Gnostiker ist eine zutiefst negative Grundhaltung gegenüber der bestehenden Welt. Bestimmend ist für ihn ein dualistisches Weltbild, das Gott und Welt, Heil und Schöpfung auseinanderreißt. Glaube an einen Schöpfergott im Sinne positiver, vertrauender Zuwendung zu ihm ist ihm nicht möglich; der Weltschöpfer gilt ihm als feindliche, verderbliche Macht, sein Werk als ein zu überwindendes Verhängnis.

Das verbreitete Klischee, das unter einseitiger Betonung der nomistisch-jüdischen Elemente der Irrlehre deren Vertreter als von außen in die Gemeinden eingedrungene palästinisch-judenchristliche Gnostiker erklären will, basiert letztlich auf der Prämisse eines jüdischen Ursprungs der Gnosis. Diese aber ist in der gegenwärtigen Forschung[83] zusehends fragwürdig geworden. Die Gnosis erweist sich als vielschichtiges religiöses

---

[82] Müller, Zur frühchristlichen Theologiegeschichte 58–74 kommt zu dieser Sicht, weil er die Aussagen über die jüdische Herkunft der von ihm angenommenen zweiten Gegnergruppe überbewertet, ohne nach der sie tragenden literarischen Intention zu fragen, und – vor allem – weil er die Gesetzeslehre dieser Gruppe im Sinn einer kultischen Reinheitsforderung versteht, wobei er den Hinweis von 4,3f auf eine schöpfungsfeindlich-asketische Motivation nicht zur Kenntnis nimmt. Zwischen einem judaisierenden kultischen Nomismus und einem enthusiastischen pneumatischen Vollendungsbewußtsein, wie es hinter 2Tim 2,18 aufscheint, ließe sich in der Tat schwerlich eine Verbindung herstellen. Hinzu kommt, daß Müller den deutlichen Hinweisen auf das Programm einer neuen, vertieften Gotteserkenntnis, vor allem in Gestalt des Stichwortes γνῶσις, keinerlei Beachtung schenkt, wie er denn überhaupt Stellenwert und Gewichtung der einzelnen Angaben über die Gegner zu wenig berücksichtigt.

[83] Aus der umfangreichen Literatur zum Thema der christlichen Gnosis seien hier nur einige wenige repräsentative Titel genannt: K. Beyschlag, Simon Magus und die christliche Gnosis, 1974 (WUNT 16); C. Colpe, Die religionsgeschichtliche Schule. Darstellung und Kritik ihres Bildes vom gnostischen Erlösermythus, 1961 (FRLANT 78); L. Goppelt, Christentum und Judentum im ersten und zweiten Jahrhundert, 1964 (BFChTh.M 55); E. Haenchen, Gab es eine vorchristliche Gnosis?, ZThK 49 (1952) 316–349; K. Rudolph, Gnosis und Gnostizismus. Ein Forschungsbericht, ThR 34 (1969) 121–175.181–231.358–361; 36 (1971) 1–61.89–124; 37 (1972) 289–360; 38 (1973) 1–25; R. McL. Wilson, TRE 13, 535–550 (dort neuere Literatur!); K. Rudolph (Hrsg.), Gnosis und Gnostizismus, 1975 (WdF 262); K.-W. Tröger (Hrsg.), Gnosis und Neues Testament. Studien aus Religionswissenschaft und Theologie, Gütersloh 1973; ders. (Hrsg.), Altes Testament-Frühjudentum-Gnosis. Neue Studien zu »Gnosis und Bibel«, Gütersloh 1980. – Edition gnostischer Texte: The Nag Hammadi Library in English, hrsg. J. M. Robinson, Leiden ²1984.

Phänomen der hellenistischen Spätantike. Iranischer Dualismus, pythagoreische und platonische Philosophie[84], Motive der Mysterienreligionen[85] verbanden sich auf dem Nährboden eines pessimistischen, von der Erfahrung der Unausweichlichkeit geschichtlicher Zwänge geprägten Daseinsgefühls[86] zu gnostisierenden Gedanken. Deren Verdichtung zu gnostischen Lehrsystemen im eigentlichen Sinne erfolgte jedoch erst in der Begegnung mit dem Christentum und der von diesem vermittelten biblischen Tradition[87]. Hinsichtlich der Rolle, die das Judentum bei der Entstehung der Gnosis gespielt hat, neigt die Forschung heute mit Recht zu einem zurückhaltenden Urteil[88]. Für einen jüdischen Ursprung der Gnosis fehlen überzeugende Belege[89], gegen ihn spricht der für jüdische Religion konstitutive Schöpfungsglaube[90], der sich als Damm gegen gnostische Gedanken erweisen mußte. Allenfalls gab es in häretischen Randgruppen des Judentums ein gnostisierendes Milieu, von dem her alttestamentliche Texte und apokryphe jüdische Traditionen in die Welt des antiken Synkretismus einströmten[91]. Im wesentlichen aber war es wohl das Christentum – und hier wiederum das Heidenchristentum –, das der Gnosis die für ihre stürmische Entwicklung im 2. und 3. Jh. entscheidend wichtigen jüdischen Traditionen zuführte[92]. Anders als das Juden-

---

[84] Bereits für Empedokles ist der Mensch gefangen im Kreislauf der Elemente, aus dem er sich nur durch Askese lösen kann; hierzu W. K. C. Guthrie, A History of Greek Philosophy II, Cambridge 1965, 140–157. Großen Einfluß als Vermittler dieser Gedanken hatte im 1. Jh. n. Chr. Plutarch: Für ihn ist der Gedanke der Reinigung der Seelen vom Irdischen und des Aufstiegs aus der vom heillosen Kampf der Elemente bestimmten Welt zum Himmlischen wichtig (Is. et Os. 376d); hierzu E. Schweizer, Kolosser 103.

[85] Wichtiges Beispiel für deren gnostische Weiterinterpretation sind die Hermetischen Schriften. Sie weisen zur γνῶσις θεοῦ als einer in der Ekstase zu gewinnenden Gotteserkenntnis, in der die Seele sich von der Fesselung an die Materie löst, um zur oberen Welt aufzusteigen: »Ziehe es zu dir und es wird kommen, will und es wird geschehen, laß die Empfindungen des Körpers ruhen und die Göttlichkeit wird entstehen, reinige dich selbst von den des Logos baren Plagegeistern der Materie!« (Corpus Hermeticum 13,7); übers. M. P. Nilsson, Geschichte der griechischen Religion II, ²1961 (HAW V/2), 589; vgl. ebd. 588–593.

[86] E. Schweizer, Das hellenistische Weltbild als Produkt der Weltangst, in: ders., Neotestamentica, Zürich 1963, 15–27.

[87] So Maier* 239.258.256f; ähnlich K. Berger, TRE 13, 534.

[88] Maier* ebd.; van Unnik* 476–494; Kretschmar* 426.437.436f.

[89] Man rekurriert hier vorwiegend auf (a) den Dualismus der Qumran-Schriften und ihre Gewichtung des Wissens als Heilsweg (beides aber ist nicht gnostisch, weil die für Gnosis fundamentale Diastase von Schöpfung und Heil fehlt. »Qumran kann höchstens als eine Stufe in der Entwicklung angesehen werden, die vielleicht im Gnostizismus kulminierte« [Wilson* 542]), (b) die dualistische Scheidung der beiden Äonen (die ebenfalls ganz ungnostisch ist) sowie (c) die jüdische Mystik vor allem der Hekhaloth-Texte (G. Scholem, Jewish Gnosticism, Merkabah Mysticism and Talmudic Tradition, New York ²1960; K. Rudolph, Randerscheinungen des Judentums und des Gnostizismus, in: WdF 262 [Anm. 83] 768.797.780–782), doch ist deren Datierung ebenso unsicher wie das Urteil darüber, inwieweit hier schon von Gnosis die Rede sein kann (kritisch: Maier* 248f).

[90] van Unnik* 482f; Maier* 257.

[91] Unter diese Randgruppen wird man zwar mit gewissem Recht auch die Samaritaner rechnen können, doch ist die im syrisch-samaritanischen Bereich entstandene simonianische Gnosis nach dem Nachweis von K. Beyschlag (Anm. 83) nicht als Ausprägung eines vorchristlich-gnostischen Systems zu werten; vielmehr ist auch sie das Ergebnis eines christlichen Gnostizismus, für den das Milieu der vorchristlich-samaritanischen Heterodoxie lediglich den Nährboden lieferte (215f).

[92] Maier* 257; Wilson* 538. Daneben ist mit einem – freilich nicht zu überschätzenden – Einfluß jüdischer Apostaten zu rechnen; eine wichtige Rolle als Vermittler von protognostisch erschlossenen biblischen Traditionen spielte Philo, der freilich selbst kein Gnostiker war; s. Chr. Elsas, Das Judentum als philosophische Religion bei Philo von Alexandrien, in: Tröger, Altes Testament-Frühjudentum-Gnosis (Anm. 83) 195–220.

tum hatte das Christentum eine potentielle Einbruchstelle für die Gnosis, nämlich die Christologie, oder genauer gesagt, das Kreuz[93]. Gelang es nicht, über das Kreuz hinweg die Einheit des Heilshandelns Gottes in Schöpfung und Erlösung deutlich zu machen, so war der Bruch da.

Ein genuines, dem Hauptstrom des palästinischen Judentums entstammendes, jüdische Struktur der Theologie und Lebenshaltung bewahrendes Judenchristentum, das Träger und Vermittler der gnostischen Bewegung gewesen wäre, hat es schwerlich gegeben[94]. Die Gegnerschilderung der Past läßt sich nahezu als Fallstudie dafür lesen, wie sich der Aufbruch der gnostischen Strömung innerhalb der heidenchristlichen Gemeinden des ausgehenden 1. Jh. vollzogen hat. Die Voraussetzungen für ihn waren gerade in paulinisch-heidenchristlichen Gemeinden der Asia in besonderer Weise gegeben. Diese standen einerseits im Sog des hellenistischen Synkretismus mit seinen kosmologischen Spekulationen und spiritualisierenden Tendenzen, andererseits war in ihnen das Erbe jüdischer Tradition lebendig. Und schließlich boten Lehre und Lebenspraxis des Apostels genügend Punkte, die im Sinne einer gnostisierenden Interpretation ausgewertet werden konnten, z. B. die Taufe als Sterben und Auferstehen mit Christus (Röm 6,1–11), Jesu Tod als Überwindung von Gesetz und widergöttlichen Mächten (Gal 3,13), Jesus als zweiter Adam und Himmelsmensch (Röm 5,12–21), der Ausschluß von »Fleisch und Blut« aus der Gottesherrschaft (1Kor 15,50)[95], die Zugehörigkeit der Glaubenden zur Sphäre des Geistes (Röm 8,9), die asketische Lebenshaltung (1Kor 9,25 f) sowie der Eheverzicht (1Kor 7,8)[96]. Die Irrlehre brach inmitten der paulinischen Gemeinde auf, sie wurde schwerlich von außen in sie hineingetragen. Die sie vertraten, waren Männer, die diesen Gemeinden entstammten und die sich als Vertreter der paulinischen Lehrtradition ausgaben – das machte sie so gefährlich und ihre Bekämpfung so schwierig.

Im Mittelpunkt ihrer Lehre stand der Anspruch, »Gott zu kennen« (Tit 1,16), und das heißt, den höchsten, unbekannten, von der materiellen Welt unendlich distanzierten Gott. Wer sich ihnen anschloß, dem wurde ein Weg zu solcher heilschaffender Erkenntnis verheißen. Gangbar war dieser Weg aber nicht für alle Menschen, sondern nur für die Pneumatiker, bei denen die Zugehörigkeit zur geistigen Welt nicht völlig verschüttet ist, in denen der göttliche Seelenfunke noch glimmt. Gnostische Lehre ist darum ihrem Wesen nach esoterisch, sie richtet sich nur an die wenigen Erwählten,

[93]   G. Kretschmar, ³RGG II 1657.
[94]   Ein gnostisches Judenchristentum im eigentlichen Sinn läßt sich erst im 2. Jh. ausmachen (in den Kerygmata Petrou, bei Elkasai); es ist eine Frucht der Begegnung des Judenchristentums mit dem Heidenchristentum und, ganz allgemein, mit den Einflüssen hellenistischer Kultur und Religion; vgl. Strecker* 281. Auch hinter der von Ignatius bekämpften Gnosis wird man kein genuines Judenchristentum suchen dürfen. Der Vorwurf des ἰουδαΐζειν (IgnMg 10,3; vgl. 8,1; Phld 6,1) richtet sich polemisch gegen »eine von Heidenchristen vertretene Lehre, die sich in spekulativer Schriftauslegung und gesetzlichen Vorschriften gefällt, ohne sich selbst auf jüdische Tradi-

tion zu berufen« (Goppelt, Christentum und Judentum [Anm. 83] 261–282.281).
[95]   Aufschlußreiches Material zur Bedeutung von 1Kor 15,50 für die Gnosis und ganz allgemein zur gnostischen Paulus-Exegese in Nag-Hammadi-Schriften bei K. Koschorke, Paulus in den Nag-Hammadi-Texten, ZThK 78 (1981) 177–205.
[96]   Beispiel für solche Auswertung: die apokryphen Paulusakten, die die Predigt des Paulus als »das Wort Gottes von der Enthaltsamkeit und von der Auferstehung« zusammenfassen (Acta Pauli et Theclae 6, Lipsius 238) und berichten, der Apostel habe Jünglinge und Jungfrauen von der Ehe abgehalten (ebd. 11, Lipsius 243).

wobei dieser elitäre Zug dazu beitrug, ihre Attraktivität zu erhöhen[97]. Dem entspricht es, daß die Hauptaktivität der Irrlehrer sich in kleinen Kreisen erkenntnis- und erlösungsbedürftiger Schüler vollzog (2Tim 3,6ff). Die Texte bieten uns zwar keinen Anhaltspunkt dafür, daß die Irrlehrer das Schöpfungswerk einem antigöttlichen dämonischen Wesen zuschrieben und die Diastase zwischen höchstem Gott und Weltschöpfer lehrmäßig fixiert hätten. Deutlich ist aber, daß sie eine schroffe Trennungslinie zwischen Gott und Schöpfung zogen (1Tim 4,1–5). »Erkenntnis« des höchsten Gottes, wie sie durch Christus erschlossen ist, bedeutete für sie Distanzierung von der Schöpfung. Als der Sphäre des Göttlichen zugehöriger Pneumatiker erweist man sich, indem man sich so weit wie möglich von der Materie löst und sich von den Gegebenheiten geschichtlicher und gesellschaftlicher Existenz distanziert. Hier ist der Kontext der asketischen Forderungen: man verzichtet auf gewisse Speisen und Getränke, um auf diese Weise wenigstens zeichenhaft seine Distanz zum Leib, der sich durch Essen und Trinken immer wieder regeneriert, zum Ausdruck zu bringen. Man verwirft die Ehe, weil man sich dem als dämonisch erkannten Zwang, durch leibliche Fortpflanzung die Menschheit zu perpetuieren, entziehen möchte[98]. Zur Begründung der Nahrungsaskese mag man dabei zum Teil auf atl. Speisegebote zurückgegriffen haben, denen man anstelle ihres ursprünglichen kultischen einen asketischen Sinn unterlegte. Die Past sprechen nur die Askese als die *eine* Form gnostischer Distanzierung von der materiellen Welt des Geschaffenen an. Es ist jedoch zu vermuten, daß deren *andere*, dazu komplementäre Form ebenfalls von den frühgnostischen Irrlehrern verkündigt worden ist: der Libertinismus, d. h. ein Verhalten der bewußt-provokatorischen Mißachtung der im Schöpfungsbereich verankerten Lebensordnungen und Institutionen wie z. B. der Ehe und der Familie (vgl. Jud 4.7; Offb 2,20).

Mit solcher – sei es asketischer, sei es libertinistischer – Distanzierung zur Welt wird die Folge aus der gerade gnostisch adaptierbaren Einsicht gezogen, daß »die Auferstehung schon geschehen« sei, nämlich für den Gnostiker (2Tim 2,18). Diese besagt nämlich, daß der Mensch bereits durch den Empfang des besonderen, esoterischen Heilswissens bzw. durch die Taufe der vollen Auferstehungswirklichkeit teilhaftig sei. Auferstehung ist dabei einseitig im Sinne der Lösung des pneumatischen Selbst aus Leib und Materie verstanden. Der für christliche Auferstehungshoffnung zentrale Gedanke einer leibhaften Auferstehung und einer Überwindung des Todes durch die endzeitliche Schöpfungsmacht Gottes ist hier ausdrücklich negiert. Dieser sich christlich gebende, aber zutiefst unchristliche Gedanke deutet die Implikationen für die Christologie zumindest an: Für die Irrlehrer ist Jesus nicht mehr der, in dessen Weg und Geschichte Gott der Schöpfer sein Recht gegenüber seiner Schöpfung endgültig durchsetzt und sein Ziel einer neuen, leibhaften Welt ankündigt; er ist statt dessen Träger und Repräsentant einer rein spirituellen, Welt und Geschichte verneinenden Heilsbotschaft.

Die Konsequenz, die sich für die spätere Gnosis notwendigerweise daraus ergeben mußte, war eine doketische Christologie, die Bestreitung des wahren Menschseins Jesu.

---

[97] Hier liegt eine gewisse Parallele zu den Mysterienkulten und den sie tragenden kleinen, esoterischen Gemeinschaften: P. Pokorný, Der soziale Hintergrund der Gnosis, in: Tröger, Gnosis und NT (Anm. 83) 77–87.84.
[98] Vgl. die Gnostikerbeschreibung Irenäus, Haer. I 24,2: »Heiraten und Zeugen stammt vom Teufel. Die meisten von ihnen enthalten sich der Fleischspeisen, und durch diese scheinbare Enthaltsamkeit verführen sie viele« (Übers. BKV Irenäus I 72). – Polemisiert 2,15 mit der betont positiven Wertung von Familie und Kindergebären gegen die gnostische Ansicht, daß beides vom Heil ausschließe? (Haufe, Irrlehre 330).

Die Past sprechen jedoch diesen Punkt nicht an, wie sie überhaupt die Christologie der Gegner nirgends thematisieren[99]. Daraus wird man folgern dürfen, daß die Irrlehrer noch keine voll ausgebildete gnostische Christologie vertraten. So erhalten wir hier das Bild einer bestimmten Entwicklungsphase, in der sich zwar bereits Konturen christlicher Gnosis unmißverständlich abzeichnen, in der aber ein in sich geschlossenes christlich-gnostisches Lehrsystem noch nicht vorliegt. Die endgültige Scheidung zwischen rechtgläubigem Christentum und Gnosis ist darum auch noch nicht akut.

4. Einordnung

Relativ nahe dürfte der Irrlehre der Past die kolossische Philosophie stehen. Ein Vergleich im einzelnen ist zwar schwierig, weil die spärlichen Angaben in beiden Fällen von der polemisch gesteuerten selektiven Wahrnehmung je theologisch unterschiedlich ausgerichteter Verfasserpersönlichkeiten bestimmt sind, doch zeichnen sich eine Reihe auffällig verwandter Züge ab: Auch im Kol findet sich das Streben, sich von der materiellen Welt zu distanzieren und das Heil in der Transzendenz zu suchen, wobei diese durch Christus repräsentiert wird[100]; auch hier ist Askese Mittel zur Loslösung von der Welt (Kol 2,18–23); allerdings hat es den Anschein, als sei die schöpfungskritische Position weniger stark ausgebaut. Auch hier werden atl. Gebote und Überlieferungen anscheinend herangezogen und zur Gewinnung von Verhaltensanweisungen ausgedeutet, wobei der Festkalender eine besondere Rolle spielt (Kol 2,16). Ohne erkennbare Parallele in den Past sind lediglich die Engelverehrung und die besondere Rolle der »Weltelemente« (Kol 2,18.20): Vermutlich geht es bei beiden um Repräsentationen der Mächtigkeit der materiellen Welt, deren bedrohlichem Einfluß man sich durch die Einhaltung bestimmter Verhaltensregeln entziehen zu können meint. Auf einen direkten jüdischen bzw. judenchristlichen Hintergrund dieser gnostisierenden Strömung deutet nichts[101]. Sie kann vielmehr als Indiz dafür bewertet werden, daß die sich in nachpaulinischer Zeit in den Gemeinden der Asia entwickelnde gnostische Unterströmung relativ einheitlicher Art war. Erscheinen die gnostischen Züge bei den Gegnern der Past etwas stärker ausgeprägt, so entspricht das dem zeitlichen Abstand zum Kol.

Gleich bedeutsam, weil zeitlich näher an den Past, ist das Zeugnis der Offb. Sie schildert in den Sendschreiben eine Reihe von häretischen Phänomenen in den kleinasiatischen Gemeinden: die Nikolaiten (Offb 2,6.15), die »Lehre Bileams« (Offb 2,14) sowie die Profetin Isebel (Offb 2,20). Es läßt sich zeigen, daß diese einer in sich einheitlichen Gruppe von Irrlehrern zugehören, die weitgehend mit der von den Past bekämpften identisch ist. Denn auch diese Irrlehrer sind ohne Zweifel aus den Gemeinden der Asia selbst hervorgegangen[102]. Sie sind, wie ihre Berufung auf Nikolaos, den einzigen Proselyten der hellenistischen »Sieben« (Apg 6,5), wahrscheinlich macht, hellenistischen und nicht palästinisch-judenchristlichen Ursprungs. Ihre Vertreter erheben den Anspruch, als Profeten in charismatischer Vollmacht zu reden (Offb 2,20). Sie bieten an, wahre, in die Tiefe reichende Gotteserkenntnis zu vermitteln (Offb 2,24), und zwar, wie der betonte Gebrauch des Wortes διδαχή (Offb 2,20.24) schließen läßt, durch eine

---

[99] Aus 2,5f; 3,16; Tit 2,13 wird man schwerlich Spitzen gegen gnostische Christologie heraushören dürfen; vgl. Haufe, a. a. O. 330.

[100] Schweizer, Kolosser 104; Strecker* 273.

[101] Das angebliche Hauptindiz dafür, die Be-

schneidungsforderung Kol 2,11–13, ist kaum tragfähig, weil »Beschneidung« in einem spiritualisierten, ethischen Sinn zu verstehen sein dürfte; hierzu Schweizer, a. a. O. 110f.

[102] Vgl. Karrer, Johannesoffenbarung 196f.

esoterische Geheimlehre, in der atl. Bezüge und vom AT angeregte Spekulationen eine wichtige Rolle spielten (Offb 2,14)[103]. Mindestens indirekt lassen sich Hinweise darauf erkennen, daß diese gnostischen Lehrer – denn um solche handelt es sich ohne Zweifel – von einem starken präsentischen Heilsbewußtsein getragen waren und der Lehre einer in der Zukunft liegenden leiblichen Auferstehung kritisch gegenüberstanden[104]. Dieses Vollendungsbewußtsein manifestierte sich in einem betont freizügigen, gegen sittliche Ordnungen und gemeindliche Normen verstoßenden Verhalten: Die Offb kritisiert Unzucht und das Essen von Götzenopferfleisch (Offb 2,20). Von asketischen Neigungen erfahren wir dagegen nichts. Hier liegt der einzige Unterschied zum Gegnerbild der Past. Er hat jedoch nur geringes Gewicht, weil er sich aus der unterschiedlichen Perspektive der jeweiligen Autoren erklären läßt[105]. Für den rigoristischen, dem asketischen Ethos der Wanderprofetie verpflichteten Apokalyptiker waren die libertinistischen Züge der gnostischen Gegner Quelle der Irritation, während den stark schöpfungstheologisch ausgerichteten Verf. der Past vor allem das schöpfungsfeindliche Verhalten der Gegner zum Protest herausforderte. In Wirklichkeit dürften sich im Ethos der bekämpften Gruppe asketische und libertinistische Züge komplementär ergänzt haben.

Eindeutig und für die Beurteilung bedeutsam ist noch die Übereinstimmung im Nicht-Erwähnen spezifisch christologischer Irrlehren. Die Gegner der Offb haben anscheinend ebensowenig wie die der Past eine explizit doketische Christologie vertreten, d. h., ein voll ausgeprägtes christlich-gnostisches Lehrsystem dürfte auch bei ihnen noch nicht vorgelegen haben.

Übereinstimmend sind schließlich auch die Angaben über Ausbreitung und Einfluß der Irrlehre in den Gemeinden der Asia. Auch nach der Offb ist diese zwar eine akute Gefahr, aber von einer Unterwanderung des gesamten Kirchengebietes kann gar keine Rede sein, geschweige denn von der Zerstörung einzelner Gemeinden. Ernstlich bedroht sind von den sieben Gemeinden lediglich Pergamon und Thyatira, während Ephesus, das Zentrum des Paulinismus in der Asia, bezeichnenderweise die Irrlehre erfolgreich abwehren konnte (Offb 2,6).

2. Die Bewährung des guten Dieners Jesu Christi in Lehre und Lebensführung (4,6–11)

Literatur: Eidem, E., Pauli bildvärld I. Athletae et Milites Christi, 1913 (BRW 1); *Pfitzner,* Agon Motif; *Spicq, C.,* Gymnastique et morale d'après I Tim 4:7–8, RB 54 (1947) 229–242.

---

[103] Die Irrlehrer der Offb werden als Anhänger der »Lehre Bileams«, die über diese Lehre spekulieren, charakterisiert (Offb 2,14). Die Bileamsperikopen aber sind Teil der Tora, des νόμος, fallen also unter den Spekulationsvorwurf von 1Tim 1,3–7; vgl. Roloff, Offenbarung 54 f; Karrer, a. a. O. 197.

[104] Die Stoßrichtung der Rede der Offb von der »ersten Auferstehung« (20,5 f) dürfte »auf

die postmortale Abgrenzung der Auferstehung« gehen und »den Ausschluß der Möglichkeit, eine prämortale (erste) Auferstehung zu behaupten«, implizieren (Karrer, a. a. O. 275 f). Sie konvergiert damit mit der Kritik von 2Tim 2,17 an den Irrlehrern, welche sagen, die Auferstehung sei schon geschehen.

[105] Vgl. Karrer, a. a. O. 294 f (bes. Anm. 32).

6 Wenn du den Brüdern dies vorträgst, wirst du ein guter Diener Christi Jesu sein, der von den Worten des Glaubens und der guten Lehre lebt, welcher du gefolgt bist. 7 Die unheiligen Altweiberfabeln aber weise zurück! Dich selbst aber übe zur Frömmigkeit. 8 Denn die körperliche Übung nützt nur wenig, die Frömmigkeit jedoch ist nützlich in jeder Hinsicht: Sie hat die Verheißung des jetzigen und des künftigen Lebens. 9 Zuverlässig ist das Wort und aller Annahme würdig: 10 Denn im Blick darauf mühen wir uns ab und kämpfen wir, daß wir unsere Hoffnung auf den lebendigen Gott gesetzt haben, welcher der Retter aller Menschen ist, vor allem der Gläubigen. 11 Das sollst du anordnen und lehren!

Analyse Dem negativen Bild der Irrlehre (VV1–5) wird nun das positive Bild des rechten Gemeindeleiters, dessen ideale Verkörperung der Apostelschüler ist, entgegengesetzt. Dazu wird er an seine Aufgabe und seine Möglichkeiten, die Irrlehre abzuwehren, erinnert. Dies geschieht in zwei Weisungen: Die erste (VV6.7a), seine Lehre betreffende, ist zweigliedrig gehalten. Der Apostelschüler soll – positiv – die vorher entfaltete Lehre von der Güte des von Gott Geschaffenen darlegen (VV4f), und er soll – negativ – den Irrlehren entgegentreten. Die zweite Weisung betrifft die Lebensführung des Apostelschülers. Sie ist in einen knappen imperativischen Satz gefaßt (V7b), an den sich eine ausführliche Begründung (VV8–10) anschließt, bestehend aus einer in weisheitlichem Stil gehaltenen Sentenz (V8), der den Past eigentümlichen (s. zu 1,15) Bekräftigungsformel (V9) sowie einem zitatartigen theologischen Leitsatz (V10). Strittig ist dabei der Bezug der Bekräftigungsformel (V9): Verweist sie zurück auf die Sentenz (V8), die damit freilich hinsichtlich ihres Gewichtes wohl überbewertet wäre[106], dient sie der Einführung von V10[107], oder ist sie gar nur eine ungeschickte Gelegenheitsformulierung, dazu bestimmt, einem Abschnitt mit wenig theologischer Substanz stärkeres Gewicht zu verschaffen[108]? Entscheiden läßt sich diese Frage von der Einsicht her, daß V10 eine Paraphrase von Kol 1,29 ist. Der Verf. bezieht sich hier bewußt auf ein – vermeintliches – Pauluswort, das er anscheinend bei seinen Lesern als bekannt voraussetzt, und zwar im Sinne der abschließenden theologischen Begründung der Sentenz von V8. So wird man in der Bekräftigungsformel die Einführung des freien Zitates von V10 zu sehen haben. Einiges spricht darüber hinaus dafür, daß der Verf. bereits von V6 an den gesamten Abschnitt Kol 1,24–29 im Blick hatte. Im einzelnen ergeben sich nämlich folgende Entsprechungen:

---

[106] So Brox 177; Holtz 106; Kelly 101; Knight, Faithful Sayings 62–79 (will V8b traditionsgeschichtlich aufwerten, indem er einen Bezug auf das Jesuslogion Lk 18,29f postuliert.

Doch dafür fehlt jeder Anhaltspunkt). Ähnlich Spicq 508f (Rückbezug auf εὐσέβεια in V8).
[107] So Dibelius-Conzelmann 55.
[108] So Hanson 91.

διάκονος (Kol 1,25)	– διάκονος Χριστοῦ Ἰησοῦ (1Tim 4,6)
καταγγέλλομεν νουθετοῦντες (Kol 1,28)	– παράγγελλε … καὶ δίδασκε (1Tim 4,11)
εἰς ὃ καὶ κοπιῶ ἀγωνιζόμενος (Kol 1,29)	– εἰς τοῦτο γὰρ κοπιῶμεν καὶ ἀγωνιζόμεθα (1Tim 4,10)
πάντα ἄνθρωπον τέλειον ἐν Χριστῷ (Kol 1,28)	– σωτὴρ πάντων ἀνθρώπων (1Tim 4,10).

Am stärksten transformiert ist Kol 1,29b: Die Aussage über das gegenwärtige Wirken des Christus in uns wird ersetzt durch die Zusage der lebenschaffenden Kraft Gottes (1Tim 4,8c.10b). Das entspricht der auch sonst zu beobachtenden Distanz der Past gegenüber dem Gedanken gegenwärtigen Heilsbesitzes.

Der Apostelschüler wird nun wieder direkt angesprochen: Es gilt für ihn der **Erklärung** durch das Auftreten der Irrlehrer entstandenen gefährlichen Situation zu **6** begegnen, und zwar durch seine Lehre ebenso wie durch seine persönliche Lebensweise. Was die *Lehre* betrifft, so ist deren aktueller Inhalt durch das auf VV3b–5 zurückverweisende ταῦτα angedeutet. Gegenüber den die Schöpfung ins Zwielicht rückenden asketischen Forderungen der Gnostiker ist die Güte des Schöpfers zu predigen und zu einer Haltung des dankbaren Empfangens der Gaben seiner liebenden Zuwendung zu den Geschöpfen aufzurufen. Die Weisung läßt zunächst das autoritäre Moment gegenüber dem seelsorgerlich argumentierenden zurücktreten: ὑποτίθεσθαι ist kein Lehrterminus, sondern hat eher die Bedeutung »vorschlagen«, »zu bedenken geben«[109], verweist also in den Bereich der argumentierenden Diskussion. Auf den gleichen Ton ist die Kennzeichnung der Gemeinde als ἀδελφοί, d. h. als »Brüder (und Schwestern)«, gestimmt (vgl. 1Kor 15,58; Phil 4,1; Phlm 16 u. ö.). Als ein Bruder unter Brüdern und Schwestern soll sich der Gemeindeleiter den durch die Irrlehre Angefochtenen zuwenden, um sie im geduldigen, ihre Bedenken ernst nehmenden Gespräch zu überzeugen. Wird er so als einer angesprochen, der der Gemeinde nicht gegenübersteht, sondern mitten in ihr seinen Ort hat, so ändert das nichts an seiner besonderen Verantwortung für sie. Und in diesem Sinn wird die Situation für ihn geradezu zum Testfall: Daran nämlich, ob er jetzt die Gemeinde in der angedeuteten Weise richtig lehrt, entscheidet sich, ob er »ein guter Diener Christi Jesu« ist. Die Wendung διάκονος Χριστοῦ Ἰησοῦ hat solennen Klang; διάκονος ist hier nicht, wie 3,8.12, als Terminus für das Diakonenamt, sondern – vielleicht angeregt durch Kol 1,25 – im paulinischen Sinn gebraucht. Paulus kennzeichnet mit diesem Wort den spezifischen christologischen Bezug seines Apostelamtes als eines Dienstes, durch den das dienende Dasein Jesu für andere auf die Kirche hin seine

---

109 Liddell-Scott s. v.; in dieser medialen Bedeutung nur hier im NT.

Verlängerung findet[110]. Bezeichnend für die Past ist die unmittelbare Verbindung zwischen Amt und Lehre: »rechter« Diener Christi Jesu wird man, indem man die »rechte Lehre« vertritt. Angedeutet ist dabei das Ideal des Verwurzeltseins in christlicher Tradition: Timotheus »lebt« von den »Worten des Glaubens« in der Weise, daß er sich von ihnen nährt[111], aus ihnen in langem Umgang die Kraft seines Wachstums bezieht[112]. Hinsichtlich dieses Verwurzeltseins in der Überlieferung ist der Apostelschüler Leitbild für den Gemeindeleiter. Darauf, daß dazu mehr nötig ist als eine nur emotionale, durch Tradition vermittelte Bindung an das Evangelium, verweist der in popularphilosophischer Lehrtradition geläufige Terminus παρακολουθεῖν[113]: Es gilt, der Lehre zu »folgen« im Sinne des gedanklichen Nachvollzugs und der reflektierenden Aneignung. Nur so nämlich wird der Gemeindeleiter fähig, in kritischen Situationen diese Lehre in seelsorgerlicher Argumentation und verbindlicher Weisung zur Geltung zu bringen. Die beiden Wendungen, mit denen die Lehre umschrieben wird, λόγοι τῆς πίστεως und (λόγοι) τῆς καλῆς διδασκαλίας, sind nahezu bedeutungsgleich und interpretieren sich gegenseitig: »Worte des Glaubens« sind Worte, die Glauben im Sinn des christlichen Gemeinbewußtseins und des christlichen Lebensvollzugs schaffen; und weil sie eben diese heilvolle Wirkung haben, sind sie »rechte« bzw. »gesunde«
7a (1,10) Lehre[114]. Seelsorgerliche Geduld und Diskussionsbereitschaft des Gemeindeleiters kommen an ihre Grenzen, wo es um die Irrlehre selbst geht. Keinesfalls darf er sie dulden, mit Entschiedenheit muß er ihr entgegentreten, wo sie öffentliche Geltung in der Gemeinde beansprucht. Konkret wird man hier an die gottesdienstliche Versammlung zu denken haben: Versucht in ihr ein Irrlehrer vom Schlage eines Hymenäus, Philetus oder Alexander (2Tim 2,17) das Wort zu ergreifen, so hat ihn, ohne Rücksicht auf deren Ansehen in der Gemeinde, der verantwortliche Gemeindeleiter daran zu hindern. Inhaltlich wird die Irrlehre wieder mit stark abwertenden Prädikaten bedacht: es handelt sich um μῦθοι, d. h. um erfundene, in jeder Hinsicht unwahre Erzählungen (vgl. 2Tim 4,4)[115]. Der moderne, religionsgeschichtlich akzentuierte Mythos-Begriff darf hier nicht eingetragen werden: Nicht daß es sich um »mythologische« Erzählungen vom Ursprung von Welt und Mensch handelt, will der Verf. sagen – wenn es sich auch faktisch um solche gnostische mythologische Lehre gehandelt haben dürfte –, sondern lediglich, daß diese Erzählungen unwahr und albern sind; so kommt die Übersetzung »Fabeln« dem Gemeinten wohl am nächsten. Das erste der beiden Attribute bezieht sich

---

110   Roloff, Apostolat 122 f.

111   So der eigentliche Wortsinn von τρέφειν (vgl. Mt 25,37; Lk 23,29; Jak 5,5; Offb 12,6.14 u. ö.); die Metapher des Sich-Nährens durch philosophische Lehre (Epictetus, Diss. IV 4,48; Plutarchus, Alex. 47) bzw. durch das Gesetz (JosBell VI 102) ist geläufig; vgl. 1Kor 3,2; Hebr 5,12); hierzu W. C. van Unnik, Tarsus or Jerusalem, London 1962, 18; Spicq 502; C. Moussy, Recherches sur τρέφω les verbes grecs signifiant »nourrir«, Paris 1969.

112   Aus S. 263.

113   Epictetus, Diss. I 7,33; II 24,19; hierzu G. Kittel, ThWNT I 216.

114   Ketschmar, Glaube 137.

115   S. zu 1,4; H. Balz, EWNT II 1095.

weniger auf Inhalt[116] als auf Wirkung der Fabeln: sie sind »heillos«, weil sie die Menschen aus dem Bereich des Heils, der durch die »gute Lehre« bestimmt ist, wegführen und in die Gottesferne versetzen (vgl. 6,20; 2Tim 2,16)[117]. Mehr auf den Inhalt bezogen ist das zweite Attribut, das ein aus der popularphilosophischen Polemik bekanntes Motiv aufnimmt[118]: Es ist Geschwätz von der Art, wie es alte Weiber produzieren, abgeschmackt und abstrus[119].

Der mit V7b beginnende, bis V10 reichende Gedankengang stellt die Ausle- 7b gung vor erhebliche Schwierigkeiten. Klar ist zunächst nur, daß hier das persönliche Verhalten des Apostelschülers thematisiert wird, und zwar mittels des traditionellen Topos des Wettkampfes (vgl. 1,18; 2Tim 2,3–6).

Seit alters gehört zum griechischen Erziehungsideal ganz wesentlich der Gedanke der im Wettkampf zu erringenden und zu bewährenden körperlichen Übung. Sein konkreter Erfahrungshintergrund liegt in der Tradition der Spiele, die sich bis in die späthellenistische Zeit lebendig erhalten hat. Das Menschenbild der καλοκἀγαθία beruhte auf der Voraussetzung, daß nur in einem durch sportlichen Wettkampf zur Perfektion entwickelten Körper eine edle Seele wohnen könne. Bereits Platon und Aristoteles gebrauchen den ἀγών als Bild für den steten Kampf des Menschen um geistige bzw. sittliche Vervollkommnung[120]. Hier knüpft die stoische Moralphilosophie an, wenn sie das Bemühen um ein dem universalen Logos gemäßes Leben mit den Metaphern des Wettlaufs, Boxkampfes oder Zehnkampfes beschreibt[121]. Der stoische Weise weiß sich in einem ständigen Kampf gegen das Beherrschtwerden durch Leidenschaften und das Erschüttertwerden durch Schicksalsschläge[122]. Nach Epiktet sendet die Gottheit selbst den Menschen in den Kampf mit den Worten: »Tritt nun ein in den Kampf, zeige uns, was du gelernt hast, wie du gekämpft hast!«[123] Dabei tritt der ursprüngliche Gedanke des Wettbewerbs im Kampf völlig zurück: Der Mensch muß sich im Lebenskampf nur gegenüber *sich selbst* bzw. gegenüber der Gottheit bewähren; er ist sein eigener Schiedsrichter[124]. Das ganze Leben ist eine einzige große Olympiade[125]. Sehr geläufig ist in diesem Zusammenhang die Polemik gegen die rein körperliche Übung: Man stellt den eitlen und nichtigen Spielen der Athleten den viel edleren und schwereren

---

116 Gegen Spicq 503; Einführung von Elementen in die Lehre, die nichts mit der Religion zu tun haben.
117 Im NT ist das Wort durchweg »auf die Ferne von Menschen oder ihrem Tun vom Heil bezogen« (H. Balz, EWNT I 506f); vgl. 1,9; 6,20; 2Tim 2,16; Hebr 12,16. Das entspricht seinem Gebrauch bei Philo (Spec.Leg.I 150: ἐπιθυμία μὲν οὖν βέβηλος καὶ ἀκάθαρτος; Sacr. A. C. 138: τὸ γὰρ αἰσχρὸν βέβηλον; vgl. F. Hauck, ThWNT I 604); anders die LXX, für die βέβηλος den ungeweihten, dem Heiligen fernen Ort bzw. Gegenstand, das *profanum* bezeichnet.
118 Epictetus, Diss. II 16,39.
119 Γραώδης ist hap leg im NT (von γραῦς = Greisin, alte Frau); Schlatter 122: »Die alte Frau erzählt Märchen und Gespenstergeschichten.«

120 Plato, Phaedr. 247b; Leg. 647; Aristoteles, Eth.Nic. 1117ab; s. Pfitzner, Agon Motif 26f.
121 Z. B. Epictetus, Diss. II 18,27; M. Aurelius, 4,18; A. L. Seneca, Vit.beat. 9,3; Ep. 17,1.
122 Ein häufig herangezogenes Vorbild ist dabei Herakles, dessen Kämpfe gegen wilde Tiere allegorisch als Kämpfe gegen Leidenschaften und menschliche Fehler gedeutet werden: z. B. Dion Chrysostomus, Or. 8,27–35; Epictetus, Diss. III 22,57; 26,31; IV 10,10; hierzu R. Höjstad, Cynic Hero and Cynic King, Uppsala 1948, 71.
123 Epictetus, Diss. IV 4,30.
124 Der Siegespreis ist weder Kranz noch Palme, sondern innerer Friede und das Bewußtsein, das moralische Ziel erreicht zu haben: A. L. Seneca, Ep. 78,16.
125 Epictetus, Ench. 51.

moralischen ἀγών gegenüber, in dem weder Menschen noch wilde Tiere die Gegner sind, sondern die eigenen Triebe und Strebungen[126].

Auch im hellenistischen Judentum findet das in der eben skizzierten Weise von der Diatribe geprägte Wettkampfbild häufig Verwendung – freilich nicht ohne gewisse Akzentverschiebungen. Deren eine besteht darin, daß als das Ziel des Wettkampfes nicht nur die Vervollkommnung des Menschen durch das Niederringen der Triebe und Leidenschaften gilt, sondern der Gehorsam gegen den im Gesetz verkörperten Willen Gottes, die Bewährung der durch das Gesetz strukturierten »Religion«. Der rechte ἀγών, der dem falschen, rein körperlich-sportlichen gegenübergestellt wird, gilt der εὐσέβεια. Der wohl älteste Beleg für diese Verbindung von ἀγών und εὐσέβεια, Weish 10,12, deutet den Kampf Jakobs mit dem Engel (Gen 32,23–33) als Kampf um die εὐσέβεια: Die Weisheit »beschützte ihn vor seinen Feinden und gab ihm Sicherheit vor seinen Verfolgern. In einem harten Kampf (ἀγών) verlieh sie ihm den Siegespreis, damit er erkannte, daß Gottesfurcht (εὐσέβεια) stärker als alles andere ist«[127]. Der wichtigste Beleg ist jedoch das *4Makk*, in welchem die der Stoa entlehnte Grundthese, daß die fromme Vernunft Herrscherin über die Triebe ist (4Makk 1,1), durch die Schilderung des standhaften Martyriums der Gesetzestreuen belegt werden soll, wobei wiederholt und an hervorgehobener Stelle das Motiv des ἀγών um die εὐσέβεια erscheint. Als der älteste der sieben Brüder in den Flammen stirbt, ruft er den übrigen zu: »Folgt meinem Beispiel . . ., desertiert nicht aus meinem Kampf . . . Kämpft einen heiligen und edlen Kampf (στρατείαν) um die Frömmigkeit« (4Makk 9,23; vgl. 12,11.14; 13,1–14,10 u. ö.). Und abschließend erfährt das Martyrium durch eine breite Entfaltung des Wettkampfbildes eine zusammenfassende Würdigung: »Ja wahrhaftig, es war ein heiliger Kampf, der von ihnen gekämpft wurde. Denn an jenem Tage hatte die Tugend den Siegespreis ausgesetzt, Unvergänglichkeit in einem ewigen Leben . . . Der Tyrann war ihr Gegner, die Welt und die Menschheit waren die Zuschauer. Siegerin aber war die Frömmigkeit (εὐσέβεια), die den Athleten den Kranz reichte. Wer sollte sie nicht anstaunen, die Athleten des göttlichen Gesetzes?« (4Makk 17,11–16). Hier zeigt sich eine weitere Akzentverschiebung gegenüber der stoischen Bildverwendung: Nicht schon das Leben an sich ist ein Kampf, sondern nur das jener Menschen, die durch den Willen Gottes in Pflicht genommen sind. Es geht in dem Kampf nicht um eine moralische, sondern um eine religiöse Aufgabe, wobei das moralische Moment sich freilich aus dem religiösen unmittelbar ergibt[128].

7b–10   Aber in welchem Sinn wird nun das Wettkampf-Bild in VV7b–10 eingebracht? Die Entscheidung dieser Frage ist von theologischem Gewicht, geht es doch dabei letztlich darum, ob die Anthropologie der Past als noch in der Nähe der paulinischen stehend identifiziert werden kann oder ob sie in einen popularphilosophischen Moralismus abgeglitten ist. Nach einer alten, zuletzt von C. Spicq erneuerten Auslegungstradition ist V7b eine prinzipiell allen Glaubenden geltende Aufforderung, sich durch Aktivierung der im Menschen angelegten guten Fähigkeiten im Blick auf das Ideal christlicher Frömmigkeit zu vervollkommnen[129]. Das sportliche Bild soll demnach dazu dienen, das

---

126 Epictetus, Diss. II 18,22; III 22,27; A. L. Seneca, Const. Sap. 2,2.
127 Hierzu Pfitzner, Agon Motif 55 f.
128 Dies gilt auch für die Anwendungen des Wettkampfes in TestHiob 27 (Hiobs Kampf als »Allkampf« [Pankration]); B. Schaller, Das Testament Hiobs, 1979 (JSHRZ III/3), 347;

TestAss 6,2 (Wettkampf zwischen den »Geistern des Trugs« und den Menschen); 4Esr 7,88.92 (Kampf der Frommen gegen den eingeborenen »bösen Trieb«); syrBar 15,7 f.
129 Spicq 508; ähnlich Eidem* 146 f; Holtz 105 f.

Gewicht des menschlichen Faktors im geistlichen Leben hervorzuheben. Dabei sind V8a und V8b im Sinn einer steigernden Entsprechung verstanden: Die leibliche Übung ist wichtig und sinnvoll, nur darf sie nicht um ihrer selbst willen betrieben werden, sondern muß der Einübung und Vervollkommnung des religiösen Lebens dienen. So kann der Mensch durch sie jetzt schon einen Zustand inneren Friedens und in Zukunft das ewige Leben gewinnen: V8c ist also im Sinne des Zieles des moralischen Kampfes verstanden und V10 als nochmalige Bekräftigung dieses Zieles.

Gegen diese Auslegung sprechen drei Beobachtungen:

1. Der Kontext ist durch eine kritische Stellungnahme gegen die schöpfungsfeindliche Askese der Gegner bestimmt (VV3f). Das Bild der Übung und des Wettkampfes kann darum hier schwerlich ohne Seitenblick darauf eingeführt sein[130]. Dann aber können VV8a–b keineswegs im Sinn einer steigernden Entsprechung, sondern nur im Sinn einer Abwehr falscher leiblicher »Übung« verstanden sein, der antithetisch die rechte Übung entgegengestellt wird. Solche Antithetik ist überdies, wie gezeigt, in der Traditionsgeschichte des Wettkampf-Topos bereits angelegt[131].

2. Im Zusammenhang von VV7b–10 ist nicht V8 der zentrale thetische Spitzensatz, sondern der durch die feierliche Bekräftigungsformel (V9) als solcher eingeführte und hervorgehobene V10. Er bringt die abschließende theologische Interpretation des Wettkampf-Themas, während der traditionell geprägte V8 noch ganz im Zusammenhang der antignostischen Polemik steht.

3. Gerade durch V10 wird andererseits sichergestellt, daß es hier nicht um eine Aussage über den moralischen Kampf jedes Christen, sondern speziell um jenen Kampf für das Evangelium geht, in dem der Apostel kraft seines besonderen Auftrags steht[132]. Das »wir« von V10 ist nicht im allgemeinen Sinn zu verstehen, sondern deutet die Einbeziehung des Apostelschülers und damit des Gemeindeleiters in diesen besonderen Kampf des Apostels (1Kor 9,24–27; Phil 3,12–14; Kol 1,29; s. zu 1,18).

Nicht nur durch seine Lehre, sondern auch durch sein Verhalten soll der **7b–8** Amtsträger ein Bollwerk gegen die Häresie sein. In VV7b.8 wird dieses Verhalten zunächst polemisch abgegrenzt gegenüber der falschen Askese der Irrlehrer; seine positive inhaltliche Füllung und Begründung wird erst in V10 erfolgen. Auch für den Amtsträger gibt es eine verbindliche »Übung«, nämlich den Kampf, der ihm auferlegt ist. Freilich: Diese Übung ist fundamental verschieden von dem individuellen Streben des Gnostikers nach persönlicher Vervollkommnung durch Lösung von den schöpfungsmäßigen Gegebenheiten. Die Norm, auf die hin er ausgerichtet ist, ist die εὐσέβεια im Sinne der vom Evangelium bestimmten kontinuierlichen Lebensgestaltung (s. zu 2,2). Konkret wird man dabei zunächst an das Bemühen um die Einhaltung der in den Pflichtenlisten und Paränesen (z. B. 3,1–7; 6,11–16; Tit 1,6–9) erhobenen

---

130 So mit Recht Dibelius-Conzelmann 55; Brox 171f; Schlatter 123.
131 Besonders im hellenistischen Judentum: Philo, Spec.Leg. II 91; Leg.All. II 72; JosAp III 217f.
132 Das ergibt sich einerseits aus der Analogie zu 6,11f, wo das Kampfbild ebenfalls auf den Amtsträger angewandt ist, andererseits aus der Entfaltung derselben Tradition in 1Cl 5,1–7; zum letzteren s. M. Dibelius, Rom und die Christen im ersten Jahrhundert, in: ders., Botschaft und Geschichte, 2. Bd., Tübingen 1956, 177–228.193–196.

Forderungen an den Amtsträger zu denken haben, darüber hinaus ist aber die
Bereitschaft zum Leiden um des Evangeliums willen im Blick, wie sie in 2Tim
2,3–6 als zentraler Zug des dem Apostel auferlegten Kampfes erscheint. Um
der polemischen Auswertbarkeit willen wird die wohl dem hellenistischen
Judentum entstammende Maxime VV8a.b eingeführt. Mit ihrer antithetischen Entgegensetzung der nur leiblichen Übung, des auf bloßen sportlichen
Wettkampf ausgerichteten Trainings, und der von der εὐσέβεια bestimmten,
auf den Willen Gottes hin ausgerichteten religiösen Übung kam sie der Absicht
des Verf. entgegen, die gnostische Askese abzuwerten, wobei zudem das
Stichwort εὐσέβεια für ihn einen geeigneten Anknüpfungspunkt darstellte.
Die Abwertung der leiblichen Übung ist keine totale; ihr wird immerhin ein
gewisser, wenn auch geringer Nutzen zugestanden. Weiter zu gehen wäre
kaum möglich gewesen, da ja Paulus selbst deutlich genug von seiner eigenen
leiblichen Askese gesprochen hat (1Kor 9,27). Die Gnostiker dürften sich bei
ihren asketischen Forderungen auf solche und ähnliche Aussagen des Apostels
berufen haben. Eine totale Verurteilung leiblicher Askese war von daher nicht
mehr möglich, wohl aber der Versuch ihrer relativierenden Eingrenzung: Was
kann sie schon bedeuten im Vergleich mit dem alles überragenden Nutzen der
»Frömmigkeit«? Worin dieser besteht, das verdeutlicht die vom Verf. selbst
formulierte Bemerkung V8c: Die »Frömmigkeit« hat die Verheißung des
jetzigen und des kommenden Lebens[133]. Wer die Möglichkeit eines vom
Evangelium her gestalteten Lebens ergreift, der läßt sich damit auf das
Versprechen Gottes ein, Leben zu schaffen (vgl. 2Tim 1,1), und gibt so dem
heilvollen Handeln Gottes bei sich Raum. Wenn der Verf., wie zu vermuten
steht, bereits hier Kol 1,29 im Blick hat, so läßt sich die Wendung noch
profilierter verstehen als Transformation der Aussage über die im Apostel
wirkende Kraft Christi in die Sprache der Past: An die Stelle des Christus in uns
tritt hier die worthafte Zusage der lebenschaffenden Kraft Gottes, die nun
freilich nicht nur ein Versprechen auf Zukunft hin ist, sondern bereits im
gegenwärtigen Leben eingelöst wird. Letzteres ist sicher nicht im Sinne des atl.
Tun-Ergehen-Zusammenhanges zu verstehen, wonach ein dem Willen Gottes
gemäßes Verhalten sich direkt in irdisches Wohlergehen umsetzt[134]. Vielmehr
geht es darum, daß in einem Leben, das sich in der Frömmigkeit einübt, Gottes
heilvolles Handeln, seine Nähe, als ein dieses Leben verwandelndes Geschenk
erfahren wird. Seine konkrete Füllung erhält dieser Gedanke von 3,15f her:
»Frömmigkeit« ist ein Leben aus der Kraft des für die Kirche enthüllten
Christus-Geheimnisses, und der primäre Ort der Erfahrung dieser Kraft ist der
Gottesdienst.

---

[133] Dibelius-Conzelmann 55: ἐπαγγελίαν
ἔχειν sei hier im Sinn stoischer Philosophie zu
verstehen als »das, was bei der Tugend bzw.
Philosophie herauskommt« (Epictetus, Diss. I
4,3; IV 8,6). Dagegen: Hier liegt wie 2Tim 1,1;
Tit 1,2 der den Past eigene Begriffsgebrauch
zugrunde, für den die Verbindung mit ζωή
charakteristisch ist: ἐπαγγελία ist Gottes Zusage, sich als der seiner Gemeinde Leben
Schenkende zu erweisen; A. Sand, EWNT II
39f.

[134] So mit Recht Brox 173.

Für sich genommen könnte die Aussage von V8 über Sinn und Verheißung 9
einer Einübung in die Frömmigkeit zwar als eine für alle Christen geltende
Maxime verstanden werden. Sie wird jedoch durch das Folgende im Sinne der
mit V7b eingeleiteten spezifischen Amtsträger-Paränese interpretiert. Die den
Past eigentümliche Bekräftigungsformel, die hier wie 1,15 (s. dort) in ihrer
vollständigen Form erscheint, verweist durchweg auf das Gewicht zentraler,
die Lehrtradition gültig repräsentierender kerygmatischer Sätze, indem sie
zugleich zu deren Aneignung auffordert. Ein solcher Satz ist ohne Zweifel die 10
paulinische Lehrtradition paraphrasierende Aussage von V10. Der Umstand,
daß Kol 1,29 hier nicht wörtlich angeführt wird, spricht eher für als gegen
diesen Bezug, denn die Formel dient weniger der wörtlichen Erinnerung an
bekannte Traditionen, als daß sie deren Applikation vorbereitet. Versteht man
V10 als paraphrasierende Erinnerung an Kol 1,29, so wird zunächst der Bezug
des εἰς τοῦτο, der andernfalls unklar bleiben müßte[135], voll verständlich. Die
Wendung ist eine Transformation des εἰς ὅ von Kol 1,29, mit dem dort
zurückverwiesen wird auf die Aussage über das Ziel des missionarischen
Handelns des Apostels, »allen Menschen« Christus zu verkündigen und alle
Christus zuzuführen (Kol 1,28). Diese universalistische Aussage erscheint
jedoch hier ebenfalls, nur ist die Reihenfolge umgekehrt: Der ὅτι-Satz gibt sich
unschwer als Transformation von Kol 1,28 zu erkennen. Deshalb wird man das
εἰς τοῦτο als Vorverweis deuten und mit »im Blick darauf« übersetzen
müssen[136]. Nun erst gewinnt das mit V7b angeschlagene Thema seine volle
Konturenschärfe: Es geht um den Kampf um die Durchsetzung des Evangeliums in der Welt[137]. Ihn hat Paulus in seiner missionarischen Arbeit geführt[138], in allen seinen Mühen und Anfechtungen. In diesen Kampf ist auch,
wie das den Apostel mit seinem Schüler Timotheus zusammenschließende
»Wir« andeutet, der Träger des kirchlichen Amtes hineingezogen. Der Aufruf,
sich in einem der Norm der »Frömmigkeit« gemäßen Verhalten einzuüben,
wird in den Horizont des dem Apostel aufgetragenen Kampfes gestellt und
damit gedeutet: Auch die alltäglich im Dienst an der Gemeinde zu praktizie-
renden Verhaltensweisen, der routinemäßige »Kleinkrieg«, in dem der Gemeindeleiter steht, haben etwas zu tun mit dem großen ἀγών, den der Apostel
in urbildhafter Weise geführt hat. Alle moralistischen Nebentöne sind endgültig verklungen, denn nunmehr ist deutlich, daß es nicht um einen Kampf geht,
dessen Ziel Vervollkommnung und Heilsgewinn eines einzelnen Menschen
durch eigene Leistung sind. Die eigentliche Motivation des Kampfes und
zugleich seinen objektiven Ermöglichungsgrund nennt der begründende ὅτι-
Satz: Es ist die Hoffnung, daß Gott, weil er der »Lebendige« ist, seine
universale, allen Menschen geltende Heilsabsicht (vgl. 2,4) verwirklichen

---

[135] Dibelius-Conzelmann 55 beziehen »auf
das τέλος der christlichen γυμνασία«, Spicq
509 auf das, was der »Frömmigkeit« als Lohn
»maintenant et dans l' autre monde« in Aussicht gestellt ist.

[136] Liddell-Scott s. v. εἰς IV (in regard to).
[137] So mit Recht Pfitzner, Agon Motif
92–98.
[138] ὅτι als kausale Konjunktion: Bl-Debr-
Rehkopf § 456.

werde. In seinem Kampf weiß sich der Apostel als Werkzeug dieser Heilsabsicht. Das gibt dem Kampf seine Schwere und Unausweichlichkeit, begründet aber auch die Hoffnung auf sein siegreiches Bestehen. Weil er dessen gewiß ist, daß der lebendige Gott sein Heil durchsetzen wird, kann der in den Dienst dieser Absicht gestellte Mensch den Kampf aufnehmen ohne den Zwang, alles von seiner eigenen Stärke erwarten zu müssen. Im Rahmen des hier vorgeschlagenen Verständnisses der Aussagerichtung von V10 läßt sich auch die scheinbare Spannung zwischen »allen Menschen« und den »Glaubenden« sinnvoll auflösen. Es geht hier weder um eine spekulative Reflexion über ein Heil außerhalb der Kirche noch um ein resigniertes Sich-Abfinden damit, »daß die Gläubigen nur einen Ausschnitt aus der Menschheit darstellen«[139]. Vielmehr soll gesagt werden: Weil Gottes Heilsabsicht universal ist und prinzipiell allen Menschen gilt (vgl. 2,4), darum ist es notwendig, daß durch den Kampf des Apostels bzw. des kirchlichen Amtsträgers Menschen zum Glauben gebracht werden. Wo immer Menschen zum Glauben kommen, wird die universale Heilsabsicht Gottes eingelöst, allerdings nur unvollständig und anfangsweise.

11   Die formelhafte Schlußbemerkung (vgl. 1,18; 5,7) lenkt zum Hauptthema des Abschnitts 4,1–10 zurück, der Aufgabe des Amtsträgers bei der Bekämpfung der Irrlehre. Die beiden Imperative fassen deren wesentliche Aspekte zusammen: Er soll Weisung geben für das rechte Verhalten, etwa, indem er verbindliche Anordnungen trifft, die Vertreter der Irrlehre an der öffentlichen Verkündigung in der Gemeindeversammlung hindert (V7; vgl. 1,3), aber auch, indem er durch sein klares Vorbild auf die Gemeinde einwirkt. Seine Hauptaufgabe aber ist es zu lehren, wobei insbesondere an das konkrete Beispiel rechter schöpfungstheologischer Lehre in VV3f zu denken ist.

Zusammen-   Die Irrlehrerpolemik liefert den situativen Ausgangspunkt für den Entwurf
fassung   eines Bildes der Fähigkeiten und Aufgaben des idealen Gemeindeleiters, das nicht nur hinsichtlich seiner Konkretheit, sondern auch seines Einbezugs theologisch-geistlicher Motivationen weit über 3,1–7 hinausführt. Das Auftreten der Irrlehrer ist dabei der akute Testfall, der nicht nur ganz allgemein die Notwendigkeit eines festen gemeindlichen Leitungsamtes augenfällig macht, sondern auch Material für die Veranschaulichung von dessen Aufgaben und Funktionen an die Hand gibt. Unter diesen erscheint an erster Stelle die – eine feste Verwurzelung in den maßgeblichen christlichen Traditionen voraussetzende – Lehrbefähigung (V6), die sich einerseits in seelsorgerlich-argumentativer Rede gegenüber angefochtenen und gefährdeten Gemeindegliedern, andererseits aber auch in der kompromißlosen Haltung gegenüber den Vertretern falscher Lehre bewährt. Nicht ohne polemische Spitze gegen die schöpfungsfeindliche Askese der Irrlehrer wird das popularphilosophische Bild vom

---

[139] Dibelius-Conzelmann 55; dagegen Brox 178.

Wettkampf auf den Gemeindeleiter angewandt: Nicht die leibliche Askese, wohl aber die beständige Einübung in der »Frömmigkeit«, der gestalteten Form christlichen Lebens, ist ihm aufgetragen. Der Apostel selbst hat in seiner kämpferischen Existenz dafür die verbindliche Norm gesetzt und zugleich deren Motivation aufgedeckt, nämlich die universale, allen Menschen geltende Heilsabsicht Gottes (Kol 1,28 f). Der christliche Amtsträger, wie vor ihm der Apostel, ist bereit zum Kampf um die »Frömmigkeit«, weil er sich als berufenes Werkzeug dieser Heilsabsicht weiß. Ansatzweise zeichnet sich hier eine spezifische Ethik des gemeindeleitenden Amtes ab.

II. Anordnungen für die Gemeindeleitung (4,12–6,2)

1. Über Verhalten und Aufgaben des Gemeindeleiters (4,12–5,2)

Literatur: Adler, N., Taufe und Handauflegung, 1951 (NTA 19); *Behm*, Handauflegung; *Blum, G. G.*, Tradition und Sukzession. Studien zum Normbegriff des Apostolischen von Paulus bis Irenäus, 1963 (AGTL 9), 55–59; *Daube, D.*, The New Testament and Rabbinic Judaism, London 1956, 231 f; *Ehrhardt, A.*, Jewish and Christian Ordination, in: The Framework of the New Testament Stories, Manchester 1964, 132–150; *Ferguson, E.*, Laying on of Hands: Its significance in Ordination, JThS 27 (1975) 1–12; *Hruby, K.*, La notion d'ordination dans la tradition juive, MD 102 (1970) 30–56; *Jeremias, J.*, ΠΡΕΣΒΥΤΗΡΙΟΝ außerchristlich bezeugt, in: ders., Abba. Studien zur neutestamentlichen Theologie und Zeitgeschichte, Göttingen 1966, 314–316; *Käsemann*, Formular; *Kretschmar*, Ordination; *v. Lips*, Glaube; *Lohse*, Ordination (ältere Lit.!); *Mantel, H.*, Ordination and Appointment in the Period of the Temple, HThR 57 (1964) 325–346; *Newman, J.*, Semikhah (Ordination). A Study of its Origin, History, and Function in Rabbinic Literature, Manchester 1950; *Richter, K.*, Ansätze für die Entwicklung einer Weiheliturgie in apostolischer Zeit, ALW 16 (1974) 32–52; *Roloff*, Apostolat; *Schlier*, Ordnung; *Segelberg, E.*, The Ordination of the Mandaean tarmida and its Relation to Jewish and early Christian Ordination Rites, 1970 (StPatr X = TU 107), 419–425; *Vogel, C.*, L'imposition des mai dans les rites d'ordination en Orient et en Occident, MD 102 (1970) 57–72; *Vogels, W.* The Spirit in Joshua and the Laying on of Hands by Moses, LTP 38 (1982) 3–7; *Warkentin, M.*, Ordination. A Biblical-Historical View, Grand Rapids 1982.

12 Niemand soll dich wegen deiner Jugend geringschätzig behandeln. Werde du vielmehr Vorbild der Gläubigen im Wort, in der Lebensführung, in Liebe, in Glaube, in Lauterkeit. 13 Bis ich komme, befasse dich mit dem Vorlesen, der Ermahnung, der Belehrung. 14 Behandle die Gnadengabe in dir nicht nachlässig, die dir durch Profetenwort mit der Handauflegung des Presbyteriums verliehen wurde. 15 Darum sorge dich, damit gib dich ab, damit dein Fortschritt allen offenkundig sei. 16 Gib acht auf dich und auf die Lehre, verharre dabei: Wenn du

das tust, wirst du nicht nur dich selbst retten, sondern auch deine Hörer. 5,1 **Einen älteren Mann sollst du nicht schroff anfahren, vielmehr ermahne ihn wie einen Vater, jüngere Männer wie Brüder,** 2 **ältere Frauen wie Mütter, jüngere Frauen wie Schwestern in aller Lauterkeit.**

Analyse 1. *Kontext.* Mit 4,12 beginnt eine bis 6,2 reichende Reihe von Weisungen, die durch eine übergreifende Thematik zusammengeschlossen ist: Der Apostelschüler wird direkt auf seine Aufgabe im Innern der Gemeinde angesprochen. Und zwar geht es primär um die Verantwortung, die er für die Ordnung des Lebens und der Funktionen der verschiedenen Stände und Gruppen in der Gemeinde trägt. Der Abschnitt ist, ähnlich wie 4,1–11, als Pastoralinstruktion gestaltet, wobei diese Ausrichtung hier dadurch noch deutlicher hervortritt, daß die Redeweise der vermittelten Anordnung mehrfach erscheint[140]: Timotheus wird angewiesen, was und wie er seinerseits anzuordnen hat (5,7.11.20.21 f; 6,2). Auffällig ist allerdings auch, daß diese vermittelten Anordnungen immer wieder ganz unvermittelt in direkte Anordnungen übergehen (5,14–18; 6,1–2), was zum Teil mit der Einarbeitung älteren Traditionsmaterials zusammenhängen mag. Die Funktion einer sachlichen Klammer um das Ganze haben die vom Verf. formulierten Anordnungen, die unmittelbar den Gemeindeleiter selbst, sein Verhalten und das Verständnis seines Amtes betreffen (4,12–5,2.23).

2. *Aufbau.* Der einleitende Abschnitt 4,12–5,2 besteht aus einer gedrängten Reihe kurzer Befehlssätze, die – mit einer einzigen Ausnahme (V16b) – auf Begründungen verzichten. Trotz des knappen, apodiktischen Stils ist ein gliedernder thematischer Duktus erkennbar. Ausgangs- wie Endpunkt ist das Verhältnis des Gemeindeleiters zur Gemeinde (V12a; 5,1f). Dieses beruht nicht auf der natürlichen Autorität des Alters, sondern auf einem besonderen Dienstauftrag, der schwerpunktmäßig nach zwei Seiten hin entfaltet wird: hinsichtlich des sittlichen Verhaltens (V12b) und hinsichtlich der speziellen Leitungsaufgaben (V13). Seinen Ursprung hat dieser Dienstauftrag in der Ordination; die Weisung, sich an sie zu erinnern und von ihr her zu leben, steht darum im Mittelpunkt der Ermahnungsreihe (VV14f). Daß die Ordination den Amtsträger nicht über die Gemeinde erhebt, sondern ihn mitten in sie hineinstellt, verdeutlicht die abschließende Mahnung zum rechten Umgang mit den Gemeindegliedern (5,1f).

Erklärung Formal ist V12a eine vermittelte Weisung, die der Gemeinde gilt. Dem Sinn
12 nach richtet sie sich jedoch, wie der Kontext erkennen läßt, an Timotheus in

---

[140] Lohfink, Paulinische Theologie 107; Berger, Formgeschichte 210, schlägt dafür den Terminus »Paideutikon« vor.

seiner Eigenschaft als Gemeindeleiter: Er soll durch sein Verhalten und durch
die Weise, in der er seinen Auftrag wahrnimmt, darauf hinwirken, daß die
Gemeinde ihn nicht wegen seines jugendlichen Alters verachtet[141]. Zwar muß
er damit rechnen, daß sich an diesem Punkt Widerstand gegen ihn regt, aber an
ihm ist es, den Kritikern den Wind aus den Segeln zu nehmen. Geschickt
benutzt der Verf. hier die fiktive Briefsituation, um ein Problem anzusprechen,
das sich überall da in den Gemeinden notwendig stellte, wo man von der
Ältestenordnung zur Episkopenverfassung überging. Die Stellung des Ältesten wird getragen durch persönliches Ansehen und vor allem durch die Würde
des Alters[142]. Der Bischof dagegen hat ein Amt, d. h. eine Funktion auf Dauer,
die ihm aufgrund spezifischer Fähigkeit und Eignung (vgl. 3,1–7) übertragen
worden ist, wobei aber das Lebensalter zumindest *kein primäres* Eignungskri-
terium darstellte (vgl. 3,6). Timotheus bot sich naheliegenderweise als ideal-
typische Verkörperung des »jungen« Amtsträgers an[143], denn die Paulusbriefe
zeichnen ihn ebenfalls als jungen Mann, zur Stärkung von dessen Autorität es
der besonderen Weisung des Apostels an die Gemeinde von Korinth bedurfte
(1Kor 16,10f; vgl. Phil 2,22)[144].

Der Timotheus der Past ist durchweg jung (vgl. 2Tim 1,5; 2,22). Freilich erübrigen sich
Spekulationen darüber, wie alt ihn der Verf. sich konkret vorstellt[145]. Allgemein läßt
sich lediglich sagen, daß in der hellenistischen Welt ein Mann von unter vierzig Jahren
noch als jung galt[146]. Vielfach war für öffentliche Ämter ein Alter von mindestens
fünfzig Jahren Voraussetzung[147]. Im Judentum war eine Ordination zum Rabbi erst mit
vierzig Jahren möglich[148], als »alt« galt der über Sechzigjährige.

---

[141] Mit Spicq 512; Brox 178f; gegen Kelly
103.
[142] S. hierzu den Exkurs: »Die gemeindeleitenden Ämter« (2.); im übrigen ist die natürliche Autorität des Alters in der Antike ein
keiner Diskussion bedürftiger Grundsatz; für
das hellenistische Judentum s. Sir 32,9; für die
griechische Welt s. Xenophon, Mem. I 2,25; II
3,16; Plato, Resp. 412c: »Daß die Alten befehlen, die Jungen gehorchen müssen, ist offenkundig.« Weiteres Material bei Spicq 511f.
[143] Anders Spicq 511 und die übrigen Vertei-
diger der Echtheit (Kelly, Jeremias), die in der
Jugend des Timotheus einen unerfindbaren
Zug sehen wollen, aber von daher vor der
Notwendigkeit stehen, zu erklären, warum der
zu Anfang der 50er Jahre von Paulus als jung
gekennzeichnete Timotheus in den Past (die bei
Annahme der Echtheit in den frühen 60er Jahren angesetzt werden müßten) diese Jugend
immer noch nicht abgelegt hat. Deshalb das
Bestreben, antike Belege zusammenzutragen,
die die »Jugend« möglichst weit ausdehnen.

[144] Allerdings fehlen direkte verbale Anklänge an 1Kor 16,10; hierzu Brox, Notizen
289.
[145] Hieronymus: (Ep. 82,8): 30 Jahre; Holtz
108; »wenig älter als 30 Jahre«; Spicq 511: »de
trente-cinq à quarante ans«; Schlatter 128:
»noch nicht fünfzig Jahre alt«.
[146] Der νεανίας = *iuvenis* ist der Mann, der
Waffen tragen kann, d. h. der unter vierzigjäh-
rige; vgl. 1Makk 16,2; Polybius, XVIII 12,5;
hierzu Spicq 512. Für das Judentum beginnt
mit 30 Jahren die (körperliche) Vollkraft, mit
40 die Einsicht, mit 50 die Ratsfähigkeit und
mit 60 das Alter (Av 5,21).
[147] So mußten in Cyrene und Chalkis die
Ratsmitglieder 50 Jahre alt sein; Belege: Spicq
512.
[148] So Sot 22a; allerdings handelt es sich hier
um die 40 als theologisch motivierte runde
Zahl, so daß keine exakten Rückschlüsse möglich sind; hierzu Lohse, Ordination 43.

Wie akut das Problem des jungen Amtsträgers damals für die Kirchen in
Kleinasien und Syrien war, geht auch aus IgnMg 3,1f hervor. Die Lösung,
welche die Past dafür vorschlagen, unterscheidet sich an einem wichtigen
Punkt von der dort angebotenen, wiewohl die Grundrichtung die gleiche ist.
Während Ignatius dazu aufruft, den jugendlichen Bischof als Repräsentanten
Gottes selbst anzuerkennen, der »Bischof aller« ist, weil die ihm von Gott
gegebene δύναμις in ihm ist[149], wird hier (V12b) der Imperativ dazwischenge-
schaltet, in dem der jugendliche Amtsträger angewiesen wird, die Gemeinde
durch Bewährung der empfangenen Gnade in seinem Verhalten zu überzeugen. Darauf kommt es an, daß er durch den tatsächlichen Vollzug seines
Amtsauftrages die Bedenken gegenüber seiner Jugend zum Verstummen
bringt und glaubwürdig wird. Dies geschieht zunächst und übergreifend durch
seine gesamte Lebensführung: Er soll für die Christen[150] zum prägenden
Vorbild christlicher Existenz werden[151]. Der ursprüngliche Wortsinn von
τύπος ist hier wie auch sonst im NT (Phil 3,17; 1Thess 1,7; 2Thess 3,9; 1Petr
5,3) noch bildkräftig gegenwärtig: die prägende, weil ihrerseits vorgeprägte
Form [152] (s. zu 1,16). Wie der Apostel selbst sich der Gemeinde als τύπος einer
von Christus vorgeprägten, das Evangelium in seiner konkret Leben verän-
dernden Macht veranschaulichenden Existenz vor Augen stellt, um zu seiner
Nachahmung aufzufordern[153], so soll es auch der Apostelschüler tun. Er wird
damit als einer angesprochen, der der apostolischen Gestaltnorm des Evangeliums untersteht. Das Wort kann nicht lediglich als eine von konkretem
menschlichem Leben abgelöste objektive Größe weitergesagt werden; es muß
vielmehr »als den eigenen Wandel prägendes Wort bezeugt werden«[154].
Andererseits kann es nicht darum gehen, daß der Apostelschüler zu einem
Idealbild des Christen hochstilisiert und damit von der Gemeinde abgehoben
wird[155]; er ist vielmehr gesehen als Teil eines vom Evangelium ausgehenden,

---

[149] Hierzu Bauer – Paulsen, Briefe 49.

[150] Πιστοί hier absolut gebraucht (»die Gläubigen = die Christen«); vgl. 5,16; G. Barth,
EWNT III 233.

[151] Anders Wolter, Pastoralbriefe 191: τύπος
τῶν πιστῶν sei mit »Idealbild der Gläubigen«
zu übersetzen (ähnlich schon Holtz 109): Der
Genitiv sei ein Genitivus objectivus, der bei
τύπος etc. immer den Gegenstand oder die
Verhaltensweisen bezeichne, deren Voraus-
darstellung, Ideal- oder Urbild der τύπος etc.
ist. Wären diejenigen im Blick, die sich am
τύπος orientieren oder durch ihn belehrt werden sollen, so müßte mit dem Dativus commodi konstruiert werden (Wolter, a.a.O. 57
Anm. 48). Aber erstens wird dies philologisch
durch 1Kor 10,6 und vor allem 1Petr 5,3 widerlegt, wo die Genitivverbindung von τύπος eindeutig Genitiv des Zweckes bzw. der Richtung
ist (Bl-Debr-Rehkopf § 166); hierzu auch W.
P. de Boer, The Imitation of Paul, Kampen

1962, 198; zweitens aber berücksichtigt Wolter
nicht, daß beim ntl. Gebrauch von τύπος
durchweg der Gedanke an die Relation zwischen Prägendem und Geprägten mitschwingt,
so daß die abgeblaßte Bedeutung »Idealtyp«
noch nicht in Frage kommt; τύπος ist hier
keineswegs, wie Wolter annimmt, äquivok mit
παράδειγμα.

[152] L. Goppelt, ThWNT VIII 246–260; G.
Schunack, EWNT III 892–901.

[153] Zu 1Thess 1,7; Phil 3,17 und dem Zusammenhang mit der Mimesis-Vorstellung s. Goppelt, a.a.O. 249f.

[154] A.a.O. 250.

[155] Zweifellos bildet der in der hellenistischen
Ethik geläufige Topos der Vorbildlichkeit der
Lebensführung älterer und mit leitenden
Funktionen betrauter Menschen hier den Hin-
tergrund; z.B. Plato, Leg. 729c; Plinius, Ep.
VIII 14,4 (»a maioribus natu non auribus
modo, verum etiam oculis disceremus«); s.

auf die Gemeinde hinzielenden Prozesses des Prägens und Geprägtwerdens. Inhaltlich gefüllt wird dieser Gedanke durch einen kleinen Tugendkatalog, der, wie durchweg Reihungen dieser Art in den Past (z. B. 1,5; 6,11; 2Tim 2,22; 3,10; Tit 2,2), vorwiegend auf rhetorische Wirkung hin konzipiert ist. Die Frage nach der systematischen Zuordnung der einzelnen Glieder ist, wenn überhaupt, so nur begrenzt sinnvoll[156]. Immerhin sieht es so aus, als bestehe zwischen den zwei ersten und den drei letzten Gliedern jeweils ein besonderer, durch Tradition vorgegebener Zusammenhang[157]. »Wort« und »Lebensführung«[158] bezeichnen die zwei konstitutiven, einander wesenhaft zugeordneten Komponenten des christlichen Zeugnisses gegenüber der Welt (1Petr 3,1). Demnach wäre unter »Wort« nicht die (wegen ihrer Abgewogenheit, rhetorischen Noblesse etc. vorbildliche) Weise des Redens[159], sondern der Umgang mit der Botschaft des Evangeliums (vgl. 1Thess 1,5 f; 1Kor 14,36; Gal 6,6 u. ö.) verstanden[160], und von daher ließe sich ἀναστροφή näher als den Inhalt dieses Wortes im Lebensvollzug widerspiegelndes Verhalten deuten. Die folgende Trias – ἀγάπη, πίστις, ἁγνεία – ist rein ethisch ausgerichtet; ἀγάπη ist die brüderliche Liebe mit ihren Komponenten der Demut und Geduld[161], mit πίστις dürfte hier weniger die Gläubigkeit als die Zuverlässigkeit des Amtsträgers gemeint sein, jene ungeteilte Hingabe, die sich nicht nur im Denken, sondern auch im Handeln zeigt[162]. Ἁγνεία schließlich ist die Reinheit und Eindeutigkeit der Gesinnung, wie sie sich aus der alleinigen Ausrichtung des Denkens auf den Willen Gottes ergibt (vgl. 5,2)[163].

Nun erst kommen die spezifischen Leitungsaufgaben zur Sprache. Der Rück-   13

---

hierzu Fiore, Function 209 f; R. Heiligenthal, Werke als Zeichen. Untersuchungen zur Bedeutung der menschlichen Taten im Frühjudentum, Neuen Testament und Frühchristentum, 1983 (WUNT 2/9); K. Jost, Das Beispiel und Vorbild der Vorfahren bei den attischen Rednern und Geschichtsschreibern bis Demosthenes, Paderborn 1936. Aber dieser Topos steht hier nicht isoliert (gegen Wolter, Pastoralbriefe 195), sondern ist den leitenden Gedanken des Geprägtseins des Amtsträgers durch das Evangelium (vgl. Anm. 151) und seiner Inpflichtnahme durch das in der Ordination empfangene Charisma untergeordnet.

[156] Der Mehrheitstext hat nach ἐν ἀγάπῃ als zusätzliches Glied der Reihe ἐν πνεύματι. Diese sekundäre LA mag durch Gal 5,22 (Liebe als Frucht des Geistes) beeinflußt sein und sich dem Bestreben, zwei triadische Reihen zu erzielen, verdanken.

[157] So (ohne nähere Begründung) Hasler 37.

[158] Im paulinischen und nachpaulinischen Schrifttum ist ἀναστροφή durchweg wertneutral im Sinn von »Lebensführung« gebraucht; vgl. G. Bertram, ThWNT VII 715–717; J. Baumgarten, EWNT I 222.

[159] So Spicq 513 (»les conversations«).

[160] So Schlatter 128 f: »wie man spricht, wenn man den Christus verkündet, wie man spricht, wenn man zum Glauben einlädt, wie man spricht, wenn man den widersprechenden Lehrern widersteht«.

[161] Spicq 513; Liebe und Glaube als die zwei christlichen Grundtugenden der Past: 1,5.14; 2,15; 6,11; 2Tim 1,13; 2,22; 3,10; Tit 2.3 (s. bes. zu 6,11).

[162] Kretschmar, Glaube 123 f.

[163] Das Substantiv ἁγνεία begegnet im NT nur hier und 5,2. Die ursprüngliche Bedeutung der kultischen (Num 6,2.21; 2Chr 30,19; 1Makk 14,36) bzw. sexuellen (JosAp 2,198) Reinheit liegt hier nicht mehr vor (gegen Schlatter 128). Die Verbindung πίστις-ἁγνεία erscheint hellenistisch in behördlichen Lobreden für verdiente Bürger im Sinne von »Zuverlässigkeit und Integrität«; so die Inschrift auf dem Monument des Rhodon vor Ikonium: Ῥόδωνι πολείτῃ πίστεως καὶ ἁγνείας στεφανηφόρῳ (MAMA VIII 313); s. Spicq 513.

griff auf die fiktive Briefsituation (»bis ich komme«) hat dabei eine wichtige sachliche Funktion, denn er stellt die Verbindung der im folgenden erwähnten Aufgaben des Apostelschülers mit dem gemeindeleitenden Dienst des Apostels her: Timotheus bzw. der in seinem Bild gezeichnete Gemeindeleiter hat das zu tun, was der Apostel selbst, wäre er noch anwesend, tun würde. Er ist nach des Paulus Willen beauftragt, als dessen Stellvertreter zu handeln (vgl. 1,3; 3,14f). Die drei erwähnten Aufgaben betreffen sämtlich den Gottesdienst der Gemeinde. Als eines der frühesten Zeugnisse über die Gestaltung des christlichen Gottesdienstes in nachpaulinischer Zeit ist unsere Stelle daher von großer Bedeutung. Unter ἀνάγνωσις ist ohne Zweifel die gottesdienstliche Lesung zu verstehen[164].

Im Mittelpunkt des jüdischen Synagogengottesdienstes stand die Lesung aus der Tora und den Profeten (Lk 4,16; Joh 6,59)[165]. Sie war strikt geschieden von der Erklärung und Auslegung der heiligen Texte. Das Urchristentum hat sich in seinen Gottesdiensten diesem Brauch angeschlossen, allerdings nicht, ohne die Auswahl der zu lesenden Texte erheblich zu verändern; die Tora trat zurück gegenüber den Profetenbüchern, wobei wiederum die für den christologischen Schriftbeweis geeigneten Texte besonderes Gewicht erhielten. Neben dem AT fand aber bereits früh die Lesung christlicher Schriften im Gottesdienst Eingang. So setzt Paulus eine gottesdienstliche Verlesung seiner Briefe anscheinend in den angeschriebenen Gemeinden voraus (1Thess 5,27), zunächst freilich wohl nicht als allgemeinen Brauch, sondern als jeweils durch besondere Anlässe bedingte Maßnahme. Immerhin war damit aber ein erster Schritt in Richtung auf die Wertung des apostolischen Zeugnisses als heiliger Schrift getan. In den paulinischen Gemeinden der zweiten Generation dürfte, wie sich aus Kol 4,16 schließen läßt, die gottesdienstliche Lesung aus Paulusbriefen schon weithin regelmäßige Übung gewesen sein. An sie knüpft möglicherweise der Verf. der Offb an, wenn er die Verlesung seines Buches in den – paulinisch geprägten – Empfängergemeinden in der Asia erwartet und voraussetzt (Offb 1,3).

Mit παράκλησις ist die gottesdienstliche Predigt gemeint. Das Wort, das zunächst ganz allgemein einen einladenden Zuspruch bezeichnet, der sowohl Mahnung wie Tröstung umfaßt (1Kor 14,3; Röm 12,8), wird bereits bei Paulus Terminus für die apostolische Anrede an die Gemeinde, in der sich das Evangelium Gottes vollzieht (1Thess 1,3)[166]. Allgemein im Sinn von »Predigt« erscheint es Apg 13,15; Hebr 13,22 in der Wendung λόγος παρακλήσεως[167]. Steht παράκλησις nur an dieser einen Stelle in den Past, so ist διδασκαλία

---

[164] Hahn, Gottesdienst 74f; anders Holtz 116, der das Privileg des liturgischen Vorlesens für den Gemeindeleiter in den Past (ohne zureichende Argumente) bestreitet.
[165] Hierzu B. Gerhardsson, Memory and Manuscript, 1961 (ASNU 22), 67–78.
[166] Holtz, Thessalonicher 70; hierzu ferner A. Grabner-Haider, Paraklese und Eschatologie bei Paulus, 1968 (NTA NF 4), 33–41.

[167] Nach der erwägenswerten Vermutung von B. Rigaux (Saint Paul. Les épîtres aux Thessaloniciens, 1956 [EtB 32], 406) wäre λόγος παρακλήσεως ein technischer Ausdruck für die synagogale Predigt nach der Schriftlesung; zustimmend: Holtz, a. a. O. 70.

einer ihrer zentralen Leitbegriffe (1,10; 4,1.6; 5,17; 6,1.3; 2Tim 3,10 u. ö.). Es handelt sich dabei um die Gesamtheit dessen, was die Kirche von ihrem Apostel als verbindliche Weisung und Lehre empfangen hat (s. zu 1,10). Eine inhaltliche Abgrenzung zwischen παράκλησις und διδασκαλία, etwa in der Weise, daß man in der παράκλησις den Zuspruch des Evangeliums, in der διδασκαλία dagegen die ethische Weisung sieht[168], ist schon darum nicht möglich, weil die διδασκαλία der Past sich nicht auf den praktisch-ethischen Bereich eingrenzen läßt, sondern auch christologische und soteriologische Inhalte (z. B. Tit 2,10–14) hat. Eher wird man von zwei Aspekten der Predigt, dem seelsorgerlich anredenden einerseits und dem verbindliche Lehre wiederholenden und erinnernden andererseits, sprechen können[169].

Nun wird der die vorangegangenen Weisungen tragende Sachgrund benannt, 14 indem Timotheus an seine Ordination erinnert wird. Die Vernachlässigung der in V13 genannten amtlichen Pflichten wäre Untreue gegenüber dem ihm verliehenen Charisma und damit Pflichtverletzung. Der Stil dieser Ordinationsanamnese (s. zu 1,18; vgl. 2Tim 1,6) ist weniger persönlich-seelsorgerlich als amtlich: Der Imperativ μὴ ἀμέλει erinnert an Wendungen, die sich in amtlichen Briefen übergeordneter Amtsträger an ihre Untergebenen finden; sie stehen dort im Zusammenhang von Weisungen, die Amtsausübung und Auftragserledigung betreffen[170]. Dadurch, daß Timotheus einst das χάρισμα empfangen hat, so daß es jetzt »in ihm« ist, steht es nicht mehr in seinem Belieben, ob er die Aufgaben des Vorlesens, Mahnens und Belehrens wahrnehmen will; diese sind ihm vielmehr mit rechtlicher Verbindlichkeit auferlegt: sie zu vernachlässigen wäre Untreue gegenüber dem empfangenen Amtsauftrag.

Der Amtsauftrag nämlich ist mit dem Wort χάρισμα gemeint. Es ist dem Verf. aus der paulinischen Lehrtradition zugekommen (z. B. 1Kor 7,7; 12,4.9.28–30; Röm 12,6 u. ö.) und steht für ihn trotz der Bedeutungsverengung im selben theologischen

---

[168] So Schlatter 130; Holtz 110.

[169] Spicq 515 f.

[170] Die Wendung ist weitgehend synonym mit dem häufig belegten nicht negierten Imperativ μελέτα (vgl. V15): J. L. White, New Testament epistolary Literature in the Framework of Ancient Epistolography, in: ANRW II/25.2 (1984) 1730–1756 (dort 1737: Belege); Spicq 516; Wolter, Pastoralbriefe 185 f. Als Objekte von ἀμελεῖν bzw. μελετᾶν werden Gegenstände, Menschen oder Sachverhalte genannt, die der Verantwortung und Fürsorge der betreffenden Person anvertraut sind. So erscheint in Papyrusbriefen stereotyp die Wendung μὴ ἀμελήσῃς τῶν ἔργων (P.Iand. 9,16; P.Oxy. 1218,3; P.S.I.236,35) bzw. entsprechend dazu οὐκ ἠμέλησα σοῦ τοῦ ἐντολίου (P.Hamb. 192,5 f). In amtlichen Briefen wird in dieser Verbindung die mit der Amtseinsetzung verbundene Aufgabe genannt; z. B. heißt es von einem pflichtvergessenen Feldherrn: τῷ στρατηγῷ περὶ τούτου ὑπέθετο. ὁ δὲ οὐκ ἠμέλη[σε]ν ... (P.Oxy. 237, VI, 40 f). Als Beispiel aus literarischen Texten sei die Bemerkung des Dion Chrysostomus über Nero (Or. 3,134) angeführt: Nero spielte lieber Theater, ἀμελήσας δὲ τῆς αὑτοῦ βασιλείας. Sowohl terminologisch wie sachlich verwandt mit der vorliegenden Stelle ist IgnPol 1,2 ἐκδίκει σου τὸν τόπον ἐν πάσῃ ἐπιμελίᾳ σαρκικῇ τε καὶ πνευματικῇ. Auch hier geht es um die Funktion des Adressaten als Gemeindeleiter, zu deren gewissenhafter Wahrnehmung er in amtlichem Tone angeleitet wird (Wolter, Pastoralbriefe 187).

Bezugsfeld wie dort: χάρισμα ist Gabe Gottes [171], in der sich das endzeitliche Wirken des Geistes in der Gemeinde in der Befähigung zur Wahrnehmung von der Gestaltwerdung des Leibes Christi dienender Aufgaben geschichtlich konkretisiert. Bereits Paulus hatte herausgestellt, daß der pneumatische Charakter des Charismas allein in seiner Herkunft – es ist durch den Geist gewirkt – und in seinem Ziel – es dient der Auferbauung des Leibes Christi als einer pneumatischen Realität – gründet, nicht jedoch von seiner äußeren Erscheinungsform abhängig ist[172]. Nicht nur ekstatische, wunderhafte Phänomene, sondern auch profane, alltägliche Dienstleistungen, nicht nur punktuell und spontan aufbrechende Fähigkeiten, sondern auch kontinuierlich geleistete, an bestimmte Personen auf Dauer gebundene Dienste wie die der Apostel, Profeten und Lehrer (1Kor 12,28a) sind Charismen. Die Entgegensetzung von Charismatikern und Amtsträgern[173] samt der von ihr implizierten Diastase von Amt bzw. Recht und Geist kann sich nicht auf Paulus berufen[174]. Bereits nach Paulus setzt der Geist selbst Recht[175]. Paulus kennt auch schon eine gewisse Gruppierung und Rangordnung der Charismen (1Kor 12,28–30), wobei die kerygmatischen Charismen, weil sie für das Leben des Leibes Christi unerläßlich sind, eindeutigen Vorrang haben[176]. Es ist darum kein grundsätzliches Abweichen vom paulinischen Charisma-Verständnis, wenn die Past wie überhaupt der Deuteropaulinismus (vgl. Eph 4,4–16) das Charisma mit den festen, dem Aufbau der Kirche dienenden Ämtern identifizieren. Eine folgenreiche Vereinseitigung besteht lediglich darin, daß vom Charisma der gewöhnlichen Christen nicht mehr die Rede ist und mit der Möglichkeit spontan aufbrechender, nichtinstitutionalisierbarer Geistwirkungen nicht mehr gerechnet wird[177]. Unausgesprochen schwingt der Gedanke an den Geist als Geber des Charismas an unserer Stelle wohl noch mit. Aber es ist eben Zeichen der Verläßlichkeit, mit der der Geist für die bleibende Gegenwart des Evangeliums in der Welt sorgt, daß seine primäre Gaben feste, auf Dauer an bestimmte Personen gebundene Ämter geworden sind.

Sicher spielen für die Past sowohl die persönlichen Fähigkeiten und Anlagen wie auch die charakterlichen Eigenschaften (3,2–7) für die Auswahl des Amtsträgers eine erhebliche Rolle. Aber weder sind diese mit dem Charisma identisch, noch geht es bei der Verleihung des Charismas einfach um deren Anerkennung, sei es in einem Akt subjektiver Vergewisserung[178], sei es in einem objektiver öffentlicher Konstatierung[179].

---

[171]   Ausgangspunkt ist die Bedeutung von χά-ρις als »Erfreuen durch Schenken«, »geschenkter (und darum unverdienter) Gunsterweis« (H. Conzelmann, ThWNT IX 384). Das χάρισμα ist die Gabe, in der sich die χάρις konkretisiert. Ein Zusammenhang mit πνεῦμα ist dabei stets impliziert, auch wenn nicht eindeutig feststeht, ob Paulus selbst χαρίσματα als Bezeichnung der πνευματικά in den christlichen Sprachgebrauch einführte (a. a. O. 394; F. Hahn, Charisma und Amt, ZThK 76 [1979] 419–449.425f).

[172]   Conzelmann, a. a. O. 395.

[173]   H. Lietzmann, HNT 9, 63 f stand für viele, wenn er aus 1Kor 12,28 eine Unterscheidung zwischen Aposteln und Profeten als übergemeindlichen Charismatikern einerseits und ortsfesten »Ämtern« andererseits herauslas. Dagegen H. Greeven, Propheten, Lehrer, Vor-

steher bei Paulus, ZNW 44 (1951/52) 1–43; v. Campenhausen, Amt 65 f.

[174]   So richtig H. Conzelmann, ThWNT IX 396, gegen die berühmte These von R. Sohm (Kirchenrecht I, 1892).

[175]   v. Campenhausen, Amt 62: Der Geist ist »das organisierende Prinzip der christlichen Gemeinde«; Bultmann, Theologie 456 f.

[176]   Hahn, Gottesdienst 436 f; K. Kertelge, Gemeinde und Amt im NT, München 1972, 115 ff.

[177]   H. Conzelmann, ThWNT IX 397; v. Lips, Glaube 281 f.286 f.

[178]   So Behm, Handauflegung 46 f; dagegen Schlier, Ordnung 136; Lohse, Ordination 96; v. Lips, Glaube 247 f.

[179]   So G. Hasenhüttl, Charisma, 1969 (ÖF.E 5), 248 f.254.

Weil Gott der Schenkende und Beauftragende ist, darf der Amtsträger sich auf Gottes Treue verlassen, auch dann, wenn die eigenen Fähigkeiten und Möglichkeiten sich als brüchig erweisen und das Vertrauen in sie in die Krise gerät. Weder der Amtsbewerber selbst (3,1) noch die auswählenden und einsetzenden Menschen sind die eigentlich Handelnden bei der Amtsübertragung; die letzte Initiative liegt bei Gott, der das Charisma schenkt. Das kommt in der passivischen Formulierung zum Ausdruck, die den Gottesnamen umschreibt (vgl. 2 Tim 1,6)[180].

Dieses Handeln Gottes wird nun allerdings durch Menschen vermittelt, und zwar in einem gottesdienstlichen Akt, der christlichen *Ordination* (s. den folgenden Exkurs). Προφητεία und ἐπίθεσις τῶν χειρῶν sind als zwei für diesen Akt konstitutive einander unmittelbar zugeordnete Vorgänge zu verstehen[181]. Nichts berechtigt zu der Annahme zweier zeitlich getrennter Vorgänge, etwa eines profetischen Auswahlaktes und einer aus Handauflegung (und Gebet) bestehenden gottesdienstlichen Handlung[182]. Zudem wird man der Stelle schwerlich eine Aufteilung der Vorgänge auf zwei verschiedene Personengruppen – nämlich auf gemeindliche Profeten und das Ältestengremium – entnehmen können[183]. Vielmehr dürften die allein genannten Ältesten

---

180 Lohse, Ordination 84; vgl. auch 2 Tim 1,6: Herkunft des Charismas von Gott (χάρισμα τοῦ θεοῦ).

181 Ausschlaggebend für diese Interpretation sind Erwägungen über Bedeutung und Verhältnis der beiden Präpositionen διά und μετά 1. Liegt bei διὰ προφητείας ein διά mit Genitiv oder ein διά mit Akkusativ vor? Im ersten Fall wäre διά mit »vermittelst«, »durch« zu übersetzen (Bauer, Wb s. v.) und προφητείας singularisch (»Profetenspruch«) zu verstehen. Im zweiten Fall würde διά zur Angabe eines Grundes dienen (»wegen«, »um ... willen«; Bauer, Wb s. v.) und προφητείας wäre pluralisch zu fassen (»profetische Äußerungen«). Sprachliche Indizien sprechen eindeutig für διά mit Genitiv: Im NT beträgt die Häufigkeit von διά mit Genitiv zu διά mit Akkusativ ca. 380: ca. 270. Bei Substantiven ohne Artikel ist das Verhältnis noch eindeutiger: ca. 120:16. Der Wegfall des Artikels nach διά mit Akkusativ ist also sehr selten, bei διά mit Genitiv dagegen häufig. In einem theoretisch zweideutigen Fall wie διὰ προφητείας hätte zunächst ein Verständnis als διά mit Genitiv naheliegen. »Sollte eine Akkusativkonstruktion ausgedrückt werden, dann wäre eine Setzung des Artikels zu erwarten« (v. Lips, Glaube 252). 2. Μετά mit Genitiv bezeichnet im klassischen Griechisch, wo es nicht räumlich (»innerhalb«, »inmitten«), sondern bildlich gebraucht wird, die begleitenden Personen oder Umstände eines Vorganges. In nachklassischer Zeit voll-

zieht sich jedoch eine Annäherung von διά an μετά: μετά gewinnt vielfach instrumentalen Sinn, so sind z. B. die Wendungen γράφειν διὰ μέλανος (Plutarchus, Solon 17,3) und γράφειν μετὰ μέλανος (P. Mag. Lond. 121.226) bedeutungsgleich: analog dazu legt sich Bedeutungsgleichheit für 4,14 (μετὰ ἐπιθέσεως τῶν χειρῶν) und 2 Tim 1,6 (διὰ τῆς ἐπιθέσεως τῶν χειρῶν) nahe. Auch sonst zeigt sich gerade in den Past ein vielfacher Wechsel von Präpositionen, ohne daß eine Sinnveränderung erkennbar würde (z. B. 2,9 f). Folgerung: Es ist für 4,14 die Singleichheit beider Präpositionen und damit die unmittelbare Zuordnung von Profetenwort und Handauflegung als zweier Bestandteile eines und desselben Vorganges anzunehmen (v. Lips, a. a. O. 250 f).

182 Gegen Roloff, Apostolat 259; Lohse, Ordination 81; Kretschmar, Ordination 63; Brox 180; v. Campenhausen, Amt 126. Diese Sicht beruht auf der Fehldeutung von διὰ προφητείας als διά mit Akkusativ Plural (s. Anm. 181) aufgrund der angenommenen Entsprechung zu 1,18.

183 Gegen eine Mitwirkung von Gemeindeprofeten spricht vor allem der Umstand, daß die in den Past abgebildete gemeindliche Praxis für deren Existenz nicht den geringsten Raum zu lassen scheint. Hierzu G. Dautzenberg, Urchristliche Prophetie, 1976 (BWANT 104), 36 ff; ferner Merklein, Das kirchliche Amt 388 f. Hinzu kommt, daß die Möglichkeit, sich

auch als die die προφητεία Vollziehenden zu denken sein[184]. Προφητεία
meint hier nicht eine Äußerung von Profeten und wohl auch nicht eine
weissagende Rede[185], sondern eher den verkündigenden, tröstenden und mah-
nenden Zuspruch, in dem der Amtsauftrag übermittelt, inhaltlich entfaltet und
verpflichtend zugesprochen wurde (s. zu 1,18). Ein Beispiel für den Inhalt
solcher προφητεία mag das Ordinationsformular 6,13–16 geben (s. dort).
Gleichermaßen durch diesen worthaften Zuspruch wie durch die Handauflegung wird das Amtscharisma übermittelt. Denn die Handauflegung ist mehr
als nur ein das Geschehen begleitender Segensgestus (vgl. Mk 10,16)[186], sie ist
vielmehr Mittel der Übertragung des Geistes bzw. seiner Gabe (2Tim 1,6)[187].
Ähnlich ist die Handauflegung Teil der Taufe: durch sie wird dem Täufling der
Geist mitgeteilt (Apg 8,14–17; 19,6; Hebr 6,2)[188]. Geht es bei der Taufe
allgemein um den endzeitlichen Geistbesitz aller Christen, so dient die Handauflegung bei der Ordination der Zuwendung einer zum spezifischen Dienst an
der Gemeinde befähigenden Gabe des Geistes[189]. Der Zusammenhang mit der
rabbinischen s^emikah, der Gelehrtenordination, ist unverkennbar[190]; er ist
allerdings nicht direkt, sondern durch das spezifisch christliche Verständnis
von Geist und Geistesgaben gebrochen. Was verliehen wird, ist nicht einfach
die Bevollmächtigung eines Kandidaten zur Wahrnehmung der Rechte und
Pflichten eines schriftgelehrten Lehrers[191], sondern – bei aller Betonung der
lehrhaften Komponente – die Gabe des Heiligen Geistes; und der Verleihende
ist nicht ein Mensch, der die ihm eigene Gabe weiterzugeben verpflichtet und
bevollmächtigt ist, sondern letztlich Gott selbst.

Trotzdem bedarf die Diskrepanz zwischen V14 und 2Tim 1,6 einer Erklärung: Ist es dort
der Apostel, der die Handauflegung vollzieht, so erscheinen hier die Glieder des
Presbyteriums als für diesen Ritus verantwortlich. Der bereits von J. Calvin vorgeschlagene[192], von J. Jeremias unabhängig davon entwickelte Lösungsversuch, wonach τοῦ

um die ἐπισκοπή zu bewerben, mit einer profetischen Auswahl der Amtsträger schwer zu
vereinigen wäre (v. Lips, Glaube 245f). Die
angebliche Analogie zu dem profetischen Auswahlakt Apg 13,1f besagt wenig, da es dort
nicht um eine Ordination, sondern um die
Aussendung von Gemeindeaposteln geht (s.
Exkurs: »Die gemeindeleitenden Ämter«).
[184] v. Lips, a. a. O. 246.
[185] Das wird durch die Aussage, daß das Charisma durch die profetische Rede vermittelt sei,
ausgeschlossen: προφητεία kann demnach
nur die Bedeutung von »Zuspruch« haben
(ebd. Anm. 326).
[186] Eine nur symbolische Deutung der Handauflegung vertreten u. a. Wohlenberg 166;
Behm, Handauflegung 4 sowie Jeremias in der
1. Auflage seines Kommentars (1949, 27f; Revision in der Neufassung von 1975 aufgrund
der Untersuchung von Lohse, Ordination).

[187] v. Campenhausen, Amt 126: »Der entscheidende Vorgang . . . ist offenbar die Handauflegung . . . Es ist danach zweifellos richtig,
die Ordination als einen sakramentalen Akt zu
bestimmen.«
[188] Kretschmar, Ordination 54f.
[189] A. a. O. 68f; Hahn, Gottesdienst 73 Anm.
42.
[190] Hierzu Lohse, Ordination 95ff; Kretschmar, a. a. O. 63ff.
[191] Die s^emikah ist Weitergabe der Autorität
des Lehrers an den Ordinanden: Lohse, a. a. O.
26f, 53–56; Daube* 231f; Kretschmar, a. a. O.
49.
[192] Calvin, Institutio IV 3,16: »Denn was wir
in dem anderen Brief (sc. 1Tim) von der Handauflegung des ›Presbyteriums‹ lesen, das ver-
stehe ich nicht so, als ob Paulus von der Amts-
genossenschaft der Ältesten spräche, sondern
ich fasse es so auf, daß dieser Ausdruck die

πρεσβυτηρίου als *genitivus finalis* zu verstehen sei und es demnach um eine »Ordination zum Presbyteramt« gehe, verbietet sich aus sprachlichen und sachlichen Gründen[193]. Unwahrscheinlich ist erst recht, daß der Widerspruch das Resultat »geringer Sorgfalt« des Verfassers sei[194]. Aber auch eine einfache Addition beider Stellen mit dem Ergebnis, daß Paulus gemeinsam mit den Presbytern die Ordination des Timotheus vollzogen habe bzw. daß Bischof und Presbyterium gemeinsam bei der zukünftigen Ordination von Amtsträgern tätig werden sollten, greift wohl zu kurz[195]. Eher handelt es sich um zwei verschiedene Aspekte, die sich jeweils aus dem Gesamtskopus von 1Tim bzw. 2Tim ergeben. 2Tim als persönliche Abschiedsrede betont in der Ordinationsaussage die Relation Timotheus/Paulus: Es sind Dienst und Funktion des Apostels, in die der Apostelschüler – und mit ihm der zukünftige Gemeindeleiter – eintritt[196]. 1Tim dagegen hat gemäß seiner Ausrichtung auf die konkrete Kirchenordnung den praktischen Vollzug im Blick: In der hier dargestellten Weise soll jetzt die Ordination vorgenommen werden, und zwar konkret in Gemeinden, wo ein Ältestenkollegium vorhanden ist (5,17–20). Es geht hier nicht um ein globales Programm, sondern nur um den nächstliegenden Schritt: Die Ältesten sollen denjenigen aus ihren Reihen, der zu der Übernahme der in V13 genannten Aufgaben fähig ist, durch Handauflegung ordinieren. Die kommentierende theologische Perspektive dazu liefert dann 2Tim 1,6 mit dem Hinweis darauf, daß der so Ordinierte damit in die gemeindeleitenden Funktionen des Apostels eintritt. Daran, daß der Verf. die beiden Aussagen in dieser Weise nebeneinander stehen lassen konnte, zeigt sich jedenfalls, daß er die Übermittlung des Charismas nicht streng im Sinn einer Amtsweitergabe durch den Apostel verstanden hat.

Die folgenden Mahnungen bringen sachlich nichts Neues; sie dienen vielmehr **15** der emphatischen Bekräftigung des in VV12–14 Gesagten. Weil der Amtsträger das Charisma empfangen hat, das ihn zu seinem Amt zurüstet und

Ordination selber meint; es ist also, als ob Paulus sagte: Sorge dafür, daß die Gnade, die du durch die Auflegung der Hände empfangen hast, *als ich dich zum Ältesten einsetzte*, nicht wirkungslos sei« (Übers. O. Weber: J. Calvin, Unterricht in der christlichen Religion, Neukirchen-Vluyn ⁴1968, 724).

193 Jeremias*; ders., Zur Datierung der Pastoralbriefe, in: ders., ABBA. Studien zur neutestamentlichen Theologie und Zeitgeschichte, Göttingen 1966, 314–316; ähnlich Daube* 244f, ihnen folgen Kelly 108 und Holtz 111. Dagegen: 1. Die wenigen jüdischen Belege, in denen πρεσβυτήριον die Ältestenwürde bezeichnet, sind unsicher (P. Katz, Πρεσβυτήριον in 1Tim 4,14 und Susanna 50, ZNW 51 (1960) 27–30; 2. Ein solcher rabbinischer *terminus technicus* war für griech. Leser kaum verständlich (Kümmel, Einleitung 336); 3. wäre damit impliziert, daß Timotheus als Pres-

byter angesehen würde, was er aber nach 4,12; 2Tim 2,22 gerade nicht ist (Kretschmar, Ordination 60).

194 Gegen Brox 180f.

195 Gegen Spicq 517f; Adler* 66; Roloff, Apostolat 259.

196 Dies hat Wolter (Pastoralbriefe 215ff) grundsätzlich richtig beobachtet, wenn er auf die große Bedeutung der Vorgänger-Nachfolger-Relation in 2Tim verweist sowie auf die Prägung von 2Tim durch das atl. Modell der Amtseinsetzung Josuas durch Mose (Num 27,18.23). Zu einseitig will Wolter allerdings alles auf den Gedanken der Traditionsübergabe zuspitzen, indem er jeden Bezug der Amtseinsetzung des Timotheus auf den apostolischen Dienst und den kirchenleitenden Auftrag des Paulus bestreitet. Damit ist u. a. das Gewicht, das der Charisma-Begriff in 2Tim 1,6 hat, nicht angemessen berücksichtigt.

befähigt, darum ist er in Pflicht genommen[197]. Nun gilt es für ihn, sich mit allem Ernst und Nachdruck um die beiden vorher genannten Aspekte seines Dienstes, die Vorbildfunktion und die Leitungsfunktion, zu bemühen und mit seiner ganzen Existenz in ihnen aufzugehen[198]. Das wird ihm zwar nicht auf Anhieb ganz gelingen, er darf aber damit rechnen, daß er in einen Lern- und Erfahrungsprozeß hineingenommen wird, der ihn über das Stadium des ungeschickten Anfängers hinausführt. Hier wird deutlich an den Gedanken von V12 angeknüpft: Eben dadurch, daß der jugendliche Amtsträger in diesen Erfahrungsprozeß eintritt und in einer für die ganze Gemeinde sichtbaren Weise Fortschritte macht[199], kann er die ihm anfangs entgegenschlagenden Zweifel und Bedenken zum Schweigen bringen. Mit dem Hinweis auf die Notwendigkeit einer προκοπή wird zugleich die Aussage von V7b konkretisiert: Der vom Amtsträger erwartete »Fortschritt« vollzieht sich durch »Einübung« in der Frömmigkeit, der gestalthaften Weise christlicher Lebensführung[200].

16 Noch einmal kommt die »Zweipoligkeit« des gemeindeleitenden Amtes und damit ein zentrales Anliegen der Amtstheologie des Verf. zur Sprache: Der Amtsträger hat auf die »Lehre« zu achten, er ist verantwortlich für ihre ursprungsgemäße Bewahrung und Weitergabe (1,11.18; 6,20; 2Tim 1,14); er ist Lehrer der apostolischen Tradition und Wächter über sie. Aber er ist dies nicht als bloßes Sprachrohr, als persönlich unbeteiligter Funktionär. Vielmehr ist er mit seiner ganzen Existenz von dieser Lehre geprägt; ihre verwandelnde, Menschen erneuernde Macht soll und kann an ihm anschaubar werden, wie sie am Apostel selbst anschaubar war (1,15f; 2Tim 4,6–8). Darum gilt es für den Amtsträger, auf sich selbst zu achten, sein eigenes Leben ständig kritisch zu überprüfen, ob und wieweit es dem hohen Anspruch der von ihm vertretenen Sache entspricht. Und nun wird seine größte Gefährdung angesprochen. Sie besteht in der Meinung, daß man, indem man anderen die Heilsbotschaft zu predigen fähig ist, über diese Botschaft verfüge und darum selbst nicht mehr von ihrem Anspruch herausgefordert und betroffen sei. Demgegenüber soll

[197] Der Imperativ μελέτα entspricht μὴ ἀμέλει (V14) und hat demgemäß amtlichen Klang: Eine verbindliche Pflicht wird eingeschärft (s. o. Anm. 170).

[198] Der Imperativ »darin sei« entspricht dem in der antiken Literatur häufig ausgesprochenen Grundsatz »totus in illis« (Horatius, Sat. 1,9,2; Ep. 1,1,11; vgl. JosAnt 5,109; Plutarchus, Pomp. 69; vgl. Spicq 519). Modern ausgedrückt: der Inhalt der Weisung soll internalisiert werden.

[199] Προκοπή ist ein *terminus* der hell. philosophischen Ethik: das Weiterkommen innerhalb des Bildungsganges, die Annäherung an das Bildungsziel (so der gleichnamige Traktat Epictetus, Diss. I 4; ferner Sir 51,17). Der an sich ganz untheologische Begriff wird erst durch die Beschreibung des Bildungszieles im Kontext (VV7.10.12) theologisch gefüllt: Christliche Existenz als klar umrissenes Ziel eines Bildungsganges, innerhalb dessen es ein Vorankommen geben kann. Im Gegensatz dazu gibt es für die Irrlehrer nur ein προκοπεῖν hin auf das »Bildungsziel« der ἀσέβεια (2Tim 2,16; 3,13), das aber ist keine wirkliche προκοπή (2Tim 3,9). Vgl. G. Stählin, ThWNT VI 708–719; W. Schenk, EWNT III 379f; v. Lips, Glaube 163f.218.

[200] Die sicher sekundäre v. l. des Mehrheitstextes ἐν πᾶσιν biegt den Gedanken um: Es wird nicht mehr gesagt, *für wen* der Fortschritt, sondern *worin* er sichtbar wird (nämlich »in allen Dingen«).

der Amtsträger wissen – so der folgende Begründungssatz –, daß bei seinem Tun und Lassen zuallererst sein eigenes Heil auf dem Spiel steht[201]. Natürlich ist es seine vordringlichste Pflicht, die ihm anvertraute Heilsbotschaft so zu verkündigen und zu lehren, daß seine Hörer, die gottesdienstliche Gemeinde[202], dadurch das Heil gewinnen[203]. Und weil er bevollmächtigter Träger jener Botschaft ist, die das Heil zu wirken vermag und in der Gottes unverbrüchlicher Heilswille sich manifestiert (2,4; 2Tim 1,9; 4,18), darum kann mit σῴζειν (»retten«) seine eigene Funktion umschrieben werden, wie zuvor auch Paulus selbst seinen apostolischen Auftrag als ein »Retten« bestimmt hatte (1Kor 9,22). Aber der Prediger des Evangeliums soll selbst sein erster Hörer sein und sein Leben der verkündigten Botschaft unterstellen. Dem ihm anvertrauten rettenden Wort darf er zutrauen, daß es sich zuallererst an ihm selbst auswirkt. In diesem Sinn – und nicht etwa in dem einer vom Menschen zu wirkenden Selbsterlösung – ist die Verheißung des Sich-selbst-Rettens zu verstehen[204]. Die sich unmittelbar anschließenden Mahnungen sind, was ihren Inhalt betrifft, konventionell. Sie greifen ein Schema auf, das zum Standard populärer hellenistischer Moralphilosophie gehörte[205]. In ihm wird der Weise, der Inhaber einer angesehenen Stellung, angewiesen, die Menschen in seinem Umkreis nicht hochmütig zu behandeln, sondern ihnen in einer ihrem jeweiligen Lebensalter und ihrer spezifischen Lebenssituation angemessenen Weise zu begegnen[206]. 5,1

Einen vertieften Sinn gewinnen die Mahnungen vom Kontext des Briefes her, wobei Bezüge nach drei Richtungen hin aufweisbar sind: 1. Es besteht ein unmittelbarer Zusammenhang mit 4,12a, und zwar im Sinne einer Komplementierung: Zwar soll die Gemeinde auch den jugendlichen Amtsträger respektieren, doch das bedeutet keineswegs, daß dieser das Recht hätte, die Gemeindeglieder von oben herab zu behandeln und sich zum autoritären Herrscher über sie aufzuwerfen. Vielmehr verpflichtet ihn gerade

[201] Der Gedanke, daß der Verkündiger sich als erster der Zusage und dem Anspruch des Evangeliums zu unterstellen habe, begegnet auch bei Paulus: 1Kor 9,16.23.27; Röm 10,14 f.

[202] Οἱ ἀκούοντες meint denselben Personenkreis wie οἱ πιστοί (V12), nämlich die Gemeinde; an Hörer der Missionspredigt (Holtz 112 f) zu denken ist schon darum nicht möglich, weil διδασκαλία die Lehrverkündigung in der Gemeinde ist. So spiegelt sich in der Wahl dieses Begriffs (vgl. auch 2Tim 2,14) eine gewisse ekklesiologische Verengung, die primär auf die einseitige Betonung der Lehrfunktion des Amtsträgers und die Vernachlässigung des Hirten-Topos zurückzuführen sein dürfte. Anders als Apg 20,28 ist die Gemeinde hier verstanden »als die dem lehrenden Amtsträger gegenüberstehende Hörerschaft« (v. Lips, Glaube 105).

[203] Hier ist möglicherweise ein fester Topos aufgenommen, der auch 2Cl 15,1; 19,1 (ἵνα καὶ ἑαυτοὺς σώσητε καὶ ἐμὲ τὸν ἀναγινώσκοντα ἐν ὑμῖν) begegnet: Verheißung der »Rettung« für Lehrer und Schüler durch deren Reden und Hören (vgl. auch Jak 5,20).

[204] Treffend Schlatter 132: »Synergismus entsteht dadurch nicht, weil das Werk nur mit dem getan werden kann, was als Gabe der Gnade geschenkt worden ist.«

[205] So heißt es in einer Unterweisung für werdende Ärzte: »Sieh dich an als Bruder der Altersgenossen, als Kind der Älteren, als Vater der Jüngeren« (Libanius, Progymn. VII); ähnlich Plato, Resp. 463c; weitere Belege: Dibelius-Conzelmann 57; Spicq 522.

[206] Ähnliches in der jüd. Weisheitsliteratur: Spr 20,29; Sir 8,6.

sein Amt, sich in die Gemeinde hineinzustellen und den Menschen in ihr in einfühlsamer Solidarität zu begegnen. Das Amt ist ein besonderer Dienst, der im Auftrag Gottes an der Gemeinde geschieht. Aber sein Träger steht mitten in der Gemeinde, nicht über ihr. – 2. Im Hintergrund steht des weiteren das Verständnis des Gemeindeleiters als des dem Hauswesen Gottes vorstehenden Hausvaters (3,15; Tit 1,7). So sind die Glieder der Gemeinde hier als Angehörige einer großen Familie gesehen, für die der Hausvater aus gleichsam familiärer Verpflichtung zu sorgen und auf die er je ihrer Situation entsprechend einzugehen hat. – 3. Schließlich bildet die Mahnung auch eine unmittelbare Konkretion des vorher (4,12b.16) über die vorbildliche Lebensweise des Amtsträgers Gesagten: Dazu gehört, daß er das christliche Ideal der Geschwisterlichkeit, das im Grunde allen gilt, vorlebt und allen konkret vor Augen führt.

Im ersten Teil der Mahnung geht es um das Verhalten gegenüber Männern. Und hier steht wiederum die Einschärfung der für die Ethik der Antike elementaren Pietätspflicht gegenüber dem Alter im Vordergrund. Wenn es nötig ist, einen älteren Mann zurechtzuweisen, dann soll dies mit dem angemessenen Respekt geschehen, so, wie ein (erwachsener) Sohn zu seinem Vater spricht. Das Verhältnis zu den jüngeren Männern, den Gleichaltrigen also, soll durch Brüderlichkeit bestimmt sein. Wenn der Amtsträger mit ihnen spricht, so tut er es auf der Basis grundsätzlich gleicher Lebenssituation. Was seinem Reden besondere Autorität geben kann, ist weder Ansehen noch Macht noch gar ein angemaßter Erfahrungsvorsprung, sondern allein das Wort,
2 dessen Träger er ist. Ganz analog aufgebaut ist der zweite Mahnungsteil, der das Verhalten gegenüber Frauen zum Thema hat. Wie im älteren Mann den Vater, so soll der Amtsträger in der älteren Frau die Mutter ehren; wie dem jüngeren Mann, so soll er auch der jüngeren Frau in brüderlicher Solidarität begegnen, wobei hier allerdings ein spezifischer Zusatz angefügt ist: wo es um den Umgang mit gleichaltrigen Frauen geht, hat er besonders auf die »Lauterkeit« (vgl. 4,12) zu achten, d. h. darauf, daß das Verhältnis zu ihnen nicht durch Gedanken und Motive überlagert wird, die einem anderen Bereich als dem seines Amtsauftrages entstammen. Es geht hier sicher nicht um eine pauschale Diskriminierung von Sexualität – eine solche wäre mit der antiasketischen Haltung der Briefe schwer vereinbar. Wohl aber geht es darum, daß das sexuelle Moment als etwas gesehen wird, was geeignet sein könnte, die Eindeutigkeit und Lauterkeit der Amtsführung zu gefährden.

Zusammen- Ansatz und Ausprägung des Amtsverständnisses der Past werden hier in
fassung   großer Dichte zur Sprache gebracht. Und zwar erweisen sich in der Mahnung an Timotheus, den prototypischen Amtsträger, die folgenden Motive als bestimmend:
– Das gemeindeleitende Amt gewinnt seine Vollmacht weder aus lebensaltersbedingter Würde noch aus erworbenem Ansehen, sondern allein aus dem in der Ordination empfangenen Amtsauftrag.
– Seine zentrale Funktion ist die gottesdienstliche Verkündigung in Schriftlesung, Lehre und seelsorgerlichem Zuspruch.

– Zugleich aber ist diese Funktion integriert in ein umfassendes Lebenszeugnis, durch das die verändernde Macht des Evangeliums prägend für die Gemeinde zur Geltung gebracht wird.

– Der Träger des gemeindeleitenden Amtes herrscht nicht über die Gemeindeglieder, sondern begegnet ihnen dienend in der Haltung geschwisterlicher Solidarität.

Tragende Mitte des Abschnitts ist der erinnernde Hinweis auf die Ordination: Sie wird als von Gott ausgehendes Geschehen der Beauftragung, Geistbegabung und Sendung verstanden, das als Zusage wie als Anspruch für das gesamte Leben des Amtsträgers bestimmend bleibt.

Exkurs: Die Ordination

1. *Vorkommen*

Die Ordination als gottesdienstlicher Akt der Einsetzung von Amtsträgern wird im NT nur in den Past direkt bezeugt. Hier ist die Bezeugung allerdings so breit und nachdrücklich, daß sich jeder Zweifel an der zentralen Bedeutung dieser Handlung für die indirekt angeschriebenen Gemeinden von vornherein verbietet: In 1Tim 1,18; 4,14; 2Tim 1,6 wird auf die Ordination anamnetisch Bezug genommen, indem der Apostelschüler auf sie angesprochen und bei ihren Konsequenzen für seinen gegenwärtigen und zukünftigen Dienst behaftet wird; 1Tim 5,22 (s. dort) ist eine Weisung, die die Verantwortung des Timotheus als Ordinator zum Thema hat, und 1Tim 6,13–16 (s. dort) ist mit großer Wahrscheinlichkeit ein Stück eines Ordinationsformulars, das konkrete Schlüsse auf den liturgischen Vollzug erlaubt und dessen Funktion im weiteren Briefkontext ebenfalls anamnetisch ist. Man hat zwar häufig Apg 6,6; 13,1–3 und 14,23 als weitere Belege für die Anfänge der Ordination heranziehen wollen[207], doch das ist nur bedingt legitim. Denn Apg 6,6 und 14,23 sind hinsichtlich ihres historischen Gehalts zweifelhaft und können allenfalls als Indizien dafür gelten, daß Lukas die Ordination als kirchlichen Brauch kennt und sie auf die Anfangszeit zurückprojiziert[208]. Von einigem Wert ist lediglich die alte antiochenische Tradition Apg 13,1–3, die bereits für die 40er Jahre einen gottesdienstlichen Akt mit Gebet und Handauflegung als konstitutiven Elementen bezeugt; aber da es sich hier nicht um eine Amtseinsetzung, sondern um eine Aussendung zum Dienst als Wandermissionare bzw. -apostel handelt[209], ist die Entsprechung allenfalls eine partielle. Als indirektes Zeugnis für lukanische Kenntnis der Ordination ist freilich Apg 20,28 zu werten; aufgrund der motivlichen Berührungen mit 1Tim 4,14; 2Tim 1,6 wird man auch hier von einer Ordinationsanamnese sprechen können.

---

[207] So Lohse, Ordination 78.
[208] Zu Apg 6,6 s. Roloff, Apostolat 217–227; ders., Apostelgeschichte 110; Kretschmar, Ordination 57 f; zu Apg 14,23 Roloff, Apostelgeschichte 220.

[209] S. Roloff, Apostolat 207–210; Kretschmar, a. a. O. 56 f.

2. Hintergrund und Entstehung

Die Vorstellung, daß die Hand Medium der Kraftübertragung sei, etwa im Sinne der Heilung oder der Segnung, ist in der Antike allgemein verbreitet[210]. In 4,14; 2 Tim 1,6 geht es aber ganz spezifisch um die Übertragung des Geistes bzw. des von ihm gewirkten Charismas durch die Auflegung beider Hände. Die nächste Analogie hierfür bildet die postbaptismale Handauflegung, die nach Apg 8,17 f; 19,1–6 ebenfalls mit beiden Händen vollzogen wurde (vgl. Hebr 6,2) und in der die Geistmitteilung im Sinne der Verleihung von Charismen erfolgte[211]. In der Taufe ist demnach wohl der Ursprung dieser spezifisch christlichen Form von Handauflegung zu suchen, und von hier aus mag sie schon relativ früh im palästinisch-syrischen Raum auch eine breitere Bedeutung gewonnen haben, wie dies Apg 13,3 nahelegt: Geistmitteilung durch Auflegung beider Hände zur Zurüstung für besondere Aufgaben.

Das Neue und Besondere der in den Past geschilderten Ordination ist, daß durch die Handauflegung ein *Amt* verliehen wird. In dieser Hinsicht besteht eine auffallende Nähe zur jüdischen Gelehrtenordination der Zeit nach 70, die den Schluß auf eine Parallelentwicklung nahezu unausweichlich macht. Nach der Zerstörung des Tempels und dem Ende der jüdischen Zentralbehörde in Jerusalem gewann der Ritus der *s*^{e}*mikah* (= Handaufstemmung)[212], der vorher bereits im Bereich des pharisäischen Schriftgelehrtentums mehr oder weniger privat geübt worden war[213], gesteigerte Bedeutung und wurde zu einer öffentlich anerkannten Institution[214]. Die vorher bedeutsamen Riten der »Inthronisation«, die der Wiederbesetzung der Sitze im Großen Synedrium wie auch in kleineren Gerichtshöfen galten[215], waren nach dem Ende dieser Institutionen

---

[210] O. Weinreich, Antike Heilungswunder, 1909 (RVV 8,1), 1–37.

[211] Kretschmar, Ordination 54 f.

[212] Das Aufstemmen der Hände (hebr. *s*^{e}*mikah* = griech. ἐπίθεσις τῶν χειρῶν) erscheint zwar atl. in unterschiedlichem Kontext: beim Brandopfer (z. B. Lev 1,4; 8,18; Ex 29,15), beim Sündopfer (Lev 4,4.15 u. ö), am Versöhnungstag beim Ausschicken des Sündenbocks (Lev 16,21) sowie bei der Einsetzung Josuas durch Mose als dessen Nachfolger (Num 27,8–11; Dtn 34,9), aber die Grundbedeutung ist weitgehend einheitlich: es ist ein Übertragungsritus, bei dem Kraft, aber auch Unheil bzw. Schuld übertragen werden kann; vgl. E. Lohse, ThWNT IX 417 f.

[213] Die älteste bezeugte Ordination ist jene, die R. Jochanan b. Zakkai (gest. um 80 n. Chr.) an seinen Schülern R. Elieser und R. Josua vornahm (pSan 19a. 42). Auch wenn es sich hier um eine Legende handeln sollte (so J. Neusner, Development of a Legend. Studies on the Traditions concerning Johanan Ben Zakkai, Leiden 1970), so wird damit doch die geschichtliche Situation des Hervortretens der Ordination als einer zentralen Institution umrissen: R. Jochanan war das »Bindeglied zwischen Jerusalem vor der Tempelzerstörung und dem Neuanfang in Jabne« (Kretschmar, Ordination 51).

[214] Das ist zu erschließen aus dem Bericht des Talmud Jeruschalmi (pSan 19a): »In früherer Zeit ordinierte jeder Lehrer seine Schüler... Später aber erwies man diesem Hause (d. h. dem Hause des Patriarchen) die Ehre, indem man sagte, ›wenn das Gelehrtenkollegium jemanden ohne Einwilligung des Patriarchen ordiniert, so gilt diese Ordination nicht. Wenn aber der Patriarch jemanden ohne Einwilligung des Gelehrtenkollegiums ordiniert, so gilt diese Ordination‹« (zit. nach Lohse, Ordination 36); zur terminologischen Problematik – Talmud Jeruschalmi spricht nicht von *s*^{e}*mikah*, sondern von *minnuja* – s. Kretschmar, a. a. O. 50 Anm. 42. Der Ursprung der *s*^{e}*mikah* dürfte mit den Anfängen des Schriftgelehrtentums zusammenfallen. Der Titel »Rabbi« vor dem Namen des Gelehrten kann im allgemeinen als Indiz dafür gelten, daß er ordiniert worden ist (Lohse, ebd.).

[215] Auf solche Einsetzungsriten dürfte San 4,4 zurückverweisen: »War es nötig, eine Ordination zu vollziehen, so ordinierte man einen aus der ersten Reihe (der vor dem Synedrium sitzenden Gelehrtenschüler), während einer aus der zweiten in die erste und einer aus der dritten in die zweite aufrückte.« Eine Handauflegung fand dabei offensichtlich nicht statt. Gegen Ehrhardt* 132–150 läßt sich daraus

bedeutungslos geworden. Nun richtete sich alles Augenmerk auf die Weitergabe der die Identität jüdischen Glaubens und Lebens tragenden Lehre vom Lehrer auf den Schüler. Das biblische Modell hierfür lieferten die Einsetzung der 70 Ältesten Num 11,24f sowie vor allem die Einsetzung Josuas durch Mose Num 27,15–23; Dtn 34,9[216].

Die s^emikah wurde ursprünglich durch den Lehrer vollzogen, nachdem er sich überzeugt hatte, daß der Schüler schriftliche Tora und Halacha gründlich beherrschte und zur Anwendung des Gelernten auf alle ihm begegnenden Fälle fähig war. Zwei Assistenten waren als Zeugen anwesend[217]. Der Lehrer stemmte dem Schüler beide Hände auf. Dies wurde als Verleihung der Weisheit oder gar des Geistes verstanden: Wie ein Gefäß, das bis oben hin gefüllt ist, durch Stemmen und Drücken noch mehr Inhalt aufnehmen kann, so gab Mose seine Vollmacht an Josua weiter. In eben dieser Weise ist die rabbinische s^emikah Weitergabe der Autorität des Lehrers auf den Schüler[218], wobei die lückenlose Sukzession unabdingbares Erfordernis war[219]. In formelhaften Wendungen, die vermutlich einem Frage-Antwort-Schema folgten, wurde die sich aus der Ordination ergebende Befugnis genau definiert: Im Regelfall wurde der Ordinand zu richterlichen und rituellen Entscheidungen bevollmächtigt[220]. Darüber, ob mit der Handaufstemmung ein Gebet verbunden war, sagen die – freilich sehr fragmentarischen – Zeugnisse nichts. Man wird annehmen können, daß die Handaufstemmung selbst schweigend erfolgte, daß jedoch nach dem üblichen Brauch, der nach der Erfüllung eines Gebotes einen Lobspruch vorschrieb, im Anschluß daran eine b^erakah gesprochen worden sein mag[221].

In späterer Zeit, nach der Errichtung eines Patriarchats, etwa von der Mitte des 2. Jh. an, änderte sich die Ordinationspraxis. Nun wurde die Ordination durch den Patriarchen vollzogen, und auch die Handaufstemmung kam mehr und mehr außer Gebrauch zugunsten der nun in den Vordergrund tretenden rechtlichen Bevollmächtigung durch die Zentralbehörde[222]. In späteren Jahrhunderten wurde sie mehr und mehr zu einer bloßen Ernennung.

---

nicht folgern, daß s^emikah ursprünglich nur eine Handreichung gewesen und die Handauflegung erst zur Zeit Aqibas aufgekommen sei. Vielmehr dürfte der Begriff s^emikah in den Bericht in der Retrospektive eingetragen worden sein, um den Anschein zu erwecken, alle Synedriumsmitglieder seien Schriftgelehrte gewesen, und so die Rechtsidentität zwischen dem Synedrium vor 70 in Jerusalem und nach 70 in Jabne zu unterstreichen (Kretschmar, a. a. O. 52f). Auch AssMos 12,2 (»Und Mose nahm seine [Josuas] Hand und hob ihn empor auf den Stuhl vor ihm«) kann nicht als Zeugnis für eine Ordination ohne Handauflegung gelten, sondern deutet eher die Einsetzung Josuas durch Mose als Vorbild einer Inthronisationshandlung, wie sie vor 70 üblich waren. Das legt auch neuere Einsicht über die Entstehung der AssMos kurz nach dem Tode Herodes d. Gr. nahe (s. E. Brandenburger, Himmelfahrt Moses [JSRHZ V] 59f).

216 Lohse, Ordination 19–22.
217 TSan 1,1; hierzu Bill. II 653; Lohse, a. a. O. 65.

218 So SifBam zu Num 27,18 (K. G. Kuhn, Der tannaitische Midrasch Sifre zu Numeri, 1959 [RT 2. Reihe 3. Bd.], 577); vgl. Kretschmar, Ordination 49.
219 Ausgehend von der Einsetzung Josuas durch Mose, bei der Mose seine Hände auf Josua stützte und dadurch von seiner Herrlichkeit abgab, wie man aus einem Gefäß in das andere gießt (BemR 179d zu Num 11,16), wird die Weisheit des Mose in ununterbrochener Kette bis auf die Gelehrten übertragen. Weil diese Kette nicht unterbrochen werden durfte, darum setzte R. Jehuda b. Baba sein Leben ein, um die fünf Schüler R. Aqibas zu ordinieren (San 13b.14a; Lohse, Ordination 53).
220 Bei der Ordination Rabhs (gest. 247) sagte Rabbi auf die Fragen des R. Chijja: »Soll er rituelle Entscheidungen treffen?« – »Er soll es.« »Soll er richten?« – »Er soll es«. »Soll er Erstgeburten erlauben?« – »Er soll nicht« (San 5a; Lohse, Ordination 45).
221 TBer 7,9; hierzu Kretschmar, Ordination 49 Anm. 41.
222 Lohse, Ordination 47f.

Zusammenfassend läßt sich sagen: Die s^{e}mikah hatte ihre große Bedeutung in der Krisenzeit des Judentums zwischen 70 und 150 n. Chr. In einer Epoche, in der nicht nur die politische Selbständigkeit verloren war, sondern auch politische und religiöse Institutionen fehlten, wurden damit die Lehrer als diejenigen herausgestellt, die durch ihre Kontinuität die Identität Israels zu wahren berufen waren. Sie war ein rechtlicher Akt der Einsetzung von Richtern und Lehrern. Dabei ging es nicht um die Besetzung einer Stelle, sondern um einen personbezogenen Auftrag.

Die christliche Ordination ist sicher nicht einfach eine Kopie der rabbinischen s^{e}mikah, aber sie zeigt stärkste Bezüge zu deren Entwicklung, die sich zeitlich weitgehend parallel mit ihrer eigenen vollzogen hat. Spezifisch christlich ist an ihr vor allem das Verständnis der in ihr übermittelten Gabe als Charisma und damit die Verbindung mit dem christlichen Geistverständnis. Der endzeitlich wirkende Gottesgeist ist die ganz allgemein zur Existenz im Glauben und zur je spezifischen Wahrnehmung von Aufgaben und Diensten in der Heilsgemeinschaft befähigende Macht. Die den Geist vermittelnde postbaptismale Handauflegung dürfte darum eine der traditionsgeschichtlichen Voraussetzungen der Ordination sein. Darüber hinaus spricht manches dafür, daß bereits lange vor 70 in Palästina-Syrien rituelle Akte der Vermittlung des Geistes für spezifische Aufgaben, z. B. bei der Aussendung von Missionaren und Wanderaposteln, verbreitet waren, die ihrerseits von Vorformen der jüdischen s^{e}mikah beeinflußt gewesen sein könnten (vgl. Apg 13,3). Nicht zu übersehen ist der Umstand, daß die Past in einem Problemzusammenhang stehen, der weitgehend jenem parallel ist, aus dem die rabbinische Ordination erwachsen ist. Hier wie dort geht es um die Kontinuität der Lehre als Mittel der Identitätsbewahrung der Gemeinschaft, hier wie dort auch soll diese Kontinuität durch rechtlich fixierbare Bindung der Lehre an bestimmte Personen gewirkt werden. Ein direktes Einwirken des rabbinischen Lösungsmodells ist darum nicht auszuschließen.

Allerdings ist es schwerlich erst in der Kirche der Past zur Entwicklung der Ordination von diesen erwähnten Ansätzen und Modellen her gekommen. Die Briefe wollen ja die Ordination nicht als etwas Neues einführen und durchsetzen. Sie greifen in ihren Ordinationsaussagen vielmehr auf etwas bereits Bekanntes und Vertrautes zurück; anders wäre der fast beiläufige Charakter der Aussagen, ihre anamnetische Form und der Mangel an präzisen Anweisungen für die Durchführung nicht erklärbar. Es ist im Gegenteil damit zu rechnen, daß sich die Ordination im Bereich der paulinischen Gemeinden bereits zur Zeit der zweiten christlichen Generation auf breiter Front durchgesetzt hat, und zwar unter Rückgriff auf Formen der Geistvermittlung, die sich im palästinischen Judenchristentum herausgebildet hatten, und unter Aufnahme von Motiven aus dem palästinischen Judentum.

Die Voraussetzung dafür war nämlich mit dem paulinischen Ansatz gegeben. Sie liegt in der spezifischen Ausprägung des Apostolats durch Paulus[223]. Als Apostel war Paulus für seine Gemeinden das vom Auferstandenen bevollmächtigte Vollzugsorgan des Evangeliums. Durch ihn wurde das Evangelium als Kirche wirkende und gestaltende Macht zur Geltung gebracht; er war Interpret und Repräsentant des Evangeliums. Auch nach seinem Tod blieb Paulus der Apostel schlechthin für seine Gemeinden. Aber die Frage war zu lösen, wie die von Paulus personhaft geübte Interpretation und

---

[223] Ähnlich Kretschmar, Ordination 57: »Diese Neuprägung des Apostolates (sc. durch Paulus) ist dann Voraussetzung für die christliche Ordination, wie wir sie innerhalb des Neuen Testamentes nur in den Pastoralbriefen sicher greifen können.«

Repräsentation des Evangeliums, derer die Gemeinden bedurften, in personaler Gestalt, aber zugleich in Rückbindung an den Apostel weitergeführt werden konnte[224]. Für die Gemeinde des Matthäus hätte sich diese Frage niemals in solcher Form stellen können; sie löste das Kontinuitätsproblem auf ganz andere Weise, nämlich durch die Verpflichtung der Kirche auf die Bewahrung und Weitergabe der – allein normativen – Worte Jesu (Mt 28,20)[225]. Da jedoch, wo Evangelium nicht als durch die Worte des lehrenden Jesus repräsentiert, sondern durch die apostolische Sendung vermittelt verstanden wurde, war die Weise solcher Vermittlung in der Kirche auf ihrem weiteren Weg durch die Geschichte zu bedenken.

3. *Vollzug und Bedeutung*

Folgende Bestandteile der Ordinationshandlung werden – freilich mit unterschiedlichen Graden der Sicherheit – aus den Texten erkennbar:

3.1 *Übergabe der maßgeblichen Lehrtradition* an den Ordinanden, dessen Lehrbefähigung (1 Tim 3,2) vorher festgestellt worden ist (2 Tim 2,2). In welcher Weise dies geschah, wissen wir nicht. Zu denken wäre an die Rezitation einer formelhaften Zusammenfassung zentraler Lehraussagen der παραθήκη.

3.2 *Bekenntnis des Ordinanden* als Antwort darauf. Dies dürfte wahrscheinlich mit dem »guten Bekenntnis vor vielen Zeugen« in 6,12 gemeint sein. Die »vielen Zeugen« sind wohl mit der gottesdienstlichen Gemeinde zu identifizieren. Deren Glieder sind nicht nur passive Zuhörer, sondern aktiv beteiligte »Zeugen«, durch deren Anwesenheit der Vorgang seine öffentliche Verbindlichkeit für die Kirche gewinnt.

3.3 *Verkündigender Zuspruch* an den Ordinanden. In »profetischen Worten« wurde im Namen Gottes der verbindliche Auftrag erteilt (4,14). Dieser verkündigende Zuspruch mag die Stelle eingenommen haben, an der bei der rabbinischen s{e}mikah die Nennung der Aufgaben und Vollmachten stand[226].

3.4 *Handauflegung.* Hier handelt es sich nach 4,14; 2 Tim 1,6 um die konstitutive Mitte des Vorganges. Durch sie wurde dem Ordinanden die spezifische Gabe des Geistes übertragen, die ihn zur Führung seines Amtes fähig machen sollte. Unmittelbare Wirkungen dieser Gabe sind »Kraft, Liebe und Weisheit« (2 Tim 1,7). Die Handauflegung ist also keineswegs nur ein die Übergabe des Auftrags begleitender Segensgestus oder ein Akt der Bestätigung der vorhandenen Qualifikationen. Sie ist *nicht exhibitive, sondern effektive Handlung,* in der dem Ordinanden etwas zuteil wird, was er zuvor nicht hatte. Sie setzt eine neue, sein Leben in unwiderruflicher Weise bestimmende Gegebenheit: fortan ist die Gnadengabe, die zugleich Gabe und Auftrag ist, »in ihm« und nimmt ihn in Pflicht. Wer die Handauflegung vollzieht, bleibt infolge der diskutierten Spannung zwischen 1 Tim 4,14 und 2 Tim 1,6 offen. Daß der Verf. auf eine verbindliche Festlegung an diesem Punkt verzichten konnte, ist um so beachtlicher, nachdem für die rabbinische s{e}mikah die Handauflegung durch den Lehrer als zeichen-

---

224 Hierzu Roloff, Rechtsbildungen 123 bis 126.127–132.
225 Kretschmar, Ordination 63.

226 Vgl. das Frage-Antwort-Schema in Anm. 220.

hafte Konkretisierung der Lehrsukzession ein zentrales, unverzichtbares Element war. Das berechtigt zu dem Schluß, daß in der christlichen Ordination im Unterschied zur *s^emikah* Gott als der primär Handelnde und als der Geber des Amtscharismas gesehen wurde (2Tim 1,6).

Trotzdem spielt aber auch hier das Motiv der Amtsnachfolge und der Kontinuität in der vom Apostel herkommenden Lehre eine ganz erhebliche Rolle, und der Hinweis auf die Ordination des Timotheus durch Paulus ist darum alles andere als ein bloß privatpersönlicher Zug; er hat sachliches Gewicht, weil in ihm das Verhältnis des Dienstes des Timotheus zu dem des Paulus als ein durch die Handauflegung rechtlich verbindliches in Erscheinung tritt[227]. Es ist zwar nicht Paulus, der den ihm eigenen Amtsgeist an den Nachfolger weitergibt, sondern es ist Gott, der das Amtscharisma als die von ihm kommende Gabe schenkt; aber dieses Amtscharisma weist notwendig ein in die verpflichtende Bindung an Dienst und Lehre des Apostels. Dies gilt auch da, wo das Presbyterium die Handauflegung vollzieht (4,14). Der Verf. toleriert letztere Möglichkeit, weil sie anscheinend den in den Bezugsgemeinden mit Ältestenverfassung real gegebenen Verhältnissen entspricht: Wenn einer aus dem Ältestenkollegium für Aufgaben der Lehre und der Leitung bestimmt wird und damit die Funktion des Episkopen übernehmen soll – eine Entwicklung, die der Verf. ausdrücklich fördern will –, so hat ihn das Presbyterium dazu zu ordinieren: nicht im Sinn der Delegation einer Aufgabe, die an sich alle Presbyteriumsglieder hätten, sondern in dem der Unterstellung unter die vom Apostel ausgehende, von Gott selbst gestiftete Ordnung des Dienstes am Evangelium. Der angestrebte Normalfall, daß der ἐπίσκοπος die Handauflegung vollzieht (5,22), war zunächst nur in Gemeinden praktizierbar, wo bereits ein solcher vorhanden war.

3.5 *Gebet.* Über ein Gebet bei der Ordination sagen die Past überraschenderweise nichts. Man wird daraus vielleicht schließen dürfen, daß die eigentliche Handauflegung wie die rabbinische *s^emikah* schweigend vollzogen worden ist[228], nicht jedoch, daß das Gebet allenfalls nur in Form eines die Handlung abschließenden Lobspruches Raum gehabt hätte. Dagegen sprechen sowohl Apg 6,6 und 14,23 als indirekte Zeugnisse einer den Past zeitlich und sachlich nahen Ordinationspraxis (s. 1.) wie auch die große Gewichtung der Ordinationsgebete in den ältesten Kirchenordnungen (s. 4.3 u. 5.1). Hinsichtlich der *Bedeutung* der ntl. Ordination ergibt sich aus alledem ein eindeutiges Bild. Sie ist ein von Gott ausgehendes pneumatisches Geschehen, in dem die Bindung der Kirche an den sie tragenden Ursprung verbindliche geschichtliche Gestalt gewinnt. Gott selbst befähigt und beauftragt Menschen dazu, daß sie in den grundlegenden und normativ vom Apostel geübten Dienst der Leitung und Lehre eintreten und so das Evangelium auf die Entstehung und Erhaltung von Kirche hin zur Geltung bringen.

---

[227] Hierzu vor allem Wolter, Pastoralbriefe 218–220, der den engen Bezug von 2Tim 1,6 zur zeitgenössischen jüdischen Interpretation der Einsetzung Josuas durch Mose (Num 27,18; Dtn 34,9) nachweist und dabei insbesondere enge terminologische Entsprechungen zu deren Schilderung bei Philo (Virt. 70) entdeckt.

[228] Analog dazu KOHipp c. 2 (L): »Consentientibus omnibus, imponant super eum manus, et praesbyterium adstet quiescens. Omnes autem silentium habeant, orantes in corde propter discensionem spiritus.« Dann erst folgt, von einem der anwesenden Bischöfe unter erneuter Handauflegung gesprochen, das Konsekrationsgebet (Text bei Botte, Tradition 46–54).

4. Theologische Problematik

Die Ordination ist heute ein theologisch kontroverses Thema. Das gilt nicht nur für das ökumenische Gespräch über das Amt, dessen schwierigste Klippe das unterschiedliche Ordinations- und Weiheverständnis ist (vgl. 5.6), sondern auch für die Debatte innerhalb der konfessionellen Traditionen. Der Ausleger hat darum hier noch weniger als sonst seine Aufgabe erfüllt, wenn er Aussagesinn und -richtung der Einzeltexte festgestellt hat. Im folgenden sei deshalb versucht, die Ordinationsaussagen der Past in einen weiteren ntl. Kontext zu stellen und so Perspektiven für die Beantwortung der die heutige Debatte beherrschenden Fragen aufzuzeigen.

4.1 *Zum Stellenwert der Ordination innerhalb des Neuen Testamentes.* Von ihrer Bezeugung (s. 1.) her könnte die Ordination als eine marginale Größe erscheinen. Anders als etwa Taufe und Eucharistie, die zum undiskutierten Grundbestand christlicher Tradition von Anfang an gehören, erscheint sie nur in Spätschriften des NT, die zum paulinischen Traditionskreis gehören. In großen ekklesiologischen Konzeptionen wie denen des Matthäus und der johanneischen Schriften scheint kein Platz für sie zu sein. Innerhalb der paulinischen Lehrtradition kann die Ordination jedoch schwerlich als eine illegitime Entwicklung gelten. Ihre Gewichtung hängt vielmehr eng zusammen einerseits mit der spezifischen Ausprägung des Apostolatsverständnisses durch Paulus, andererseits mit der diesen Traditionsbereich kennzeichnenden Reflexion über die Identität der Kirche in der weitergehenden Geschichte. Galt der Apostel als Träger, personhafter Repräsentant und Interpret des Evangeliums für die Kirche, dann war es für die Wahrung der Identität dieser Kirche notwendig, daß diese seine Funktionen sie auch weiterhin auf ihrem Weg durch die Geschichte begleiteten. Es geht dieser Kirche nicht um Apostolizität im Sinn eines formalen Prinzips, sondern konkret um Paulus, ihren Apostel, in dessen Botschaft und Person das Apostolische für sie geschichtliche Gestalt gewonnen hatte. Für sie ist Kirchenleitung darum in Gegenwart und Zukunft nur in einer Weise denkbar, die den Anschluß an Paulus und seine Gestalt des Evangeliums herstellt und bewahrt. Möglich wird diese allein dadurch, daß Gott, seine Geschichtstreue erweisend, immer wieder neu handelt, indem er Menschen dazu beruft und befähigt, im Anschluß an Paulus und die von ihm gesetzte apostolische Norm das Evangelium auf die Kirche hin zur Geltung zu bringen. Solche Berufung und Befähigung aber geschieht in der Ordination.

Gerade weil die paulinische Traditionslinie des Urchristentums das Problem der Existenz der Kirche in der weitergehenden Geschichte erkannte und dafür Lösungsmöglichkeiten erschloß, wurde sie wirkungsgeschichtlich so bedeutsam. Die Ordination ist ein integraler Bestandteil dieses Komplexes von Lösungsmöglichkeiten. Ein theologischer Paulinismus, der unmittelbar von Paulus her heute Kirche gestalten möchte – etwa in direkter Übertragung des Gemeindebildes von 1Kor 12 auf gegenwärtige Kirche – und dabei die von der Kirche der zweiten und dritten Generation im Gespräch mit Paulus gewonnenen Einsichten und Problemlösungen als irrelevant ignorieren zu können glaubt, muß sich fragen lassen, wie es um sein theologisches Geschichtsbewußtsein steht.

4.2 *Ordination und Gemeinde.* Die Past erwähnen nur ein einziges Charisma, nämlich das Amtscharisma, das in der Ordination durch Handauflegung vermittelt wird (4,14; 2Tim 1,6). Hier liegt eine augenfällige Differenz zur paulinischen Ekklesiologie vor, für die das Ineinander der vielfältigen Charismen, deren alle Gemeindeglieder ohne Ausnahme teilhaftig geworden sind, konstitutiv ist (1Kor 12,12–31; Röm 12,3–8). Die Gemeinde der Past hat als wesentliche Funktionen nur noch das Hören der Predigt (4,16) und das Gehorchen gegenüber den Weisungen des Amtsträgers. Eine folgenschwere Weichenstellung in Richtung auf die Amtskirche scheint erfolgt zu sein, die mit Recht theologische Sachkritik herausfordert[229].

Nun sollte man bei solcher Kritik freilich nicht übersehen, daß der Verf. – anders als die meisten seiner modernen Ausleger – nicht mit dem Problemraster »Amt und Gemeinde« arbeitet. Die Frage des Verhältnisses des Amtscharismas zu anderen Charismen stellt sich für ihn überhaupt nicht. Das dem Amtsträger in der Ordination übermittelte Charisma ist für ihn keineswegs die Summe der nach 1Kor 12,28–31 auf die Gemeinde verteilten Charismen, es ist vielmehr eine Erneuerung des besonderen Charismas des Apostels. Der eigentliche Bezugspunkt der Ordination ist nämlich der Apostel. Es geht um den Anschluß an seinen Dienst, die Übernahme seiner Hinterlassenschaft, wie aus den Anspielungen auf die Einsetzung Josuas als Nachfolger des Mose (Num 27,18.23; Dtn 34,9) in 2Tim 1,6 sowie aus den testamentarischen Motiven in 2Tim 4,6–8[230] hervorgeht. Der Amtsträger wird durch die Ordination zum Erben und Nachlaßverwalter des Apostels eingesetzt, und zwar gilt das vor allem im Blick auf seine Lehre: Sie hat er zu bewahren, zu verkündigen, für ihre unversehrte Weitergabe trägt er die Verantwortung (2Tim 2,2). Das Konzept »Leitung durch Lehre« wirkt sich in dieser Engführung voll aus.

Natürlich impliziert der in der Ordination vermittelte Auftrag auch Sendung in die Gemeinde zu deren Leitung und Unterweisung. Aber der primäre Bezugspunkt der Ordination ist nicht die Gemeinde, sondern der apostolische Auftrag. Darauf, daß er weitergeht in der Kirche, kommt es an. Die Ordination der Past zielt »nicht primär auf Einsetzung in vorgegebene kirchliche Stellen«[231]. Sie erfolgt zwar in der Gemeinde, aber sie reicht in ihrer Bedeutung über die Gemeinde hinaus[232].

Von daher erscheint es als zweifelhaft, ob das Ordinationsverständnis der Past die Möglichkeit, ja Notwendigkeit anderer Charismen neben dem einen, besonders hervorgehobenen der Fortsetzung der apostolischen Sendung im Dienst am Wort des Evangeliums prinzipiell ausschließen will. Es ist wahr: Dieses Charisma des Amtes ist darum ein besonderes, weil sein konstantes Vorhandensein für die Kirche unabdingbar ist und weil darum Gott selbst durch die Setzung der Ordination für dieses Vorhandensein sorgt. Aber es bedarf sehr wohl der Ergänzung durch weitere Charismen, die bewirken, daß die Gemeinde zum Leib Christi, zum lebendigen Organismus wird, durch den Christus inmitten der Welt geschichtliche Wirklichkeit wird.

---

[229] Als markantes Beispiel sei die Kritik erwähnt, mit der v. Lips (Glaube) seine Untersuchung, deren exegetische Beobachtungen sich im übrigen weithin mit denen des vorliegenden Kommentars berühren, abschließt. Sie gipfelt in dem Spitzensatz: »Indem die Ordination ein geistlicher Akt analog der Taufe ist, mit dieser sich überschneidend im Verständnis als Geistmitteilung, bedeutet die Ordination eine Heraushebung des Amtsträgers aus den anderen Getauften und markiert damit einen deutlichen Abstand zur Auffassung des Pls.« (283). Zur Einseitigkeit dieser Kritik s. das Folgende.

[230] Vgl. die Analysen von 2Tim 4,6f; 3,1–5a.6f; 1Tim 2,2 bei Wolter, Pastoralbriefe 226–235.

[231] Kretschmar, Ordination 67.

[232] Das ist bereits bei Hippolyt deutlich anders: Hier ist die Ordination auf Ortsgemeinden bezogen, in denen bestimmte Ämter – vorab Bischof und Presbyter – zu besetzen sind; Kretschmar, a.a.O. 44.

4.3 *Zum Verhältnis von Handauflegung, profetischem Wort und Gebet.* Daran kann kein Zweifel sein, daß nach dem Verständnis der Past die Handauflegung im Mittelpunkt der Ordination steht. Sie ist der Teil des Geschehens, der dem Ganzen den Namen gibt (5,22), denn durch sie erfolgt das, worauf es zentral ankommt, nämlich die Übermittlung des Charismas. Überraschend, ja fast befremdlich ist, wie bereits erwähnt (s. 3.5), das Schweigen über das Gebet. Daß das Gebet auch für die Past vorausgesetzt werden darf, ergibt sich aus dem Wesen der übermittelten Gabe als Charisma, dessen Geber Gott ist. Hier liegt der wesentliche Unterschied zur rabbinischen s^e*mikah*, in der der ordinierende Gelehrte der eigentlich Handelnde, seine Weisheit auf den Schüler Übertragende ist. Über Gottes Gabe können Menschen nicht verfügen; das Wirken des Geistes muß erbeten werden. Und zwar erfolgt dieses Gebet in der Gewißheit, daß Gottes Verheißung, durch seinen Geist die Kirche zu erhalten und zu führen, unverbrüchlich gilt und daß das Amt das von ihm dazu geschenkte Werkzeug ist (Eph 4,11f). So hat das Ordinationsgebet *epikletische Struktur*[233], es nimmt Gottes Verheißung beim Wort, indem es Bitte um die Gabe des Heiligen Geistes ist. Das profetische Wort ist diesem Zusammenhang von Handauflegung und Gebet unmittelbar zugeordnet; es ist Wort der Beauftragung und Sendung, das den Auftrag, zu dem die Gabe des Geistes zurüstet und fähig macht, konkret benennt, indem es ansagt, was in der jeweiligen geschichtlichen Situation der Kirche nach Gottes Willen an der Zeit ist.

4.4 *Zur »Sakramentalität« der Ordination.* Die zwischen den Konfessionen kontroverse Frage, ob die Ordination ein Sakrament sei, läßt sich vom NT her nicht direkt beantworten[234]. Denn der Begriff »Sakrament« kommt im NT nicht vor, sondern ist ein relativ spätes dogmengeschichtliches Konstrukt, dessen Konturen keineswegs eindeutig sind. Geht man von einer weiten Fassung des Begriffs aus, nach dem alle biblisch begründeten gottesdienstlichen Handlungen, in denen unter einem äußeren Zeichen, das vom Wort begleitet wird, eine Gabe Gottes wirksam und verbindlich zugeeignet wird, als Sakramente verstanden werden, so fällt die Ordination zweifellos darunter[235]. Denn beides – die Handauflegung als äußeres Zeichen und die Amtsgnade als Gabe Gottes – hat in ihr seinen Ort. Nach den herkömmlichen Kriterien der reformatorischen Theologie[236] (Einsetzung durch Christus mittels eines Einsetzungsbefehls – äußeres, durch Christus befohlenes Zeichen – Gnadenwirkung) gelten jedoch nur Taufe und Abendmahl, allenfalls noch die Absolution, als Sakramente im strengen Sinn[237], nicht jedoch die Ordination, weil ihr die Einsetzung durch Christus fehlt[238]. Diese Grenzziehung mag sich als fragwürdig erweisen, vor allem im Blick auf die Taufe, deren

---

[233] Was sich paradigmatisch bereits am Bischofsweihgebet Hippolyts (KOHipp c. 4 [Botte, Tradition 46–52]) zeigt.

[234] Hierzu E. Schlink, Ökumenische Dogmatik, Göttingen 1983, 514–518.

[235] Vgl. hierzu den Versuch, eine Konvergenz zu umschreiben, im Dokument »Das geistliche Amt in der Kirche«, hrsg. Gemeinsame römisch-katholische/evangelisch-lutherische Kommission, Frankfurt ⁴1982, 29f.

[236] S. E. Kinder, ³RGG V 1324f.

[237] Zur Bereitschaft Melanchthons, auch die Ordination ein Sakrament zu nennen, s. u. Anm. 239.

[238] Aber auch die beiden anderen Kriterien gelten im Blick auf die Ordination als allenfalls bedingt anwendbar: Was die Handauflegung betrifft, so ist sie zwar ein von den Aposteln geübtes, aber schwerlich ein von Christus eingesetztes und befohlenes Zeichen, und was die Gnadenwirkung betrifft, so bezieht sie sich nicht auf den Empfänger; sie »wirkt nicht seine eigene Heilung, sondern ist Auftrag und Vollmacht, Gottes Vergebung, Leben und Seligkeit weiterzutragen« (Kirchengemeinschaft, in: Wort und Sakrament, Paderborn/Hannover 1984, 72f).

Rückführung auf einen Befehl des irdischen Jesus schwerlich möglich ist: Nach neuerer exegetischer Einsicht kann Mt 28,19 kaum als die Taufe begründender Einsetzungsbefehl gelten. Immerhin aber bleibt festzuhalten, daß Taufe und Abendmahl im NT hinsichtlich ihrer Gewichtung und universalen Bedeutung eine hervorgehobene Stellung einnehmen: Paulus ordnet sie in 1Kor 10,1–5, wenn auch noch ohne einen beide deckenden Oberbegriff, systematisierend einander zu als die beiden Heilsmittel, mit denen Gott sein Volk auf seinem Weg durch die Geschichte begleitet. Demgegenüber hat die Ordination deutlich geringeres Gewicht, was in ihrer vergleichsweise schmalen Bezeugung, ihrer erst allmählichen Herausbildung und anfänglichen Beschränkung auf den paulinischen Traditionskreis zum Ausdruck kommt[239].

Theologisch nicht ganz einfach zu bestimmen ist ihr Verhältnis zur Taufe. Es wird bereits auf der traditionsgeschichtlichen Ebene durch den Nachweis von Abhängigkeit und Entsprechungen zum Problem: So ist die mit Gebet verbundene Auflegung beider Hände, wie gezeigt, vom Taufritual auf sie übergegangen, und Aussagen des Ordinationsformulars 6,13–16 dürften teilweise ursprünglich ebenfalls auf die Taufe bezogen gewesen sein. Die Taufe ist in einem umfassenden Sinn Unterstellung unter die Herrschaft Jesu Christi und Vermittlung der die Teilhabe am Volk Gottes ermöglichenden Charismen. Sie ist einer Ergänzung in dieser Hinsicht weder bedürftig noch fähig. Die Ordination setzt die Taufe voraus, aber sie kann nicht verstanden werden als Ergänzung der Taufgnade. Die Gabe der Ordination, die unter Handauflegung empfangen wird, ist nicht ein Charisma, das den Nichtordinierten fehlt: Wäre es so, dann wäre die Taufe defizitär und die Ordination vermittelte eine höhere Form christlicher Existenz. Sie ist vielmehr Ausprägung und Zuspitzung der in der Taufe empfangenen Gnadengaben auf einen spezifischen Auftrag hin, nämlich die Weiterführung des apostolischen Amtes[240].

5. Wirkungsgeschichte

Literatur: Allmen, J. J. von, Le saint ministère selon la conviction et la volonté des Réformés du XVIe siècle, Neuchâtel 1968; *Brunner, P.,* Ein Vorschlag für die Ordination in Kirchen lutherischen Bekenntnisses, ThLZ 100 (1975) 174–188; *Burgsmüller, A.–Frieling, R.,* Amt und Ordination im Verständnis evangelischer Kirchen und ökumenischer Gespräche. Eine Dokumentation im Auftrage der Arnoldshainer Konferenz, Gütersloh 1974; *Dombois, H.,* Das Recht der Gnade. Ökumenisches Kirchenrecht I, 1961 (FBESG 10), 473–627; Das geistliche Amt in der Kirche. Gemeinsame römisch-katholische u. evangelisch-lutherische Kommission, Paderborn u. Frankfurt a. M. 1981; Gemeinde-Amt-Ordination. Votum des Ausschusses der Evangelischen Kirche der Union, Gütersloh 1970; *Joest, W.,* Amt und Ordination – unüberholbare Strukturen?, KuD 17 (1971) 75–85; Kirchengemeinschaft in Wort und Sakrament. Bilaterale

---

[239] Die dringend notwendige Klärung auf ökumenischer Basis sollte nicht bei einem allgemeinen Sakramentsbegriff, sondern bei den einzelnen Sakramenten einsetzen. Entscheidendes Kriterium dabei müßte sein, »daß sie als Gottes Gnadentat gelehrt werden« (Schlink, a. a. O. [Anm. 234] 517). In diese Richtung wies bereits Melanchthon in der Apol (13, 17): »Doch wird kein verständiger Mann großen

Zank darüber machen, ob sieben oder mehr Sakrament gezählet werden, doch so fern, daß Gottes Wort und Befehl nicht abgebrochen werde« (BSLK 294).

[240] So P. Brunner, Beiträge zur Lehre von der Ordination unter Bezug auf die geltenden Ordinationsformulare, in: Ordination und kirchliches Amt, hrsg. R. Mumm, Paderborn 1976, 53–133, 132 f.

Arbeitsgruppe der Deutschen Bischofskonferenz und der Kirchenleitung der VELKD, Paderborn u. Hannover 1984; *Klauser, Th.*, Kleine Abendländische Liturgiegeschichte, Bonn 1965; *Kleinheyer, B.*, Die Priesterweihe im römischen Ritus, 1962 (TThST 12); *ders.*, Überlegungen zu einer Reform des Priesterweiheritus, LJ 14 (1964) 201–210; *Lengeling, E.*, Die Theologie des Weihesakraments nach den Zeugnissen des neuen Ritus, LJ 19 (1969) 142–166; *Lieberg, H.*, Amt und Ordination bei Luther und Melanchthon, 1962 (FKDG 11); Ordination und kirchliches Amt, hrsg. R. Mumm, Paderborn u. Bielefeld 1976; *Ott, L.*, Das Weihesakrament, 1969 (HDG IV/5); *Schütte, H.*, Amt, Ordination und Sukzession im Verständnis evangelischer und katholischer Exegeten und Dogmatiker der Gegenwart sowie in Dokumenten ökumenischer Gespräche, Düsseldorf 1974; *Schulz, F.*, Evangelische Ordination. Zur Reform der liturgischen Ordnungen, JLH 17 (1972) 1–54.

5.1 Die Geschichte der Ordination und des Ordinationsverständnisses ist nur teilweise Wirkungsgeschichte der Aussagen der Past. Das zeigt bereits ein Blick auf den ältesten außerneutestamentlichen Beleg, die Beschreibung der Bischofsweihe in der *Kirchenordnung Hippolyts*[241]. Ein direkter Einfluß der Past ist hier nicht nachweisbar, eher wird man an die Aufnahme desselben alten, mit der jüdischen *s^emikah* verbundenen Traditionsstromes zu denken haben, in dem auch die Past stehen, neben dem aber in der uns verborgenen Zwischenzeit auch andere Motive Eingang gefunden haben[242]. Als Terminus begegnet nun erstmals das Verb *ordinare*, und zwar als Übersetzung von χειϱοτονεῖν, das hier die Bedeutung von »in ein Amt einsetzen« hat[243]. Der Gedanke der Einsetzung in ein gemeindebezogenes Amt hat den für die Past bestimmenden Aspekt der verbindlichen Lehre und des Anschlusses an den Apostel zurückgedrängt. Der Ordinierte wird befähigt, Funktionen im gemeindlichen Gottesdienst zu übernehmen: An den Ordinationsakt schließt sich unmittelbar die Feier der Eucharistie durch den neugeweihten Bischof an. Ordiniert werden Bischof, Presbyter und Diakone als die, die gottesdienstliche Funktionen haben.

Der Bischofsweihe geht die Wahl durch das Volk voraus[244]. Im Gottesdienst legen die anwesenden Bischöfe dem Gewählten die Hände auf. Die Presbyter sind zwar anwesend – eine mögliche Reminiszenz an 1Tim 4,14 –, aber an der Handauflegung nicht beteiligt. Ordinationsvollmacht hat nur der Bischof. Die Handauflegung erfolgt (wie bei der *s^emikah*) schweigend; allerdings betet man in der Stille um die Herabkunft des Heiligen Geistes. Es folgt eine weitere Handauflegung durch einen der Bischöfe, der dabei zugleich das Weihegebet spricht.

5.2 Die Weiheordnung Hippolyts kann als weitgehend repräsentativ für die Alte Kirche gelten[245]. Folgenschwere Verschiebungen bahnten sich jedoch im frühen *Mittel-*

---

241 KOHipp c. 2 (Botte, Tradition 40–42).

242 Dazu, wie Kretschmar, Ordination gezeigt hat, der Einfluß der ebenfalls auf jüdische Ursprünge zurückgehenden Tradition der Inthronisation (s. o. Anm. 215).

243 Ursprüngliche Wortbedeutung: das Erheben der Hand, durch das man (bei einer Wahl) Zustimmung zum Ausdruck bringt; 2Kor 8,19 liegt diese Bedeutung »wählen« vor, während bereits für Apg 14,23 die Bedeutung »ernennen« gegeben ist. Die Presbyter werden durch Paulus und Barnabas *ernannt* (E. Lohse, ThWNT IX 426f). In dieser Bedeutungsverschiebung spiegelt sich der Sprachgebrauch der röm.-griech. Verwaltungssprache: χειϱοτονία ist die Ernennung durch die jeweilige Oberbehörde (Kretschmar, a. a. O. 38).

244 Zum Folgenden Ott* 13f.

245 Wir beschränken uns im folgenden auf die Darstellung der Presbyterweihe als der zentralen Stufe des Weihesakramentes.

alter an, um in der Zeit der Hochscholastik voll das Bild zu bestimmen[246]. Handauflegung und epikletisches Gebet traten immer stärker zurück, und zusätzliche Riten gewannen an Boden, die sämtlich die Ordination im Sinne der Verleihung priesterlicher Vollmacht zum Vollzug des eucharistischen Opfers ausdeuteten[247]: die Verleihung des priesterlichen Gewandes (der Casel), die Salbung der Hände sowie die Übergabe des Kelches mit dem Wein und der Patene mit dem Brot. Folgenschwer war das sogenannte »Decretum de Armenis«, das Papst Eugen IV. auf dem Konzil von Florenz 1439 promulgierte[248]. In ihm erfolgte unter Aufnahme von Formulierungen des Thomas von Aquin eine lehrhafte Festlegung, derzufolge die »Materie« der Priesterweihe in der Übergabe der eucharistischen Geräte und Elemente, ihre »Form« in der die Opfervollmacht zusprechenden Vollzugsformel: »Empfange die Gewalt, das Opfer in der Kirche darzubringen für Lebende und Tote, im Namen des Vaters und des Sohnes und des Heiligen Geistes« bestand. Allein zur gültigen Spendung dieses Sakramentes berechtigt war der Bischof[249].

Das seit 1485 für fast 500 Jahre gültige Formular der Priesterweihe nach dem Römischen Ritus schreibt diese Akzentsetzung fort. Die *traditio instrumentorum* samt Beauftragungsformel steht hier eindeutig im Mittelpunkt; sie gilt als der eigentliche Weiheakt. Als Nebenzentrum findet sich hier ferner eine zweite Handauflegung nach der Eucharistie im Abschlußteil der Handlung, die ebenfalls mit einer Beauftragungsformel verbunden ist: Unter Bezugnahme auf Joh 20,22 f wird in ihr die Absolutionsvollmacht zugesprochen[250]. Nach einer auf Duns Scotus zurückgreifenden weitverbreiteten Ansicht sind die *traditio instrumentorum* und diese zweite Handauflegung Teilmaterien, die sich zur ganzen *materia sacramenti* ergänzen; und ebenso sind die beiden Beauftragungsformeln Teilformen, die sich zur ganzen Form ergänzen[251]. Dahinter steht die theologische Überzeugung, daß die Absolutionsgewalt Teil und Folge der Konsekrationsgewalt sei, sowie, daß die (beiden) in der Ordination verliehenen Gnaden sakramentale Gnaden seien. Das Tridentinum (Sessio 23) hat zwar auf eine eingehende Bestimmung von Materie und Form des Weihesakramentes verzichtet, im übrigen aber keinen Zweifel daran gelassen, daß dessen Mitte in der Übertragung priesterlicher Vollmacht zum Vollzug der eucharistischen Wandlung und der Absolution zu sehen sei[252]. 2Tim 1,6 f wird im einschlägigen Konzilsdekret zwar ausdrücklich

---

[246] Ott* 51–54.

[247] Der Ursprung der in diesem Zusammenhang besonders wichtigen Salbung der Hände liegt im gallikanischen Weiheritus des 8. Jh. Die folgenreichste theologische Ausdeutung gab Ivo von Chartres (gest. 1256): Die Hände des Priesters werden gesalbt, damit er erkennt, daß er durch dieses heilige Zeichen die *gratia consecrandi* empfängt (Ott* 53).

[248] Hier auch die auf Thomas von Aquin zurückgehende dogmatische Festlegung der sieben Sakramente des Neuen Bundes (DS 1310); ferner die Definition der drei Stücke des Sakraments: dinglicher Vollzug = Materie; Worte = Form; Person des Spenders (DS 1312) sowie der Auffassung, daß bei Taufe, Firmung und Weihe ein unzerstörbares geistiges Zeichen eingeprägt werde und diese Sakramente daher nicht wiederholbar seien (DS 1313).

[249] DS 1326.

[250] Die Formel lautet: Accipe Spiritum Sanctum, quorum remiseris peccata remittuntur eis et quorum retinueris retenta erunt. – Nach Kleinheyer*, Priesterweihe 227 ist dieser zweite Ritenkreis »das am wenigsten erfreuliche Ereignis in der Geschichte des Priesterweiheritus«.

[251] Ott* 146–149; K. Lehmann, Das theologische Verständnis der Ordination nach dem liturgischen Zeugnis der Priesterweihe, in: Ordination* 19–52.23 f.

[252] DS 1771: »Wer sagt, im Neuen Bund gebe es kein sichtbares und äußeres Priestertum oder keine Vollmacht, den wahren Leib und das Blut des Herrn zu verwandeln und darzubringen, Sünden zu vergeben und zu behalten, sondern nur das Amt und den bloßen Dienst an der Verkündigung des Evangeliums, oder daß

angeführt, aber nur um die reformatorische Bestreitung des sakramentalen Charakters der Ordination abzuwehren[253]. Folgerungen hinsichtlich der Wertung der Handauflegung als eines zentralen Momentes werden jedoch nicht gezogen.

5.3 Es war diese Ausrichtung der Priesterweihe auf die Messe und ihren Vollzug, an der sich die Kritik der *Wittenberger Reformation* entzündete (s. Exkurs »Die gemeindeleitenden Ämter« 6.3). Das zentrale Verständnis des kirchlichen Amtes als »Predigtamt« kam hier voll zum Tragen. Als weitere Kritikpunkte ergaben sich für Luther das Verständnis der Priesterweihe als Sakrament und der *character indelebilis* der verliehenen Gnade. Die Bestreitung des sakramentalen Charakters ist allerdings bei Luther schärfer ausgeprägt als bei Melanchthon, was wiederum mit einer gewissen Unklarheit hinsichtlich der Kriterien eines Sakraments (vgl. 4.4) zusammenhing. Für Melanchthon gibt es zwei Kriterien für ein Sakrament: den göttlichen Befehl und die Verheißung der Gnade. Da die Ordination beides hat, erklärt er sich in der Apologie der Augsburgischen Konfession mit Einschränkung bereit, sie als Sakrament gelten zu lassen[254]. Beachtung verdient insbesondere, daß Melanchthon zur Begründung des göttlichen Mandats, wenn auch nicht in Form eines Zitats, auf die Past verweist: »Denn die Kirche hat Gottes Befehl, daß sie soll Prediger und Diakonos bestellen«[255]. Die Verheißung sieht er in biblischen Worten über die Macht des Wortes Gottes bzw. des Evangeliums (Röm 1,16; Jes 55,1) begründet[256]. Dieses Urteil Melanchthons hat sich freilich in der lutherischen Kirche nicht durchsetzen können[257].

Die vielleicht kühnste liturgiereformerische Tat *Luthers* war die Neugestaltung der Ordination. Sein deutsches Ordinationsformular von 1537[258] wurde zum Modell, dem die Ordnungen der Ordination bis heute wenigstens in den Grundzügen folgen[259]. Daß in ihm Motive aus den Past eine unverkennbare Rolle spielen, überrascht nicht, weil diese mit ihrer Betonung von Lehre und Predigt als Inhalten des Amtsauftrages der Intention Luthers entgegenkamen. Die Handauflegung unter Gebet erhält hier wieder ihr Gewicht als zentraler Akt der Ordination zurück. Sie wird verstanden als Einsetzung

---

solche, die nicht predigen, überhaupt keine Priester seien, der sei ausgeschlossen« (zit. nach Neuner-Roos 713).

[253] DS 1766: »Da es nach dem Zeugnis der Schrift, nach apostolischer Überlieferung und allgemeiner Auffassung der Väter ganz klar ist, daß durch die heilige Weihe, die in Worten und äußeren Zeichen vollzogen wird, Gnade mitgeteilt wird, so darf niemand daran zweifeln, daß die Weihe im wahren und eigentlichen Sinn eines von den sieben Sakramenten der heiligen Kirche ist; denn der Apostel sagt: ›Ich mahne dich, du mögest die Gnadengabe neu erwecken, die in dir liegt durch die Auflegung meiner Hände. Denn Gott hat uns nicht den Geist des Zagens gegeben, sondern der Kraft, der Liebe und der Besonnenheit‹ (2Tim 1,6)« (zit. nach Neuner-Roos 708).

[254] ApolCA 13,9: »Wo man aber das Sakrament des Ordens wollt nennen ein Sakrament von dem Predigtamt und Evangelio, so hätte es keine Beschwerung, die Ordination ein Sakrament zu nennen. Denn das Predigtamt hat Gott

eingesetzt und geboten und hat herrliche Zusage Gottes« (BSLK 293).

[255] ApolCA 13,11 (BSLK 293f).

[256] ApolCA 13,11 (BSLK 293).

[257] Ein weiterer das Ordinationsverständnis Melanchthons bestimmender Gedanke ist das Verständnis der Handauflegung als Antitypus der Handaufstemmung auf das Opfertier beim atl. Opfer (Ex 29,20). Die Handauflegung wird damit gesehen als Zeichen für die umfassende Überantwortung der Ordinierten an ihren Herrn und für den Opfercharakter ihrer Existenz (Loci praecipui theologici von 1559; in: Melanchthons Werke II/2, hrsg. H. Engelland, Gütersloh 1953, 504). Hierzu und zum Einfluß dieses Gedankens auf die altlutherische Orthodoxie s. Brunner* 57–59.

[258] WA 38, 423–431.

[259] Auflistung der reformatorischen Kirchenordnungen, die Luthers Formular übernahmen, bei Schulz* 3 Anm. 2; zum Verhältnis neuerer lutherischer Ordinationsformulare zu dem Luthers s. Brunner* 68–84.

Exkurs: Ordination

zur öffentlichen Wortverkündigung und Sakramentsverwaltung, wobei die Motive der Berufung, Segnung und Sendung eng miteinander verbunden sind. Kein deutliches Echo fand bei Luther hingegen das den Past eigene prononcierte Verständnis der Handauflegung als personhafte Zueignung des spezifischen Amtscharismas an den Ordinanden sowie die starke Rückbindung an Person und Botschaft des Apostels. Das dürfte mit der überragenden Gewichtung des Gedankens des allgemeinen Priestertums aller Getauften zusammenhängen. Die Taufe war für Luther die universale Priesterweihe der Glieder des Gottesvolkes schlechthin. Die Anerkennung eines besonderen Charismas der Amtsträger wäre in seinen Augen gleichbedeutend mit einer Abwertung der Taufgnade gewesen.

Luthers Ordinationsformular unterscheidet sich von dem der mittelalterlichen Kirche[260] zunächst durch die Einführung von *Schriftlesungen*. Und zwar sind es zwei das gemeindeleitende Amt als Bischofsamt deutende Texte, 1Tim 3,1–7 und Apg 20,28–31. Deren Hauptmotive werden in einer kurzen Anrede an die Ordinanden (sog. *Ordinationsvorhalt*) expliziert[261], die in eine *Verpflichtungsfrage* mit Antwort der Ordinanden ausmündet. Die darauffolgende *Handauflegung* wird vom ganzen Presbyterium (1Tim 4,14) und – auch dies eine Neuerung – nicht schweigend, sondern unter gleichzeitigem lautem Gebet vollzogen. Dieses *Ordinationsgebet* besteht aus dem Vaterunser und einem weiteren Gebet, in dem die Bitte um den Heiligen Geist sich verbindet mit einer auf die Kirche bezogenen Entfaltung der drei ersten Vaterunserbitten sowie von Mt 9,37[262]. Als *Sendungsvotum* wird sodann 1Petr 5,2–4 verlesen. Es folgen *Segnung* der Ordinanden mit dem Kreuzeszeichen und *Kommunion* der ganzen Gemeinde.

5.4 Für *Calvin* bildet wie für Luther die Verwerfung des Meßpriestertums den Ausgangspunkt der Kritik am Weihesakrament. Das dogmatische Problem des Verhältnisses des besonderen Amtes zum Priestertum aller Getauften belastet ihn dagegen kaum. Bestimmend für seine Behandlung der Ordination sind exegetische Beobachtungen von erstaunlicher Scharfsichtigkeit. So ist er bereit, die »wahre«, d. h. die biblisch bezeugte Ordination als Sakrament gelten zu lassen: »Denn da haben wir es mit einer Zeremonie zu tun, und die ist erstens aus der Schrift entnommen, und zweitens bezeugt uns Paulus, daß sie nicht leer und überflüssig ist, sondern ein zuverlässiges Merkzeichen *(symbolum)* der geistlichen Gnade darstellt (1Tim 4,14) ... Denn Christus hat geboten, daß die Männer, die sein Evangelium und seine Geheimnisse (Sakramente) austeilen, ordiniert werden, nicht aber, daß Opferpriester geweiht werden sollen ... Er hat die Gnadengabe des Heiligen Geistes verheißen, aber nicht, um eine Sühne für die Sünden zu vollziehen, sondern um die Leitung der Kirche nach Gebühr auszuüben und wahrzunehmen«[263]. Der Ritus der Handauflegung ist nach Calvin – exegetisch durch-

---

260 S. den tabellarischen Aufriß bei Schulz* 2.

261 WA 38, 427: »Hie höret ir, das vns, so Bischoue, das ist, Prediger vnd Pfarrer beruffen sind vnd sein sollen, nicht wird befehlen Gense oder Küe zuhuten, Sondern die Gemeine, so Gott durch sein eigen blut erworben hat, das wir sie weiden sollen mit dem reinen wort Gottes, auch wachen vnd zusehen, das nicht Wolffe vnd Rotten vnter die armen Schafe einreissen. Darumb nennet ers ein köstlich werck. Auch für vnser person sollen wir zuchtig und ehrlich leben, vnser Hauss, Weib, Kind vnd gesind Christlich halten und zihen.«

262 WA 38, 429 f.

263 Institutio IV19,28 (zit. nach der Übersetzung von O. Weber: J. Calvin, Unterricht in der christlichen Religion, Neukirchen-Vluyn, ⁴1986, 1026 f). Zu beachten ist allerdings die Begründung dafür, daß Calvin trotzdem die

aus richtig beobachtet – eine »Sitte der Hebräer«[264], die verschiedene Bedeutung (Segnung und Weihung von Opfern) haben kann; daß bei der Ordination die Handauflegung Zeichen für die Mitteilung des Heiligen Geistes sein könnte, will er aufgrund der Analogie von Apg 19,6 nicht ausschließen. Auch wenn das NT kein klares Gebot über die Ordination enthält, ist davon auszugehen, daß sie »bei den Aposteln in fortwährendem Gebrauch war«, und dies »soll für uns doch soviel gelten wie ein Gebot«. Die Handauflegung ist kein leeres Zeichen, »wenn es nur zu seinem reinen, ursprünglichen Sinn zurückgeführt wird«. Denn der Geist Gottes hat in der Kirche nichts umsonst eingerichtet. Ordinieren sollen – wie Calvin betont – »allein die Hirten«, nicht jedoch die übrigen Gemeindeglieder, auch wenn aus dem NT nicht deutlich wird, »ob die Handauflegung immer durch mehrere geschah oder nicht«: während nach Apg 6,6; 13,3 eine Ordination durch mehrere erfolgte, sieht er in den Past (trotz 1Tim 4,14) Paulus als alleinigen Ordinator beschrieben[265].

5.5 Ein neuer, ökumenisch bedeutsamer Sachverhalt wurde durch die vom Vaticanum II beschlossene, 1968 in Kraft getretene *Reform der katholischen Ordinationsliturgie* geschaffen. Diese ist die Frucht einer jahrzehntelangen liturgiegeschichtlichen Forschungsarbeit[266], in die auch biblische Impulse eingegangen sind[267]. In der neuen Liturgie werden einige wesentliche Anstöße für den reformatorischen Protest revidiert: Die Handauflegung, verbunden mit dem epikletischen Weihegebet, tritt nunmehr als die wesentliche Handlung wieder in den Mittelpunkt[268]. Die Riten der Übergabe der Gewänder, Händesalbung und Überreichung von Kelch und Patene bleiben zwar bestehen, werden jedoch deutlich zu sekundären, »ausdeutenden« Riten zurückgestuft[269]. Ganz entfällt die zweite Handauflegung mit der Verleihung der Absolutionsvollmacht. Schriftlesungen erhalten verstärktes Gewicht: Zwar enthält die eigentliche Ordinationshandlung nach wie vor keine biblische Lesung, aber für den vorausgehenden, auf die Ordination bezogenen Wortgottesdienst sind drei Lesungen vorgesehen. Die Handauflegung selbst wird – wie schon bei Hippolyt (und auch bereits nach den Past) – schweigend vollzogen; sie ist eindeutig als der Akt der Verleihung der Amtsvollmacht herausgestellt. Und zwar legen nach dem Bischof auch alle anwesenden Priester schweigend den Weihekandidaten einzeln die Hände auf und bleiben dann zu beiden Seiten des Bischofs, bis das Weihegebet beendet ist, stehen: eine deutliche Aufnahme von 1Tim 4,14. Im Weihegebet werden das Lehr- und Hirtenamt sowie die Funktion der Evangeliumsverkündigung stärker betont[270], während die Aspekte der

Ordination nicht als Sakrament werten möchte: Anders als die übrigen Sakramente gilt sie nicht allen Gläubigen, sondern sie stellt »einen besonderen Gebrauch für eine bestimmte Amtsaufgabe« dar (ebd.).
[264] Hierzu und zum Folgenden Institutio IV 3,16 (Weber, a. a. O. 1026f).
[265] Vgl. Anm. 192. Drastisch und scharf wendet sich Calvin allerdings gegen die Riten bei der Priesterweihe, vor allem gegen die zweite Handauflegung und die Erteilung der Absolutionsvollmacht nach Joh 20,22. Zu den übrigen reformierten Bekenntnisschriften s. Brunner* 61–68; zu den reformierten Ordinationsformularen Allmen*.
[266] Hierzu sowie zum Vergleich mit dem tra-

ditionellen römischen Ritus: Lehmann, a. a. O. (Anm. 251) 25 ff. 30–35.
[267] Übersicht über Aufbau und Inhalt: Das geistliche Amt in der Kirche* 84–93.
[268] Lehmann, a. a. O. (Anm. 251) 31 f.
[269] Lehmann, a. a. O. 34.
[270] So in den Wendungen: »Im Neuen Bund hast du das Vorbild des Alten Bundes erfüllt und den Aposteln Lehrer des Glaubens zugestellt, auf der ganzen Welt die Frohe Botschaft zu verkünden. Darum bitten wir dich, Herr, gib auch uns solche Helfer, denn mehr noch als die Apostel bedürfen wir der Hilfe in unserer Schwachheit« (Das geistliche Amt in der Kirche* 89).

persönlichen Heiligkeit und Würde des Amtes zurücktreten. Nach wie vor bleibt jedoch
– zumindest für den evangelischen Beobachter – die starke Gewichtung des priesterlichen Momentes, die in der unmittelbaren Anknüpfung an Aussagen über das atl.
Priestertum besonders evident ist[271], ein zu theologischem Widerspruch herausfor-
dernder Punkt[272]. Es hat den Anschein, als sei hier vorerst noch eine Grenze für die
Bereitschaft des Sich-Öffnens für eine ntl. begründete Ordinations- und Amtstheologie.

5.6 Aber auch für die *neuere evangelische Theologie* gibt es bei der Diskussion um die
Ordination solche Grenzen, mit deren Überwindung sie sich schwer tut.
5.6.1 So ist ein Konsens über Stellung und Bedeutung der *Handauflegung* noch immer
nicht erreicht. Die von 1Tim 4,14; 2Tim 1,6 her unausweichliche Einsicht, daß die
Handauflegung als das sichtbare Zeichen, unter dem das Amtscharisma übermittelt
wird, im Zentrum der Ordination zu stehen hat[273], kann sich nur mühsam durchsetzen,
weil ihr das Bedenken entgegensteht, daß dadurch dem gemeindeleitenden Amt eine
Sonderstellung zugewiesen und so das allgemeine Priestertum aller Gläubigen abgewertet werde[274]. Die Krise des Amtsverständnisses im Zusammenhang mit den Debatten über die Demokratisierung der Kirche in den 60er und frühen 70er Jahren hat hier
zusätzliche Barrieren aufgebaut. Zwar wird es faktisch heute nur selten evangelische
Ordinationen geben, die ohne Handauflegung erfolgen[275], aber die Handauflegung gilt
weithin als ein Adiaphoron ohne klaren Bedeutungsgehalt[276]. Die Vertreter dieser Sicht
sind allenfalls bereit, sie im Sinne einer Bestätigung der vorhergegangenen *vocatio*,
d. h. als einen konfirmatorischen, nicht aber als einen effektiven Akt zu verstehen[277].

[271] Ebd.
[272] S. die verhaltene Kritik bei Lehmann,
a. a. O. (Anm. 251) 32.
[273] So mit Brunner* 129, für den der »We-
senskern der Ordination aus Gebet und Handauflegung« besteht. Vgl. Brunner* 131: »Die
Handauflegung bringt zum Ausdruck, daß das
im Glauben an Gottes Verheißung aufstei-
gende Gebet zugleich eine auf den Ordinanden
selbst sich niederlassende pneumatische Wirklichkeit einschließt.«
[274] Diese Unsicherheit spiegelt sich in der
unterschiedlichen Gestaltung der heute ge-
bräuchlichen Ordinationsformulare: »Im einen Fall ist sie (sc. die Handauflegung) persönliche Applikation des Ordinationsgebets der
Gemeinde, im anderen zeichnet sie einen sa-
kramental und rechtlich verstandenen Über-
tragungsakt aus, indem sie sich mit der Vollzugsformel verbindet« (s. Schulz* 51).
[275] Dies, obwohl neuere Ordinationsformulare, so die der Arnoldshainer Konferenz
von 1972 (Text in: Ordination, Gottesdienst-
ordnungen für Ordination und Einführung,
vorgelegt von der Arnoldshainer Konferenz,
Gütersloh 1972, 10–17) und der Evangelischen
Kirche in Württemberg (Text in: Kirchenbuch
für die evangelische Kirche in Württemberg)

die Handauflegung nur als fakultativ (Württemberg: »in der Regel«) vorsehen.
[276] Chr. Mahrenholz im Begleitwort zur
Agende IV der VELKD von 1951, 23; kritisch
hierzu: Dombois* 502f.
[277] Dieses Verständnis der Handauflegung
als *testificatio* der vorhergegangenen *vocatio*
manifestiert sich liturgisch im Ordinationsformular der VELKD von 1987. Hier sind zwei
Handauflegungen vorgesehen, deren erste, mit
dem Ordinationsgebet verbundene, fakultativ
ist. Alles Gewicht liegt auf der zweiten, die mit
folgender Vollzugsformel verbunden ist:
»Christus spricht: Gleich wie mich der Vater
gesandt hat, so sende ich euch. Im Gehorsam
gegen diesen Auftrag, den der Herr seiner
Kirche gegeben hat, und im Vertrauen auf
seine Verheißung berufen, segnen und senden
wir dich zum Dienst im Amt der Kirche, das
Evangelium öffentlich zu verkündigen und die
Sakramente zu verwalten« (Agende für evangelisch-lutherische Kirchen und Gemeiden IV,
Hannover 1987, 25). Hier ist die Handauflegung ein Segensgestus, der den kirchlichen Akt
der Berufung und Sendung sinnfällig bekräftigt. Zur Kritik: Brunner* 81f: Die Verbindung von Handauflegung und Vollzugsformel
ist unangemessen. Sachgemäß wäre es, die

5.6.2 Ebensowenig geklärt sind Bedeutung und Inhalt des die Handauflegung begleitenden *Gebetes*. Es gibt wohl kaum eine Ordinationsliturgie, in der die epikletischen Elemente dieses Gebetes völlig fehlen, andererseits gibt es aber auch keine, in der unmißverständlich zum Ausdruck kommt, daß die Bitte um die Gabe des Geistes für den Ordinanden das zentrale Anliegen des Ordinationsgebetes ist[278].

5.6.3 Schwierig ist ferner die Verständigung über *Grund und Ziel* der Ordination. Vielfach wird ihr Grund in der Notwendigkeit gesehen, konkrete Stellen in der Gemeinde zu besetzen, und ihr Ziel darin, daß die Kirche die Qualifikation eines Bewerbers für diese Stelle bestätigt und ihn in sie einweist[279]. Das faktische Gewicht dieser Auffassung spiegelt sich in dem Umstand, daß die Ordnungen für die Ordination und für die Installation sich weithin entsprechen. Das besondere Gewicht der Ordination würde demnach nur darin liegen, daß sie die erstmalige Einweisung in eine Stelle und damit die Bestätigung der kirchlichen Anstellungsfähigkeit wäre[280]. Der ntl. Befund weist jedoch in eine andere Richtung: Ihm zufolge wäre der Grund der Ordination in dem durch Sendung und Werk der Apostel vermittelten Auftrag Jesu Christi zu sehen, das Evangelium auf die Kirche hin zur Geltung zu bringen, und ihr Ziel in der Weitergabe dieses Auftrages an bestimmte Menschen. Durch die Gabe des Heiligen Geistes werden diese Menschen dazu berufen und befähigt, Hirten und Lehrer des Volkes Gottes zu sein; Christus selbst, dem Herrn der Kirche, haben sie über ihren Amtsauftrag Rechenschaft abzulegen (1Petr 5,1–4). Dieser grundlegende theologische Sachverhalt müßte in der Wahl der biblischen Lesungen des Ordinationsgottesdienstes, die ja die Funktion der in 1Tim 4,14 (vgl. 1,18) erwähnten προφητεία einnehmen[281], sowie in dem daran anschließenden Ordinationsvorhalt[282] deutlicher als bisher zum Ausdruck kommen.

Vollzugsformel als Deklaration des kommenden Vollzugs mit der Verpflichtungsfrage an den Ordinanden zu verbinden und dem eigentlichen Ordinationsakt vorzuordnen. – Nur am Rande sei angemerkt, daß sich hier unter veränderten Vorzeichen eine analoge Problematik zur Abwertung der ersten Handauflegung im alten römischen Weiheformular zeigt.

[278] Vgl. die instruktive Zusammenstellung evangelischer Ordinationsgebete bei Schulz* 42–50; hierzu ferner Brunner* 125–129.

[279] Von diesem Ansatz her gelangt A. Stein (Evangelisches Kirchenrecht. Ein Lehrbuch, Neuwied ²1985, 111) zu der merkwürdigen Konstruktion, wonach die Ordination, sofern sie nicht zugleich »Einführung in das erste auf Dauer übernommene Pfarramt« ist, »Erwerb der Rechte und Pflichten eines kirchlichen Grund- und *Hilfsamtes*« sei, »das sich in einzelnen, womöglich wechselnden Dienstaufträgen konkretisieren soll«.

[280] So, besonders zugespitzt, das Württembergische »Formular der Einführung in den Pfarrdienst«, das den Begriff »Ordination« nur eingeklammert im Untertitel verwendet. Ein Unterschied zwischen Installation und Ordination ist hier lediglich in einigen untergeordneten Wendungen erkennbar. Kritisch Brunner*

94: »Mit Kritik und Entschiedenheit muß man aber der Meinung entgegentreten, die Ordination bedeute Einsetzung eines Christen in den Pfarrdienst einer Landeskirche... Dies ist eine unzulässige Einengung des Ministeriums verbi.«

[281] S. Dombois* 506f; Brunner* 73–77; Schulz* 23–25. Das Formular der VELKD von 1987 sieht als Lesungen vor: Mt 28,18–20; Joh 20,21–23; 2Kor 5,19–20; Eph 4,11–13 sowie fakultativ 1Tim 6,11–12 (vgl. Das geistliche Amt in der Kirche* 66). Auffällig ist, daß bei der Lesung aus 1Tim die zentrale Ordinationsaussage 4,14f ausgespart bleibt. Wie denn überhaupt der Gesamtabschnitt 1Tim 4,12–16 nur in einem einzigen lutherischen Ordinationsformular, dem der Kirche Finnlands, als Lesung vorgesehen ist. In neueren Ordnungen ist die Tendenz, auf eine Lesung aus den Past ganz zu verzichten, unverkennbar (z. B. waren im Formular von 1951 noch 1Tim 3,1; 4,12f als Lesungen vorgesehen), wie darüber hinaus die Neigung zur »Streichung inhaltlich unbequemer oder ›unzeitgemäßer‹ Lesungen« (Schulz* 23).

[282] Im Vorhalt sollte der Inhalt der vorangegangenen Schriftlesungen auf die Verpflichtungsfrage hin konkretisiert werden. Der Or-

5.6.4 Für evangelische Theologie ist es ferner nicht leicht, dem in den Past so ungemein stark gewichteten Gedanken der Rückbindung des gemeindeleitenden Amtes an den Dienst des Apostels näherzutreten. Dieser kommt in den heute in Geltung stehenden Ordinationsliturgien allenfalls indirekt zum Ausdruck: so in der Lesung aus 2Kor 5,19f, durch die der apostolische Dienst der Versöhnung in Bezug gesetzt wird zu dem an den Ordinanden ergehenden Dienstauftrag; so vor allem in der Verpflichtung zu schriftgemäßer Verkündigung – und das heißt doch, zur Entfaltung der in der Schrift gegebenen apostolischen Botschaft[283]. Wünschenswert wäre jedoch, daß im Ordinationsvollzug sichtbar gemacht würde, daß die Kirche bei der Übertragung dieses Amtes der Weisung des Apostels folgt, daß das apostolische Zeugnis inhaltliche Norm der Amtsführung ist und daß der Träger dieses Amtes gewiesen ist, sich an der konkreten Gestalt des apostolischen Dienstes, der apostolischen Gestaltnorm des Evangeliums, zu orientieren. Was dem bislang entgegensteht, ist neben der Neigung zu einer einseitig funktionalen Ausrichtung des Amtsverständnisses die Scheu, sich auf das Problem der apostolischen Sukzession einzulassen. Um dem Mißverständnis zu entgehen, als hinge die Legitimität des Amtes an der juridischen Einordnung des Ordinanden in eine geschichtlich aufweisbare Kette von Amtsträgern, klammert man jeden Bezug auf das apostolische Amt aus der Ordinationsliturgie aus.

Gerade in diesem Zusammenhang ist freilich auch festzustellen, daß für evangelische Theologie die Frage, wer zum Vollzug der Ordination berechtigt sei, nach wie vor kaum kontrovers ist. Nach katholischem Kirchenrecht kommen dafür nur Bischöfe in Frage, die in apostolischer Amtsnachfolge stehen. Nach evangelischem Verständnis hängt die Legitimität einer Ordination letztlich nicht vom Rang des Ordinators, sondern vom Konsens der Kirche ab[284]. Um den Bezug des Amtes auf das apostolische Amt herzustellen, bedarf es nicht der Handauflegung durch einen in der historischen Sukzession stehenden Amtsträger. Es genügt vielmehr, wenn ordinierte Amtsträger, die in der Lehrsukzession der apostolischen Tradition stehen, die Handauflegung vornehmen. Gerade auch der Umstand, daß die Past die Bindung des Amtsträgers an den Apostel nicht von einer geschichtlichen Sukzessionskette abhängig macht, ist für die Legitimierung dieser Sicht wichtig. Dessen unbeschadet ist es in evangelischen Kirchen allgemeine Praxis, daß die Ordination durch leitende Amtsträger, die übergemeindlich in größeren Gebieten *episkopē* ausüben, vollzogen wird[285].

5.7 Der *ökumenische Dialog* hat in den letzten Jahren erheblich zu einer Klärung der Ordinationsproblematik beigetragen. Zwischen der katholischen und der lutherischen Position zeichneten sich in diesem Prozeß beachtliche Konvergenzen ab[286]. Trotzdem bleiben erhebliche Schwierigkeiten, und zwar weniger im Blick auf bislang noch ungeklärte Kontroverspunkte als auf die zentrale Gewichtung, die die Ordinationsfrage

---

dinand wird nach seiner Bereitschaft gefragt, ihm das durch die Schriftworte verbindlich zugesprochene Amt zu übernehmen. So müßte hier dieses Amt theologisch klar und unmißverständlich benannt werden. Zu den sich hier ergebenden Problemen vgl. Schulz* 25–33; Brunner* 75f; P. Bläser, in: Ordination* 155–164.

[283] Brunner* 112: »Recht verstanden bedeutet die Forderung der Schriftgemäßheit der Evangeliumsverkündigung in Wort und Sakra-

ment den Rückbezug des gegenwärtigen Ministerium verbi auf die *diakonia* der Apostel selbst. In diesem Rückbezug vollzieht sich *successio apostolica*.«

[284] Kirchengemeinschaft in Wort und Sakrament* 73.

[285] Ebd.

[286] Hierzu zuletzt: Das Geistliche Amt in der Kirche*, Nr. 32–39; Kirchengemeinschaft in Wort und Sakrament* 68–73.

im ökumenischen Prozeß erhalten hat. Ein größeres Maß an kirchlicher Gemeinschaft wird – so viel ist inzwischen deutlich – nur zu erreichen sein auf dem Wege der gegenseitigen Anerkennung der kirchlichen Ämter. Diese aber ist nicht denkbar ohne eine gegenseitige Anerkennung der Ordination. So wurde die Ordination zum ökumenischen Schlüsselproblem schlechthin. Zweifel daran, ob sie diese ihr aufgebürdete Last tragen kann, dürften nur allzu begründet sein. Auf jeden Fall muß hier versucht werden weiterzukommen. Der Beitrag, den die Exegese dabei leisten kann, ist zwar insofern begrenzt, als die Ordinationsthematik im NT nur eine relativ schmale Basis hat, aber gerade deshalb der Sache nach um so wichtiger.

Das wohl größte Hindernis besteht – aus der Sicht des evangelischen Betrachters – darin, daß die katholische Kirche im Vaticanum II im Blick auf das geistliche Amt der aus der Reformation hervorgegangenen Kirchen von einem *defectus sacramenti ordinis* spricht[287]. Wäre dies im Sinn einer totalen Bestreitung von Legitimität und Gültigkeit evangelischer Ordination gemeint[288], so wäre damit jede weitere Verständigung an diesem Punkt von vornherein blockiert. Problematisch ist aber auch die weithin vertretene Interpretation dieser Aussage in dem Sinne, daß der evangelischen Ordination ein partieller Mangel anhafte, der dann des näheren als das Fehlen der Gemeinschaft mit dem in apostolischer Sukzession stehenden Bischofsamt definiert wird[289]. Die reformatorischen Kirchen können sich auf eine solche Sicht nicht einlassen, denn für sie ist ihr Amt, weil und insofern es in der Schrift begründet und durch das apostolische Evangelium normiert ist, legitimes Amt im vollen Sinne. Einen Defekt dieses Amtes anzuerkennen wäre gleichbedeutend mit dem Eingeständnis eines Defektes der bisherigen Evangeliumsverkündigung und würde auf eine Preisgabe des Selbstverständnisses als Kirche Jesu Christi hinauslaufen. Glaubwürdig wird diese Position für den katholischen Partner freilich nur dann, wenn sich die evangelische Kirche in ihrer Ordinationspraxis und -lehre um Schriftgemäßheit bemüht. Und dazu gehört, daß sie die Aussagen der Past als Teil des verbindlichen Schriftzeugnisses über das Amt ernst nimmt[290]. Es gilt dem Rechnung zu tragen, daß es sich nicht um einen »frühkatholischen« Rand der Schrift handelt, sondern um die legitime Fortführung und Entfaltung des Ansatzes, der in der theologischen Reflexion des Paulus über seinen apostolischen Auftrag gegeben ist.

---

[287] Dekret über den Ökumenismus »Unitatis redintegratio«, Nr. 22, in: Das zweite Vatikanische Konzil. Dokumente und Kommentare II, 1967 (LThK 13), 118f.

[288] So P. Bläser, in: Ordination* 142: »Die Interpretation, daß mit ›sacramenti ordinis defectum‹ im lateinischen Text des Dekretes nicht das ›Fehlen des Weihesakramentes‹, sondern eine Unvollständigkeit in bezug auf das Weihesakrament gemeint sei, geht total an dem vom Konzil intendierten Sinn vorbei.« So auch die offizielle deutsche Übersetzung (LThK 13, 119): »wegen des Fehlens des Weihesakramentes«.

[289] So in: Das Geistliche Amt in der Kirche* Nr. 77: »Im Licht der nachkonziliaren ökumenischen Diskussion . . . eröffnet sich die Möglichkeit, von einem ›defectus ordinis‹ im Sinne eines Mangels an der Vollgestalt des kirchli-

chen Amtes zu sprechen. Daß nach katholischer Überzeugung das Stehen in der historischen Sukzession zur Vollgestalt des Bischofsamtes gehört, schließt nicht aus, daß das Amt in den lutherischen Kirchen auch nach katholischer Überzeugung wesentliche Funktionen des Amtes ausübt, das Jesus Christus seiner Kirche eingestiftet hat.« Vgl. ferner das bilaterale Dokument: Gemeinsame römisch-katholische/evangelisch-lutherische Kommission, Einheit vor uns, Paderborn 1985, Nr. 94f.

[290] Zu diesem hermeneutischen Problem pointiert Dombois* 519: »Nun kann man vielleicht auf dem Wege einer radikalen Exegese unter Zerschlagung des Kanons und Preisgabe des Schriftprinzips sich dieser ganzen Dimension biblischer Aussagen entledigen. Dies war zweifellos nicht die Meinung der Reformatoren.«

2. Anordnungen für den gemeindlichen Witwenstand (5,3–16)

Literatur: Bartsch, Rechtsbildungen 112–143; *Delling, G.*, Paulus' Stellung zu Frau und Ehe, 1931 (BWANT 56), 133–139; *Ernst, J.*, Die Witwenregel des ersten Timotheusbriefes – ein Hinweis auf die biblischen Ursprünge des weiblichen Ordenswesens?, ThGl 59 (1969) 434–445; *Kötting, B.*, Art. Digamus, RAC III 1016–1024; *Müller-Bardorff, J.*, Zur Exegese von 1. Timotheus 5,3–16, in: Gott und die Götter (FS E. Fascher), Berlin 1958, 113–133; *Niederwimmer*, Askese; *Sand, A.*, Witwenstand und Ämterstruktur in den urchristlichen Gemeinden, BiLe 12 (1971) 186–197; *Schüssler-Fiorenza*, Memory 309–315; *Stählin, G.*, ThWNT IX 428–454; *Trummer, P.*, Einehe nach den Pastoralbriefen, Bib. 51 (1970) 471–484; *Verner*, Household 161–166.

3 **Witwen besolde, (und zwar) die wirklichen Witwen. 4 Wenn eine Witwe aber Kinder oder Enkel hat, so sollen sie erst lernen, Frömmigkeit am eigenen Haus zu erweisen und den Vorfahren Dank abzustatten: das nämlich ist wohlgefällig vor Gott. 5 Die wirkliche Witwe und Einsame hat ihre Hoffnung auf Gott gesetzt und verharrt in Bitten und Gebeten Nacht und Tag, 6 die aber ein üppiges Leben führt, ist lebendig tot. 7 Auch das verkündige, damit sie untadelig sind. 8 Wenn aber eine für die Angehörigen und vor allem für die Hausgenossen nicht sorgt, dann hat sie den Glauben verleugnet und ist schlimmer als ein Ungläubiger.**
9 **Als Witwe soll eingetragen werden, die nicht unter sechzig Jahre alt ist, (nur) eines Mannes Weib war, 10 beglaubigt ist, gute Werke zu tun, wenn sie Kinder aufgezogen, Gastfreundschaft geübt, den Heiligen die Füße gewaschen, Bedrängten beigestanden hat, jedem guten Werk nachgegangen ist.**
11 **Jüngere Witwen aber weise als »Witwen« ab: Wenn sie ihre sinnliche Triebhaftigkeit von Christus abwendig macht, wollen sie heiraten 12 und verfallen (so) dem Urteil, daß sie die erste Treue gebrochen haben; 13 zugleich lernen sie, faul zu sein, indem sie in den Häusern herumlaufen – nicht nur faul, sondern auch geschwätzig und vorwitzig, wobei sie unziemliche Dinge reden. 14 Ich will deshalb, daß die Jüngeren heiraten, Kinder gebären, den Haushalt führen und dem Widersacher keinerlei Anlaß zu böser Nachrede geben: 15 denn schon sind einige zur Gefolgschaft des Satans abgefallen.**
16 **Wenn eine Gläubige Witwen hat, dann soll sie für sie sorgen, und die Gemeinde soll nicht belastet werden, damit sie für die wirklichen Witwen sorgen kann.**

Analyse 1. *Kontext.* Der Abschnitt hat eine rechtliche Thematik: Es geht um die Ordnung eines gemeindlichen Standes, die der Apostelschüler in seiner Eigenschaft als Gemeindeleiter verbindlich durchsetzen soll; eine Ordnung von entsprechender rechtlicher Verbindlichkeit für eine weitere Gruppe – die

Ältesten – schließt sich in VV17–22 unmittelbar an. Diese rechtliche Thematik setzt mit V3 unvermittelt ein; das spricht gegen die Annahme eines unmittelbaren Zusammenhanges mit 5,1f[291]. Dort war es um die angemessene Weise der persönlichen Zuwendung des Gemeindeleiters zu einzelnen Altersgruppen in der Gemeinde, nicht aber um von ihm durchzusetzende rechtliche Anordnungen gegangen. Allenfalls ließe sich 5,1f als das seelsorgerliche Vorzeichen verstehen, dem das Folgende unterstellt bleibt: Auch bei der Durchsetzung verbindlicher Ordnungen in der Gemeinde darf der Amtsträger die ihm gebotene Haltung der Ehrerbietung, Geschwisterlichkeit und Solidarität gegenüber den betroffenen Gemeindegliedern nicht hinter sich lassen.

2. *Form und Thematik.* Wieder dominiert die Stilform der vermittelten Anordnung[292], wenn sie auch nicht konsequent durchgehalten wird: An zwei Stellen (V3 und V11a) erscheinen direkte Weisungen an Timotheus, die von ihm als Gemeindeleiter durchzuführende Maßnahmen betreffen, und eine weitere Stelle (V9a) ist zwar nicht unbedingt sprachlich, wohl aber inhaltlich als direkte Weisung an den Apostelschüler gehalten. Auch die VV14–16 sind als direkte Anordnung – diesmal freilich nicht für Timotheus, sondern für die Gemeinde – gestaltet. Man wird aus dieser stilistischen Inkonsequenz weder sachliche Uneinheitlichkeit folgern noch gar quellenkritische Schlüsse ziehen dürfen. Sie ist literarisches Mittel, durch das verdeutlicht werden soll, daß Timotheus (und der von ihm repräsentierte Amtsträger) Mund und Vollzugsorgan des gemeindeleitenden Willens des Apostels ist[293]. Sowohl literarisch als auch thematisch erweisen sich VV3–16 nämlich als einheitliche Konzeption. Im Mittelpunkt steht der Begriff der »wirklichen Witwe« (VV3.5.16), d. h. der Witwe, die den Kriterien für die Aufnahme in den gemeindlichen Witwenstand entspricht. Thema ist also nicht die grundsätzliche religiöse und soziale Verpflichtung der Gemeinde zur Hilfe für die Witwen bzw. deren Begründung[294]. Diese Verpflichtung wird als selbstverständlich vorausgesetzt[295]. Vielmehr geht es um die rechtliche Regelung der institutionellen Konsequenzen, die sich für die Kirche aus der Übernahme dieser Verpflichtung ergeben haben. Der Verf. geht von der Existenz eines Witwenstandes aus, dessen Mitglieder einen Anspruch auf Besoldung durch die Gemeinde haben, und seine Anweisungen zielen durchweg auf eine schärfere Fassung der Ordnung für die Zulassung und Zugehörigkeit zu diesem Stand, wobei sein Blickwinkel

---

[291] Anders Wohlenberg 161f; Jeremias 36: »V3 führt V1–2 weiter durch Nennung einer fünften Gruppe, der Witwen.« Richtig Dibelius-Conzelmann 57; Brox 185.

[292] S. zu 4,11–5,2; ferner Lohfink, Paulinische Theologie 107; Berger, Formgeschichte 210f.

[293] Lohfink, ebd.

[294] Anders Jeremias 36–39, der den Abschnitt zweiteilt: VV3–8 gelten dem Versorgungsproblem und damit dem sozialen Aspekt, VV 9–16 dagegen der Ordnung des Standes der Gemeindewitwen. Doch das scheitert sowohl an V5, wo von Verpflichtungen des *Standes* der Witwen die Rede ist, als auch an V16, wo die Versorgungsproblematik angesprochen ist; hierzu Schwarz, Bürgerliches Christentum 164.

[295] Müller-Bardorff* 114f.

ein institutionell-kirchlicher ist. Die Intention der Anordnung ist also eine restriktive: die bestehende Institution soll eingegrenzt werden[296].

3. *Verwendete Traditionen.* Bezieht sich die Anordnung auf eine Institution, die bereits eine Vorgeschichte hat, so ist von vornherein damit zu rechnen, daß in ihr ältere, diese Institution betreffende Traditionen aufgenommen und kommentiert werden[297]. Vorgegebene Überlieferung dürfte vor allem in VV9–10 gegeben sein, einer Regel, die die Bedingungen für die Aufnahme in den Witwenstand nennt[298]. Sie entspricht weitgehend dem Schema hellenistischer Berufspflichtenlehren, wie es auch den Episkopen- und Diakonenspiegeln (vgl. 3,1–13) zugrunde liegt, und ist – nicht anders als in jenen – durch einzelne spezifisch auf den Stand bezogene Forderungen ergänzt[299]. Ein traditioneller paränetischer Leitsatz (»Witwen ehren«) ist in V3 aufgenommen und umgeformt[300]. Der Tradition dürfte ferner die Beschreibung der Funktion der zum Stand gehörigen Witwe in V5 entnommen sein, sowie die Versorgungsregel in V16[301]. Daneben findet sich auch noch eine Reihe weiterer Traditionselemente, die ursprünglich in keinem direkten Zusammenhang mit der Witwenordnung standen, sondern dem allgemeinen Arsenal kirchlicher Paränese entnommen sind, so die Motive aus Lasterkatalogen (VV8.13) und Pflichtenlehren für Frauen (V14; vgl. 2,9–15).

4. *Gliederung.* Als Fixpunkte geben sich die vier Anweisungen in VV3.9.11a und V16 zu erkennen. Auf die *erste Anweisung,* die »wirklichen Witwen« zu besolden (V3), folgt eine Reihe von Regeln (VV4–8), die im vorliegenden Kontext paränetisch ausgerichtet sind (V7). Sie sind als Mahnungen und Warnungen an Witwen gedacht, die erwägen, um Aufnahme in den gemeindlichen Witwenstand nachzusuchen: Ehe sie das tun, sollen sie die Anforderungen dieses Standes (V5) bedenken und sich prüfen, ob nicht andere Pflichten für sie Priorität haben (VV4.8). Die Mitte des Abschnitts bildet die *zweite Anweisung* (VV9f), nur solche Witwen aufzunehmen, die den vorgegebenen Kriterien entsprechen. Die *dritte Anweisung,* die Zurückweisung jüngerer Witwen betreffend (V11a), wird ausführlich kommentiert: zunächst durch eine Aufzählung bisher gemachter negativer Erfahrungen (VV11b–13), sodann durch das mit apostolischer Autorität versehene Wiederverheiratungsge-

---

296   Müller-Bardorff* 118.130 f.

297   Dabei handelt es sich ausschließlich um christliche Traditionen; Paränesen an die Witwen sind in außerchristlichen Pflichtentafeln unbekannt: Weidinger, Haustafeln 71; Dibelius-Conzelmann 58.

298   Pol2Phil 4,3 berührt sich inhaltlich eng mit VV5.9f, ohne literarisch davon abhängig zu sein: Das läßt auf Benutzung einer vorgegebenen gemeinsamen Tradition schließen; vgl. Bartsch, Rechtsbildungen 116f.

299   A. a. O. 137f.

300   Darauf verweist der Hiatus zwischen dem Imperativ τίμα und der nachfolgenden Apposition, die das voranstehende Akkusativobjekt erklärt: Ein in der Gemeinde vorgefundener Grundsatz wird so aufgegriffen und erläutert; vgl. Müller-Bardorff* 115 Anm. 7; zum Bedeutungswandel des Satzes vgl. Anm. 312.

301   Sie mag jünger sein, weil sie bereits auf eine Überlastung des Witwenstandes reagiert: Bartsch, Rechtsbildungen 138.

bot (V14). Den Abschluß bildet die *vierte Anweisung*, den offiziellen Witwenstand durch private Initiativen zur Witwenversorgung zu entlasten (V16).

Kritisch und mit ordnender Absicht wendet sich der Verf. einer vorgegebenen   Erklärung
kirchlichen Institution zu, dem Witwenstand (Viduat), wobei die Absicht,   3–16
diese Institution einzugrenzen, unverkennbar ist. Nicht weniger eklatant sind
die polemischen Neben- und Untertöne, die diese Anordnungsreihe durchzie-
hen und die in den übrigen kirchenordnenden Ausführungen der Past ohne
Parallele sind; vergleichbare Schärfen finden sich lediglich in den Aussagen
über die Irrlehrer. Um der Motive und Hintergründe dieser kritischen Einstellung bei der Auslegung gewahr zu werden, muß zunächst versucht werden, das
Bild dieses Witwenstandes selbst zu rekonstruieren.

In der antiken Gesellschaft war ganz allgemein die Witwe einer der härtesten sozialen
Notfälle[302]. Wegen der im Vergleich zu heute sehr viel kürzeren Lebenserwartung der
Menschen war der Tod des Ehemannes ein Los, das häufig auch junge Frauen mit
kleinen Kindern traf. Da eine geregelte öffentliche soziale Fürsorge fehlte, war die
mittellose Witwe auf die Hilfe der Großfamilie angewiesen. Entweder kehrte sie in das
Haus des Vaters zurück, oder sie fand Unterschlupf im Hause anderer Verwandter – in
jedem dieser Fälle blieb sie rechtlos. Auch im Judentum war die Lage der Witwe
grundsätzlich keine andere, obwohl das AT vielfach die Fürsorgpflicht für Witwen und
Waisen einschärft (Dtn 14,29; 16,11.14; 24,17.19–21 u. ö.)[303], gegen die Unterdrük-
kung der Witwen polemisiert (Ex 22,21f; Dtn 10,18; Jes 1,23; Ez 22,7 u. ö.) und die
Witwe unter das Gottesrecht stellt (Ps 68,6; 146,9; Ex 22,22; Dtn 10,18)[304]. Eine
institutionalisierte Fürsorge für die Witwen gab es auch hier nicht.
Bereits die palästinische Urgemeinde scheint sich dagegen in einer in der antiken Welt
analogielosen Weise der Witwen angenommen zu haben. Nach Apg 6,1 war die
Versorgung der Witwen des hellenistischen Teils der Jerusalemer Gemeinde ein
Problem, für das eine institutionelle Lösung gefunden wurde: Eine besondere Witwenversorgung wurde organisiert, und zwar wohl in der Weise, daß den Witwen zunächst
die Lebensmittel, die bei den eucharistischen Mahlversammlungen übrigblieben, später
die bei diesen Anlässen gespendeten Geldmittel zugeteilt wurden. Die Witwen ihrerseits übernahmen zum Dank dafür bestimmte Funktionen in der Gemeinde, und zwar
sowohl karitative Dienste als auch den Dienst des stellvertretenden Gebetes. Ebenfalls
in Palästina zeichnen sich vielleicht schon erste Spuren eines organisatorischen Zusam-
menschlusses der von der Gemeinde betreuten Witwen ab. So könnte Tabita in Joppe zu
einem Kreis solcher Witwen gehört bzw. dessen Leitung innegehabt haben (Apg
9,39)[305]. Besonders aufschlußreich ist jedoch die lukanische Schilderung der Witwe
Hanna (Lk 2,36–38), die ohne Zweifel dem Leser das Ideal christlicher Witwenschaft
paradigmatisch vor Augen führen soll[306]: Die 84jährige Witwe hatte nur sieben Jahre

---

302 Vgl. F. C. Fensham, Widow, Orphan, and
the Poor in Ancient Near Eastern Legal and
Wisdom Literature, JNES 21 (1962) 129–133;
T. Mayer-Maly, PRE 8a (1958) 2098–2107;
Stählin* 430–437.
303 Witwen und Waisen werden als in der
patriarchalischen Gesellschaft gleichermaßen

Benachteiligte und Rechtlose fast stereotyp
miteinander erwähnt: Ex 22,22f; Jes 1,23; Hi
22,9; 24,3 u. ö.
304 Vgl. Stählin* 433–437.
305 A. a. O. 440.
306 Hierzu Müller-Bardorff* 126f; Niederwimmer, Askese 174f.

ehelich gelebt, ihre ganze übrige lange Lebenszeit seither aber in geschlechtlicher Abstinenz verbracht; sie weilt »Nacht und Tag« im Tempel und weiht ihr Leben dem Gebet, wobei sie ganz auf die eschatologische Zukunft Gottes ausgerichtet ist (Lk 2,38b). Von hier aus führt eine unmittelbare Brücke zu der Weisung des Paulus an die Witwen, nach Möglichkeit unverheiratet zu bleiben (1Kor 7,8f; vgl. 7,34)[307], denn hinter ihr steht ebenfalls die Überzeugung, daß die Witwe asketisch leben und auf diese Weise die eschatologische Ausrichtung christlicher Existenz ungebrochen und vorbildhaft verwirklichen soll: Sie ist fähig und berufen zur ungeteilten Hingabe an Gott. Noch enger aber ist die Beziehung zwischen Lk 2,36–38 und 1Tim 5,5; sie geht bis in wörtliche Übereinstimmungen hinein: Wie Hanna, so hat auch die »wirkliche Witwe« ihre Hoffnung auf Gott gesetzt und verharrt in »Bitten« (δεήσεσιν) und Gebeten »Nacht und Tag«, wie jene lebt sie allein und ohne Mann, ist sie eine »Einsame« (μεμονωμένη). Witwenschaft ist hier nicht mehr primär als eine soziale Notlage verstanden, sondern als eine religiös-asketische Lebensform, die eine besonders enge Bindung an Christus ermöglicht und für die Gemeinde von hervorgehobener Bedeutung ist. Nach dem Verlust ihres Mannes gehört die Witwe ganz und gar dem erhöhten Kyrios an. Würde sie eine neue sexuelle Gemeinschaft eingehen, so bräche sie damit die πρώτη πίστις, das Treueverhältnis, das sie mit dem Herrn verbindet (V12).

In der Genese des kirchlichen Witweninstituts verbanden sich also soziale mit religiös-asketischen Motiven, wobei sich die letzteren wohl zunehmend als dominierend erwiesen[308].

Die »wirkliche Witwe« war jene, die nicht nur sozial bedürftig und auf Hilfe durch die Gemeinde angewiesen, sondern die auch bereit war, diese besondere Lebensform der sexuellen Askese und des Gebetes anzunehmen und sich darauf vor der Gemeinde zu verpflichten. Die Gemeinde ihrerseits übernahm in diesem Fall die verbindliche Verpflichtung, diese Witwe zu unterstützen und ihren Lebensunterhalt zu sichern; d. h., die Witwe empfing regelmäßige Besoldung.

War dieses Entwicklungsstadium erreicht, und die Past setzen es voraus, so waren damit die Witwen zu einem festen gemeindlichen *Stand* geworden, d. h. zu einer institutionalisierten Gruppe, die durch bestimmte Aufnahmebedingungen und feste Lebensformen gekennzeichnet war. Dieser Stand war jedoch nicht durch feststehende Funktionen bestimmt. Das unterscheidet ihn von einem Amt, das durch Übertragung bestimmter Funktionen auf Dauer entsteht. Dafür, daß Funktionen der Witwen im praktischen Bereich genauer definiert gewesen sein könnten, fehlt jeder Anhaltspunkt; ja, einiges deutet darauf hin, daß man von ihnen Funktionslosigkeit im Bereich kirchlicher Praxis geradezu erwartet hat[309].

---

[307] Als einzigen Grund für eine neue Ehe läßt Paulus die Übermacht des sexuellen Triebes gelten (1Kor 7,9); von Fragen der Versorgung ist dagegen bei ihm nicht die Rede.

[308] Für die Weiterentwicklung sind vor allem wichtig die Witwenordnungen Pol2Phil 4,3; IgnSm 13,1; Pol 4,1f; Didask. 14f (s. Anm. 264); Tertullianus, Virg. Vel. 9,2. Zum ganzen Bartsch, Rechtsbildungen 112–139.

[309] So vor allem das Verständnis der Witwen als »Altar Gottes« (Pol 4,3, Didask. 9 [Achelis-Flemming 45,25]), d. h. als der Ort, an dem die gottesdienstlichen Gaben der Gemeinde als

Opfer dargebracht werden. Das impliziert zwar den Auftrag des stellvertretenden Gebetes – das Opfer steigt auf zu Gott in Gestalt des Betens der Witwen (vgl. Offb 8,3) –, nicht aber den zur Übernahme praktischer Aufgaben in der Gemeinde. Die Funktion der Witwe ist allein eine kultische; vgl. Didask. 15 (Achelis-Flemming 77,17–22): »Vielmehr soll eine Witwe wissen, daß sie der Altar Gottes ist, und sie soll beständig in ihrem Hause sitzen, soll nicht umherschweifen und sich (nicht) in den Häusern der Gläubigen herumtreiben, um etwas zu erhaschen; denn der Altar Gottes

Der am Anfang stehende Imperativ ist nach Form und Inhalt ein das Verhalten 3
des Gemeindeleiters normierender Rechtssatz. Das geht bereits aus der definitorischen Eingrenzung des Geltungsbereiches hervor, die den Hauptakzent
trägt[310]: Es geht nicht um alle Witwen, sondern nur um die »wirklichen
Witwen«, diejenigen also, die zu Recht dem gemeindlichen Witwenstand
angehören[311]. Bereits von daher legt sich die Vermutung nahe, daß τιμᾶν hier
nicht mehr, wie wohl noch in dem hier aufgenommenen paränetischen Satz,
im Sinn von »ehren«[312], sondern als spezifischer terminus technicus »besolden«, »ein Honorar zahlen«[313] zu verstehen ist[314]. Dies bestätigt sich aufgrund
der Parallele in der folgenden Weisung für die Presbyter (VV17–18), denn hier
ist mit τιμή eindeutig der von der Gemeinde zu zahlende Unterhalt gemeint.
Dabei mag der ursprüngliche Sinn von τιμᾶν noch mitschwingen[315]: Dies ist
die besondere »Ehre«, die die Gemeinde ihren anerkannten Witwen zollt, daß
sie in einer geregelten Weise für ihren Lebensunterhalt Sorge trägt.
Es folgt eine erste Eingrenzung des Kreises der »wahren« und damit zu 4
besoldenden »Witwen«.

Der Sinn des Satzes ist allerdings nicht ganz klar. Je nachdem, wie man das Subjekt des
Verbes μανθανέτωσαν (»sie sollen lernen«) bestimmt, ergeben sich zwei Auslegungsmöglichkeiten[316]: 1. Die Verbform bezieht sich, weil im Plural, nicht auf die »Witwe«,
sondern auf deren »Kinder und Nachkommen«[317]: Diese sollen (ehe sie die verwitwete
Mutter oder Großmutter der gemeindlichen Witwenversorgung anheimgeben) erst
einmal »ihr eigenes Haus« pietätvoll behandeln (εὐσεβεῖν), indem sie an den »Vorfah-

---

schweift niemals umher und bewegt sich von
seinem Platze, sondern ist fest gegründet an
Einer Stelle«. Hierzu Bartsch, a. a. O. 114f.
[310] Zum Verhältnis von Tradition und Redaktion s. o. Anm. 300.
[311] Zu beachten ist die analoge Gedankenführung in V17; nicht alle, sondern nur die »gute
Vorsteherdienste leistenden« Presbyter betrifft die Anordnung; Dibelius-Conzelmann
58. Zur sich hier abzeichnenden »allmähliche(n) Technisierung« des Witwenbegriffes s.
Stählin* 444 Anm. 144.
[312] Ursprünglich mag die Weisung »ehre die
Witwen« eine erweiternde Auslegung des 5.
Dekaloggebotes (Ex 20,12) gewesen sein. Das
»Ehren«, das nach dem Dekaloggebot ja auch
die materielle Fürsorge einschloß, galt in der
christlichen Gemeinde nicht nur den leiblichen
Eltern, sondern allen ihren notleidenden Gliedern; vgl. Jeremias 37.
[313] Diese Bedeutung von τιμή ist wahrscheinlich bereits für Sir 38,1 (»Honorierung«
des Arztes) vorauszusetzen; in der zeitgenössischen Umgangssprache ist sie die vorherrschende (Belege: Spicq 525; Bauer, Wb s. v.).
In den späteren Kirchenordnungen wird »ehren« zum festen Terminus für »bezahlen«

(z. B. Apostolische KO 2,20; KOHipp 58;
hierzu Bartsch, Rechtsbildungen 118f). Anders Sand* 194 unter Berufung auf die übrigen
Vorkommen von τιμή in den Past: ein angesichts der Vielfalt der Gattungen und der dadurch bedingten semantischen Differenzen unzureichendes Argument.
[314] Die sich andernfalls ergebende Konsequenz, Timotheus solle jene Witwen, die nicht
zum Witwenstand gehören und von einzelnen
Gemeindegliedern unterhalten werden (V16),
nicht »ehren«, wäre widersinnig.
[315] Ähnliches gilt ursprünglich für das deutsche Wort »Honorar«, dessen Doppelsinn freilich heute verblaßt ist. Zu weit geht Spicq 525,
der in der Wahl des Wortes τιμᾶν ein bewußtes
Wortspiel sieht, dessen Wahl es dem Verf.
ermöglicht, taktvollerweise nicht vom Geld
sprechen zu müssen.
[316] Beide wurden bereits in der Alten Kirche
vertreten; s. Wohlenberg 163.
[317] So bereits Theodor von Mopsuestia sowie
die meisten neueren Ausleger: Jeremias 36f;
Dibelius-Conzelmann 58; Holtz 116; Kelly
113; Spicq 526f; Hasler 40; Brox 184; Schlatter 138f.

ren« (d. h. an Mutter oder Großmutter) ihre natürliche Dankespflicht abstatten[318]. –
2. Subjekt der Verbform sind die »Witwen«[319]; der Übergang vom generischen
Singular zum Plural ist als *constructio ad sensum* zu erklären[320] und hat eine Entsprechung in dem ähnlich harten Wechsel von 2,14 zu 2,15 (s. dort)[321]: Die Witwen sollen
zunächst, ehe sie sich um Aufnahme in den gemeindlichen Witwenstand bewerben,
sofern sie Kinder und Enkel haben, »ihre Frömmigkeitspflicht gegenüber dem eigenen
Haus erweisen« und so an den »Vorfahren« (d. h. an ihren eigenen verstorbenen Eltern
und Großeltern) die geschuldete Dankespflicht erfüllen[322].
Eine sichere Entscheidung zwischen beiden Möglichkeiten läßt sich nicht treffen,
obwohl (a) sprachliche und (b) sachliche Gründe die zweite favorisieren. Ad (a):
Πρόγονοι bezeichnet sonst durchweg die »Ahnen«, die nicht mehr lebenden Vorfahren[323]; eine Anwendung auf die (noch lebenden) verwitweten Mütter und Großmütter
wäre ungewöhnlich. Auslegung 2 impliziert ein Verständnis von εὐσέβεια, das auf der
Linie des sonstigen Sprachgebrauchs der Past (s. zu 2.2) bleibt (»Frömmigkeitsübung«,
»Frömmigkeitspflicht«), während Auslegung 1 einen davon abweichenden Wortsinn
ohne direkte religiöse Komponente (»sich pietätvoll verhalten«) voraussetzt[324]. Der
Kontext enthält in V8 eine negative Fassung der gleichen Regel, deren Bezug auf die
Witwen eindeutig ist[325]. Von daher wird man diesen Bezug in V4 ebenfalls vorauszusetzen haben[326]. Überhaupt ist der ganze Kontextzusammenhang von VV4–8 durch die
Zwischenbemerkung in V7 als Zusammenstellung von paränetischen Argumenten, die
sich an die *Witwen* richten, gekennzeichnet. Dazu würde eine Wendung an die
Angehörigen der Witwen in V4 schlecht passen. Ad (b): Der sachliche Unterschied
zwischen beiden Auslegungsmöglichkeiten läuft auf einen nicht ganz unwesentlichen
Punkt hinaus. Nach der ersten Auslegung geht es allein um das Versorgungsproblem,
also um den *sozialen* Aspekt der Witwenfrage: Für den Unterhalt der Witwen ist in
erster Linie die Familie, nicht die Gemeinde zuständig. Die zweite Auslegung dagegen
sieht hier eine Aussage über die für die Witwe geltende *religiöse* Priorität: ihre erste
Pflicht ist die Familie, nicht der Dienst in der Gemeinde.

Unberührt von der Auslegungsunsicherheit bleibt jedoch das zentrale Ziel der
Aussage: Der Ort, an den die Witwe zunächst gewiesen ist, ist das eigene Haus,

---

[318] Ἀμοιβή (hap leg), feierlicher Ausdruck
für »Dank«, »Vergeltung«, häufig auf Ehreninschriften, z. B. Inschr. Priene 119,27;
113,120; 112,17; ferner JosAnt 4,266; s.
Bauer, Wb s. v.

[319] So altkirchlich Chrysostomus, Theodoret,
Pelagius; von den Neueren: Holtzmann 344f;
Wohlenberg 163; Stählin* 442; Bartsch,
Rechtsbildungen 125f (allerdings nur für die
von ihm angenommene Tradition; die Redaktion beziehe auf die Angehörigen).

[320] Bl-Debr-Rehkopf § 134,3.

[321] Die von einigen Minuskeln und Altlateinern (d, f, m) sowie dem Ambrosiaster vertretene Lesart μανθανέτω löst die Spannung im
Sinne dieser 2. Deutung auf.

[322] In diesem Fall wäre hier der aus der hellenistischen Ethik bekannte Gedanke eingeführt,
daß die religiös verstandene Ehrerbietung gegen die Vorfahren es fordert, die von ihnen
vorgelebten und überlieferten Pflichten zu
übernehmen; so die Inschrift auf dem Grabmal
des Antiochus I von Comagene (Dittenberger,
Or. 383, 213ff).

[323] So auch 2Tim 1,3; wie schon Sir 8,4;
2Makk 8,19; 11,25. Belege aus der Profangräzität: Liddell-Scott s. v. Hierzu Holtzmann
345: »noch Lebende darunter zu verstehen, ist
gegen den Sprachgebrauch«.

[324] So W. Foerster, εὐσέβεια in den Pastoralbriefen, NTS 5 (1958/59) 216, der freilich diesen Wortsinn durchweg für die Past annehmen
möchte.

[325] Bartsch, Rechtsbildungen 127.

[326] So ergibt sich auch für ἴδιον ein guter
Sinn: der Gegensatz zwischen dem »eigenen«
Haus und dem Haus Gottes, der Gemeinde,
wird herausgestellt (Wohlenberg 164).

die Familie – sei es als dort von Kindern und Enkeln Versorgte, sei es als selbst familiäre Pflichten für die Angehörigen Übernehmende. Nur in Fällen, wo dieser Ort nicht mehr gegeben ist, kommt die Aufnahme in den gemeindlichen Witwenstand in Frage. Die Gemeinde hat also gegenüber der Witwe gewissermaßen nur die Subsidiaritätspflicht (vgl. V16). Diese Regel ist wohl noch nicht hinreichend erklärt, wenn man hinter ihr nur die Motivation sieht, den Kreis der Gemeindewitwen so klein wie möglich zu halten, um der Gemeinde untragbare finanzielle Belastungen zu ersparen[327]. Dieser Gesichtspunkt mag mit eine Rolle spielen, aber er verbindet sich mit dem für die Past charakteristischen Anliegen, das Haus und die natürlichen, schöpfungsmäßigen Pflichten als Bereiche weltnah praktizierter Frömmigkeit aufzuwerten. Es hat den Anschein, als sei die Regel in Analogie zu 3,5 formuliert[328]. So, wie der Kandidat für das Episkopenamt sich zunächst in der Führung seines eigenen Hauses bewährt haben muß, soll auch die Witwe, ehe sie sich um die Aufnahme in den Witwenstand bewirbt, die Möglichkeiten des eigenen Hauses als Lebens- und Bewährungsraum ausschöpfen. Damit dürfte eine Form enthusiastischer Religiosität seitens der Witwen, die zur Mißachtung des normalen häuslichen Lebens führte, polemisch abgewertet werden. In diese Richtung deutet jedenfalls die formelhafte bekräftigende Wendung »das ist wohlgefällig vor Gott«, die schon in 2,3 (s. dort) der Unterstreichung des Grundsatzes diente, daß christliche Frömmigkeit nicht auf einen kultisch-sakralen Innenraum beschränkt bleibt, sondern in alle Bereiche alltäglichen Lebens ausstrahlt[329].

Auf diesem Hintergrund wird nun deutlich, wer eine »wirkliche Witwe« ist, 5 nämlich die »Vereinsamte«[330], die weder Angehörige noch Kinder hat und darum nicht in der Familie den Lebensraum findet, in dem sie ihre Frömmigkeit in praktischem Vollzug bewähren kann. Ihre Einsamkeit ist nicht durch asketische Neigungen begründete Wahl, sondern Schicksal[331]. Aber es wird von ihr erwartet, daß sie dieses Schicksal bewußt als die ihr von Gott gegebene Möglichkeit, ihrem Leben eine besondere, zeichenhafte Gestalt zu geben, annimmt und bejaht[332]. Es geht dabei nicht nur um Formen des persönlichen Frömmigkeitslebens, die zur geistlichen Bewältigung der Einsamkeitserfahrung helfen können, sondern um Funktionen, die sie in der Gemeinde und exemplarisch für diese wahrnimmt. So soll die Witwe in ihrem ganzen

---

[327] Gegen Brox 187f; Dibelius-Conzelmann 58.

[328] Bartsch, Rechtsbildungen 122.

[329] Die Lesart einiger Minuskeln καλὸν καὶ ἀπόδεκτον ist durch 2,3 beeinflußt.

[330] Das καί ist epexegetisch: μεμονωμένη ist Interpretation von ἡ ὄντως χήρα (Stählin* 444).

[331] Anders bereits IgnSm 13,1: »Ich grüße die Häuser meiner Brüder mit Frauen und Kindern, auch die Jungfrauen, die ›Witwen‹

genannt werden.« Hier ist vorausgesetzt, daß auch Jungfrauen, die Ehelosigkeit und Askese suchten, in den Kreis der Gemeindewitwen aufgenommen werden konnten. Vgl. die Polemik Tertullians (Virg.Vel. 9 [CChr.SL II 1219]), eine virgo vidua sei ein monstrum. Zum Ganzen Bauer-Paulsen, Briefe 99; Niederwimmer, Askese 174f.

[332] Das impliziert auch den bewußten Verzicht auf die Möglichkeit einer zweiten Ehe; vgl. Stählin* 445.

Verhalten das Leitbild einer allein auf Hoffnung gegründeten Existenz geben. Sie stellt ihr ganzes Leben auf die Zusage Gottes, erwartet alles von seinem Handeln in Gegenwart und Zukunft[333]. Diese Hoffnung ist mehr als bloßes Gottvertrauen[334]. Sie ist das Sich-Einlassen auf das Handeln des »lebendigen Gottes« (vgl. 4,10), das geschichtsmächtig ist und heilvolle Zukunft eröffnet. Das Verhalten, in dem sich solche Hoffnung manifestiert, ist das Gebet. Wie Hanna, die ihre Hoffnung auf Gottes zukünftiges Rettungshandeln an seinem Volk gesetzt hatte und darum »Nacht und Tag« um die Erfüllung dieser Hoffnung betete (Lk 2,37), so soll auch die Gemeindewitwe ihre Hoffnung darin erweisen, daß sie sich ganz dem Gebet hingibt. Christliches Beten ist von seinem tragenden Ansatz her ein Sich-Einlassen auf Gottes heilvolles Handeln, auf das Kommen seines »Reiches« und die Durchsetzung seines Willens (Mt 6,10). Mit δεήσεις und προσευχαί wird ähnlich wie in 2,1 (s. dort) formelhaft die ganze Fülle des Betens, das den Witwen aufgetragen ist, umschrieben. Man wird die Wendungen darum nicht pressen dürfen; immerhin ist eine gewisse Priorität des Bitt- und Fürbittgebetes angedeutet, auch wenn der dankende Lobpreis aus dem Beten der Witwe nicht ausgeklammert werden kann. Die Intensitätsformel »Nacht und Tag« bringt zum Ausdruck, daß das Beten die das Leben der Witwe ganz ausfüllende Aufgabe ist[335]; sie ist gewissermaßen eine hauptamtliche Beterin, die nicht nur sofern ihr ihre übrigen Aufgaben Zeit dazu lassen, sondern grundsätzlich immer betet[336]. Das ist zwar ebensowenig wie die Aussage des Paulus über sein »Nacht und Tag« erfolgendes Beten (1Thess 3,10) als Hinweis auf die Sitte einer *oratio continua*, eines organisierten, regelmäßigen, Tag und Nacht umfassenden Gebetsdienstes zu verstehen[337], gibt aber doch der Vermutung Raum, daß es feste, institutionalisierte Gebetssitten der Witwen gab, die über die Teilnahme am gottesdienstlichen Gebet der Gemeinde hinausgingen. Es verdient Beachtung, daß in diesem Zusammenhang von karitativen Aufgaben der Witwen mit keinem Wort gesprochen wird. Damit ist gelegentliche Betätigung auf diesem Gebiet zwar nicht ausgeschlossen, aber sie ist nicht das, was die Gemeinde von den Witwen erwartet. Sie erwartet von ihnen allein das Gebet und gibt ihnen dazu Raum, indem sie ihnen materiellen Unterhalt gewährt[338]. Zweifellos hat dieses Gebet auch eine Stellvertretungsfunktion: Die Witwen erweisen den Gebern der Gaben, von denen sie leben, ihren Dank, indem sie für sie beten und eine

---

[333] Ganz entsprechend das Bild der »heiligen Frauen, die auf Gott hofften« in 1Petr 3,5. Nicht auszuschließen ist, daß hier dieselbe paränetische Tradition im Hintergrund steht.
[334] Hierzu R. Bultmann, ThWNT II 530 Anm. 121; B. Mayer, EWNT I 1073.
[335] Vgl. 2Tim 1,3; Apg 9,24; 20,31; 26,7; Offb 4,8; 14,11. Hierzu P.-G. Müller, EWNT II 1185. Die Reihenfolge »Nacht und Tag« verweist auf jüd. Tradition: Tagesbeginn mit der Nacht.

[336] Ernst* 441.
[337] Hierzu Holtz, Thessalonicher 137; anders G. Delling, Der Gottesdienst im Neuen Testament, Göttingen 1952, 105, der an die Praxis von »Gebetsnächten« denkt.
[338] Das bringt die Bezeichnung der Witwen als »Altar Gottes« (Pol 4,3) zum Ausdruck; vgl. Anm. 309.

Intensität des geistlichen Lebens pflegen, die den übrigen Gemeindegliedern nicht möglich ist. Ansatzweise zeichnet sich hier eine religiöse Aufgabenteilung in der Gemeinde ab.

Nach bewährtem paränetischem Schema[339] wird der Darstellung von Lebens- 6 haltung und Funktionen der »wirklichen Witwe« in knappen, aber deutlichen Umrissen ein negatives Kontrastbild gegenübergestellt: das der Witwe, die ein üppiges, schwelgerisches Leben führt. Daß hier nicht eine allgemeine Verhaltensregel für Witwen aufgestellt werden soll, die sie auf ein Ideal der Stille und Zurückgezogenheit festlegt, geht aus dem Kontext hinreichend deutlich hervor[340]. Angesprochen sind hier lediglich jene Witwen, die sich um die Aufnahme in den Witwenstand bewerben möchten. Ihnen wird warnend vorgehalten: Wer hier nur die Möglichkeit der sicheren Versorgung sucht, ohne die Bereitschaft zu der in V5 geschilderten Lebensform aufzubringen, der zielt ab auf eine schmarotzerische Existenz[341]. Nur eine Witwe darf die Gaben der Gemeinde guten Gewissens entgegennehmen, die den Auftrag des Witwenstandes, dem sie sich damit unterstellt, auch wirklich erfüllen will. Fehlt es an diesem Willen, so ist Gefahr, daß eine solche Witwe in eine Existenz innerer Unwahrhaftigkeit gerät und damit geistlich stirbt. In nahezu den gleichen Worten wie Offb 3,1 wird die drohende Möglichkeit eines bloß äußerlich an bestehende Normen und Erwartungen angepaßten Verhaltens angedeutet, hinter dessen Fassade sich eine Existenz versteckt, die nicht mehr vom Leben Jesu Christi bewegt wird, weil sie nicht mehr das empfangene Heil in konkretem Glaubensvollzug bewährt. Mahnungen dieser Art waren wohl nicht 7 gegenstandslos. Denn da der gemeindliche Witwenstand eine feste, wenn auch sicher bescheidene materielle Versorgungsbasis bot, wird der Anreiz, sich um Aufnahme in ihn zu bewerben, auch für Witwen groß gewesen sein, deren Bereitschaft oder Fähigkeit, die geforderte Lebensweise auf sich zu nehmen, zu wünschen übrig ließ. Einer solchen Haltung soll der Gemeindeleiter entgegentreten, indem er im Sinne des in VV4–6 Gesagten verbindliche Weisungen für den Witwenstand gibt[342]: Jede Frau, die Gemeindewitwe werden will, soll wissen, worauf sie sich einläßt und welche Kriterien dafür bestehen. Ziel dieser Weisungen ist es, den Witwenstand, ähnlich wie die Episkopen (3,2), »untadelig« (ἀνεπίλημπτος) zu erhalten, und zwar nicht zuletzt auch im Blick auf das

---

339 Vgl. das Schema der beiden »Wege« und die dualistische Zuordnung von Tugend- und Lasterkatalogen (Gal 5,19–23; Eph 5,3–5,9); hierzu S. Wibbing, Die Tugend- und Lasterkataloge im NT, 1959 (BZNW 25), 108–117.

340 Anders Brox 189: Der »für das Zentrale frei gewordenen Witwe steht diejenige gegenüber, die auf ihr Los ganz gegenteilig reagiert und in einem geschäftigen, genießerischen Leben zeigt, daß sie ›lebendig tot‹ ist, weil die Hoffnung nicht in ihr ist«. Schüssler-Fiorenza, Memory 310: »Widows who are well off and can afford a comfortable lifestyle«. Eine ebenso

aparte wie phantasievolle Variante dieser Interpretation bei Easton 152: Das Negativbild meine junge Witwen, die in der Prostitution den einzig möglichen Ausweg für ihre Lage sahen.

341 Σπαταλᾶν »schwelgen, üppig leben«, ntl. nur noch in der Anklage gegen die Reichen Jak 5,5, und zwar mit dem spezifischen Beiklang des Lebens auf Kosten anderer.

342 Παραγγέλλειν als das Erteilen verbindlicher Anweisungen durch den Gemeindeleiter: s. zu 1,3.

Urteil der nichtchristlichen Umwelt (s. zu 3,2.7): Ihr soll kein Anhalt für Spott oder Unterstellung unlauterer Motive gegeben werden.

8 Als besonders wichtig wird die Regel von V4 noch einmal in negativer Umkehr wiederholt, vielleicht unmittelbar herausgefordert durch das Stichwort »untadelig«. Wäre das nicht eine ganz gefährliche Herausforderung für Spott und Tadel der Umwelt, wenn christliche Witwen ihre natürlichen häuslichen und familiären Pflichten im Stich ließen, um eine sorgenfreie Existenz auf Kosten der Gemeinde zu führen (vgl. V14b)? Formal und inhaltlich bildet die als Parenthese in den Episkopenspiegel eingeschobene Regel, daß nur der zum Bischof qualifiziert sei, der seinem Haus in rechter Weise vorsteht, eine enge Entsprechung (3,5)[343]. Ordnung in der Gemeinde – so beidemal der Grundgedanke – setzt Ordnung im Hauswesen voraus und steht in Entsprechung dazu. Freilich ist die Regel an diesem Punkt für die Witwe etwas anders akzentuiert: Während der Bewerber um das Episkopamt nur bewiesen haben muß, daß er im eigenen Haus Ordnung halten und schaffen kann, wird von der Witwe erwartet, daß sie in ihrem häuslichen Wirkungskreis bleibt, solange dafür auch nur die geringste Möglichkeit besteht, und sich nicht um Aufnahme in den Witwenstand bewirbt[344]. Ein Stück weit dürfte hinter dieser Restriktion auch die grundsätzliche Überzeugung stehen, daß der Ort der Frau das Haus, nicht jedoch die gemeindliche Öffentlichkeit ist (s. zu 2,11–15). Sorge für die Angehörigen im weitesten Sinn (ἴδιοι), ganz speziell aber für die im gleichen Hause lebenden Glieder der Familie (οἰκεῖοι), ist die natürliche Aufgabe jeder Frau, auch der Witwe. Wieder im Blick auf das Urteil der Außenstehenden dürfte gesagt sein, daß eine diese Pflichten vernachlässigende Witwe »den Glauben verleugnet« und »schlimmer als ein Ungläubiger« ist. Hier geht es nicht um die Verleugnung bestimmter Glaubenssätze: πίστις (»Glaube«) meint vielmehr die christliche Religion im Sinn einer die ganze Existenz sichtbar bestimmenden Haltung[345]. Von dieser entsteht in der Öffentlichkeit ein negatives Bild, wenn ihre Vertreter jene moralischen Grundregeln mißachten, die selbst für die Heiden, die »Ungläubigen«, jeder Diskussion entnommen sind[346]. Dahinter steht die Überzeugung, daß speziell im christlichen Familienethos die sittlichen Normvorstellungen der Gesellschaft erfüllt und zur Vollendung gebracht sind.

9–10 Ein zwar unpersönlich (Imperativ Passiv der 3. Person) gehaltener, aber, wie die Entsprechung zu V11a zeigt, den Gemeindeleiter als verantwortliche Instanz ansprechender Rechtssatz nennt die für die Aufnahme in den gemeind-

---

343 Bartsch, Rechtsbildungen 122.
344 Schüssler-Fiorenza, Memory 311.
345 S. hierzu R. Bultmann, ThWNT VI 214; G. Barth, EWNT III 230. Der spezifische Sinn ergibt sich aus der Gegenüberstellung von πίστις und ἄπιστος. Deshalb ist die Bedeutung »Treue« (so Kretschmar, Glaube 132) hier ausgeschlossen.

346 »Schlimmer« ist der Christ als der Nichtchrist bei gleichem Verhalten wie jener, weil er den Willen Gottes kennend diesen nicht praktiziert, die Gabe des Heils und der Rettung empfangen habend (Tit 3,5) aus ihr nicht lebt. Spicq 532 verweist auf das Wort Hugos von Saint-Cher: »Melior est canis vivus leone mortuo (Koh 9,4), id est paganus christiano impio«.

lichen Witwenstand maßgeblichen Kriterien[347]. Dabei dürfte auf alle Fälle ein formeller Akt der Anerkennung einer Witwe als Gemeindewitwe im Blick sein, der sich möglicherweise durch die Eintragung in ein offizielles Witwenverzeichnis der Gemeinde vollzog[348]. Genannt werden *drei Kriterien:* Lebensalter, frühere eheliche Situation, Bewährung, wobei das dritte genauer entfaltet wird. Unter den Kriterien fehlt auffälligerweise die Bedürftigkeit. Selbst wenn man unterstellt, daß sie so selbstverständlich war, daß sie hier nicht ausdrücklich genannt werden mußte, ist dies ein weiteres Indiz dafür, daß die vorliegende Ordnung den Witwenstand nicht primär unter dem karitativen Aspekt der Fürsorge für die Armen, sondern vorwiegend unter dem religiösen Aspekt der Zugehörigkeit zu einer halbklerikalen Körperschaft[349] in der Gemeinde sieht.

Die Gemeindewitwe muß – so das erste Kriterium – mindestens sechzig Jahre alt, also nach antiker Sicht der Lebensalter eine Greisin sein[350]. Eine Witwe dieses Alters hatte in der Regel ihre häuslichen Pflichten gegenüber Kindern und sogar Enkeln (VV4.8.10a) hinter sich gebracht. Auch mit der Möglichkeit und Neigung zu einer Wiederverheiratung war kaum mehr zu rechnen.

Strittig ist das Verständnis des zweiten, sich auf die frühere eheliche Situation beziehenden Kriteriums. Ist damit – so die eine Auffassung[351] – nur die Ablehnung von Witwen gemeint, die es mit dem Eheleben nicht so streng nahmen, indem sie sich scheiden ließen, um anschließend erneut zu heiraten? Zurückgewiesen wäre demnach also die sukzessive Polyandrie[352]. Oder ist bereits eine nach dem Tod des Ehegatten geschlossene weitere Ehe Grund für Disqualifikation im Blick auf den Witwenstand[353]? Dann wären zu ihm nur *einmal* verheiratete Witwen *(viduae univirae)* zugelassen.

Für die *erste Auffassung* werden meist folgende Gründe angeführt: die Entsprechung zu den Weisungen für Episkopen und Diakone (3,2.12; Tit 1,6), die wohl im Sinne eines Verbotes der sukzessiven Polygamie zu verstehen sind (s. zu 3,2); der mögliche Bezug auf das Scheidungsverbot Jesu (Mk 10,11 par.; Mt 5,32)[354]; die Beurteilung der

---

347 Χήρα ist Prädikatsnomen zu καταλεγέσθω und hat technisch-titularen Sinn: Müller-Bardorff* 118; Dibelius-Conzelmann 58f.

348 Καταλέγειν, ursprünglich »auswählen«, ist terminus technicus für die militärische Musterung und, allgemeiner, für die Einschreibung in eine Mitgliedschaft (Belege: Liddell-Scott 897). Tertullianus, Ad uxorem I 7 (CChr.SL I 381) übersetzt: *adlegi in ordinem.* Hierzu Stählin* 445, dessen Behauptung, καταλέγειν bedeute »hier und anderswo *durch Wahl in eine Körperschaft aufnehmen*« ich lexikalisch nicht bestätigt finde, weshalb auch seine These, die Witwen seien durch die Gemeinde gewählt worden und der Gemeindeleiter sei lediglich für das παραιτεῖν (im Sinne einer »Vorauswahl unter den zur Verfügung Stehenden«) zuständig gewesen, in der Luft zu hängen scheint.

349 Zu diesem Begriff Stählin* 445; anders Dibelius-Conzelmann 59.

350 Mit 60 Jahren begann im Judentum das Greisenalter, vgl. Bill. III 653. – Nach Didask. 14 liegt das kanonische Alter der Witwen bei 50. Man kann von da her fragen, ob nicht auch die von den Past benutzte Tradition ursprünglich eine niedrigere Altersgrenze enthalten hat; hierzu Müller-Bardorff* 121 Anm. 15.

351 Vertreten von Jeremias 38; Dibelius-Conzelmann 59; Wohlenberg 169; Schlatter 141; Müller-Bardorff* 121 Anm. 17; Holtz 117f.

352 Also die Wiederheirat nach Scheidung; s. Bill. III 648.

353 So Holtzmann 242f; Kelly 116; Spicq 532; Delling* 136f; Brox 191f (allerdings schwankend).

354 So Schlatter 141.

Wiederheirat der Witwe als natürlich, ja geboten im Judentum wie auch in der hellenistischen Welt[355]; vor allem aber das ausdrückliche Wiederverheiratungsgebot im unmittelbaren Kontext (V14).

Aber diese Argumente können die *zweite Auffassung* nicht völlig entkräften, zumal sie durch eine Reihe von gewichtigen Erwägungen gestützt wird. Zunächst ist ganz allgemein zu bedenken, daß in der Antike die sittlichen und rechtlichen Normen im Blick auf Ehe und Wiederheirat für die Frau strenger waren als für den Mann[356]. Das Ideal der *vidua univira* war in Rom schon lange gültig[357] und gewann auch im Osten des Reiches an Boden[358]. Zahlreiche Grabinschriften sind dem Lob der *univira* gewidmet[359]. Was den vorliegenden Text betrifft, so ist unverkennbar, daß er eine stark von asketischen Gedanken geprägte Vorstellung von Witwenschaft widerspiegelt, die in einer gewissen Spannung zur eigenen Sicht des Verf. steht. Die hier einwirkende Tradition von Lk 2,36f stellt dies ebenso unter Beweis wie das Motiv der exklusiven Bindung an Christus (V12; s. dort). Die Empfehlung des Paulus an die Witwen, nach Möglichkeit unverheiratet zu bleiben (1Kor 7,8f.39f), die den Gemeinden zweifellos bekannt war[360], mußte als Stütze einer solchen asketischen Auffassung von Witwenschaft verstanden werden. Die Empfehlung der Wiederverheiratung (V14) steht dem nicht wirklich entgegen, wenn man sie als Korrekturvermerk des Verf. an dieser Tradition, der er in kaum verhüllter innerer Distanz begegnet, begreift.

Das dritte Kriterium ist die Bewährung in »guten Werken«[361], in einem tätigen Verhalten also, das Ausdruck und Reflex des Glaubens ist. Es ist wichtig zu sehen, daß die Beispiele, anhand derer es entfaltet wird, im Grunde nicht über das hinausgehen, was auch sonst von einer christlichen Frau erwartet wird, deren Schmuck ihre »guten Werke« sind (2,10; s. zu 2,9–15). Der Befund der Episkopen- und Diakonenspiegel (3,1–13; Tit 1,6–9), die ebenfalls kaum berufsspezifische Eigenschaften und Fähigkeiten nennen, hat hier seine Entsprechung. Auch hier finden sich keine Hinweise auf spezifische, dem Wit-

---

[355] Hierzu H. Funke, Univira, JAC 8/9 (1965/66) 183–188; L. Friedländer – G. Wissowa, Darstellungen aus der Sittengeschichte Roms I, Leipzig [10]1922, 314 Anm. 4.

[356] Für das Judentum: Bill. III 648.

[357] Der von Hieronymus überlieferte Ausspruch der jüngeren Porcia (Hieronymus, adv. Jov. 1,46) gibt die Einstellung weiter Kreise des römischen Adels wieder: *felix et pudica matrona nunquam praeterquam semel nubit* (nach B. Kötting, Digamus, RAC III 1017f; dort weitere Belege).

[358] Hierzu J. B. Frey, La signification des termes MONANΔΡΟΣ et univira, RSR 20 (1931) 48–60.

[359] Belege: CIG II 2471; CIL III 3572; ferner Delling* 137 Anm. 40. Die nur einmal verheiratete Witwe wird in kultischem Zusammenhang bevorzugt: Pausanias VII 25,13; vgl. Tertullianus, De monogamia 17,4f; hierzu Kötting, a. a. O. (Anm. 357) 1018f. Folge solcher

Hochschätzung ist umgekehrt, daß im Röm. Reich die zum zweiten Mal verheiratete Frau einige Rechte einbüßte: hierzu Stählin* 431; vgl. auch Cicero, Att. 13,29,1.

[360] Die kirchliche Diskussion über 1Kor 7 hat sich z. B. in Hermas, mand 4,4,1–3 niedergeschlagen, wobei die vom Verf. der Past bezogene Position der des Pastor Hermas nicht unähnlich zu sein scheint.

[361] Μαρτυρεῖσθαι = wohlbezeugt sein, empfohlen werden, in gutem Ruf stehen, Lob empfangen (u. a. Hebr 11,2.4; Apg 6,3; 1Cl 44,3); vgl. Bauer, Wb s. v. Gemeint ist: mit ihren guten Werken hat sich die Witwe einen guten Ruf in der Gemeinde erworben. Spicq 533f denkt aufgrund des häufigen Vorkommens von μαρτυρεῖν in Ehreninschriften und -urkunden an die Möglichkeit einer offiziellen Eintragung der bewährten Witwen in eine »Ehrenrolle« der Gemeinde; doch dazu besteht kein konkreter Anlaß; vgl. 3,7.

wenstand zugewiesene diakonische und karitative Funktionen. Der sich aus V5 ergebende Eindruck, daß solche Funktionen nicht zum Berufsbild der Gemeindewitwe gehören, wird gestützt[362]. Spezifische Pflicht des Witwenstandes ist allein das Gebet (V5). Daß die Witwen faktisch am Liebesdienst in der Gemeinde sich nach Maßgabe ihrer Kräfte und Fähigkeiten beteiligt haben[363], steht auf einem andern Blatt und wird überdies durch die anzüglich karikierende Bemerkung von V13 bestätigt.

Kurz zu den einzelnen Werken: Das Aufziehen und Versorgen von Kindern steht voran als erste Frauenpflicht (vgl. 2,15; Tit 2,4)[364]. Dabei mag neben den eigenen und den zur Großfamilie gehörenden (VV4.8) Kindern auch an fremde Waisen gedacht sein, die ins Haus aufgenommen werden[365]. Gastfreundschaft gilt als eine besonders wichtige christliche Tugend (vgl. 3,2 vom Episkopen; ferner Röm 12,13; Mt 25,35; Hebr 13,2; 1Cl 1,2; 10,7; 11,1; 12,1; 35,5; Hermas, mand 8,10). Ihre Notwendigkeit ergab sich aus dem regen Besuchsverkehr zwischen den einzelnen Gemeinden. Als Gastfreundschaft konkret veranschaulichendes Zeichen ist die Fußwaschung zu verstehen; von Haus aus niedriger Dienst des Sklaven, der dem ins Haus eintretenden Gast den Staub und Schmutz der Landstraße von den Füßen wäscht, ist sie wohl von christlichen Gastgebern als sinnfälliger Ausdruck der von Jesus den Seinen gebotenen und vorgelebten dienenden Liebe geübt worden (3Joh 5–8; vgl. Joh 13,14–17)[366]. Die »Heiligen« sind Mitchristen, wobei man konkret an Besucher aus anderen Gemeinden und an wandernde Prediger und Profeten zu denken hat[367]. Beistand[368] für die »Bedrängten«[369] umfaßt jede Form von Hilfeleistung für Kranke, Notleidende, des Trostes Bedürftige (1Thess 3,4; 2Kor 1,6; 7,7). Die etwas pauschale Abschlußwendung, die fast refrainartig den Leitbegriff der »guten Werke« nochmals aufnimmt, soll unterstreichen, daß es sich bei den vorher genannten Gliedern der Reihe nur um Beispiele

---

362 Müller-Bardorff* 122; Brox 193.

363 Zu bedenken ist dabei freilich die Vorgabe der Begrenzung auf über Sechzigjährige: Greisinnen waren nur begrenzt zu schweren Diensten geeignet: Brox 193.

364 Τεκνοτροφεῖν (hap leg) bezeichnet nicht nur das Ernähren von Kindern, sondern das Sorgen für ihr leibliches und geistiges Wachstum, die Erziehung (Epictetus, Diss. I 23,3).

365 Waisenbetreuung (neben Witwenbetreuung) als hervorgehobener Zweig gemeindlicher Liebestätigkeit: Hermas, vis 2,4,3; sim 1,8; Lucianus, De morte Peregrini 12f.

366 An eine besondere sakramentale Handlung der Fußwaschung ist hier noch nicht zu denken, zumal ein solches Verständnis auch in Joh 13,1–20 nicht impliziert ist. Hierzu vor allem G. Richter, Die Fußwaschung Joh 13,1–20, zuletzt in: ders., Studien zum Johan-

nesevangelium, 1977 (BU 13), 42–57.55ff. Anders Holtz 118.

367 Vgl. Röm 1,7; 1Kor 1,2; 6,1f; 14,33; 16,1.15; 2Kor 1,1; 13,12; Apg 9,32.41 u. ö.; in den Past erscheint diese pln. Vorzugswendung nur hier.

368 Ἐπαρκεῖν = beistehen, helfen; in der Profangräzität häufig (auch in Papyri); Belege: Bauer, Wb s. v. Im NT nur hier und V16.

369 Θλίβεσθαι hier (entsprechend zu θλῖψις in 2Kor 8,13; Jak 1,27; Apg 7,10) im allgemeinen Sinn von »Not«, »Bedrängnis (durch Menschen bzw. Umstände) leiden«. Die apokalyptisch-eschatologische Akzentuierung von θλῖψις/θλίβεσθαι in der pln. Sprache (hierzu H. Schlier, ThWNT III 139–148; W. Schrage, Leid, Kreuz und Eschaton, EvTh 34 [1974] 141–175) fehlt hier.

handelt, in denen ein bestimmtes Grundverhalten manifest wird, das darin besteht, daß die Witwe jede sich bietende Gelegenheit sucht und erkennt[370], um das zu tun, was Aufgabe christlicher Liebe ist.

11a Dem Zulassen geeigneter Bewerberinnen zum Witwenstand entspricht das Abweisen ungeeigneter[371]; beides ist Aufgabe des Gemeindeleiters, der damit rechtsverbindlich handelt. Nicht zugelassen werden dürfen »jüngere« Witwen, die dem Alterskriterium von V9 nicht entsprechen, also noch nicht sechzigjährig sind. Wenn hier auf Einhaltung gerade dieses Kriteriums besonders insistiert wird, so wohl nicht ohne konkreten Anlaß. Wie auch aus der folgenden (VV13.15) Polemik hervorgeht, war in den Gemeinden die Praxis eingerissen, Witwen, die sich zur asketischen Sonderexistenz von sexueller Kontinenz und Gebet berufen fühlten, zum Witwenstand zuzulas-

11b–12 sen, auch wenn sie den übrigen Kriterien nicht voll entsprachen[372]. Dem Verbot folgt eine doppelte Begründung von drastischer Anschaulichkeit. Zunächst wird auf Probleme hingewiesen, die die jüngeren Witwen mit der sexuellen Enthaltsamkeit haben. Das in ihnen latent vorhandene geschlechtliche Verlangen veranlaßt sie, sobald es durchbricht, sich gegen Christus zu wenden[373]. Auch bei bestem Willen kann die jüngere Frau nicht abschätzen, ob sie ihren Entschluß zu bleibender Witwenschaft durchhalten kann. Die Wiederverheiratung aber wäre ein Bruch der von ihr eingegangenen besonderen Bindung an Christus. Gilt die neue Ehe als eine Gemeinschaft, durch die die bisherige Bindung an Christus aufgehoben wird, so impliziert das, daß diese Christusbindung als ein der Ehe äquivalentes Verhältnis, ein »Verlöbnis mit Christus« verstanden ist[374]. Der Eintritt in dieses muß als Vorgang von rechtlicher Verbindlichkeit gegolten haben, wobei wahrscheinlich, wenn auch nicht eindeutig beweisbar ist, daß dieser in Form eines liturgisch bzw. rechtlich geordneten Gelübdes erfolgte[375]. Darum ist die Aufkündigung der »ersten

---

[370] Mit Recht nennt Spicq 534 das Verb ἐπακολουθεῖν »admirablement choisi pour évoquer l'assistance-paraclèse et la commisération envers toute détresse«, denn es bringt den Aspekt des suchenden Nachgehens, des bewußten Verfolgens einer Angelegenheit, zum Ausdruck: Bauer, Wb s. v. Die Witwe wartet nicht erst, bis eine Not unübersehbar vor Augen steht, sie sucht sie vielmehr gezielt auf.

[371] Παραιτεῖν steht in der Past durchweg für das autoritative Zurückweisen von Personen (Tit 3,10) und Lehren (1Tim 4,7) durch den Gemeindeleiter (2Tim 2,23).

[372] Daß man auch unverheiratete Jungfrauen zuließ (IgnSm 13,1), ist nicht von der Hand zu weisen; s. o. Anm. 331.

[373] Das Verb καταστρηνιᾶν, hier einmalig in der gesamten Gräzität (mit Ausnahme der von 1Tim 5,11 abhängigen Stelle Ps.-Ignatius, ad Antioch. 11; s. Liddell-Scott und Bauer, Wb s. v.), dürfte eine reichlich pretiöse Sonderbildung ad hoc unseres Verf. sein, und zwar aus στρηνιᾶν = »triebhaft sein bzw. handeln« und der die Richtung anzeigenden Präposition κατά = »gegen« (Bl-Debr-Rehkopf § 181,1). Es bezeichnet also ein sich feindselig gegen Christus richtendes triebhaftes Handeln. Ebenso abwegig wie gekünstelt deutet Wohlenberg 172: »Sie gaben sich üppigem Genusse Christi selbst hin, wie etwa ein Eheweib, anstatt sich der dargebotenen herzlichen Liebe ihres Mannes zu erfreuen, darauf aus ist, seine Güter zur Befriedigung sinnlicher Genüsse zu verwenden.«

[374] Stählin* 443; Müller-Bardorff* 128; Niederwimmer, Askese 175.

[375] Niederwimmer, a. a. O. 175 Anm. 38.

Treue«[376] ebenfalls ein sakralrechtlicher Vorgang mit einschneidenden Folgen[377]: Er untersteht dem verurteilenden Richterspruch Gottes[378].

Zur weiteren Begründung wird auf die Gefahr verwiesen, daß jüngere Ge- 13
meindewitwen ihre Stellung zu gefährlichem und schädlichem Müßiggang mißbrauchen könnten. In grob karikierender Verzerrung wird ein Bild von jungen Witwen gezeichnet, die nicht bei ihrer Gebetspflicht bleiben (V5), sei es, weil sie dazu nur ein gebrochenes Verhältnis haben (V6), sei es, weil sie sich in ihrer noch jugendlichen Tatkraft dadurch nicht ausgefüllt fühlen, sondern in der Gemeinde aktiv sein wollen: Sie machen Hausbesuche, die wohl der Krankenpflege und dem seelsorgerlichen Gespräch dienen sollen. Der Verf. will nicht sagen, daß die jungen Witwen diesen Teil ihrer Aufgaben unzureichend erfüllen, sondern vielmehr, daß sie sich mit falscher Geschäftigkeit in etwas hineindrängen, was nicht ihre Aufgabe ist[379]. Was sie so eifrig betreiben, ist letztlich nichts anderes als eine Bemäntelung ihrer Faulheit[380]. Es mag sein, daß die Formulierung »sie lernen faul zu sein« bereits eine sarkastische Spitze enthält[381]: Geht man davon aus, daß das Lernen in der Stille ganz allgemein das dem Ideal der christlichen Frau gemäße Verhalten ist (2,11), so wäre das Verhalten dieser jungen Witwen eine Pervertierung davon: Auch sie geben vor, eifrig zu lernen, sie suchen nach Aufgaben und Pflichten in der Gemeinde – aber der Ertrag ist nur Faulheit. Sie gehen von Haus zu Haus, frönen ihrer Klatschsucht[382] und machen sich wichtig[383]. Hinter dieser kraß negativen,

---

376 Es sollte zunächst deutlich sein, daß πίστις hier wie 2Tim 4,7; Tit 2,10 als Treue zu verstehen ist, so Kretschmar, Glaube 132 f und alle neueren Kommentare. Anders nur Schlatter 142 f: »Der erste Glaube‹ ist der, den sie damals hatten, als sie sich entschlossen, Witwen zu sein.« Denn »Paulus hielt es ... für gefährlich, ein im Glauben begonnenes Verhalten nachträglich wieder aufzugeben.« Aber: Eine solche Identifikation von »Glaube« und »im Glauben begonnene(m) Verhalten« wäre weder mit dem Glaubensbegriff des Paulus noch mit dem der Past zu vereinbaren; ἡ πρώτη πίστις kann sich auch nicht auf den Treueschwur gegen den verstorbenen Mann beziehen (so Bauer, Wb s. v.), sondern nach dem Kontext nur auf die Treue gegen Christus.

377 Ἀθετεῖν hat eine juridische Komponente: so vom Aufkündigen von Verträgen (2Makk 13,25; 14,28); von der Außerkraftsetzung von Bestimmungen (1Makk 14,44; Gal 3,15; Hebr 10,28); hierzu Spicq 536.

378 Κρίμα hier wie 1Kor 11,29.34 als göttliches Strafurteil.

379 Gegen Dibelius-Conzelmann 60.

380 Auf ἀργαί liegt das Gewicht des Vorwurfs; deshalb die Wiederholung, verstärkt durch die Parechese ἀργαί/περίεργοι.

381 Die Satzkonstruktion ist schwierig: Das

Partizip περιερχόμεναι kann unmöglich als Ergänzung zu μανθάνουσιν gelten. Man hat deshalb als Konjektur λανθάνουσιν (statt μανθάνουσιν) vorgeschlagen (»faul schleichen sie heimlich durch die Häuser«). Aber sie ist schon deshalb ausgeschlossen, weil »in der ersten Satzhälfte ἀργαί die Hauptsache ist« (Dibelius-Conzelmann 60). Statt dessen ist εἶναι sinngemäß zu ἀργαί zu ergänzen und μανθάνουσιν infinitivisch zu verstehen, während περιερχόμενοι adverbiell aufzufassen ist: »sie lernen, faul zu sein, indem sie ...« (Bl-Debr-Rehkopf § 416, Anm. 12).

382 Περίεργος ist meistens gebraucht im Sinne von »sich um Dinge kümmernd, die einen nichts angehen, vorwitzig, neugierig« (Xenophon, Mem. 1,3,1; Epictetus, Diss. 3,1,21; weitere Belege: Bauer, Wb s. v.). Daneben die weitere Bedeutung »zur Zauberei gehörig« (Plutarchus, Alex. 2,5; weitere Belege: Bauer, Wb s. v.; so auch Apg 19,19 τὰ περίεργα πράσσειν »Zauberei betreiben«. Hier (ähnlich 2Thess 3,11 für περιεργάζεσθαι) kommt nur die erste Bedeutung in Frage wegen der Verbindung mit φλύαροι. Anders Schlatter 144; Holtz 120; Kelly 118, die an magische Praktiken, Beschwörungsformeln zur Besprechung von Krankheiten denken.

383 Φλύαρος (hap leg), »geschwätzig, albern«.

abwertenden Sichtweise steht zunächst wieder das allgemeine Mißtrauen des Verf. gegen das Hervortreten von Frauen in der gemeindlichen Öffentlichkeit (VV4.8). Hinzu kommt anscheinend die Befürchtung, daß durch eine unkontrollierte Tätigkeit der Gemeindewitwen in den Häusern eine Gefahr für die lehrmäßige Geschlossenheit der Gemeinde entstehen könnte. Auch von den Irrlehrern wird ja gesagt, daß sie ihr Wirkungsfeld in den Häusern suchen, dort Einfluß auf Frauen (2Tim 3,6) und auf ganze Familien gewinnen (Tit 1,11), indem sie sie der Wahrheit der apostolischen Lehre abspenstig machen – eine Entwicklung, gegen die der Gemeindeleiter einschreiten muß (4,6f; Tit 1,9). Daß der Verf. bei dem, was die Witwen in den Häusern reden, nicht nur an Klatsch und Tratsch, sondern an etwas sehr viel Gefährlicheres denkt, zeigt die abschließende Formulierung: »wobei sie unziemliche Dinge (τὰ μὴ δέοντα) reden«. Diese »unziemlichen Dinge« sind, wie sich aus der nahezu gleichlautenden Aussage über die Irrlehrer in Tit 1,11 (»sie lehren, was man nicht lehren darf«) ergibt[384], falsche Lehren. Mindestens potentiell gilt das Witweninstitut dem Verf. demnach als Einfalltor für die gnostische Irrlehre[385]. Ob er konkrete Anhaltspunkte für diesen Verdacht hatte, muß fraglich bleiben[386]. Hätte er von Witwen gewußt, die sich offen auf die Seite der Irrlehrer gestellt hätten, so wäre seine Polemik vermutlich weniger verhüllt ausgefallen. Was seinem Verdacht Nahrung gab, dürfte zweierlei gewesen sein. Es ist einmal die Verwurzelung der Witwen im Pneumatikertum; man wird ihnen aufgrund ihrer exklusiven Hingabe an das Gebet pneumatische Kräfte zugeschrieben und sie als Profetinnen verehrt haben (vgl. Lk 2,36)[387]. Zum anderen mußte sie ihre asketische Lebensweise, vor allem ihre sexuelle Enthaltsamkeit, wenigstens äußerlich in die Nähe der gnostischen Irrlehrer rücken[388].

14   Auf diesem Hintergrund ist das in die Form einer verbindlichen Weisung des Apostels gekleidete[389] Wiederverheiratungsgebot für jüngere Witwen zu sehen.

---

[384]   So die Anm. 254 Genannten.

[385]   So schon ansatzweise Schlatter 137: »Da diese (die Gnosis) den ganzen natürlichen Inhalt des Lebens entwertete, brachte sie unvermeidlich in den Kreis der Witwen Verwirrung hinein. Wo die Gnosis Gehör fand, traten die Witwen aus ihrer häuslichen Gemeinschaft aus und leiteten aus ihrem Christenstand den Anspruch ab, von der Gemeinde Ehre und Nahrung zu erhalten.« Es wäre freilich zu unterscheiden zwischen der Sicht des Verf., die Schlatter in etwa wiedergeben dürfte, und dem tatsächlichen Sachverhalt in den angeschriebenen Gemeinden.

[386]   So mit Schüssler-Fiorenza, Memory 313: »Apparently the author cannot prove that these young unmarried women taught anything heretical, but that their whole lifestyle corresponded to that taught by the opponent teachers.«

[387]   Hierzu bes. Müller-Bardorff* 125.

[388]   Manches könnte im übrigen für einen Zusammenhang der Irrlehrer der Past mit den enkratitischen Kreisen sprechen, in denen die apokryphen Apostelakten, bes. die Acta Pauli et Theclae, entstanden sind. In diesen verbindet sich eine asketische, enkratitische Ausrichtung mit der Tendenz zur Beteiligung von Frauen an der Verkündigung; hierzu J. M. Ford, A Note on Proto-Montanism in the Pastoral Epistles, NTS 17 (1970/71) 338–346; Schüssler-Fiorenza, Memory 313.

[389]   Βούλομαι als Einleitung eines autoritativen apostolischen Befehls: s. zu 2,8.

Wir haben es hier mit dem außergewöhnlichen Fall zu tun, daß der Verf. die Autorität des Apostels ins Feld führt, um dem klaren und ausdrücklichen Gebot eben dieses Apostels (1Kor 7,8.40) eine dazu weitgehend konträre Anordnung entgegenzustellen, wobei davon auszugehen ist, daß ihm nicht nur dieses Gebot selbst, sondern auch die Rolle, die es bei der Ausgestaltung des gemeindlichen Witwenstandes gespielt hat, bekannt war. Schwerlich hat er das paulinische Gebot rundweg außer Kraft setzen wollen. Eher meinte er wohl, es gegen eine asketisch-weltverneinende Interpretation abgrenzen zu müssen, von der er überzeugt war, daß sie nicht im Sinn des Apostels sei. Dies geschah, indem er es sinngemäß nur für die alten, d. h. über sechzigjährigen Witwen gelten ließ, während er ergänzend dazu ein weiteres Gebot formulierte, das die positive Sicht von Welt und Schöpfung, die er bei Paulus zu finden glaubte, zum Ausdruck bringen sollte.

Es weist die jungen Witwen, die ihr Leben noch vor sich haben oder mitten im Leben stehen, mit Entschiedenheit an den Ort, der ihnen vom Schöpfer selbst zugewiesen ist: Sie sollen heiraten, Kinder haben[390] und den Haushalt führen[391]. Daß das Leben einer Frau auf den Dreiklang Mann – Kinder – Haus gestimmt sein soll, ist für den Verf. der Normalfall, der gemeindliche Witwenstand mit seiner besonderen Lebensform dagegen die Ausnahme, der extreme, gerade noch tolerierbare Grenzfall. Diese Neuinterpretation von 1Kor 7,8 f.39 ist insoweit theologisch nicht illegitim, als sie einerseits der Situationsveränderung Rechnung trägt, die durch den Schwund der Naherwartung und das damit verbundene Zurücktreten der die Weisung von 1Kor 7 tragenden eschatologischen Motivation bedingt ist, und sich andererseits gegen die Irrlehre wendet, die Welt und Gott auseinanderreißen will. Es kommt dem Verf. ferner darauf an, daß die Christen durch ihre Weise, in der Welt zu leben, die sich beispielhaft in ihrem Familienethos manifestiert, ein eindeutiges Zeugnis für die Nichtglaubenden geben. Deshalb ist das Wiederverheiratungsgebot für die jüngeren Witwen mit dem Gedanken der werbenden Lebensführung verbunden (vgl. 3,7). Der »Widersacher« ist der übelwollende Nichtchrist[392]. Ihm soll kein Anlaß gegeben werden, abschätzig über das Leben der Gemeinde zu urteilen[393]. Solchen Anlaß hätte er, wenn er sähe, daß es in der Gemeinde junge Frauen gibt, die sich dem entziehen, was in seinen Augen die natürlichen

---

390 Τεκνογονεῖν (hap leg) »Kindergebären«: 2,15 der wichtigste, weil der Zusage der »Rettung« ausdrücklich unterstellte Beruf der Frau.
391 Οἰκοδεσποτεῖν (hap leg) »dem Hauswesen vorstehen«; das entspricht genau der von konservativer hell. Ethik der Frau zugedachten Rolle; s. hierzu oben zu 2,15. Es ist darum modernes Wunschdenken, wenn Ausleger einen dem Evangelium eigenen frauenemanzipatorischen Akzent wiederfinden wollen (gegen Holtz 121).

392 Lippert, Zeugnis 44. Der ἀντικείμενος ist der menschliche Widersacher (Ex 23,22; 2Makk 10,26; 1Kor 16,9), nicht etwa (trotz 1Cl 51,1) der Satan (so Spicq 538 u. a.): Der Satan klagt zwar an und verurteilt (3,6), aber er treibt nicht üble Nachrede (λοιδορία); das ist allein menschliches Verhalten (1Kor 4,12; 1Petr 2,23; 3,9).
393 Ἀφορμή ist paulinisches Vorzugswort (Röm 7,8.11; 2Kor 5,12; 11,12; Gal 5,13).

Aufgaben ihres Geschlechtes sind, um statt dessen unfähig und faul von den Gaben anderer zu leben[394].

Das Wiederverheiratungsgebot ist kein Kompromiß, zu dem der Verf. sich aufgrund der Erfahrung entschlossen hätte, daß jüngere Witwen sich mit der an sich erstrebenswerteren asketischen Lebensform des Witwenstandes schwer tun und trotz ihres Gelöbnisses zuletzt vielleicht doch heiraten[395]. Denn die böse Nachrede des Widersachers kann sich schwerlich darauf beziehen, da diesem die Regeln und Motivationen des Witwenstandes ohnehin fremd sind[396]. Der Verf. zeigt sich vielmehr davon überzeugt, daß die Wiederheirat der Schritt in jene Existenzform ist, in der die jüngere Frau ihr Gottesverhältnis am eindeutigsten lebt und nach außen bezeugen kann (vgl. 2,15).

15 Zusätzlich begründet wird das Wiederverheiratungsgebot mit den bereits eingetretenen Folgen der bisherigen Fehlentwicklung: Jeder kann sehen, daß »schon jetzt« jüngere Witwen, die man zum Witwenstand zugelassen hatte, einen verhängnisvollen Weg gegangen sind. Aber was ist konkret geschehen? Die Äußerung darüber ist der Sache nach sehr dramatisch, bleibt aber – wohl nicht von ungefähr – jeden konkreten Hinweis schuldig. Konstatiert wird nichts Geringeres als der Abfall vom Glauben: Die betreffenden Witwen sind aus der Gemeinschaft mit Christus und der Gemeinde herausgefallen[397], um sich dem Satan zuzuwenden; sie gehören nunmehr – gleich den aus der Gemeinde ausgeschlossenen Irrlehrern (1,20) – dem Bereich der gottfeindlichen Mächte an. Man könnte hier zunächst an Witwen denken, die ihr Verlöbnis mit Christus, die »erste Treue« (V12), gebrochen haben. Denn der Vorwurf des Eintritts in die »Gefolgschaft des Satans« wäre dann gut verständlich als spiegelbildliche Umkehrung der vorherigen besonderen Christuszugehörigkeit[398]. Aber auch ein Bezug auf die in V13 geschilderten Vorgänge, vor allem auf die dort angedeutete Affinität der Witwen zu den Irrlehrern, ist nicht von der Hand zu weisen, denn er würde gut zur Tendenz passen, alle Fehlentwicklungen in den Gemeinden in Verbindung mit der bekämpften

---

[394] Schüssler-Fiorenza, Memory 312: »Younger women are to follow the societal and *legal* requirements for women of their age so that the Christian reputation will be preserved.«
[395] Diese Erklärung vertreten vorwiegend kath. Ausleger. Besonders markant Spicq 537, der bruchlos mit 1Kor 7,9 harmonisieren will: »il s'agit d'un cas circonstancié, celui-là même de I Cor. VII,9«. »Paulus« rät den Witwen notgedrungen nur das, was sie letztlich selbst wollen, weil er sieht, daß sie zur an sich religiös höherwertigen Ehelosigkeit nicht fähig sind. Prinzipiell ähnlich Brox, der alles mit dem pragmatischen Denken und dem nüchternen, praktischen Sinn des Verf. erklärt, dem es um

»den ›normalen‹, sicheren Weg in der konkreten Situation« gehe (196), sich aber jeden Urteils über den Wert von Ehe bzw. Ehelosigkeit enthalte. Damit ist die Grundsätzlichkeit der als apostolisches Gebot formulierten Aussage von V14 aber verkannt.
[396] So mit Recht Lippert, Zeugnis 44.
[397] Schlatter 145; verharmlosend Brox 197: ein allgemeiner Hinweis ohne konkreten Anlaß »dessen Sinn in der Drohwirkung und im Ansporn liegt«. Doch das wird dem ἤδη nicht gerecht.
[398] Ist mit ὀπίσω ein Bezug zum Nachfolgemotiv der Jesustradition (Mt 4,19; 10,38 u. ö.) angedeutet?

Häresie zu bringen. Dann wäre der Sinn der Andeutung, daß einige der Gemeindewitwen bereits offen die Sache der Irrlehre vertreten[399].

Die letzte Weisung wendet sich einer Problematik zu, die bisher bei der 16 Behandlung des Witwenthemas auffallenderweise keine Rolle gespielt hat, nämlich der ökonomischen. Das läßt sie fast als Anhang erscheinen. Und zwar geht es um die Frage, wie die Belastung der Gemeinde durch die Witwenbesoldung in erträglichen Grenzen gehalten werden kann. Anscheinend war die Zahl der Bewerberinnen um Aufnahme in den Witwenstand so groß, daß auch bei restriktiver Anwendung der Aufnahmekriterien von VV9f die Gemeinde dadurch überfordert gewesen wäre. Entlastung konnte nur dadurch erfolgen, daß einzelne Gemeindeglieder, die dazu ökonomisch imstande waren, private Initiativen zur Versorgung von Witwen ergriffen. Der Verf. bekräftigt nun ausdrücklich die Notwendigkeit solcher bereits bestehender Initiativen, wobei er wieder den Grundsatz der Subsidiarität vertritt, freilich mit anderem Bezug als in VV4.7 (s. dort). Wohlhabende christliche Frauen[400] – in der Regel wohl selbst verwitwet – haben mehrere bedürftige Witwen in ihr Haus aufgenommen und für ihren Unterhalt gesorgt[401]. Das soll auch in Zukunft so bleiben, damit die Gemeinde entlastet wird und die vorhandenen Mittel allein für die Versorgung der Glieder des offiziellen gemeindlichen Witwenstandes einsetzen kann. Denn dazu ist sie verpflichtet. Angeredet sind hier nicht die bedürftigen Witwen, sondern jene Frauen, die schon bisher Witwen in ihrem Haus hatten[402]: Sie sollen nicht etwa auf den Gedanken kommen, diese Witwen in die Zuständigkeit der Gemeinde zu überstellen, und zwar anscheinend auch dann nicht, wenn diese die Kriterien für die Aufnahme in den Witwenstand erfüllen würden. Andererseits darf man wohl annehmen, daß die so privat versorgten Witwen zum großen Teil solche waren, die den Kriterien des Witwenstandes nicht entsprachen, also mittellose jüngere Witwen ohne Verwandte und ohne Möglichkeit zur Wiederheirat. Aber wie dem auch sei – auch hier zeigt sich, daß die ganze Witwenordnung allein unter dem Gesichtspunkt der Gemeinde, ihrer Ordnung und rechtlichen Verpflichtung, konzipiert ist, während der Aspekt der nicht nach Recht und Zuständigkeit, sondern allein nach der Bedürftigkeit des Nächsten fragenden helfenden Liebe ausgeklammert bleibt. Freilich: Dieser Aspekt läßt sich in der Form einer Kirchenordnung nicht angemessen erfassen.

---

399 Ähnlich Müller-Bardorff* 131f; Bartsch, Rechtsbildungen 134. Anders Hasler 42: Die Witwen haben Ungläubige geheiratet. Aber verfallen sie damit schon dem Satan?
400 Die u. a. von ℵ A C F G P vertretene Lesart πιστή ist für die ursprünglichere zu halten. Die Lesart πιστὸς ἤ πιστή (Ψ Mehrheitstext) entspringt dem Versuch der sachlichen Angleichung an VV4.8.

401 Ἐπαρκεῖν hat den allgemeinen Sinn von »helfen, unterstützen« (Bauer, Wb s. v.); vgl. V10.
402 Solche Witwenhäuser könnten den ersten Ansatz für die im 2. und 3. Jh. bezeugten Witwenkommunitäten gebildet haben (IgnSm 13,1; Pol 4,3). Vielleicht war auch die Hermas, vis 2,4,3 erwähnte Grapte die Vorsteherin einer solchen Witwengemeinschaft.

Zusammen-
fassung

Die Bedeutung dieses Abschnitts liegt vor allem darin, daß er uns ein, wenn auch in seinen Konturen unscharfes Bild des frühchristlichen Witwenstandes gibt. So viel ist auf alle Fälle erkennbar: Am Anfang seiner Entstehung stand eine soziale Notlage. Aber die von ihr Betroffenen blieben nicht in der passiven Rolle der bloßen Empfängerinnen von Unterstützung durch ihre Glaubensbrüder und -schwestern, sondern sie nahmen ihre Situation als Möglichkeit dazu an, bestimmte Dimensionen des christlichen Glaubens zu erproben und in aktive Lebensgestalt umzusetzen. So zu Repräsentantinnen einer besonderen, geprägten christlichen Spiritualität geworden, gewannen die Witwen einen festen Platz im Leben der Gemeinden; sie wurden zum Stand, indem sie aus der Rolle der bloß Empfangenden herauswuchsen und Dienste und Funktionen übernahmen – vorab das stellvertretende Gebet –, deren die Gemeinde bedurfte. Profetisch-charismatische Tradition lebte in den Witwen weiter. Sie wirkte sich aus in der unmittelbaren Christusbindung, in der alleinigen Ausrichtung auf das zukünftige Handeln Gottes und im ständigen Gebet. Zwar ist das Witweninstitut als solches schon relativ früh wieder verschwunden; insofern hat dieser Text keine große direkte Wirkungsgeschichte[403]. Trotzdem kann man es mit einem gewissen Recht soweit als Vorform späterer religiöser Gemeinschafts- und Ordensbildungen gelten lassen, als sich in ihm erstmals jene Kräfte und Impulse abzeichnen, die später zu jenen besonderen Formen christlichen Lebens geführt haben.

Nun steht der Verf. der Past allerdings diesem Witweninstitut in kaum verhüllter kritischer Distanz gegenüber. Das gibt dem Abschnitt seine starke innere Spannung. Seine Reserve dürfte mehrere Gründe haben:

– Als pragmatisch denkender Kirchenmann hat der Verf. Bedenken, daß ein zu starkes Anwachsen des Witwenstandes die Gemeinden finanziell untragbar belasten könnte (V16).

– Als Befürworter der festen, von ihren Funktionen her definierten Ämter der Episkopen und Diakone will er nach Möglichkeit Stände und Gruppen, die auf einer bestimmten Geltung und Würde ihrer Mitglieder beruhen, zurückdrängen. Dazu gehört das Ältestengremium ebenso wie der Witwenstand.

---

[403] Als wichtiges Dokument für die Bedeutung des Witwenstandes im 3. Jh. sei hier nur die Witwenordnung Didask. 14f angeführt (vgl. Anm. 309). In ihr werden ähnliche Probleme wie in den Past angesprochen (wobei eine direkte literarische Abhängigkeit unwahrscheinlich ist), doch ist im Unterschied zu jenen die Stellung zum Witwenstand überwiegend positiv: »Als Witwen aber sollt ihr aufstellen die, welche nicht unter fünfzig Jahren sind, damit sie gewissermaßen infolge ihrer Jahre dem Gedanken, zwei Männer zu heiraten, fernbleiben. Wenn ihr aber eine Junge in die Reihe der Witwen stellt und sie ihre Witwenschaft ihrer Jugend wegen nicht erträgt und heiratet, so bringt sie Schande auf die Ehre der Witwenschaft, und sie muß Gott Rechenschaft geben, zunächst darüber, daß sie zweimal geheiratet hat, und dann auch darüber, daß sie eine Witwe zu sein versprochen hat zur Ehre Gottes und als Witwe (einen Mann) genommen hat und nicht im Witwenstande geblieben ist. Wenn aber eine Junge da ist, die mit ihrem Manne eine kleine Zeit gelebt hat, und ihr Mann stirbt oder es tritt aus irgendeinem anderen Grunde wiederum eine Trennung ein und sie bleibt für sich allein, indem sie an der Ehre der Witwenschaft teilnimmt, die wird Glückseligkeit von Gott empfangen« (Achelis-Flemming 74,26–75,7).

– Als leidenschaftlicher Kämpfer gegen die gnostisierende Irrlehre ist ihm das Pneumatikertum der Witwen sowie deren asketische Lebenshaltung suspekt, weil er darin – ob zu Recht, bleibe dahingestellt – eine potentielle Affinität zu den Irrlehrern sieht.

– Als Gegner der Bestrebungen zur stärkeren Emanzipation der Frau im zeitgenössischen Hellenismus und als Befürworter einer konservativen Familienethik hat er Bedenken gegen ein zu starkes öffentliches Hervortreten von Frauen in der Gemeinde bei gleichzeitiger Herauslösung aus deren häuslichem Lebenskreis[404].

– Vor allem aber vermag er wenig Verständnis aufzubringen für Wesen und Bedeutung der von den Gemeindewitwen entwickelten besonderen Form des geistlichen Lebens. Zu verschieden ist diese von seiner theologischen Leitvorstellung einer die Welt bejahenden, alle ihre Bereiche durchdringenden, durch positive Gestaltung der natürlichen Ordnungen werbend auf die heidnische Umwelt wirkenden christlichen Frömmigkeit. Das Zeugnis christlicher Frömmigkeit, das eine sich wieder verheiratende Witwe gibt, ist in seinen Augen klarer als das einer in einsamer Christuszugewandtheit lebenden.

Diese innere Spannung des Textes sollte von uns heutigen Lesern als theologische Herausforderung erkannt und bedacht werden, wobei neben der die gesamten Past durchziehenden Problematik der Sicht der Frau und ihres Auftrages in Kirche und Gesellschaft vor allem das letztgenannte Motiv von besonderer Brisanz ist, da es vorausweist auf eine Kontroverse, die in der Kirchengeschichte immer wieder aufgebrochen ist und die seit der Reformation trennend zwischen den Kirchen steht. Es geht in ihr um die Möglichkeit und Legitimität besonderer Formen religiösen Lebens und geistlicher Gemeinschaft in der Kirche. Vordergründig läßt sich der Text als Bestätigung der Antwort lesen, die die jeweilige kirchliche Tradition, aus der der Leser kommt, auf diese Frage gegeben hat. Aber das wäre zu einfach, denn damit wäre die innere Spannung des Textes nach der einen oder der anderen Seite hin aufgelöst. Der katholische Christ mag in ihm zunächst die Notwendigkeit besonderer Formen christlicher Existenz und deren Verwurzelung in den Anfängen der Kirche begründet sehen, und das sicher zu Recht, wenigstens was die im Text reflektierte Tradition betrifft. Aber er sollte darüber auch die kritischen Anfragen des Verf. der Past und deren theologischen Hintergrund nicht bagatellisieren. Umgekehrt wird der evangelische Christ sich gern mit der Sicht dieses Verf. identifizieren, in ihr die strikte Verurteilung des Mönchtums durch die Reformatoren vorweggenommen finden und sich in

Wirkungs-geschichte

---

[404] Solche Vorbehalte hat der Verf. nicht oder wenigstens nicht im gleichen Maße gegen die weiblichen Diakone (s. zu 3,11), denn diese waren verheiratet und lebten ein normales Ehe- und Familienleben. Hinzu kommt, daß es sich bei ihnen um keinen Stand, sondern um ein von seinen Funktionen her bestimmtes und darum vom Gemeindeleiter kontrollierbares Amt gehandelt hat.

seiner Grundüberzeugung bestätigt fühlen, daß christliche Frömmigkeit allein
in Zuwendung zur Welt gelebt und praktiziert werden könne. Er täte jedoch
gut daran, zu bedenken, daß jener unbekannte Paulusschüler trotz aller
kritischen Vorbehalte und trotz seiner anderen theologischen Ausrichtung die
besondere Lebens- und Zeugnisform der Witwen nicht verurteilt, sondern sie
grundsätzlich als legitime Möglichkeit gelebten Glaubens respektiert und ihr
in der Kirche Raum gewährt.

3. Anordnungen für die Ältesten (5,17–25)

Literatur: Adler, N., Die Handauflegung im NT bereits ein Bußritus? Zur Auslegung
von 1Tim 5,22, in: Neutestamentliche Aufsätze (FS J. Schmid), Regensburg 1963, 1–6;
Galtier, P., La réconciliation des pécheurs dans la première epître à Timothée, RSR 39
(1951/52) 317–320; *Kirk, J. A.,* Did »Officials« in the New Testament Church receive a
Salary?, ET 84 (1972/73) 105–108; *Meier, J. P., Presbyteros* in the Pastoral Epistles,
CBQ 35 (1973) 323–345.

**17 Die Ältesten, die gute Vorsteher sind, sollen doppelten Honorars
gewürdigt werden, besonders die, welche sich in Wort und Lehre
abmühen. 18 Denn die Schrift sagt: »Einem dreschenden Ochsen
sollst du das Maul nicht zubinden«, und: »Der Arbeiter ist seines
Lohnes wert.«
19 Gegen einen Ältesten nimm eine Klage nur an, wenn sie »auf zwei
oder drei Zeugen« gestützt ist. 20 Die sich verfehlt haben, weise vor
allen zurecht, damit auch die übrigen Furcht haben. 21 Ich beschwöre
dich vor Gott und Christus Jesus und den auserwählten Engeln: Halte
dich an diese Anweisung ohne Vorurteil, tue nichts in parteilicher
Voreingenommenheit.
22 Lege die Hände niemandem vorschnell auf, mache dich nicht zum
Teilhaber an fremden Sünden. Bewahre dich rein.
23 Trinke nicht mehr nur Wasser, sondern nimm etwas Wein wegen
des Magens und deiner häufigen Krankheiten.
24 Mancher Menschen Sünden sind offenbar und gehen (ihnen) voraus
ins Gericht, anderen wiederum folgen sie nach; 25 ebenso sind auch
die guten Werke offenkundig, und auch wo es sich mit ihnen anders
verhält, können sie (auf die Dauer) nicht verborgen bleiben.**

Analye 1. *Form und Aufbau.* Wie der vorhergegangene, so enthält auch dieser
Abschnitt eine Reihe von Weisungen, die der Ordnung der Verhältnisse einer
bestimmten Gruppe in der Gemeinde gelten, nämlich der Ältesten. Das
leitende Stichwort »Älteste« (πρεσβύτεροι) erscheint hervorgehoben gleich
zu Beginn, analog dem Stichwort »Witwen« in V3, wodurch der Eindruck einer
gewissen äußeren Entsprechung entsteht. In sich ist der Abschnitt sehr wenig

homogen. Er besteht aus *vier Einzelweisungen* von ganz unterschiedlichem formalem Gepräge. VV17–18 gehören zum Typus der vermittelten Anordnung[405]: ein vom Adressaten an andere weiterzugebender Befehl samt zugehöriger Begründung wird mitgeteilt (V18). VV19–21 sind eine an den Adressaten direkt gerichtete Amtspflichtenlehre, die den Vollzug von Kirchenzuchtsmaßnahmen gegen die Ältesten zum Thema hat. Ebenfalls als Amtspflichtenlehre ist die dritte Weisung, die den Vollzug der Handauflegung zum Thema hat (V22), gestaltet. Die abschließende vierte Weisung (V23) wechselt über in das Genus der persönlichen Ermahnung: Nicht wie vorher als Gemeindeleiter, sondern als persönlicher Vertrauter des Apostels ist der Adressat hier angeredet. Die VV24–25 enthalten eine in weisheitlichem Stil gehaltene allgemeine Sentenz, die zum Vorhergegangenen nur in einem sehr lockeren Zusammenhang zu stehen scheint.

2. *Traditionsgrundlage.* Elemente älterer Tradition lassen sich lediglich in VV17f mit einiger Sicherheit identifizieren. So dürfte V17 einen vorgegebenen Rechtssatz aufnehmen[406], in dem die Honorierung der Presbyter geregelt wurde. Er mag gelautet haben: »Älteste, die Vorsteher sind, sollen den doppelten Ehrensold erhalten.« Der Verf. hat ihn durch die von ihm vorgenommenen Ergänzungen und Erweiterungen mit seiner Konzeption des gemeindeleitenden Amtes als eines Lehramtes in Einklang zu bringen versucht. V18 ist ohne Zweifel von 1Kor 9,8–14, der paulinischen Begründung des apostolischen Unterhaltsanspruchs, abhängig, denn die Umprägung des Zitates Dtn 25,4 zum göttlichen Gebot, das die angemessene Entlohnung arbeitender Menschen befiehlt, ist genuin paulinisch[407], wobei sich der vorliegende Text sowohl durch die Verkürzung der argumentativen Struktur von 1Kor 9,8–10a zu einem einfachen, das Zitat einführenden Aussagesatz (»denn die Schrift sagt«) als auch durch die Angleichung an den LXX-Text des Zitates[408] gegenüber 1Kor 9 als sekundär erweist. Das angefügte Herrenwort (das hier freilich nicht als solches gekennzeichnet ist) ist Transformation von 1Kor 9,14: »So hat auch der Herr angeordnet, daß die das Evangelium verkündigen, auch vom Evangelium leben sollen«[409]. Der ungenaue paulinische Hinweis auf eine

---

405 Berger, Formgeschichte 210f.

406 Mit Bartsch, Rechtsbildungen 106 (der allerdings grundlos den ganzen Abschnitt VV17–22 mit Ausnahme von VV18.19b.21 auf Tradition zurückführen möchte).

407 Hierzu Trummer, Paulustradition 151f. Zu der im Judentum üblichen Auslegung von Dtn 25,4 und ihrer fundamentalen Differenz zu der 1Kor 9,9 und hier vorgetragenen vgl. Bill. III 382–385.

408 Φιμώσεις anstelle des unliterarischen κημώσεις von 1Kor 9,9; vgl. Trummer, Paulustradition 155. Demgegenüber fällt die gegen LXX (οὐ φιμώσεις βοῦν ἀλοῶντα) und 1Kor 9,9 veränderte Wortstellung kaum ins Ge-

wicht, da sie sich leicht aus der kontextbedingten Absicht der Betonung des Akkusativ-Objekts erklärt. Mehrere Textvarianten (s. Apparat Nestle-Aland) gleichen entweder die Wortfolge an LXX an (A C I P; Origenes; Ambrosiaster u. a.) oder restituieren die paulinische Vokabel aus 1Kor 9,9 (D).

409 Anders Dibelius-Conzelmann 62; Brox 200: V18b ist weder Bezugnahme auf 1Kor 9,14 noch Herrenwortzitat, sondern eine (zufällig auch in der Jesusüberlieferung erscheinende) allgemeine Maxime und als solche hier eingeführt. Dagegen: Ist V18a von 1Kor 9,9 abzuleiten, dann spricht eine überwältigende Wahrscheinlichkeit auch für die Ableitung von

Anordnung des Herrn wurde ersetzt durch ein Zitat jenes Wortes, das man als das von Paulus gemeinte zu identifizieren glaubte. Zitiert ist das Jesuslogion in der Fassung von Lk 10,7, die der von Q entsprechen dürfte[410].

Wie ist die Verbindung zwischen 1Kor 9 und dem vorliegenden Text zustande gekommen? Zwei Möglichkeiten kommen in Betracht. Entweder gibt V18 eine in den Gemeinden aufgrund von 1Kor 9,8–10a.14 entwickelte rechtliche Regel wieder, die dann mit der in V17 enthaltenen Weisung über die Presbyterhonorierung als deren traditionelle Begründung zusammengehört hätte. Oder der Verf. hat V18 eigenständig aufgrund seiner Kenntnis von 1Kor 9 formuliert. Sachliche Erwägungen sprechen dafür, der zweiten Möglichkeit den Vorzug zu geben: V18 ist nur sinnvoll, wenn man ihn bezieht auf »die, welche sich in Wort und Lehre abmühen« (V17b). Dies aber ist die spezifische Eigenformulierung des Verf. Daß auf die Ältesten, die ursprünglich gerade keine feste Lehr- und Verkündigungsfunktion hatten, zur Begründung ihres Unterhaltes jene paulinische Argumentation gemeindlich übertragen worden wäre, die zentral vom Unterhalt der Verkündiger handelte, ist schwerlich anzunehmen. So dürfte der Rekurs auf 1Kor 9 Werk des Verf. sein.

Erklärung   Anders als in 5,1, wo πρεσβύτεροι allgemeine Bezeichnung für die alten
17   Männer war, ist das Wort hier als spezifischer Terminus für die Glieder des gemeindlichen Ältestengremiums gebraucht (vgl. Tit 1,5). Die Erwähnung von Ältesten überrascht insofern, als im Rahmen der Berufspflichtenlehre für die gemeindeleitenden Ämter (3,1–13) von ihnen nicht die Rede gewesen war. Was wir nun hier vor uns haben, ist weder eine Berufspflichtenlehre für die Ältesten – eine solche fehlt in den Past (trotz Tit 1,6–9) –, noch geht es wie in der Witwenordnung (5,9–11) um Aufnahmekriterien in die Ältestengruppe im weitesten Sinne. Es ist vielmehr eine Anweisung, die eine Differenzierung innerhalb des Kreises der Ältesten ermöglichen soll, und zwar im Sinne der vom Verf. verfolgten Leitvorstellungen für die zukünftige Gestaltung kirchlicher Ämter. Kommentarlos wird dem Umstand Rechnung getragen, daß es zumindest in einem Teil der Bezugsgemeinden die Institution des Ältestenrates gab. Diese hatte sich zunächst in Anlehnung an die Verfassung der Synagogengemeinden in der palästinischen Kirche entwickelt (Apg 15,6; 21,18) und hatte unter judenchristlichem Einfluß auch Eingang in paulinische Gemeinden gefunden, obwohl sie von ihrem Ansatz her zum paulinischen Gemeindekonzept in Spannung stand: Die Ältesteninstitution beruht nicht darauf, daß aufgrund von Charismen bestimmte Funktionen übernommen bzw. zugewiesen werden, sondern darauf, daß Ansehen und Würde zur Basis einer bestimmten institutionellen Geltung gemacht werden (s. den Exkurs:

V18b von 1Kor 9,14. Sie wird dadurch vollends zur Gewißheit, daß auch der sachlich verwandte Abschnitt 2Tim 2,4–6 sich deutlich an die paulinische Argumentation in 1Kor 9 anlehnt (Trummer, Paulustradition 152).
410   Vgl. A. Polag, Fragmenta Q, Neukirchen-

Vluyn 1979, 44. Zur Bedeutung von Lk 10,7 in urchristlichen Kontroversen vgl. G. Theissen, Legitimation und Lebensunterhalt: Ein Beitrag zur Soziologie urchristlicher Missionare, NTS 21 (1975) 192–221.207–211.

»Die gemeindeleitenden Ämter« [2.]). Die vorliegende Weisung ist getragen von der Intention des Verf., die Glieder der als vorhanden vorausgesetzten Ältesteninstitution zu aktivieren, sie zur Übernahme fester, persongebundener Leitungsfunktionen zu veranlassen und auf diese Weise dem von ihm favorisierten Modell des Episkopenamtes anzunähern[411]. In diesem Sinn hebt er aus dem Kreis der Ältesten eine bestimmte Gruppe hervor, nämlich die, die »gute Vorsteher sind«, d. h. leitend in der Gemeindearbeit tätig sind. Mit προΐστασθαι (»vorstehen«) umschrieb bereits Paulus die Tätigkeit jener, die ordnend und leitend der Gemeinde dienen (Röm 12,8; 1Thess 5,12)[412], wobei die Komponente des fürsorgenden Sich-Annehmens weitgehend bestimmend war[413]. Sie tritt in den Past zurück hinter dem Moment des verantwortlichen Leitens in amtlicher Vollmacht[414], wie schon aus der Verbindung von προΐστάναι mit dem οἶκος-Topos ersichtlich ist: προΐστάναι ist nun das Ausüben der verantwortlichen Funktion des *paterfamilias* im Hauswesen der Kirche (3,4f.12)[415]. Die mit μάλιστα eingeleitete appositionelle Wendung bestimmt näherhin, wie solches »gutes Vorstehen« ausgeübt wird[416], nämlich durch Verkündigung und Lehre. Κοπιᾶν erscheint schon 1Thess 5,12 als Funktion der προΐστάμενοι und ist generell im paulinischen Bereich eine geläufige Bezeichnung für die Gemeindearbeit (vgl. 4,10; 1Kor 16,16)[417]. Das Wort hat auch hier einen harten Klang: Verkündigung und Lehre sind mühsame Dienste, denen offener und versteckter Widerstand entgegenschlägt und deren sichtbarer Erfolg oft gering ist. Sie erfordern eines Menschen ganze Kraft, seine Bereitschaft, sich einzuüben in der »Frömmigkeit« (4,7) und auch dem Kampf nicht aus dem Weg zu gehen (4,10). Letztlich ist die den Ältesten hier nahegelegte Aufgabe die gleiche, die der Apostel selbst den Gemeinden gegenüber urbildlich wahrgenommen und seinem Schüler, dem Prototypen des Episkopen, übertragen hat (vgl. 1,18; 2Tim 2,1–7). Die Ältesten sollen demnach Episkopenfunktionen übernehmen. Das wenigstens ist die Entwicklung, die der Verf., treu seinem tragenden Konzept *Leitung durch Lehre,*

---

411 Holtz 124 konstatiert zu Recht die Parallelität der Argumentationsstruktur in VV3ff und VV17ff, sieht jedoch zu Unrecht deren Ziel in der Lösung einer »konkreten Sozialfrage«, nämlich der Versorgung der Witwen bzw. der »alten Männer« der Gemeinde. Es geht vielmehr hier wie dort um die Regulierung eines vorhandenen gemeindlichen Standes und dessen Einbau in das Kirchenordnungskonzept des Verf.

412 Zwischen dem pln. bevorzugten Medium und dem (intransitiven) Aktiv der Past besteht sachlich kein Unterschied; vgl. EWNT III 377.

413 Hierzu B. Reicke, ThWNT VI 700–703; Holtz, Thessaloniker 243. Nach Röm 12,8 gehört der προΐστάμενος in den Bereich der Charismen; ein festes Amt kann hier also noch nicht gemeint sein (Wilckens, Römer III 10

übersetzt hier sogar mit »Seelsorger«; vgl. Röm 16,2, wo προστάτις die Bedeutung von »Beschützerin, Beistand« hat).

414 Sie fehlt freilich nicht ganz, wie die Parallelität zu ἐπιμελεῖσθαι in 3,4f erweist; vgl. auch 3,12 und Tit 3,8.14 (»sich befleißigen«); hierzu Reicke, a. a. O. 702f.

415 Der Begriff ist allerdings noch nicht im Sinn einer Amtsbezeichnung technisch verfestigt: Reicke, ebd.

416 Μάλιστα soll hier nicht superlativisch eine Möglichkeit aus der Reihe prinzipiell ebenfalls geltender anderer Möglichkeiten hervorheben, sondern assertorisch unterstreichen (Liddell-Scott s. v.), etwa im Sinn von »und zwar gewiß«.

417 Holtz, Thessaloniker 242.

fördern möchte. Darüber, welche konkreten Nahziele er dabei im Auge hat, läßt sich lediglich spekulieren. Möglicherweise will er zunächst nichts weiter, als daß Männer aus dem Ältestenkreis die Leitung der gottesdienstlichen Versammlungen und die Verkündigung in den Hausgemeinden übernehmen und damit das tun, was in jenen Gemeinden, in denen es traditionell Episkopen gab, von jenen schon immer getan worden war.

In der Form eines Rechtssatzes wird der Anspruch der in Leitung und Lehre tätigen Ältesten auf eine ihrer Leistung entsprechende Bezahlung festgestellt. Daß τιμή hier nicht nur die allgemeine Bedeutung von »Ehre« hat, sondern (analog zu τιμᾶν in V3; s. dort) terminus technicus für eine Besoldungsleistung ist, wird vor allem durch die nachfolgende Begründung (V18) sichergestellt[418]. Was jedoch deren Näherbestimmung mit διπλῇ betrifft, so tappen wir im dunkeln. Ausscheiden muß wohl die Vermutung, daß dieses Adjektiv uneigentlich gebraucht und nur an ein »höheres Honorar« gedacht sei[419]; denn das wäre nicht vereinbar mit dem rechtlichen Stil der Wendung[420]. Ist διπλῇ jedoch im spezifischen Sinn gebraucht, geht es also um ein »doppeltes Honorar«, so stellt sich die Frage nach der Grundeinheit der Honorierung, auf die damit Bezug genommen ist. Entweder besteht diese in dem Witwensold von V3[421] oder – wahrscheinlicher – in dem Honorar, das jeder Älteste erhielt[422]. Gegen diese zweite Vermutung ließe sich zwar einwenden, daß eine Besoldung dem Charakter des Ältestendienstes als eines Ehrendienstes widerspräche. Aber von einer regulären Besoldung wird schwerlich die Rede sein können; allenfalls handelte es sich um eine bescheidene Aufwandsentschädigung im Sinne eines Ehrensoldes. Ob diese verdoppelte Grundeinheit ausreichte für

---

[418] Anders W. Michaelis, Das Ältestenamt der christlichen Gemeinde im Lichte der Heiligen Schrift, Bern 1953, 112–119: Es könne nur um die »Ehre« gehen, da die Presbyter nach 3,4 ihren bürgerlichen Beruf beibehielten. Aber 3,4 (s. dort) läßt diesen Schluß nicht zu (und ist auch nicht auf die Presbyter zu beziehen).

[419] So zuletzt Brox 199. Doch dagegen schon Wohlenberg 177f: Die für diese Auslegung angeführten Stellen (Jes 40,2; 61,7; Mt 23,15; Offb 18,6) »beweisen nicht, daß διπλοῦς über den Begriff des Zwiefältigen, Gedoppelten, hinausführt«.

[420] Eine interessante Parallele bietet die Inschrift von Lanuvium (CIL XIV 2112) aus dem Jahr 136 n. Chr., die die Statuten eines Kollegiums der »cultores Dianae et Antinoi« mit Sterbekasse der Mitglieder enthält: Die Beamten dieses Kollegiums erhalten bei Geldverteilung das Doppelte der normalen Mitglieder (§ 11: et ei ex omnibus divisionibus partes dupl‹as› dari placuit). Ähnlich P.Oxy. 409,29: Der besonders bewährte Elitesoldat erhält das Doppelte des normalen Soldes (ὁ διπλοῦν μισϑόν); s. Spicq 542.

[421] So schon Baur 129f unter Berufung auf Const. Ap. II 28, wo ausdrücklich dem lehrenden Presbyter das Doppelte des Soldes einer πρεσβυτίς zugesprochen wird. Bartsch, Rechtsbildungen 93 verweist, diese Deutung aufnehmend, zusätzlich auf Didask. 9: Der Diakon erhält das Doppelte der Witwe, der Presbyter das Doppelte des Diakons. Aber diese altkirchlichen Belege sind sekundäre Interpretationen von V17 ohne zwingende Beweiskraft für den ursprünglichen Sinn seiner Aussage.

[422] v. Campenhausen, Amt 123; Dibelius-Conzelmann 61, G. Bornkamm, ThWNT VI 667; Spicq 542. Anders Wohlenberg 178f; Jeremias 42; Holtz 124f von der unhaltbaren Voraussetzung her, daß πρεσβύτερος in den Past durchweg Altersbezeichung sei: Die doppelte »Ehre« ergebe sich daraus, daß für die einen Dienst versehenden Gemeindegreise zur gemeindlichen Altersversorgung noch eine zusätzliche Besoldung trete. Aber die Voraussetzung einer allgemeinen gemeindlichen Unterstützung für die Alten läßt sich aus dem Text nicht erheben und entbehrt jeder Wahrscheinlichkeit.

den Lebensunterhalt eines Mannes und seiner Familie und ob sie dem Maß der Bezahlung für den hauptamtlichen tätigen Bischof (vgl. 3,1–7) entsprach, ist dieser ältesten kirchlichen Besoldungsordnung freilich nicht zu entnehmen. Aber wie dem auch sei: Sie markiert auf alle Fälle ein Übergangsstadium zu festen, hauptamtlichen Diensten. Die Arbeit am Evangelium wird zum Beruf, durch dessen Ausübung man das Anrecht auf einen angemessenen Lebensunterhalt erwirbt.

Begründet wird dieses Anrecht mit dem folgenden Doppelzitat aus Dtn 25,4 **18** und dem in Lk 10,7 überlieferten Jesuslogion, das der Verf., wie die Analyse ergab, aus 1Kor 9,14 entwickelt hat. Rätsel gibt dabei die Einführungsformel »denn die Schrift sagt« auf. Daß diese sich auf beide Teile des Doppelzitates bezieht und somit auch das Jesuslogion umgreift, kann nicht zweifelhaft sein. Dann aber wird die Folgerung, daß hier bereits christliche Schriften, die Teile der Jesusüberlieferung enthalten, als »heilige Schrift« vorausgesetzt sind, nahezu unausweichlich[423]. Sie ist nicht notwendig anachronistisch, denn die Einbeziehung urchristlicher Schriften in den Oberbegriff γραφή setzt keineswegs die Vorstellung eines durch diese Schriften ergänzten festen, kanonischen Bestandes atl. Bücher voraus, zumindest nicht für das sich in den Past spiegelnde kirchliche Milieu[424]. Dieses läßt vielmehr ein ausgesprochen lockeres Verhältnis zum AT erkennen. Es ist bezeichnend, daß die vorliegende Stelle, abgesehen von 2Tim 2,19, wo atl. Aussagen als durch christliche Überlieferung vermittelt aufgenommen werden, das einzige explizite atl. Zitat des ganzen Briefcorpus enthält. Und auch dieses wird nicht eigentlich als Schriftbeweis eingeführt – in diesem Fall bedürfte es, wie in 1Kor 9,8–10, des Nachweises seiner Anwendbarkeit auf den vorliegenden Fall –, sondern als durch apostolische Überlieferung autorisiertes dictum probans. Anscheinend denkt der Verf., wenn er von »Schrift« spricht, nicht an einen in sich geschlossenen, mehr oder weniger kanonischen Bestand, sondern – ungleich pragmatischer – an in Gottesdienst und Unterweisung verwendete Texte[425]. Der Begriff »Schrift« als zunächst auf atl. Bücher bezogener Normbegriff hätte dann auf die ebenfalls als Norm verwendete Jesusüberlieferung abgefärbt. Daß zu den in kirchlichem Gebrauch stehenden Texten aber Evangelienschriften oder deren Vorstufen bereits gehörten, ist für die Zeit um die Jahrhundertwende sehr wahrscheinlich. Soll man noch weitergehen und eine Kenntnis und Verwendung des Lukasevangeliums annehmen, zumal 1,15 eine Affinität zur lukanischen Überlieferung zu zeigen scheint[426]? Mehr spräche m. E. für die

---

[423] Man entzieht sich ihr meist mit der pauschalen Feststellung, die Bezeichnung von Jesusüberlieferung als »Schrift« sei vor der Gestaltwerdung des ntl. Kanons unmöglich, z. B. Leipoldt, Kanon I 112; Kümmel, Einleitung 428 Anm. 28; Brox 199f. Differenzierter: H. v. Campenhausen, Die Entstehung der christlichen Bibel, 1968 (BHTh 39), 143.

[424] Ähnlich wird Barn 4,14 in Mt 22,14 mit

einem ausdrücklichen ὡς γέγραπται eingeführt, und 2Cl 2,4 bietet, ebenfalls im Anschluß an ein AT-Zitat (Jes 54,1), Mt 9,13 als ἑτέρα γραφή.

[425] Ähnlich Trummer, Corpus Paulinum 139, unter Hinweis auf den in den Past dokumentierten Schritt hin zur Normwerdung des Corpus der Paulusbriefe.

[426] So Spicq 543f.

Annahme einer Kenntnis und Benutzung einer Sammlung von Jesusworten nach der Art von Q.

19 Der positiven, auf die zu wünschende und zu fördernde Bewährung der Ältesten Bezug nehmenden Weisung folgt nun eine die negative Möglichkeit des Versagens von Ältesten in den Blick nehmende Anordnung disziplinarrechtlicher Art. Auffällig ist vor allem der Umstand, daß der Apostelschüler direkt auf seine Verantwortung und die von ihm zu veranlassenden Maßnahmen hin angesprochen wird. Geht man davon aus, daß es sich nicht um eine allein der Stützung der literarischen Fiktion dienende Aussage ohne direkten Realitätsbezug handelt, sondern daß der Verf. eine in der Mehrzahl der anvisierten Gemeinden real praktizierbare rechtliche Regel geben will, so läßt sich für diese Gemeinden bereits das Vorhandensein eines leitenden Episkopen folgern, der Disziplinargewalt über die Ältesten auszuüben imstande war. Noch etwas weiteres ist auffällig: Das Hauptinteresse der Regel ist nicht, den Adressaten zum disziplinarrechtlichen Eingreifen zu bewegen, sondern eher umgekehrt, ihn vor vorschnellem und unüberlegtem Eingreifen zu bewahren; das geht nicht nur aus V19, sondern deutlicher noch aus V21 hervor. In der vorausgesetzten Gemeindesituation ist es anscheinend angebracht, dem naheliegenden Verdacht, der Gemeindeleiter könne seine Position zu willkürlichen und autokratischen Maßnahmen gegen das Ältestengremium mißbrauchen, durch besondere Korrektheit der Amtsführung den Wind aus den Segeln zu nehmen[427]. Konkret angesprochen wird der Fall, daß aus dem Kreis der Gemeinde Anschuldigungen gegen einen Ältesten an den Gemeindeleiter herangetragen werden. Dabei wird vor allem an moralische Verfehlungen – etwa im Bereich der persönlichen Lebensführung oder im Umgang mit Gemeindegeldern – zu denken sein. Nur dann soll der Gemeindeleiter auf eine solche Anklage eingehen, wenn sie durch mindestens zwei Zeugen bestätigt wird[428]. Der klassische Grundsatz atl. Prozeßrechtes Dtn 19,15[429], der bereits im Judenchristentum in das gemeindliche Regelgut aufgenommen worden war

20 (Mt 18,16), wird als verbindliche Norm eingeschärft[430]. Hat sich aufgrund[431] der Zeugenaussagen[432] die Anklage als begründet erwiesen, so ist der Gemein-

---

[427] Schwerlich geht es um »eine begrenzte Immunität« der Presbyter (Brox 200). In diese Richtung deuten erst die altlat. Codex b sowie Cyprian, der Ambrosiaster und Pelagius, die deshalb V19b streichen. So entsteht ein neuer Sinn: Eine Anklage gegen einen Ältesten seitens der Gemeinde ist prinzipiell unmöglich, ausschließlich der Apostelschüler/Bischof hat disziplinarrechtliche Vollmacht ihm gegenüber.

[428] Als Gegensatz von »zwei oder drei« ist »nur einer« zu denken; d. h., eine nur auf eine einzige Zeugenaussage sich stützende Anklage wäre nicht hinreichend begründet; hierzu G. Delling, ThWNT VIII 220.

[429] Zur Anwendung im Judentum vgl. San. 29a; 30b–31a; 37a–b; 40a–b.

[430] In 2Kor 13,1 spielt Paulus auf den Rechtsgrundsatz an: sein drittes Kommen deutet er übertragen auf das endgültige, die Wahrheit seines Handelns bestätigende dritte Zeugnis.

[431] Ἐπί mit Genitiv = »auf Grund von« (wie Dtn 19,15 עַל־פִּי = ἐπὶ στόματος); vgl. Bl-Debr-Rehkopf § 234, Anm. 7.

[432] Die Partizipalform ἁμαρτάνοντας ist attributiv gebraucht und bezieht sich auf das vorausgehende Substantiv πρεσβύτεροι (V17) bzw. πρεσβύτερος (V19) zurück. Würde V20 mit einem neuen Thema, nämlich dem der allgemeinen Gemeindebuße, einsetzen, so

deleiter jedoch zu einer Kirchenzuchtmaßnahme gegenüber den sündigen Presbytern verpflichtet. Diese besteht in einer Zurechtweisung (ἔλεγχε)[433], die in Anwesenheit »der übrigen« – gemeint sind damit nicht die übrigen Glieder der Gemeinde, sondern die des Presbyteriums[434] – erfolgt. Der Ältestenrat gilt als eine kollektive Größe; er ist in seiner Gesamtheit von der Verfehlung eines seiner Glieder betroffen. Deshalb wird Wert gelegt auf die Wirkung, die die Zurechtweisung auf die übrigen Glieder ausüben soll: Diese besteht gleichermaßen in der Abschreckung wie auch im Ruf zum Gehorsam, denn das Wort φόβος (»Furcht«) enthält beide Komponenten[435]. Als Gruppe haben die Ältesten das Geschehen zu bedenken, zu verarbeiten und Folgerungen daraus zu ziehen. Gemeinsam haben sie dafür zu sorgen, daß der Normübertreter zurechtgebracht wird und die empfangene Mahnung befolgt. Weitere Sanktionen über die Ermahnung hinaus, wie man sie erwarten möchte, sind anscheinend nicht vorgesehen: weder eine öffentliche Verhandlung vor der Gesamtgemeinde noch die Suspendierung aus dem Presbyterdienst oder, als extremste Möglichkeit, der Gemeindeausschluß (vgl. Mt 18,15–17). Das entspricht dem sonstigen Bild von Kirchenzucht in den Past (vgl. 2Tim 2,20f): Es fehlt jede Neigung zum Rigorismus; das Ideal einer von groben Sündern freien, eschatologisch reinen Gemeinde liegt weit abseits. An seine Stelle ist das Vertrauen auf die erziehende und verwandelnde Kraft der Heilsbotschaft, die in der Kirche erfahren wird, getreten.

Eine Berührung mit Mt 18,16 besteht darin, daß auch hier (wie 1QS V 23–VI 1; CD IX 2–4) eine Zurechtweisung im kleinen Kreis wesentlicher Teil des Verfahrens ist. Trotzdem ist eine volle Harmonisierung mit Mt 18,15–17 nicht möglich, denn die drei

---

wäre das dem Verf. geläufigere Substantiv ἁμαρτωλός (1,9.15) zu erwarten; auch der Numeruswechsel zwischen V19 und V20 kann, wie der Vergleich mit 2,15; 5,4 ergibt, keinesfalls als Indiz für einen Subjektswechsel gelten, zumal der Singular in V19 durch das Doppelzitat in V18 bestimmt sein dürfte; s. hierzu Adler* 2f. Anders P. Galtier, La réconciliation des pécheurs dans s. Paul, RSR 3 (1912) 448–460.453.

[433] Ἐλέγχειν gehört als Bezeichnung für eine Funktion des Gemeindeleiters zum Vorzugswortschatz der Past (2Tim 4,2; Tit 1,9.13; 2,15; vgl. 2Tim 3,16: ἐλεγμός). Dabei hat das Wort wie auch sonst fast durchweg im NT (Ausnahme: Joh-Ev.; vgl. R. Schnackenburg, Das Johannesevangelium III, 1975 [HThK IV/3], 146) nicht forensischen, sondern moralisch-pädagogischen Sinn: jemandem seine Verfehlungen vorhalten und ihn zur Umkehr führen (F. Büchsel, ThWNT II 471). Wichtig für das Verständnis ist vor allem 2Tim 4,2, wo mit ἐλέγχειν, ἐπιτιμᾶν, παρακαλεῖν drei anschei-

nend eng zusammenhängende Aspekte der Seelsorge umschrieben werden.

[434] Gegen B. Poschmann, Paenitentia secunda, München 1940, 103; v. Campenhausen, Amt 160; Holtz 127. Aber οἱ λοιποί kann sich nur auf dieselbe Gruppe zurückbeziehen, der auch die unmittelbar vorher Genannten, nämlich die ἁμαρτάνοντες, zugehören, d. h. die Presbyter (vgl. Mt 22,6; Röm 11,7; 1Kor 7,12; 1Thess 4,13). Richtig Wohlenberg 181; Dibelius-Conzelmann 62.

[435] Das attributlose φόβος erscheint als Stichwort, das als Abbreviatur für ein geläufiges paränetisches Motiv steht: Das Wissen um das kommende gerechte Gericht Gottes, in dem jeder für seine Taten und Unterlassungen Rechenschaft ablegen muß, wird Anlaß zu einem Wandel in Gottesfurcht (1Petr 1,17; vgl. Apg 9,31), d. h. einer gegenüber dem Willen Gottes verantworteten Lebensführung (2Kor 5,10f; vgl. Röm 14,10–13; 1Kor 3,12–15; 4,4; 1Petr 3,2; s. H. Balz, EWNT III 1034–1039; Goppelt, Der erste Petrusbrief 118–120.

dort vorgesehenen Verfahrensstufen (Gespräch zwischen den Kontrahenten – Zurechtweisung vor Zeugen – Verhandlung in der Gemeindevollversammlung) haben hier
keine Entsprechung. Die Regel trägt dem Umstand Rechnung, daß es sich um einen das
gemeindliche Leitungsgremium betreffenden Spezialfall handelt. Deshalb neben der
Gewichtung der Funktion des Gemeindeleiters das Hervortreten des Gesamtpresbyte-
riums: wir haben es gewissermaßen mit einer Standesgerichtsbarkeit zu tun.

21 Mit einer solennen triadischen Beteuerungsformel wird der Gemeindeleiter
auf den Ernst seiner Verantwortung angesprochen[436]. »Paulus« bezeugt,
indem er die Glieder des himmlischen Gerichtsforums ausdrücklich als Zeugen
anruft, daß er den Amtsträger auf seine Pflicht zu absoluter Unparteilichkeit[437]
bei der Durchführung des Verfahrens gegen Älteste hingewiesen habe. Ihn
trifft keine Verantwortung, wenn der Amtsträger an diesem Punkt schuldig
wird und deshalb beim Endgericht von diesem Gerichtsforum zur Rechenschaft gezogen wird.

Die Formel selbst dürfte liturgischen Ursprungs sein[438]. Vermutlich besteht ein
motivgeschichtlicher Zusammenhang mit der – ihrerseits auf die Menschensohntradi-
tion von Dan 7,13 zurückgehenden – apokalyptischen Tradition in Mk 8,38, die das
Kommen des Menschensohnes mit den Engeln zum Gericht erwartet[439]. Mit der
Preisgabe der eschatologischen Menschensohnerwartung wurde aus der Vorstellung
des mit den Engeln kommenden Menschensohnes die des im Himmel mit dem Vater
und umgeben von den Engeln Gericht haltenden Christus. Aber damit ist das Spezifi-
kum der Formel, das im NT ohne Parallele bleibt, nämlich die Zusammenordnung von
Gott, Christus und den »auserwählten« Engeln[440] zu einer richterlichen Trias, noch
nicht erklärt. Vielmehr hat es den Anschein, als liege hier ein Rudiment einer
altertümlichen Christologie vor, die Christus in eine enge Verbindung mit bestimmten
Engeln brachte. Es ist auffällig, daß die Zeugnisse dieser Christologie alle aus dem

---

[436] Διαμαρτυρεῖν als Beteuerungsformel
auch 2Tim 2,14; 4,1; s. hierzu G. Stählin, Zum
Gebrauch von Beteuerungsformeln im NT, NT
5 (1962) 115–143.126.

[437] Die beiden Wendungen χωρὶς προκρί-
ματος und μηδὲν ποιῶν κατὰ πρόσκλισιν
sind faktisch synonym. Πρόκριμα (hap leg) ist
ein vor dem 2. Jh. nicht belegter Latinismus:
absque praeiudicio. Das Wort erscheint als formelhafte Wendung der Gerichtssprache im Zusammenhang mit Zeugenvernehmungen. Belege: Spicq 546. Πρόσκλισις (hap leg) = die
Hinneigung (des Herzens) zu jemandem im
Sinne der Begünstigung (2Makk 14,24; Arist
5) ist Transformation des Hebraismus προσω-
πολημψία (Röm 2,11; Eph 6,9; Kol 3,25; Jak
2,1; vgl. Apg 10,34) in hell. Sprache. Die breit
vertretene v. l. πρόσκλησις verstärkt in Differenzierung gegenüber forensischem Verhalten.

[438] Anders Spicq 546, der hier eine bewußte

Anwendung der 2-3-Zeugen-Regel von Dtn
19,15 (vgl. V19) sehen möchte. Zur Formel s.
J. B. Bernardin, A New Testament Triad, JBL
57 (1938) 273–279.

[439] Sicher besteht auch ein Zusammenhang
mit der Sach 14,5 begegnenden Vorstellung
vom endzeitlichen Kommen Gottes in Begleitung der Engel (vgl. Jud 14). Im Zuge des
Eintretens Christi in die Macht Gottes konnte
die Vorstellung von der endzeitlichen Engelbe-
gleitung auf Christus übertragen werden:
1Thess 3,13; Mt 25,31; 2Thess 1,7; s. hierzu
Holtz, Thessalonicher 146f.

[440] »Auserwählte Engel« (vgl. äthHen 39,1)
sind die Erzengel; vgl. OdSal 4,7f »denn dein
Siegel ist bekannt … und die erwählten Erzengel tragen es«; hierzu Dibelius-Conzelmann
63; H. Bietenhard, Die himmlische Welt im
Urchristentum und Spätjudentum, 1951
(WUNT 2), 104–108.

gleichen kleinasiatischen Raum kommen. Am engsten ist die Berührung zu Offb 1,4f, wo ebenfalls in einer triadischen Formulierung Gott, die »sieben Geister« und Christus gemeinsam genannt werden, wobei Christus erst hinter den sieben Geistern steht, mit denen – wie an der vorliegenden Stelle – die Angesichtsengel um den Thron Gottes gemeint sind; sie sind nach jüdischer Vorstellung Gott als Diener und Ausführungsorgane seiner Befehle zugeordnet[441]. Ähnlich Offb 14,6–20: Der »Menschensohnähnliche« vollzieht, in einer Gruppe von sechs Engeln als deren Mittelpunkt erscheinend, das Gericht. Auf intensive Engelspekulationen verweisen ferner Kol 2,18; IgnTr 5,2; Sm 6,1. Der Verf. dürfte an sich solchen Spekulationen, schon wegen ihrer Affinität zur Gnosis, kaum weniger distanziert gegenübergestanden haben als der Apokalyptiker Johannes. Wenn er die Formel hier gebraucht, so ist dies kaum mehr als eine unreflektierte Anleihe bei der Gemeindefrömmigkeit, auf die damals in Kleinasien die himmlische Welt der Engel eine starke Faszination ausgeübt hat[442].

Ist die Handauflegung als Buß- oder als Ordinationsritus zu verstehen? Diese 22 Frage war bereits in der Alten Kirche umstritten und ist bis in die neueste Auslegung hinein nicht zur Ruhe gekommen.

Die Deutung auf einen Bußritus, die hier die Mahnung finden will, bei der Wiederzulassung der Sünder und Häretiker nicht übereilt zu handeln und ihnen nicht vorschnell durch Handauflegung die Sünden zu vergeben[443], geht auf das 3. Jh. zurück und wurde wahrscheinlich auf der Synode von Karthago 256 vertreten[444]. Sie hängt entscheidend an der Voraussetzung eines thematischen Bruches zwischen V19 und V20[445]. Nur bis V19 reiche die Presbyterordnung, während mit V20 ein neues Thema, nämlich die gemeindliche Bußpraxis, einsetze, dem dann auch V22 zuzuordnen sei. Demgegenüber geht unsere Auslegung von der thematischen Einheitlichkeit des Abschnitts aus: Es ist schwer möglich, V20 auf etwas anderes als auf die Presbyter zu beziehen. Dann aber spricht so gut wie alles dafür, daß auch V22 der Presbyter-Thematik zugehört[446]. Im übrigen ist an den beiden anderen Stellen der Past, die von Handauflegung sprechen (4,14; 2Tim 1,6), damit eindeutig der Ordinationsritus gemeint. Läge hier eine andere Bedeutung vor, so hätte sie der Erklärung bedurft. Zu bedenken ist ferner, daß sich weder im NT noch in anderen frühchristlichen Schriften die Handauflegung als Buß- bzw. Rekonziliationsritus belegen läßt.

---

[441] ÄthHen 40,1–3; vgl. auch Tob 12,15; äth Hen 20,1–7; hierzu Bill. III 805–807; Roloff, Offenbarung 32.

[442] S. Roloff, a. a. O. 45 f; Karrer, Johannesoffenbarung 169–186.

[443] Ihre Vertreter unter den neueren Auslegern: Holtzmann 355 f; Galtier*; Bartsch, Rechtsbildungen 101 f; v. Campenhausen, Amt 160 f; G. Bornkamm, ThWNT VI 666 Anm. 93; Dibelius-Conzelmann 62 f; Holtz 129; Lock 64; Hanson 103.

[444] Weitere frühe Belege: Eusebius, Hist. Eccl. VII 2; Const. Ap. 2,18; Tertullianus, Pud. 18,9; hierzu Adler* 1; Spicq 548.

[445] Man argumentiert ferner mit VV24 f, wo das Thema »Sünder« allgemein erörtert wird und die Amtsträger-Problematik völlig verlassen scheint. Doch das besagt wenig angesichts des losen Anschlusses von V23 einerseits, VV24–25 andererseits an das Vorhergegangene.

[446] Anders v. Lips, Glaube 176 f: Nur V22a beziehe sich auf die Ordination, V22b dagegen sei Abschlußwendung für die gesamten Ermahnungen in Kap. 5. Aber der Anschluß durch μηδέ macht die Annahme zwingend, daß V22b eine V22a inhaltlich ergänzende und weiterführende Parallelaussage enthält.

So empfiehlt sich die Deutung auf den Ordinationsritus, die bereits von Johannes Chrysostomus und Severian von Gabala († nach 409) vertreten wurde[447], als die dem Kontext gemäße[448]. Demnach wird hier der Gemeindeleiter auf seine Verantwortung als Ordinator angesprochen: Er soll, ehe er die Handauflegung vollzieht, prüfen, ob der Kandidat aufgrund seines Verhaltens und seiner Lebensführung die Voraussetzungen für das ihm anzuvertrauende Amt mitbringt[449]. Es geht hier schwerlich um die Aufnahme in das Gremium der Gemeindeältesten, denn die Ordination ist Beauftragung mit dem besonderen, durch den Apostel vorgeprägten Dienst der Leitung und Lehre und Übertragung des dafür erforderlichen Amtscharismas (s. zu 4,11–16). Der Älteste ist jedoch nicht notwendig Träger eines solchen Dienstes, er hat kein von seinen Funktionen her bestimmtes Amt. So wird hier an die Ordination von Männern zu denken sein, die bereits zum Ältestengremium gehören, aber nun in den mit diesem nicht deckungsgleichen Kreis der »Vorstehenden«, »in Wort und Lehre Tätigen« (V17) eintreten sollen[450]. Hier wird also im Anschluß an die Erörterung der Möglichkeit von Sanktionen gegen fehlende und versagende Älteste die Frage des Auswahlverfahrens der für besondere Dienste geeigneten Ältesten thematisiert. So verstanden, gewinnt der Abschnitt einen stringenten Duktus[451].

Diese Aufgabe der Auswahl legt dem Apostelschüler eine existentielle geistliche Verantwortung auf: Die Folgen einer Fehlentscheidung hat er mitzuverantworten. Vom Wortlaut her läßt es sich nicht ausmachen, ob die »fremden Sünden« die aktuellen Verfehlungen des Ordinanden sind[452], die ihn für das Amt unwürdig machen, oder ob dabei an in der Zukunft liegende Verfehlungen zu denken ist. Sachlich handelt es sich hier kaum um eine Alternative, sondern um zwei eng miteinander verschränkte Aspekte, von denen freilich der zweite das Übergewicht hat. Die aktuelle Verfehlung wird im wesentlichen darin bestehen, daß der Bewerber um das Amt es aus falschen Motiven – etwa aus Ehrgeiz oder Machttrieb – begehrt und daß er es an der Bereitschaft fehlen läßt, sich ernstlich auf die Erfordernisse seines Dienstes einzustellen, so daß vorauszusehen ist, daß er das ihm in der Ordination zu erteilende Charisma »vernachlässigen« werde (4,14). Ebendarin liegt aber der Bezugspunkt für die zu erwartenden zukünftigen Verfehlungen: der unwürdig Ordinierte vergeht

---

[447] Johannes Chrysostomus, Sacerdot. 4,1; zu Severian von Gabala s. K. Staab, Pauluskommentare aus der griechischen Kirche, 1933 (NTA 15), 340.
[448] Neuere Vertreter: Wohlenberg 183 f; Lohse, Ordination 88; Spicq 548; Jeremias 42 f; Brox 201 f; Adler*; v. Lips, Glaube 174–177.
[449] Nauck, Herkunft 71 sieht in der Warnung vor voreiliger Ordination eine Nähe zu rabbinischem Denken, insbesondere San. 7b (Bill. II 650) und pBik 65d,17.
[450] Richtig Schlatter 154 f unter Hinweis auf die Nähe des ταχέως zu 3,6.

[451] Anders Adler* 4, der wohl zu Recht in VV17–20 eine »fallende Tendenz« konstatiert: zuerst ist von den guten Presbytern die Rede (VV17 f), dann von in Verdacht geratenen (V19), schließlich von sündigen (VV20 f). Wenn er aber in V22 den Tiefpunkt dieser fallenden Tendenz erblickt mit der Begründung, hier werde »für die Zukunft etwaigen sündhaften Vergehen von Presbytern bzw. solchen, die es werden wollen, *vorgebeugt*«, so ist das eine wenig überzeugende, gewaltsame Logik.
[452] Mehr betont bei Schlatter 155; Adler* 5.

sich gegenüber Gottes Auftrag, der ihm zuteil geworden ist, und damit an der ihm anvertrauten Gemeinde. Der vorschnell und ohne genaue Prüfung Ordinierende aber ist an diesen Sünden mitbeteiligt (κοινωνεῖ), er wird gleichsam zum Komplizen[453], hat er doch ebenfalls seine ihm von Gott gegebene Verantwortung für die Gemeinde und gegenüber dem Evangelium vernachlässigt. Es geht hier nicht nur um moralische Verfehlungen einzelner, sondern viel umfassender um Verhaltensweisen, die sich zerstörend auf die ganze Gemeinde auswirken und die Klarheit des Evangeliums verdunkeln. Auf diesem Hintergrund erhält die Mahnung an den Apostelschüler, sich »rein« zu halten, ihr volles Gewicht: Persönliche Integrität, Klarheit der Lebensführung, Offenheit im Umgang mit anderen (vgl. 5,2) – das alles mag er vorweisen können; trotzdem aber bleibt er nicht »rein«, wenn er indirekt durch seine Nachlässigkeit gegenüber den von ihm zum Dienst Ausgewählten seinen Auftrag verletzt hat.

Angeregt wohl durch das Stichwort »rein«, wird recht unvermittelt ein 23 persönlicher Ratschlag des Apostels an seinen Schüler eingeblendet: Timotheus soll wegen seiner schwachen Gesundheit ruhig etwas Wein zu sich nehmen. Wein, als Heilmittel genommen[454], steht nicht im Widerspruch zu seiner sonstigen betont nüchternen Lebensweise, die ihn veranlaßt, nur Wasser zu trinken[455]. Man wird hier eine Anspielung auf asketische Forderungen gnostischer Provenienz vermuten müssen, deren konkreter Situationsbezug uns freilich verborgen ist[456]. Zurückgewiesen wird auf alle Fälle die Vorstellung, daß das vom Gemeindeleiter vorzulebende Reinheitsideal sich in einer Haltung grundsätzlicher, gesetzlicher Askese manifestieren müsse. Die Reinheit, um die es hier geht, ist die Lauterkeit und Eindeutigkeit des Denkens und Verhaltens, nicht jedoch die rigorose Abstinenz von bestimmten Speisen oder Getränken. Auffallend ist freilich die fast ängstliche, die Kasuistik streifende Enge der Aussage, die erheblich hinter der Bejahung der guten Schöpfungsgaben in 4,4 zurückbleibt[457]. Im Blick auf Wein wird eine asketische Haltung bejaht, wie sie sowohl im zeitgenössischen Judentum[458] wie auch

---

[453] Galtier* 319 betont mit Recht, daß κοινωνεῖν im NT immer die Teilnahme an etwas Gegenwärtigem bezeichne und daß κοινωνεῖν ἁμαρτίαις darum nicht die Übernahme der Verantwortung für (künftige) Sünden bedeuten könne. Man wird darüber hinaus sagen können, daß κοινωνεῖν hier wie durchweg im NT die Bedeutung von *Gemeinschaft haben aufgrund von Teilhabe an etwas* (Genitiv oder Dativ der Sache) hat. Und zwar ist hier eine durch Teilhabe an Negativem begründete κοινωνία gemeint. Ähnlich 2Joh 11: »Wer ihn (den Irrlehrer) grüßt, nimmt Anteil an seinen bösen Werken«; s. J. Hainz, EWNT II 750. Es geht also nicht nur um abstrakt gedachte Mitverantwortung, sei es für gegenwärtige oder zukünftige Verfehlungen, sondern konkret um

eine Mitbeteiligung im Sinne eines Hineingezogenwerdens in ein durch die Sünde gestiftetes Gemeinschaftsverhältnis.

[454] In der antiken Medizin spielt Wein als Heilmittel eine gewisse Rolle, häufig vermischt mit Zucker oder Honig, z. B. Strabo VI 1,14; weitere Belege: Spicq 549.

[455] Darauf verweist das μηκέτι (= hinfort nicht mehr).

[456] Dibelius-Conzelmann 63; Brox 203.

[457] Sie bleibt erst recht zurück hinter dem sich in Teilen des AT findenden Lobpreis des Weines als guter Gabe Gottes (Ps 104,15; Koh 10,19; Sir 31,28–31) sowie auch hinter dem Verhalten Jesu (Mt 11,18f).

[458] Epictetus, Diss. III 13,21.

im Heidentum[459] als Ideal frommen Lebens galt; dadurch jedoch, daß situationsbedingte Ausnahmen zugestanden werden, wird dieser Askese ihre Grundsätzlichkeit genommen. Im Hintergrund mag das Bestreben stehen, in der christlichen Gemeinde gegen das in der damaligen Gesellschaft verbreitete Laster der Trunksucht eine Schranke aufzurichten (Röm 14,21; 1Petr 4,3). Hier sollte vor allem der Gemeindeleiter mit gutem Beispiel vorangehen (vgl. 3,3.8; Tit 1,7). Hinzu kam möglicherweise, daß der Verzicht auf Wein die Distanz zum heidnischen Kult und seinen Feiern, bei denen der den Göttern geweihte Trank eine wichtige Rolle spielte, sinnfällig unterstreichen sollte[460]. Auf keinen Fall wird man in dieser scheinbar persönlichen Notiz eine biografische Erinnerung – etwa an den labilen Gesundheitszustand des Timotheus – suchen dürfen[461]. Wie fast alle persönlichen Notizen der Past (vgl. 1,18; 1Tim 1,5; 2,17; 4,13) ist auch diese geschickt als geforderte Normen und Verhaltensweisen veranschaulichender Modellfall konstruiert[462].

24–25 Ein in weisheitlichem Stil gehaltenes Spruchpaar bildet den Abschluß des Abschnitts. Unklar ist, inwieweit ein unmittelbarer kontextueller Zusammenhang mit dem Vorhergegangenen besteht. Zunächst wird man hier eine unmittelbare Weiterführung von V22 vermuten. Der Gedankengang wäre dann folgender: Bei der Auswahl der zu ordinierenden Presbyter ist deshalb Vorsicht geboten und eine genaue Prüfung vorzunehmen, weil nicht in allen Fällen deren Sünden offen zutage liegen; vielmehr gibt es auch heimliche Sünden, die zunächst verborgen bleiben, sich jedoch auf längere Sicht unweigerlich offen zeigen werden[463]. Doch gegen diese Deutung spricht nicht nur die Unterbrechung des von ihr vorausgesetzten einheitlichen Gedankenganges durch V23, sie wird vor allem durch den Inhalt von V24 ausgeschlossen. Hier geht es nicht um die Perspektive menschlicher Erfahrung, sondern um die des göttlichen Endgerichtes. Ausgangspunkt ist dabei das Bild einer menschlichen Gerichtsverhandlung, zu deren Beginn der Angeklagte mit seinen Zeugen und Anwälten einzieht[464]. In gleicher Weise verhält es sich beim Einzug in das Endgericht. Es gibt Menschen, deren Sünden so offenkundig sind, daß sie ihnen, eifrigen Anklägern gleich, für alle sichtbar vorauslaufen. Bei anderen

---

[459] Dan 1,12; Pirqe Abot 6,4.
[460] So Schlatter 155f.
[461] Gegen Spicq (549; ders., I Timothée 5:23, in: L'Evangile, hier et aujourd'hui [FS F.-J. Leenhardt], Genf 1968, 143–150), der, allzu phantasievoll, ausgehend vom labilen, ängstlichen Charakter des Timotheus, nervöse Gastritis diagnostizieren will und den Rat des Paulus durch den Arzt Lukas inspiriert sieht.
[462] Ähnlich Trummer, Paulustradition 79.
[463] So Jeremias 43; Spicq 549; Meier* 24f. Zu einem dazu konträren Versuch kontextualer Verknüpfung s. Anm. 445. Völlig abwegig Wohlenberg 185, der einen Zusammenhang mit der Sklavenparänese 6,1f postuliert.

[464] Vgl. 5(6)Esra 16,65f:»Deswegen wird der Herr alle ihre Werke gründlich erforschen und euch alle überführen. Und ihr werdet erschüttert sein, wenn eure Sünden vor den Menschen einhergehen, und eure Ungerechtigkeiten werden es sein, die als Ankläger dastehen an jenem Tag. Was werdet ihr tun oder wie werdet ihr eure Sünden verbergen vor Gott und seinen Engeln?« Das gleiche Bild: Offb 14,13 (Werke folgen ihnen nach). S. hierzu K. Berger – C. Colpe, Religionsgeschichtliches Textbuch zum NT, Göttingen 1987, 296f.

wiederum laufen sie weniger sichtbar hinterher. Aber auch diese verborgenen Sünden gehören zum Gefolge des zum Gericht Einziehenden; sie lassen sich nicht abschütteln, sondern werden unweigerlich mit ihm zusammen am Gerichtsort ankommen, um dort ebenfalls gegen ihn als anklagende Zeugen aufzutreten. Ob offene oder verborgene Sünde – vor dem Gericht Gottes stehen alle in gleicher Weise als Sünder da und erwarten ihren Richtspruch: Das ist die Pointe der Aussage. Der zweite Spruch bringt deren positive 25 Umkehrung: Ganz analog verhält es sich auch mit den Werken der Liebe. Einige von ihnen liegen offen vor aller Augen, imponieren und ziehen Bewunderung auf sich. Es gibt aber auch Werke, bei denen es sich anders verhält, d. h. die vor menschlichen Augen verborgen bleiben. Gerade sie sind vor Gott nicht verloren. Das Aufgedecktwerden der verborgenen guten Werke im Endgericht ist ein Motiv, das in seinen verschiedenen Varianten zum Grundbestand urchristlicher Paränese gehört (vgl. Mt 25,34–40).

Wie der Verf. sonst gern den Ausblick auf Gericht und endzeitliches Heil formelhaft an den Abschluß von Sinnabschnitten stellt (1,16f; 2,15; 4,10.16; 6,19; 2Tim 4,8), so auch hier. VV24–25 sind weder eine unmittelbare Weiterführung des Gedankens von V22 noch ein paränetisches Zäsurstück, »das der planmäßigen Gedankenentwicklung entbehrt«[465], sondern eine den eschatologischen Horizont der vorhergegangenen Reihe auf die Ordnung der Gemeinde bezogener Anordnungen (5,3–22) umreißende Schlußwendung. Bei seiner Sorge für die Gemeinde, bei allem seinem Ordnen, Zulassen, Prüfen, Zurückweisen und Ermahnen, aber auch bei seiner eigenen Lebensführung soll der Gemeindeleiter das hier Gesagte bedenken. Die ihm anvertrauten Menschen und er selbst auch gehen dem Gericht Gottes entgegen, das endgültig alles aufdecken wird. Sich selbst und andere auf diese Stunde der Wahrheit vorzubereiten ist seine Aufgabe.

Zusammenfassung

Der Apostelschüler wird zur Regelung einiger die Gruppe der gemeindlichen Ältesten betreffender Fragen aufgefordert. Setzt man die sonstige weitgehende Identifikation von Apostelschüler und Träger des gemeindlichen Leitungsamtes (Bischof) in den Past auch hier voraus, so würde dies bedeuten, daß an eine Aufsichts- und Weisungsbefugnis des Gemeindeleiters gegenüber den Ältesten gedacht ist. Aber es ist doch fraglich, ob hier ein Bild faktisch gegebener bzw. anzustrebender Gemeindeverhältnisse gezeichnet werden soll. Eher dürfte ein Übergangsstadium im Zuge der vom Verf. geförderten Ablösung der Ältestenverfassung durch die Episkopen/Diakonen-Verfassung umschrieben sein. Die zu regelnden Fragen reichen von der Besoldung der in Leitung und Lehre Tätigen über Disziplinarmaßnahmen gegen Älteste, die sich Verfehlungen zuschulden kommen ließen, bis zur Verantwortung des Gemeindeleiters für die Auswahl der (zum Bischofsamt?) zu Ordinierenden. Was

---

[465] So Dibelius-Conzelmann 63; ähnlich Brox 203f.

ihren konkreten Inhalt anlangt, so sind diese Anordnungen in hohem Maße zeit- und situationsgebunden, auf Möglichkeiten und Problemhorizont von Gemeinden der dritten christlichen Generation zugeschnitten. Sehr wohl verdienen jedoch die sie tragenden seelsorgerlichen Motivationen Beachtung, denn sie könnten wichtige Impulse im Rahmen einer biblisch begründeten Pastoraltheologie geben. Das gilt insbesondere von der Bedeutung, die der brüderlichen Gemeinschaft der Gruppe für die Bewältigung der Krisensituation des einzelnen zugemessen wird (V20), von der Warnung vor vorschnellem und unüberlegtem Eingreifen kirchlicher Autoritäten (V21), die die Gewißheit des helfenden und erziehenden Wirkens des Geistes in der Kirche impliziert, und auch vom Hinweis auf den alles disziplinarische Handeln in der Kirche relativierenden eschatologischen Horizont (VV24–25).

4. Weisung über die Standespflichten christlicher Sklaven (6,1–2)

Literatur: Brockmeyer, N., Antike Sklaverei, 1979 (EdF 116) (ältere Lit.!); *Gayer, R.,* Die Stellung des Sklaven in den paulinischen Gemeinden und bei Paulus, Bern 1976; *Gülzow,* Christentum; *Haufe, Chr.,* Die antike Beurteilung der Sklaven, WZ(J).GS 9 (1959/60) 603–616; *Klees, H.,* Herren und Sklaven. Die Sklaverei im oikonomischen und politischen Schrifttum der Griechen in klassischer Zeit, Wiesbaden 1975; *Kügler,* Paränese; *Schweizer, E.,* Zum Sklavenproblem im Neuen Testament, EvTh 32 (1972) 502–506; *Stearman, E. M.,* Die Krise der Sklavenhalterordnung, Berlin 1964; *Stuhlmacher, P.,* Der Brief an Philemon, ²1981 (EKK XVIII), 44–48.

1 Diejenigen, die als Sklaven unter dem Joch sind, sollen ihre eigenen Herren aller Ehre wert halten, damit nicht der Name Gottes und die Lehre gelästert werden. 2 Die aber gläubige Herren haben, sollen nicht darum respektlos über sie denken, weil sie Brüder sind, sondern sollen darum noch eifriger (ihnen) dienen, weil sie Gläubige sind und Geliebte, die sich das Wohltun angelegen sein lassen. Das lehre und schärfe ein.

Analyse 1. *Kontext und Form.* Die kurze Weisung für die Sklaven gehört zwar noch mit der 4,12 einsetzenden Reihe von Anordnungen zusammen, doch ist der Zusammenhang relativ lose; fast wirkt sie wie ein Anhang, zumal durch die allgemeinen, auf das Vorhergegangene zurückblickenden Wendungen in VV24f bereits ein gewisser Abschluß erreicht war. Immerhin wird jedoch durch den Leitbegriff »Ehre« (τιμή) eine auf 5,3.17 zurückverweisende, etwas gezwungen wirkende Stichwortverbindung hergestellt. Ferner ist der den ganzen Hauptteil 4,1–6,2 kennzeichnende Stil der vermittelten Anordnung auch hier durchgehalten, obwohl er der christlichen Sklavenparänese sonst nicht eigen ist. Diese ist sonst vielmehr durchweg im Stil direkter Anrede gehalten, ausgenommen wiederum die zweite Belegstelle aus den Past, Tit

2,9–10, die ebenfalls einer Reihe von Weisungen für Gemeindestände (Tit 2,2–10) zugeordnet ist.

2. *Traditionsgeschichte.* Traditionsgeschichtlicher Ausgangspunkt ist die Haustafeltradition, wie sie für die Sklaven in Kol 3,22–25 und Eph 6,5–8 in klassischer Weise entfaltet ist[466]. Deren Blickrichtung geht auf die einzelnen Gruppen innerhalb des »Hauses«, und dementsprechend werden die Sklaven (neben Herren, Frauen und Kindern) als eine solche Gruppe angesprochen und zu einem Verhalten aufgefordert, das dem Ideal einer christlich verstandenen οἰκία gemäß ist. Die Paränese ist dabei als Anrede mit folgendem Imperativ (stereotyper Leitbegriff: ὑπακούετε und anschließender Motivierung stilisiert. Das für die Haustafeln konstitutive Reziprozitätsprinzip findet seinen Ausdruck darin, daß die Weisung an die Sklaven unmittelbar mit einer Weisung an die Herren, d. h. an christliche Sklavenbesitzer, kombiniert ist.

In 1 Tim 6,1–2; Tit 2,9 f; IgnPol 4,3 sowie (ansatzweise) 1 Petr 2,18 hat sich die Sklavenparänese vom Haustafelschema gelöst[467]. Der Horizont der Weisungen ist hier nicht mehr das Haus, sondern die – freilich weitgehend nach Analogie des Hauswesens verstandene – christliche Gemeinde[468]. Deshalb werden die Sklaven nicht als Gruppe im οἶκος, sondern als Stand in der Gemeinde anvisiert, so z. B. in Tit 2,2–10 neben den alten Männern und Frauen und den »Jüngeren«. So kann auch das Reziprozitätsschema hier fehlen[469]. Denn was in diesem weiteren Kontext interessiert, ist nicht das Verhältnis von Herren und Sklaven sowie die sich daraus ergebenden Verpflichtungen, sondern die spezifische Verpflichtung der einzelnen Gemeindestände gegenüber dem Ganzen der Gemeinde. Näher am Haustafelschema bleiben dagegen Barn 19,7 und Did 4,10 f, wo deshalb auch das Reziprozitätsschema gewahrt ist[470].

---

[466] Zu Hintergrund und Entwicklung der christlichen Haustafeltradition s. Weidinger, Haustafeln; K. H. Rengstorf, Mann und Frau im Urchristentum (Arbeitsgemeinschaft für Forschung des Landes Nordrhein-Westfalen. Geisteswissenschaften Heft 12), Köln 1954, 7–52; D. Schroeder, Die Haustafeln des NT, Diss. Hamburg 1959; Goppelt, Der erste Petrusbrief 163–179; Crouch, Haustafel; Schweizer, Kolosser 159–164; ders., Die Weltlichkeit des Neuen Testaments: Die Haustafeln, in: ders., Neues Testament und Christologie im Werden, Göttingen 1982, 194–210; Lührmann, Haustafeln. S. hierzu ferner oben zu 2,8–15.

[467] Zur Problematik des traditionsgeschichtlichen Verhältnisses von Haustafeln und Ständetafeln bzw. Pflichtenlehren s. einerseits Goppelt, a. a. O. 190, andererseits Berger, Formgeschichte 135–141.

[468] Lührmann, Haustafeln 93 f ordnet diese Entwicklung mit Recht einer zweiten Phase im Prozeß der Ausbildung urchristlicher Sozialformen zu, in der die Gemeinde durch bewußten Anschluß an die οἶκος-Struktur »Kontinuität, Dauer und Tradition« gewinnt, und zeigt zugleich, wie dabei durch die Übernahme der οἰκονομία-Tradition die urchristliche Sozialethik sich an ein relativ konservatives hellenistisches Modell anschließt.

[469] Diese Einsicht, daß sich hier eine gattungsgeschichtliche Transformation vollzogen hat, sollte vorschnelle sachliche Folgerungen aus dem Fehlen reziproker Mahnungen an die Herren (z. B. Brox 207; Schweizer, Die Weltlichkeit des Neuen Testaments: Die Haustafeln, a. a. O. [Anm. 466] 207) verbieten.

[470] Zusammenstellung aller Sklavenparänesen aus der urchristlichen Literatur bei Bartsch, Rechtsbildungen 145 f.

3. *Zur spezifischen Eigenprägung von 6,1–2.* Sowohl in 6,1–2 wie auch in Tit 2,9f wird das traditionelle Grundschema der Sklavenparänese (Imperativ mit anschließender Motivierung) aufgenommen, während inhaltliche Füllung und sprachliche Ausgestaltung die Handschrift des Verf. verraten. Für 1Tim 6,1–2 gilt dies in verstärktem Maße. Besonders auffällig ist die Verdoppelung der Weisung: V1 entspricht hinsichtlich Inhalt und Motivierung im wesentlichen Tit 2,9f; es geht ganz allgemein um das Verhältnis christlicher Sklaven zu ihren Herren (vgl. Kol 3,22–25; Eph 6,5–8; 1Petr 2,18), das so beschaffen sein soll, daß dadurch die Gemeinde in kein schiefes Licht gerät. V2a hingegen reflektiert über Tit 2,9f hinausgehend und innerhalb der ntl. Paränese analogielos (doch vgl. Barn 19,7; Did 4,10f) als spezifischen Sonderfall das Verhältnis christlicher Sklaven zu *christlichen* Herren.

Neben der erwähnten Überführung der traditionellen direkten imperativischen Anrede in die Form der vermittelten Weisung (vgl. auch IgnPol 4,3) geht auch die Substituierung des traditionellen Leitbegriffs »gehorchen« durch die gewählte Wendung »aller Ehre wert halten« auf das Konto des Verf. Als dessen Eigenformulierung wird V2a weitgehend gelten können. Allenfalls könnten die terminologischen Anklänge an Phlm 16 (ἀδελφὸν ἀγαπητόν) als Indiz dafür gelten, daß der Verf. sich am Phlm orientiert hat[471]. Doch das muß eine kaum verifizierbare Vermutung bleiben.

Erklärung   Die Anordnung spiegelt die soziale Situation der christlichen Sklaven zur Zeit der
    1   dritten kirchlichen Generation[472]. Sklaven waren in den Gemeinden von Anfang an relativ zahlreich vertreten. Allerdings wird man sich von der sozialromantischen Vorstellung lösen müssen, als sei das Christentum der Frühzeit vorwiegend eine Religion der Sklaven gewesen und durch diese verbreitet worden[473]. Zunächst gehörten den Gemeinden überwiegend solche Sklaven an, die zusammen mit dem »ganzen Hause« getauft worden waren[474]. Einzelne christliche Sklaven in nichtchristlicher Umgebung (z. B. Apg 16,16–22) waren eher die Ausnahme. So spricht Paulus die Situation des Sklaven gegenüber einem nichtchristlichen Herrn, anders als die des christlichen Ehepartners gegenüber einem nichtchristlichen (1Kor 7,13–16), nirgends als Problem an. Die Lage änderte sich in der zweiten Generation, als das Christentum im Zuge seiner intensiven Ausbreitung vor allem in Kleinasien und Rom äußere soziologische Erscheinungsformen entwickelte, die Alternativen zu jenen Gemeinschaftsformen und Kultgenossenschaften bildeten, zu denen die Sklaven bisher schon Zugang hatten[475]. Nun gehörten zahlreiche Sklaven in nichtchristlichen Häusern der Kirche an.

[471] So Bartsch, a. a. O. 153 f.
[472] Zum Problem der Sklaverei vgl. Stuhlmacher* 40–48.65–69; Goppelt, Der erste Petrusbrief 190–192; ferner: W. L. Westermann, Art. Sklaverei, PRE Suppl. VI 894–1068; J. Vogt, Sklaverei und Humanität im klassischen Griechentum, in: ders., Sklaverei und Humanität, 1965 (Historische Einzelschriften Heft 8), 1–18; Haufe* 603–616; F. H. Barrow, Slavery in the Roman Empire, New York 1968; S. Schultz, Gott ist kein Sklaven-

halter, Zürich 1972; vgl. dazu Kügler, Paränese 266–270.
[473] So neben F. Engels, Zur Geschichte des Urchristentums, Die neue Zeit 13 (1895) 4–13.36–43 vor allem K. Kautsky, Der Ursprung des Christentums, Stuttgart ¹⁰1920; dagegen Gülzow, Christentum 26.
[474] Apg 11,14; 16,15.31–34; 18,8; Joh 4,53; vgl. P. Weigandt, Zur sogenannten »Oikosformel«, NT 6 (1963) 49–74; Laub 54.
[475] Laub 61 f.

Probleme entstanden vor allem dadurch, daß diese für ihre Umwelt als Glieder einer in Distanz zu den öffentlich anerkannten Kulten stehenden Religion identifizierbar waren. Nach allgemein verbreiteter Meinung verdarben fremde Religionen die Sklaven und mußten darum bekämpft werden[476].

Bemerkenswert ist die pragmatisch-nüchterne Einstellung gegenüber der Sklaverei. Diese wird schlicht als eine gesellschaftliche und ökonomische Gegebenheit dargestellt, mit deren Existenz man sich abfinden muß. Die der Stoa eigentümliche Bagatellisierung der Sklaverei als etwas nur Äußerliches, das durch die wahre innere Freiheit überwunden werden kann[477], liegt ebenso fern wie deren Aufwertung, sei es als einer von Gott gegebenen patriarchalischen Ordnungsstruktur (Did 4,11; Barn 19,7)[478], sei es auch nur als einer dem Christen zugewiesenen Möglichkeit zur Bewährung eines am Vorbild Christi orientierten Leidensgehorsams (1Petr 2,18). Wenn das Sklavesein hier beschrieben wird als ein Sein »unter dem Joch« (ὑπὸ ζυγόν), so ist damit lediglich die soziologische Ebene angesprochen, nicht jedoch die emotionale oder die theologische[479]: Gleich dem unter das Joch gespannten Zugtier ist der Sklave unfrei, abhängig, in seiner Entscheidungs- und Bewegungsfreiheit eingeschränkt[480]. Es handelt sich hier um ein übergreifendes Merkmal der Sklaverei, wobei es keine Rolle spielt, ob die Sklavenhalter Heiden oder Christen sind. Von daher wird V1 als allgemeine Regel für alle Sklaven zu verstehen sein[481]. Diese sollen ihren Herren in jeder Hinsicht jenes Verhalten erweisen, das sie ihnen aufgrund der bestehenden soziologischen Gegebenheiten schuldig sind. »Ehre« bzw. »ehren« ist in der Sprache urchristlicher Paränese Umschreibung des den Christen gebotenen Verhaltens, das darin besteht, allen Menschen innerhalb des jeweils zu ihnen bestehenden konkreten

---

[476] S. hierzu Staerman* 60f.64ff u. ö.; ferner Gülzow, Christentum 75.

[477] So ist »Sklave« für Seneca nicht so sehr ein zivilrechtlicher, als vielmehr ein sittlicher Begriff, der im Gegensatz zur inneren, der wahren Freiheit steht: Sklave ist der von äußeren Dingen Abhängige (Ep. 47,14–17; De vita beata 21); hierzu W. Richter, Seneca und die Sklaven, Gymnasium 65 (1958) 196–218.

[478] Did 4,11 und Barn 19,7 weisen, darin unter dem Einfluß jüdischer Tradition stehend, den Sklaven zum Gehorsam gegen seinen Herrn als einem »Bild Gottes«, wodurch die Institution der Sklaverei in Zusammenhang mit dem 4. Dekaloggebot gebracht wird.

[479] Anders Bartsch, Rechtsbildungen 150: Das Bild vom Joch sei Umschreibung des Christenstandes analog 1Cl 16,17 (»Joch der Gnade Christi«) und in Anlehnung an Mt 11,29f. Aber »Joch« ohne attributive Näherbestimmung als Metapher für »Christ-Sein« ist nirgends belegt. Außerdem erübrigt sich vom

Zusammenhang her ein spezieller Hinweis darauf, daß hier nicht von allen Sklaven, sondern nur von christlichen Sklaven die Rede ist.

[480] Ὑπὸ ζυγόν hat die gängige soziologische Bedeutung »unfrei«, »abhängig« und gehört in das griech. Wortfeld der δουλεία (Sophokles, Ai. 944; Plato, Ep. 8,354d; 1Makk 8,17f.31); vgl. W. Schenk, EWNT II 258.

[481] Anders z. B. Jeremias 43; Hasler 45; Brox 206f; Holtz 131f: V1 handelt von Sklaven unter heidnischen, V2 dagegen von solchen unter christlichen Herren. Aber hier geht es im Sinne des Verfassers schwerlich um die getrennte Erörterung zweier völlig unterschiedlicher Situationen, eher handelt es sich bei V1 um den Normalfall, bei V2 dagegen um den spezifischen (und selteneren) Sonderfall. Das ergibt sich auch aus der sachlichen Parallele von V1 zu Tit 2,9f, wo sicher nicht nur an Sklaven in heidnischen Häusern gedacht ist: andernfalls wäre das Fehlen einer Entsprechung zu V2 dort schwer zu erklären.

gesellschaftlichen Zuordnungsverhältnisses gerecht zu werden (Röm 12,10; 13,7; 1Petr 2,17; 3,7)[482]. Dabei ist das Ehren unterschieden vom Lieben als dem Verhalten innerhalb der Bruderschaft der durch die Liebe Christi miteinander verbundenen Glieder der Gemeinde (1Petr 2,17).

Auffällig ist, daß hier ebenso wie Tit 2,9 anstelle des einfachen Possessivpronomens ἑαυτοῦ bzw. ἑαυτῶν das Adjektiv ἴδιος steht[483]. Das könnte ein Hebraismus sein: Die LXX übersetzt das Personalsuffix als Possessivpronomen durchweg durch ἴδιος (vgl. im NT Mt 22,5; 25,14). Da jedoch die Sprache der Past, wo sie nicht durch Tradition bestimmt ist, kaum Hebraismen kennt, könnte ἴδιος mit spezifischer emphatischer Bedeutung gebraucht sein[484]: Jeweils seinen *eigenen* Herrn soll der Sklave ehren. Betont wäre damit eine Eingrenzung des Gehorsamsverhältnisses: Die Unterordnung bezieht sich eben nur auf die jeweilige konkrete Relation »Sklave-Herr« innerhalb des οἶκος, nicht jedoch auf das Verhältnis des Sklaven innerhalb der Gemeinde zu allen anderen freien Christen. Gerade weil hier die Sklaven als gemeindlicher Stand und nicht als Glieder der οἰκία angesprochen sind, könnte diese Akzentsetzung bewußt vollzogen sein, um zu verdeutlichen: Was die *Gemeinde* betrifft, so bleibt hier der paulinische Grundsatz Gal 3,28 unverkürzt in Geltung.

Die Begründung der Weisung setzt die von Paulus klassisch formulierte allgemeine christliche Auffassung zur Sklavenfrage (1Kor 7,20) anscheinend voraus, enthält sich aber anders als Paulus jeder theologischen Bewertung des Sklaveseins als einer Möglichkeit zur Praktizierung bestimmter Grundformen christlicher Existenz[485]. Sie folgt allein einer apologetischen Absicht, die hier negativ, Tit 2,10 dagegen positiv ausgedrückt wird (»damit sie [die Sklaven] die Lehre Gottes, unseres Retters, in allem schmücken«)[486]. Möglicherweise ist sie veranlaßt durch aktuelle emanzipatorische Tendenzen in den Gemeinden, die durch die gnostischen Irrlehrer und ihre enthusiastische Botschaft von der bereits geschehenen Auferstehung (2Tim 2,18) und der damit gegebenen Auflösung aller bisherigen Bindungen gefördert wurden. Der Verf. will verhindern, daß durch anstößiges Verhalten christlicher Sklaven die christliche Gemeinde und damit die Botschaft des Evangeliums vor der nichtchristlichen Öffentlichkeit in einem schiefen Licht erscheinen könnte. Diese Motiva-

---

[482] Vgl. J. Schneider, ThWNT VIII 175; H. Hübner, EWNT III 857. Ein Zusammenhang mit dem 4. Dekaloggebot (so Holtz 131) besteht schwerlich.
[483] Zum folgenden vgl. H. W. Bartsch, EWNT II 420–423.
[484] Ähnlich auch bei Paulus: Röm 8,32; 10,3; 14,4; 1Kor 3,8; 7,7; 15,23 u. ö.
[485] Solche theologischen Begründungen bieten Kol 3,24 (Sklavendienst als Dienst für Christus); Eph 6,8 (Lohnverheißung für das Tun des Guten durch den Herrn); 1Petr 2,19 (Leiden um Christi willen ist Gnade); IgnPol 4,3 (Sklavendienst geschieht zum Ruhme Gottes).

[486] Die Formulierung erinnert an Jes 52,5b (LXX) und die Aufnahme dieser Stelle in Röm 2,24 (τὸ γὰρ ὄνομα τοῦ θεοῦ δι' ὑμᾶς βλασφημεῖται ἐν τοῖς ἔθνεσιν). Doch dürfte weder ein bewußtes Zitat aus Jes noch eine Anspielung auf Röm vorliegen; eher wird es sich um eine stereotypisierte Wendung handeln, die im ethischen Kontext zur Kennzeichnung unangemessenen christlichen Verhaltens und seiner Auswirkungen herangezogen wurde (Tit 2,5); vgl. Hanson 105: »a commonplace phrase to apply to scandalous conduct on the part of Christians.«

tion berührt sich zwar ein Stück weit mit der von 1Petr 2,12.18, denn auch dort geht es um das Verhaltenszeugnis, das christliche Sklaven gegenüber der nichtchristlichen Gesellschaft ablegen. Während aber dort gewissermaßen die Innenseite dieses Zeugnisses betont ist – die Heiden sollen durch das christusgemäße Verhalten, das sich zuspitzt im leidenden Gehorsam der Sklaven, angesprochen und von der Kraft christlichen Glaubens überzeugt werden –, geht es hier nur um die Außenseite: schlechter Eindruck soll vermieden, unnötige Hindernisse, die sich dem Ausgreifen des Evangeliums nach »allen Menschen« (2,4; Tit 2,11) in den Weg stellen könnten, sollen abgebaut werden (vgl. 5,8.14)[487]. Dabei ist die – in der damaligen Situation der kleinasiatischen Gemeinden nicht unbegründete – Sorge bestimmend, daß die gesellschaftstragenden Mächte in der christlichen Gemeinde eine den inneren Konsens und die Ordnungen der Gesellschaft auflösende Gruppe, gewissermaßen eine subversiv wirkende Gegengesellschaft, sehen könnten[488].

Die zweite Weisung wendet sich dem innergemeindlichen Sonderproblem des Verhaltens der Sklaven zu christlichen Herren zu. Vorausgesetzt und keiner Diskussion mehr bedürfig ist dabei das Recht von Gemeindegliedern, Sklaven zu behalten. Die generelle Forderung, daß christliche Herren ihre Sklaven freilassen sollten, gehört nicht zum sozialethischen Kanon des Urchristentums[489]. Waren aber christliche Sklaven in einem christlichen Haus, so mußten sich daraus, daß Herren und Sklaven als Glieder der Gemeinde als gleichwertig galten und sich in der gottesdienstlichen Versammlung als Schwestern und Brüder begegneten, Probleme ergeben. So wird hier anscheinend Stellung genommen gegen Sklaven christlicher Herren, die es am Respekt gegenüber ihren Besitzern fehlen lassen[490] und dies mit der Parole begründen: »Sie sind Brüder!« Der Respektverweigerung stellt der Verf. schroff antithetisch die Forderung gegenüber: Sklaven sollen christlichen Herrn noch eifriger dienen, als sie es heidnischen tun müßten; und der Parole der Sklaven setzt er ebenso antithetisch eine Begründung dieser seiner Forderung entgegen: Nicht *obwohl*, sondern vielmehr gerade *weil* die Herren Christen sind, muß man ihnen

[487] Ein direktes missionarisches Motiv fehlt: Es geht nicht darum, die Herren für den Glauben zu gewinnen. Richtig Lippert, Zeugnis 47: Die Aussage steht »in der Mitte zwischen einer bloßen Sorge um äußere Unangefochtenheit und einem entschieden missionarischen Bestreben«.
[488] S. hierzu Lührmann, Haustafeln 95: Das Christentum ist um die Wende zum 2. Jh. von Vertretern der die röm. Staatsideologie tragenden Schicht als die gegebene Ordnung gefährdende Größe gesehen worden (Tacitus, Ann. XV 44,3f; Plinius, Ep. X 96,8 und 97).

[489] IgnPol 4,3 dokumentiert lediglich die zu jener Zeit unter christlichen Sklaven herrschende Erwartung, durch gemeindliche Geldmittel freigekauft zu werden, die Ignatius mit Entschiedenheit zurückweist. Fälle von Sklavenfreilassungen begründeten trotz ihrer relativen Häufigkeit keine allgemeine Praxis; vgl. Gülzow, Christentum 104.
[490] Καταφρονεῖν hier wie 4,12 (vgl. Mt 6,24; Lk 16,13; 1Kor 11,22 u. ö.) im Sinn von »geringschätzen«, »verächtlich behandeln«; s. Bauer, Wb s. v.

dienen[491], und zwar ohne Vorbehalt und Einschränkung[492]. Die beiden auf die Herren bezogenen Attribute πιστοί (»Gläubige«) und ἀγαπητοί (»Geliebte«) wollen als Explikationen des Begriffes ἀδελφοί (»Brüder«) verstanden sein; hierin liegt die Pointe der Aussage. Daß die Herren, wie die Sklaven behaupten, deren »Brüder« sind, wird nicht bestritten, es wird vielmehr in eine unerwartete Richtung interpretiert: Christlicher Bruder zu sein bedeutet gerade nicht, aus der gegenseitigen Verpflichtung entlassen zu sein, sondern begründet vielmehr eine besonders intensive Form gegenseitiger Zuordnung. Der Begriff ἀγαπητοί bezeichnet, nicht anders als πιστοί[493], die Gemeindeglieder, und zwar unter dem Aspekt der durch Gottes Handeln zwischen ihnen gestifteten Relation der ἀγάπη (»Liebe«). Die in der Gemeinschaft der Christus-Glaubenden Stehenden sind füreinander »Geliebte«[494]. Ginge es hier um die Subjektivität des Gefühls, so wäre die Aussage ebenso zynisch wie absurd, denn emotional begründete Liebe der Sklaven zu ihren christlichen Herren ließe sich schwerlich als selbstverständliche Gegebenheit voraussetzen[495]. Gemeint ist jedoch die Liebe als eine das Miteinander in der Gemeinde bestimmende, von Christus ausgehende Gegebenheit, durch die das beziehungslose Nebeneinander in ein engagiertes Füreinander verwandelt wird. Gerade weil die Herren »Brüder« der Sklaven sind, sollen diese – das ist die Spitze der Aussage – ihnen gegenüber das Füreinander christlicher Liebe praktizieren, und zwar in der vorgegebenen geschichtlichen Struktur ihres Sklave-Seins. Überraschend, fast befremdlich ist freilich das Ungleichgewicht der Aussage: Dem Soll-Stand seitens der Sklaven wird der Ist-Stand seitens der Herren entgegengehalten. Während die Sklaven ermahnt werden, gegenüber den Herren dieses Füreinander der Liebe zu praktizieren, wird im Blick auf die Herren nur die thetische Feststellung getroffen: Diese zeichnen sich durch εὐεργεσία aus[496], ihr Handeln ist darauf ausgerichtet, anderen

---

491 Die Satzkonstruktion ist schwierig. Zwar dürfte ein endgültiger Konsens darüber erreicht sein, daß der zweite ὅτι-Satz antithetisch zum ersten zu verstehen und auf die Herren (so Jeremias 43; Dibelius-Conzelmann 63; Brox 207; Hasler 44f; Spicq 554; Bartsch, Rechtsbildungen 145) und nicht etwa auf die Sklaven (so Schlatter, Erläuterungen 185; doch dagegen Schlatter 159) zu beziehen ist; nach wie vor schwankt jedoch das Urteil über die logische Zuordnung von εὐεργεσία; s. dazu Anm. 497.

492 Μᾶλλον hat steigernde Bedeutung »avec nuance adversative« (Spicq 554); vgl. Mt 10,6.28; Apg 5,29; 1Kor 5,2.

493 Vgl. 4,3.10.12; 5,16; 2Tim 2,11; Tit 1,6. Die Nuance der »Zuverlässigkeit« schwingt auch hier mit.

494 Ἀγαπητοί meint schwerlich die »von Gott Geliebten« (gegen Wohlenberg 190f; Dibelius-Conzelmann 63), denn wo immer der

Bezug auf Gott im Blick ist, wird er explizit ausgesprochen (Röm 1,7; 11,28). Im Zusammenhang von Aussagen über die Gemeinde ist ἀγαπητός stets Bezeichnung des zwischen deren Gliedern bestehenden brüderlichen Verhältnisses (z. B. 1Thess 2,8; 1 Kor 4,14; 10,14; 15,58; Phil 2,12; 4,1).

495 Aufgrund dieses Mißverständnisses bestreiten Wohlenberg (190) und Dibelius-Conzelmann (63) den Bezug von ἀγαπητοί auf die Relation Sklaven – Herren.

496 Εὐεργεσία, im NT nur noch Apg 4,9, bezeichnet allgemein das Rechttun, insbesondere jedoch das Wohltun als einzelne Tat wie auch als übergreifende Lebenshaltung (z. B. Xenophon, An. VII 7,47; Plato, Gorg. 513e), wobei wie bei dem Prädikat εὐεργέτης vorwiegend an Herrscher und Prominente gedacht ist, die durch ihr Wohltun der Gesellschaft Nutzen bringen; vgl. G. Schneider, EWNT II 191–193.

wohlzutun[497]. Dabei ist zunächst wohl an das den Sklaven erwiesene Wohltun gedacht: Diese werden auf ihre Erfahrung angesprochen, die ihnen zeigen
soll, daß christliche Herren sich anders verhalten als heidnische, indem sie die
in der Gemeinde geltende Relation des brüderlichen Füreinanders beachten.
Darüber hinaus dürfte aber auch ganz allgemein Lebensführung und Ethos der
Herren im Blick sein. Weil der christliche Sklave einem Herrn dient, dessen
ganzes Handeln auf εὐεργεσία ausgerichtet ist, kann er sein δουλεύειν
bejahen, denn es ist ja Teilhabe an diesem Handeln und dient dem gleichen
Ziel.

Die Abschlußwendung (vgl. 4,11) betont noch einmal die Verbindlichkeit der 2b
vorangegangenen Weisungen und ruft dem Leser das übergreifende Schema
der vermittelten Anordnung ins Gedächtnis: Es ist der Gemeindeleiter, der auf
seine Verantwortung dafür angesprochen werden soll, daß der Wille des
Apostels hinsichtlich des Verhaltens und der Ordnung der einzelnen Gruppen
der Gemeinde überall verbindlich zur Geltung gebracht wird.

Die kurze Sklavenparänese ist ausschließlich gemeindeorientiert. Sie spricht, Zusammen-
anders als die Haustafeln, die Sklaven nicht als Glieder des Hauses, sondern als fassung
Stand innerhalb der Gemeinde an, wobei ihr Interesse den Auswirkungen gilt,
die das Verhalten der Sklaven für die Gemeinde hat. Christliche Sklaven – so
die übergeordnete erste Weisung – sollen durch ihr Verhalten keinen Anstoß
erregen und dem Verdacht, daß Christen eine Bedrohung der bestehenden
gesellschaftlichen Ordnungen seien, keine Nahrung geben. Das für die Ethik
der Past so bedeutsame Motiv der werbenden Lebensführung steht auch hier
wieder im Hintergrund, und zwar in stark apologetischer Ausrichtung. Dies
gilt auch für die zweite Weisung, die sich speziell an christliche Sklaven
christlicher Herren richtet: Diese sollen ihr Sklavesein als eine nicht in Frage
zu stellende geschichtliche Struktur akzeptieren, die ihnen als solche Raum
und Möglichkeit zur Praktizierung christlicher Liebe bietet. Deutlich zeigt sich
hier der extrem konservative Ansatz der Sozialethik der Past, der über dem

---

[497] Bezug und Bedeutung der Wendung οἱ
τῆς εὐεργεσίας ἀντιλαμβανόμενοι sind, vor
allem infolge der Mehrdeutigkeit des Verbs
ἀντιλαμβάνεσθαι, umstritten. In Annäherung an die Etymologie (»Empfangen an Stelle
von, im Wechselverhältnis zu«) übersetzt die
Vg *qui benificii participes sunt*; ihr folgen
Schlatter 158; Spicq 554 f: demnach wären die
Herren die Empfänger des Wohltuns der Sklaven. Dagegen: Εὐεργεσία ist durchweg ein
Handeln des Höhergestellten (vgl. vorige
Anm.); ἀντιλαμβάνεσθαι Med. in der Bedeutung von »empfangen« ist nur marginal bezeugt (vgl. Liddell-Scott s. v.). Hanson 105 f
will ἀντιλαμβάνεσθαι wiedergeben mit »to
share with«, was an sich nicht unmöglich ist
(vgl. Liddell-Scott s. v.) und von da aus die

Wendung auf Sklaven und Herren gleichzeitig
beziehen: Herren und Sklaven haben gemeinsam Anteil an der (im Sinne christlichen Dienens zu verstehenden) εὐεργεσία. Dagegen:
Das wäre eine kaum erträgliche Breviloquenz,
da εὐεργεσία etwas ist, das man tut oder empfängt, nicht jedoch etwas, woran man im Sinne
gemeinsamen Tuns Anteil haben kann. – Demgegenüber sei betont, daß die überwiegende
Zahl der Belege in der Profangräzität wie auch
in der LXX ἀντιλαμβάνεσθαι im Sinne von
»helfen«, »sich (um etwas) bemühen«, »sich
etwas angelegen sein lassen« verwenden (vgl.
G. Delling, ThWNT I 375 f). Da auch die ntl.
Belege Lk 1,54; Apg 20,35 diese Bedeutung
haben, besteht kein Grund, sie an der vorliegenden Stelle zu bestreiten.

einseitigen Bestreben, die bestehenden gesellschaftlichen Lebensformen mit dem Evangelium zu einem positiven Verhältnis zusammenzuführen, die von diesem Evangelium ausgehenden Impulse für eine Veränderung der Formen menschlichen Zusammenlebens vernachlässigt.

D. Mahnung zur Treue zum empfangenen Auftrag (6,3–21)

Literatur: Thurén, J., Die Struktur der Schlußparänese 1.Tim. 6,3–21, ThZ 26 (1970) 241–253.

Auf den ersten Blick hat es den Anschein, als seien in diesem Schlußteil disparate paränetische Elemente so ungeordnet nebeneinandergestellt, daß jeder Versuch des Aufweises einer stringenten Gedankenführung von vornherein aussichtslos wäre[1]. Allenfalls fällt eine gewisse thematische Nähe zwischen VV6–10 und VV17–19 ins Auge, denn hier wie dort geht es um das Verhältnis zu Geld und Besitz. Aber dem Versuch, darin das übergreifende Thema des Schlußteils zu finden[2], widerrät die Unterbrechung dieses Zusammenhanges durch den gewichtigen, mittels seiner Schlußdoxologie emphatisch hervorgehobenen Abschnitt VV11–16, in dem das Thema Geld und Besitz völlig ausgeklammert ist. Die Entscheidung darüber, ob der Schlußteil einen klaren gedanklichen Duktus hat, hängt deshalb allein davon ab, ob sich eine planvolle Zuordnung von VV8–10 und VV17–19 zu dem Zentralabschnitt VV11–16 aufweisen läßt.

Ein deutliches semantisches Signal wird durch die antithetische Anknüpfung von V3 (εἴ τις ἑτεροδιδασκαλεῖ) an die Abschluß- und Übergangswendung V2b (Ταῦτα δίδασκε καὶ παρακάλει) gesetzt: Demnach ist der Gegensatz zwischen den Irrlehrern und den legitimen Amtsträgern der Gemeinde auch für das nun Folgende maßgeblich. Dieser Gegensatz war schon bisher ein die Briefkomposition bestimmendes Motiv gewesen (vgl. 1,3–5/1,6–7; 4,1–5/4,6f; 2Tim 2,1–15/2,16–17)[3]; er wird hier weder nach der Seite der Lehrinhalte noch nach der des allgemeinen Verhaltens ausgeführt, sondern, sehr zugespitzt, anhand der unterschiedlichen, Lehre und Verhalten bestimmenden

---

[1] So Dibelius-Conzelmann 69; Brox 212. Dazu kritisch Käsemann, Formular 101.
[2] So Jeremias 44, der den Abschnitt überschreibt mit »Die falsche und die rechte Stellung zum Geld« und seinen Gedankengang als »in sich völlig geschlossen« ansieht (47), was freilich nur möglich ist aufgrund einer Herabstufung von VV11–16 zu einem persönlichen Aufruf an Timotheus, vor der Versuchung des

Geldes zu fliehen. Ähnlich Schlatter, der in VV3–21 das Thema »Ausschluß des Geschäftes von der Verehrung Gottes« finden will (zustimmend aufgenommen bei Spicq 556) und VV11–16 gegen solche Lehrer gerichtet sieht, die die Absicht haben, »aus dem Bekenntnis zu Christus ein Geschäft . . . zu machen« (169).
[3] Vgl. hierzu Lohfink, Paulinische Theologie 90f; Thurén* 243.

Motivation dargestellt: Letzte Triebkräfte der Irrlehrer sind Gewinnsucht und Geldgier (VV3–5); das hingegen, was den Amtsträger bestimmt und trägt, ist allein sein Amtsauftrag, den er in der Ordination empfangen hat und der für ihn zugleich Gabe und Verpflichtung ist (VV11–16). Innerhalb dieses Rahmens wird auch die Funktion der VV6–10 erkennbar: Es handelt sich hier nicht um allgemeine Ausführungen über das Verhältnis des Christen zu Geld und Reichtum, sondern um Weisungen speziell für die Amtsträger[4], die in ihrem Verhalten zum Besitz ihre Distanz zu der Motivation der Irrlehrer erkennbar werden lassen sollen. Wir haben es hier also mit einem Stück spezifischer Pastoralethik zu tun. Der zweite mit dem Thema Geld und Besitz befaßte Abschnitt, VV17–19, hat demgegenüber eine andere Ausrichtung, wie schon aus seiner Gestaltung als vermittelte Anordnung hervorgeht: Er richtet sich an alle Gemeindeglieder. Daß er den im übrigen geschlossenen Duktus des Schlußteils unterbricht, ist zwar unbestreitbar[5], läßt sich jedoch leicht erklären: Anscheinend will der Verf. dem von VV6–10 her naheliegenden Mißverständnis eines asketischen Besitzverzichts aller Christen wehren, indem er positive Möglichkeiten des Umgangs mit dem Reichtum darlegt. VV17–19 liegen demnach auf der Linie der übrigen antiasketischen Äußerungen der Briefe.

Es ist zu beachten, daß der Schlußabschnitt eine Reihe von besonders nahen Anklängen an das Proömium (1,1–20) aufweist[6]. So findet sich hier wie dort eine Ordinationsanamnese als Hinweis auf die die Amtsführung des Apostelschülers tragende Motivation: VV11–16 führt das in 1,18f Angedeutete breiter aus, wobei weder die Antithese zu den Irrlehrern (V11; vgl. 1,19b) noch das Agon-Motiv (V12; vgl. 1,18b) fehlen. Umgekehrt sind VV20f eine knappe Zusammenfassung des in 1,3–7 über den Auftrag des Apostelschülers zur Irrlehrerbekämpfung Gesagten, wobei die Irrlehrercharakteristik in V21 (περὶ τὴν πίστιν ἠστόχησαν) fast wörtlich mit der in 1,6 übereinstimmt. Außerdem ist der Rückbezug von V20 (τὴν παραθήκην φύλαξον) auf 1,18 unübersehbar[7].

Aus diesen Beobachtungen ergibt sich, daß der Schlußteil nicht nur in sich eine relativ geschlossene Gedankenführung aufweist, sondern dem Briefganzen sinnvoll zugeordnet ist, und zwar in der Weise, daß er die Funktion einer

---

[4] So bereits F. Tillmann, Über »Frömmigkeit« in den Pastoralbriefen des Apostels Paulus, PastB 53,3 (1942) 129–136.161–165.133–136; ähnlich Hasler 47.

[5] A. v. Harnack, Die Chronologie der altchristlichen Litteratur bis Eusebius, 1. Bd. Die Chronologie der Litteratur bis Irenäus nebst einleitenden Untersuchungen, Leipzig 1897 (Geschichte der urchristlichen Litteratur bis Eusebius II/1), 482; Falconer 158 sehen deshalb in VV17–19 unbegründetermaßen eine Interpolation.

[6] Vgl. Thurén* 241f, dessen eigene These, wonach hier ein auf Dtn 13,11–20 zurückgehendes, auch in Hebr 13,5 vorliegendes paränetisches Schema aufgenommen werde, jedoch nicht überzeugen kann.

[7] J. T. Sanders, The Transition from Opening Epistolary Thanksgiving to Body in the Letters of the Pauline Corpus, JBL 81 (1962) 348–362.355.

peroratio hat. Nach den Stilgesetzen antiker Rhetorik steht die peroratio in einem besonders engen Verhältnis zum *exordium*[8] und hat die beiden Ziele der Affektbeeinflussung und der Gedächtnisauffrischung[9]. Die erste wird hier geleistet durch die Gegenüberstellung der Irrlehrer und der wahren Amtsträger hinsichtlich ihrer Motivation (VV3–16). Hier ist eine deutliche Steigerung des Affektgebrauches gegenüber den vorhergegangenen Briefteilen zu beobachten, wobei vor allem die Gegnerdarstellung (VV3–5) als *indignatio* gehalten ist, die die Leser zur affektiven Parteinahme gegen die Irrlehrer beeinflussen soll[10]. Der abschließenden Gedächtnisauffrischung dienen VV20f, eine in ihrer fast stichwortartigen Kürze geradezu klassische *recapitulatio* des Briefinhaltes[11].

I. Gewinnsucht als falsche Motivation der Irrlehrer (6,3–10)

3 Wenn jemand eine andere Lehre verbreitet und sich nicht den gesunden Worten unseres Herrn Jesus Christus und der der Frömmigkeit entsprechenden Lehre zuwendet, 4 so ist er aufgeblasen und ohne Einsicht; er ist vielmehr krank in (seiner Neigung zu) Streitereien und Wortgefechten, aus denen Neid, Zank, Lästerungen und üble Verdächtigungen entstehen, 5 fortwährendes Gezänk von Menschen, deren Verstand zerrüttet ist, die der Wahrheit verlustig gegangen sind, die meinen, die Frömmigkeit sei (nichts weiter als) eine Erwerbsquelle. 6 In der Tat ist die Frömmigkeit eine gute Erwerbsquelle, wenn sie mit Genügsamkeit verbunden ist: 7 Denn nichts haben wir in die Welt hineingebracht; so können wir auch nichts aus ihr hinaustragen. 8 Wenn wir Nahrung und Kleidung haben, so wollen wir uns daran genügen lassen. 9 Die aber reich sein wollen, geraten in Versuchung und Verstrickung, in viele törichte und schädliche Begierden, welche die Menschen in Verderben und Untergang stürzen. 10 Denn Wurzel aller Übel ist die Geldgier: ihr verfallen, sind einige vom Glauben abgeirrt und haben sich selbst viele Qualen bereitet.

Analyse   1. *Kontext.* Zum dritten Mal (vgl. 1,6f; 4,1–5) kommt der Brief auf die Irrlehrer zu sprechen. Und zwar erreicht seine Polemik, ja die der Past überhaupt, hier den Höhepunkt. Es geht hier nicht mehr um die falsche Lehre – alles Nötige über sie hat der Verf. bereits in 1,4–7 und 4,1–5 gesagt –, sondern um Haltung und Motivation der sie vertretenden falschen Lehrer. In stark affektgeladener Sprache wird dem Leser deren Verworfenheit vor Augen

---

[8]   Vgl. Lausberg, Handbuch 237.
[9]   Quintilianus, Inst.Orat. 6,1,1: »*Eius duplex ratio est posita aut in rebus aut in affectibus*«; vgl. Lausberg, a.a.O. 236.
[10]   Cicero, Inv. I 53 (100): Indignatio est ora-

tio, per quam conficitur, ut in aliquem hominem magnum odium aut in rem gravis offensio concitetur; vgl. Lausberg, a.a.O. 239.
[11]   Vgl. Lausberg, a.a.O. 237f.

geführt. Das so gezeichnete negative Bild ist jedoch nicht Selbstzweck, sondern es ist als Kontrast zum positiven Bild des rechtgläubigen, legitimen Amtsträgers konzipiert. Das geht zunächst aus dem Kontext hervor: V3 setzt ein mit einer schroffen Antithese zu dem in V2 zusammenfassend formulierten Lehrauftrag des Timotheus, und umgekehrt kontrastiert V11 wiederum Timotheus mit den vorher in VV3–10 polemisch beschriebenen falschen Lehrern. Aber auch die den polemischen Duktus des unmittelbaren Kontextes durchbrechende Belehrung über den Wert der Genügsamkeit (VV6–8) verweist unausgesprochen auf das positive Gegenbild des rechtmäßigen Amtsträgers, dem anders als den geldgierigen Irrlehrern solche Genügsamkeit eignet.

2. Die *Gedankenführung* ist nicht ganz geradlinig, was ein Stück weit mit der Verwendung unterschiedlicher stilistischer Elemente zusammenhängen dürfte. VV3–5 geben eine Charakteristik des Verhaltens der Irrlehrer. In deren Mittelpunkt steht ein Lasterkatalog (VV4f), der formal dem von der griechischen Gnomik entwickelten Modell der Filiationsreihe folgt (vgl. Gal 5,6; 2Petr 1,5–7). Sichtbare Verhaltensweisen werden in solchen Reihen auf »vorgängige andere und je unsichtbare Haltungen« zurückgeführt[12], im vorliegenden Fall also »Neid, Zank, Lästerungen« usw. auf »Streitereien und Wortgefechte«. Es zeigt sich jedoch, daß das Modell der Filiationsreihe hier nur oberflächlich als rhetorisches Mittel eingesetzt, gedanklich aber nicht wirklich durchgeführt wird, denn es kommt zu einer Überschneidung von Ursachen und Folgen, vor allem aber wird das Schema dadurch zerbrochen, daß am Abschluß des Lasterkatalogs (V5c) die Gewinnsucht der Gegner als letzte Motivation ihres Handelns (und nicht, wie es dem Schema entspräche, als Folge von »Streitereien und Wortgefechten«) herausgestellt wird. Hier jedenfalls liegt die Spitzenaussage, die das Weitere bestimmt. In VV 6–10 wird das Thema Gewinnsucht im Blick auf den Amtsträger nämlich thematisiert, und zwar in zwei gegenläufigen Gedankenschritten: Zunächst wird positiv der sittliche Wert der Genügsamkeit ($\alpha\mathring{\upsilon}\tau\acute{\alpha}\varrho\varkappa\epsilon\iota\alpha$) in einem thetischen Satz (V6) herausgestellt, dem zwei argumentative Begründungssätze (V7 und V8) in einem teils der Weisheit, teils der Popularphilosophie nahestehenden Stil angeschlossen sind. Sodann folgt eine wieder stark polemisch gehaltene Aussagereihe über die verderblichen Folgen der Gewinnsucht (VV9–10), die in dem thetischen Lehrsatz V10a gipfelt: »Denn Wurzel aller Übel ist die Geldgier.« Mit dessen Applikation auf die Irrlehrer (V10b) erreicht die Argumentation des Abschnitts ihr Ziel.

3. *Traditionsgrundlage.* Es ist schwer auszumachen, inwieweit der Verf. Formulierungen aus vorgegebenen Traditionen aufnimmt bzw. sich an sie

---

[12] Diese Reihen sind angelegt nach dem Grundschema: aus x kommt y. Im NT: Röm 5,3–5; 2Petr 1,5–7. S. hierzu K. Berger, ANRW II/25.2, 1065 (dort Belege aus der hell. Gnomik); ders., Formgeschichte 151f.

anschließt. Der Lasterkatalog (VV4f) dürfte von ihm selbst geschaffen sein, wenn auch unter selektivem Rückgriff auf einzelne Motive des paulinischen Modell-Katalogs Röm 1,28–30[13]. Mit Sicherheit darf angenommen werden, daß der Lehrsatz über den Wert der Genügsamkeit (VV7f) einer hellenistisch-christlichen paränetischen Tradition entstammt[14], und hinsichtlich des Satzes über die Geldgier als Wurzel allen Übels (V10a) läßt sich Entsprechendes immerhin vermuten. Die nahezu wörtlichen Parallelen beider Sätze in Pol2Phil 4,1 müssen freilich als Indizien für eine solche vorgegebene Traditionsbasis ausscheiden[15], da es sich bei ihnen um Zitate aus dem 1Tim handeln dürfte[16].

Erklärung   Von der Darlegung dessen, was dem rechtmäßigen Amtsträger und Lehrer zu
3   lehren aufgetragen ist (V2b), wird übergeblendet zu einer polemischen Darstellung des Irrlehrers. Die Voraussetzung, von der her diese entworfen wird, ist die selbstverständliche Überzeugung von der Einheit, Einsichtigkeit und konstruktiven Kraft der vom Apostel überkommenen, im Anschluß an ihn proklamierten kirchlichen Lehre. Varianten innerhalb dieser Lehre, geschweige denn einen Lehrpluralismus, kann es nicht geben. Wer anders lehrt, vertritt keine Alternative, die Anspruch auf Diskussion und Gehör hätte, sondern er ist von der Wahrheit abgefallen und hat sich damit wissentlich und willentlich in den Bereich des Nichtigen und Destruktiven begeben, was wiederum verhängnisvolle Folgen für seine eigene Existenz wie auch für seine gesamte Umgebung haben muß. Ganz in diesem Sinne wird der Vertreter der »anderen Lehre« durch den Hinweis auf das ihm eigene Defizit gekennzeichnet: Er wendet sich nicht der kirchlichen Lehre zu und verschmäht damit, sich auf den einzigen festen Grund zu stellen[17]. Vielleicht darf man den sakral-kultischen Klang, den das Verb προσέρχεσθαι in der LXX und auch im Hebr (4,16; 10,22; 7,25; 12,18) hat, heraushören: Das »Wort unseres Herrn« wäre dann

---

13   Vor allem die beiden »Grundlaster« φθόνος und ἔρις sind wohl von dort übernommen, während das dritte Glied der einleitenden Trias, βλασφημίαι, dem Standardrepertoire deuteropaulinischer Lasterkataloge zugehört (vgl. Kol 3,5–8; Eph 4,31; 2Tim 3,2–5). Das Motiv der Zerrüttung des Verstandes entspricht der Sache nach dem ἀσυνέτους von Röm 1,31; vgl. S. Wibbing, Tugend- und Lasterkataloge im NT, 1959 (BZNW 25), 91; Hanson 106f.

14   Dieselbe Tradition liegt im ersten Gleichnis bei Hermas (s 1,6) vor: »Nimm dich also in acht: erwirb dir als einer, der im fremden Lande wohnt, nicht mehr, als was du brauchst und was dir ausreicht, und sei bereit, wenn der Herr dieser Stadt dich wegen Ungehorsams gegen sein Gesetz ausweisen will, seine Stadt zu verlassen und in die deine auszuwandern,

um dort fröhlich und ungekränkt nach deinem Gesetz zu leben« (nach Dibelius, HNT Erg.Bd. IV 552).

15   Gegen Dibelius-Conzelmann 66; Brox 211.

16   Pol2Phil 4,1: Ἀρχὴ δὲ πάντων χαλεπῶν φιλαργυρία. Εἰδότες οὖν, ὅτι οὐδὲν εἰσηνέγκαμεν εἰς τὸν κόσμον ἀλλ’οὐδὲ ἐξενεγκεῖν τι ἔχομεν. Zwar ist die Wiedergabe von 1Tim 6,10a relativ frei, doch 1Tim 6,7 erscheint nahezu wörtlich, wobei die Einleitungsformel εἰδότες entscheidendes Gewicht hat, da sie bei Polykarp durchweg zur Einführung paulinischer Zitate dient; s. hierzu Lindemann, Paulus 223f.

17   Die v. l. προσέχεται (ℵ, einige lat. Hss. sowie Cyprian) dürfte durch Angleichung an 1,4 zustande gekommen sein.

als heiliger, sinnstiftender Bereich gesehen, an dem man durch bewußte Zuwendung Anteil gewinnt[18].

Während in 1,10 nur eine normgebende Instanz, die »gesunde Lehre« (ὑγιαίνουσα διδασκαλία), genannt ist, hat es den Anschein, als würden hier zwei Instanzen, die »gesunden Worte unseres Herrn Jesus Christus« und die »der Frömmigkeit entsprechende Lehre«, angeführt. Oder sollte es sich hier lediglich um zwei durch epexegetisches καί verbundene Bezeichnungen handeln, die dieselbe Größe, nämlich das Evangelium, umschreiben[19]? In diesem Fall müßte für »die Worte unseres Herrn Jesus Christus« ein sehr allgemeines Verständnis im Sinn von »die christliche Botschaft«, »das Kerygma« vorausgesetzt werden, analog zu »das Wort des Herrn« (ὁ λόγος τοῦ κυρίου) in 1Thess 1,8 (vgl. Apg 8,25; 12,24; 13,49; 15,35f; 19,10; 20,35). Doch das verbietet sich schon aus sprachlichen Gründen: Wo immer in den Past diese unspezifische weitere Bedeutung vorliegt, steht λόγος singularisch, und zwar entweder absolut (1,15; 5,17; 2Tim 4,2; Tit 1,9) oder mit dem Genitiv-Attribut τοῦ θεοῦ (4,5; Tim 2,9; Tit 1,3; 2,5) bzw. τῆς ἀληθείας (2Tim 2,15). Daß mit den »Worten unseres Herrn Jesus Christus« bestimmte Jesus-Worte gemeint sein müssen[20], die in den Gemeinden normativ in Geltung standen, bestätigt sich umgekehrt von 5,18 (s. dort) her, wo ein Wort der Jesus-Tradition ausdrücklich als γραφή (»Schrift«) eingeführt ist. Konkret wird man an eine – möglicherweise mit der Logienquelle Q identische – Sammlung von Herrenworten denken können. Verhält es sich aber so, dann folgt daraus, daß die hier genannte »Lehre« keineswegs mit den »Worten unseres Herrn« identisch sein kann. Denn unter dieser »Lehre« wird man zunächst ganz konkret die unmittelbar vorhergegangenen ethischen und kirchenordnenden Weisungen (vgl. 4,11; 6,2b), in denen Herrenworte allenfalls eine marginale Rolle spielen, und darüber hinaus ganz allgemein die paulinische Lehrüberlieferung (s. zu 6,20) zu verstehen haben. Demnach handelt es sich um zwei zwar eng miteinander verzahnte, aber doch zu unterscheidende normative Größen: Zu den Worten Jesu tritt die von ihnen abgeleitete, an ihnen orientierte Weisung des Apostels hinzu, die die konkreten Lebensbezüge innerhalb der Gemeinde und im Verhältnis zu ihrer Umwelt regelt[21]. Die beiden beigelegten Prädikate »gesund« und »der Frömmigkeit entsprechend« umschreiben die Auswirkungen beider Traditionskomplexe und sind nahezu synonym gebraucht: »gesund« ist das, was sich im Lebensvollzug der Kirche bewährt (vgl. 1,10) und zu einem sinnvollen Miteinander gestalteten Lebens, d. h. zur »Frömmigkeit« (εὐσέβεια) führt (s. zu 2,2).

Dabei wird durch die Bezeichnung der kirchlichen Lehre als »gesund« ein   4 wirkungsvoller Kontrast vorbereitet, denn die Irrlehrer sind durch und durch »krank«[22], sie befinden sich in einem widernatürlichen Zustand völliger Störung und Zerrüttung. Der nun einsetzende Lasterkatalog schildert Sym-

---

18 So vor allem Holtz 133. Vgl. aber auch Epictetus, Diss. IV, 11,24: προσελθεῖν φιλοσοφίᾳ für die Hingabe an die Philosophie.
19 So Dibelius-Conzelmann 64; Hasler 46; Brox 208.
20 Ähnlich Jeremias 44; Holtz 134; Spicq 557; Schlatter 160f.
21 Κατά m. Akk. gibt die Norm an, vgl. 1Kor

15,3; Röm 2,16. Der Grundsatz *lex orandi – lex credendi* beginnt sich hier abzuzeichnen.
22 Νοσεῖν (hap leg) ist, wie häufig in der Profangräzität (vgl. Bauer, Wb s.v.), übertragen gebraucht. Die Verbindung mit περί mit Akkusativ (= an etwas kranken) ist geläufig (Plutarchus, Laud.s.Inv. 546f).

ptome und Auswirkungen dieser Krankheit, ohne daß beides klar unterschieden werden könnte. Deutlich ist lediglich, daß die Irrlehrer für ihr Tun und dessen Folgen voll verantwortlich gemacht werden: Sie hätten die Wahrheit ja wissen, sich auf den festen Grund kirchlicher Lehre stellen können; aber sie haben sich dieser Wahrheit in arroganter Anmaßung verschlossen. Das in philosophischer Polemik gebräuchliche Verb τυφοῦσθαι[23] entspricht, indem es zugleich aufgeblasene Eitelkeit und Dummheit umschreibt[24], ziemlich genau dem Sinn des deutschen »borniert sein«. Aus dieser Haltung dümmlicher Originalitätssucht (vgl. 2Tim 3,4) heraus entwickelt der Irrlehrer spitzfindige Lehren und Spekulationen, die zum Anlaß von heftigen Debatten[25] in der Gemeinde werden (1,4; 2Tim 2,23). Gemeint sind damit die »Mythen und Genealogien« der Gnostiker (s. zu 1,4; Tit 3,9), d. h. ihre esoterischen Geheimlehren. Das aber hat zur Folge, daß die Krankheit der Irrlehrer in die Gemeinde hineingetragen wird; denn überall da, wo die konstruktive, gemeindebauende Kraft der kirchlichen Lehre zurückgedrängt wird, müssen notwendig Spaltung und Zwietracht entstehen.

Der *Lasterkatalog* veranschaulicht dies, indem er aus dem traditionellen Repertoire ausschließlich solche Begriffe auswählt, die geeignet sind, die Zerrüttung des Miteinanders und die Zerstörung des gegenseitigen Vertrauens in der Gemeinde zu charakterisieren: Das gilt auch von βλασφημία, das hier (vgl. Tit 3,2; 2Tim 3,2; Mk 7,22; Kol 3,8; Eph 4,31) profanen Sinn hat und sich auf üble Nachrede gegenüber dem Nächsten bezieht[26]. Wie φθόνος mit ἔρις zu einem Begriffspaar zusammengeordnet ist, so auch βλασφημία mit ὑπόνοιαι πονηραί[27]: Gemeint ist damit die unsichtbare Vorstufe der üblen Nachrede, nämlich die böswillige Verdächtigung, die den Taten und Worten des Nächsten ohne realen Grund negative Motive unterschiebt.

5   Sprachlich steht διαπαρατριβαί zwar als letztes Glied des die Auswirkungen der Tätigkeit der Irrlehrer auf die Gemeinde beschreibenden Lasterkatalogs, doch ergibt sich aus dem Fortgang von V5, daß hier wieder die Irrlehrer selbst zum Thema werden, und zwar erreicht die Polemik nunmehr ihren Höhepunkt. Vielleicht kann man in der Satzkonstruktion den Gedanken ausgedrückt sehen, daß die Irrlehrer den Auswirkungen des unheilvollen Zersetzungsprozesses, den sie in die Gemeinde hineingetragen haben, selbst unter-

---

[23] Z. B. Strabo 15,1,5; Plutarchus, Adulat. 59a; s. auch zu 3,6.
[24] Die ebenfalls mögliche Bedeutung »verblendet, töricht werden« (Bauer, Wb s. v.) kommt hier schwerlich in Betracht.
[25] Ζήτησις könnte an sich, der Grundbedeutung von ζητεῖν folgend, die Bedeutung »Untersuchung« haben (so Apg 25,20). Hier wie überwiegend im NT (z. B. Apg 15,2; Joh 3,25) hat es, wie vor allem die Verbindung mit λογομαχία sicherstellt, die Bedeutung »Wortgefecht, Streitgespräch«; vgl. E. Larsson, EWNT II 256.

[26] S. hierzu O. Hofius, EWNT I 528; Vögtle, Tugend- und Lasterkataloge 222.
[27] Das Schwanken im *numerus* des Lasterkataloges, das von einigen – hauptsächlich westlichen – Textzeugen (vor allem D*) pedantisch zugunsten durchgängiger Pluralformen korrigiert wurde, ist vor allem darauf zurückzuführen, daß φθόνος und ἔρις (sing.!) als vorgeprägtes, aus Röm 1,29 wie auch aus philosophischer und politischer Polemik geläufiges Begriffspaar (Belege: Spicq 558f) an den Anfang des Kataloges gestellt wurden.

stehen; sie sind zugleich Opfer jener Entwicklung, zu deren Eskalation sie ständig beitragen. Daß der Verf. einen Prozeß im Auge hat, kann auch dem anscheinend von ihm selbst ad hoc geschaffenen Wort διαπαρατριβαί entnommen werden: durch die Vorsilbe δια gewinnt das Wort παρατριβαί (= Kontroversen, zänkerische Auseinandersetzungen) eine Intensivierung in zeitlicher Hinsicht: »fortwährendes Gezänk«[28]. Die Irrlehrer mögen noch so sehr mit ihrer Gedankenschärfe und geistigen Überlegenheit prahlen – in Wahrheit sind gerade ihr Denken und ihre geistige Wahrnehmungsfähigkeit aufs schwerste gestört: Ihr geistiges und sittliches Wahrnehmungsorgan (νοῦς) ist so zerrüttet, daß es zu keinem sachgemäßen Urteil mehr fähig ist; sie sind darum jeder Möglichkeit eines Zugangs zur Wahrheit beraubt – wobei wohl nicht nur an die Wahrheit der kirchlichen Lehre im spezifischen Sinn (vgl. 2,4; 4,3; 2Tim 2,15; 3,7f; 18,25), sondern darüber hinaus an jede Art von rational zugänglicher, den Menschen beanspruchender Wahrheit gedacht ist[29]. Freilich sollen die Gegner nicht einfach für schwachsinnig oder verrückt erklärt werden. Gemeint ist vielmehr eine totale Korruption ihrer geistig-sittlichen Organe als Folge des durch die vorsätzliche und willentliche Trennung von der kirchlichen Lehre bedingten Orientierungsverlustes: Wer sich von der Wahrheit Gottes trennt, endet zwangsläufig bei »leerem Geschwätz« (1,6) und in einem Zustand geistiger Willkür und Orientierungslosigkeit. Und nun holt der Verf. zu seinem schärfsten, durch die bisherige Argumentation gut vorbereiteten Vorwurf aus: Eigentliche Triebkraft der Irrlehrer, das, was ihr Denken und Handeln korrumpiert, ist die Gewinnsucht. Sie haben im Bereich der Religion eine Marktlücke entdeckt, die gute Profite verspricht, und so treiben sie Religion als Geschäft.

Damit ist ein verbreitetes polemisches Motiv aufgenommen[30]. Der Vorwurf, Philosophie nur um des Geldes willen verschachern zu wollen, wurde zunächst vor allem gegen entartete Kyniker erhoben[31]. Er lag da nahe, wo, wie vielfach

---

28 S. hierzu Vögtle, Tugend- und Lasterkataloge 222; Bl-Debr-Rehkopf § 116 Anm. 4.

29 Aus der Parallelität von διεφθαρμένων τὸν νοῦν und ἀπεστερημένων τῆς ἀληθείας ergibt sich: »Wahrheit« ist hier allgemein der Bereich, auf den hin der (gesunde) νοῦς ausgerichtet ist und der sich ihm erschließt. Zum Gedanken vgl. Platon, Leg. 888a. – Eine ganz andere Ausrichtung gewinnt die Aussage durch die sachlich 2Tim 4,4 entsprechende Lesart ἀπεστραμμένων (D*), die den Vorgang der (willentlichen) Abwendung von der Wahrheit (der kirchlichen Lehre) betont.

30 Sein Ursprung dürfte in der Ablehnung von Bezahlung für philosophischen Unterricht durch Sokrates und Platon liegen (Platon, Ap. 31b; vgl. E. Zeller, Die Philosophie der Griechen II/1, Leipzig ⁵1922, 57f.60). In allen kynisch beeinflußten Richtungen galt Diogenes

als der in seiner Bedürfnislosigkeit das sokratische Modell Weiterführende, der so zum Vorbild aller wahren Philosophen wurde (Zeller, a. a. O. 283f.288–290; R. Höjstad, Cynic Hero and Cynic King, Uppsala 1949). So ist nach Epiktet (Diss. I 15; 26,9f; 29) der wahre Philosoph unabhängig von Geld und Besitz, im Unterschied zu Sophisten und Rhetoren. Der Typ des reichen, auf Geldgewinn ausgehenden Philosophen wird bei Lukian (Icaromenipp. 5) sowie in der römischen Satire scharf karikiert (Varro, Sat.Men. 245; Petronius, Sat. 83). Vgl. hierzu H. D. Betz, Lukian von Samosata und das Neue Testament, 1961 (TU 76), bes. 112–114.

31 So Dion Chrysostomus, Or. 32,10: ὡς φιλόσοφοι ... κέρδους ἕνεκεν καὶ δόξης τῆς ἑαυτῶν.

bei Wanderpredigern und herumziehenden Gottesmännern, die Grenze zur Scharlatanerie und Bettelei schwer zu ziehen war[32]. Bereits Paulus mußte sich gegen entsprechende Vorwürfe zur Wehr setzen (1Thess 2,5; 2Kor 12,16–18)[33]. Die Didache prägt für den wandernden Profeten, der die Gastfreundschaft der Gemeinden länger als drei Tage in Anspruch nimmt, den drastisch disqualifizierenden Begriff χριστέμπορος = einer, der seinen Unterhalt mit dem Christusnamen verdient (Did 12,5). Vom 2. Jh. an gehört der Vorwurf, die Frömmigkeit als Erwerbsquelle zu nutzen, zum Standardrepertoire kirchlicher Ketzerpolemik (Irenäus, Haer. I 4,3; 13,3; II 31,3; 32,4).

Auch wenn die Motive der Irrlehrerpolemik der Past weithin standardisiert sind und den in der Popularphilosophie üblichen Anschuldigungen gegen demagogische Lehrer entsprechen[34], dürfte doch immerhin der letzte, entscheidende Vorwurf der Gewinnsucht als tragender Motivation nicht ganz ohne konkreten Anhalt sein. Man wird dabei vor allem an das in 2Tim 3,6–9 (s. dort) über das Wirken der Irrlehrer in den Häusern Gesagte zu denken haben. Es waren vor allem reiche Frauen, deren Lernbegier und Drang nach höherer »Erkenntnis« durch die Irrlehrer befriedigt wurde. Und diese Privatunterweisung blieb gewiß nicht ohne materiellen Lohn[35].

6 Der Verf. verweilt bei dem zentralen Vorwurf von V5b, indem er ihn durch die Darlegung der rechtgläubigen Gegenposition kommentiert. Dabei stellt er zunächst eine in weisheitlichem Stil gehaltene These auf, die das Stichwort πορισμός aufnimmt, um ihm einen positiven Sinn abzugewinnen: Gewiß ist die »Frömmigkeit«, das gehorsame und geordnete christliche Leben, ein Mittel des Erwerbs, und zwar in einem viel weiteren und höheren Sinn, als die Irrlehrer das sehen können, ja, sie ist πορισμὸς μέγας. Dies freilich unter der Voraussetzung, daß das Ziel des Erwerbs nicht in Geld und irdischem Besitz gesucht wird. Nur dann, wenn die Frömmigkeit sich mit αὐτάρκεια verbindet, wird sie in einem wahren und heilvollen Sinn zum Erwerbsmittel. In der Wendung μετὰ αὐταρκείας steckt die polemische Antithese, die im folgenden argumentierend entfaltet wird.

Αὐτάρκεια hat hier den alltagssprachlichen Sinn von »Genügsamkeit«, »Bescheidenheit« (vgl. 2Kor 9,8)[36]. Die spezifische Bedeutung des Wortes innerhalb des Systems der stoischen Weltanschauung »sich selbst genügend«, »unabhängig (im Blick auf die

---

[32] Besonders eindrücklich ist die polemische Schilderung Lukians über Peregrinus Proteus (Peregr. mort. 1.2.12 f.32–34) und Alexander von Abonuteichus (Alex. 40); s. hierzu Betz, a. a. O. (Anm. 30) 112–114.

[33] S. hierzu H. D. Betz, Der Apostel Paulus und die sokratische Tradition, 1972 (BHTh 45), 100–117; Holtz, Thessalonicher 75 f.

[34] S. den Exkurs »Die Gegner«.

[35] Die Warnung ἀφίστασο ἀπὸ τῶν τοι-

οὖτων, die sich im Mehrheitstext, sowie D², ℵ, einem Teil der lat. Überlieferung und einigen lat. Vätern hier anschließt, wird nicht nur durch ihr Fehlen in ℵ, A, D*, F, G, sondern auch durch ihren Charakter der kurzschlüssigen moralisierenden Applikation als sekundär erwiesen (anders noch Wohlenberg 194).

[36] Vgl. G. Kittel, ThWNT I 466 f; J.-N. Sevenster, Paul and Seneca, 1961 (NT.S 4), 114.

eigenen inneren Möglichkeiten)«[37] darf nicht eingetragen werden. Ntl. liegt diese Bedeutung lediglich Phil 4,11 vor, um von Paulus alsbald jedoch in einem spezifisch christlichen Sinn abgewandelt zu werden: Der Apostel weiß sich zwar als »unabhängig« (αὐτάρκης) gegenüber äußeren Lebensumständen, aber diese Unabhängigkeit gründet in einer totalen Abhängigkeit von Christus und seiner Kraft[38]. Phil 4,11 hat jedoch auf die vorliegende Stelle nicht eingewirkt, wie denn überhaupt die folgende Argumentation auf die Heranziehung spezifisch christlicher Traditionen überraschenderweise verzichtet.

Worin das Gut besteht, das man durch eine von Seitenblicken auf materiellen Gewinn freie »Frömmigkeit« zu erwerben vermag, bleibt ungesagt. Eine sinngemäße Ausführung des hier nur angedeuteten Gedankens läßt sich aus 4,8 entnehmen: Die Frömmigkeit hat die Verheißung gegenwärtigen und zukünftigen Lebens; sie ist, indem sie den Weg zum Heil eröffnet, wahrlich ein πορισμὸς μέγας. Man wird diese theologisch etwas ungeschützte Aussage nicht im Sinn einer menschlichen Religiosität zum Heilsweg hochstilisierenden Werkgerechtigkeit oder gar eines »naiven Eudämonismus«[39] interpretieren dürfen. Das Interesse des Verf. haftet allein am Stichwort »Genügsam- 7 keit«, dem die folgenden Ausführungen gelten. Und zwar will er zunächst klarmachen, daß Genügsamkeit dasjenige Verhalten darstellt, das allein der grundlegenden Situation des Menschen in der Welt angemessen ist. Er zieht dazu eine in weisheitlicher Tradition relativ breit belegte Maxime heran (Hiob 1,21; Koh 5,14; Weish 7,6)[40], die auch in der stoischen Literatur nicht ohne Entsprechungen ist[41]. Der Sinn ist eindeutig: Wie der Mensch bei seiner Geburt nichts in die Welt gebracht hat, so kann er auch bei seinem Tod nichts aus ihr mit sich nehmen.

Unklar ist allerdings die Verbindung zwischen den beiden Zeilen des Doppelspruches V7. Von Hiob 1,21; Koh 5,14 her wirkt das ὅτι unmotiviert und sinnstörend, und auch das Zitat unserer Stelle in Pol2Phil 4,1 hat das ὅτι nicht[42]. Sieht man von dem aus sprachlichen Gründen kaum plausiblen Versuch Spicqs ab, dem ὅτι statt der üblichen kausalen eine finale Bedeutung (»mit der Folge, daß«) unterzuschieben[43], so bleiben zwei diskutable Lösungsmöglichkeiten:
1. Es liegt eine frühe, durch Dittographie der letzten beiden Buchstaben von (κόσμ)ον entstandene Textverderbnis vor (so bereits Hort). – 2. Es liegt ein Verständnis des Doppelspruches vor, nach dem das ὅτι tatsächlich kausale Bedeutung hat. Die zweite Zeile würde demnach den *Realgrund* der Aussage angeben, deren *Erkenntnisgrund* die

---

[37] S. hierzu Sevenster, a. a. O. 113 f; Bonhöffer, Epiktet 109 f.291.355 f; H. D. Betz, Der Apostel Paulus und die sokratische Tradition, 1972 (BHTh 45), 98 f.
[38] Gnilka, Philipperbrief 174 f.
[39] So Dibelius-Conzelmann 64.
[40] Ferner Philo, Spec. Leg I 295; γυμνὸς μὲν γάρ ... ἦλθες, γυμνὸς δὲ πάλιν ἄπεις.
[41] Z. B. A. L. Seneca, Ep. 102, 24 f: Excutit

redeuntem natura sicut intrantem. Non licet plus efferre quam intuleris.
[42] Die Lesart ἀληθες ὅτι (D*, einige lat. Hss., Ambrosiaster) ist sekundärer Glättungsversuch. Gleiches gilt von der Lesart δῆλον ὅτι (ℵ², D², Ψ, Mehrheitstext und Syrer).
[43] Spicq 561. Auch Spicqs Verweis auf Lk 7,47 ist wenig beweiskräftig.

erste Zeile nennt: »Wir haben nichts in die Welt hineingebracht, um so zu der Erkenntnis geführt zu werden, daß wir aus ihr nichts hinausbringen können.« Diese Interpretation wird gestützt durch Hermas, sim 1,6: »Erwirb dir als einer, der im fremden Lande wohnt, nicht mehr, als was du brauchst und was dir ausreicht (τὴν αὐτάρκειαν τὴν ἀρκετήν σοι), und sei bereit, wenn der Herr dieser Stadt dich... ausweisen will, seine Stadt zu verlassen.« Die Christen sollen sich demnach als Fremdlinge in der Welt wissen, die jederzeit bereit sind, den vorübergehend in der Fremde erworbenen Besitz zurücklassend, in die himmlische Heimat aufzubrechen. Auf dem Hintergrund des Gedankens der Fremdlingschaft in der Welt würde sich die erste Zeile gut verstehen lassen: Wir haben nichts in die Welt mitgebracht, weil uns auf diese Weise von Gott her unsere Fremdlingschaft bewußt gemacht werden sollte[44].

8 Wie auch immer man V7 im einzelnen interpretieren mag: Fest steht auf alle Fälle, daß die Genügsamkeit als notwendige und sinnvolle christliche Tugend von der Einsicht her begründet wird, daß Besitzstreben ein der Situation des Menschen in der Welt nicht angemessenes Verhalten ist. Eine praktische Anwendung dieser Einsicht gibt der folgende Spruch, der die Grenze absteckt, jenseits derer ein Streben nach Besitz unangemessen ist. Das Futur ist wohl imperativisch zu verstehen: Es soll eine verbindliche Regel formuliert werden[45]. Nur Nahrung[46] und Kleidung[47], die zur Erhaltung der leiblichen Existenz absolut unentbehrlichen Dinge also (Gen 28,20; Dtn 10,18; Sir 29,21; Jak 2,15), dürfen erstrebt und besorgt werden[48].

Das ist ungleich radikaler als die in Hebr 13,5 aus dem Arsenal stoischer Ethik übernommene Mahnung, zufrieden zu sein mit dem »Vorhandenen« (τοῖς παροῦσιν), die lediglich ein allgemeines Genügsamkeitsideal formuliert[49]. Entsprechungen zu diesem Rigorismus finden sich lediglich in den radikalen Lebensmaximen kynischer Wanderphilosophen[50] und – noch zugespitzter – in jenen Weisungen Jesu, die den Lebensstil des christlichen Wanderradikalismus prägten (Lk 12,22–32 par Mt 6,25–34 Q). Die Jesustradition begründet ihren extremen Rigorismus von der andringenden Nähe der Gottesherrschaft und der Sorge Gottes für die in ihrem Dienst Stehenden her

---

44   Ähnlich Hasler 47: »Für den Autor beschreibt der Spruch also nicht nur das allgemeine Schicksal der Sterblichen, sondern bringt den Willen des Schöpfers zum Ausdruck, auf den er schon 4,4 bei der Abwehr der Speisegebote verwiesen hat.«

45   Bl-Debr-Rehkopf § 362.

46   Διατροφή (hap leg), wörtlich »der Lebensunterhalt« (1Makk 6,49; JosAnt 2,88 u. ö.). Der Plural (etwa »die Lebensmittel«) ist ungewöhnlich (Epictetus, Ench. 12,1) und wird wohl deshalb in einigen Hss. (D, F, G, K, P u. a., Cyprian, Ambrosiaster) durch den Singular ersetzt.

47   Σκέπασμα (hap leg), wörtlich »die Bedeckung«, kann an sich neben der *Kleidung* auch das *Haus* bedeuten (vgl. Bauer, Wb s. v.). Hier

ist jedoch an die erstere zu denken in Entsprechung zu den oben genannten Stellen, die jeweils Nahrung und Kleidung als die Grundbedürfnisse menschlicher Existenz anführen.

48   Das Verb ἀρκεῖσθαι spielt auf das Substantiv αὐτάρκεια (V6) an.

49   So z. B. Plutarchus, Sept.Sap.Conv. 155d: »Wie gut ist doch das Haus, das des Überflusses nicht bedarf und vom Notwendigen nichts entbehrt«; vgl. auch Xenophon, Mem. 1,6,10; Epictetus, Diss. I 12f; ähnliche Motive im AT; G. Kittel, ThWNT I 465f.

50   Z. B. Diogenes Laertius VI 104f. Gegen Schrage, Ethik 294, der hier lediglich einen »Mittelweg und Kompromiß zwischen Besitzlosigkeit und Reichtum« gewiesen sieht.

(Lk 12,30f). Dieser konsequent eschatologische Ansatz ist dem Verf. der Past nicht mehr erschwinglich; er ersetzt ihn durch eine weisheitliche Motivation, die zumindest kompatibel ist mit Gedanken der zeitgenössischen Popularphilosophie. Dementsprechend wird auch der extreme Rigorismus der Jesustradition nicht aufgenommen. Vielleicht läßt sich aus dieser Differenz des Begründungsansatzes ein Stück weit der Umstand erklären, daß der Verf. auf einen von der Sache her naheliegenden direkten Rekurs auf die Jesustradition aus Q verzichtet hat, obgleich diese ihm wahrscheinlich bekannt war (s. zu V3). Daß er die ihm vermutlich bekannten Ausführungen des Paulus zur Begründung seines Unterhaltsverzichtes 1Kor 9,15–17 (s. zu 5,18) ebenfalls nicht herangezogen hat, deutet in die gleiche Richtung.

Jedenfalls steht die Aussage in ihrer Radikalität in Spannung zu dem die Past sonst bestimmenden positiven Weltverhältnis, vor allem zu den Aussagen über den Reichtum in VV17–19. Das wird erklärbar, wenn man sie – trotz ihrer generellen Redeweise – speziell auf die Amtsträger bezieht, wie dies ja auch der Kontext nahelegt. Die Amtsträger sind nämlich auch in der folgenden **9** Warnung indirekt im Blick. Denn »die reich sein wollen« sind zweifellos die Irrlehrer, die den rechtgläubigen Amtsträgern als negatives Gegenbild gegenübergestellt sind. Wer »reich sein« will, respektiert die durch das Gebot der αὐτάρκεια gesetzte Grenze nicht; er begibt sich in einen Bereich von übermächtigen Versuchungen und Gefährdungen, an denen er unweigerlich scheitern muß. Die sprachliche Gestalt der Aussage mit ihrer Aneinanderreihung drastischer Metaphern und grell abwertender Attribute bringt bereits formal deren warnenden Charakter zum Ausdruck, und die Häufung von nicht weniger als acht p- und b-Lauten (besonders deutlich in der Alliteration πειρασμὸν καὶ παγίδα)[51] in V9a tut ein übriges zur Steigerung des bedrohlichen Klanges.

Die Sucht nach Reichtum ist eine Versuchung, die – so die *erste Metapher* – dem Menschen zum *Fallstrick* wird[52]: Unversehens stolpert er in eine verhängnisvolle Lage, wird zum Gefangenen, der sich nicht mehr selbst befreien kann. Und zwar kommt das, was ihn gefangen hält, aus ihm selbst: es sind seine ἐπιθυμίαι, jene Begierden und Strebungen, die ihn dazu verleiten, durch Aneignung von immer mehr Dingen und Gütern der Welt seine Existenz zu steigern und abzusichern[53] (vgl. 1Joh 2,15–17; Jak 1,13–18).

Ähnlich wie in Röm 7,7–25 ist die Begierde auch hier als aus dem Menschen selbst kommende, auf die eigenmächtige Steigerung und Realisierung von Leben gerichtete Mächtigkeit dargestellt, die den Menschen jedoch versklavt und in die Entfremdung

---

51 Bl-Debr-Rehkopf § 488 Anm. 7.
52 Die Lesart παγίδα τοῦ διαβόλου (D*, F, G, u. einige lat. Hss.) gleicht an 3,7 an.
53 Im Gefälle jüdischen Denkens, vor allem der rabbinischen Lehre vom »bösen Trieb«, wird ἐπιθυμία im NT (anders als in der LXX) durchweg im negativen Sinn gebraucht. Die

Verengung auf die sexuelle Begierde ist dem NT noch fremd; sie erfolgt erst in der späteren kirchlichen Tradition. Vgl. W. D. Davies, Paul and Rabbinic Judaism, London 1948, 17–35; G. Stählin, ThWNT II 911–928; F. Mußner, Der Jakobusbrief, ³1975 (HThK XIII/1), 84–97; H. Hübner, EWNT II 68–71.

führt (Röm 7,15). Im Unterschied zu Röm 7, wo die ἐπιθυμία in ihrem Zusammenhang mit den Unheilsmächten Sünde und Gesetz gesehen und damit in einen soteriologischen Deutungszusammenhang gestellt wird, sind solche Bezüge jedoch hier ausgeblendet. Die Aussage bleibt auf einer erfahrungspsychologischen Ebene, was schon daraus ersichtlich wird, daß pluralisch von ἐπιθυμίαι geredet wird. Gedacht ist konkret daran, daß der Habsüchtige der Macht von Trieben verfällt, die sich jeder rationalen Steuerung entziehen (ἀνοήτους)[54] und ihn darum für die wahren Notwendigkeiten des Lebens und seine eigentliche Situation blind werden lassen.

Die *zweite Metapher* ist die des sinkenden Schiffes: Einer übermäßigen Last gleich, die ein Schiff manövrierunfähig macht und zum Sinken bringt, lassen die unbeherrschten, jeder Kontrolle entglittenen Triebe den Besitzgierigen auf Grund laufen und führen zu seinem Untergang[55]. Damit ist nicht nur ein innerweltliches Scheitern und Mißlingen, sondern das endgültige Scheitern aufgrund des Urteils Gottes im Endgericht gemeint (vgl. Lk 12,20). Die beiden weitgehend synonymen Begriffe »Verderben« (ὄλεθρος; vgl. 1Thess 5,3; 2Thess 1,9; 1Kor 5,5) und »Vernichtung« (ἀπώλεια; vgl. Phil 1,28; 3,19; Mt 7,13; 5× in 2Petr) sind der eschatologischen Gerichtsterminologie zugehörig[56].

10a Die Warnung gipfelt in einer handfesten Maxime, für die es zahlreiche fast wörtliche Entsprechungen in der popularphilosophischen Literatur gibt und die möglicherweise als Zitat übernommen ist.

Dion Chrysostomus bezeichnet in seiner Rede »Über die Habsucht« (Or. 17) diese als »Ursache der größten Übel« (τῶν μεγίστων κακῶν αἴτιον), und eine ähnliche Sentenz wurde Demokrit zugeschrieben[57]. Selbst wenn ähnliche Urteile gelegentlich auch über andere Laster, etwa die Schmeichelei, abgegeben werden konnten[58], ist die hervorgehobene Stellung der Habsucht unter den Lastern ein Charakteristikum der hellenistischen Ethik. Hier liegt ein wichtiger Unterschied zur Ethik des Judentums, für die Götzendienst und die sich daraus ergebenden Sexualverirrungen in der Rangordnung der Laster obenan stehen. Möglicherweise unter hellenistischem Einfluß hat sich im Judentum in Lasterkatalogen die Trias »Unzucht, Götzendienst, Habgier« als Kardinallaster herausgebildet (TestDan 5,5–7; TestJud 19,1; Philo, Spec.Leg. I 23–25; CD IV 17f: Unzucht, Reichtum, Befleckung des Heiligtums als die »drei Netze Belials«);

---

[54] Die Lesart ἀνονήτους (= »nutzlos«) in einigen Hss. (Min. 629 und lat. Hss.) ist wahrscheinlich unbewußte Sinnangleichung an βλαβεράς.
[55] Βυθίζεσθαι (= »versinken«) ist ursprünglich nautischer Terminus (Lk 5,7; 1Cl 51,5; Epictetus, Diss. III 2,18), kann aber auch übertragen gebraucht werden (z. B. Philostratus, Vit.Ap. VI, 32); vgl. Bauer, Wb s. v.
[56] S. hierzu Trilling, Thessalonicher 58.
[57] Vgl. Dion Chrysostomus, Or. 17,6; Komiker Apollodorus, Philadelph.Fragm. IV³ (Δημόκριτος τὴν φιλαργυρίαν ἔλεγε

μητρόπολιν πάσης κακίας); ferner Diogenes Laertius VI 50; Philo, Spec.Leg IV 65. Weitere Analogien: Spicq 564; Dibelius-Conzelmann 66.
[58] Dion Chrysostomus, Or. 3,17: πασῶν ... τῶν κακιῶν αἰσχίτην τις ἂν εὕροι τὴν κολακείαν. Vgl. Holtz, Thessalonicher 75f. Plutarch kommt dem hier ausgesprochenen Gedanken sehr nahe, wenn er als Ursache der von ihm als größtes aller Übel betrachteten Kriege die Geldgier benennt (Cons. ad Apoll. 108ab); vgl. H. Almqvist, Plutarch und das Neue Testament, 1946 (ASNU XV), 125f.

lediglich in 1QS IV 9f steht die Habgier an erster Stelle. Diese Trias wurde zunächst auch vom Urchristentum übernommen (1Thess 4,3–6; 1Kor 5,10f; 6,9; Kol 3,5)[59]. Die Past haben jedoch, wie die vorliegende Stelle zeigt, diese Tradition hinter sich gelassen, um ganz auf die hellenistische Linie mit ihrer isolierten Hervorhebung der Habgier unter den Lastern einzuschwenken.

Die für sich genommen recht plakative und pauschale These gewinnt erst durch 10b die Einbindung in die Ausgangsthematik des Abschnitts Konkretheit und Überzeugungskraft. Der Anschluß von V10b ist zwar sprachlich holprig, der Sache nach jedoch eindeutig[60]: Es sind die Irrlehrer, in deren Verhalten und Entwicklung sich in der Tat die Habgier als Wurzel allen Übels erwiesen hat. Gewinnsucht war die Grundmotivation ihres Handelns; sie hat dazu geführt, daß sie aus dem Glauben herausgefallen sind (s. zu 1,19) und sich damit in ausweglose innere Konflikte gestürzt haben. So wird am Beispiel der Irrlehrer deutlich, daß es für die Verkündiger der Heilsbotschaft nur eine ungeteilte Motivation geben kann, nämlich ihren Amtsauftrag (V14), hinter dem der Herr der Kirche selbst steht. Um diesen Auftrag erfüllen zu können, müssen sie sich freihalten von jedem Nebengedanken an persönlichen Vorteil und Gewinn. Denn würden sie dem Wunsch nach Besitz und einem guten Leben als weiterer Motivation Raum geben, so hätte dies unweigerlich zur Folge, daß diese Motivation auch ihren Umgang mit der Botschaft bestimmen würde. Das Evangelium würde zu einem Mittel zum Zweck, es würde manipulierbar als Werkzeug, gewinnträchtige persönliche Erfolge zu erzielen. Wer aber so mit dem Evangelium umgeht, wird seinem Auftrag untreu, wird für die ihm anvertrauten Menschen zum demagogischen Verführer und vor sich selbst unglaubwürdig.

Die Schlußparänese wendet sich unmittelbar dem Amtsträger selbst zu. Zusammen-
Dessen Treue zum empfangenen Auftrag spiegelt sich auch in seiner äußeren fassung
Lebensführung. So wird auf dem düsteren Hintergrund des auf Geltung und materiellen Gewinn abzielenden Verhaltens der Irrlehrer das für den rechten Amtsträger geltende positive Verhaltensleitbild gezeichnet, das durch das Motiv der Genügsamkeit beherrscht ist: Fern von jedem Wunsch nach Reichtum und Genuß gibt er sich mit den zur Fristung des leiblichen Lebens erforderlichen Dingen zufrieden. Obwohl sachlich eine deutliche Nähe zu weisheitlichen Traditionen einerseits und zu den Weisungen für die Nachfolgenden aus der synoptischen Jesusüberlieferung andererseits besteht, trägt der Abschnitt das sprachliche Gewand popularphilosophischer Ethik. Hinsichtlich seiner Radikalität steht er in einer gewissen Spannung zu dem sonstigen weltfreudigen, antiasketischen Ethos der Past, vor allem zu der Reichenparäne-

---

[59] Vgl. Vögtle, Tugend- und Lasterkataloge 38f; Schweizer, Kolosser 143; ähnliche Trias in rabbinischen Texten bei Bill. I 937.

[60] Man kann nicht nach Geldgier »streben« bzw. sie »begehren« (so die wörtliche Bedeutung von ὀϱέγεσϑαι), sondern nur nach dem Geld: eben dies ist gemeint (Bauer, Wb s. v.).

se in 6,17–18. Offensichtlich haben wir es hier mit Ansätzen zu einer speziellen Pastoralethik zu tun.

II. Das Ordinationsbekenntnis als tragende Motivation für den Auftrag (6,11–16)

Literatur: Baldensperger, G., Il a rendu témoignage devant Ponce Pilate, RHPhR 2 (1922) 1–25.95–117; Brox, N., Zeuge und Märtyrer. Untersuchungen zur frühchristlichen Zeugnis-Terminologie, 1961 (StANT 5); *Campenhausen, H. v.,* Das Bekenntnis im Urchristentum, ZNW 63 (1972) 210–253; *Cullmann, O.,* Die ersten christlichen Glaubensbekenntnisse, ²1949 (ThSt [B] 15); *Käsemann,* Formular; *Lührmann,* Epiphaneia; *Pax, E.,* ΕΠΙΦΑΝΕΙΑ. Ein religionsgeschichtlicher Beitrag zur biblischen Theologie, München 1955; *Vögtle,* Tugend- und Lasterkataloge.

11 Du aber, Mann Gottes, fliehe davor!
Trachte vielmehr nach Gerechtigkeit, Frömmigkeit, Glaube, Liebe,
Geduld, Sanftmut.
12 Kämpfe den guten Kampf des Glaubens!
Ergreife das ewige Leben, zu dem du berufen bist und das gute Bekenntnis vor vielen Zeugen abgelegt hast!
13 Ich gebiete dir –
    vor Gott, der alles lebendig macht,
    und vor Christus Jesus, der vor Pontius Pilatus das gute Bekenntnis
    abgelegt hat –,
14 den Auftrag makellos und ohne Tadel wahrzunehmen,
    bis zur Erscheinung unseres Herrn Jesus Christus,
15 die zur rechten Zeit anbrechen lassen wird
    der selige und alleinige Herrscher,
    der König der Könige
    und Herr der Herren,
16 der allein Unsterblichkeit besitzt,
    der in einem unzugänglichen Lichte wohnt,
    den kein Mensch je gesehen hat noch zu sehen vermag.
    Ihm sei Ehre und ewige Macht! Amen.

Analyse   1. *Kontext.* Der Charakteristik der Irrlehrer, der Aufdeckung ihrer zentralen Motivation und der Warnung, ihnen auf dem Irrweg der Habsucht zu folgen (VV3–10), wird nun ein positives Gegenbild zur Seite gestellt: Es geht um den seinem Auftrag treuen Amtsträger. Der Abschnitt hat die Funktion einer Antithese zu VV3–10, wobei der »Schwellensatz« V11a das entscheidende Scharnier bildet. Die Kontrastierung der Irrlehrer mit dem Apostelschüler als dem Repräsentanten des legitimen kirchlichen Amtes ist ein bestimmendes kompositorisches Prinzip der Past (s. zu 4,6). Dabei werden im Übergang von

der negativen zur positiven Seite häufig ähnliche Formulierungen verwendet:
»Du aber...« (2Tim 2,1; 3,14; Tit 2,1), »fliehe...« (2Tim 2,22). Auch der
Tugendkatalog V11b steht im Dienst der beabsichtigten Kontrastwirkung,
insofern er dem Lasterkatalog VV4f korrespondiert. Im übrigen aber sind
Sprache und Stil völlig anders als in VV3–10. Weisheitliche Sätze fehlen
ebenso wie Anklänge an popularphilosophische Argumentation. Statt dessen
findet sich hier durchweg eine feierlich klingende, stark rhythmisierte Sprache
voller liturgisch klingender Wendungen, wobei sich der Eindruck einer fort-
laufenden Steigerung der sprachlichen Höhenlage vom Tugendkatalog in V11b
bis hin zum hymnischen Abschluß in VV15b–16 aufdrängt. Mit VV15b–16
wird der Höhepunkt nicht nur des mit V3 einsetzenden Gedankenzusammen-
hanges, sondern in gewissem Sinne des gesamten Briefes erreicht, vergleichbar
allenfalls mit dem Hymnus 3,16b.

2. *Aufbau und Gliederung.* Dem verknüpfenden »Schwellensatz« (V11a)
schließt sich zunächst eine Reihe von drei imperativischen Weisungen an:
δίωκε (V11b); ἀγωνίζου (V12a); ἐπιλαβοῦ (V12b). Die dritte dieser Weisungen ist dadurch hervorgehoben, daß ihr ein Relativsatz mit zwei im Indikativ
Aorist gehaltenen Aussagen (εἰς ἣν ἐκλήθης und καὶ ὡμολόγησας τὴν καλὴν
ὁμολογίαν) zur Begründung beigegeben ist. Diese Begründung hat anamnetischen Charakter: der (fiktive) Adressat wird an Früheres erinnert, nämlich an
von ihm erfahrene Berufung und an ein von ihm abgelegtes Bekenntnis. Eine
weitere Weisung setzt mit V13 ein. Sie ist im Unterschied zu den vorigen im
Stil persönlicher Mahnung gehalten (παραγγέλλω σοι). Sie ist, wie die
Begründung der dritten Weisung (V12c), anamnetisch ausgerichtet, und
zudem ist der in ihr enthaltene Hinweis auf die καλή ὁμολογία (V13b) sicher
ein Rückverweis auf V12c, wo die gleiche Wendung erscheint. Beides legt die
Vermutung nahe, daß die VV 13–16 umfassende letzte Weisung eine Explikation der anamnetischen Begründung von V12c geben soll. Die letzte Weisung
ist in besonderem Maße mit liturgisch klingenden Formulierungen befrachtet.
Auffällig ist vor allem ihre zweimalige Verschränkung mit zweigliedrigen
Aussagen über Gott und Jesus Christus, die einander chiastisch gegenüber-
stehen:

Gott (V13b) – Christus Jesus (V13c)
Jesus Christus (V14b) – Gott (V15a)
(also: A:B – B:A).

Die Aussagen über Gott in V15a münden aus in die Doxologie (VV15b–16).

3. *Bezug und Hintergrund der anamnetischen Aussagen.* Drei unterschiedliche
Auffassungen sind in der Forschung zur Diskussion gestellt worden.
a. *Bezug auf ein persönliches Widerfahrnis in der Biografie des Timotheus*, also etwa
auf eine Bewährung in einer kritischen Verfolgungssituation, in der er unerschrocken

»das gute Bekenntnis« zu Jesus Christus abgelegt hat[61]. Aber abgesehen davon, daß diese Auffassung den unmittelbaren paulinischen Ursprung des Briefes voraussetzen würde, weil ja nur der geschichtliche Timotheus auf ein solches Widerfahrnis angesprochen werden könnte, übersieht sie, daß die Bekenntnissituation, an die V12c erinnert, in unmittelbarem Zusammenhang mit der Erteilung jenes Auftrags gestanden haben muß, auf den V14 zurückverweist. Es muß sich also um einen besonders hervorgehobenen, einmaligen Vorgang von bleibender Bedeutung für den Auftrag gehandelt haben.

b. *Bezug auf die Taufhomologie.* Die Auffassung, daß dieser Vorgang die Taufe bzw. die Taufhomologie sei, hat eine lange Tradition[62] und wird auch von vielen neueren Auslegern vertreten[63]. Die wesentlichsten Argumente dafür sind folgende[64]: Nirgends anders als in der Taufe wird die Schwelle, die das alte, sündhafte Leben von der neuen Existenz trennt, überschritten (V11a). Dementsprechend scheint der Tugendkatalog (V11b) Darstellung dieses neuen Lebens zu sein. Und die drei positiven Imperative (VV11b.12a.b) scheinen geradezu exemplarisch den Inhalt einer Taufmahnung wiederzugeben. Schließlich läßt sich auch das Bekenntnis, das diesen auf die Treue zum empfangenen Heil verpflichtenden Imperativen folgt, ganz zwanglos auf das Taufbekenntnis deuten, zumal dieses »vor vielen Zeugen« abgelegt worden sein dürfte. Überdies ist die Annahme, daß in der zweigliedrigen, Gott und Christus erwähnenden Formel (V13) eine Vorform des späteren Taufsymbols zu finden sei, durchaus verlockend.

c. *Bezug auf das Ordinationsbekenntnis.* Eine weitere breite Auslegungstradition sieht hier das Ordinationsbekenntnis angesprochen[65]. Sie wurde durch E. Käsemann 1954 nachdrücklich bekräftigt durch die These, daß es sich in VV11–16 um das weitgehend wörtlich wiedergegebene Formular einer Ordinationsparänese handle. Ich übernehme im folgenden diese inzwischen vor allem von N. Brox weiter ausgeführte These[66], wenn auch mit einigen Modifikationen, da sie m. E. die überzeugendsten Antworten auf die durch die spezifische Struktur des Textes gestellten Fragen ermöglicht. Es ist zuzugeben, daß sich nahezu alle seiner Einzelaussagen je für sich genommen auch von der Annahme eines Zusammenhanges mit der Taufe her sinnvoll erklären ließen, vor allem jene in VV11–12. Jedoch im Blick auf die konkrete Zuordnung dieser Einzelaussagen und – vor allem – im Blick auf den Briefkontext erweist sich eine solche Erklärung als nicht zureichend. Der Kontext macht nämlich deutlich, daß es hier nicht um eine allgemeine Ermahnung an alle Christen, sondern um eine spezifische Verpflichtung der kirchlichen Amtsträger, repräsentiert durch Timotheus, geht[67]. Eine solche spezifische Verpflichtung erfolgt aber nur in der Ordination.

---

61 Baldensperger* 1–25.95–117; Cullmann* 20f: »Der ganze Begleittext beweist, daß es um eine gerichtliche Handlung geht, daß Timotheus bereits ein erstes Mal vor Gericht erschienen war und ›ein gutes Bekenntnis vor mehreren Zeugen abgelegt hat‹«; G. Delling, Der Gottesdienst im NT, Göttingen 1952, 66.
62 Vertreten u. a. durch Chrysostomus, Pelagius, Ambrosiaster.
63 Wohlenberg 201; Easton 166; Dibelius-Conzelmann 67; Windisch, Christologie 219; Spicq 569 (»une légère préférence à l'interprétation baptismale«); Karris 102.

64 S. hierzu Käsemann, Formular 103f.
65 So, im Gefolge von Hugo von Saint-Cher, Thomas Aquinas, Nicolaus von Lyra, Cajetan, Estius, unter den Neueren Holtzmann 364; O. Michel, ThWNT V 216; Jeremias 46; Hanson 110; Hasler 49f; ähnlich auch Schlatter 167f. Kritisch dazu Schweizer, Gemeinde 74f Anm. 324; v. Lips, Glaube 177–180.
66 Brox 212–219.
67 Mit Recht betont Brox 212, »daß nur die Erinnerung der Ordinationsverpflichtung an dieser Stelle dieses Briefes sinnvoll erklärt werden kann«.

Die Past enthalten eine ganze Reihe von *Ordinationsanamnesen,* unter denen die vorliegende durch ihre Ausführlichkeit und ihre liturgische Sprache hervorragt. Dabei wird jeweils an unterschiedliche Teilaspekte der Ordination erinnert: In 1,18 geht es um die Inpflichtnahme des Timotheus durch die in der Ordination an ihn ergangene »profetische Weisung«, in 4,14 um die Verpflichtung durch das empfangene Charisma (vgl. 2 Tim 1,6), und in 2 Tim 2,2 ist die in der Ordination empfangene verbindliche Lehre das Thema. Der an unserer Stelle angesprochene Teilaspekt ist das Ordinations-bekenntnis als *die Lebensführung des Ordinierten bestimmende Motivation.* Daß aber da, wo es um den ethischen Aspekt der Ordination geht, ursprünglich dem Bereich der Taufe zugeordnete Motive und Traditionen aufgenommen werden, braucht nicht zu überraschen. Hat doch nach dem Verständnis der Past der Amtsträger die Verantwortung, die grundsätzlich allen Christen in der Taufe aufgegebenen Verhaltensnormen in modellhafter Weise zu erfüllen (s. zu 4,12)[68]. Wobei im übrigen zumindest die Weisung, »den guten Kampf des Glaubens« zu kämpfen (V12a), über den Bereich der Taufparänese hinausführt. Das Agon-Motiv ist nämlich in den Past konsequent dem Apostel (2 Tim 4,7) bzw. dem Amtsträger (1,18; 4,10; 2 Tim 2,4) zugeordnet und kennzeichnet den spezifischen Dienst am Evangelium[69].

4. *Benutzte Traditionen.* E. Käsemann ging wohl zu weit in der Annahme, der Gesamtabschnitt VV11–16 sei wörtliches Zitat aus einer vorformulierten gottesdienstlichen Ordinationsparänese. Die VV11–12 sind vielmehr eine vom Verf. selbst geschaffene Einführung und Überleitung. In ihnen häufen sich nämlich seine Standardmotive[70] und Vorzugsformulierungen[71]. Die ethische Ausrichtung der Imperative entspricht zwar dem Kontext, bleibt jedoch inhaltlich zweifellos hinter dem Inhalt der Ordinationsverpflichtung zurück, was schon durch den Vergleich mit V14 deutlich wird. Hier dürften zum Teil allgemeine ethische Tauftraditionen aufgenommen worden sein, so der Grundbestand des – vom Verf. freilich erweiterten – Tugendkatalogs. Erst mit V12c wird zu dem übernommenen Traditionsstück übergeleitet. Dieses beginnt mit V13. Daß hier ein Neueinsatz vorliegt, geht auch aus der formalen und inhaltlichen Differenz zu den drei in VV11–12 vorhergegangenen Mahnungen hervor. VV13–16 dürften weitgehend wörtlich aus liturgischer Überlieferung übernommen sein. Der Sitz im Leben dieses Traditionsstücks läßt sich nun relativ genau bestimmen. Es war Teilstück eines Ordinationsformulars und diente der feierlichen Verpflichtung des Ordinanden auf das von ihm unmittelbar vorher abgelegte Bekenntnis sowie der Bekräftigung des ebenfalls vorher (durch das »profetische Wort«, vgl. 1,18) an ihn ergangenen Auftrags. Als sein Sprecher ist – wie aus der persönlichen Anredeform hervorgeht – der den Ordinationsgottesdienst leitende Bischof zu denken. Es handelt sich

---

[68] Vgl. Käsemann, Formular 107. Daß die Mahnungen von VV11–12 traditionsge-schichtlich ursprünglich zumindest teilweise dem Taufbereich zugehörten (so Schweizer, Gemeinde 74f Anm. 324), soll damit nicht bestritten werden; vgl. Brox 215.

[69] S. hierzu Pfitzner, Agon Motif 181.
[70] So das Agon-Motiv (vgl. 1,18; 4,10; 2 Tim 2,4); die »vielen Zeugen« (vgl. 2 Tim 2,2).
[71] Z. B. »du aber« (vgl. 2 Tim 3,10.14; 4,5.15; Tit 2,1; φεῦγε; δίωκε (vgl. 2 Tim 2,22); s. hierzu v. Lips, Glaube 178f.

also um eine dem Ordinationsgottesdienst abschließende *liturgische Vermahnung*.

Integriert in dieses Traditionsstück findet sich eine zweigliedrige Glaubensformel (vgl. 2Tim 4,1), die ursprünglich gelautet haben dürfte:

(πιστεύω καὶ ὁμολογῶ)
τὸν θεὸν ζῳογονοῦντα τὰ πάντα
καὶ Χριστὸν Ἰησοῦν τὸν μαρτυρήσαντα ἐπὶ Ποντίου Πιλάτου[72].

Als ihr nicht zugehörig erweisen sich die Worte τὴν καλὴν ὁμολογίαν, die ihr erst um der Verwendbarkeit in der Ordinationsvermahnung willen hinzugefügt worden sind. Die Glaubensformel ist als eine relativ junge Bildung innerhalb des nachpaulinischen hellenistischen Christentums zu beurteilen. Darauf deuten vor allem die hellenistischen Wendungen ζῳογονοῦντα und τὰ πάντα (vgl. Lk 17,33; Apg 7,19). Das erste Glied nennt Gott im Blick auf sein Werk der Weltschöpfung und -erhaltung. Weniger eindeutig ist dagegen der Sinn der christologischen Aussage des zweiten Gliedes. Die Nennung des Pontius Pilatus könnte zunächst den Gedanken an das »unter Pontius Pilatus« erlittene Todesschicksal Jesu nahelegen[73]. Aber ein solches martyrologisches Verständnis von μαρτυρεῖν ist dem NT sonst fremd und hat sich erst später ausgebildet[74]. Darum hat die Annahme, daß hier ein Wortzeugnis gemeint sei, mehr für sich[75]. In diesem Fall hätte μαρτυρήσας die Bedeutung des unter Pontius Pilatus, d. h. in einer forensischen Situation[76], abgelegten bekennenden Zeugnisses[77]. Um dessen Inhalt zu erfassen, bedarf es schwerlich der Rückschlüsse auf Einzelheiten des Passionsberichtes, etwa auf Mk 15,2 oder Joh 18,33–37. Es muß nämlich keineswegs damit gemeint gewesen sein, daß Jesus seine messianische Würde bzw. einen Hoheitstitel bekannt habe. Zunächst könnte es lediglich ganz allgemein darum gegangen sein, daß Jesus angesichts der durch Pilatus verkörperten feindlichen Macht die ihm aufgetragene Wahrheit Gottes bezeugt und sich so in prototypischer Weise als Zeuge des im ersten Glied der Formel genannten Gottes erwiesen hat. Dieses sein Zeugnis wurde Modell

---

[72] Wengst, Lieder 124 f.
[73] So Dibelius-Conzelmann 67 f und – weitergehend – Wengst, Lieder 124 f: Die Glaubensformel habe mit ihrer Betonung des Todesschicksals Jesu eine antidoketische Spitze und sei in dieser Hinsicht mit IgnTr 9,1 f; IgnEph 18,2 und vor allem IgnSm 1,1 f (wo ebenfalls Pontius Pilatus erwähnt wird) verwandt. Aber die antidoketischen Formeltraditionen der Ignatianen betonen durchweg die wahrhafte (ἀληθῶς) Menschwerdung Jesu und sein wahrhaftes (ἀληθῶς) Sterben; für diese doppelte polemische Spitze fehlt in V13 jede Analogie, während umgekehrt ein μαρτυρεῖν Jesu bei Ignatius nicht erwähnt wird.
[74] Der martyrologische Sprachgebrauch von μάρτυς/μαρτυρεῖν ist erst MartPol 1,1; 2,1; 18,2; 19,1 erreicht. Vgl. Brox*; A. A. Trites, The New Testament Concept of Witness, 1977 (MSSNTS 31); J. Beutler, EWNT II 958–968. Anders noch H. v. Campenhausen, Die Idee

des Martyriums in der alten Kirche, Göttingen 1936.
[75] Brox* 33.
[76] So W. Bousset, Kyrios Christos, Göttingen [6]1967, 231; Windisch, Christologie 219; V. H. Neufeld, The Earliest Christian Confessions, 1963 (NTTS 5), 130 f; Trites, a. a. O. (Anm. 74) 209.
[77] Ἐπί mit Genitiv juridisch im Sinn der Erscheinung vor einem Tribunal (1Kor 6,1.6; Apg 23,30; 24,19; 25,9 f) bzw. des Stehens unter der Jurisdiktion von jemandem (N. Turner, Grammatical Insights into the NT, Edinburgh 1965, 118). Wichtig ist der Hinweis von Cullmann* 20–22 auf Apg 3,13: Verleugnung des Namens Jesu (und damit der Wahrheit Gottes) *vor Pilatus*. Da Verleugnen und Bekennen Korrelatbegriffe sind, dürfte bereits diese alte Tradition ein Bekennen Jesu vor dem Forum des Pilatus voraussetzen.

und zugleich Motivation für die Christen, die in feindlicher Umgebung bzw. vor heidnischen Tribunalen die ihnen aufgetragene Wahrheit Gottes und seinen Herrschaftsanspruch zu bezeugen hatten (vgl. Offb 2,13; 11,3; 17,6)[78].

Ein schroffer Kontrast zwischen dem nun direkt angeredeten Timotheus und dem vorher nur in unbestimmten Wendungen umschriebenen Personenkreis (V3: τις; V10: τινες), mit dem die Irrlehrer gemeint sind, wird markiert. Was beide voneinander trennt, ist ihr Verhalten. Es geht nicht um die Wahl zwischen zwei Möglichkeiten, deren eine sich empfiehlt, während die andere Bedenken erweckt, sondern um die Aufforderung, die bereits vorgegebene Grenze strikt zu respektieren und im eigenen Verhalten nachzuvollziehen. Deren Begründung liegt im spezifischen Auftrag, der an Timotheus ergangen ist. Weil er »Gottesmann« ist, darum gibt es für ihn nur die entschiedene Distanzierung (ταῦτα φεῦγε vgl. 2Tim 2,22; 1Kor 6,18)[79] von den Verhaltensweisen der Irrlehrer: Wie die pluralische Formulierung (ταῦτα), aber auch die Korrespondenz zum folgenden Tugendkatalog erkennen läßt, ist damit nicht nur die Geldgier (V10), sondern die Summe der aus dieser erwachsenden verwerflichen Handlungen (VV3–5) gemeint. Der Ausdruck »Gottesmann« (ἄνθρωπε θεοῦ) geht auf das AT zurück, wo er die in besonderer Weise von Gott Beauftragten kennzeichnet (Mose: Dtn 33,1; Jos 14,6; Samuel: 1Sam 9,6f; Elija: 1Kön 17,18; Elischa: 2Kön 4,7; David: Neh 12,24)[80].

Erklärung 11

Ob hier darüber hinaus ein Bezug auf die in der hellenistischen Mystik belegbare Vorstellung vom Pneumatiker als »Mensch Gottes«, d. h. als der Gottheit zugehörigem Menschen, vorliegt, durch den auf den Geistbesitz der Amtsträger verwiesen werden sollte, ist dagegen eher fraglich[81]. Die Past setzen zwar ein besonderes Geisteswirken am Amtsträger in dem in der Ordination unter Handauflegung übermittelten Charisma voraus (s. zu 4,14), betonen aber nirgends das Pneumatikertum des Amtsträgers. Auszuschließen ist andererseits aber auch die Möglichkeit, ἄνθρωπε θεοῦ als eine von der Vorstellung des in der Taufe vermittelten Geistes aus entwickelte Bezeichnung für den Getauften, d. h. für den Christen schlechthin, zu verstehen[82]. Auch 2Tim 3,17 läßt

---

[78] Ganz in diesem Sinn wird Jesus Offb 1,5 als »Zeuge« bezeichnet, d. h. als der, der Gottes Wahrheit und seinen Geschichtsplan bezeugt und zur Wirkung bringt; wie denn überhaupt der hier vorliegende Sprachgebrauch von μαρτυρεῖν bzw. μάρτυς in der Offb seine nächste Entsprechung hat.

[79] Die Antithese φεύγε . . . δίωκε entspricht dem Stil popularphilosophischer Unterweisung (Epictetus, Diss. IV 5,30; Plutarchus, Mor. 822C); vgl. Almqvist, a. a. O. (Anm. 58) 126. Ein Anklang an das Zwei-Wege-Schema besteht (vgl. Hermas mand 6,12; 11,1,17).

[80] Hebr. אִישׁ אֱלֹהִים. Vgl. R. Hallevy, Man of God, JNES 17 (1958) 237–244; A. van Selms, Die uitdrukking »Man von God« in die Bybel, HTS 15 (1959) 133–149.

[81] Gegen Käsemann, Formular 108, der auf Corpus Hermeticum 1,32; 13,32 verweist, wo der Wiedergeborene als ὁ σὸς ἄνθρωπος (d. h. als der der Gottheit zugehörige Mensch) bezeichnet wird, sowie auf Arist 140, wo die Israeliten gegenüber den Ägyptern als »Gottesmenschen« ausgezeichnet werden.

[82] Gegen Wohlenberg 199, der in Ermangelung einer exegetischen Begründung mit einem dogmatischen Postulat operiert, und v. Lips, Glaube 180 Anm. 77, der in Arist 140 eine »Verallgemeinerung zur Bezeichnung für die Juden insgesamt« sehen und daraus schließen will, daß die Verwendung der Bezeichnung in den Past »auf der Linie der Übernahme atl.-jüd. Titel . . . durch das Urchristentum« liege. Aber Arist 140 ist eine polemische Spitzenaus-

sich dafür nicht heranziehen, da die Wendung ὁ τοῦ θεοῦ ἄνθρωπος dort ebenfalls im Rahmen einer Amtsträgerparänese erscheint[83].

Dem kategorischen ταῦτα φεῦγε entspricht als positives Korrelat das eine Vorzugswendung paulinischer Paränese (1Thess 5,15; 1Kor 14,1; Röm 9,30f; Phil 3,12–14) aufnehmende δίωκε (vgl. 2Tim 2,22; Hebr 12,14)[84]. Gemeint ist ein intensives zielgerichtetes Bemühen, das näherhin den im folgenden Tugendkatalog genannten sechs Tugenden zu gelten hat. Eine systematisch begründete Reihenfolge wird sich unter diesen kaum nachweisen lassen, zumal die Abfolge wie bei allen solchen Katalogen etwas Rhetorisches hat, so daß eine präzise Differenzierung zwischen den einzelnen Begriffen weder möglich noch vom Verf. selbst beabsichtigt ist[85].

Eine gewisse Klärung ist jedoch von der Einsicht in die Genese her möglich. Der Kern des Katalogs (πίστις, ἀγάπη, ὑπομονή) entspricht weitgehend einer bei Paulus häufigen Trias (1Thess 1,3; 5,8; 1Kor 13,13; Röm 5,1–5; Gal 5,5f)[86], die möglicherweise auf vorgegebener urchristlicher Tradition beruht[87]: πίστις, ἀγάπη, ἐλπίς[88]. Lediglich ἐλπίς ist durch ὑπομονή ersetzt, wobei zu berücksichtigen ist, daß bereits 1Thess 1,3; Röm 5,3–5 die ὑπομονή der ἐλπίς unmittelbar zugeordnet ist: »Geduld« (ὑπομονή) ist hier gewissermaßen die Konkretion der grundlegenden eschatologischen Ausrichtung christlicher Existenz (ἐλπίς) im alltäglichen Lebensvollzug[89]. Mit dem Zurücktreten dieser eschatologischen Ausrichtung tritt die ὑπομονή wegen ihrer Erfaßbarkeit als konkrete Verhaltensweise an die Stelle der ἐλπίς[90]. Primär als solche Verhaltensweisen sind hier wohl auch »Glaube« und »Liebe« gesehen, wobei beim »Glauben«, wie fast durchweg in den Past im Zusammenhang solcher Aufzählungen, die Nuance der Treue und Zuverlässigkeit mitschwingt[91].

Dieser modifizierten paulinischen Trias sind zwei Tugenden vorgeschaltet, die für den Verf. wohl eine gewisse übergreifende Bedeutung hatten: »Gerechtig-

---

sage, die die Juden im Vergleich zu den ägyptischen Priestern durch das charakterisiert sein läßt, was nach Philo (Gig. 61; Deus Imm. 139) das Wesen des Priesters ausmacht, nämlich seine Weltabgeschiedenheit; vgl. N. Meisner, Aristeasbrief, ²1977 (JSHRZ II/1), 35–85.63.

[83] Gegen v. Lips, Glaube 180 Anm. 77.

[84] S. Anm. 79; ferner O. Knoch, EWNT I 816–819; A. Oepke, ThWNT II 233.

[85] Zum folgenden vgl. Vögtle, Tugend- und Lasterkataloge 46–51.

[86] Vgl. H. Conzelmann, Der erste Brief an die Korinther, 1969 (KEK V), 270f (dort Annahme gnostischer Bildung mit Recht abgelehnt); Schweizer, Kolosser 35 Anm. 53; O. Wischmeyer, Der höchste Weg 1981, (StNT 13), 147–153; C. Spicq, Agapè dans le Nouveau Testament II, 1959 (EtB), 365–378 (App. I: L'origine de la triade: Foi, Espérance, Charité).

[87] Hierzu Conzelmann, a. a. O. 271.

[88] Vgl. ferner Eph 1,15–18; Kol 1,4f; Hebr 10,22–24; 1Petr 1,3–8.21f; Barn 1,6.

[89] Vgl. Vögtle, Tugend- und Lasterkataloge 173.

[90] Der Vergleich mit den übrigen Tugendkatalogen der Past (4,12; 2Tim 2,22; 3,10) ergibt, daß πίστις und ἀγάπη den überall erscheinenden Kernbestand bilden, während ὑπομονή nur 6,11 und 2Tim 3,10 vorkommt. Hinsichtlich der übrigen genannten Tugenden besteht Variabilität: zweimal δικαιοσύνη (6,11; 2Tim 2,22); je einmal ἁγνεία (4,12), εὐσέβεια (6,11), πραϋπαθία (6,11), εἰρήνη (2Tim 2,22), μακροθυμία (2Tim 3,10).

[91] Vgl. Kretschmar, Glaube 123.

keit« (δικαιοσύνη) als das dem Willen Gottes gemäße Verhalten, das jeweils Menschen und Verhältnissen gegenüber korrekt und angemessen ist (vgl. 2Tim 2,22; 3,16; 4,8)[92], sowie »Frömmigkeit« (εὐσέβεια) als die von der Zugehörigkeit zu Gott geprägte Lebenshaltung[93]. Die als letztes Glied der Reihe angefügte »Sanftmut« (πραϋπαθία[94]; vgl. IgnTr 8,1) dürfte als Interpretament der vorher genannten ὑπομονή aufzufassen sein: Es geht nicht nur um milde, sanftmütige Freundlichkeit[95], sondern um Gelassenheit, die angesichts von Unrecht und Fehlverhalten einen langen Atem zu bewahren vermag – eine speziell für den Gemeindeleiter in seiner Auseinandersetzung mit den Irrlehrern wichtige Tugend (vgl. 2Tim 2,25). Unbeschadet dieser möglichen abschließenden Zuspitzung auf den Amtsträger umreißt der Katalog doch insgesamt ein allgemeines Idealbild christlicher Existenz[96]. Es geht hier noch nicht um Inhalte einer spezifischen Amtsethik[97]. Der Amtsträger ist lediglich als der angesprochen, der kraft seines besonderen Auftrags dazu berufen ist, als »Vorbild der Glaubenden« (4,12) dieses Idealbild normgebend für die Gemeinde zu realisieren.

Der zweite Imperativ mit seiner Kampf-Metapher schließt sich bruchlos an den ersten im Sinn einer weiterführenden Erklärung an. Denn das kompromißlose Streben (διώκειν) nach jenen Verhaltensweisen, die einem Gottesmann angemessen sind, ist ein Kampf, der mit letztem Einsatz zu führen ist und bei dem

12

---

92 Hier wie 2Tim 2,22 steht δικαιοσύνη betont am Anfang des Tugendkatalogs, was der Gewichtung der Gerechtigkeit als einer der vier Kardinaltugenden (neben φρόνησις, ἀνδρεία, σωφροσύνη) in der hellenistischen Tugendlehre entspricht (Epictetus, Diss. I 22,1; II, 17,6; Philo, Leg.All. II 18; Sobr. 38). Allerdings ist δικαιοσύνη hier nicht wie weithin in der hellenistischen Ethik primär als Entsprechung zu der von der menschlichen Gesellschaft geforderten Rechtsnorm (δίκη), sondern vielmehr als ein dem Willen Gottes gemäßes Verhalten verstanden, wie aus 2Tim 4,8; Tit 1,8 sowie vor allem aus der Zusammenordnung mit spezifisch christlichen Verhaltensweisen wie πίστις, ἀγάπη und ὑπομονή hervorgeht (vgl. Vögtle, Tugend- und Lasterkataloge 175 f; G. Schrenk, ThWNT II 193.214; K. Kertelge, EWNT I 795). Spezifisch theologischer Gebrauch von δικαιοσύνη im Sinne der geschenkten Gerechtigkeit Gottes in den Past nur Tit 3,5.

93 Zu εὐσέβεια s. zu 2,2. Der unmittelbaren Zusammenordnung von δικαιοσύνη und εὐσέβεια bzw. von δικαίως und εὐσεβῶς (Tit 2,12) entspricht das enge Verhältnis beider in der hell. Ethik im Sinne des Ineinanders von Pflichten gegenüber den Menschen und gegenüber der Gottheit. So die Kombination von εὐσέβεια, δικαιοσύνη und πίστις auf klein-

asiatischen Ehreninschriften (Belege: Deißmann, Licht vom Osten 270; Vögtle, Tugend- und Lasterkataloge 91).

94 Πραϋπαθία (hap leg) ist Itazismusbildung zu πραϋπάθεια. Die v. l. von א, D, Ψ, M ersetzt durch das geläufige πραότης. Vgl. W. Michaelis, ThWNT V 939. Vögtle, a. a. O. 178 will in der Wortbildung »ausgerechnet mit πραΰς, ein spezifisch christliches Moment« sehen.

95 So die übliche Bedeutung von πραΰτης in der hell. Tugendlehre; vgl. F. Hauck/S. Schulz, ThWNT VI 646.

96 Schlatter 166: Die »innere Ruhe«, »die beim Erleiden des Unrechts und des Widerstands nicht nach Vergeltung ruft«. Der spezifisch christliche Charakter des Katalogs ergibt sich nicht schon aus seinen einzelnen Begriffen, denn diese sind – mit Ausnahme von ἀγάπη – in der hellenistischen Tugendlehre ebenfalls geläufig, sondern in deren Auswahl und Kombination, wie Vögtle, Tugend- und Lasterkataloge 170–178 gezeigt hat. So fehlen jene Tugenden, die in der philosophischen Schulethik dem Ideal der persönlichen Vervollkommnung der autarken Persönlichkeit zugeordnet sind, während solche hervortreten, die das Gottesverhältnis und die mitmenschliche Zuwendung umschreiben.

97 Anders Vögtle, a. a. O. 172.

alles auf dem Spiele steht. Die Metapher, die auf den in der hellenistischen
Antike geläufigen Bereich des sportlichen Wettkampfs verweist (s. zu 4,7–10),
war von Paulus zur Beschreibung seiner apostolischen Existenz herangezogen
worden (1Kor 9,24–27; Phil 3,12–15). Die Past bleiben auf dieser Linie (2Tim
4,7), wenden sie jedoch auch auf die der von Paulus gesetzten Norm unterstellten kirchlichen Amtsträger an (1,18; 4,7–10; 2Tim 2,3–5). Was aber ist mit
dem »Kampf des Glaubens« gemeint? Schwerlich ein Kampf *um* den Glauben
im Sinn der rechten Lehre; denn im Kontext von 6,3–16 spielt der Aspekt der
rechten Lehre keine bestimmende Rolle, und überdies ist davon auszugehen,
daß »Glaube« hier keine andere Bedeutung hat als in V11. Am nächsten liegt
deshalb das Verständnis als *genitivus appositivus*[98]: »der Kampf, welcher der
Glaube ist«. Glaube, treues und zuverlässiges Festhalten am Christenstand,
hat notwendigerweise die Gestalt des Kampfes (2Tim 4,7)[99]. Er ist nicht anders
als der sportliche Wettkampf im Stadion eine Bewährungsprobe, die das
Höchste und Letzte abverlangt. »Gut« ist dieser Kampf zunächst deshalb, weil
über ihm die Verheißung Gottes steht, die »das jetzige und zukünftige Leben«
zusagt (4,8). Darüber hinaus ist jedoch zu beachten, daß das Adjektiv »gut«
(καλός) im unmittelbaren Kontext (VV12c.13) noch zweimal erscheint –
zweifellos ein semantischer Querverweis, der sachliche Zusammenhänge zwischen dem »guten Kampf« und dem »guten Bekenntnis« des Amtsträgers bzw.
Jesu selbst bewußt machen will: der »gute Kampf« ist Vollzug der Verpflichtung, die der Ordinand durch das Ablegen des »guten Bekenntnisses« auf sich
genommen hat; dieses aber wiederum hat als sein normgebendes Modell das
»gute Bekenntnis« Jesu unter Pontius Pilatus.
Zur Wettkampf-Metaphorik gehört auch das Bild des Siegespreises, das im
dritten Imperativ (ἐπιλαβοῦ) angesprochen wird (2Tim 4,8; 1Kor 9,25):
Diesen Preis gilt es bei den Mühen und Anspannungen des Kampfes stetig vor
Augen zu haben. Er ist das ewige Leben (vgl. 1,16). Sich ganz auf seinen
Empfang hin auszurichten ist für den Angeredeten nur konsequent. Denn
seine ganze bisherige Existenz war ja schon dazu in Bezug gesetzt. Das belegt
der dem Imperativ folgende Relativsatz mit *zwei Argumenten*. Zum einen hat
Gott selbst *(passivum divinum)* ihn zum ewigen Leben gerufen und ihm damit
eine feste Zusage gegeben, die es nun, freilich auf dem Wege des Kampfes,
einzulösen gilt: Weil Gott das ganze Heil wirkt und schenkt, darum kann sich
der Mensch ohne Wenn und Aber in den Kampf um dieses Heil einlassen und
es sich »mit Furcht und Zittern« erwerben (Phil 2,12). Zu denken ist hier nicht
an eine *vocatio specialis*, sondern an die Taufe, weil nur mit ihr die Zusage des
Heils verbunden ist. Zum anderen aber hat Timotheus sich selbst durch ein
Bekenntnis in besonderer Weise für den Kampf des Glaubens in Pflicht

---

[98]   Vgl. Bl-Debr-Rehkopf § 167.
[99]   Schlatter 167: »Aber die Parallele 2.Tim
4,7 spricht dafür, daß auch hier mit dem Glauben das genannt ist, was der auf den Kampf-

platz Tretende tut, wie dort mit der Bewahrung
des Glaubens ausgesprochen ist, wie der Kampf
und der Lauf zur Vollendung kam.«

nehmen lassen. Hier geht es nun ohne Zweifel um die Ordination. »Vor vielen Zeugen« (vgl. 2Tim 2,2), d. h. wohl: vor den an der Ordination beteiligten Presbytern (s. Exkurs: »Die Ordination« 3.4) und darüber hinaus vor der ganzen Gemeinde hat er seinen spezifischen Auftrag (V14) übernommen. Er ist nun nicht nur von Gott her, sondern auch von der Gemeinde, die Zeugin dieses Bekenntnisses war, daraufhin ansprechbar. Ob und wie er den ihm aufgetragenen Kampf führen will, ist nicht mehr eine Frage, die ihn als einzelnen Christen angeht. Sie berührt vielmehr die gesamte Gemeinde und ist für sie von höchster Relevanz. Gilt ganz allgemein von den urchristlichen Begriffen »Bekennen« und »Bekenntnis«, daß sich in ihnen der Aspekt des *Bejahens und Anerkennens* mit dem der *öffentlichen und verbindlichen Erklärung* zusammenschließt[100], so ist im Blick auf die vorliegende Stelle eine Dominanz des zweiten Aspektes zu konstatieren. Das ergibt sich nicht nur aus der Erwähnung der Zeugen, sondern auch aus dem Anamnese-Charakter des Folgenden: In VV13f wird Timotheus ja auf die Verbindlichkeit seines Bekenntnisses angesprochen. Was den Aspekt des Bejahens und Anerkennens anlangt, so geht es wie auch sonst durchweg im NT ausschließlich um die Person Jesu selbst (Röm 10,9f; Joh 1,20; 9,22; 1Joh 2,23; 4,2f u. ö.)[101]: Er ist der Herr, der Messias und Sohn Gottes, dessen Herrschaft man sich unterstellt und von dem allein man Heil und Hilfe erwartet.

Der Ansatz des christlichen *Bekenntnisses* war die christologische Akklamation, sein ursprünglicher Inhalt ging über zentrale christologische Titel schwerlich hinaus. Es bestand nicht aus einer Aufzählung christologischer, das Heilswerk Jesu beschreibender Glaubensaussagen, und erst recht nicht kann es als Vorstufe der späteren *regula fidei* gesehen werden. Zwar hat es den Anschein, als würde an der vorliegenden Stelle durch die Verbindung von ὡμολόγησας mit dem Akkusativ-Objekt τὴν καλὴν ὁμολογίαν der Bekenntnis-Inhalt gegenüber dem Bekenntnis-Akt stärker gewichtet. Im Horizont der die Kirche bedrohenden Irrlehre wird das Bekenntnis so als Panier herausgestellt, um das sich die Gläubigen scharen und das sie vom Abfall zu bewahren vermag. Aber nichts berechtigt zu der Annahme, daß unter dem »guten Bekenntnis« eine Aufzählung rechtgläubiger christologischer Lehraussagen zu verstehen sei. Was es zum »guten« Bekenntnis macht, ist nicht die theologische Korrektheit der in ihm enthaltenen christologischen Formulierungen, sondern der Umstand, daß es den, der es ausspricht, auf festen Grund stellt (3,15f) und ihm lebendige Hoffnung vermittelt (vgl. Hebr 10,23). Darüber, wie das im Rahmen einer Ordination abzulegende Bekenntnis gelautet hat, lassen sich allenfalls Vermutungen anstellen, wobei im übrigen keineswegs sicher ist, daß es sich dabei überhaupt um eine solenne liturgische Formel gehandelt haben muß. Möglicherweise bestand es lediglich in der Zustimmung des Ordinanden zu dem ihm im Namen Jesu Christi übergebenen Amtsauftrag (V14), denn die Bejahung des Auftrages implizierte notwendig die Anerkennung des Auftraggebers und die bleibende Verpflichtung ihm gegenüber[102].

100 Vgl. O. Hofius, EWNT II 1258.
101 v. Campenhausen* 211.
102 Unklar Käsemann, Formular 105, der einerseits an ein Gelübde, andererseits an »die Ablegung eines Glaubensbekenntnisses« denkt.

13 »Paulus« selbst wendet sich nun mit einer verbindlichen Anweisung (παραγ-γέλλω[103]: vgl. 1,3; 4,11; 5,7; 6,17) an seinen Schüler. Wenn die Worte der bei der Ordination vom ordinierenden Episkopen abschließend gesprochenen Vermahnung gemäß der Brieffiktion dem Apostel in den Mund gelegt werden, so hat das theologisch seinen guten Sinn. Denn damit wird angedeutet, daß Paulus selbst es ist, der bleibend Verantwortung für seine Gemeinden trägt. Er, der zur Zeit seiner Anwesenheit seinen Auftrag der Leitung an den Gemeinden treu erfüllt hat (2Tim 4,6 f), sorgt dafür, daß andere nach ihm und in Anschluß an ihn in diesen Auftrag eintreten. Jeder Ordinierte soll sich darum wie Timotheus direkt von Paulus zur Treue in diesem von ihm übernommenen Auftrag aufgerufen wissen. Aber die so stark gewichtete Autorität des Apostels bleibt nicht die letzte Instanz: Er spricht »vor Gott und Christus Jesus«, und das heißt, in der Verantwortung vor ihnen als den Garanten und legitimieren-den Instanzen seiner Weisung (vgl. Gal 1,20; 1Kor 1,29; 2Kor 4,2)[104]. Nimmt man hinzu, daß diese Weisung in V14 nach vorwärts hin ausgerichtet wird auf das zukünftige Endzeithandeln Gottes durch Christus, so ergibt sich, daß sie in einen klar konturierten theologischen und christologischen Bezugsrahmen gefaßt ist. Die Gottesaussage der hier eingeschmolzenen zweigliedrigen Glau-bensformel umschreibt Gottes umfassendes Schöpfertum, wobei zwischen dem anfänglichen Schöpfungshandeln und dem beständigen Erhaltungshan-deln nicht unterschieden ist. Kennzeichnend für die universale Ausrichtung des hellenistisch-christlichen Kerygmas ist die Wendung τοῦ ζῳογονοῦν-τος[105]: Das gesamte kosmische Geschehen wird durch Gottes Macht getragen und bestimmt (vgl. 1Kor 12,6; Eph 1,11.23; 3,9; Kol 1,16). Der Kontext läßt überdies erkennen, daß mit ζῳογονεῖν auch das endzeitliche Schöpfungshan-deln der Auferweckung mitgemeint ist (VV14 f; 4,8)[106]. Zwischen der Schöp-fungstat des Anfangs und der Schaffung der neuen Welt Gottes besteht kein Bruch; was beide verbindet, ist die Kontinuität und Treue des Handelns Gottes. Anders als in verwandten Aussagen hellenistisch-christlicher Kosmo-logie (z. B. Kol 1,15 f) bleibt die Thematik der Präexistenz und Schöpfungs-mittlerschaft Jesu Christi hier ausgeklammert. Die christologische Aussage, auf der im Kontext das Hauptgewicht ruht, dürfte eine zweiexistentiale Christologie voraussetzen, indem sie den »Menschen Christus Jesus« (vgl. 2,5) als den zeichnet, der für Gott und seine Macht auf Erden eintritt, indem er durch sein Wort Zeugnis ablegt. Dieses *Zeugnis* Jesu wird nun vom Verf. durch den Zusatz τὴν καλὴν ὁμολογίαν zur vorgegebenen Tradition als

---

103 Σοι nach παραγγέλλω (ℵ², A, D, H, Mehrheitstext, Lateiner und Syrer) ist sicher sekundäre Zufügung; vgl. Spicq 305.
104 Vgl. H. Krämer, EWNT I 1130 f.
105 In ℵ und Mehrheitstext ersetzt durch das biblischer Sprache geläufigere ζῳοποιοῦντος.
106 Ζῳογονεῖν hat in der Profangräzität die Bedeutung »lebendig machen, zeugen«, wäh-

rend in der LXX die Bedeutung »am Leben lassen« hervortritt (Ex 1,17 f.22; Ri 8,19; 1Sam 27,9.11; 2Kön 7,4 u. ö.; vgl. Apg 7,19), und ntl. kann damit sogar Lk 17,33 die endzeitliche Neuschöpfung gemeint sein (vgl. R. Bult-mann, ThWNT II 875 f; E. Schweizer, ThWNT IX 642 f); ähnlich Brox 215; Spicq 570.

Bekenntnis interpretiert, wobei er sicher als dessen Inhalt bestimmte christologische Aussagen und Prädikate voraussetzt. Er will damit einen Bezug herstellen zu dem in der Ordination abgelegten »guten Bekenntnis«. Aber in welcher Hinsicht? Schwerlich besteht er in einer Parallelität der Bekenntnissituation, in der Weise, daß die Bekenntnisablage »vor vielen Zeugen« mit der Jesu »unter Pontius Pilatus« verglichen würde. Der Bezugspunkt wird vielmehr klar markiert durch das zweimalige ἐνώπιον (V12c; V13a), wobei das ἐνώπιον τοῦ θεοῦ eine Steigerung und Weiterführung des ἐνώπιον πολλῶν μαρτύρων bedeutet: »Vor vielen Zeugen« hat Timotheus sein Bekenntnis abgelegt. Aber nun werden die hinter diesen menschlichen Zeugen stehenden Instanzen genannt – Gott und Jesus Christus –, denen gegenüber Timotheus durch sein Bekenntnis in Pflicht genommen wird, und zwar im Blick auf sein *zukünftiges* Handeln und Verhalten. In der Verantwortung vor ihnen wird er auf die Konsequenzen verwiesen, die dieses Bekenntnis für ihn hat. Ihr volles Gewicht gewinnt diese Mahnung durch die Erinnerung an das Bekenntnis Jesu Christi unter Pontius Pilatus. Denn Jesus Christus erscheint hier gleichermaßen als *der urbildhaft Bekennende* wie als *der den Inhalt des Bekenntnisses Normierende*. An das *Bekennen Jesu Christi* soll Timotheus sich anschließen[107]. Wie Jesus damals vor dem Forum des Pontius Pilatus Zeugnis abgelegt hat, so soll auch er jetzt vor jenen Mächten und Gewalten Zeugnis ablegen, die die Herrschaft über Welt und Menschen usurpieren, indem sie Gott, dem Schöpfer und Lebensspender, die Ehre verweigern[108]; wie Jesus damals die Folgen dieses Zeugnisses in seinem Leiden getragen hat, so soll auch er jetzt dessen Folgen nicht scheuen (2Tim 2,8–10; 3,10f)[109]. Auch der Inhalt seines Bekennens ist durch Jesu Bekenntnis vorgegeben. Das Bekenntnis Jesu Christi, das als Bejahung des Anspruchs Gottes ein »gutes«, weil dem Leben Raum schaffendes Bekenntnis war, wird nun zum *Bekenntnis zu Jesus Christus* als zu dem, dessen Zeugnis Gott recht gab, indem er seine lebenschaffende Macht an ihm manifest werden ließ. Es geht also keinesfalls um eine bloß punktuelle Entsprechung zwischen dem Ordinationsbekenntnis und dem Bekenntnis Jesu 14 Christi unter Pontius Pilatus. Vielmehr ist das Ordinationsbekenntnis als Einweisung in eine fortdauernde Existenz des Bekennens gesehen, innerhalb derer sich der verpflichtende Bezug auf das Bekenntnis Jesu Christi vor Pilatus erweisen muß und wird. Das aber heißt: Es geht um die sich aus dem Ordinationsbekenntnis ergebende ἐντολή.

---

[107] Es handelt sich also hier um eine paradigmatische Verwendung einer ursprünglich christologischen Aussage; vgl. 1Petr 2,21; 3,18 (Dibelius-Conzelmann 68).

[108] Gegenüber den Verlegenheitsauskünften, die Nennung des Pontius Pilatus habe hier bereits eine antidoketische Spitze (was in Wirklichkeit erst für IgnM 11,1; Tr 9,1; Sm 1,2 zutrifft) bzw. sei aus der Absicht zu verstehen, »de situer l'Événement à une date officielle«

(Spicq 571; aber wodurch sollte diese Absicht gerade hier zu erklären sein?), hat die Annahme mehr für sich, daß die Formulierung ἐπὶ Ποντίου Πιλάτου traditionsgeschichtlich dem Topos *Verhalten vor heidnischen Machthabern und Instanzen* (vgl. Mk 13,9 ἐπὶ ἡγεμόνων καὶ βασιλέων σταθήσεσθε; Mt 10,18; Lk 21,12) zuzurechnen ist.

[109] Vgl. Hasler 50.

Die Bedeutung dieses Begriffs, an dem sich das Verständnis des gesamten Abschnitts entscheidet, ist umstritten. Ἐντολή läßt sich sowohl mit »Gebot« wie auch mit »Auftrag« übersetzen[110]. Daß ein Timotheus erteilter *Auftrag* gemeint ist, ist zwar vom Kontext (τηρῆσαί σε) her klar. Aber es bleibt zu fragen: Wird mit ἐντολή dieser Auftrag selbst als formale Größe umschrieben, oder geht es um dessen materialen Inhalt im Sinne eines zu bewahrenden *Gebotes*, wobei unter diesem dann des näheren entweder das Lehrdepositum (die παραθήκη; vgl. V20)[111] oder die ethischen Gebote des christlichen Glaubens (vgl. V11b)[112] zu verstehen wären. Beide Varianten der zweiten Deutung unterliegen erheblichen Bedenken. Gegen die Gleichsetzung der ἐντολή mit der παραθήκη spricht, daß von den beiden Attributen ἄσπιλος (»makellos«, »unbefleckt«)[113] und ἀνεπίλημπτος (»tadellos«, »tadelsfrei«) zumindest das zweite sowohl in der Profangräzität wie auch im ntl. Gebrauch durchweg ein menschliches Verhalten umschreibt[114] und somit auf eine sächliche Größe schlecht paßt. Mit einer Deutung von ἐντολή auf das sittliche Gebot würden die beiden Attribute zwar harmonisierbar, doch scheitert diese am Kontext, denn V11c ist nicht eine Aufzählung von konkreten Geboten, sondern von Tugenden; außerdem gebrauchen die Past ἐντολή sonst nie im positiven ethischen Sinn (vgl. Tit 1,14).

Nach alledem kann mit der ἐντολή nur der in der Ordination vermittelte Amtsauftrag gemeint sein[115]. Er wird makellos und tadelsfrei bewahrt, indem er in persönlichem Verhalten und – vor allem – in furchtlosem öffentlichem Bekennen, das sich durch das Bekenntnis Jesu vor Pontius Pilatus die Norm vorgeben läßt, bewährt wird. Dieser Amtsauftrag steht in enger Korrelation mit dem ebenfalls in der Ordination vermittelten Amtscharisma (s. zu 4,14), ohne mit ihm schlechthin identisch zu sein. Beide verhalten sich zueinander wie Grund und Folge. Indem Gott die Befähigung schenkt, weist er in den Auftrag ein. Nur indem der Auftrag treu erfüllt wird, wird die Macht des Charismas erfahren (2Tim 1,6)[116].

Der Auftrag soll gelten »bis zur Erscheinung unseres Herrn Jesus Christus«, d. h. bis zur Parusie. Das ist nicht im Sinn einer zeitlichen Eingrenzung und damit Relativierung zu verstehen, denn die Past haben keine akute Naherwartung mehr, so wenig sie die Parusieerwartung als solche aufgegeben haben: die Parusie wird »zur rechten Zeit«, d. h. zur von Gott festgesetzten Zeit, kommen (V15a)[117]. Es geht hier vielmehr um eine heilsgeschichtliche Ortsbestimmung des Amtes und seines Auftrages. Bis der Herr erscheinen wird, also in der ganzen Zeit, die der Kirche gegeben ist, besteht dieser Auftrag weiter. Und

---

[110] Vgl. M. Limbeck, EWNT I 1122.
[111] So Dibelius-Conzelmann 68; Wohlenberg 202 (»die ganze christliche Heilslehre«).
[112] So Schlatter 169; Spicq (»une vie selon l'Évangile«).
[113] Ἄσπιλος kann den makellosen Stein, das fleckenlose Pferd bezeichnen (Bauer, Wb s. v.), in biblischer Literatur jedoch fast durchweg von menschlichem Verhalten: 2Petr 3,14; Jak 1,27; Hermas, vis 4, 3,5.
[114] Zu ἀνεπίλημπτος vgl. die Belege bei Lid-

dell-Scott s. v.; die von Dibelius-Conzelmann 68 angeführte Sklavenfreilassungsurkunde kann schwerlich den Gebrauch für eine sächliche Größe eindeutig belegen.
[115] So G. Schrenk, ThWNT II 552; Käsemann, Formular 106f; Brox 217; Hasler 50.
[116] In diesem Sinn ist die Aussage, daß ἐντολή und χάρισμα »nahezu Wechselbegriffe« seien (Roloff, Apostolat 262), die mit Recht auf Kritik gestoßen ist, zu korrigieren.
[117] Brox 217.

zwar ist er in doppelter Weise auf die zukünftige Epiphanie des Herrn bezogen. Weil diese Epiphanie noch nicht eingetreten ist, ist es erforderlich, daß Menschen sich jetzt von diesem Auftrag in Pflicht nehmen lassen, um der Gemeinde und der Welt das Zeugnis der helfenden Nähe Jesu Christi und seiner heilvollen Zukunft zu geben (vgl. 2,4–6). Zugleich aber ist der wiederkommende Herr die Instanz, vor der der jetzt empfangene Auftrag zu verantworten sein wird. Die von der Brieffiktion bestimmte pseudohistorische Perspektive, derzufolge der bis zur Rückkehr des Apostels als dessen Vertreter in der Gemeinde zurückgelassene Apostelschüler angeredet ist (1,3; 3,14f), wird hier am Briefende auf eine theologisch begründete heilsgeschichtliche Perspektive hin entschränkt. Nicht Paulus, sondern Jesus Christus selbst ist der, der in letzter Instanz dem Amtsauftrag seine Zeit und sein Maß gibt. Der eigentliche *terminus ad quem* dieses Amtsauftrags ist nicht die Wiederkehr des Apostels, sondern die Erscheinung Jesu Christi. Damit ist in Anbetracht der sich dehnenden Zeit auch eine Weitergabe des Amtsauftrags über die unmittelbaren Apostelschüler hinaus impliziert.

Mit dem Begriff ἐπιφάνεια (»Erscheinung«) wird ein zentraler Terminus der religiösen Sprache des Hellenismus aufgenommen[118]. Von seiner Etymologie her schwingt in ihm das Moment des Prächtigen, Glanzvollen und Leuchtenden mit, so daß man ihn zunächst wiedergeben könnte mit »glanzvolles Aufstrahlen«. Im religiösen Kontext erweist sich jedoch ein anderer Gesichtspunkt als bestimmend: Mit ἐπιφάνεια wird das *Erscheinen der Gottheit* oder eines ihrem Machtbereich zugehörigen Wesens *zu hilfreichem Machterweis* umschrieben[119]. Derselbe Sprachgebrauch begegnet auch im hellenistischen Judentum: Das Auftreten von gottgesandten Engelwesen, die Israel in großer Not hilfreich beistehen (indem sie z. B. den Raub des Tempelschatzes durch Heliodor verhindern), heißt in 2Makk 2,21; 3,24; 5,4 ἐπιφάνεια. Eine besondere Nähe des Begriffs zum hellenistisch-römischen Herrscherkult läßt sich jedoch nicht nachweisen[120]. Zwar begegnet der Wortstamm ἐπιφαιν – im Zusammenhang von Herrscherprädikationen[121], aber erst spät und relativ beiläufig wird ἐπιφάνεια als Umschreibung des kultischen Auftretens des gottgleichen Herrschers herangezogen[122].

---

[118] Zum folgenden vgl. R. Bultmann/D. Lührmann, ThWNT IX 1–11; A. Coppo, Luci epifaniche nella terminologia dell' A.e dell' NT, EL 73 (1959) 310–334; J. Jeremias, Theophanie. Die Geschichte einer alttestamentlichen Gattung, ²1977 (WMANT 10); D. Lührmann, Das Offenbarungsverständnis bei Paulus und in paulinischen Gemeinden, 1965 (WMANT 16); ders., Epiphaneia; Chr. Mohrmann, Epiphania, Nijmegen 1953; P.-G. Müller, EWNT II 110–112; Pax*; ders., RAC V 832–909; Pfister, PRE Suppl. IV 277–323.

[119] So führt eine Inschrift aus Kos die Niederlage der Gallier vor Delphi (278 v. Chr.) auf die rettende ἐπιφάνεια des Apoll zurück (Dittenberger, Syll.³ 398,1–21; vgl. R. Bultmann/D. Lührmann, ThWNT IX 9). Auch die Hilfe des

Asklepios bei Krankheit kann als ἐπιφάνεια bezeichnet werden; vgl. Pfister, a. a. O. 295.

[120] Gegen Deißmann, Licht vom Osten 320; Dibelius-Conzelmann 77f.

[121] So bei den Ptolemäern, wo Ptolemäus V. (Beleg: Stein von Rosette, 196 v. Chr.; Dittenberger, Or. I 90) und Kleopatra sich den Titel θεοὶ ἐπιφανεῖς beilegten (Dittenberger, Or. I 95), so auch bei den Seleukiden, bei deren Herrschern (am bekanntesten Antiochus IV. Epiphanes) dieser Titel häufiger belegt ist. Allerdings hat er dabei seine religiös-kultische Bedeutung verloren und ist zu einer plerophoren Vokabel des Hofstils abgesunken; vgl. Pax* 56.

[122] Die Belege dafür sind relativ spät und spärlich (Caligula: W. R. Paton/E. L. Hicks,

Im NT kommt ἐπιφάνεια nur in deuteropaulinischen Schriften vor[123]. Während in 2Thess 2,8 das Wort als plerophorer Wechselbegriff zu παρουσία kaum Eigengewicht hat[124], sind in den Past ἐπιφάνεια sowie ἐπιφαίνεσθαι zentrale christologische Termini. Ihre Aufnahme läßt sich weder als bloßer Reflex der hellenisierten gemeindlichen Gottesdienstsprache erklären[125], denn dazu sind die Vorkommen zu stark theologisch profiliert, noch wird man in ihr einen direkten Rekurs auf atl. Theophanievorstellungen sehen können, denn die LXX zieht ἐπιφάνεια nur in Ausnahmefällen (2Sam 7,23; das Verb ἐπιφαίνεσθαι Gen 35,7) zur Kennzeichnung von Gotteserscheinungen heran[126].

Was aber ist dann der Grund für die Aufnahme von ἐπιφάνεια/ἐπιφαίνεσθαι, und welches ist die spezifische Bedeutung dieser Worte? Die Antwort ergibt sich aus zwei Beobachtungen:

1. An nicht weniger als vier Belegstellen erscheint das Motiv des Rettens und Helfens als integraler Bestandteil des Wortfeldes: 2Tim 1,10 (»Die Erscheinung unseres *Retters* Christus Jesus«); Tit 2,11 (»Erschienen ist die *rettende* Gnade Gottes allen Menschen«); 3,4 (»Als aber erschien die Güte und Menschenfreundlichkeit unseres *Rettergottes*«); 2,13 (»Erwartend die selige Hoffnung und Erscheinung unseres *Retters* Christus Jesus«). Demnach verbindet sich mit ἐπιφάνεια/ἐπιφαίνεσθαι auch hier der Gedanke des *hilfreichen, rettenden* Eingreifens Gottes, und zwar in der Erscheinung Jesu Christi.

2. Sowohl die zukünftig erwartete Parusie Jesu Christi (6,14; 2Tim 4,1.8) als auch sein Erscheinen als Mensch, auf das zurückgeblickt wird (2Tim 1,10; Tit 2,11; 3,4), werden als ἐπιφάνεια bzw. ἐπιφαίνειν gekennzeichnet[127]. Der Verf. greift also anscheinend auf diese Termini zurück, weil sie seinem Anliegen, die beiden Begegnungen Jesu Christi mit der Menschenwelt in ihrer Bedeutung als Heilsgeschehen einander zuzuordnen, entgegenkommen.

Beides, die Menschwerdung Jesu Christi wie auch seine Parusie, wird hier zusammengeschaut unter der Kategorie des Offenbarungsgeschehens, in dem Gott seine helfende und rettende Nähe in Jesus Christus erweist. Erstmals begegnet hier also das Schema der zwei Epiphanien bzw. *zwei Advente*[128] (s. Exkurs: »Zur Christologie« 3.2). Und zwar wirkt sich im Amtsauftrag des Apostelschülers und der durch ihn repräsentierten Gemeindeleiter die Zuordnung dieser beiden Epiphanien aus. Dem Träger des Amtes ist einerseits das

The Inscriptions of Cos, 1891, 391; Hadrian; Adventsmünzen bei Deißmann, Licht vom Osten 314f); wie weit ihnen überhaupt religiöser Sinn beizumessen ist, ist fraglich; vgl. Pax* 56f.

[123] 2Thess 2,8; 1Tim 6,14; 2Tim 1,10; 4,1.8; Tit 2,13. Ebenso ἐπιφαίνεσθαι (Tit 2,11; 3,4), das darüber hinaus als christologischer Terminus auch in Lk 1,79 erscheint.

[124] Vgl. Trilling, Thessalonicher 103. Anders Pax* 221–225.

[125] Dies gilt unbeschadet der Tatsache, daß die Sprache der Past stark von (ihrerseits sprachlich hellenisierten) liturgischen Tradi-

tionen beeinflußt ist; s. hierzu R. Schnackenburg, Christologie des Neuen Testamentes, in: MySal III/1, 227–388.356.

[126] Vgl. R. Bultmann/D. Lührmann, ThWNT IX 9f.

[127] A. a. O. 10.

[128] Die Vulgata übersetzt allerdings nur die zukünftige ἐπιφάνεια mit *adventus* (V14b: *usque in adventum Domini nostri Iesu Christi*), während sie die zurückliegende mit *inluminatio* (2Tim 1,10) bzw. (als Äquivalent für ἐπεφάνη) mit *apparuit* (Tit 2,11; 3,4) wiedergibt. Hingegen übersetzt Tertullian sowohl παρουσία als auch ἐπιφάνεια mit *adventus*.

sich auf die erste Epiphanie gründende Wort des Evangeliums anvertraut;
andererseits führt er die ihm anvertrauten Menschen durch sein Verkündigen
und Leiten, durch das Wecken von Hoffnung und Zuversicht, der zweiten
Epiphanie entgegen[129]. Der Gedanke an die Rechenschaft, die er vor dem
kommenden Herrn als dem Richter über seinen Amtsauftrag wird leisten
müssen, schwingt zwar auch mit, bleibt jedoch gegenüber dem der Vollendung
und Erfüllung ganz marginal.

Wie das gesamte Christusgeschehen, so ist auch die kommende Epiphanie Jesu   15a
Christi ganz Gottes Werk und Initiative. Wenn dabei von Gottes δειχνύειν
(»zeigen«) geredet wird, so entspricht das zunächst dem Offenbarungscharakter dieses Erscheinens: Gott läßt Christus sichtbar werden, dies freilich nicht in
der Weise des Sehenlassens von etwas Verborgenem (vgl. Offb 1,1 f; 4,1 f; 17,1
u. ö.), sondern in der des Bewirkens eines Geschehens. Man darf darum aus
δειχνύειν auch die Nebenbedeutung *»bewerkstelligen, herbeiführen«* mit
heraushören[130]. Gott ist der souveräne und freie Urheber dieses Geschehens,
aber er hat sich in dieser seiner Freiheit an seinen Heilsplan gebunden: zu
einem von ihm selbst gesetzten und vorgesehenen Termin (καιροῖς ἰδίοις; s.
zu 2,6) wird er die Erscheinung Jesu geschehen lassen.

Für diese Sicht hat die Wiederkunft des Herrn aufgehört, ein bedrängender
Faktor der Unsicherheit zu sein. Sie ist Teil des rettenden Heilsplans Gottes
geworden, in dem man sich geborgen wissen darf[131].

Mit dem Ausblick auf Gottes Heilsplan schlägt die Paränese in liturgisch   15b–16
stilisierten Lobpreis um. Sieben Gottesprädikationen werden parataktisch
nebeneinandergereiht, so daß eine Art von Prosahymnus im proklamatori-
schen Stil entsteht[132]. Sein übergreifendes Thema ist das Bekenntnis zu dem
einen Gott und die Bezeugung seiner Erhabenheit gegenüber allen Wesen. Die
einzelnen Aussagen sind unterschiedlicher Herkunft. Teils haben sie ihre
Wurzeln im AT, teils in der religiösen Sprache des Hellenismus. Es war aber
sicher nicht erst die christliche Gemeinde, in deren Gottesdienst diese disparaten Elemente miteinander verwoben worden sind. Dieser Prozeß fand vielmehr bereits in der hellenistischen Synagoge statt, auf deren liturgische
Tradition die Gemeinde hier wie so oft zurückgegriffen haben dürfte[133]. Gott
ist der allem menschlichen Zugriff entrückte[134] unumschränkte Herrscher
(δυνάστης; vgl. Lk 1,52; Sir 46,5; 2Makk 12,15; 15,4.23), und zwar er allein:
Das μόνος enthält hier wie in V16a ein Moment der polemischen Abgrenzung
gegenüber allen anderen absoluten Herrschaftsansprüchen, die für Götter oder
sich göttliche Stellung anmaßende Menschen erhoben werden könnten (vgl.

---

[129] Vgl. Käsemann, Formular 106; Brox 218.
[130] Zu δειχνύειν als offenbarungssprachli-
chem Terminus s. H. Schlier, ThWNT II 26 f;
G. Schneider, EWNT I 672.
[131] Anders 2Tim 4,1, wo Epiphanie bzw. Parusie mit der Gerichtserwartung verbunden
sind.

[132] Vgl. Deichgräber, Gotteshymnus 23.
[133] Vgl. Kelly 146: die Doxologie »may well
be a gem from the devotional treasury of the
Hellenistic synagogue which converts had na-
turalized in the Christian Church«. Ähnlich
Jeremias 46.
[134] Μακάριος (s. zu 1,11).

1,17; Röm 16,27; Jud 25; Offb 15,4). Die beiden Prädikate »König der Könige« und »Herr der Herren« gehen in letzter Instanz zurück auf die Herrscherbezeichnungen des orientalischen Hofstils (Ez 26,7; Dan 2,37)[135], wurden aber bereits im AT (Dtn 10,17; Ps 136,3; 2Makk 13,4) und im nachbiblischen Judentum (äthHen 9,4; 63,2.4; 84,2; Philo, Spec.Leg. I 18) auf Gott übertragen[136] und fanden in eben dieser Verbindung schon früh Eingang in die christliche gottesdienstliche Sprache (Offb 17,14; 19,16). Dabei schwingt in den jüdischen wie in den christlichen Belegen ein antithetisches Moment mit, nämlich der Gegensatz zur Königs- und Kaiserverherrlichung[137]. Singulär und ohne Entsprechung in den Parallelen sind an der vorliegenden Stelle die beiden Partizipialformen βασιλευόντων und κυριευόντων anstatt der entsprechenden Nomina. Sollte damit eine Zuspitzung der Aussage auf die, welche jetzt tatsächlich in der Welt Herrschaft ausüben (vgl. Mk 10,42) und königliche Würde für sich beanspruchen, beabsichtigt sein? In diesem Fall wäre hier das antithetische Moment polemisch verstärkt: Weil Gott der unumschränkte Herr über Welt und Geschichte ist, darum kann der Machtanspruch derer, die *jetzt* Herrschaft in der Welt *ausüben*, nur ein begrenzter und relativer sein[138]. Für diese Auslegung spricht jedenfalls, daß die folgende Aussage (»der allein Unsterblichkeit hat«), ebenfalls eine polemische Spitze hat. Nach der Überzeugung griechischer Philosophie ist Unsterblichkeit der Charakter des Göttlichen. Das Prädikat »unsterblich« (ἀθάνατος) wurde Heroen und vergöttlichten Menschen beigelegt und gewann in der Terminologie des Kaiserkults besonderes Gewicht[139]. Durch das Prädikat μόνος wird dies aber zurückgewiesen: Unsterblichkeit hat nur einer, nämlich Gott[140]. Dabei ist in der Anwendung des Prädikats auf Gott seine Deutung im Sinn von ἄφθαρτος (»unvergänglich«; vgl. 1,17) impliziert: Gottes Sein hat nicht nur kein Ende, es ist vielmehr ewig und ohne die Begrenzung, die dem Leben alles Geschaffenen eignet. Die beiden folgenden Aussagen vom unzugänglichen Licht und von der Unmöglichkeit der Gottesschau für den Menschen wollen, wie schon alles Vorangegangene, die Transzendenz und Weltüberlegenheit Gottes zum Ausdruck bringen. Sie sind darin gleichsam eine Entfaltung des Prädikats ἀόρατος in 1,17. Möglichkeiten und Modalitäten menschlicher Gotteserkenntnis wer-

---

[135] Vgl. Deichgräber, Gotteshymnus 97; T. Holtz, Die Christologie der Apokalypse des Johannes, ²1971 (TU 85), 154–156.

[136] Bei den Rabbinen ist der Titel מֶלֶךְ מְלָכִים häufig (San 4,5; weitere Belege Bill. III 656).

[137] S. hierzu Deißmann, Licht vom Osten 303.310f. Die Geschichte der scilischen Märtyrer, in: Märtyrerakten, hrsg. v. R. Knopf/G. Krüger, ³1929 (SQS NF 3), 28f berichtet, wie ein Christ das Ansinnen, *per genium domni nostri imperatoris* zu schwören, mit der Begründung ablehnt, er kenne kein Imperium dieses Weltalters, *quia cognosco domnum*

meum, regem regum et imperatorem omnium gentium.

[138] So Spicq 573.

[139] Z. B. von Augustus: Dio Cassius 56,41,9; von Gaius: Dittenberger, Syll.³ 798,4f.

[140] Das hellenistische Judentum spricht nicht von einer ἀθανασία Gottes; der Begriff umschreibt lediglich das erhoffte ewige Leben der Gerechten (R. Bultmann, ThWNT III 24f), und entsprechend bezeichnet 1Kor 15,53f damit die Seinsweise des auferstandenen Herrn. Als Gottesaussage biblisch nur hier.

den hier jedoch nicht thematisiert[141]. So wird bezeichnenderweise anders als 1Joh 1,5 hier nicht das Licht als das *Wesen* Gottes, das Klarheit und Orientierung stiftet, bzw. als das *Medium*, in dem Gemeinschaft mit ihm möglich wird (1Joh 1,7), beschrieben. Das Licht ist hier vielmehr der *Bereich seines Wohnens*, der sich gerade durch Unzugänglichkeit auszeichnet[142]. Ebensowenig wie der Mensch in die Sonne blicken kann, ohne geblendet zu werden, kann sein Auge dem Gott umgebenden Lichtglanz standhalten, geschweige denn ihn durchdringen. Dies ist auch ein im Judentum verbreiteter Gedanke[143]. Im Hintergrund dürfte dabei die Mose-Erzählung Ex 33,18–23 stehen, auch wenn der dort bestimmende Begriff δόξα durch φῶς ersetzt ist, denn zumindest das Theologumenon von der Unmöglichkeit der Gottesschau durch Menschen verweist auf Ex 33,20.

Die Reihe der Prädikationen mündet ein in die doxologische Abschlußwendung, die aus ihnen gleichsam die Summe zieht: Als der einzig Mächtige, sich allem Zugriff Entziehende wird Gott von denen, die er sich zum Eigentum erwählt hat, gepriesen. Im einzelnen ist die Doxologie eng verwandt mit der in 1,17b (s. dort). Wie dort und auch sonst häufig (1Petr 4,11; Offb 1,6; 1Cl 20,12; 61,3; Did 9,4; 10,5) verbinden sich zwei doxologische Prädikate, wobei die Doppelung plerophorisch ist. Man kann den Begriffen τιμή und κράτος nicht exakt bestimmbare theologische Inhalte abgewinnen: Beide umschreiben gemeinsam die Herrlichkeit und Macht Gottes, auf die der Glaube schaut und in deren Anerkennung er Gott die Ehre gibt[144]. An die Stelle des hebraisierenden εἰς τοὺς αἰῶνας τῶν αἰώνων in 1,17b ist hier die gräzisierte Form αἰώνιον getreten[145]. Das ἀμήν ist stilgemäßer Abschluß der Doxologie und als deren Bestandteil – nicht etwa als verkümmerter Rest einer gemeindlichen Responsion – zu betrachten[146].

Die dritte und letzte Ordinationsanamnese des 1Tim (vgl. 1,18; 4,12–16) ist in ihrem Ansatz, gemäß der Thematik der gesamten Schlußparänese, zunächst stark auf das persönliche Verhalten des Amtsträgers ausgerichtet: Die Erinnerung an seine Ordination ist Auftrag und Verpflichtung zu einem ganzheitlichen Lebenszeugnis (V11). Wenn es jedoch nicht bei diesem Gesichtspunkt bleibt, sondern – gleichsam in einer steil nach oben führenden, zuletzt in eine

Zusammenfassung

---

141 S. hierzu vor allem R. Bultmann, Untersuchungen zum Johannesevangelium, in: ders., Exegetica, Tübingen 1967, 124–197.192; ders., Zur Geschichte der Lichtsymbolik im Altertum, in: a. a. O. 323–355.

142 Ἀπρόσιτος (hap leg) sonst vorwiegend von Bergen: JosBell VII 280; Ant 3,76; Philo, Vit. Mos. 2,70.

143 Hierzu vor allem die Anekdote von R. Jᵉhoschua ben Chananja und dem Kaiser Hadrian: Chul 59b; Bill. III 32.

144 Δόξα, κράτος und τιμή sind in Doxologien synonym gebraucht als Ausdrücke für »Kraft«; z. B. τιμὴ καὶ δόξα 1,17; ἡ δόξα καὶ τὸ κράτος 1Petr 4,11; Offb 1,6; vgl. Deichgräber, Gotteshymnus 28.

145 A. a. O. 27.

146 Amen als Abschluß der Ewigkeitsformel bzw. verkürzten Ewigkeitswendung: Gal 1,5; Phil 4,20; Eph 3,21; 2Tim 4,18; Hebr 13,21; 1Petr 4,11; 5,11 u. ö.; s. hierzu K.-P. Jörns, Das hymnische Evangelium, 1971 (StNT 5), 86f.

feierliche Doxologie (VV15b.16) ausmündenden theologischen Gedankenkurve – eine Gesamtschau der Ordination entfaltet wird, so hat das seine Ursache darin, daß der Verf. in VV13–15 ein liturgisches Stück aus dem Ordinationsgottesdienst wörtlich wiedergibt. Und zwar steht im Mittelpunkt dieser Vermahnung der dem Ordinanden erteilte Amtsauftrag, der verstanden wird als Einweisung in eine Existenz beständigen Bekennens, für die Jesus Christus selbst die Norm gegeben hat: Der Amtsträger soll wie Jesus Christus Gottes Herrschaft und Macht öffentlich vor dem Forum der Welt bezeugen, indem er sich zu Jesus Christus als dem Herrn bekennt. Der Ausblick auf die kommende Epiphanie Jesu Christi setzt dem Amtsauftrag Ziel und Grenze und gibt ihm damit zugleich seine heilsgeschichtliche Ortsbestimmung: Er steht im Dienst der heilvollen Gegenwart des Evangeliums in der Welt, für die Gott zwischen den beiden Epiphanien Jesu Christi Zeit gegeben hat.

Exkurs: Zur Christologie

Literatur: Allan, J. A., The »in Christ« Formula in the Pastoral Epistles, NTS 10 (1963/64) 115–121; *Hasler,* Epiphanie; *Lührmann,* Epiphaneia; *Oberlinner,* Epiphaneia; *Schnackenburg, R.,* Christologie des Neuen Testaments, in: MySal III/1, 227–388; *Windisch,* Christologie.

1. *Allgemeine Charakteristik*

Kaum an einem anderen Punkt ist der Abstand zwischen den Past und den übrigen Deuteropaulinen größer als in der Christologie. Während der Kol und Eph zentral als Weiterführung und Entfaltung von Motiven paulinischer Christologie verstanden werden können und der 2Thess immerhin im Rahmen seiner eschatologischen Thematik christologische Gedanken argumentativ einsetzt (2Thess 2,1–12), wird in den Past die Christologie nie eigens thematisiert. Es fehlen nicht nur direkte Darlegungen über christologische Themen, was angesichts der Konzentration der Briefe auf Fragen der Gemeindeordnung kaum überrascht; auch von der etwa im Rahmen der Ordinations- und Amtsthematik, aber auch der Irrlehrerpolemik naheliegenden Möglichkeit, seine Argumente christologisch zu begründen, macht der Verf. kaum Gebrauch. Freilich werden die Briefe von einer reichen Fülle christologischer Aussagen durchzogen. Aber dabei handelt es sich zumeist um traditionelle Elemente, nicht um Eigenformulierungen. Die Skala reicht von traditionellen Titeln wie »Herr«[147] und »Christus Jesus« (s. zu 1,1) über die formelhafte Wendung »in Christus Jesus« sowie doxologische und Segensformeln (z. B. 1,2; 2Tim 1,2.16.18; Tit 1,4) bis hin zu ausführlicheren liturgischen Traditionen (wie 1,15; 3,16; 6,13–16; 2Tim 1,1f; Tit 3,4–7). Wie weit diese

---

[147] In den Grußformeln (1,2; 2Tim 1,2) und Segens- bzw. Vergeltungswünschen (2Tim 1,16.18; 2,7; 4,14.22) als Bezeichnung des die Gemeinde beanspruchenden, über sie wachenden Erhöhten (6,3.14; 2Tim 1,8); betont im Zusammenhang mit Aussagen über Berufung und Sendung des Apostels (1,12.14; 2Tim 3,11; 4,17f). S. hierzu Windisch, Christologie 228; Brox 162.

Traditionen jeweils als repräsentativ für die eigenen christologischen Anschauungen des Verf. gelten können, ist unsicher und läßt sich allenfalls erst aufgrund genauer Kontextanalyse entscheiden.

Immerhin lassen sich einige *durchgängige Charakteristika* ausmachen, bei denen jeder Versuch, die Christologie der Past zu erfassen, einzusetzen hat:

(a) Die *Theozentrik*. Gott wird nicht nur als das Subjekt des Heilsgeschehens herausgestellt; ihm gelten auch nahezu alle Heilsaussagen und Heilbringer-Prädikate. Er ist zunächst der »Retter« (σωτήρ), der auf die Rettung aller Menschen bedacht ist (1,1; 2,3f; 4,10; 2Tim 1,9; Tit 2,10; 3,5) und in Christus Jesus seine rettende Gnade hat erscheinen lassen (Tit 2,11; 3,4). Er wird auch die zukünftige »Erscheinung Jesu Christi« »zeigen« (6,14). – (b) Das *Fehlen des Sohn-Gottes-Prädikats* und – (c) der damit in der Tradition relativ fest verbundenen *Präexistenzvorstellung*[148]. – (d) Das starke Hervortreten des hellenistisch gefärbten ἐπιφάνεια-*Motivs* in Verbindung mit dem auf Christus angewandten σωτήρ-Prädikat (2Tim 1,10; Tit 1,3f; 2,13). – (e) Das *Zurücktreten* bzw. völlige Fehlen *spezifisch paulinischer* christologischer *Motive* wie der Leidensgemeinschaft mit Christus und des Kreuzes.

Aufgrund dieser Beobachtungen kam H. Windisch zu seiner These des im wesentlichen altertümlich-vorpaulinischen Charakters der Christologie der Past. Er fand in ihnen die paulinische Christologie mit den ihr spezifischen Inkarnations- und Präexistenzvorstellungen vermischt, wenn nicht gar übermalt mit älteren christologischen Traditionen »synoptischen« Typs, die eine »zweiexistenziale« Adoptions- bzw. Erhöhungschristologie vertraten[149]. Auf dieser Linie geht N. Brox bei gleichzeitiger Modifikation einiger Detailergebnisse Windischs noch weiter, wenn er die Verwendung »archaischen« christologischen Überlieferungsgutes als Indiz für den konservativen, doktrinären Charakter des kirchlichen Denkens des Verf. wertet[150].

Zu völlig entgegengesetzten Ergebnissen kommt demgegenüber V. Hasler. Für ihn ist die Christologie der Briefe trotz einiger archaischer Elemente, die sie enthalten mag, insgesamt das Produkt aufgeklärter hellenistischer Modernität: Es sei dem Verf. darum zu tun, die Gottes- und Erlösungsvorstellung konsequent zu transzendieren. Und zwar ordne er die Christologie einem vorgegebenen Epiphanieschema so unter, »daß sie ihre soteriologische Selbständigkeit verliert und lediglich eine funktionale Rolle in einem Heilssystem erfüllt, das ganz ... die Transzendenz Gottes bewahrt«[151]. Die Soteriologie ist letztlich in die Gotteslehre zurückgenommen[152]. Das bedeutet, daß das Christusgeschehen, jeglichen soteriologischen Eigengewichts entkleidet, letztlich nur die Funktion der Kundgabe des universalen Heilswillens Gottes hat. Wir haben hier eine »als paulinisch ausgegebene Verkündigung« vor uns, »welche auf die Erscheinung Christi zurückweist, weil sich in ihr der Heilswille Gottes offenbare, nach welchem denjenigen (sc. auf diejenigen) Gläubigen, die sich bewährt haben, nach dem Gericht das ewige Leben wartet«[153].

Beide Positionen enthalten richtige Teilbeobachtungen. Dennoch dürfte die Alternative: entweder altertümlich-traditionell oder hellenistisch-modern für die Erfassung der Eigenart dieser Christologie ebenso unangemessen sein wie die Alternative: entweder paulinisch oder unpaulinisch. Der Verf. will – davon ist zunächst auszugehen – in seiner Christologie wie auch sonst die paulinische Lehrtradition weiterführen. Dazu steht der

---

[148] Windisch, a. a. O. 227.
[149] A. a. O. 226f.
[150] Brox 165f.

[151] Hasler, Epiphanie 197.
[152] A. a. O. 202.
[153] A. a. O. 203.

Umstand, daß er teilweise auf vor- und nebenpaulinische christologische Traditionen wie den Hymnus 3,16 und die Taufparänese Tit 3,4–7 zurückgreift, nicht im Widerspruch, handelt es sich dabei doch im wesentlichen um gottesdienstliches Gut, das vermutlich auch in paulinischen Gemeinden weithin Eingang gefunden hatte und von daher dem Verf. ganz selbstverständlich als von der Lehre des Apostels gedeckt bzw. mit ihr übereinstimmend galt[154]. Der wesentliche Unterschied dieser Christologie zu der des Paulus besteht in ihrem *statischen* Charakter, ihrem *Mangel an Bewegtheit und Dramatik.* Die Ursache dafür ist jedoch nicht in einem bewußten Rückgriff auf vorpaulinische Traditionen zu suchen; sie liegt vielmehr in einer Veränderung bzw. in einem Abbau jener theologischen Rahmenbedingungen, innerhalb derer bei Paulus die Christologie ihre dramatische Stoßkraft entfalten konnte, nämlich des *Geschichtsverständnisses,* der *Kosmologie* und der *Anthropologie.* Durch die Veränderung bzw. das Fehlen dieses Funktionsrahmens verliert die Christologie ihre Stoßkraft und wird formelhaft. Die einzigen Indizien für eine eigenständige Neuakzentuierung der Christologie sind die Vorliebe für das stark hellenistisch gefärbte σωτήρ-Prädikat und die in unmittelbarem Zusammenhang damit stehende ἐπιφάνεια-Vorstellung. Man wird sie jedoch schwerlich von den traditionellen christologischen Motiven isolieren und im Sinn eines konsequent durchgeführten neuen christologischen Ansatzes interpretieren dürfen.

2. *Modifikationen durch Veränderung der Rahmenbedingungen*

2.1 Ein wichtiges Beispiel für die bemühte Rezeption paulinischer Christologie bietet 2Tim 2,8. Der Verf. greift hier auf die Vorlage Röm 1,3–5 zurück[155], die ihrerseits auf Transformation einer judenchristlichen zweiexistentialen christologischen Formel beruht. Aber während für Paulus wie für seine Vorlage die Spannung konstitutiv ist, daß der Davidssproß Jesus als Träger der Verheißungen Israels von Gott durch die Auferweckung zum himmlischen κύριος erhöht worden ist mit der Folge, daß der Erhöhte als Erfüller und Ziel der Heilsgeschichte erscheint, wird hier diese Spannung aufgelöst: zum einen dadurch, daß der Hinweis auf die davidische Herkunft hinter die Auferstehungsaussage zu stehen kommt[156] und damit aufhört, ein heilsgeschichtliches »Vorher« zu bezeichnen, zum andern dadurch, daß das κύριος-Prädikat als Umschreibung des Zieles des Weges Jesu wegfällt. Die Aussage über die davidische Herkunft Jesu verkümmert zum Hinweis auf das wahre Menschsein des Auferstandenen[157]. Die heilsgeschichtliche Dimension des Christusgeschehens als Antwort auf die Frage nach der Erfüllung des Handelns Gottes an Israel wird nicht mehr erfaßt. Das aber hängt damit zusammen, daß für die heidenchristliche Gemeinde der Past das Israelproblem längst seine existentielle Bedeutung verloren hatte (s. zu 1,8f).

---

[154] Das Gewicht liturgischer Traditionen betont Schnackenburg* 356.
[155] So auch Trummer, Paulustradition 202 ff; Oberlinner, Epiphaneia 207; Lindemann, Paulus 139; anders Dibelius-Conzelmann 81; H. Schlier, Zu Röm 1,3 f., in: Neues Testament und Geschichte (FS O. Cullmann), hrsg. H. Baltensweiler/B. Reicke, Zürich 1972, 207 bis 218.213 f; Wilckens, Römer I 59–61.
[156] Oberlinner, a. a. O. 208: Diese Umstel-

lung widerlegt die These Windischs, wonach die Past hier auf die Anfänge der zwei Existenzweisen Jesu Christi abheben wollten und wir demnach hier ein Zeugnis für deren zweiexistenziales Christuskerygma hätten.
[157] Daß dabei eine antidoketische Tendenz mitschwingt (Oberlinner, a. a. O. 208 f; Trummer 203 f), ist möglich, aber keineswegs eindeutig.

2.2 Auch das Zurücktreten der Präexistenzaussagen läßt sich analog darauf zurückführen, daß der Problemhorizont, dem sie zugehörig waren, in den Past nicht ausgeprägt ist. Das Kerygma von der Präexistenz und Schöpfungsmittlerschaft Jesu Christi ist im NT durchweg die Antwort auf eine negativ gestimmte Kosmologie[158]. Gegenüber einer Sicht, die die Welt als bedrohlichen, von schicksalsmächtigen Zwängen durchwalteten, gottfernen Bereich versteht, verkündigt es Jesus als den, der von Anfang an über diesen Bereich Macht hat und der kraft dieser Macht von außen her diesen Bereich aufbricht, seine angeblichen Eigengesetzlichkeiten zunichte macht und in ihm Gottes Herrschaft heilvoll durchsetzt (vgl. Kol 1,15–20). Demgegenüber läßt sich die Weltsicht der Past als eingeschränkt positiv charakterisieren: Die Welt ist gute Schöpfung Gottes (4,3f) und als solche für das Heil Gottes grundsätzlich offen. Es gibt zwar in ihr Bosheit und Irrtum (1,6), Verwirrung (2 Tim 4,3f) und sündigen Widerstand gegen Gott (1,13), aber diese Kräfte reichen nicht aus, um die Welt zu einem gottfeindlichen Lebenszusammenhang zu machen, der in seiner Heillosigkeit darauf angewiesen wäre, durch ein von außen, aus dem Bereich Gottes, kommendes Heilsgeschehen aufgebrochen und überwunden zu werden (vgl. dagegen Röm 5,12–21). Es genügt, wenn das Heilshandeln Gottes, auf das hin sie angelegt war, in ihr endgültig und sichtbar in Erscheinung tritt, um bleibend gegenwärtig zu sein. Weil das Christusgeschehen kein dramatischer Einbruch in die feindliche Welt ist, darum verliert das Präexistenzmotiv seine Stoßkraft und verkümmert. Daß der Verf. es noch kennt, wird aus Andeutungen immerhin ersichtlich (1,15; 3,16)[159]. Es hat für ihn jedoch keine unmittelbare Bedeutung mehr und wird in den wesentlich undramatischeren Gedanken einer *Präexistenz des Heilsratschlusses Gottes*, der in der ἐπιφάνεια Christi manifest wird, transformiert (2 Tim 1,9b–10a).

2.3 Unmittelbar verknüpft mit dieser Veränderung des Weltverständnisses ist eine Verflachung der paulinischen Anthropologie, die nicht ohne Rückwirkungen auf die Soteriologie bleibt. Die Past sprechen zwar vom vorchristlichen Menschen als Sünder (1,15), dessen widergöttliches Verhalten sich in Lastern und Desorientiertheit auswirkt (1,13; Tit 3,3), sie sehen aber die Sünde schwerlich als eine den Menschen versklavende Unheilsmacht, und der für Paulus typische Zusammenhang zwischen ihr und der sie in Macht setzenden Forderung des Gesetzes einerseits wie dem Tod als ihrer Folge andererseits (Röm 7,1–25) ist nirgends angesprochen. Bei Paulus gewinnt das Kreuzesgeschehen seine Dramatik dadurch, daß Christus durch seinen Tod den Fluch des Gesetzes aufgrund seiner unerfüllten Forderung aufhebt und so die den Menschen versklavenden Unheilsmächte entmächtigt (Gal 3,10–14). Auch die Past sehen die entscheidende existentielle Lebenswende im rettenden Handeln Jesu Christi an den Sündern (1,14f; Tit 3,4), aber dieses besteht im wesentlichen in der Kundgabe und verbindlichen Zuwendung des allen Menschen geltenden Heilswillens Gottes (2,4); der Gedanke einer Entmächtigung der Macht der Sünde durch das Sterben Jesu am Kreuz scheint nirgends im Blick zu sein. Die Verbindung der traditionellen Sühnetodformel mit dem Motiv des »Zeugnisses« (2,6) läßt vermuten, daß die primäre Bedeutung des Sterbens Jesu für die Past darin liegt, daß es die Verbindlichkeit des Heilswillens Gottes und seine universale Geltung für alle Menschen herausstellt[160].

---

[158] S. hierzu E. Schweizer, Das hellenistische Weltbild als Produkt der Weltangst, in: ders., Neotestamentica, Zürich 1963, 15–27.

[159] S. hierzu Windisch, Christologie 221–227.
[160] Vgl. Hasler, Epiphanie 205; Oberlinner, Epiphaneia 205.

2.4 Wird das Kreuzesgeschehen nicht mehr als Machtwechsel verstanden, so verliert auch der paulinische Gedanke seine ursprüngliche Kraft, daß Freiheit von der Macht der Sünde und Teilhabe am Heil in der gegenwärtigen Weltzeit nur möglich sind durch unmittelbare geschichtliche Bindung der Existenz des Glaubenden an Geschick und Weg Jesu Christi (Röm 6,1–11), d. h. durch das Sein »in Christus«. Für die Past bedeutet der Zuspruch der Sündenvergebung an den Sünder sicher auch Befreiung und Entlastung, vor allem aber Eröffnung einer Möglichkeit rechten, gehorsamen Lebens vor Gott und in Gemeinschaft mit ihm. Der paradoxe Charakter des neuen Lebens als eines vom Kreuz her gehaltenen und gestalteten, über das die Sünde trotz ihrer bedrohlichen Gegenwärtigkeit keine Macht mehr hat, ist jedoch aufgelöst. Das neue Leben des Sünders, dem vergeben ist, wird statt dessen bestimmt durch die Erkenntnis der Wahrheit des durch Christus endgültig in die Welt gekommenen Evangeliums, das Einsicht in den Willen Gottes schenkt und zugleich dessen Erfüllung ermöglicht. Diese Verschiebung spiegelt sich in der Neuakzentuierung der paulinischen Wendung »in Christus«: Es geht in ihr nun nicht mehr um die geschichtliche Bindung an den Gekreuzigten[161]; an die Stelle der Verwendung auf der personalen Ebene tritt die Verbindung mit abstrakten Nomina, die Lebenshaltung und -gestaltung der Christen umschreiben[162]: »Glaube« (3,13; 2Tim 3,15), »Glaube und Liebe« (1,14), »gerecht leben« (2Tim 3,12). Man kann der Formel auch hier die soteriologische Bedeutung nicht absprechen, nur hat sich diese verlagert auf die Kennzeichnung des neuen Lebens, das durch Christus ermöglicht ist und sich in ruhiger und stetiger lernender Bindung an das von ihm gebrachte Evangelium realisiert.

2.5 Der Gedanke einer unmittelbaren personhaften Bindung an das Leidens- und Todesgeschick Jesu fehlt freilich nicht völlig. In einem ganz spezifischen Zusammenhang tritt er sogar betont auf: da nämlich, wo es um den Dienst des Apostels und der seiner Norm folgenden kirchlichen Amtsträger geht. Als Bote des Evangeliums weiß sich der Apostel zum Leiden mit Christus berufen. Der Weg des Herrn, der ein Weg durch das Leiden zum Leben war, ist auch für seinen Apostel verbindlich (2Tim 2,3.11). Hervorgerufen wird dieses Leiden durch die Feindschaft und den Widerstand, den das Evangelium in der Welt findet. Diese dem gesamten Urchristentum eigene Grundeinsicht wird auch von den Past festgehalten, obwohl sie in einer gewissen Spannung zu ihrem insgesamt positiven Bild der Welt und der Hoffnung auf die Möglichkeit ihrer Durchdringung durch das Evangelium bleibt. Dieses Leiden mit Jesus und für das Evangelium steht allerdings völlig außerhalb des soteriologischen Kontextes. Sein theologischer Bezugsrahmen wird einerseits durch das hellenistisch vorgeprägte Motiv des Wettkampfs, andererseits durch das der synoptischen Tradition entnommene Motiv der Leidensnachfolge der Jünger, das in 2Tim 2,11–13 deutlich anklingt, konstituiert.

2.6 Nur einmal scheint der Machtcharakter des Christusgeschehens anzuklingen, nämlich in 2Tim 1,10, wo davon die Rede ist, daß Christus den Tod »entmachtet« und »Leben und Unvergänglichkeit durch das Evangelium ans Licht gebracht« hat. Doch hier geht es offensichtlich nur um die Auferstehung, nicht um das Kreuzesgeschehen,

---

[161] Dies betonen Allan* 115–121; Hasler, a. a. O. 198.
[162] Vgl. Trummer, Paulustradition 199 f.

so daß der Tod nicht als Korrelat und Folge der den Menschen bedrängenden übrigen Verderbensmächte, sondern viel allgemeiner als das über den Menschen verhängte Todesschicksal verstanden ist. Zudem zeigt der Zusatz »durch das Evangelium«, daß es um die Ankündigung einer zukünftigen Möglichkeit geht, die im Geschick Jesu sichtbar geworden ist, nicht jedoch um eine aufgrund gegenwärtiger Gemeinschaft mit dem Gekreuzigten und Auferweckten zugeeignete, trotz ihrer Zukünftigkeit jetzt schon lebensbestimmende Wirklichkeit.

3. Jesus der »Retter« und sein hilfreiches Erscheinen

3.1 Auffällig und der Erklärung bedürftig ist das häufige Vorkommen von σωτήρ (»Retter«) in den Past, und zwar sowohl als Bezeichnung Gottes als auch Jesu. Sechs Belege sind auf Gott bezogen (1,1; 2,3; 4,10; Tit 1,3; 2,10; 3,4), viermal erscheint das Wort als christologisches Prädikat (2Tim 1,10; Tit 1,4; 2,13; 3,6). Die Gottesbezeichnung σωτήρ geht auf die LXX zurück und ist ohne Zweifel durch das hellenistische Judentum vermittelt[163]. Ursprünglich sowohl auf Gottes geschichtsmächtiges Handeln an Israel wie auch auf sein helfendes und rettendes Eingreifen in das Geschick einzelner Frommer bezogen, umschreibt sie im Urchristentum vorwiegend sein eschatologisches Rettungshandeln (vgl. Lk 1,47).

Wie aber kam es zu der Übertragung des Titels auf Jesus?

3.1.1 Die Möglichkeit der direkten Übertragung des Gottesprädikats auf Jesus ist äußerst gering zu veranschlagen, da einerseits eine innerjüdische Bezeichnung des Messias als σωτήρ nicht nachweisbar ist[164] und andererseits die christologischen σωτήρ-Stellen nicht in Anlehnung an atl. Gott-σωτήρ-Aussagen formuliert sind[165]. Aber auch die Beobachtung, daß das christologische σωτήρ-Prädikat vorwiegend in hellenistisch beeinflußten ntl. Spätschriften erscheint, sollte nicht zu dem pauschalen Schluß führen, hier handle es sich lediglich um die Übertragung eines aus der Gottesverehrung und dem Herrscherkult der griechisch-hellenistischen Welt geläufigen Titels auf Jesus[166]. Denn immerhin weist die etymologische Deutung des Namens Jesu auf den, »der sein Volk retten (σώζειν) wird von seinen Sünden« (Mt 1,21), auf alte judenchristliche Tradition[167], die in Apg 5,31; 13,21 und vielleicht auch Lk 2,11 weiterwirken dürfte[168]. Einen anderen Bezugsrahmen hat Paulus im Auge: Wenn er Jesus als σωτήρ bezeichnet, so sieht er in ihm den Bringer des *endzeitlichen* Heils (Phil 3,20)[169].

3.1.2 Diesem paulinischen Verständnis kommen die Past nahe, denn auch für sie ist der σωτήρ Jesus der Bringer des *endzeitlichen* Heils. Daß in ihnen dieser Titel so stark hervortritt, mag auch mit seiner Verbreitung in der hellenistischen Religiosität zusammenhängen. Eine bewußt antithetische Titulierung Jesu Christi als σωτήρ im Gegenüber zu den religiös verehrten Rettergestalten der heidnischen Umwelt liegt jedoch

---

[163] Vgl. W. Foerster/G. Fohrer, ThWNT VII 966–1024; K. H. Schelke, EWNT III 781–788 (dort neuere Lit.!).
[164] G. Fohrer, ThWNT VII 1013; Brox 232; Jeremias 51; Oberlinner, Epiphaneia 197.
[165] Auch in dieser Hinsicht ist also keine Analogie zur Übertragung des σωτήρ-Prädikats auf Jesus gegeben.
[166] Gegen Dibelius-Conzelmann 74–77;

Brox 232; W. Foerster, ThWNT VII 1005–1012; Oberlinner, Epiphaneia 198.
[167] Vgl. O. Cullmann, Die Christologie des Neuen Testaments, Tübingen [5]1979, 252; Trummer, Paulustradition 195.
[168] K. H. Schelke, EWNT III 782f.
[169] So Gnilka, Philipperbrief 207, unter Hinweis auf die Sachparallele 1Thess 1,10.

schwerlich vor, weil gerade in diesem Zusammenhang alle polemischen Töne fehlen[170]. Deutlich ist hingegen, daß der Verf. einen Zusammenhang zwischen den σωτήρ-Prädikationen bzw. -Funktionen Gottes und Jesu im Blick hat und theologisch reflektiert. So steht der Hinweis auf die Funktion Jesu als Retter Tit 3,6 in Abhängigkeit und Unterordnung unter die von Gott selbst an uns vollzogene »Rettung« (Tit 3,4f). Ähnlich wird die eschatologische Erscheinung »unseres Retters Jesus Christus« (Tit 2,13) »*Gottes* rettender Tat zugeschrieben (vgl. Tit 2,11)«[171]. Und in der Briefzuschrift Tit 1,3f steht die Bezeichnung Jesu als »unser Retter« unmittelbar verbunden mit derselben Bezeichnung Gottes. Wie aber ist dieser Zusammenhang konstituiert? Schwerlich im Sinne einer Unterordnung Jesu Christi unter Gott, so daß Jesus Christus gleichsam nur als Erfüllungsgehilfe des Erlösungsplanes Gottes gesehen wäre. Alles spricht vielmehr dafür, daß der Verf. die einmalige und unvergleichliche Stellung Jesu dadurch betonen will, daß er die funktionale Hinordnung seines Heilswerkes auf Gottes Heilswillen und Heilshandeln herausstellt. Jesus, und nur er allein, ist dazu berufen, den Heilsratschluß Gottes zu vollstrecken. In ihm spricht Gott sein letztes Wort an die Menschen (Tit 1,3). Im Rettungshandeln Jesu Christi wird der Heilswille des rettenden Gottes verankert in der in Christus Jesus erfolgten und noch zu vollendenden Verwirklichung des Heils[172].

3.2 Die Aussagen über das rettende Handeln Gottes und Jesu Christi sind aufs engste verknüpft mit den Begriffen ἐπιφάνεια und ἐπιφαίνεσθαι (s. zu 6,14). Aufschlußreich ist dabei, daß zwar Jesus Christus als Subjekt der ἐπιφάνεια erscheint (6,14; 2Tim 1,10; 4,1.8; Tit 2,13), nicht jedoch Gott selbst. Die Rede ist lediglich von einer ἐπιφάνεια bestimmter göttlicher Handlungsweisen und Eigenschaften: seiner rettenden Gnade (Tit 2,11), seiner Güte und Menschenfreundlichkeit (Tit 3,4) und seiner Herrlichkeit (Tit 2,13)[173]. Und zwar wird damit jeweils die ἐπιφάνεια Jesu Christi umschrieben: In ihr, und nur in ihr, manifestiert sich also Gottes Heilsratschluß und Heilswille. Dabei deckt sich der Begriff ἐπιφάνεια nicht unmittelbar mit unserem heutigen Begriff »Epiphanie«, der vor allem das Moment der sichtbaren Erscheinung der Gottheit betont; vielmehr ist, wie nicht nur aus dem zeitgenössischen Sprachgebrauch, sondern vor allem auch aus der Verbindung mit σωτηρία/σῴζειν in den Past hervorgeht, damit primär das *helfende Eingreifen* der Gottheit gemeint[174].
Nur von daher läßt sich die Tatsache schlüssig interpretieren, daß die Past von einer *zweifachen* ἐπιφάνεια Jesu Christi sprechen: einer vergangenen, auf die zurückgeblickt wird (2Tim 1,10; Tit 2,11; 3,4), sowie einer zu erwartenden zukünftigen (6,14; 2Tim 4,8). Die zukünftige ist identisch mit der Parusie (vgl. 1Thess 2,8), die hier, ganz im Einklang mit der Tradition, mit dem durch Jesus zu vollziehenden Gericht verbun-

---

[170] Oberlinner, Epiphaneia 198; anders Spicq 315, der hier bewußte Antithetik sehen möchte (vgl. zu 1,1).
[171] Oberlinner, a. a. O. 198.
[172] A. a. O. 199.
[173] Daß in dem attributiven Genitiv von Tit 2,13 eine zweigliedrige, Gott und Christus nebeneinanderstellende Formel und nicht eine eingliedrige Aussage über Christus *als Gott* zu sehen ist, ist zwar sprachlich nicht eindeutig, von der Sache her jedoch wahrscheinlich; so

auch Jeremias 73; Windisch, Christologie 226; Hasler, Epiphanie 200f; Oberlinner, a. a. O. 198f. Anders W. Bousset, Kyrios Christos, Göttingen ⁶1967, 246 (»In einer Umgebung, in der das *Dominus ac Deus* für jeden römischen Kaiser allmählich offizieller Stil zu werden begann, konnte das Christentum seinem Heros diesen höchsten Würdetitel nicht vorenthalten«); Schnackenburg* 357f; Spicq 640f.
[174] S. hierzu Lührmann, Epiphaneia 196.198.

den wird, wobei freilich der Akzent auf das helfende, rettende Eingreifen des Richters zugunsten der Seinen gelegt ist (2Tim 4,8). Die vergangene steht zwar in einem unmittelbaren Bezug auf die zukünftige, hat jedoch zugleich ihr heilsgeschichtliches Eigengewicht. Denn sie ist nicht nur ein kurzes, gleichsam proleptisches Aufleuchten der zukünftigen Herrlichkeit Jesu Christi[175] etwa in den Ostererscheinungen[176]; ebensowenig geht es dabei um das Sichtbarwerden der Herrlichkeit Jesu im Sinne des johanneischen Inkarnationsgedankens (vgl. Joh 1,14). Zentral ist vielmehr der Gedanke des helfenden, rettenden Eingreifens. Dieses erfolgte in der Weise, daß Jesus den göttlichen Heilsratschluß zur Rettung aller Menschen verkündigte und verbindlich in Kraft setzte. Durch die Epiphanie Jesu wurde die rettende Gnade Gottes zur zuverlässigen Wirklichkeit und zum bleibenden Angebot, das in der Gestalt des Evangeliums weitergetragen wird[177]. Durch sie ist die Möglichkeit des Zugangs zum Heil für alle Menschen eröffnet und damit zugleich auch die Möglichkeit der Veränderung der Formen des gesellschaftlichen Lebens von diesem Heil her. So gewiß solche Veränderung nicht Selbstzweck ist, sondern Orientierung und Inhalt durch die Ausrichtung auf die zweite ἐπιφάνεια gewinnt, so deutlich ist andererseits auch, daß die Rede von den zwei Epiphanien Jesu Christi ihre Spitze in der Betonung des Gegenwartsbezuges des Christusgeschehens hat. Weil Gottes rettende Gnade bereits erschienen ist, darum kann die Gegenwart als von Christus qualifizierte Zeit, als Heilszeit, ergriffen und angenommen werden (Tit 3,4–7).

III. Mahnung an die Reichen der Gemeinde (6,17–19)

Literatur: Horn, F. W., Glaube und Handeln in der Theologie des Lukas, 1983 (GTA 26).

17 Den Reichen in der jetzigen Welt gebiete, nicht hochmütig zu sein und auch ihre Hoffnung nicht auf ungewissen Reichtum zu setzen, sondern auf Gott, der uns alles reichlich zum Genuß gewährt, 18 Gutes zu tun, reich zu sein an guten Werken, freigebig und mitteilend zu sein, 19 indem sie sich eine gute Grundlage für die Zukunft aufspeichern, um das wahre Leben zu erlangen.

1. *Kontext.* Die kurze Paränese erscheint innerhalb des unmittelbaren Kontextes fast als Fremdkörper. Nach der Doxologie von VV15–16 würde man eigentlich den Briefschluß erwarten, nicht jedoch einen Neueinsatz mit Mahnungen. Auch die Wiederaufnahme der Form der vermittelten Weisung überrascht, nachdem VV3–16 im Stil der unmittelbaren Anrede an den Apostelschüler gehalten waren. Thematisch gehört das Stück jedoch schwer-

Analyse

---

[175] So Hasler, Epiphanie 200: Epiphanie sei der »je und je wieder neu einfallende(n) Vorgang einer Apparition der Transzendenz«; ähnlich Trummer, Paulustradition 200–202.

[176] So Windisch, Christologie 224.
[177] Oberlinner, Epiphaneia 200–203.

lich mit den vermittelten Weisungen an verschiedene Stände in der Gemeinde
(5,3–6,2) zusammen, denn die Reichen sind kein eigener Gemeindestand.
Noch weniger kann man in dem Stück jedoch eine direkte Fortsetzung der
Behandlung des Themas »Reichtum« in VV6–10 sehen und VV11–16 lediglich
als parenthetische Unterbrechung dieser paränetischen Reihe gelten lassen[178].
Denn die VV6–10 handelten von den Gefahren des Reichwerdenwollens nicht
im Sinne einer allgemeinen Mahnung, sondern in strenger Ausrichtung auf
den Amtsträger: Er speziell wurde über die Unvereinbarkeit der Gewinnsucht
mit seinem Amtsauftrag belehrt; jetzt hingegen sind ganz allgemein die
reichen Glieder der Gemeinde angesprochen[179]. Die seinerzeit von A. Harnack
zur Diskussion gestellte Möglichkeit einer nachträglichen Interpolation des
Abschnittes muß ausscheiden[180], vor allem auch deshalb, weil er sich in
Sprache und theologisches Denken der Past bruchlos einfügt. Was aber ist
seine Funktion an dieser Stelle? Am nächsten liegt die Annahme, daß der Verf.
einem generell reichtumskritischen Verständnis von VV6–10 im Sinne eines
gnostisierenden Asketentums wehren wollte, indem er in der Form eines
Nachtrags ein Korrektiv einbrachte. Daß der Abschnitt eine antiasketische
Spitze hat, ist aus der betont positiven Aussage über den Zweck des Reichtums,
die an 4,3 erinnert, ersichtlich.

2. *Aufbau.* Das ungewöhnlich knapp und dicht gehaltene paränetische Stück
besteht aus einer einzigen Satzperiode, die sich aufgliedert in eine relativ kurze
Warnung vor falschem Verhalten (V17b) sowie eine ungleich längere Weisung
zu rechtem Verhalten (VV17c–19), welch letztere wiederum zerfällt in eine
Aufzählung einzelner positiver Verhaltensweisen (VV17c.18) und eine als
Partizipialkonstruktion gefaßte Angabe von deren Ziel bzw. Folgen (V19). Bei
der Warnung vor falschem Verhalten fehlt eine entsprechende Angabe der
Folgen; die positive Aussage hat also schon von der sprachlichen Gestaltung
her das Übergewicht. Auffällig, weil in den Past analogielos, ist das Fehlen von
Beispielen und expliziten Begründungen (vgl. z. B. 2,13–15; 3,7; 5,5;6,1f.7f);
im Grunde bleibt es bei einem stichwortartigen Gerüst von Paränese, dessen
Hauptfunktion sein dürfte, an ausgeführte, den Gemeinden bereits bekannte
paränetische Tradition zu erinnern, die hier bloß in Abbreviatur erscheinen.
Dieser zurückverweisende, erinnernde Charakter wird besonders sichtbar am
merksatzartigen Stil einiger Wendungen, z. B. V17b.c mit seiner Parechese[181]
(fünf Worte mit π in der Anfangssilbe) und V19 (Kombination zweier auf
verschiedene Lehrtopoi verweisender inkongruenter Metaphern). Welcher
Art aber war die hier im Hintergrund stehende paränetische Tradition? Die
kürzelhaften Andeutungen lassen eine enge Verwandtschaft mit der lukanischen Reichtumsparänese erkennen. Verbale Anklänge und sachliche Paralle-

---

[178] Gegen Kelly 147f.
[179] So auch Holtz 145; Hasler 52.
[180] Anders Dibelius-Conzelmann 69; Brox
219, die hier ihre These über die Zusammen-

hanglosigkeit und Zufälligkeit der Paränesen
der Past bestätigt sehen.
[181] Vgl. Bl-Debr-Rehkopf § 488,2.

len bieten vor allem Lk 12,16–21 (Gleichnis vom törichten Reichen) und 16,1–14 (Gleichnis vom betrügerischen Verwalter)[182].

In seiner Funktion als Gemeindeleiter soll Timotheus Weisung erteilen. Deren Adressaten sind speziell die der Gemeinde zugehörigen Reichen. Die Wendung ὁ νῦν αἰών ist eine stärker gräzisierte Transposition des hebraisierenden paulinischen ὁ αἰὼν οὗτος und impliziert wie jenes (vgl. Röm 8,38; 1 Kor 3,22) unausgesprochen als Korrespondenzbegriff die »kommende Welt« (vgl. Tit 2,12 f). »Diese Welt«, in der die Reichen ihren Ort haben, ist nicht in sich böse, und der Reichtum ist darum auch durch seine Ortsbestimmung in ihr keineswegs negativ qualifiziert; sie ist jedoch für die christliche Gemeinde ausgerichtet auf die zweite Epiphanie Jesu Christi und wird so zu dem Raum der Bewährung für die Zukunft (Tit 2,12). Darauf kommt es für die Reichen an, daß sie ihren Reichtum von dieser Ausrichtung her verstehen und ihr in seinem Gebrauch Rechnung tragen[183]. Auf die Folgen eines Vergessens dieser Ausrichtung weisen die beiden Warnungen hin. Gegenstand der ersten ist das ὑψηλοφρονεῖν (»hochmütig sein«)[184], ein Fehlverhalten im gesellschaftlichen Bereich, nämlich ein Denken und Verhalten, das den äußersten Gegensatz zu der dem Christen angemessenen ταπεινοφροσύνη (vgl. Phil 2,3; Röm 12,16; 1Petr 3,8) bildet[185]. Der Hochmütige benutzt seinen Reichtum, um damit seinen besonderen Platz in der Gesellschaft durch Abgrenzung nach unten, gegenüber den Nicht-Reichen, und zugleich durch einen Herrschaftsanspruch über sie zu definieren. Er nimmt sich selbst und seinesgleichen wichtig, während der Demütige den anderen wichtiger nimmt als sich selbst.

Die Wurzel des Hochmuts der Reichen wird in der zweiten Warnung angesprochen: Reiche neigen dazu, ihre Hoffnung auf den Reichtum zu setzen anstatt auf Gott[186]. Sie bauen sich aus ihrem Besitz eine Festung, die sie absichern und unangreifbar machen soll. Dabei handeln sie wie der Reiche im Gleichnis Lk 12,16–21, indem sie die Bewahrung und Erweiterung des Reichtums zu dem ihren gesamten Lebensplan bestimmenden Motiv werden lassen, und sie sind dabei wie jener töricht (Lk 12,20). Sie vergessen nämlich, daß

Erklärung 17

---

182 Zwar sind die von Horn* 257 aufgeführten Belege für seine These einer engen Verbindung der Reichenparänese der Past zur lukanischen Ethik nur z. T. stichhaltig (vor allem die angeblichen Parallelen zu 6,6–10 sind fragwürdig), doch überzeugt der Nachweis einer engen traditionsgeschichtlich begründeten Parallelität zwischen 6,18f und Lk 12,(16–20)21; 16,(1–8)9 (ebd. 64f). Nicht überzeugen kann hingegen der Versuch von Hanson 114f, eine Abhängigkeit von Röm 12,13–16 nachzuweisen.

183 Negatives Gegenbild dazu ist ein Verhalten, das »diese Welt liebt« (2Tim 4,10).

184 Ὑψηλοφρονεῖν (hap leg), vom klassischen ὑψηλοφρῶν (»hochmütig«) abgeleitet, wurde jedoch, wie die v. l. Röm 11,20 zeigt, als verbales Rektionskompositum im Sinne von ὑψελὰ φρονεῖν empfunden (Bl-Debr-Rehkopf § 119,1 Anm. 2). Umgekehrt lesen א, I, Origenes hier ὑψελὰ φρονεῖν (so auch die Lateiner: *sublime sapere*).

185 Vgl. Wilckens, Römer III 23.

186 Zwischen ἐπὶ und θεῷ schieben, A, I, P, Ψ und eine Reihe von Minuskeln τῷ ein. Wohl veranlaßt durch 4,10 fügen D, der Mehrheitstext, Vg und Syrer ζῶντι hinzu.

Reichtum »unsicher«[187], weil, wie alles in der »jetzigen Welt«, vergänglich ist und daß er spätestens im Tod zurückgelassen werden muß (vgl. V7)[188]. Gegenstand von Hoffnung kann nur Gott sein, weil er die Verheißung bleibenden Lebens gegeben hat (vgl. 4,8). Wer seine Hoffnung auf vergänglichen Reichtum setzt, läßt diesen an die Stelle Gottes treten und handelt absurd und gottlos[189].

Daran, ob der Reiche seine Hoffnung auf den Reichtum oder auf Gott setzt, entscheidet sich, ob seine Lebenshaltung richtig ist oder nicht. Und zwar eröffnet sich für ihn gerade von der Hoffnung auf Gott her die Möglichkeit zu einem sinnvollen Verhältnis zum Reichtum. Statt Mittel zur Selbstsicherung zu sein, wird er Hinweis auf Gottes schenkende Güte. Es ist nicht Gottes, des Schöpfers, Art, seinen Geschöpfen nur das kärgliche Minimum dessen zu gönnen, was zur Fristung physischen Lebens unumgänglich ist; seine Liebe zu ihnen erweist sich darin, daß er ihnen seine Gaben in Fülle[190], ja im Überfluß schenkt und ihnen so Freude und Genuß ermöglicht[191]. Das atl. Motiv der Freude am Überfluß der guten Gaben des Schöpfers (vgl. Ps 104,27f; 145,15f) wird hier aufgenommen, und zwar in bewußter Antithese zu den in einer schöpfungsfeindlichen Grundeinstellung wurzelnden asketischen Tendenzen der gnostisierenden Irrlehrer. Wie alles von Gott Geschaffene, so ist auch der Reichtum Gottes gute Gabe, die der Mensch mit Dank empfangen darf (4,4). Unverkennbar steht hier eine *individualethische Wertung des Besitzes* im Vordergrund[192]. Es geht darum, wie der je einzelne Reiche mit seinem Besitz im Rahmen und unter dem Vorzeichen seines Gottesverhältnisses recht umgeht. In den folgenden konkreten Verhaltensregeln wird diese Engführung

18 nur zum Teil aufgebrochen. Zwar wird der Reiche hier angewiesen, dem nachzukommen, was ethische Aufgabe des Christen ist, nämlich wohltätig zu sein[193], Gutes zu tun (vgl. 2,10; 5,10.25; 2Tim 2,21; 3,17; Tit 1,14; 1,16; 2,7;

---

187 Der Genitiv qualitatis in ἐπὶ πλούτου ἀδηλότητι steht anstelle eines Akjektivs: ἐπ' ἀδήλῳ πλούτῳ (»der ungewisse Reichtum«); vgl. Bl-Debr-Rehkopf § 165,2.

188 Daß irdischer Reichtum unzuverlässig ist, ist ein konstantes weisheitliches Motiv (Ps 49,7; 52,9; 62,11; Spr 11,28; Hiob 31,24; Sir 40,13).

189 »Worauf Du nu (sage ich) Dein Herz hängest und verlässest, das ist eigentlich Dein Gott« (M. Luther, Großer Katechismus [1529], BSLK 560).

190 Πλουσίως (vgl. Kol 3,16) erscheint häufig in kleinasiatischen Ehreninschriften zur Kennzeichnung der Freigebigkeit von Wohltätern. So heißt es rühmend von einem gewissen Attinas: πλουσίως καὶ φιλοτείμως παρέσχετο τῇ πόλει (MAMA VIII 477, 14–16); weitere Belege: Spicq 576.

191 Εἰς bzw. πρὸς ἀπόλαυσιν (»zum Genuß«) ist geläufige hellenistische Wendung;

vgl. Bauer, Wb s. v. Das eucharistische Gebet Did 10,3 faßt den Dank für die Schöpfungsgaben in die Worte τροφήν τε καὶ πότον ἔδωκας τοῖς ἀνθρώποις εἰς ἀπόλαυσιν. Von daher ist die Möglichkeit nicht auszuschließen, daß an unserer Stelle (ähnlich wie 4,4) eine Anspielung auf ein eucharistisches Dankgebet vorliegt.

192 In dieser individualethischen Akzentuierung liegt ein fundamentaler Unterschied zu Lukas; vgl. Horn* 256.

193 Ἀγαθοεργεῖν (hap leg); die gebräuchlichere kontrahierte Form ἀγαθουργεῖν umschreibt Apg 14,17 Gottes Handeln. Möglich, wenn auch angesichts des kürzelhaften Charakters der Aussage nicht beweisbar, ist, daß hier durch die Wahl dieses Wortes der Gedanke der Korrespondenz des Handelns der Christen zum wohltätigen Schöpfungshandeln Gottes impliziert ist (so Spicq 577). Dafür könnte der Verzicht auf das üblicherweise das wohltätige

3,1)[194], sich als freigebig und großzügig zu erweisen[195] und anderen Anteil am eigenen Überfluß zu geben[196]. Aber die Motivation dafür liefert nicht etwa die Zugehörigkeit des Reichen zur Gemeinde und die daraus für ihn erwachsende Verpflichtung, sondern vielmehr der Ausblick auf die positiven Folgen solchen Verhaltens für ihn selbst. Es ist ihm ja die Möglichkeit gegeben, den unsiche- 19 ren, vergänglichen Reichtum so zu verwenden, daß daraus für ihn eine »feste Grundlage«[197] für die Zukunft, d. h. für die kommende Welt Gottes, entsteht. Die beiden nicht ganz kongruenten Metaphern des Fundamentlegens und des Sammelns stehen für zwei verschiedene Aspekte der gemeinten Sache: Es gilt, etwas Festes und Bleibendes zu schaffen[198], das nicht wie irdischer Reichtum vergeht[199]; dieses Feste und Bleibende aber wird in gleicher Weise geschaffen wie ein Kapital, das man für Zeiten der Not zusammenträgt. Das Ansammeln dieses »Schatzes im Himmel«[200] ist, wie hier unter Aufnahme eines traditionellen jüdischen Motivs (Tob 4,9)[201] gesagt wird, die einzige wirklich sinnvolle, weil bleibende und beständige Kapitalanlage[202] – dient sie doch der Vorsorge für jenes Leben, das allein die Bezeichnung »Leben« wirklich verdient[203], für das ewige Leben in der vollendeten Gemeinschaft mit Gott.

und rechte Handeln der Christen umschreibende Verb ἀγαθοποιεῖν (vgl. Lk 6,33.35; 1Petr 2,15.20; 3,6.17) sprechen; vgl. Horn* 257; W. C. van Unnik, The Teaching of Good Works in I Peter, NTS 1 (1954) 92–110.

[194] Πλουτεῖν ἐν ἔργοις καλοῖς entspricht so unmittelbar dem εἰς θεὸν πλουτεῖν von Lk 12,21b (Horn* 65.257), daß eine Erklärung von dorther möglich erscheint: Es geht darum, den eigentlichen Reichtum nicht im eigenen Besitz, sondern im Reichtum an Gottes Willen gemäßen Taten für den Nächsten zu sehen, der ein beständiges himmlisches Kapital bildet.

[195] Εὐμετάδοτος (hap leg) betont stärker noch als das deutsche »freigebig« die den Geber bestimmende Haltung der Großmut, Großzügigkeit und Vornehmheit; vgl. Marcus Aurelius I 14,4; τὸ εὐποιητικόν καὶ τὸ εὐμετάδοτον; VI 48,1.

[196] Κοινωνικός (hap leg), in der hellenistischen Ethik geläufiger Terminus: Einer, der »am eigenen teilnehmen läßt« (Aristoteles, Rhet. 2,24,2; Jamblichus, Protr. 21,19.30; Philo, Det.Pot.Ins. 72; Omn.Prob.Lib. 13 [Interpretation von Weish 7,13 ἀφθόνως μεταδίδωμι mit κοινωνικώτατον σοφία]; JosBell II 122 (über die Essener: »Sie sind Verächter des Reichtums, und bewundernswert ist bei ihnen der Gemeinschaftssinn [τὸ κοινωνικόν]; es ist auch unter ihnen niemand zu finden, der an Besitz hervorrage«).

[197] Von der (an sich richtigen) Annahme einer Beeinflussung durch Tob 4,9 (θέμα γὰρ ἀγαθὸν θησαυρίζεις σεαυτῷ εἰς ἡμέραν ἀν-

ἀγκης) ausgehend konjizierte Hort θέμα λίαν καλόν. Aber abgesehen davon, daß der vorliegende Text fest bezeugt ist, läßt sich die Notwendigkeit einer Konjektur auch nicht durch die angebliche Inkongruenz von ἀποθησαυρίζειν und θεμέλιος begründen (s. Anm. 198), zumal auch das Bild Tob 4,9 in sich inkongruent ist (wörtl.: »einen Siegespreis [θέμα] ansammeln«).

[198] Θεμέλιος, wörtl. »Grundlage«, »Fundament«, kann übertragen die Bedeutung »Grundstock«, »Fonds« annehmen, vgl. Philo, Sacr. A. C. 81: θεμέλιος γὰρ τῷ φαύλῳ κακία καὶ πάθος (hierzu Dibelius-Conzelmann 69; Bauer, Wb s. v.).

[199] Der Gedanke der Festigkeit und Beständigkeit findet sich analog Lk 12,33 (ἀνέκλειπτον ἐν τοῖς οὐρανοῖς); 16,9 (die »himmlischen Hütten«, die beständiger als irdischer Reichtum sind); Horn* 257.

[200] Θησαυρός sowie das damit zusammenhängende Bild auch Lk 12,33f.

[201] Zu Tob 4,9 s. Anm. 197. Ferner Pea 1,1: Liebeswerke usw. als in der zukünftigen Welt angesammeltes festes Kapital, dessen Zinsen der Mensch schon in dieser Welt genießt; weitere Belege: Bill. I 429–431.

[202] Das Motiv der Investition in die, im Gegensatz zur Unbeständigkeit alles Irdischen, beständige und stabile Welt Gottes findet sich fast identisch ausgeprägt Lk 16,9.

[203] Attributiv gebrauchtes ὄντως (im Sinne von »wirklich«, »wahr«; vgl. JosAnt 15,63: οἱ ὄντως βασιλεῖς) gehört zu den sprachlichen

Zusammen- Die Reichenparänese dürfte als Korrektiv und Gegengewicht gegen die sehr
fassung   viel radikaler gefärbte Amtsträgerparänese VV3–10 konzipiert worden sein.
           Die antiasketische, schöpfungsbejahende Haltung der Past wirkt sich in einer
           fast uneingeschränkt positiven Sicht des Reichtums als einer guten Gabe
           Gottes aus. Die einzige Gefahr des Reichtums wird darin gesehen, daß der
           Reiche seine Hoffnung auf ihn statt auf Gott setzt. Eine einseitig individual-
           ethische Perspektive herrscht vor; die sozialethische und ekklesiologische
           Problematik des Reichtums bleibt ausgeklammert. Hier liegt das theologische
           Defizit dieser fragmentarischen Reflexion.

IV. Schluß: Zusammenfassende Mahnung und Gruß (6,20–21)

Literatur: Ehrhardt, A., Parakatatheke, ZSRG 76 (1958) 32–90; *Hellebrand, W.*, Art.
Παρακαταθήκη, PRE 1. Reihe XVIII/2, 1186–1202; *Lohfink*, Normativität; *v. Lips*,
Glaube; *Meade, D. G.*, Pseudonymity and Canon, 1986 (WUNT 39); *Sanders, J. T.*, The
Transition from Opening Epistolary Thanksgiving to Body in the Letters of the Pauline
Corpus, JBL 81 (1962) 348–362; *Schlarb, E.*, Miszelle zu 1Tim 6,20, ZNW 77 (1986)
276–281; *Spicq, C.*, S. Paul et la loi des dépôts, RB 40 (1931) 481–502; *Trummer*,
Paulustradition; *ders.*, Art. παραθήκη, EWNT III 51f; *Wegenast*, Tradition.

**20 O Timotheus, bewahre die Hinterlassenschaft und wende dich ab
von dem gottlosen Geschwätz und der Polemik der fälschlich so
genannten »Erkenntnis«, 21 zu der sich manche bekannt haben und
hinsichtlich des Glaubens auf Irrwege geraten sind. Die Gnade sei mit
euch.**

Analyse Dieser Briefschluß ist innerhalb des gesamten Corpus Paulinum ohne Analo-
         gie. Üblicherweise enden die Briefe mit persönlichen Bemerkungen und
         Grüßen, die sich zum Teil noch mit einer betont hervorgehobenen eigenhändi-
         gen Nachschrift verbinden[204]. Dies alles fehlt hier. Am ehesten vergleichbar ist
         noch der Schluß des Gal, insofern als auch er eine kurze, zugespitzte Rekapitu-
         lation des zentralen Briefinhaltes bietet; aber deren zentrales Charakteristi-
         kum, die Eigenhändigkeit (Gal 6,11), fällt in 1Tim 6,20f aus. Das überrascht
         bei einem pseudonymen Brief, der speziell am Anfang und Ende, wo sich die
         Merkmale des persönlichen Stils des vorgeblichen Autors häufen, unter
         Imitationszwang steht. Zumindest die Fiktion eines eigenhändigen Postskripts
         (vgl. 2Thess 3,17; Kol 4,18) hätte – so könnte man meinen – nahegelegen. Daß
         der Verf. von allen diesen Möglichkeiten, Authentizität zu demonstrieren,

Eigentümlichkeiten der Past; vgl. 5,3.5.16: So,
wie die »wirkliche Witwe« diejenige ist, die den
Kriterien des gemeindlichen Witwenstandes
voll entspricht, ist das »wirkliche Leben« jenes,
das die (theologischen) Kriterien für »Leben«
ganz erfüllt. – Die Lesart αἰωνίου (D², Mehr-

heitstext) ist Ergebnis routinehafter Angleichung an den üblichen ntl. Sprachgebrauch.
[204] Ausgehend von der Annahme der Echtheit des Briefes wollen Lock 75; Kelly 150;
Schlatter 173; Spicq 580 hier einen eigenhändi-
gen Schlußgruß des Paulus sehen.

hier im Unterschied zu 2Tim 4,19–22; Tit 3,12–15 keinen Gebrauch macht, ist ein beachtliches Indiz dafür, daß er von vornherein das Corpus der drei Past als Einheit konzipiert hat: Der Authentizitätsnachweis durch Imitation paulinischer Briefschlüsse kann an dieser Stelle unterbleiben, weil er später nachgeholt wird! Statt dessen konzentriert sich der Verf. rhetorisch wirkungsvoll auf die in einen Befehlssatz gefaßte Zusammenfassung des den Brief durchziehenden Leitgedankens. Wir haben hier eine geradezu klassische *recapitulatio* vor uns[205], gefolgt von einem knappen Schlußgruß.

Zum zweiten Mal innerhalb des Briefes wird Timotheus direkt namentlich angesprochen. Zum ersten Mal geschah dies ebenfalls an hervorgehobener Stelle, nämlich am Ende des Exordiums (1,18). Damit ist ein deutliches semantisches Signal dafür gesetzt, daß sich nunmehr der Gedankenkreis schließt: Die in 1,18 (s. dort) formulierte Leitthematik des Briefes wird abschließend in 6,20 noch einmal herausgestellt und im Blick auf ihre Bedeutung für die aktuelle kirchliche Situation eingeschärft[206]. Denn zweifellos soll mit dem Nomen παραθήκη (»Hinterlassenschaft«) auf denselben Sachverhalt verwiesen werden, der in 1,18 mit der Wendung ταύτην τὴν παραγγελίαν παρατίθεμαί σοι umschrieben ist. Zugleich aber bedeutet die Einführung des Nomens eine Weiterführung und Präzisierung, handelt es sich bei diesem doch um einen relativ klar definierten rechtlichen Begriff (vgl. 2Tim 1,12.14).

Erklärung 20

Der Begriff παραθήκη (bzw. attisch παρακαταθήκη; vgl. Hermas, mand 3,2)[207] entstammt dem antiken Depositalrecht. Er kennzeichnet ein Gut bzw. einen Vermögenswert, der einem einzelnen bzw. einer Institution mit der rechtsverbindlichen Auflage der unversehrten Bewahrung übergeben wird, d. h. ein *depositum*[208]. Vor allem im römischen und griechischen Depositalrecht tritt der Gedanke in den Vordergrund, daß die Hergabe eines Depositums ein Vertrauensverhältnis zwischen dem Deponenten und dem Depositionarius begründet, das seinen Ausdruck in einem zeitlichen Kontrakt findet[209]. Eine Übertragung dieser Vorstellung auf geistige Güter und Werte ist vielfach belegt[210]. Besonders zu berücksichtigen ist die Bedeutung der παραθήκη innerhalb des Erbrechts: Hier ist es der Erblasser, der als Depositor dem Treuhänder der Erben bzw. dem Testamentsvollstrecker die παραθήκη als »Hinterlassenschaft« anvertraut mit der Auflage, für ihre Verwendung in seinem Sinne Sorge zu

---

[205] Hierzu Quintilianus, Inst. Ort. 6,1,1: *rerum repetitio et congregatio, quae Graece dicitur* ἀνακεφαλαίωσις,... *totam simul causam ponit ante oculos.* Vgl. Lausberg, Handbuch 237 f.

[206] Vgl. Sanders* 355; T. Y. Mullins, Disclosure. A Literary Form in the NT, NT 7 (1964/65) 44–50; Wolter, Pastoralbriefe 118.

[207] Die LXX verwendet παραθήκη zur Wiedergabe des entsprechenden rechtlichen Terminus פִּקָּדוֹן (= »anvertrautes Gut«, Lev 5,23; vgl. Gen 41,36 Aqu.), während sie παρακαταθήκη für מַלְאָכָה setzt (Ex 22,7.10). So-

wohl Philo und Josephus als auch die altkirchliche Literatur verwenden durchweg παρακαταθήκη, das von daher auch in einigen Hss. in 1Tim 6,20; 2Tim 1,12.14 eingedrungen ist (Notierung bei Tischendorf und v. Soden).

[208] Z. B. Papyrus Parisiensis 54[51] (161–163 v. Chr.): ἀπέχω παρὰ ᾿Αφροδεισίω παραθήκην. Weitere attische Belege bei Moulton-Milligan, s. v.

[209] Vgl. Roloff, Apostolat 247.

[210] Z. B. Herodotus 9,45; Ps. Isocrates, Demon. 22; Philo, Det.Pot.Ins. 65.

tragen[211]. Für die Past ist παραθήκη, wie sich aus der Singularität des Vorkommens innerhalb der gesamten frühchristlichen Literatur schließen läßt, nicht ein vorgeprägter theologischer Terminus, sondern eine gezielt eingeführte Metapher[212]. Sie tritt an die Stelle des vorgeprägten Begriffs παράδοσις (»Tradition«), weil etwas Spezifisches, von diesem Begriff nicht Abgedecktes zum Ausdruck gebracht werden soll, nämlich die *verbindliche Festlegung der Tradition durch ihren Ursprung*[213]. Während bei παραδιδόναι/παράδοσις der Akzent primär auf dem Nachweis der ungebrochenen Weitergabe und der gemeinschaftlichen Anerkennung liegt (vgl. z. B. 1Kor 11,23; 15,3), wird durch die Einführung des Begriffs παραθήκη alles Gewicht auf die rechtliche Verbindlichkeit der anfänglichen Übergabe des Traditionsgutes durch den Depositor und auf die diesem gegenüber eingegangene Verpflichtung der unversehrten Bewahrung gelegt. Besteht bis hierher ein relativ weitgehender Konsens der Exegeten, so sind zwei hier anschließende Fragen, die sachlich eng zusammengehören, noch kontrovers: Die erste betrifft das *Verhältnis zwischen Paulus und der παραθήκη*: Ist Paulus nur der erste Depositarius, dem die παραθήκη zu treuen Händen übergeben ist (in diesem Falle: durch Gott bzw. Christus selbst)[214], oder ist er Depositor, durch den die παραθήκη entsteht und der sie rechtsgültig an andere weitergibt[215]? Die zweite richtet das Augenmerk auf den *Inhalt der παραθήκη*: Ist dieser das Evangelium[216], die paulinischen Briefe[217], oder besteht er lediglich im Inhalt der Past[218]?

Erkennt man, daß 6,20 eine Sachparallele zu 1,18 ist, so ist die Antwort auf die erste Frage eindeutig: *Paulus selbst ist der Depositor*. Er übergibt seinem Schüler und in jenem den künftigen Amtsträgern die Tradition, deren *auctor* er selbst ist, zu treuen Händen. Dieses Verständnis wird auch durch 2Tim 1,12 gedeckt, denn der Genitiv in der Wendung τήν παραθήκην μου kann nur als genitivus auctoris verstanden werden (»die von mir ausgehende παραθήκη«)[219]. Der Abschiedsreden- und Testamentscharakter des 2Tim legt überdies die Folgerung nahe, daß die Metapher speziell auf den erbrechtlichen Sinn von παραθήκη zugespitzt ist: Der in den Tod gehende Paulus

---

211 So die Überlieferung über das Testament Epikurs (Diogenes Laertius X 16–21). Der Philosoph verfügt darin, daß sein Garten weiter wie bisher dem Schulbetrieb zur Verfügung stehen soll, und er übergibt seinen Schülern eben diesen Schulbetrieb zur Bewahrung (παρακατατίθεμαι). Nach Plutarch (Anton. 15 f) hat Caesars Witwe den größten Teil der vorhandenen Barschaft aus dessen Nachlaß dem Antonius als παρακαταθήκη anvertraut; hierzu Wolter, Pastoralbriefe 121 ff.

212 Gleiches gilt, wenn auch in anderer Weise, für παρακαταθήκη in Hermas, mand 3,2. Anders H. v. Campenhausen, Lehrerreihen und Bischofsreihen im 2. Jahrhundert, in: In Memoriam E. Lohmeyer, hrsg. W. Schmauch, Stuttgart 1951, 240–249.244 f und, ihm folgend, Dibelius-Conzelmann 69 f; Wegenast, Tradition 152; Roloff, Apostolat 249 Anm. 59: Der Begriff παραθήκη soll der Abgrenzung gegen den in der gnostischen Offenbarungsliteratur verwendeten παράδοσις-Begriff dienen. Doch dagegen v. Lips, Glaube 271.

213 Vgl. v. Lips, a. a. O. 271; Wolter, Pastoralbriefe 125 f.

214 So u. a. Roloff, Apostolat 248; Brox 234; Lohfink, Paulinische Theologie 97; v. Lips* 269.

215 So Schlier, Ordnung 131; Wegenast* 140; Wolter, Pastoralbriefe 116–119.

216 So Roloff, Apostolat 248; Chr. Maurer, ThWNT VIII 165; v. Lips, Glaube 269; Lohfink, Normativität 95–97; Jeremias 47.

217 So Wegenast, Tradition 150–152; Brox 235 f.

218 So Donelson, Pseudepigraphy 163 f; Wolter, Pastoralbriefe 119.

219 Hierzu Wolter, a. a. O. 116 Anm. 11: »παραθήκη ist ein Verbalsubstantiv, und der adnominale Gen.object. entspricht bei einem solchen stets dem Objektinhalt des Verbs.« Vgl. E. Schwyzer, Griechische Grammatik II, 1950 (HAW z. Abt. I/2), 121. Anders noch Roloff, Apostolat 248.

hinterläßt die παραθήκη den Amtsträgern der Kirche als treu zu verwaltendes Erbe. Damit ist jedoch die Antwort auf die zweite Frage keineswegs schon präjudiziert. Denn zweifellos besteht ein enger Zusammenhang zwischen Evangelium und παραθήκη, auch wenn beide Begriffe keineswegs synonym sind. Paulus ist das Evangelium anvertraut (1,11), er ist dessen Träger und Exponent, nicht nur in seiner Verkündigung (2,7; 2Tim 1,11), sondern auch in seinem Lebensweg und Leidensschicksal (1,16; 2Tim 1,12). Für ihn selbst hat das Evangelium noch nicht die Struktur der παραθήκη, aber er gibt es als παραθήκη weiter. Das Evangelium gewinnt durch sein Wort und seinen Weg eine Gestalt, die für alle Späteren normativ und verbindlich ist. So ist παραθήκη das von Paulus ausgehende, von ihm geprägte und strukturierte Evangelium. Und zwar ist alles, was Paulus lehrte und was seine Schüler von ihm »gehört« haben (2Tim 2,2), prinzipiell der παραθήκη zugehörig. Konkret auf die Past bezogen heißt das: Diese wollen als παραθήκη verstanden werden, aber nicht im exklusiven, sondern im inklusiven Sinn. Bezeichnenderweise wird der Begriff nirgends direkt auf die Briefinhalte angewandt[220]. Mit seiner generellen *Anwendung auf die paulinische Lehre* soll vielmehr ein übergreifend für alle Paulusbriefe geltendes hermeneutisches Prinzip eingeschärft werden: Sie alle sind normatives, in der Kirche treu zu bewahrendes Wort. Der Verf. selbst hat sich in seiner Weise an dieses Prinzip gehalten, insofern er auf weiten Strecken Aussagen der ihm bekannten Paulusbriefe aufgenommen und neu zur Geltung gebracht hat. So wird letztlich in der Anwendung des παραθήκη-Gedankens auf das Corpus Paulinum ein entscheidender Schritt hin auf dessen Verständnis als Heilige Schrift der Kirche Jesu Christi getan[221]: Der Kirche sind die Briefe des Apostels als dessen gültige Hinterlassenschaft zur unveränderten treuen Bewahrung anvertraut. Nur aus ihnen kann sie das Evangelium in der für sie verbindlichen Gestalt hören. Die Frage, wie sich diese paulinische »Hinterlassenschaft« zu anderen, nichtpaulinischen Gestalten des Evangeliums verhält, liegt freilich jenseits des Horizontes der Past und ihres exklusiven Paulinismus.

Indem »Paulus« den Timotheus auf sein Wächteramt über die παραθήκη anspricht, verweist er ihn implizit auf seine Ordination (vgl. 1,18) und damit auf den Beistand des Geistes (2Tim 1,14). Nicht aus eigener Kraft und Einsicht, sondern nur weil er die Zusage der wirksamen Gegenwart des Heiligen Geistes hat, kann der Gemeindeleiter die ihm aufgetragene Wächterfunktion über die παραθήκη erfüllen (vgl. 4,6). Daran aber, daß er sie erfüllt, hängt für ihn und die Gemeinde schlechthin alles. Denn nur indem die παραθήκη zu Wort kommt und so die Botschaft des Paulus weiter zur Geltung gebracht wird, lassen sich die der Kirche in Gestalt der Irrlehre drohenden Gefahren bannen. Als erster ist der Amtsträger selbst bedroht. Wie 1,19b.20, wo der Hinweis auf den Abfall der Irrlehrer die düstere Folie für seine Beauftragung bildet, wird hier der Weg in die Irrlehre als drohende Alternativmöglichkeit dargestellt. Anlaß für dieses schroffe Entweder-Oder mag die Tatsache gewesen sein, daß es gerade aus der paulinischen Tradition kommende Lehrer und Gemeindeleiter waren, die sich der Irrlehre anschlossen (s. zu 1,20; 2Tim 4,14). Die

---

220 Der Verf. schreibt in V20 bezeichnenderweise nicht: ταύτην τὴν παραθήκην.

221 S. hierzu Meade* 130–139.

Kennzeichnung der Irrlehre erfolgt wieder mit den üblichen pejorativen Prädikaten: Diese besteht aus κενοφωνία[222], leerem, unsinnigem Geschwätz[223] (vgl. 2Tim 2,16), und ist überdies noch gottlos (s. zu 1,9; 4,7), steht also auch qualitativ in einem diametralen Gegensatz zur kirchlichen Lehre.

Schwierigkeiten macht das Verständnis von ἀντιθέσεις[224]. Sollte damit auf die Antithesen des Marcion angespielt sein[225]? In diesem Fall wären die Briefe zeitlich spät anzusetzen (zwischen 130 und 150) und müßten inhaltlich als Zeugnis einer gezielt antimarcionitischen Paulusrezeption verstanden werden. Aber diese Annahme verbietet sich aus verschiedenen Gründen. Sprachlich ist ἀντιθέσεις durch den Kontext als Synonym zu κενοφωνίαι bestimmt. Dient κενοφωνίαι der inhaltlichen Kennzeichnung der Irrlehre, so ist das gleiche auch von ἀντιθέσεις zu erwarten. Ἀντιθέσεις kann dann schwerlich Zitat eines Buchtitels sein[226]. Sachlich ist eine Anspielung schon deshalb unwahrscheinlich, weil sich die bekämpfte Lehre – unabhängig von der Frage ihrer jüdischen oder hellenistisch-christlichen Herkunft – positiv des AT bedient, während Marcion das AT schroff ablehnte[227]. So bleiben zwei Erklärungsmöglichkeiten. Entweder ist ἀντιθέσεις ein abschätzig gemeinter Hinweis auf die rhetorische Technik des Argumentierens in Streitsätzen, derer sich die Gegner bedienen, und stünde dann in einer gewissen Entsprechung zu der Erwähnung von »Wortgefechten« und »Streitereien« (6,4; 2Tim 2,14.23)[228], oder – wegen der Verbindung mit γνῶσις wahrscheinlicher – es wird hier unter Anspielung auf 1Kor 8 gegen die antichristlichen »Widersprüche« derer polemisiert, die sich des Besitzes von »Erkenntnis« rühmen[229].

Klar ist auf alle Fälle, daß mit dem Begriff γνῶσις auf den Eigenanspruch der bekämpften Gegner angespielt wird, vertiefte »Erkenntnisse« über die himmlische Welt Gottes, die Herkunft der Seele des Menschen und das Wesen des Kosmos zu vermitteln (vgl. 2Tim 2,25; 3,7; s. auch Exkurs »Die Gegner«).

21 Noch einmal wird betont: Die Irrlehre ist mehr als eine nur potentielle Gefahr, sie ist vielmehr bereits eingebrochen und hat ihre Anhängerschaft gewonnen (vgl. 5,15)[230]. Um so dringlicher ist es, jetzt die Weisungen des Briefes zu

---

[222] Wohl durch einen itazistischen Hörfehler verursacht ist (wie 2Tim 2,16) die v.l. καινοφωνίας (F, G, Lateiner), der die Vg (*vocum novitates*) nur hier folgt (2Tim 2,16 dagegen: *inaniloquia*).

[223] Das Wort entstammt dem Vokabular popularphilosophischer Polemik; eigentlich: sinnlose, unverständliche Worte wie die eines Kleinkindes; vgl. die Belege bei Spicq 582.

[224] Ἀντίθεσις (hap leg), rhetorischer terminus technicus (Plutarchus, De primo Frigido 953b; Lucianus, Dial.Mort. 10,10) = »Widerspruch«, »Diskussionseinwand«.

[225] So bereits Tertullian, Marc. 1,19; 4,1; zuletzt v. Campenhausen, Polykarp 12; Vielhauer, Geschichte 237.

[226] Vgl. Spicq 583.

[227] Vgl. H.-M. Schenke, Hauptprobleme der

Gnosis, Kairos NF 7 (1965) 114–123.131; Haufe, Irrlehre 330–333. Dagegen spricht ferner, daß die Marcioniten die Past gern herangezogen und zitiert haben; vgl. A. v. Harnack, Marcion. Das Evangelium vom fremden Gott, Leipzig ²1924, 150 f.

[228] Dibelius-Conzelmann 70.

[229] Lindemann, Paulus 135.

[230] Da im Kontext, vor allem bei der Gegnercharakteristik, weitgehend die Terminologie der hell. Popularphilosophie herangezogen wird, dürfte die Bedeutung von ἐπαγγέλλεσθαι hier ebenfalls diesem Bereich entstammen: »sich für geschickt in einem Fach ausgeben«, »sich für etwas zuständig halten« (Xenophon, Mem. I 2,7; Epictetus, Diss. I 4,3; IV 8,6; vgl. J. Schniewind/G. Friedrich, ThWNT II 573).

befolgen. Das abschließende Urteil über die Parteigänger der Irrlehre ist allerdings auffallend moderat: Sie sind »im Blick auf den Glauben«, d. h. auf die rechte, angemessene Weise des Christseins, »auf Abwege gekommen«. Der endgültige Bruch mit der Kirche ist noch nicht vollzogen. Es bleibt die Hoffnung, sie durch Erziehung und Zurechtweisung (vgl. 1,20; 4,16) zurückzugewinnen und auf den ihnen von Gott eröffneten Weg der Umkehr zu weisen (2Tim 2,25).

Der dem paulinischen Briefformular eigentümliche Schlußgruß in Form eines liturgisch stilisierten Gnadenzuspruchs ist hier (wie Kol 4,18) auf seine knappest mögliche Grundform zurückgeführt. Daß der Ursprung der Gnade kein anderer ist als der im Anfangsgruß (1,2) genannte (»Gott der Vater und unser Herr Christus Jesus«), wird dabei als selbstverständlich vorausgesetzt. Wenn auf der Empfängerseite statt des zu erwartenden Singulars der Plural (μεϑ' ὑμῶν) auftaucht[231], so ist dies wohl weniger ein Indiz dafür, daß der Verf. bei der Abfassung des Briefes an einen weiteren Leserkreis dachte[232], als eine Folge der Tenazität liturgischer Formulierungen: Der der Gemeinde als ganzer geltende gottesdienstliche Gruß wird hier einfach wörtlich übernommen[233].

Das tragende Anliegen des 1Tim – und darüber hinaus der gesamten Past – erfährt hier seine Zusammenfassung: Der Schüler des Apostels und mit ihm alle für Lehre und Ordnung der Kirche Verantwortlichen sollen sich verpflichtet wissen, seine Hinterlassenschaft, das von ihm geprägte und strukturierte Evangelium, treu zu bewahren und weiterzugeben. Denn einzig aus der bleibenden Unterstellung unter das apostolische Wort kann sie auf ihrem Weg durch die weitergehende Geschichte ihre Identität gewinnen.

Zusammenfassung

---

231 Die v. l. μετά σου (D, Ψ, Mehrheitstext, Lateiner und Syrer) ist eine etwas pedantische Korrektur der scheinbaren Inkonsequenz.

232 So z. B. Dibelius-Conzelmann 70; Brox 222.

233 Das hier wie in den meisten Briefen des Corpus Paulinum durch eine Reihe von Hss. hinzugefügte Schluß-Amen (א[2], D[2], Ψ, Mehrheitstext, Vg) mag liturgischen Brauch reflektieren. Ursprünglich dürfte das Schluß-Amen nur in Gal 6,18 sein.

Ausblick

I. Die Pastoralbriefe und Paulus

Das zentrale Problem, vor das sich jede Auslegung der Past gestellt sieht, ist ihr Verhältnis zu Paulus. Seine Lösung läßt sich keinesfalls auf der Ebene der Verfasserschaft finden. Daran nämlich, daß Paulus weder direkt noch indirekt – etwa durch das Zwischenglied eines von ihm autorisierten Sekretärs – der Autor dieses dreiteiligen Briefcorpus gewesen sein kann, sollte heute kein ernsthafter Zweifel mehr möglich sein. Zu eindeutig ist das von der Forschung zusammengetragene sprachliche, historische und theologische Beweismaterial für dessen pseudepigraphischen Charakter[1].

Man wird urteilen müssen, daß die Fixierung der Auslegung auf die Verfasserfrage sich für das Verständnis der Briefe eher hinderlich ausgewirkt hat. Die Verfechter paulinischer Herkunft mußten den verzweifelten Versuch unternehmen, die Übereinstimmung aller ihrer Aussagen mit denen der paulinischen Homologumena nachzuweisen, während die Bestreiter der Echtheit zur Begründung ihrer These einen möglichst weiten Abstand vom echten Paulus festzustellen hatten. Beides wird der Eigenart dieser Briefe nicht gerecht. Die wichtigste, bislang erst ansatzweise in Angriff genommene *Aufgabe der Auslegung* müßte vielmehr darin bestehen, von der für die kritische Forschung nicht mehr ernstlich in Frage stehenden Voraussetzung des pseudepigraphischen Charakters der Briefe aus deren *Verhältnis zu Paulus auf (1.) literarischer, (2.) geschichtlicher und (3.) theologischer Ebene* zu untersuchen mit dem Ziel, zu einem differenzierten Urteil über die von ihnen selbst kraft ihrer pseudepigraphischen Fiktion beanspruchte Nähe zu Paulus zu gelangen.

1. *Literarisch* kommt die Nähe zu Paulus vor allem darin zum Ausdruck, daß der Verf. eine ganze Reihe von Paulusbriefen nicht nur kennt, sondern auch benutzt. Im 1Tim ließen sich direkte Spuren des Röm, der beiden Kor sowie des Phil nachweisen, und die Benutzung des Phlm ist zumindest nicht ganz

---

[1] Mit der Höhe der hier liegenden emotionalen Barriere (s. Einführung II.1) mag wohl auch der Umstand zusammenhängen, daß trotz der relativ eindeutigen Forschungslage der vorliegende Kommentar erst die dritte neuere Auslegung in deutscher Sprache (nach Brox [1969] und Hasler [1978]) ist, die eindeutig von der Voraussetzung nichtpaulinischer Autorschaft ausgeht.

unwahrscheinlich. Einzelaussagen, aber auch ganze Passagen aus den echten Paulusbriefen sind immer wieder als Vorlagen erkennbar, und zwar mitunter so deutlich, daß die Vermutung nicht auszuschließen ist, der Verf. habe diesen Bezug nicht verbergen, sondern ihn im Gegenteil demonstrativ und für seine Leser nachvollziehbar herausstellen wollen. Wie dem auch sei – auf alle Fälle leistet er auf weite Strecken eine *rélecture* der Paulusbriefe. Sein Ziel ist dabei, von Paulus her Antworten auf Fragen zu gewinnen, die erst in seiner Kirche während der zwei Generationen, die sie von Paulus trennen, akut und bedrängend geworden waren. Paulus ist für diese Kirche die zentrale Autorität; verbindliche Lehraussagen und Verhaltensdirektiven können nur von ihm kommen. Aber Paulus ist längst tot; er kann sich nicht mehr direkt zu den Problemen der Kirche äußern und ihren Weg mit seiner Weisung begleiten. Seine überlieferten Briefe sprechen in Situationen hinein, die mit den gegenwärtigen nur zum Teil vergleichbar sind. Das ist das Dilemma, vor dem der Verf. steht und das er zu bewältigen sucht, indem er einerseits Aussagen paulinischer Briefe durch Interpretation auf die Gegenwart hin verlängert und andererseits diese Interpretation durch das Mittel der Pseudepigraphie ausdrücklich der bleibenden Autorität des Apostels unterstellt.

In unmittelbarem Zusammenhang damit ist auch der Verweis auf die »Hinterlassenschaft« (παραθήκη) des Apostels (6,20; 2Tim 1,14) zu sehen. Gemeint ist damit nämlich nicht, oder zumindest nicht ausschließlich das Corpus der Past sondern ein in den Gemeinden als bekannt vorausgesetzter fester Bestand an Paulusbriefen. Der Verf. will den echten Paulus weder ersetzen noch gar verdrängen; er schärft vielmehr dessen Autorität den Gemeinden ausdrücklich ein. Die Briefe des Apostels gelten ihm als die geschichtliche Gestalt des Evangeliums, die bleibend verbindlich ist, weil ihr Urheber der von Jesus Christus selbst zum »Herold und Apostel« dieses Evangeliums Berufene ist (2,7). Eben dieser von ihm selbst artikulierte Grundsatz der bleibenden Verbindlichkeit der Paulusbriefe als der »Hinterlassenschaft« des Apostels dürfte den Verf. – scheinbar paradox – veranlaßt haben, zum Mittel der Pseudepigraphie im Namen des Paulus zu greifen. Denn dieses ermöglichte ihm das, was seiner theologischen Überzeugung nach nötig war: das Zur-Geltung-Bringen der Hinterlassenschaft des Paulus als bleibender Norm durch deren Aktualisierung und Weiterinterpretation.

2. Verhält es sich aber so, dann wird man die Past *historisch* gewissermaßen als *Modell* dafür verstehen können, wie sich ihr Verf. den Umgang mit der paulinischen παραθήκη dachte und wie er konkret die Möglichkeit ihres Weiterwirkens sah. Er praktiziert keineswegs ein starres, mechanisch zu handhabendes Traditionsprinzip der bloßen Wiederholung vorgegebener Lehrsätze, sondern eine aneignende, auf neue Situationen hin anwendende Interpretation des Überkommenen. Aus der Überzeugung, daß das Wort des Paulus die geschichtliche Gestalt ist, in der der Kirche das Evangelium begegnet, und daß allein dieses Wort die Instanz ist, von der sie verbindliche

Weisung und Leitung erwarten kann, werden hier praktische Konsequenzen gezogen, indem ein Modell für den Umgang mit diesem Apostelwort entwikkelt wird. Damit ist die Weiche gestellt für eine Entwicklung, die, obwohl in den authentischen Paulusbriefen in mancher Hinsicht schon vorbereitet, doch keineswegs selbstverständlich war: Das Wort des Apostels wird zum Gegenstand kirchlicher Verkündigung. Sein ursprünglich auf bestimmte geschichtliche Situationen hin ausgerichtetes Zeugnis wird so transformiert, daß es auch der in anderen Situationen lebenden Kirche der dritten Generation Orientierung und Weisung zu geben vermag.

Wir haben es mit einer Lösung der allgemein in der Kirche der dritten Generation akuten *Autoritäts- und Normenproblematik* zu tun, die, wie zu betonen ist, in dieser Form nur in paulinischen Gemeinden möglich war. Ihre Wurzeln liegen nämlich nirgendwo anders als im Wirken und Selbstverständnis des Heidenapostels selbst. Kraft seiner Berufung zum Apostel Jesu Christi wußte sich Paulus als Träger und Vollzugsorgan des als von Gott ausgehendes eschatologisches Geschehen verstandenen Evangeliums (Gal 1,15f; Röm 1,1–5). Sein Auftrag war es, nicht nur das Evangelium so zur Geltung zu bringen, daß es sein Ziel, die Entstehung von Gemeinde, erreichte, sondern darüber hinaus auch, die bereits bestehende Gemeinde vom Evangelium her aufzubauen und Gestalt gewinnen zu lassen. Speziell im Rahmen des Handelns des Paulus als Gemeindeleiter, dessen Dokumentation seine Briefe ja primär sind, spielt die unmittelbare Verbindung des Apostels mit dem Evangelium eine entscheidende Rolle. Im wesentlichen gewinnt Paulus die Weisungen, die er den Gemeinden erteilt, nicht aus der Wiederholung und Einschärfung vorgegebener normativer Traditionen; selbst die Jesusüberlieferung scheint bei ihm in dieser Hinsicht eine nur marginale Bedeutung gehabt zu haben (1Kor 7,10; 9,14). Statt dessen spricht er als vollmächtiger Interpret des Evangeliums, indem er entweder dessen innere Struktur vorwiegend vom Christusgeschehen her nachzeichnet, um von daher konkrete Regeln und Direktiven für die Gemeinden zu gewinnen (z. B. Phil 2,1–5; Röm 14,1–12), oder unter direktem Rekurs auf die ihm in seiner Berufung übertragene, Bindung an das Evangelium implizierende Vollmacht autoritative Entscheidungen trifft (z. B. 1Kor 7,12)[2]. In diesem Zusammenhang gehört auch der Anspruch des Paulus, durch sein Verhalten für die Gemeinden verbindliche Normen zu setzen (1Kor 4,16; 11,1; Phil 3,17; 4,9), denn er gründet sich darauf, daß der Apostel in seiner gesamten geschichtlichen Existenz von der Christus-Norm geprägt ist und darum das Evangelium gültig zu repräsentieren vermag.

War das Evangelium in dieser Weise für die paulinischen Gemeinden mit ihrem Apostel als seinem vollmächtigen Repräsentanten und Interpreten verbunden, so mußte dessen Tod, spätestens jedoch die Konfrontation dieser

---

[2]   S. hierzu Roloff, Rechtsbildungen 113 bis 126.

Gemeinden mit neuen Situationen und Herausforderungen, die Frage aufwerfen, wie nun weiterhin Vermittlung und Interpretation des Evangeliums erfolgen könne. Die Antwort der Past besteht zunächst darin, daß sie die *Funktion des Paulus über seinen Tod hinaus verlängern*: Auch auf ihrem Weg durch die weitergehende Geschichte wird die Kirche durch das Wort und das Zeugnis des Apostels begleitet, denn nur in ihm hat nach dem Willen Jesu Christi das Evangelium seine verbindliche Gestalt gefunden. Ja, Paulus selbst hat dafür vorgesorgt, daß die Kirche auch in Zukunft nicht ohne Vermittlung und Interpretation des Evangeliums bleibt, und zwar auf dreifache Weise:

– Er hat sein Evangelium als verbindliche Hinterlassenschaft der Kirche übergeben;
– er hat mit seinem Lehren bereits alle zukünftigen Situationen der Kirche in den Blick genommen und so die Möglichkeit weitergehender interpretierender Anwendung erschlossen;
– er hat Anordnungen für ein gemeindeleitendes Amt gegeben, das im Anschluß an ihn und in Unterstellung unter die Norm seines Dienens seine Hinterlassenschaft bewahrt, indem es sie lehrend zur Geltung bringt.

In anderen Bereichen des Urchristentums, in denen die spezifischen paulinischen Voraussetzungen hinsichtlich des Verständnisses des Evangeliums und – damit verbunden – des Apostolates nicht gegeben waren, bedurfte es einer derart komplizierten Lösung der Autoritäts- und Normenproblematik nicht, zumal diese Problematik sich in ihnen, wenn überhaupt, in einer weniger schroffen Form stellte. Dies gilt etwa für die Kirche des Matthäus, für die das Evangelium im wesentlichen in den Worten und Weisungen Jesu bestand. Hier ging es lediglich darum, deren Überlieferung getreulich weiterzugeben und kontinuierlich zu lehren. Es gilt, freilich in anderer Weise, auch für die johanneischen Gruppen und Gemeinden, die der Vergegenwärtigung des Evangeliums durch den in der gemeindlichen Profetie wirksamen Geist Raum gaben, während für sie weder das Traditionsprinzip noch das apostolische Amt theologische Relevanz gehabt haben dürften. Wobei allerdings das johanneische Christentum, über das die gnostische Bewegung gleichermaßen wie über die paulinischen Gemeinden hereinbrach, dieser Krise, anders als jene, keine Widerstandskraft entgegensetzen konnte und darum in ihrem Strudel untergegangen zu sein scheint[3].

Zumindest darin sind also die Past exklusiv auf Paulus fixiert, daß ihr zentraler Skopus in der Festigung und Bewahrung der paulinischen Lehrtradition besteht und daß sie die Autoritäts- und Normenproblematik der dritten Generation unter – wenn auch einseitiger – Aufnahme einer durch Paulus vorgegebenen Denkstruktur zu lösen versuchen.

[3] Vgl. R. E. Brown, The Community of the Beloved Disciple, New York 1979, 145–167.

3. Läßt sich darüber hinaus von einem *theologischen Paulinismus* bei
ihnen sprechen? Sicher nur mit erheblichen Einschränkungen. Zentrale theologische Motive des Paulus erscheinen nur noch in verflachter Reproduk-
tion.

3.1 Dies gilt vor allem für die *Rechtfertigungsverkündigung*, die von den Past
zwar aufgenommen, jedoch auf Aussagen über den grundsätzlichen, in Jesus
Christus manifest gewordenen bedingungslosen Rettungswillen Gottes gegenüber dem einzelnen Sünder (1,15 f) und darüber hinaus der gesamten Menschheit (2,6) verkürzt wird. Sie nehmen das Spannungsfeld von Sünde, Gesetz
und Gesetzeswerken einerseits, Christus, Gnade und Glaube andererseits, in
dem bei Paulus die Rechtfertigung steht, nicht mehr wahr, was wiederum
damit zusammenhängen mag, daß ihnen deren Lebenshintergrund, der Kampf
des Apostels gegen pharisäisches Judentum und christlichen Judaismus, fern-
gerückt ist. So ist das Gesetz nun nicht mehr die aufgrund des universalen
Ungehorsams aller Menschen zur anklagenden und tötenden Unheilsmacht
gewordene Tora Israels, sondern die Summe der allgemein in der menschlichen
Gesellschaft geltenden Normen des Zusammenlebens (1,8 f), deren der Christ
im Grunde nicht mehr bedarf, weil er sie von sich aus erfüllt; und der Glaube
ist, statt Angebot und Möglichkeit des Lebens aus der Gnade Christi zu sein,
zur Haltung der Zuverlässigkeit und Beständigkeit des Sich-Haltens an die im
Evangelium gesetzten Normen geworden.

3.2 Weil ihr Zusammenhang mit dem Rechtfertigungsgeschehen nicht mehr
angemessen zum Ausdruck kommt, ist auch die *Christologie*, vor allem was
ihre soteriologische Spitze betrifft, erheblich abgeflacht. Die Bedeutung des
Todes Jesu liegt nun vorwiegend darin, daß er unverbrüchliche Manifestation
des universalen Heilswillens Gottes ist (2,4–6) und daß sich somit in ihm die
erste Epiphanie, das hilfreiche Eingreifen Gottes in die Welt, vollendet. Aus
dem Blickfeld entschwunden ist auch die paulinische Kreuzestheologie mit
ihrer Qualifizierung christlicher Existenz und Welterfahrung durch die Le-
bens- und Leidensgemeinschaft mit dem Gekreuzigten. Lediglich rudimentäre
Reste von ihr klingen an in Gestalt des Gedankens, daß der Zeuge des
Evangeliums, vorab Paulus selbst, Kampf und Leiden zu ertragen hat (2 Tim
2,3–11), wobei zudem eine Überlagerung dieses Gedankens durch das popularphilosophische Motiv des Wettkampfes unverkennbar ist.

3.3 Ohne deutliches Echo bleibt ferner die paulinische *Eschatologie* mit ihrer
spannungsvollen Zuordnung von erfahrener gegenwärtiger Heilsmanifesta-
tion und erhoffter zukünftiger Heilsvollendung, von Schon und Noch-Nicht in
der Existenz des Glaubenden. Die Spannung ist hier zugunsten eines Nachein-
anders aufgelöst; jede Rede von einer Heilsgegenwart, sei es durch Christus-
gemeinschaft, sei es durch Wirken des Geistes, wird vermieden. Hierin stehen
die Past in einem deutlichen Gegensatz zu dem durch den Eph und Kol
repräsentierten Flügel des Deuteropaulinismus, der die Gegenwart des Heils
für den Glaubenden so einseitig betont, daß damit das paulinische Noch-Nicht
fast ausgelöscht wird (vgl. Eph 2,5–7). Diese jedem Ansatz eines Enthusias-

mus wehrende Option steht sicher im Zusammenhang mit der antignostischen Ausrichtung der Past. Die Gegenwart ist lediglich dadurch heilvoll qualifiziert, daß Gott in der ersten Epiphanie Jesu Christi hilfreich in Erscheinung getreten ist und die bleibende Gegenwart des Evangeliums in der Welt bewirkt hat. Frucht dieser Gegenwart ist für die Glaubenden die Zusage der Sündenvergebung und die kontinuierliche Erziehung in der »Frömmigkeit« (εὐσέβεια), die sich vor allem in einer strengen sittlichen Maßstäben genügenden Lebensführung manifestiert. Aber solche christliche Existenz unter dem Evangelium wird nicht als gegenwärtige Teilhabe am und Verwirklichung von Heil, sondern als Vorbereitung auf die in der Zukunft liegende Heilsverwirklichung verstanden.

3.4 Im Zusammenhang damit ist das vielleicht deutlichste Defizit der Past gegenüber der paulinischen Theologie darin zu sehen, daß sie nicht mehr mit einer lebendigen Gegenwart des *Geistes* in der Gemeinde rechnen. Das Wirken des Geistes scheint auf den Amtsträger beschränkt zu sein, der ihm in der Ordination unter Handauflegung unterstellt worden ist.

Angesichts solcher Abweichungen von der paulinischen Theologie, die ja keineswegs nur deren Randbereiche betreffen, mag sich für den heutigen Ausleger die Frage erheben, ob hier Paulus überhaupt verstanden worden ist, ja, ob der dezidierte Anspruch der Past auf Verwaltung und Weiterführung des paulinischen Erbes zu Recht besteht. Man sollte sie nicht vorschnell verneinen[4]. Gewiß liegt hier eine Paulusrezeption vor, die aus der Sicht des heutigen Exegeten, der die paulinische Theologie als kritisch von anderen Ausprägungen urchristlicher Verkündigung abgehobene, in sich geschlossene Größe im Auge hat, defizitär und darum unangemessen ist. Aber abgesehen von der allgemein aus der Geistesgeschichte zu belegenden Tatsache, daß jede Interpretation selektiv ist, auch und gerade die aus relativer zeitlicher Nähe und der Perspektive des Schülers erfolgende, ist in diesem besonderen Fall zu bedenken, daß die durch den Verf. der Past geleistete Paulusinterpretation von einer ganz konkreten Zielsetzung bestimmt ist. Er will unter Rückgriff auf Paulus Direktiven für die Bewältigung einer kritischen Situation seiner Kirche, nämlich deren Bedrohung durch die gnostische Irrlehre, entwickeln. Dabei werden ihm einzelne Motive und Impulse der paulinischen Theologie wichtig, während er andere, die in keinem Bezug auf diese Situation zu stehen scheinen, entweder nur in formelhafter Verkürzung wiedergibt oder unberücksichtigt läßt. *Die selektive Sicht richtet sich im wesentlichen auf die von Paulus ausgehenden ekklesiologischen Impulse,* und es gelingt ihr in der Tat, in

---

4 Vgl. die begründete Warnung von Lindemann (Paulus 3) »vor der Tendenz, die nachpaulinische christliche Literatur einfach daran zu messen, ob und inwieweit in ihr die paulinische Theologie nicht nur formal rezipiert, sondern auch inhaltlich ›verstanden‹ wurde. Denn hierbei besteht immer die Gefahr, daß das heutige Paulusverständnis zum Maßstab auch der Paulusrezeption des 1. und 2. Jahrhunderts gemacht wird.«

diesem Bereich Wesentliches zu erfassen, wenn auch wiederum nur in selektiver Verengung.

Hinzu kommt, daß der Verf. im Unterschied zum heutigen Ausleger die paulinische Theologie grundsätzlich mit anderen Ausprägungen urchristlicher Verkündigung zusammenzuschauen bereit ist. Was seine Verwurzelung im Bereich der paulinischen Gemeinden, seine Verpflichtung auf das paulinische Modell von Gemeinde und seine Bindung an die von Paulus in seinem Apostolat und seinem auf die Kirche bezogenen Wirken gesetzte Norm betrifft, wird man gewiß von einem *exklusiven Paulinismus* sprechen können. Hinsichtlich der Lehrinhalte jedoch steht es deutlich anders. Hier vollzieht sich faktisch eine Öffnung und Integration. So werden Jesustraditionen synoptischen Typs, vor- und nebenpaulinische liturgische und lehrhafte Traditionen sowie einander zum Teil widersprechende, in den Gemeinden in Geltung stehende Elemente kirchlicher Ordnungen aufgenommen und dadurch legitimiert, daß sie der Autorität des Apostels unterstellt werden. Alles, was sich für Aufbau und Ordnung der Kirche bewährt, was dem Evangelium entspricht und rechtgläubig ist, gilt dem Verf. auch als apostolisch, nicht etwa umgekehrt! So zeichnet sich hier im Ansatz eine großkirchliche Konzeption ab, deren tragender Pfeiler und legitimierende Basis Paulus ist.

II. Die Öffnung der Kirche auf die Gesellschaft hin

1. Mindestens ebenso bedeutsam und folgenreich wie jene innerkirchliche Öffnung und Integration ist die von den Past in Angriff genommene Öffnung der Kirche nach außen, auf die Gesellschaft hin. Was das Anliegen dieser Öffnung betrifft, so wird es im NT lediglich vom lukanischen Geschichtswerk und – ein Stück weit – vom 1Petr geteilt[5]. Hinsichtlich der Entschlossenheit und des Nachdrucks seiner Begründung und Vorbereitung bleiben die Past jedoch ohne Vergleich. Diese Feststellung erhält dadurch ihre zusätzliche Brisanz, daß unser Briefcorpus in unmittelbarer räumlicher und relativ großer zeitlicher Nähe zur Offb entstanden sein muß, die alle derartigen Öffnungsversuche radikal ablehnt und die Adressatengemeinden dazu anhält, hinter dem sich infolge der staatlichen Forcierung des Kaiserkultes anbahnenden Konflikt zwischen der Gesellschaft des *Imperium Romanum* und der Kirche den endgeschichtlichen Kampf der widergöttlichen Mächte gegen Jesus Christus, den Herrn und Vollender der Geschichte, zu erkennen und daraus Folgerungen hinsichtlich der notwendigen Bereitschaft der Christen zu kompromißlosem Gehorsam gegenüber dem Willen ihres Herrn und zu leidendem Widerstand gegen die Weltmächte zu ziehen[6]. Eine wesentliche Verschiebung

---

[5] Im Blick auf 1Petr herausgestellt von Goppelt, Theologie 490–493.

[6] Vgl. Roloff, Offenbarung 145–147.

der äußeren Verhältnisse in den wenigen Jahren zwischen der Abfassung der Offb (ca. 93) und jener der Past ist schwerlich anzunehmen, denn trotz einer gewissen Entspannung, die durch den Tod des Kaisers Domitian (95) bedingt war, blieb auch in den ersten Jahren des 2. Jh. in Kleinasien die mindestens potentielle Bedrohung durch den Kaiserkult bestehen[7]. Dann aber ist zu folgern, daß Offb und Past als Exponenten zweier diametral verschiedener Stellungnahmen zu einer in den paulinischen Gemeinden der Asia um die Wende zum 2. Jh. virulenten Problematik gelten müssen. Ja, trotz des Fehlens eindeutiger Indizien ist die Möglichkeit nicht auszuschließen, daß die Past sich in dieser Hinsicht nur wenig verklausuliert polemisch gegen die von der Offb vertretene Position wenden.

2. Diese grundsätzlich positive Option beruht auf einer Reihe von *theologischen Voraussetzungen*, die im Briefcorpus teils deutlich ausgesprochen, teils aber auch nur indirekt angedeutet sind:
2.1 Deren wichtigste, die in 2,4–6 programmatisch dargelegt wird, ist die *Universalität des Heilswillens Gottes*. Gottes Ziel, das im Erscheinen Jesu Christi manifest geworden ist, ist die Rettung aller Menschen. Hier handelt es sich um ein dem christlichen Kerygma von Anfang an inhärentes Motiv, dessen Wurzeln in der ὑπὲρ πολλῶν-Formel der eucharistischen Tradition (Mk 14,24) liegen und für das die Past sich auch auf Paulus berufen können (2Kor 5,21). Neu und ihnen eigentümlich ist allerdings dessen totale Entschränkung.
2.2 In engem Zusammenhang damit steht die *soteriologische Gewichtung des Kommens Christi in die Welt* als erste Epiphanie, durch die das Evangelium in dieser Welt bleibend gegenwärtig wird, um an allen Menschen seine erziehende Kraft zu entfalten (Tit 2,11 f).
2.3 Hinzu kommt die im Gegenzug gegen die asketisch-weltflüchtigen Tendenzen der bekämpfenden Irrlehre betont herausgestellte *positive Sicht der Schöpfung*: Alles von Gott Geschaffene ist gut und kann von den Glaubenden im Dank gegen Gott in Gebrauch genommen werden (4,3 f). Gut sind darum auch die Ordnungen des Lebens in der geschaffenen Welt, vor allem die Strukturen des menschlichen Zusammenlebens in Familie, Staat und Gesellschaft. Kein Gedanke an die Sünde als Denken, Handeln und Zusammenleben der Menschen pervertierende Macht scheint dieses positive Bild zu trüben.
2.4 Daraus sowie aus einem stark ethisierten Verständnis des Evangeliums ergibt sich der zwar unausgesprochene, aber deutlich den Duktus der Briefe bestimmende Leitgedanke einer *sinnvollen Zuordnung von Evangelium und Gesellschaft*. Die christliche Botschaft kann demnach unmittelbar an die ethischen Vorstellungen und Idealen der Gesellschaft anknüpfen. Das Evan-

---

[7]   Das geht u. a. hervor aus dem Briefwechsel Plinius' d. J. mit dem Kaiser Trajan 112/13 n. Chr. (Plinius, Ep. X 96).

gelium entspricht in seinen sittlichen Forderungen weitgehend den von
der zeitgenössischen hellenistisch-römischen Popularphilosophie entwickelten Normen. Es nimmt diese auf, um sie zu überbieten und zu voll-
enden[8].

Aus dieser *Kompatibilität der Normen* ergibt sich für die Kirche der Past die
Möglichkeit, auf die zeitgenössische Gesellschaft zuzugehen und sich ihr zu
loyaler Kooperation anzubieten. Weil sie sich als der Bereich weiß, in dem das
Wünschen und Sehnen der Gesellschaft nach einem sittlich gut geordneten
Leben bereits sichtbar Gestalt gewonnen hat, hat sie die Zuversicht, daß die
Gesellschaft die bisherige ablehnende, ja feindselige Haltung ihr gegenüber als
Folge von Fehlurteilen und mangelnder Kenntnis erkennen werde, um statt
dessen in ihr jene positive Kraft zu finden, deren sie in ihrem eigenen Interesse
bedarf.

3. Diese theologischen Vorentscheidungen spiegeln sich zunächst in *Sprache
und Terminologie* der Briefe. Sie unternehmen mit großer Konsequenz den
Versuch, traditionelle Aussagen des christlichen – vorwiegend des paulinischen – Kerygmas in hellenistische Begrifflichkeit zu transformieren. Umgekehrt nehmen sie häufig (z. B. 2,9f; 6,6–10) ethische Topoi der Popularphilosophie auf, um sie mit christlichen Traditionen so unmittelbar zu verschmel-
zen, daß eine Scheidung zwischen beiden unmöglich wird.

4. Eine weitere Folge ist die Tendenz, *christliche Normen den allgemeinen
gesellschaftlichen sittlichen Idealen anzupassen.* Hier handelt es sich um das
Phänomen, das im Gefolge von M. Dibelius gern mißverständlich und verkür-
zend als christliche »Bürgerlichkeit« bezeichnet wird[9]. Die Möglichkeit, daß im
Verhalten der Gemeindeglieder die erneuernde Kraft des Evangeliums in der
Weise zum Tragen kommen könnte, daß die bestehenden Strukturen und
Normen der Gesellschaft relativiert bzw. durchbrochen werden, wird von
vornherein ausgeschlossen. Besonders markante Beispiele dafür bieten die
Aussagen über Stellung und Verhalten der Frauen in der Gemeinde (2,9–15)
und die Anweisung für christliche Sklaven in christlichen Häusern (6,2; Tit
2,9f): Das Christsein beider erweist sich demnach darin, daß sie die ihrer
Gruppe von der Gesellschaft zugewiesene Rolle bejahen und in vorbildlicher
Weise ausfüllen. Aber auch die Darstellung der Kirche als eines nach dem
Modell der antiken Großfamilie geordneten Lebensraumes entspricht ganz
diesem Ansatz. Die Kirche soll für ihre Umwelt als das ideale Gemeinwesen, in
dem sich deren Erwartungen hinsichtlich eines sinnvoll geordneten menschlichen Zusammenlebens erfüllen, erkennbar werden und so werbende Kraft
ausstrahlen.

---

[8] Diesen Aspekt der Past arbeitet Donelson,   [9] Dibelius-Conzelmann 7.
Pseudepigraphy gut heraus, um ihn freilich
fälschlich zum alleinigen theologischen Skopus
zu machen.

5. Dieses stark gewichtete Motiv der *werbenden Lebensführung* der Christen erscheint – und das ist für die Past charakteristisch – häufig in negativer Umkehrung, nämlich als Warnung, ein der Umwelt anstößiges Verhalten zu unterlassen (3,7; 5,7f.14; 6,1; Tit 2,5). Dabei entsteht der Eindruck einer gewissen apologetischen Zaghaftigkeit, wenn Lebensformen wie der stark asketisch geprägte Dienst der Gemeindewitwen als anstößig disqualifiziert werden, ohne daß die Frage nach deren christologischer bzw. eschatologischer Legitimierbarkeit in den Blick käme (5,3–16). Die Feststellung der Anstößigkeit ist für den Verf. insofern bereits ein theologisches Urteil, als hinter ihr sein theologisches Axiom der Kompatibilität der Normen steht.

III. Wirkungsgeschichte

Die Past sind selbst ein Stück früher Wirkungsgeschichte der Paulusbriefe. Aus ihnen läßt sich erschließen, wie Paulus in von seiner Tradition geprägten Gemeinden der dritten christlichen Generation, die in der akuten Bedrohung durch den erstarkenden Gnostizismus standen, rezipiert wurde.

1. Ihrem Ziel, Paulus durch Interpretation und Aktualisierung neu zur Geltung zu bringen, entspricht es, daß ihre *direkte Wirkungsgeschichte* ausgesprochen schmal ist. Weder als Ganze noch in Teilen haben sie jemals ihre große Stunde in Kirche und Theologie gehabt. Anzunehmen ist, daß ihre antignostischen Aussagen bei der Häretikerbekämpfung in der Alten Kirche als willkommene polemische Waffen gedient haben. Doch auch dies kann nur indirekt aus der einhelligen Verwerfung der drei Briefe durch die Gnostiker – offensichtlich eine Reaktion auf solche Polemik –, die die Kirchenväter bezeugen, erschlossen werden[10]; direkte Belege fehlen.

Kommentierungen waren in der Alten Kirche vergleichsweise spärlich; vieles davon, wie der Kommentar des *Origenes* zum Tit, ist verloren, anderes nur in Bruchstücken überliefert[11]. Die Auslegung der griechischen Väter konzentriert sich auf die Antiochenische Schule, vor allem auf die Homilien des *Johannes Chrysostomus*[12] und den Kommentar des *Theodor von Mopsuestia*[13]. Als einziger der großen lateinischen Väter befaßte sich *Hieronymus* mit den Past. Seine Auslegung des Tit ist erhalten[14]. Aus dem lateinischen Bereich sind ferner zu erwähnen der *Ambrosiaster*[15] und *Pelagius*[16]. Unter den

---

10 Clemens Alexandrinus, Strom. II 11,52; Origenes, Comm. in Mt 117; Hieronymus, Praef. Comm. in Ep. ad Tit.; hierzu Leipoldt, Kanon I 207 f.
11 Eine weitgehend vollständige Aufzählung der altkirchlichen und mittelalterlichen Auslegungen bietet Spicq 11–16.
12 18 Homilien zu 1 Tim, 10 zu 2 Tim und 6 zu Tit; PG 62, 501–700.

13 In omnes S. Pauli epistolas commentarii, ed. H. B. Swete, Cambridge 1882.
14 PL 26, 589–636.
15 PL 17, 487–532.
16 PL 30, 875–900 (unter dem Namen des Hieronymus)

Auslegungen des Mittelalters, die sich vorwiegend mit der Zusammenstellung und Wiederholung der patristischen Tradition begnügen, ragt der ausführliche Kommentar des *Thomas von Aquin* kraft seiner philologischen Sorgfalt und theologischen Originalität weit hervor[17].

In der *Reformation* stieg die Zahl der Kommentierungen sprunghaft an, was nicht zuletzt auch durch das Interesse reformatorischer Theologie an Paulus bedingt war. So hat *M. Luther* 1527/28 eine freilich nur teilweise überlieferte Vorlesung über den 1Tim gehalten[18]. Von *Ph. Melanchthon* liegt eine Vorlesung über die beiden Timotheusbriefe vor[19]. Weit ergiebiger in exegetischer Hinsicht ist der sich durch exakte philologische und historische Beobachtungen auszeichnende Kommentar *J. Calvins* zum 1Tim[20]. Erwähnenswert sind ferner die Auslegungen von *J. Gerhard*[21] und *H. Grotius*[22].

In eine neue Phase kam die Auslegung im 19. Jh., denn nun war es die Auseinandersetzung um die Echtheit der Briefe, die das Interesse an ihnen bestimmte. Jahrzehntelang waren sie gleichsam das Schibbolet, an dem sich »konservative« und »kritische« Exegese schied, wobei die nahezu gleichzeitig erschienenen Kommentare von *J. T. Beck*[23] und *H. J. Holtzmann*[24] als repräsentativ für beide Auslegungsrichtungen stehen können.

Als insgesamt wenig förderlich für eine angemessene Würdigung des theologischen Gehalts der Briefe erwies sich auch die *Frühkatholizismus-Debatte* innerhalb der evangelischen Theologie, die in den 50er und 60er Jahren unseres Jh. ihren Höhepunkt erreichte[25]. In ihr kam es weithin zu einer pauschalen Abwertung des Corpus Pastorale als einer Verfälschung wahrer paulinischer Theologie und als eines der »Mitte der Schrift« weit entrückten Randphänomens des ntl. Kanons.

Insgesamt wird man sagen müssen, daß die Past nur im Bereich des Kirchenrechts und der kirchlichen Verfassungsgeschichte eine klar fixierbare direkte Wirkungsgeschichte hatten (s. hierzu die Exkurse »Die gemeindeleitenden Ämter« und »Die Ordination«).

2. Sehr viel breiter, jedoch kaum exakt erfaßbar ist ihre *indirekte Wirkungsgeschichte*. Diese ergab sich daraus, daß man sie harmonisierend zusammen mit den echten Paulusbriefen las. Sie wirkten so gleichsam als Filtervorsatz, durch

---

[17] In omnes S. Pauli Apostoli epistolas commentaria Bd. 2, hrsg. Marietti, Turin 1902, 183–280.
[18] WA 26, 1–120.
[19] CR 15, 1295–1396.
[20] CR 52, 245–336.
[21] Annotationes ad I. Pauli ad Timotheum epistolam (postum herausgegeben 1643), Leipzig ³1712.
[22] Annotationes in Novum Testamentum II, Paris 1641; Leipzig 1756, 745–789.
[23] Erklärung der zwei Briefe Pauli an Timotheus, hrsg. J. Lindenmeyer, Gütersloh 1879. Von ähnlicher Ausrichtung: J. K. Chr. v. Hofmann, Die heilige Schrift Neuen Testaments VI. Die Briefe Pauli an Titus und Timotheus, Nördlingen 1874.
[24] Die Pastoralbriefe, kritisch und exegetisch behandelt, Leipzig 1880.
[25] Darstellung und Kritik: F. Hahn, Das Problem des Frühkatholizismus, in: ders., Exegetische Beiträge zum Ökumenischen Gespräch. Gesammelte Aufsätze I, Göttingen 1986, 39–56.

den gesehen manche paulinische Aussagen in einem anderen Licht erscheinen, deren scharfe Kanten und Konturen geglättet wirken konnten. Der zusammen mit den Past gelesene Paulus ist der Situation der in einer weitergehenden Geschichte existierenden Kirche angenähert; es ist ein Paulus, dessen eschatologische Hochspannung gedämpft, dessen ethischer Rigorismus gemildert ist; es ist ein Paulus, mit dem die Kirche durch die Jahrhunderte leben konnte. Im übrigen gibt es deutliche Anzeichen dafür, daß die Rezeption der Past in der katholischen und in der evangelischen Kirche jeweils unter anderen Aspekten erfolgt ist. Beide Seiten fanden in ihnen Aussagebereiche, mit denen sie sich identifizieren konnten und die darum ihre Sicht bestimmten, während ihnen andere fremd blieben und darum in der Auslegung zurückgedrängt wurden. Die katholische Seite hat stärkere Affinität zu den kirchenordnenden Elementen und jenen Aussagen gesehen, die sich im Sinne einer klaren Rechtsstruktur der Kirche interpretieren ließen. Evangelische Sicht orientierte sich hingegen vorab an dem Prinzip »Leitung durch Lehre« und fand hier den für sie maßgeblichen Primat der *doctrina evangelii* sowie die zentrale Stellung der Lehre im Gottesdienst bestätigt. Ihre Sympathie galt auch dem betont praktischen, weltzugewandten Charakter christlichen Glaubens, wie er in den Briefen zum Ausdruck kommt.

IV. Hermeneutische Aspekte

1. Nicht nur aus den eben genannten Gründen ist die Auslegung der Past ein wichtiges Feld *ökumenischer Bewährung* für Exegeten beider Seiten, die sich ihrer kirchlichen Verantwortung bewußt sind. Viel mehr noch legt die Einsicht in die Pseudonymität eine hermeneutische Problematik frei, die der Aufarbeitung im ökumenischen Horizont dringend bedarf. Was folgt daraus, daß hier nicht Paulus selbst, sondern ein unbekannter Kirchenmann der dritten Generation spricht, daß hier nicht das ursprüngliche apostolische Zeugnis, sondern eine es in vieler Hinsicht neu akzentuierende, aber auch nivellierende Interpretation zu Wort kommt, für die theologische Bewertung und Interpretation dieser Briefe? Es ist dies eine Frage, die an die Wurzeln des Schriftverständnisses rührt, und so überrascht es kaum, daß bei ihrer Beantwortung bestimmte *konfessionsspezifische Deutungsmuster* sichtbar werden. Soll es zu einer bis zu den Wurzeln reichenden ökumenischen Verständigung über die Lehre von der Heiligen Schrift kommen, so dürfen diese Deutungsmuster keineswegs unverbunden, ja kontradiktorisch nebeneinander stehengelassen werden; vielmehr gilt es, einen tragfähigen Ausgleich zwischen ihnen herzustellen.

1.1 *Evangelische Theologie* hat stets, was das NT betrifft, die Schriftnorm mit dem normativen, unabgeleiteten apostolischen Evangeliumszeugnis des Anfangs gleichgesetzt. Die Einsicht des gegenüber diesem Anfangszeugnis zeitlich und inhaltlich sekundären Charakters ntl. Schriften führte deshalb vielfach tendenziell zu deren theologischer Abwertung. Dies gilt insbesondere für

die Beurteilung des deuteropaulinischen Schrifttums in seinem Verhältnis zu
Paulus. Wird das paulinische Evangelium als die eigentliche Mitte der Schrift,
ja geradezu als Kanon im Kanon gesehen, so kann das einzige Kriterium, an
dem die Past wie überhaupt die deuteropaulinischen Schriften gemessen
werden, nur das ihrer Übereinstimmung mit Paulus – vorab mit seiner
Rechtfertigungsverkündigung – sein. Die Folge ist häufig eine radikale Abwertung: Die Past werden als Dokument des Abfalls von Paulus gelesen; sie gelten
als frühkatholische Randerscheinung des NT, die allenfalls von historischem
Interesse ist, der es jedoch an theologischer Verbindlichkeit mangelt[26].

1.2 *Katholische Theologie* sucht in der Schrift weniger die Ursprünglichkeit
und Reinheit als die lebendige Weite und inhaltliche Vielfältigkeit des die
Kirche begründenden Evangeliums. Das NT ist für sie der Bereich, innerhalb
dessen sich die Erkenntnis christlicher Wahrheit, häufig in der Weise der
complexio oppositorum, organisch entwickelt, um erst in der abschließenden
Gestalt des Kanons zu ihrer ganzen Fülle zu gelangen. Von daher macht ihr die
Anerkennung des pseudonymen Charakters der Past grundsätzlich weniger
Schwierigkeiten als evangelischer Theologie[27]. So ist bei katholischen Auslegern die Neigung erkennbar, die Past als die notwendige Integration paulinischer Gedanken in die Fülle des kirchlichen Evangeliums zu lesen: Paulus wird
in ihnen – überspitzt ausgedrückt – von seinen Schärfen und Einseitigkeiten
befreit und in die kirchliche Verkündigung hinein vermittelt.

1.3 Meiner Überzeugung nach wird keines der beiden Deutungsmuster dem
exegetisch und theologisch zu erhebenden Sachverhalt voll gerecht. Der
Versuch eines Ausgleichs zwischen ihnen erscheint jedoch keineswegs aussichtslos, und zwar in der Weise, daß die begrenzten Wahrheitsmomente, die
jedes von ihnen enthält, zueinander in einen sinnvollen Bezug gesetzt werden.
Den evangelischen Theologen kann die Beschäftigung mit den Past lehren, daß
die dritte kirchliche Generation eine theologische Leistung von immenser
Tragweite vollbracht hat. Sie hat nämlich versucht, das ihr von den apostolischen Urzeugen übergebene Evangelium in eine neue kirchliche Situation
hinein zu transformieren und von ihm her Antworten auf durch diese Situation bedingte Fragen zu gewinnen. Es sind dies vor allem die Fragen der
Identität der Kirche in der weitergehenden Geschichte, ihrer inneren Ordnung
und ihres Verhältnisses zur nichtchristlichen Gesellschaft. Diese Situation der
dritten Generation entspricht in vieler Hinsicht auch noch der heutigen
Situation der Kirche, zumindest darin, daß die damals aufgebrochenen Fragen
nach wie vor unverändert akut sind und der Antwort bedürfen. Es wäre
theologisch leichtfertig, auf eine Orientierung an den Antworten der dritten
Generation von vornherein zu verzichten. Denn daß diese Antworten der
nachapostolischen Zeit zugehören, in zeitlicher und sachlicher Nähe zum

---

[26] So, in extremer Ausprägung dieser Position, Schulz, Mitte 108 f.
[27] So, ebenfalls in pointierter Zuspitzung, R.

E. Brown/J. P. Meier, Antioch and Rome, New
York 1983.

apostolischen Zeugnis entstanden sind, gibt ihnen einen gewissen Modellcharakter und hebt sie über alle späteren Antworten hinaus. Zumindest in diesem Sinn ist die *Kanonizität* der Past Umschreibung eines Anspruchs von hoher theologischer Relevanz.

Es ist jedoch nicht hinreichend, die Past, gewissermaßen in einem theologischen Positivismus, als *notwendige* geschichtliche Weiterentwicklung des paulinischen Evangeliums zu verstehen. Damit bliebe nämlich unberücksichtigt, daß sie nach ihrem eigenen Selbstverständnis Paulus interpretieren und damit ihm selbst bleibende normative Geltung in der Kirche verschaffen wollen. Sie sind bei ihrer erklärten Absicht, im Verhältnis zu Paulus *norma normata* zu sein, zu behaften. Das heißt: Der Ausleger muß sich der Frage stellen, ob dieser Anspruch, Paulus in eine neue kirchliche Situation zu übersetzen, sachlich legitimiert ist. Er muß Klarheit darüber zu gewinnen versuchen, ob und inwieweit ihre Aussagen als *mögliche Weiterführung* paulinischer Ansätze gelten können. Freilich, ein Urteil darüber, ob sie die *einzig mögliche* Weiterführung darstellen, sollte er sich versagen! Da aber – und erst da –, wo ein eklatanter Widerspruch zu Paulus offengelegt wäre, hätte theologische Sachkritik einzusetzen. In diesem Sinne ist Paulus für die Auslegung der Past die *norma normans*.

2. Ein weiteres, gegenwärtig besonders relevantes hermeneutisches Problem soll hier nur noch kurz angedeutet werden. Es ergibt sich aus dem oben (II.) dargestellten widerspruchsvollen Nebeneinander zweier Optionen hinsichtlich des Verhältnisses von Kirche und Gesellschaft im NT. Die Großkirchen des Westens stehen in einer Tradition, die sich die Option der Past weitgehend zu eigen gemacht und in ihrem Licht alle sozialethischen Aussagen des NT lesen gelernt hat – auch die sehr viel zurückhaltendere des Paulus in Röm 13. Dadurch wurde der Weg gebahnt für eine enge Zuordnung von Kirche und Gesellschaft, die in einer weitgehenden Ineinssetzung beider Größen resultieren konnte und die, zumindest dem Anspruch nach, in unseren heutigen volkskirchlichen Strukturen noch weiterlebt. Manche Anzeichen scheinen nun dafür zu sprechen, daß dieses Modell an sein Ende gekommen ist und daß eine Diastase von Kirche und Gesellschaft sich anbahnt. Die situativen Voraussetzungen, mit denen die Past in ihrer Zeit gerechnet haben, werden in unserer Gegenwart zusehends fraglich. Eine der Ursachen dafür dürfte die Pluralität der modernen Gesellschaft sein. Sie läßt die Hoffnung der Past, die Gesellschaft als ganze anzusprechen und sich ihr als die Erfüllung ihrer Ideale und Erwartungen zu präsentieren, utopisch erscheinen. Als ein weiteres kommt hinzu, daß angesichts der Desintegration ethischer Normen in der heutigen Gesellschaft der Gedanke an eine Kompatibilität dieser Normen mit den vom Evangelium her gesetzten völlig unrealistisch wäre und – würde er von der Kirche weiterverfolgt – für sie Selbstpreisgabe und Unglaubwürdigkeit zur Folge haben müßte.

Wir werden, was diese Thematik betrifft, heute einen klareren Blick als frühere

Generationen für die Einseitigkeit der Past haben können und haben müssen. Ja, es könnte sein, daß die Option der Offb sich als diejenige erweist, die unserer Situation näher ist. Auf alle Fälle stehen wir vor der theologischen Aufgabe, das spannungsvolle Nebeneinander beider Optionen zu reflektieren und von daher einen Weg zu finden, den die Kirche gehen kann, ohne ihrem Auftrag untreu zu werden. Wobei dieser Weg nicht unbedingt derjenige der goldenen Mitte zwischen beiden Positionen sein wird. Eine Einsicht der Past sollte dabei aber – gewissermaßen als Wegzeichen – festgehalten werden: daß das Evangelium in der Welt bleibend und verläßlich gegenwärtig ist.

Sachregister

Akklamation 110 f, 201 Anm. 461, 349
Älteste (s. auch Ämter) 170–176, 251, 305 bis 318
Ämter 63, 161–181, 307
Amtsführung 249–263, 352
Anthropologie 244 f, 361
Apostolat 53, 55 f, 92, 103, 123 f, 179–181, 216, 266, 362
Askese 222–225, 230, 237, 245, 286, 315

Bekenntnis 191 f, 267, 342, 344, 349
Besitz s. Geld
Bischof (s. auch Ämter) 171–173
Briefform 48 f, 53, 60, 100, 327, 370 f, 375

Charisma 255–257, 269 f
Christologie 95, 110 f, 120 f, 204 f, 237 f, 312 f, 353 f, 358–365, 380

Danksagung 114
Datierung 45, 160 Anm. 258
Diakon (s. auch Ämter) 162–168, 174 f
Doxologie 91, 98, 209, 357

Echtheitsfrage s. Pseudonymität
Ehe 155 f, 166, 222 f, 293 f, 300
Ekklesiologie 138, 159 f, 176, 178, 190, 198 f, 211–217
Engel 312
Eschatologie 213, 219 f, 317, 380
Eucharistie 179, 226
Evangelisten 179 f
Evangelium 79 f

Fleisch 203
Formeln (s. auch Traditionen) 119, 240, 247, 312
Fragmentenhypothese 32
Frau 127–130, 132–147, 293 f, 298
Frömmigkeit 117–119, 201, 244–247

Gebet 109, 113–116, 124, 130, 227, 268, 290
Gegner 70 f, 104, 147, 161, 220 f, 228–239, 298, 300, 322, 327–334, 373
Geist 67, 203, 219 f, 381

Geld 134, 158, 326 f, 333, 335–339, 365 bis 370
Gesetz 72 f, 81–83, 232
Gewissen 68–70, 104, 163, 221
Glaube 36, 67, 70, 93, 104, 120, 194, 220
Gnade 55, 94
Gnosis (s. auch Gegner) 231 f, 234–238, 374
Gottesdienst 108, 124 f, 138, 149, 179, 242, 254, 309

Handauflegung 257–259, 264, 267, 313 f
Haus 136, 159, 214, 288 f, 292, 307, 319
Hausgemeinde 157, 160, 176
Haustafel 108 f, 319
Heiligung 226

Judentum 26, 379

Kanon (ntl.), Kanonisierung 46–48
Kirchenverständnis s. Ekklesiologie
Kirchenzucht 105 f, 310

Lasterkatalog 74–77, 93, 330, 332–334
Lehre 63, 71–79, 177 f, 241 f, 254, 260, 267, 330 f
Lehrer 197 f
Logienquelle 310, 331
Lukashypothese 33–35

Mann 132, 262
Marcion 374
Mission 207 f
Mittler 121 f

Ökonomik 136
Ordination 100 f, 153, 180 f, 255 f, 263–281, 313 f, 349
Ordinationsanamnese 103, 255, 343

Parusie 352 f
Paulusbild 97
Paulusanamnese 85–87, 108, 112 f, 124, 190
Paulusbriefe 39 f, 44–46, 373
Paulusschule 38, 43 f
Profeten, Profetie 101 f, 257

Pseudepigraphie 36–39, 46
Pseudonymität 23–39, 140, 376 f

Qumran 173, 200

Rechtfertigung 74, 205 f, 380
Reichtum s. Geld
Retter 57, 119, 363
Revelationsschema 163, 195 f, 203, 207–209

Schöpfung 120 f, 223–227, 361, 383
Sekretärshypothese 33
Sklaven, Sklaverei 318–326
Stil 28–32, 41, 384

Taufe 197
Thronbesteigungszeremoniell 107, 209

Timotheus 21 f, 25, 57 f, 62, 250 f
Titus 22 f, 25
Traditionen (allg.) 41, 100, 109 ff, 126 f, 150 f,
    180, 284, 305 f, 319, 346, 355
– Kirchenordnungen 40 f
– Christushymnus 190–197
– Taufparänese 30, 342
– Ordinationsformular 153, 342–345
– Jesusüberlieferung 41, 90, 309, 366

Universalismus 124, 382

Werke, gute 134, 294
Wettkampf 102 f, 243–245, 247, 347 f
Wirkungsgeschichte 81–83, 163 Anm. 277,
    181–189, 227, 272–281, 303 f, 385–387
Witwe 134, 285–304

Bibelstellenregister

Gen	1,10	225	Joh	1,14	204
	2f	129, 138–142		16,8–11	206
	9,3	223			
			Apg	6,1	285
Num	11,24f	265		6,6	263, 268, 277
	27,15–23	265, 270		9,1–22	86
				13,1–3	263
Dtn	6,4	110		13,3	277
	19,15	310		14,23	263, 268
	25,4	309		16,1.3	21
	34,9	265, 270		18,22f	22
				19,21f	26
Jes	28,16	98		20,4	22
	53,10–12	111f		20,17–38	34
	66,2	116		20,17	175
				20,28	175, 263
Jer	29,7	115		20,28–31	270
				22,1–16	86
Mal	1,11	126, 131		26,9–18	86
Sir	39,16	225	Röm	1,3f	204
				1,3–5	360
Mt	5,24	127		1,28–30	330
	18,15–17	310		7,7–25	337
	19,12	222		7,12	61
				9,1	112
Mk	8,38	312		13,8–10	75
	10,45	111, 122		16,21	21
				16,26	196
Lk	1,47	57			
	2,36–38	228	1Kor	3,11	200
	10,7	306, 309		3,16	213
	12,16–21	367		3,20	71
	16, 1–14	367		4,1	65
	19,10	90		4,17	21, 55, 57
	22,27	112		5,5	100
				7	294, 299

	7,7	222	2Tim	1,3	92
	7,20	322		1,5	26, 222
	7,25	85		1,6	181, 267, 269
	8,6	110		1,7	267
	9,4–18	305, 309		1,9f	204
	9,15–17	337		1,10	79
	9,17	65		1,11	207
	10,1–5	172		1,12	371f
	10,30	223		2,2	267, 270
	11,8f	138		2,3–6	103
	12,28	256		2,8	80, 360
	12,28–31	171, 270		2,11–13	362
	14,33–36	128–130, 146		2,17f	231
	16,10	21		2,19–21	215
				2,20	233
2Kor	6,16	198, 213		2,22	251
	8,8	56		2,25	119
	11,3	138		3,6–9	334
				3,7	119
Gal	2,3	22		3,8	232
	3,19f	121		3,16	74
	3,28	146		3,17	345
	6,16	55		4,5	179
				4,6–8	270
Eph	2,4–6	231		4,7	103
	2,14–21	212		4,9	63
	2,20	200		4,9–15	233
	2,20–22	213		4,11	34
	3,1	112		4,13	26, 32
	3,1–11	86		4,14	105
	4,4–16	256		4,16	27
	4,11	177		4,20	26
Phil	1,1	151, 171, 174	Tit	1,1	119
	2,6–11	204, 207		1,3	56
	2,19–22	21		1,5	62
	4,11	335		1,5–9	175
	4,13	85, 92		1,7	65
				1,6–9	150
Kol	1,23–29	86, 240f		1,15	230
	1,25	65		1,16	236
	1,29	246		2,9	320, 322
	2,16–23	236		2,10	119
	4,16	254		2,14	212
				3,4–7	204, 360
1Thess	3,2f	21		3,5	220
	4,11	116		3,9	232

Phlm	1	20
	16	320
Hebr	1,1–3	207
	8,6	121
	9,15	121
	12,24	121
	13,5	336
	13,23	22
1Petr	1,20	196, 204
	2,17f	32f
	3,3f	127
	5,1–5	175
	5,2–4	276

Jud	25	57
Offb	1,3	254
	1,4	313
	2	238
	2f	211
	3,1	291
	5,6–14	207
	7,4–8	212
	14,4	222
	14,6–20	313

DATE DUE

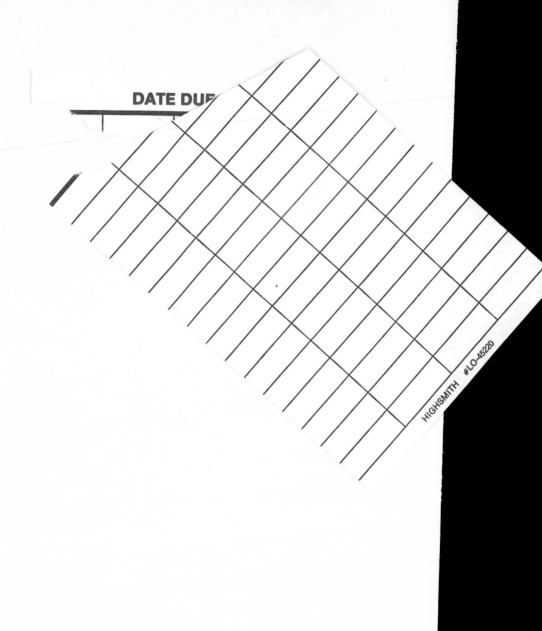

HIGHSMITH #LO-45220